BASTEI
LÜBBE

Werner Stiller

Im Zentrum der Spionage

Mit einem Nachwort von
Karl Wilhelm Fricke

BASTEI
LÜBBE

BASTEI-LÜBBE-TASCHENBUCH
Band 60 200

1. Auflage April 1988
2. Auflage Juli 1989

Lizenzausgabe: Gustav Lübbe Verlag GmbH,
Bergisch Gladbach
Printed in West Germany, Juli 1989
Einbandgestaltung: Manfred Peters
Satz: KCS GmbH, 2110 Buchholz/Hamburg
Druck und Bindung: Ebner Ulm
ISBN 3-404-60200-5

Der Preis dieses Bandes versteht sich
einschließlich der gesetzlichen Mehrwertsteuer.

Inhalt

Vorwort

Nach ersten Gedanken, die ich noch in der DDR hegte, und ermutigt durch zahlreiche Gespräche nach meinem Übertritt in die Bundesrepublik Deutschland kam ich zu dem Entschluß, einiges von dem aufzuschreiben, was ich als Offizier im Dienst des Ministeriums für Staatssicherheit (MfS) erfahren und erlebt habe. Meine Laufbahn nahm in der Wissenschaftsspionage der Hauptverwaltung Aufklärung ihren Anfang — sie endete in einem mehrjährigen »illegalen« Einsatz für den Bundesnachrichtendienst (BND).

Mir liegt fern, meinen Wandel vom gläubigen Kommunisten zum kritisch denkenden, an freiheitlich-demokratischen Grundwerten orientierten Bürger wortreich nachzuzeichnen, obwohl dieser Wandel von inneren Konflikten und äußeren Risiken begleitet war. Mein Motiv ist auch nicht Anklage — es heißt Warnung. Ich wollte und will aufgrund eigenen Erlebens offenlegen, mit welcher Planmäßigkeit, Konsequenz und Systematik das MfS die Chancen und Schwächen der Bundesrepublik Deutschland mit ihrer offenen Gesellschaft nutzt, und zwar unter Einbeziehung auch und gerade wissenschaftlich qualifizierter Kader, um u. a. technologische Informationen, industrielle Fertigungsgeheimnisse und wissenschaftliche Forschungsresultate zu beschaffen, auszuwerten und in das wissenschaftlich-technische Potential der DDR einzubringen.

Entgegen einem weitverbreiteten Irrtum begreift das MfS Spionage nicht als zur Politik der friedlichen Koexistenz im Widerspruch stehend —, im Gegenteil: Fakt ist, daß man in Ost-Berlin dem Einsatz »sozialistischer Kundschafter im Lager des Gegners« — nach einem Wort Erich Honeckers »gefahrvolle, aber wichtige

Parteiarbeit an vorderster Front des Klassenkampfes« — im Zeichen der friedlichen Koexistenz ausdrücklich sogar wachsende Bedeutung zugewiesen hat.

Aufgrund meiner Erfahrungen und Erkenntnisse — ich habe lange genug mit den Wölfen geheult —, bin ich davon überzeugt, daß es den Staaten der Warschauer Pakt-Organisation unter Führung der Sowjetunion nicht lediglich um die Sicherung und Festigung der eigenen Machtsphäre zu tun ist. Ich sehe mittel- und langfristig auch Gefahren für Europa, die sich aus dem imperialen Expansionsdrang des Sowjetkommunismus ergeben. Auf diesem Wege heiligt der Zweck alle Mittel — auch die Spionage. Nicht um einer Politik des kalten Krieges das Wort zu reden, sondern um den Gefahren entgegenwirken zu helfen, schrieb ich dieses Buch.

Aus eigenem Erleben kann ich auch beurteilen, wie menschenverachtend und skrupellos das MfS selbst unter schamloser Ausnutzung menschlicher Fehler, moralischer Mängel und charakterlicher Defekte in der Spionage operiert. Es unterscheidet sich darin nicht vom KGB. Einiges davon berichte ich in diesem Buch. Aus Fairneß muß ich in diesem Zusammenhang feststellen, daß meine Erfahrungen mit dem BND dazu in einem positiven Kontrast stehen. In Grenzsituationen war der persönlichen Sicherheit stets unbedingt Vorrang vor dem nachrichtendienstlichen Erfolg zu geben.

Bei der Niederschrift dieses Buches ließ ich mich von dem Grundsatz leiten, zwar nicht alles zu sagen, was ich weiß, aber das, was ich sage, soll wahr sein. Mit Rücksicht auf mir nahestehende Menschen, die noch in der DDR leben, mußte ich verschiedentlich persönliche Daten oder geographische Angaben verschleiern, in einigen wenigen Fällen auch Klar- und Decknamen verwürfeln, aber es geschah so selten wie nötig. Außerdem mußte ich mich im Gebrauch der Daten auf mein Gedächtnis verlassen und im einen oder anderen Fall mußten Daten verschleiert werden. Im Kern hat sich alles so zugetragen, wie ich es berichte.

Meine Angaben lassen sich im übrigen vielfach objektiv überprüfen — nämlich überall da, wo die von mir geschilderten Tatsachen in gerichtlichen Strafprozessen gegen MfS-Agenten in der Bundesrepublik zur Sprache kamen. Mich hat — dies als letzte

Bemerkung – immer wieder erstaunt, wie wenig einschlägige Strafprozesse auf das öffentliche Bewußtsein in der Bundesrepublik eingewirkt haben. Die Gleichgültigkeit und der Mangel an Wachsamkeit haben mich frappiert und irritiert. Sollte die Ursache dafür in der banalen Erkenntnis liegen, daß die triste Realität der Spionage, wie ich sie über Jahre hinweg erlebt habe, weitaus weniger aufregend ist als ihre literarische Ausgestaltung in Agentenromanen?

Der Verfasser

Prolog

1

Es war ein Abschied für immer. Am 18. Januar 1979 verließ ich sehr früh, morgens um 5.30 Uhr das graue Mietshaus am Sterndamm 34 im Ostberliner Stadtteil Johannisthal. Während der letzten vier meiner sieben Dienstjahre hatten meine Familie und ich hier gewohnt.

Über Nacht hatte es ein wenig geschneit. Auf den Altschneehaufen an den Straßenrändern lag eine im grellen Schein der Neonlampen wie Kristall funkelnde Decke Neuschnee. Es war eisig kalt. Ich versuchte, den Gedanken an meine zuruckbleibenden Angehörigen zu verdrängen, als ich die Haustür hinter mir ins Schloß zog. Ich würde sie wohl nie wiedersehen. Obwohl ich meiner Familie schon länger innerlich entfremdet war, kam es mich nun doch hart an.

Während ich über den knirschenden Schnee ging, dachte ich an die lapidaren Sätze zurück, letzten September im Hotel »Marski«, am Mannheimer-Boulevard in Helsinki, Grund meines heutigen Schritts: »Sie sind höchst gefährdet. Sie müssen heraus!«

Eigentlich hatte ich mir die Zusammenkunft mit den Leuten vom Bundesnachrichtendienst im neutralen Finnland anders vorgestellt. Ihr Mißtrauen war zwar endlich überwunden. Die Fülle an wertvollen Informationen, die ich aus dem MfS — dem Ministerium für Staatssicherheit der DDR — an den BND in Pullach geliefert hatte, konnte dort keinen Zweifel mehr aufkommen lassen. Ich, der Oberleutnant Werner Stiller, war »echt«. Daher hatte ich im »Marski« doch mit weiteren Vorschlägen für ein Zusammenspiel aufwarten wollen, um noch mehr Material aus der Ostberliner Zentrale herauszuholen. Aber der entscheidende Mann aus Pullach, den ich vorher noch nie gesehen hatte, war unnachgiebig geblieben: »Wir können es nicht mehr verantworten; Sie können jederzeit auffliegen. Daher haben wir Ihre Herauslösung beschlossen.« Meinem Einwand zuvorkommend, hatte er bekräftigt: »Das ist endgültig.«

Obwohl mir natürlich theoretisch seit längerem klar war, daß ich mich einmal in den Westen würde absetzen müssen, hatte ich mir praktisch darüber noch keine Gedanken gemacht. Bei dem Gedanken, daß es nun so weit sein sollte, hatte ich trotz der wohligen Wärme des Hotelzimmers Beklemmung und inneres Frösteln verspürt . . .

»Wann?«

»Wenn es nur um Sie ginge, dann gleich jetzt und hier. Aber es müssen ja noch andere Personen mit Ihnen zusammen herausgeholt werden. Das erfordert Maßnahmen, die etwas Zeit brauchen. Der ›Tag X‹ ist für Mitte Dezember geplant. Inzwischen dürfen Sie keinerlei Risiko mehr eingehen.«

Knapp ein Vierteljahr war mir dann noch geblieben bis zu jenem »Tag X«. Auch an diesen Tag dachte ich jetzt wieder und an seinen unglücklichen Ausgang, an das Mißgeschick, durch das die ganze Aktion steckengeblieben war. Weitere vier Wochen waren seitdem vergangen und heute war alles wieder so weit. Das heißt nicht ganz: Alles war erheblich komplizierter geworden. Doch ich mußte nun endgültig den Rubikon überschreiten, und ich wollte dabei keinesfalls auf meinen letzten »Coup« verzichten. Meine Absicht war es, so viel an Geheimmaterial aus dem MfS mitzunehmen wie nur möglich! »Denken Sie nur noch an Ihre Sicherheit, keine gewagten Unternehmen mehr!« hatte Pullach mich zuletzt nochmals angewiesen. Das konnte ich natürlich nicht weiter beachten, wenn ich meinen Plan durchführen wollte.

Die kalte Morgenluft half mir, meine innere Spannung zu überwinden. Ich konzentrierte mich auf die nächsten Schritte; ich durfte heute keine Fehler machen. Auf dem Parkplatz standen meine beiden Autos, der unlängst erstandene Lada 1300, Statussymbol des gehobenen Mittelstandes in der DDR, und der nagelneue Dienstwagen, ein »Wartburg«. Dessen Schloß war wieder einmal eingefroren. Bei der Planung hatte ich jedoch nach der Erfahrung beim fehlgeschlagenen ersten Absprungversuch vom

Dezember die Zeit reichlich genug bemessen, so daß auch böse Zufälle nach menschlichem Ermessen zu überwinden sein würden. Ich taute das Schloß mit meinem Feuerzeug auf und bestieg den Wagen. Nach wenigen Drehungen der Kurbelwelle sprang der Zweitakter an.

Bevor ich die Kupplung greifen ließ, hielt ich noch einmal inne und überprüfte meine Ausrüstung auf Vollständigkeit. Wie gewohnt steckte in der linken Innentasche meiner Jacke der Dienstausweis, durch ein Lederband gesichert. Das kleine Klappheft im Querformat mit dem Bild des Inhabers und dem Namenszug »Otto« hatte sich noch immer als »Sesam-öffne-dich« erwiesen. Es war für einen Mitarbeiter der größte Schatz, den er ständig bei sich trug. In der anderen Seitentasche befand sich der Dienstauftrag. Er berechtigte den Genossen Oberleutnant Stiller, am 18. und 19. Januar in den Bezirken Halle und Dresden operativ zu arbeiten. Er sollte mir den nötigen Bewegungsspielraum für die letzten Schritte vor dem Übertritt verschaffen.

Unter der linken Schulter spürte ich das Gewicht der Pistole vom Typ AP 9 »made in Hungary«, sieben mattglänzende Patronen — im MfS-Jargon »Erbschaftsvermittler« genannt — im Magazin. Sie sollten mir notfalls als letzter Ausweg dienen. Ich schnallte die Waffe ab und legte sie in meinen Diplomatenkoffer, in dem sich auch ein von Pullach nachgefertigter Schlüssel für den Sicherheitsschrank des Abteilungsleiters befand, dazu das wichtigste Hilfsmittel für den heutigen und den folgenden Tag: Ein ebenfalls von BND-Experten hergestellter blauer DDR-Reisepaß.

Meine Ausrüstung schien vollständig zu sein. Ich legte den Gang wieder ein. Zum letzten Mal fuhr ich an dem MfS-Wohnblock vorbei. Nur im dritten Stock, Nummer 36, brannte ein einsames Licht. Oberleutnant Günther Liebchen hatte offensichtlich wieder Frühdienst am Grenzübergang Heinrich-Heine-Straße. Ich konnte mir Zeit lassen. Erst um neun Uhr wollte ich in Halle sein, der Hauptstadt meines Heimatbezirkes unweit von Leuna und Merseburg. Mit diesen beiden Orten, in denen ich aufgewachsen und zur Schule gegangen war, hatte es heute als Reiseziel eine besondere Bewandtnis. Ich wollte mich nicht, wie sonst üblich, mit meinen dortigen Agenten treffen, sondern nur zwei kleine, aber für mich jetzt lebenswichtige Dinge beschaffen. Zum einen fehlte mir noch eine Fahrkarte nach Hannover, und zum anderen die gelbe Ein- und Ausreisekarte, ohne die der Reisepaß praktisch wertlos war.

2

Einmal hatte ich schon einen idealen Passierschein in den Westen — einen für jedwede Ausreise ohne weitere Papiere gültigen Diplomatenpaß — in Händen gehabt. Die Reise nach Helsinki im vergangenen September war natürlich dienstlich begründet gewesen. Ich hatte die Leitung meiner Abteilung im MfS davon überzeugt, daß selbst im neutralen Finnland nur ein Diplomatenpaß ausreichende Sicherheit gegen den »allgegenwärtigen Klassenfeind« biete.

Oberleutnant Christian Streubel, stellvertretender Abteilungsleiter, Prototyp eines totalitären System-Wächters, der mit mir nach Helsinki gereist war, konnte damals um nichts in der Welt vermuten, daß ich bereits einen Pakt mit eben diesem Klassenfeind geschlossen hatte. Nach dem 18. Januar 1979 wird man ihn wohl — aber nicht nur ihn — in peinlichster Weise verhört haben, wie es denn in den letzten zweieinhalb Jahren um seine revolutionäre Wachsamkeit bestellt gewesen war. Trotz der Gefahr, die von diesem »Wachhund« ausging, hatte ich nach meiner Rückkehr aus Helsinki versucht, den Paß zu behalten, obwohl ich ihn sofort beim Abteilungsleiter hätte abgeben müssen. Das ging lange gut. In schwierigen Stunden hatte ich die Innenseiten mit den Aufdrucken »Gültig für alle Länder« und »Visum zur mehrmaligen Ausreise bis zum 31. Dezember 1979« mit innerer Genugtuung betrachtet. Eine Reise nach Westberlin, München oder Wien wäre damit ein Kinderspiel gewesen.

Aber dann kam einer meiner schwarzen Tage des Jahres 1978. Ich saß kurz vor Silvester selbstzufrieden in meinem Arbeitszimmer und bereitete gerade die nächste interne Parteiversammlung vor, wie ich damals dachte meine letzte. Deshalb verfuhr ich besonders gründlich. Plötzlich ein Klopfen an der Tür: Mein Referatsleiter Dr. Peter Bertag. Er trat an meinen Schreibtisch und zog die Stirn in Längsfalten, was er immer dann tat, wenn es um unangenehme Dinge ging. Leichte Verwunderung lag in seiner Stimme, als er unvermittelt fragte: »Seit wann fährst du heimlich nach Westberlin?« Als erster Parteisekretär der Abteilung, wozu ich es inzwischen gebracht hatte, brauchte ich vor ihm nicht aufzustehen, obwohl ich ihm dienstlich unterstand. Er hätte sonst auch gemerkt, daß meine Knie weich wurden. Aus! — dachte ich, sie wissen alles. Die dunklen Vorahnungen der letzten Wochen haben dich nicht getäuscht. Jetzt wird dir der Rückweg abgeschnitten, jetzt beginnt der letzte Akt, nur anders als geplant — vom Militärgericht zum Erschießungskommando.

Eigenartigerweise gab mir die vermeintliche Ausweglosigkeit die Kaltblütigkeit wieder: »Wieso? Möchtest du mal mitkommen?«

An der Reaktion merkte ich sofort: Das Schlimmste war noch nicht eingetreten: »Das nicht, aber wo ist denn dein Diplomatenpaß?«

Auf diese Frage war ich inzwischen vorbereitet: »Natürlich beim Abteilungsleiter«.

»Dort ist er aber nicht!«

»Der muß doch dort sein,« sagte ich und begann dabei — als wollte ich mich nur selbst noch einmal vergewissern —, verschiedene Ordner durchzublättern. Nach einigem Suchen — nicht zu kurz, um nicht aufzufallen, und nicht zu lange, um Bertag nicht ungeduldig werden zu lassen — »fand« ich dann doch den gesuchten Paß in meinen Unterlagen. Zutiefst betroffen äußerte ich meine Verwunderung und wirkte offenbar sehr echt. Ein mißbilligender Blick traf mich noch, dann waren Peter und der kostbare Paß weg. Nach angemessener Pause ging ich in einiger Unruhe unter einem Vorwand zum Abteilungsleiter. Doch ich bemerkte auch bei ihm gleich, daß alles noch einmal gutgegangen war. Er war guter Laune und hegte offensichtlich keinen ernstlichen Verdacht gegen mich. Kurz nach mir kam auch Peter Bertag mit dem Paß und gab ihn beim Abteilungsleiter ab. »Schlamper« rief er mir dabei zu. Er hatte wieder die übliche Kumpel-Tonart angenommen.

Wieder in meinem Zimmer, atmete ich zunächst erleichtert auf. Dann erst wurde mir eine weitere Konsequenz recht bewußt: mein Absetzplan war gefährdet. Wohlweislich gab es zwar noch eine andere Rückzugsvariante, nur fehlte hierfür eine gültige sogenannte »gelbe Ausreisekarte«, die den Grenzposten neben dem Reisepaß vorgewiesen werden muß. Auch diese Karte hatte der BND schon einmal geliefert, doch hatte ich beim ersten fehlgeschlagenen Ausbruchversuch im Dezember bereits das damalige Datum eingesetzt, so daß sie jetzt nicht mehr verwendet werden konnte. Aus Pullach war in der verbleibenden kurzen Zeit keine mehr zu beschaffen. Nach jenem ersten unglücklich verlaufenen »Tag X« war die Verbindung ins Stocken geraten. Ich mußte mir diesmal selbst helfen und hatte mir einen festen Plan gemacht. Eben deshalb mußte ich jetzt am letzten Tag, dem 18. Januar 1979, noch einmal nach Halle fahren. Auch eine Fahrkarte nach Hamburg, die ich nur von Magdeburg bis Hannover benutzen würde, wollte ich lieber dort beschaffen.

3

Trotz Glatteis und Nebel kam ich um Punkt 8.00 Uhr in Halle an und stellte den »Wartburg« auf einem Parkplatz der Innenstadt ab. Ich hatte während der Fahrt noch einmal alles gedanklich durchgespielt und die Folgerichtigkeit der nächsten Schritte überprüft. Alles schien perfekt durchdacht zu sein. Daß ich dennoch etwas übersehen hatte, wurde mir dann im Hauptbahnhof am Schalter für internationale Fahrkarten klar, als ich die Fahrkarte zweiter Klasse nach Hamburg über Magdeburg — Oebisfelde und Hannover verlangte. Die ältliche Schalterbeamtin warf mir einen mißtrauischen Blick zu. Meine Sicherheit verließ mich. Jetzt fühlte ich mich nicht mehr als gefürchteter Geheimdienstoffizier, der ich auch noch war, sondern schon als Agent, dem der Boden unter den Füßen heiß wurde.

»Eine Rückfahrkarte«, beeilte ich mich hinzuzufügen.

»Was denn sonst?« kam es zurück. Die psychologische Wirkung

dieses matten Scherzes war gleich Null. Mein gequältes Lächeln ging in ihrer nächsten Frage unter: »Wollen Sie dienstlich reisen?«

»Ja.«

»Wo ist Ihr Devisenberechtigungsschein?«

Das war es! Wie hatte ich nur vergessen können, daß die Reichsbahn Fahrkarten in den Westen nur gegen Vorlage dieses Scheins ausgibt. Dabei hatte ich auch diesen Schein — vom BND nachgefertigt wie die übrigen Papiere —, diesen jedoch vorläufig noch in meinem sicheren Versteck in Ostberlin zurückgelassen.

»Wo arbeiten Sie denn ?«

»In der Akademie der Wissenschaften.«

»Sie müssen doch einen Devisenberechtigungsschein haben.«

»Das hat mir niemand gesagt.«

»Zeigen Sie mir mal Ihren Paß.«

Nachdem schon die Aussicht auf eine Fahrkarte dahinschwand, wollte ich nicht auch noch meine Tarnung aufs Spiel setzen. »Ich bekomme ihn erst heute nachmittag. Die Reise ist überraschend nachträglich genehmigt worden.«

Sie wurde immer mißtrauischer. Zu allem Unglück stand auch noch ein Bahnpolizist genau vor der Tür des abgeteilten Schalterraums.

Ein Westdeutscher, der hinter mir in der Reihe stand, rettete mich aus der verfahrenen Lage: »Nun beeilen Sie sich mal, mein Zug geht gleich!«

Ich murmelte noch etwas von »Holen« und »Wiederkommen«, dann verschwand ich.

Nun saß ich in der Klemme. Die Papiere für den Grenzübertritt waren nicht vollständig, ich hatte keine Fahrkarte. Deprimiert und ratlos ging ich zurück zum Auto. Auf dem kurzen Weg dorthin fand ich den Ausweg: Über einer der Türen der alten Häuser dieses Stadtviertels prangte ein neues Schild »Reisebüro der Deutschen Demokratischen Republik«. Ich blickte durch das Fenster über die Schilder mit reichlich theoretischen Angeboten zum Skiurlaub in der Hohen Tatra hinweg und entdeckte im Inneren einen Schalter mit der Aufschrift »Internationale Eisenbahnfahrkarten«, dahinter ein blutjunges, allerdings wenig reizvolles weibliches Geschöpf, doch einigermaßen modisch aufgeputzt. Aus dem Gesichtsausdruck war unschwer zu erkennen: Sie wollte als Frau beachtet werden, alles andere schien ihr gleichgültig — eine Chance, die ich nutzen mußte. Scheinbar gedankenversunken trat ich an den Schalter und tat so, als entdeckte ich das Mädchen erst jetzt richtig. Ich blickte ihr in die Augen, verharrte und lächelte wie angenehm überrascht. Mein Blick machte sie sichtlich verlegen. Ich zog den Paß aus der Tasche, legte ihn auf das Pult und sagte mit gespielter Gelassenheit:

»Eine Rückfahrkarte zweiter Klasse nach Hamburg über Oebisfelde und Hannover.«

Sie beachtete den Reisepaß überhaupt nicht. Offenkundig angetan griff sie nach dem Fahrscheinheft. Ich sah, wie der Kugelschreiber in ihren Händen zitterte: »97,60 Mark«. Ihre Stimme bebte leicht; ich dagegen hatte meine Sicherheit wieder. »Ich komme dann noch mal wegen der Platzkarte.« — Uff, das wenigstens war geschafft.

Die Bezirkshauptstadt Halle im mitteldeutschen Industriegebiet ist arm an Sehenswürdigkeiten. Eine davon, zumindest im DDR-Maßstab, ist die Hochstraße, die das Stadtzentrum mit der sozialistischen Wohnstadt Halle-Neustadt verbindet. Sie durchschneidet den Stadtkern mit seinen schmutzigen kleinen Hinterhöfen, streift die »Franckeschen Stiftungen«, alte Gebäude, in denen heute Universitätsinstitute untergebracht sind, und überquert dann die einst von Dichtern besungene Saale. Nichts mehr mit »hellem Strand« — sie ist heute ein Industriewasser.

Riesige neue Wohnblöcke garnieren die trostlos gewordene Landschaft, Segnungen der »Wohnkultur« des »realexistierenden Sozialismus«, Neubaudomizile für die »Arbeiterklasse«; näher besehen produzieren sie eine sehr beachtliche Scheidungs-, Kriminalitäts- und Selbstmordrate, wie ich von den zuständigen Bearbeitern der dortigen Bezirksverwaltung für Staatssicherheit am Gimritzerdamm weiß. Dieses moderne, rostrote Gebäude war mein Ziel. Ganz bewußt hatte ich mir meinen Heimatbezirk für das geplante Täuschungsmanöver gewählt, wohl wegen der Vertrautheit mit der Mentalität der dortigen MfS-Mitarbeiter. Heute konnte ich nicht als Beauftragter der allmächtigen Zentrale in Berlin auftreten, sondern ich bedurfte des guten Willens von Kollegen, den ich am ehesten bei Landsleuten erhoffen konnte.

Der besonders korrekt uniformierte Feldwebel in der Wache hinter der Eingangstür kannte mich zwar schon von vielen Besuchen, doch er versäumte niemals, sich Ausweis und Dienstauftrag zeigen zu lassen. Mit einem militärisch knappen »Danke« ließ er mich passieren. Damit war ich im innersten Hort der lokalen »Macht der Arbeiterklasse«. Mein Ziel war die Abteilung XV und dort der Genosse Oberleutnant Tietz. Die Abteilung XV hat die Aufgabe, im Bezirksrahmen nachrichtendienstliche Arbeit gegen die Bundesrepublik zu betreiben. Das Spezialgebiet des Genossen Tietz war das Eindringen in die bundesdeutschen Sicherheitsdienste. Wir hatten zusammen die Schule der Hauptverwaltung Aufklärung (HVA) in Belzig besucht. Bei einem Trinkgelage waren wir dort übereingekommen, uns immer gegenseitig zu helfen. Das wollte ich jetzt in Anspruch nehmen. Außerdem sollten wir in einer Woche wieder gemeinsam auf die Bezirksparteischule in Belzig — ein weiterer Grund, Aufgeschlossenheit von ihm zu erwarten. Erst kürzlich war Tietz nach der geglückten Anwerbung eines wichtigen Agenten in Westdeutschland vorzeitig zum Referatsleiter befördert worden. Er konnte mir die so dringend für die Fahrt nach Hannover benötigte gelbe Ausreisekarte beschaffen. Unerwartet blieb der Fahrstuhl schon im ersten Stock stehen. Die Tür öffnete sich, und herein trat, Fügung des Schicksals, der Genosse Tietz. Freude auf beiden Seiten, dazu heimliches Aufatmen bei mir. Er konnte ja zufällig abwesend, krank oder in Urlaub gewesen sein. Dann wäre sicher alles noch schwieriger geworden.

»Klaus, du mußt mir helfen. Stell' dir vor, ich wollte heute einen Mann nach drüben schicken. Der dumme Kerl füllte die Ausreisekarte mit seinem Klarnamen aus. Morgen sollte der Treff mit der Quelle sein. Ich weiß nicht, wie ich ihn bis dahin nach Bonn kriege. Du mußt mir helfen. Ich brauche eine neue Ausreisekarte.«

Es war einfacher, als ich gedacht hatte. Klaus freute sich, mir zeigen zu können, was er als Referatsleiter alles bewirken konnte. Nach einem Schwätzchen über alte Zeiten bei einem Kaffee hatte ich sein Plazet für das Referat E, das Reisedokumente ausstellt,

Sekunden später auch die Blankoausreisekarte — ohne Fragen und ohne Rückversicherung in Berlin. Ich glaube, daß Tietz später deswegen keine allzu großen Schwierigkeiten bekommen hat. Es gab ganz andere Leute in Berlin, die nach meinem Übertritt würden zittern müssen. Die zweite Hürde war also auch genommen. Die Fahrkarte nach Hamburg und die Ausreisekarte steckten in meiner Tasche. Das Wichtigste war schon vormittags um zehn Uhr erledigt. Dabei sollte das eigentliche Abenteuer erst um 19 Uhr beginnen. Ich hatte noch viel Zeit zu überbrücken und entschied mich für einen ausgiebigen Mittagstisch in einem Hallenser »HO«-Restaurant, mit dem flüchtigen Gedanken an eine Henkersmahlzeit. Den nächsten Tag würde ich, wenn überhaupt, in einer völlig neuen Welt beginnen. Unversehens erfaßte mich ein Gefühl des Fatalismus.

Auf dem Rückweg nach Berlin veränderte ich auf dem letzten Teil der Strecke vorsichtshalber meine Route. Auf keinen Fall durfte ich zufällig in Berlin von einem Kollegen gesehen werden, da mein Aufenthaltsort ja an diesem Tag laut Dienstauftrag Halle oder Dresden sein mußte. Also hielt ich mich links vom Berliner Ring, durchfuhr Potsdam, Falkensee und Nauen. Gegen 16 Uhr erreichte ich, nun von Norden kommend, mein geheimes Ausweichquartier im Stadtbezirk Prenzlauer Berg, Marienburger Straße 5, Hinterhof, 3. Stock, Mitte. Bis 1976 hatte diese Adresse, ein Zimmer mit Küche, als »konspirative Dienstwohnung« — als »KW« — den Treffs mit meinen Informanten gedient, war dann aber mehr und mehr zu einem »Spionagenest« des BND umfunktioniert worden. Der Deckname »Burg« paßte dazu: es war in der Tat eine Burg der Ausspähung nicht mehr für sondern gegen den DDR-Nachrichtendienst. Hier hatte ich meine technischen Hilfsmittel versteckt und Fotos von wichtigen Dokumenten aufbewahrt. In der »Burg« empfing ich die Funksprüche aus Pullach; sogar mehrere Treffs mit Günther, meinem Verbindungsmann zum BND, hatten hier stattgefunden. Die Experten in Pullach hatten mich zunächst für verrückt erklärt, als ich vorschlug, eine »KW« des MfS für diese Treffs zu benutzen. Ich hatte mich jedoch gegen alle ihre Bedenken durchgesetzt, obwohl dieses Verfahren — ich war mir natürlich dessen bewußt —, im

Sinne des nachrichtendienstlichen Codex schlechterdings undenkbar war.

Jetzt standen die entscheidenden Stunden unmittelbar bevor; dennoch verspürte ich nun keinerlei Angst oder Aufregung mehr. Ich holte das Kurzwellenradio aus dem Versteck über der Küchendecke. Die Chiffrierunterlagen waren mit einem Klebstreifen daran befestigt. Automatisch stellte ich die Frequenz ein.

Pünktlich um 17 Uhr drang der vertraute, auf- und abschwellende Ton aus Pullach durch den Äther. Eigentlich nur zum Spaß wollte ich noch einmal den Klang der Stimme hören, die ihre Durchsage regelmäßig mit den Worten begann: »Es liegen Mitteilungen vor für . . .«

Doch was war das? Auch meine Kenn-Nummer wurde aufgerufen. Das war nicht vorgesehen. Ich hatte gerade noch genug Zeit, um Papier und Bleistift zu holen. Die Zahlen reihten sich in Fünfergruppen aneinander. Meine Spannung wuchs. Was konnte Pullach jetzt noch wollen? Es war doch schon alles klar. Ich machte mir nicht mehr die Mühe, den Chiffrierstreifen, wie früher, unter eine Glasplatte zu klemmen und mit der Lupe zu lesen. Mit guten Augen waren die winzigen Zahlen auch so zu entziffern. Unverzüglich begann ich die Gruppen voneinander zu subtrahieren, und sogleich ergab sich Buchstabe für Buchstabe. Auf die Umsetztafel konnte ich leicht verzichten. Ich hatte sie mittlerweile im Kopf. Schon die ersten Worte ließen mich erkennen: In Pullach machte man sich doch wieder Sorgen und kündigte für den Fall, daß noch einmal was schiefging, neue Ausreisepapiere für den folgenden Montag an. Zu spät! Ich hatte das Problem in Halle selbst gelöst. Selbst auf noch so perfekt gefälschte Papiere würde ich nicht mehr gewartet haben, glaubte ich doch nunmehr geradezu zu spüren, wie mir der Boden unter den Füßen von Stunde zu Stunde heißer wurde. Jedes weitere Zögern konnte das »Aus« bedeuten. Die besten Wünsche für mein Unternehmen, mit denen die Funkmeldung endete, waren freilich angebracht. Das Schwerste lag ja erst noch vor mir.

Eine Stunde blieb mir noch. Sorgfältig schichtete ich alles, was noch zu vernichten war, im Ofen auf. Die Wohnung würde sicher bald durchsucht werden. Zumindest der Umfang meiner Tätigkeit für den BND sollte zunächst nicht erkennbar werden. Während Chiffrierstreifen, Notizzettel und anderes zu Asche zerfielen, brühte ich mir noch einen Kaffee auf und lehnte mich dann im Sessel zurück, um noch einmal den Ablauf der nächsten Stunden zu durchdenken. Das Ergebnis fiel unter den gegebenen Umständen positiv aus:. Es müßte gelingen.

Wie von selbst wanderten meine Gedanken dann zurück und kreisten zugleich um meine gegenwärtige Situation: Wie war es dazu gekommen, daß ich, einst überzeugter FDJ-Funktionär, zu einem »Agenten« des Westens wurde? Wann hatte der Wandel begonnen, der mich Schritt für Schritt auf die andere Seite geführt hatte?

Eine Jugend im Arbeiter- und Bauernstaat

1

Meine Kindheit verbrachte ich in dem kleinen Dorf Weßmar in der Elsteraue. Als Umsiedlerin aus Schlesien hatte es meine von meinem Vater geschiedene Mutter schwer, nach dem Krieg allein drei Kinder, meine beiden älteren Schwestern und mich, zu ernähren. Ich selbst empfand die Not als »normal«, denn ich kannte nichts anderes. Eine alte Frau aus der Nachbarschaft, die mich beaufsichtigte, wenn meine Mutter bei einem Bauern auf dem Feld arbeitete, erzählte mir zwar von früheren, besseren Zeiten, die in einer Katastrophe geendet hatten. Das alles klang für mich nicht anders als die Märchen, die ich las. Langsam wurde unser Leben leichter, als meine Mutter in den nahegelegenen Leuna-Werken, bald nach Walter Ulbricht genannt, zu arbeiten begann. Ich kam derweilen in den Werkskindergarten. Dort erhielt ich meine ersten »negativen« politischen Lehren, nämlich aus den Gesprächen zwischen den Kindergärtnerinnen über die sowjetische Besatzungsmacht, soweit ich sie begriff. »Der Iwan« kam dabei nicht gut weg. Die Gleichsetzung von »Iwan« und »Russe« im Volksmund führte später im ersten Schuljahr mit Russisch-Unterricht zu einem für mich peinlichen Vorfall, als ich den in einer Lektion vorkommenden Vornamen Iwan durchgehend mit »der Russe« übersetzte.

Als ich etwa fünf Jahre alt war, tauchte wie aus dem Nichts »der Westen« in Form eines Weihnachtspäckchens auf. Bis dahin nie gesehene, unbekannte Dinge kamen da zum Vorschein, Bananen, Schokolade und Kaugummi.

Einmal im Sommer 1953 war meine Mutter plötzlich schon mittags auf einem geliehenen Fahrrad in den Kindergarten gekommen, um mich mitzunehmen. Auf dem Werksvorplatz in Leuna hatten sich viele Leute versammelt, mehr als sonst bei den Mai-Demonstrationen, an denen ich mittlerweile zweimal teilgenommen hatte. Ich konnte nicht verstehen, weshalb meine Mutter sich fern davon hielt und auf Umwegen versuchte, möglichst schnell nach Hause zu kommen. Den Panzern gar, die in den Straßen der Kreisstadt Merseburg standen und die ich mir gern einmal aus der Nähe angesehen hätte, wich sie in weitem Bogen aus. Meine Fragen beantwortete sie nur unwillig oder ausweichend. So habe ich den berühmten 17. Juni 1953 erlebt.

Zu Beginn meiner Schulzeit zogen wir nach Leuna um. Schon im ersten Jahr wurden alle Schüler »Junge Pioniere«, Mitglieder der kommunistischen Jugendorganisation. Das griff jedoch zunächst nur wenig in unser Leben ein. Das Spiel stand noch im Vordergrund. Mit dem Beginn der zweiten Klasse konnten wir am außerschulischen Religionsunterricht teilnehmen. Ich tat es auch, zum Mißfallen unserer Pionierleiterin. Wegen einer Unziemlichkeit — ich hatte einer Mitschülerin einen Kuß gegeben — wies man mich jedoch aus dem Gemeindehaus. Die Pionierleiterin, die wohl einen ideologischen Hintergrund vermutete, lobte mich indessen und bestimmte mich wenig später zum Gruppenratsvorsitzenden.

Es war jedoch vor allem eine bald nach ihr auftauchende neue Pionierleiterin mit stark entwickelten weiblichen Reizen, die mich deswegen nicht nur sehr beeindruckte, sondern auch zu gesellschaftspolitischer Tätigkeit animierte, auch, um ihr nahe zu sein. Bei Schrottsammelaktionen, Gruppennachmittagen, Verhöhnung der wenigen übrig gebliebenen Kirchgänger und ähnlichen »fortgeschrittenen« Aktivitäten war ich nun immer mit dabei. Fast zwangsläufig erwuchsen daraus weitere Ämter. Ein »Freundschaftstreffen« mit sowjetischen Pionieren wurde für mich zum großen Erlebnis; die Berichte über die russische Raumfahrt, beginnend mit dem »Sputnik« ab Herbst 1957, verschlang ich und las dazu noch mancherlei Bücher, in denen heldenhafte Sowjetsoldaten »weißgardistische Eindringlinge«, »faschistische Söldner« oder gar amerikanische Spione mutig und selbstlos bezwangen.

Daß hin und wieder ein Mitschüler und schließlich die von fern angebetete Pionierleiterin selbst auf Nimmerwiedersehen in den Westen verschwanden, konnte mich nicht mehr erschüttern. Ich war inzwischen schon soweit ideologisch gefestigt, daß ich die Thesen vom unausweichlichen Sieg des Sozialismus, von der besseren Gesellschaftsordnung und ähnliches fest glaubte. Im letzten Grundschuljahr fand die inzwischen gängig gewordene »Jugendweihe« statt, das atheistische Gegenstück zur Konfirmation. Ich wollte in dieser Hinsicht für klare Verhältnisse sorgen und gab in meiner Funktion als stellvertretender Freundschaftsratsvorsitzender — also »zweitranghöchster« Pionier der Schule — die Losung aus: »Wer nicht zur Jugendweihe geht, wird erschossen!« Der Aufruhr war groß. Besorgte Eltern machten Schulbesuche, viele Lehrer lächelten säuerlich, wenn sie mich sahen, der Pfarrer intervenierte. Eine Woche nach dieser revolutionären Überzeugungstat lag ein an meine Mutter adressierter Brief der Schule im Postkasten. Die Auskunft meiner Mutter über den Inhalt war knapp und erlösend: »Dein Lehrer hat jetzt genug von dir. Er schickt dich zur Oberschule.«

Am 1. September 1962 fuhr ich mit der Straßenbahn in die fünf Kilometer entfernte Polytechnische Oberschule nach Merseburg. Im Schulhof hatten sich die Klassen von der neunten bis zwölften Stufe im offenen Karree um eine FDJ-Fahne versammelt, die den Mittelpunkt des Platzes bildete. Ich kannte solche Appelle schon aus meiner Grundschulzeit: Meldung eines Blaubehemdeten in seiner Eigenschaft als FDJ-Sekretär an den Direktor, daß die Schüler und Schülerinnen angetreten sind, Dank des Direktors, Befehl zum Flaggenhissen, Reden über die Aufgaben des neuen Schuljahres, über die Verpflichtung, für den Sozialismus zu lernen ... Danach durften die älteren Schüler zum Unterricht abtreten. Die »Neuen« wurden erst noch dem Parteisekretär zugleich Lehrer für Staatsbürgerkunde — vorgestellt. Sein Name war Arthur Schmidt, ein düsterer Mensch, der schon äußerlich — und, wie ich später aus seinem Unterricht entnahm, auch seinem Charakter nach — in ein mittelalterliches Inquisitionsgericht gepaßt hätte. Auch an dieser Schule, die aus einem klassischen humanistischen Gymnasium hervorgegangen war, hatte die Partei die Machtfrage längst für sich entschieden. Der finstere SED-Sekretär war die oberste

Instanz. Vor seinem Lehramt war er Gefängnisaufseher im berüchtigten halleschen Zuchthaus, dem »Roten Ochsen« gewesen. Von dieser Zeit schwärmte er noch immer, während er mit seinen Raubvogelaugen unermüdlich nach dem »inneren Feind« Ausschau zu halten schien. Wir nannten ihn »Zuchthaus-Schmidt«.

Abgesehen von ihm schätzten wir jedoch unsere Lehrer. Der größte Teil meiner Mitschüler und natürlich auch ich glaubten, was uns über die Zustände in der Welt erzählt wurde. Unserem Klassenlehrer — er hieß Boldt, und wir verehrten ihn glühend — gelang es, uns neben Mathematik und Physik auch die FDJ-Nachmittage und sogar die »vormilitärische Ausbildung« schmackhaft zu machen. Wir identifizierten seine Person mit der Sache, die er vertrat. Für mich war er eine unbestrittene Autorität. Er war es auch, der bei mir die Neigung zur Beschäftigung mit den Lehren von Marx, Engels und Lenin weckte. Bald galt ich als guter Kenner ihrer Schriften. So war es auch kein Wunder, daß ich wieder eine Funktion erhielt und FDJ-Sekretär der Klasse wurde, — »natürliche« Fortsetzung meiner »Pionier«-Karriere an der Grundschule. Schließlich brachte ich es auch noch zum »Propaganda-Sekretär« der Schule.

Neben dem Abitur hatten wir gleichzeitig eine praktische Berufsausbildung zu absolvieren. Ich hatte mich für die Schlosserei gemeldet und mußte dazu an zwei Wochentagen in die Leuna-Werke, zunächst in die Lehrwerkstätten und später unter Anleitung von Lehrgesellen in die einzelnen Betriebsabteilungen. Meine Tagesabläufe als »Ausbildung« oder »Arbeit« zu bezeichnen wäre Selbstbetrug gewesen. Interessant fand ich jedoch die Gespräche mit den Arbeitern über politische Fragen. Meist forderte mich mein Lehr-Geselle gleich nach dem Frühstück auf, zu einem politischen Problem meiner Wahl Stellung zu nehmen. Während wir so taten, als ob wir arbeiteten, dabei aber zumeist nur Werkzeugteile von einer Hand in die andere gleiten ließen, hielt ich jeweils so etwas wie ein Kurzreferat — etwa über die »Rolle der Gewerkschaften in der proletarischen Revolution«, über »Die Machtfrage bei der Sicherung der Diktatur des Proletariats« oder auch über die »Lage der Arbeiter in Westdeutschland«. Der Geselle pflegte zunächst zuzuhören und mir dann mit viel Bauernschläue und List Fragen zu stellen. Er hatte einen praktischen Sinn und gesunden Menschenverstand. Nicht selten geriet ich bei unseren Diskussionen, zu denen er oft die gesamte Werkstatt zusammentrommelte, ins Abseits und bekam zugleich ein wirklichkeitsnahes Bild von der Einstellung der Arbeiterklasse in der DDR, ohne daß dies jedoch meine eigene Haltung schon verändert hätte.

Mit Beginn der zehnten Klasse gehörten wir nun zu den »Alteingesessenen«. Wir begannen, die Mädchen der neuen Klassen zu begutachten. Auf meine »Kandidaten-Liste« setzte ich sowohl die hübsche Christina, die »reaktionäre« Tochter eines einstigen bankrott gegangenen Schnapsfabrikanten und Ilona, stramme FDJ-lerin, Tochter eines rechtschaffenen Werkmeisters. Mein Funktionärsamt ermöglichte es mir, ihnen in den folgenden Wochen näherzutreten. Daß meine Wahl schließlich auf die »fortschrittliche« Ilona fiel, hatte allein praktische Gründe:

Wir besuchten sehr gern gemeinsam mehrtägige Funktionärsschulungen, die an den Wochenenden in Jugendherbergen stattfanden. Dabei bildete sich in unserem Bewußtsein eine ganz handfeste »Logik«: Liebe macht Spaß. Liebe ist bei Funktionärsschulungen gut möglich. Also machen Funktionärsschulungen Spaß. Partei, Staat und FDJ veranstalten Funktionärsschulungen; also machen Partei, Staat und FDJ Spaß.

Zum Ende der elften Klasse trat die Frage der Berufswahl in ein akutes Stadium. Nach einem längeren Gespräch mit dem Klassenlehrer entschied ich mich für die reine Naturwissenschaft. Als Studienort kam für mich nur Leipzig in Frage. Bewerbung und Aufnahmeprüfung verliefen problemlos, und so wurde ich für das Wintersemester 1966/67 an der altehrwürdigen »Alma mater lipsiensis«, der Karl-Marx-Universität, wie sie jetzt hieß, vorimmatrikuliert. Eine Hürde war allerdings noch zu nehmen — die Musterung für den aktiven Wehrdient. Uns war zu Ohren gekommen, daß ein Großteil der Abiturienten noch vor dem Studium für 18 Monate die Uniform der NVA, der Nationalen Volksarmee, anziehen sollte. Wenn ich auch einiges für die »sozialistische Heimat« übrig hatte, so waren mir Gleichschritt und Trommelwirbel schon immer zuwider. Ich kam tatsächlich auch davon —

dank der Studienrichtung »theoretische Physik«, die ich einschlagen wollte, und wegen meines Ungeschicks im Umgang mit Geräten. Ich wurde für die Mot.-Schützen gemustert, »Dienstantritt nach dem Studium«. Es sollte nie dazu kommen. Ich war dann schon fest in den Händen des MfS.

2

Am 25. August 1966 wurde ich als einer von knapp 2000 Studienanfängern im Leipziger Kongreßsaal feierlich immatrikuliert. Ich erinnere mich noch genau, wie »Seine Magnifizenz« im schwarzen Anzug mit Amtskette eine kurze und wohlgesetzte, in der Wortwahl vornehm zurückhaltende Rede hielt, der erste Sekretär der SED-Kreisleitung in der Universität dagegen mit penetrantem Pathos auftrat. Fast hatte man den Eindruck, als würden die Augen Walter Ulbrichts, der von einem Foto in Übergröße auf die Szene blickte, zu strahlen anfangen, als der Parteimann von ihm als dem größten lebenden deutschen Revolutionär sprach. Mein Nachbar begleitete den Exkurs mit respektlosem Gähnen. Ich konnte nicht anders, als ihm zuzugrinsen: Flüsternd verabredeten wir uns zu einem Bier nach der Feier. Es fanden sich dazu noch andere Kommilitonen der physikalischen Fakultät ein, und bald wurde unsere Runde recht fröhlich. Meine Mutter hatte mir zum feierlichen Tag Geld für ein neues FDJ-Blauhemd geschickt. Die Studienkameraden überzeugten mich jedoch leicht, daß es weitaus besser in Bier-Runden angelegt sei. Offenbar war ich der einzige in diesem Kreis, der wenigstens noch einiges gefestigtes »DDR-Bewußtsein« hatte, doch waren mir meine künftigen Kommilitonen sympathisch, und so hielt ich mit.

Mein neuer Freund – der, der während der Immatrikulationsfeier gegähnt hatte –, gebürtiger Leipziger, begleitete mich anschließend zum Bahnhof. Unser Weg führte an den einstigen Bordellhäusern der Gerberstraße vorbei. Er zeigte mir das ehemalige »Etablissement«, in dem Walter Ulbricht in der Vorkriegszeit gelebt haben soll. Jahre danach – Ulbricht war inzwischen gestorben — bestätigte mir bei einer ähnlichen »feuchtfröhlichen« Gelegenheit ein hochrangiger MfS-Kollege, der Oberst Otto Ledermann, daß Ulbricht sich in den dreißiger Jahren tatsächlich längere Zeit in einem Bordell aufgehalten hatte.

Nachdem ich nun schon die Einstellung einiger meiner neuen Kollegen kannte, wunderte es mich nicht, daß man mich sogleich zum FDJ-Sekretär des »Studienjahres« (die Studienanfänger sind je nach Anzahl in »Seminargruppen« eines »Studienjahres« organisiert) berief. Sie grinsten dabei hämisch, und tatsächlich habe ich mich des Amtes nie recht freuen können. Nach meiner später gewonnenen Überzeugung entsprach die Einstellung meiner Kommilitonen mehr oder weniger dem kritischen, dem System gegenüber negativ eingestellten Geist in der gesamten DDR-Studentenschaft. Als eifrigster unter den wenigen »Aktivisten« in unserer Seminargruppe erwies sich ein gewisser Gunnar Gutman, als einziger kein eingeschriebenes FDJ-Mitglied. Er nahm jedoch als Gast an allen Versammlungen teil und kehrte dabei den loyalen DDR-Staatsbürger heraus. So konnte er ungehindert studieren — und sich dann in die Bundesrepublik absetzen. Ich möchte ihm heute noch meine Hochachtung für seine schauspielerische Leistung aussprechen.

Die ersten drei Wochen des Studentendaseins gehörten nicht etwa der Einführung in das Studium der Physik, sondern der Landwirtschaft. Wie bei Erstsemestern üblich, wurden wir zum Ernteeinsatz nach Freudenberg (Bezirk Frankfurt/Oder) geschickt. Wir sollten den dortigen Genossenschaftsbauern bei der Kartoffelernte helfen. Die meisten von uns befielen jedoch plötzliche »akute Krankheitssymptome«. Einige brachten es sogar zur geschickt arrangierten Selbstverstümmelung. Dem Intermezzo in Freudenberg folgte zur Einführung in das akademische Leben eine fünftägige intensive »Rotlichtbestrahlung«, wie die regelmäßigen Schulungen genannt wurden. Eine politische Vorlesung löste die andere ab, ohne Neues, geschweige denn Niveauvolles zu bieten. Wir hatten das alles schon im Unterricht »Staatsbürgerkunde« an der Oberschule über uns ergehen lassen müssen.

Im Juli 1967 verwirklichte ich mein lange gehegtes Vorhaben, in die SED einzutreten und beantragte die Aufnahme. Meine

Kommilitonen hatten darüber lange mit mir diskutiert. Sie hielten diesen Schritt für unangebracht. In die SED trete man nur ein, so hielten sie mir vor, wenn es unausweichlich sei. Ein SED-Mitglied würde in fast allen Fällen auch bald zum Spitzel des Staatssicherheitsdienstes. Aber ich war für ihre Argumente nicht zugänglich. Nach meiner damals festen Überzeugung tat die Partei das Richtige für das Volk, wenn auch nicht immer mit rechtem Geschick. Zudem war ich als FDJ-Sekretär vom Parteisekretär des Instituts bedrängt worden: »Wir müssen die Machtfrage an der Uni in diesem Studienjahr zugunsten der Partei entscheiden. Du bist Arbeiterkind. Du gehörst zu uns.« Das verfehlte bei mir seine Wirkung nicht. Meine erste Parteiversammlung, bei der ich als Kandidat aufgenommen wurde, hat mich in meiner Ansicht sogar weiter bestärkt. Scheinbar freimütig wurden viele für das Institut wichtige Probleme diskutiert und entsprechende Beschlüsse gefaßt. Der Pförtner saß neben dem Professor, beide duzten sich, und es schien alles recht proletarisch-demokratisch zuzugehen. Der Institutsdirektor nahm Stellung zu einer Wortmeldung des kleinen Studenten Stiller — das war für mich schon beeindruckend. Ich fühlte mich jedenfalls am rechten Platz. Erst viel später begriff ich, daß die parteiinterne »Offenheit« nur Fassade und nichts dem Zufall überlassen war, mit Hilfe der Parteiformeln Intrigen gesponnen sowie ganz persönliche Interessen verfolgt wurden. Wenn ein Oberassistent mit einer Lobeshymne auf die Politik der SED hervortrat, so war er nur auf seine beschleunigte Ernennung zum Dozenten aus. Wenn ein Professor um ein Forschungsthema kämpfte, so verfocht er damit in der Regel sein Interesse an Dienstreisen zu Kongressen im westlichen Ausland. Durch scheinbar sachliche Argumente in der Diskussion sollte in Wahrheit oft nur die Politische Zuverlässigkeit eines Konkurrenten in Frage gestellt und die eigene Karriere gefördert werden. Ich war jedoch damals am sogenannten »Parteileben« noch lebhaft interessiert und ehrlich dafür eingenommen.

Wenig später lernte ich Irma kennen, eine Chemiestudentin mit eigener »Bude«. Als Tochter eines höheren SED-Funktionärs hatte sie Einblick in das Leben und Treiben dieser Schicht und wußte mit vielen auch pikanten Details aufzuwarten. Ihre Schilderungen warfen kein gutes Licht auf diese Gesellschaftsschicht. Sie selbst bevorzugte als Liebhaber orientalische Gaststudenten, die sie auch stets gut mit »westlichen« Zeitschriften versorgten. Erotisch tat sich nichts zwischen uns, aber wir sprachen uns miteinander aus. Ich konnte bei ihr regelmäßig den »Spiegel« lesen. Dabei wurde mir die Relativität vieler Dinge bewußt, die mir bislang als absolute Wahrheit erschienen waren. Eines Tages deutete Irma jedoch an, sie habe Besuch von Genossen gehabt, die von ihr verlangt hätten, ihre »orientalischen Leidenschaften« zum Wohle der DDR zu nutzen. Wenn sie das verweigere, könne sie nicht weiter an einer Universität studieren, die den Namen von Karl Marx trägt. Ich begriff. Natürlich setzte sie das MfS unter Druck, und ich vermied vorerst weiteren Umgang mit ihr. Erst nach einiger Zeit kamen unsere Beziehungen wieder in Gang, allerdings wurde es nie mehr so wie vorher. Später sollte ich erfahren, daß sie ihre nymphomanischen Neigungen wirklich in den Dienst des MfS gestellt hat.

Der Beginn des zweiten Studienjahres brachte uns statt des trotz allem in relativ angenehmer Erinnerung gebliebenen Ernteeinsatzes einen zehntägigen Aufenthalt in einem Lager für vormilitärische Ausbildung der »Gesellschaft für Sport und Technik« in Thüringen. Mit ehrlichem Widerwillen ließ ich markige Kommandotöne, Gleichschritt und kindische militärische Übungen über mich ergehen. Höhepunkt dieses vormilitärischen Theaters sollte eine Art Manöver sein. Zwei Parteien wurden auf verschiedenen Wegen über einen ganztägigen Fußmarsch an das vorgesehene Gefechtsfeld geführt. Meine Gruppe zählte zu der Manöverpartei, die als Verteidiger einen Berg, die »Höhe 607« zu halten hatte. Nach kurzem Schlaf unter einer Zeltplane, bei strömendem Regen, sollte früh am nächsten Morgen der »Kampf« beginnen. Durch eine triefende Fichtenschonung robbten sich unsere »Feinde« heran, die wir mit Übungssprengkörpem und Nebeltöpfen zu bekämpfen hatten. Als der »Feind« herangekommen war, erhoben wir uns jedoch alle wie auf Kommando und brüllten im Sprechchor »Blödsinn«. Auch von der Gegenseite kam unverzüglich der gleiche Stimmungsausdruck als Echo zurück. Irgend jemand hatte diese Kollektiv-Aktion ausgeheckt und die Parole vorher von Mund zu Mund weitersagen lassen. Niemand hatte sich ausgeschlossen. Unsere »Führer« tobten. Die Lagerleitung drohte mit Disziplinarverfahren und Relegierungen. Es folgten peinliche Einzelbefragungen, doch blieben alle Nachforschungen ergebnislos. Daß 500 Studenten die »vormilitärische« Kriegsspielerei »unisono« sabotiert hatten und keiner von ihnen die Rädelsführer preisgab, bewegte anschließend noch manche FDJ- und Parteiversammlung.

3

Im Jahre 1968 war der frische Wind des »Prager Frühlings« auch in Leipzig und in anderen Teilen der DDR zu spüren. Unglaubliches geschah. Erstmals in einem Land des Warschauer Paktes sprach eine Parteiführung von »Freiheit und Demokratisierung«, deutlicher, als es die immer wieder warnend beschworene »Konterrevolution« in Ungarn getan hatte. Jahrelang eingekerkerte Menschen tauchten plötzlich wieder auf und wurden rehabilitiert. Das gesamte Volk der CSSR stand offenbar geschlossen hinter dieser Führung, und alles nahm einen friedfertigen Verlauf, wie es schien. Die Diskussionen unter uns Studenten nahmen kein Ende. Trotz aller Erfahrungen und bei aller Renitenz gab es unter uns nur wenige, die den Sozialismus schlechthin verurteilten, und die Prager Vorgänge machten ihn in einer Idealform vielen Skeptikern unter uns nun sogar erstrebenswert. Der Begriff »demokratischer Sozialismus« wurde zur Zauberformel. Auch ich zählte mich zu denen, die sich diesem neuen Weg zuwandten. Umso mehr verbitterte es nun, daß die sowjetische und die DDR-Führungsspitze die Entwicklung in Prag zunächst totschwieg und — als das nicht mehr möglich war — sofort »Drahtzieher im Westen« ausmachte. Die nachfolgenden Parteiversammlungen eröffneten nun auch mir den wahren Charakter unserer sogenannten innerparteilichen Demokratie in ihrer ganzen Heuchelei. Eine kleine Führungsschicht legte fest, was die Masse zu tun hatte, und glaubte sogar bestimmen zu können, was sie denken sollte. Die spontane Bewegung wurde sofort rigoros erstickt. Disziplinarverfahren gegen aufmüpfige Studenten wurden zum Tagesgeschäft. Man gab uns sehr deutlich zu verstehen, daß jede Zustimmungsbekundung zum »Treiben der konterrevolutionären Kräfte in der CSSR« unweigerlich mit der Exmatrikulation enden würde.

Bald legte sich eine verdächtige Ruhe über die Vorgänge und Entwicklungen an der Moldau. Die Nachrichten wurden spärlicher. Noch schlossen viele von uns daraus, daß sich eine Verständigung zwischen Moskau und den Reformern in Prag anbahnen könnte. Wir fragten uns, warum sollte sich der Ostblock das Prager Experiment eigentlich nicht leisten können, zumal die Grundlagen des Sozialismus nicht angetastet wurden? Die Antwort gab uns am frühen Morgen des 21. August 1968 der Sprecher der Sieben-Uhr-Nachrichten im DDR-Rundfunk. Schon die Stimme des Sprechers klang ungewohnt. Dann folgte die Erklärung: »Wir unterbrechen unsere Sendung für eine Verlautbarung des Oberkommandos der Vereinten Streitkräfte des Warschauer Paktes.« Mir wurde erst nach und nach die ganze Tragweite der Verlautbarung klar: ». . . zur Sicherung des Friedens und zur Verteidigung der Errungenschaften des Sozialismus, zur Abwehr eines drohenden imperialistischen Angriffs haben Truppen der Vereinten Streitkräfte des Warschauer Vertrages auf Bitten der tschechoslowakischen Genossen das Gebiet der CSSR betreten.« Mehrmals mußte ich mir den gleichen Wortlaut anhören, bis ich meinen Ohren traute: Man war dabei, ein Volk zu vergewaltigen. Der Kreml holte seine Kolonie »heim ins Reich«. Nur 30 Jahre waren vergangen, seit Hitler Böhmen und Mähren unter den »Schutz«, des Deutschen Reiches gestellt hatte. Und jetzt waren wieder deutsche Soldaten dabei. Diese offizielle Lüge von der imperialistischen Bedrohung und dem »Hilferuf« aus Prag — damit konnte ich nicht mehr allein fertig werden. Ich schwang mich auf meinen Motorroller und besuchte einen Freund. Bei ihm traf ich auf eine ganze Runde in derselben empörten, aber ohnmächtigen Verfassung.

Meine bis dahin grundsätzlich positive Einstellung zum Regime erhielt damals einen schweren Schlag. Ich lernte später, politische Vorgänge genau zu analysieren und manche »Notwendigkeit« zu verstehen. Der Riß von 1968 blieb jedoch irreparabel. Wir hegten an diesem 21. August sogar die Hoffnung auf einen Aufbruch der Volksmassen. Vielleicht, so dachten wir, schlägt die Flamme auf den wirklichen Brandstifter zurück. Aber im Kreml hatte man gut geplant. Die Entrüstung des Westens legte sich schnell, und im Osten breitete sich Friedhofsruhe aus. Wer sollte eigentlich auch aufbegehren, wenn wir selbst, die wir uns für aufgeklärte und engagierte Studenten hielten, nicht bereit waren, gegen das Partei-Verdikt aufzubegehren? Für jeden von uns blieb eben die Angst um das eigene persönliche Schicksal unter der eisernen »Kontrolle des Partei- und Staatsapparates« letztlich ausschlaggebend.

Mit Beginn meines dritten Studienjahres waren die Wogen schon verebbt. In den Jahren 1968 und 1969 arbeitete ich während der Leipziger Messe als Aushilfskellner, um mir eine gewisse finanzielle Unabhängigkeit zu verschaffen. Als ich mit meiner Diplomarbeit begann, gab ich auch meine Studentenbude in Leipzig auf. Zwei Tage in der Woche zog ich wieder bei meiner Mutter in Leuna ein. An den restlichen Wochentagen hielten mich die physikalischen Versuchsreihen rund um die Uhr im Labor fest, und an den Wochenenden verdiente ich mir zusätzlich etwas Geld im Stahlwerk Riesa. Ich führte ein geregeltes, wenn auch anstrengendes Leben.

Der Weg ins MfS

1

Eines Tages im März 1970 erzählte mir unsere Nachbarin in Leuna, es sei ein eleganter Herr mittleren Alters erschienen und habe sich nach mir erkundigt. Mich überraschte das nicht sonderlich. Ich hatte seit längerer Zeit mit einer Visite des Staatssicherheitsdienstes gerechnet. Nicht, daß gegen mich etwas vorliegen konnte. Mit riskanten Äußerungen hatte ich mich kurz vor der Vergabe des Themas für die Diplomarbeit zurückgehalten. In der SED-Parteiorganisation galt ich weiter als zuverlässig. Doch unter uns Studenten war es ein offenes Geheimnis, daß alljährlich bei den Parteimitgliedern und auch bei anderen Kommilitonen Abgesandte des Staatssicherheitsdienste auftauchten, um Mitarbeiter besonders unter den angehenden Physikern zu werben. Ein Seminarkollege war sogar jahrelang von Russen in Zivil angegangen worden, seine bei der Volksarmee erworbenen Funkkenntnisse in den Dienst des sowjetischen Geheimdienstes KGB zu stellen. Nun war also die Reihe an mir.

Wie so vieles andere, was mir damals jedoch noch als ganz »normal« erschien — wir, die DDR-Jugend, kannten ja nichts anderes —, ist das starke Interesse des MfS an der Studentenschaft im Wesen des Regimes begründet. Während bei den Nachrichtendiensten demokratischer Länder des Westens aus gutem Grund Abwehr und Aufklärung organisatorisch getrennt sind und sie außerdem ein waches, durch den Vorrang der individuellen Freiheit geschärftes Auge auf sich gerichtet wissen, besteht das Geheimdienstsystem der DDR wie das der anderen Ostblockstaaten aus einem einheitlichen und allmächtigen Apparat. Dieser verbindet nicht nur die Geheimdienstfunktionen im Inneren und im Ausland miteinander, sondern gibt ihnen auch einen völlig andersartigen Charakter. Nicht das Interesse und der Schutz des Gemeinwesens ist der Auftrag, sondern die Absicherung der Macht des Regimes gegenüber dem eigenen Volk sowie die Erweiterung des kommunistischen Machtbereichs nach außen. Diese letzte Aufgabe umfaßt sowohl die Industriespionage, also den Diebstahl technischer Erkenntnisse, die den Ausbau des eigenen Potentials ermöglichen, als auch die Beschaffung geheimer Informationen aus den Regierungszentralen nichtkommunistischer Länder zum Nutzen der eigenen, ideologisch langfristig auf Expansion angelegten Außenpolitik. In diese Aufgabenstellung sind natürlich gezielte Schädigung, Destabilisierung und Subversion der Staaten mit »anderer Gesellschaftsordnung« einbezogen.

Die besondere Wichtigkeit des akademischen Nachwuchses für diese geheimdienstliche Aufgabenkombination ergibt sich aus folgenden Einsatzmöglichkeiten:

- Überwachung und Kontrolle der gesamten DDR-Studentenschaft — das heißt der künftigen Führungsschicht des Staates — durch Spitzel, Zuträger und Handlanger in deren Reihen;
- Aufbau perspektivischer personeller Stützpunkte in den späteren beruflichen Einsatzbereichen der Hochschulabsolventen;
- Überwachung anderer DDR-Bevölkerungsteile, in deren Mitte die Studentenschaft bzw. die spätere akademische Berufselite lebt und tätig ist;
- Kontrolle der Lehrkörper an den Fach- und Hochschulen sowie den Universitäten;
- Rekrutierung von inoffiziellen Mitarbeitern, im internen Sprachgebrauch »IM« genannt, das heißt nebenberuflich geheimdienstlich tätiger Personen für die Übermittlung von Instruktionen an Quellen im sogenannten Operationsgebiet;
- kurz »OG« —, vorwiegend in der Bundesrepublik;
- Anwerbung von Kandidaten für die spätere Übersiedlung in das »OG«;
- Einsatz von Studenten zur nachrichtendienstlichen Bearbeitung interessierender Personen aus dem »OG« mit dem Ziel, diese als Quellen für das MfS zu werben;

- Beeinflussung und nachrichtendienstliche Verwertung offizieller und halboffizieller Verbindungen der FDJ zu Jugendorganisationen des Westens sowie der Staaten der Dritten Welt;
- »Anschleusen« von Doppelagenten an westliche Nachrichtendienste;
- Aufbereitung eines Potentials von Agenten zum subversiven Einsatz in den Reihen des Feindes bei einer bewaffneten Auseinandersetzung;
- Nachwuchswerbung für das MfS selbst.

Die junge Intelligenz unterscheidet sich von anderen Gruppen der DDR-Bevölkerung in mehrfahrer Hinsicht, was für die Führung des MfS natürlich auch große Probleme mit sich bringt. Studenten — auch sozialistische — sind von Natur aus besonders kritisch gegenüber ihrer gesellschaftlichen Umwelt eingestellt. Davon abgesehen opponiert der überwiegende Teil der DDR-Studentenschaft ohnehin auf unterschiedliche Weise gegen den Sozialismus nach SED-Muster: Ihre oppositionelle Einstellung reicht von stummer oder verbaler Ablehnung im vertrauten Kreis über den Besitz und die Verbreitung regimekritischen Schrifttums über die Pflege aktiver Verbindungen zu Vertretern der westlichen Jugend und das Engagement in kirchlichen Studentengemeinden bis hin zu Versuchen, so etwas wie konspirative Gruppen zu bilden. Ich behaupte sogar — und habe für diese Behauptung meine Gründe —, daß es eine regelrechte, wenn auch nur locker organisierte regimefeindliche Studenten»bewegung« gibt, die zuweilen offen hervortritt, so zum Beispiel bei den Demonstrationen auf dem Berliner Alexanderplatz im Oktober 1977 und 1978 anläßlich der Feierlichkeiten zum Jahrestag der DDR-Gründung.

Andererseits hat die SED-Führung unter den Studenten auch eine Anzahl sicherer Anhänger. Wer das Regime aufgrund der Erziehung im Elternhaus wenigstens im Prinzip mitträgt und dazu einigermaßen begabt ist, kann mit der Zulassung zum Studium ohne weiteres rechnen. Die Partei- und Staatsbürokratie läßt ihren letztlich meist korrumpierten Nachwuchs grundsätzlich studieren, um sich ohne soziologische Schwierigkeiten selbst wieder reproduzieren zu können. Viele junge Leute, die nach beruflichem Erfolg und gesellschaftlich herausgehobener Stellung streben und deshalb studieren, haben sich um dieser Ziele willen mit dem System arrangiert. Die zwischen den beiden Extremen — Regimegegnerschaft und Regimetreue — einzuordnende indifferente Mitte interessiert das MfS nur insoweit, als sie ein potentielles Reservoir der Opposition darstellt.

Eine weitere Besonderheit der studentischen Jugend in der DDR ist ihre im Verhältnis zu anderen Bevölkerungsgruppen größere Unabhängigkeit, Beweglichkeit, Abkömmlichkeit und der zumeist breite individuelle Bekannten- und Freundeskreis. Das sind Faktoren, die einerseits den Interessen des MfS entgegenkommen, zum anderen allerdings auch, wegen der Wirkungsbreite, zum gefährlichen Oppositionspotential werden können und daher höchste Wachsamkeit erfordern. Hinzu kommt, daß die meisten Studenten ja noch keine ausgereiften Persönlichkeiten, vielmehr noch formbar und beeinflußbar sind, sowohl durch das MfS, als auch durch Regimegegner. Das alles erklärt, weshalb sich der Staatssicherheitsdienst so intensiv mit dieser Bevölkerungsgruppe befaßt.

Die Methoden, mit denen dabei gearbeitet wird, und die ich später selbst teilweise nutzte, sind vielfältig und hängen vom Einsatzziel, den Aufgaben der jeweiligen Dienststelle, von der Fachrichtung, den Fähigkeiten des einzelnen MfS-Mitarbeiters und seiner Persönlichkeit ab. Grundsätzlich forschen in jedem Studienjahr und in fast jeder Fachrichtung die verschiedensten Dienststellen systematisch, oft wiederholt und parallel, nach geeigneten Kandidaten. Als Folge der wuchernden und für Außenstehende nur schwer durchschaubaren Bürokratie sowie der strengen Dienstvorschriften des MfS kommt es dabei nicht selten zu grotesken Situationen. Schon oft haben MfS-Mitarbeiter Studenten gefragt, ob sie wohl bereit seien, für das MfS tätig zu werden, und dann zur Antwort bekommen: »Es war schon jemand da, ich bin bereits vergeben.«

Grundsätzlich werden sämtliche Studenten, die SED-Mitglieder sind, im Laufe ihres Studiums, wenn nicht schon vorher auf ihre mögliche Eignung hin vom Staatssicherheitsdienst geprüft.

Alle, die sich nicht als zu »unzuverlässig« oder »charakterlich«

ungeeignet erweisen, werden später auch auf eine Zusammenarbeit angesprochen. Für jede Fach- und jede Hochschule oder Universität ist zunächst eine spezielle Abwehrdiensteinheit zuständig, angesiedelt in den einzelnen Bezirksverwaltungen. Bei kleineren Fachschulen besteht sie aus zwei bis drei hauptamtlichen Mitarbeitern, die eine Arbeitsgruppe bilden. Bei einer großen Universität können es bis zu zwanzig Offiziere sein. Für die Technische Universität Dresden wurde zum Beispiel eine volle sogenannte »Objektdienststelle« eingerichtet, mit der ich später selbst viel zu tun hatte. Die für die Sicherung der jeweiligen Lehranstalt verantwortliche Abwehreinheit verfügt dort natürlich auch über die meisten »IM«, also inoffiziellen Mitarbeitern, die Spitzel- und ähnliche Hilfsdienste leisten. Sie befaßt sich mit allen Fakultäten, insbesondere natürlich mit den als »ideologisch anfällig« geltenden, wie Medizin, Kulturwissenschaften, Naturwissenschaften, Theologie, bezeichnenderweise auch Gesellschaftswissenschaften. Das Regime hat also sogar mit seinem prädestinierten Nachwuchs besondere Schwierigkeiten.

Was nicht der eigentlichen Abwehr, also dem Spitzeldienst, verfällt, unterliegt den Anwerbungsaktionen anderer konkurrierender MfS-Abteilungen. Die Auslandsaufklärung hat dabei Vorrang, aber auch besonders strenge Auswahlprinzipien. Für sie kommen als inoffizielle Mitarbeiter nur politisch völlig zuverlässige, gründlich überprüfte Studenten in Frage, während sich die Abwehr nicht nur regimetreuer, sondern auch regimefeindlicher Studenten bedient. Das hat seinen besonderen Grund. SED-Mitglieder können oppositionelle Gruppen schlecht unterwandern. Gegenüber Parteimitgliedern ist jeder DDR-Bürger mit politischen Meinungsäußerungen sehr vorsichtig. Andererseits ist das MfS den Studenten, die das System ablehnen, natürlich noch mehr zuwider als die anderen Teile des Staats- und Parteiapparats. Aber das MfS hat seine speziellen Methoden und Erfahrungen, um auch in diesen Kreisen Spitzel und Zuträger zu gewinnen. Wenn der Versuch der Korrumpierung mißlingt, greift man zu Druck und Erpressung. Schon so mancher Gegner das Regimes hat aus Angst um den Studienplatz und wegen einer ungewissen Zukunft den Pakt mit dem MfS geschlossen. So mancher Teilnehmer an einer

»staatsfeindlichen Handlung« — mag es die Verteilung eines Flugblatts, die Verbreitung eines bissigen politischen Witzes oder die Teilnahme an einer Protestaktion gewesen sein — hat als Beschuldigter einen Vernehmungsraum betreten und ihn »entlastet«, aber als MfS-Spitzel, wieder verlassen. So manche attraktive Studentin, die zur Leipziger Messe einmal der Großzügigkeit und dem Charme eines westlichen Besuchers erlegen war, hat fortan im MfS-Auftrag regelmäßig Messebesucher aus dem kapitalistischen Ausland »betreuen« müssen.

Wesentlich leichter ist natürlich die Anwerbung von Studenten, bei denen es keines Drucks bedarf. Es hat sich herumgesprochen, daß die Zusammenarbeit mit dem MfS nicht nur einige Überwindung erfordert, sondern auch eine ganze Reihe handfester Vorteile bietet. Nur in Ausnahmefällen besteht der Lohn der Willfährigkeit und Disziplin dabei in Geld. Üblicher und begehrter sind berufliche Förderung und ein interessanter Arbeitsplatz, Hilfe in Examensnöten oder auch nur die Absicherung gegen die allgegenwärtige Gefahr, in das Zwielicht einer Untersuchung zu geraten — und manchmal auch das Abenteuer. Ein Beispiel dafür ist weltbekannt geworden, allenfalls in Umrissen freilich der dahinter stehende eigentliche — fehlgeschlagene — Auftrag. Auch ich erfuhr erst später während meiner Dienstzeit im MfS davon: Bald nachdem Fidel Castro auf Kuba die Macht übernommen hatte, beschloß er bekanntlich, seinen Gefolgsmann »Che« Guevara nach Südamerika zu entsenden, um auch dort die »revolutionäre Situation« herbeizuführen. Doch die Sowjetführung war davon alles andere als begeistert. Sie fürchtete, die eben errungene Bastion Kuba könne durch die Ausbreitung der Revolution gefährdet werden, die naturgemäß amerikanische, schwer abzuwägende Gegenmaßnahmen auslösen würde. Der Kreml versuchte also, »Che« zu bremsen, der schon damit beschäftigt war, in Bolivien Partisanenverbände aufzustellen. Das MfS erbot sich, den Sowjets einen Dienst zu erweisen und eine perfekt spanisch sprechende DDR-Studentin als Einfluß-Agentin zur Verfügung zu stellen. »Che« wurde in die DDR eingeladen und Tamara Bunke als Dolmetscherin an seine Seite gestellt. Er nahm sie prompt mit nach Südamerika. Die Fehlkalkulation in diesem feinen Geheimdienstgespinst erwies sich für das Mädchen als verhängnisvoll. Sie war nicht nur nicht imstande, den fanatischen »Che« von seinem Vorhaben abzubringen, sondern erlag selbst seinem revolutionären Kampfgeist. So ist sie zusammen mit ihm im bolivianischen »Maquis« umgekommen.

2

Nach dem ersten Auftauchen des MfS-Mannes in der Nachbarschaft vergingen einige Tage, ohne daß etwas geschah. Ich wußte natürlich, daß er wiederkommen würde, und überlegte hin und her, wie ich auf sein voraussichtliches »Angebot« reagieren sollte. Ich konnte mich bei meinem bisherigen Engagement für die FDJ und die Partei nicht gleich völlig unzugänglich zeigen. Auch stand ich vor dem Diplom-Examen, das ich nicht gefährden wollte. Auf keinen Fall wollte ich mich jedoch dazu hergeben, Freunde und Mitstudenten auszuhorchen. Ich entschloß mich, mir zunächst einmal anzuhören, was man von mir erwartete.

Am 12. April 1970 ist der Mann endlich bei meiner Mutter erschienen. Er gab sich als »Haustein« aus, stellte viele Fragen und hinterließ für mich einen verschlossenen Umschlag. Meine Mutter war ganz aufgeregt, denn die Herkunft des Mannes vom SSD-Staatssicherheitsdienst oder »Stasi« –, wie das MfS auch genannt wird, hatte sie ohne weiteres erkannt. Auch ich war etwas nervös, als ich das Kuvert öffnete. Es enthielt einen Zettel mit der handschriftlichen Mitteilung: »Ich erwarte dich morgen um acht Uhr in Leipzig vor dem Hotel Bürgerhof.« Die Nacht verging mit neuen Überlegungen. Wie sollte ich manövrieren, damit weder meinen Kommilitonen noch mir Nachteile entstünden? Die »Allmacht« des MfS war bekannt. Wer sich einmal, wenn auch mit Einschränkungen, zur Mitarbeit erklärt – zu diesem Ergebnis kam ich immer wieder –, wird sich niemals aus der Verstrickung lösen können. Am frühen Morgen fuhr ich mit Beklemmung nach Leipzig.

Der mittelgroße, stämmige Mann von etwa 40 Jahren war an

dem wenig belebten Treffpunkt beim Hotel nicht zu übersehen. Als er mich erblickte, streckte er den Zeigefinger in meine Richtung aus und deutete mit einem Kopfnicken die Frage an: »Bist du es?« Ich zwinkerte ihm bejahend zu. Mit ausgebreiteten Armen kam er mir entgegen, packte mich bei den Schultern und erklärte mit ziemlich echt wirkender Leutseligkeit: »Gott sei Dank habe ich dich endlich erwischt, ich wollte schon aufgeben.« Dann zog er mich in eine Gebäudenische und förderte mit geheimnisvollem Blick einen Ausweis aus der Innentasche seines Jacketts zutage. Mit den Worten »Damit du weißt, mit wem du es zu tun hast«, klappte er ihn kurz auf. In meiner Verwirrung konnte ich nichts erkennen. Mir fiel nur auf, daß der Ausweis an einem Lederbändchen hing, offensichtlich damit gegen Verlust gesichert. Das Zeremoniell hat mich jedenfalls überzeugt, daß mein Gesprächspartner tatsächlich zum Staatssicherheitsdienst gehörte.

»Ich bin der Leo, komm', wir frühstücken gemeinsam und unterhalten uns dabei.«

In einer abgelegenen Ecke des Hotelrestaurants ließ »Leo« eine Schinkenplatte, Kaffee und französischen Cognac servieren. Sieh an, ging es mir durch den Kopf, er ist zumindest kein Asket. Leo war ganz Mann von Welt und gefiel sich in der Rolle des Gönners gegenüber dem kleinen Studenten:

»Komm', iß dich satt und erzähle mir dann von dir.«

»Was soll ich dir erzählen, du weißt doch sicher alles schon von unserer Nachbarin.«

Leo stutzte: »Na ja, aber mich interessiert zum Beispiel, wie du zur Partei gekommen bist. Wie stellst du dir deine Zukunft vor, und welche Absichten hast du in nächster Zeit?« Ich antwortete ihm ausführlich. Längst hatte ich gelernt, geschult durch die Pionier-Abende, in der FDJ und namentlich in den Partei-Veranstaltungen, im richtigen Augenblick das zu sagen, was man gern hören wollte. Ich berichtete Leo von einer »klassenmäßigen« Erziehung durch meine Mutter, von meiner Tätigkeit als FDJ-Funktionär, von meinem inneren Bedürfnis, Mitglied der Partei der Arbeiterklasse zu sein, und von meiner Verbitterung über die ideologische Labilität so vieler Studenten. Meine Zukunftsabsichten beschrieb ich kurz und knapp:

»Ich werde dorthin gehen, wo mich die Partei hinstellt.«

Leo war offensichtlich begeistert. Es folgte ein langer Vortrag über den Klassenfeind, seine subversiven Machenschaften und die Aufgabe des Ministeriums für Staatssicherheit, den Sozialismus gegen alle inneren und äußeren Feinde zu schützen. Er sprach dann von komplizierten und gefährlichen Aufträgen, die er im Dienst des MfS absolviert habe, von Einsätzen in der »BRD« und »sozialistischer Kundschaftertätigkeit.« Ich stutzte: Über Spitzeldienste, Überwachung meiner Kommilitonen, Zuträgeraufgaben war kein Wort gefallen. Mein Frühstückspartner machte auch kein Hehl daraus, daß er nicht in Leipzig, sondern in der Zentrale in Berlin tätig sei. Nach dem fünften Cognac kam er schließlich damit heraus, was er sich offensichtlich als Trumpf vorbehalten hatte: »Meine Aufgabe ist es, den Klassenfeind auf seinem eigenen Gebiet zu schlagen. Du bist doch ein pfiffiger Bursche. Wenn du bei uns mitmachst und dir Mühe gibst, fängst du nach dem Studium gar nicht erst zu arbeiten an, sondern gehst nach einer Vorbereitungszeit als Kundschafter über die grüne Grenze.« Ich war natürlich verblüfft. Leo kannte mich kaum zwei Stunden und machte mir gleich ein solches Angebot? Mir schien es das Beste zu sein, zunächst noch unbestimmt zu bleiben:

»Was erwartest du jetzt von mir?«

»Schreib erst 'mal einen ausführlichen Lebenslauf und eine detaillierte Verwandtenaufstellung, und dann sehen wir weiter.« Er nahm mir noch die Zusicherung ab, über dieses Gespräch zu schweigen, vereinbarte mit mir einen neuen Termin zwei Wochen später im Restaurant »Kiew« in der Petersstraße und wollte sich überschwenglich verabschieden. Als ich etwas betreten bemerkte, ich werde nun wegen der vorgerückten Zeit eine wichtige Diskussion mit meinem Diplombetreuer verpassen, bot Leo mir an, mich in die Nähe des Instituts zu fahren. Wir bestiegen seinen roten VW-Käfer, ich merkte mir sogar das Kennzeichen, ID 96-16. Meinen Hinweis auf den Cognac zum Frühstück tat Leo mit der Bemerkung ab: »Was denkst du denn, wer ich bin; glaubst du, die Polizei kann mir etwas anhaben?«

Beim Aussteigen sah mich zufällig mein engster Studienfreund, mit dem ich vertraulich alle inneren Empfindungen und Gedanken auszutauschen pflegte. Als Leo davongefahren war, kam er näher, grinste mich verständnisvoll an und meinte nur: »Aha«. Auf mein Drängen hin erzählte er mir dann, daß derselbe Leo einige Tage vorher bei ihm gewesen war und unter dem Siegel der strengsten Verschwiegenheit Auskünfte über mich eingeholt hatte. Mein Freund glaubte, mich beruhigen zu müssen: »Ich habe dich natürlich in den rötesten Farben geschildert.« Doch das war es nicht, was mich bewegte. Ich wußte, daß ich ihm vertrauen konnte, und im übrigen als partei-loyal galt. Vielmehr ließ mich der Gedanke nicht mehr los: Spitzeldienste brauchst du also nicht zu leisten. Wenn Leos Gerede stimmte, dann kannst du aber eventuell mit ausdrücklicher Genehmigung der MfS-Gewaltigen in den Westen gehen, dort leben, und wenn es dir paßt, dort bleiben. Es war diese vage Möglichkeit, die mich am Ende bewogen hat, auf das Angebot einzugehen. Nicht, daß ich das Fernziel dabei schon eindeutig angesteuert hätte. Im Grunde hatte ich vom »Westen« und vom Leben dort noch keine rechte Vorstellung. Die Aussicht war verlockend, der DDR wenigstens zeitweilig oder auch endgültig den Rücken zukehren zu können.

Ich gab mir mit dem Lebenslauf und der Verwandtenaufstellung Mühe. Zum festgelegten Zeitpunkt fand ich mich im Restaurant »Kiew« ein. Schon von weitem erkannte ich Leo. Wieder gestikulierte er, stürzte auf mich zu und wollte sich schier zerreißen vor Freude und Herzlichkeit. Seine Einladung zum Mittagessen nahm ich dankend an; das ukrainische Spezialitätenrestaurant bot ein stattliches Menü. Leo nahm dabei befriedigt Lebenslauf und Verwandtenaufstellung in Empfang und erläuterte mir dann, vor dem »Preis« — das heißt der Übersiedlung als DDR-Kundschafter in die Bundesrepublik stehe der Fleiß. Dazu gehöre freilich auch die Feststellung »innerer Feinde«. Gleichzeitig beruhigte er mich jedoch. Das sei in meinem Falle nur notwendige Routine. Die Phase könne bald abgeschlossen werden. Ich sah ein, daß ich doch irgendwie mit dieser Vorstufe fertig werden mußte, wollte ich überhaupt für das MfS »interessant« bleiben. So berichtete ich ihm ganz oberflächlich über die schlechte ideologische Situation im Institut, über Unzufriedenheit und Mißstände. Die Namen zu nennen, konnte ich noch mit der Ausflucht umgehen, es handle sich dabei um eine allgemeine, selbst bei Genossen zu beobachtende Erscheinung. Leo trug mir auf, alles niederzuschreiben, und gab mir dann erste Hinweise für künftiges konspiratives Verhalten. Ich müßte darauf achten, daß ich beim Weg zum »Treff« nicht beobachtet würde, sollte meinen Bericht erst kurz vor dem nächsten Treff schreiben und dürfte mein Verhalten gegenüber der Umwelt nicht verändern.

Abermals nach zwei Wochen legte ich ihm, wieder bei einem Mittagessen, diesmal im Interhotel »Stadt Leipzig«, einen umfangreichen Bericht über die ideologische Situation am Physikalischen Institut vor. Wenn einzelne Personen darin schlecht wegkamen, dann vor allem sture und dogmatische SED-Mitglieder. Leos Gesicht hellte sich auf, und er begann sogar zu strahlen, als ich ihm auch noch Namen und Adressen von zwei attraktiven und allzu »zugänglichen« Damen nannte. Die eine war eine Friseuse, die andere eine Pädagogikstudentin. Leo notierte sich die Daten der Damen und die weiteren Details, die ich ihm berichtete, sehr genau. Er ersparte sich sogar das obligatorische politische Gespräch. Offenkundig hatte er es nun eilig, an die »Arbeit« zu gehen. Sein neuer Auftrag für mich bestand darin, Personalien und Beurteilungen von Studenten zu schreiben, die nach meiner Auffassung für eine Zusammenarbeit mit dem MfS in Frage kamen. Meine Berichte sollte ich nun auch nicht mehr mit meinem Namen unterschreiben, sondern einen Decknamen verwenden. Für das MfS hieß ich fortan »Stahlmann«.

Unsere »Arbeitsessen« fanden nun regelmäßig statt. Es war im Juni, als er mir zwischen Suppe und Hauptgericht eröffnete: »Du, mein Vorgesetzter will dich das nächste Mal kennenlernen. Der ist in manchen Dingen etwas komisch; deshalb muß ich dich vorbereiten, damit du nicht in ein offenes Messer läufst.« An einer ganzen Reihe von Beispielen demonstrierte Leo mir, welche Fragen mir gestellt werden könnten, und wie ich darauf zu antworten habe. Dabei spielte die politische Seite, die in unseren Gesprächen schon ziemlich bedeutungslos geworden war, wieder eine große Rolle. Eindringlich ermahnte Leo mich, ich dürfte auf keinen fall seine Andeutungen erwähnen, was man mit mir vorhabe. Kleinlaut gab er zu, eigentlich dürfe ich das nämlich noch gar nicht wissen.

Der nächste Treff fand wieder einmal im Restaurant »Kiew« statt. Neben Leo saß ein elegant gekleideter Herr, Anfang vierzig, mit angegrautem blonden, nach hinten gekämmten Haar, einem freundlichen Gesichtsausdruck, aber auffallend wachen Augen. »Werner« — so hatte Leo ihn vorgestellt — übernahm sofort das Gespräch, als seien wir alte Bekannte. Er ließ auch keinen Zweifel daran, daß Leo nunmehr nur noch eine Nebenfigur am Tisch war. Ich spürte sofort: Das war ein anderer Menschentyp. Er erzählte so gut wie nichts, stellte dafür aber eine Frage nach der anderen. Werner hatte sich offensichtlich sehr gründlich mit meinem Vorleben beschäftigt und betonte besonders die »Schwachpunkte« in meiner Entwicklung: Weshalb ich nicht mehr FDJ-Sekretär sei — diese Stellung hatte ich inzwischen aufgegeben —, warum ich meine Kandidatenzeit in der Partei überschritten habe, was ich von den Ereignissen in der CSSR vor zwei Jahren halte, wieso ich mit einem Studenten befreundet sei, der wegen politischen Fehlverhaltens vorübergehend exmatrikuliert und in ein Arbeitslager gebracht worden war. Ich gab mir redliche Mühe und fand Antworten, die ihn offenkundig befriedigten: Die FDJ-Arbeit hätte ich wegen der Anforderungen des Diploms einschränken müssen. Die verlängerte Kandidatenzeit sei eine Folge der Sommersemesterpause gewesen. Ich billigte den Einmarsch in die CSSR »zum Schutz des Sozialismus«. Mein Freund habe, so versicherte ich, seine Lehren aus früheren »Abwegen« gezogen und sei jetzt mit meiner Hilfe dabei, selbst den Weg zur Partei zu finden. Dann folgten die Fragen, auf die Leo mich vorbereitet hatte. Ich antwortete, wie wir es abgesprochen hatten. Werner ließ es nun gut sein und wurde aufgeräumter: Man sei mit meiner Arbeit zufrieden und habe einiges mit mir vor, wenn ich mich weiter so entwickle wie bisher. Dann allerdings stellte er mir eine Frage, die für mich schicksalhaft sein sollte:

»Hast du eigentlich feste Heiratsabsichten?«

Ich antwortete wahrheitsgemäß, weil mein festes Verhältnis gewiß nicht verborgen geblieben war. Bei einem meiner Kellner-Einsätze auf der Leipziger Messe hatte ich mich in eine Ungarin verliebt, die als Dolmetscherin mit einer Delegation aus Budapest gekommen war. Dank meiner Nebenverdienste konnte ich oft nach Budapest reisen, und wir hatten uns bereits verlobt.

Werner und Leo tauschten einen Blick miteinander aus, dessen Bedeutung mir nicht gleich klar war. Ich begriff erst später: Mit dieser Antwort war die Chance schon vertan, in der Bundesrepublik eingesetzt zu werden. Werner verabschiedete sich mit der Ankündigung, wir würden uns bestimmt bald wiedersehen.

Am 25. Juli 1970 heiratete ich. Meine Frau Ilona blieb zunächst noch in Ungarn, da die Übersiedlungsformalitäten noch einige Zeit in Anspruch nahmen.

3

Die Treffs mit Leo wurden seltener, seine Aufträge hingegen immer umfangreicher. Zu jedem Termin lieferte ich pünktlich Berichte, Beurteilungen, Stimmungsschilderungen und politische Auswertungen mit. Langsam begannen mir diese Verpflichtungen jedoch über den Kopf zu wachsen. Mitte November teilte Leo mir mit, er wünsche mich Anfang Dezember in Berlin zu sehen. Bei diesem Termin werde man meine weitere Entwicklung besprechen. Ich solle mich am festgelegten Tag um 10 Uhr vormittags in der Knaackstraße 8 im Stadtbezirk Prenzlauer Berg vor der Tür mit dem Namensschild »Haustein« einfinden und dort klingeln. Dabei werde auch der Vorgesetzte von Werner anwesend sein. Diesem Mann sei mit noch größerer Vorsicht zu begegnen. Also müsse ich wieder gut vorbereitet sein. Erneut studierten wir Fragen und Antworten ein, bis ich meine Rolle beherrschte. An dem von Leo genannten Tag setzte ich mich erwartungsvoll in den Zug. Wenn »man« in Berlin meine Zukunft besprechen wollte, so konnte das eigentlich nur bedeuten, daß ich mir selbst darüber keine eigenen Gedanken mehr zu machen brauchte. Immer noch nahm ich an, ich würde nach angemessener Vorbereitung in den Westen geschickt.

Die Knaackstraße fand ich schnell. Das Haus Nummer 8 war ein häßliches vierstöckiges Gebäude, aus der Zeit der Jahrhundertwende mit mindestens drei Hinterhöfen. Im Erdgeschoß rechts las ich den Namen »Haustein« und läutete. Werner öffnete mir und ließ mich eintreten. Vom Korridor aus konnte ich links eine Küche erkennen, aus der es muffig roch. Rechts führte der Weg in ein modern eingerichtetes Zimmer, halb Wohnraum, halb Büro. Der Mann, der dort im Sessel saß, mochte etwa 35 Jahre alt sein. Er erinnerte mich sofort an »Zuchthaus-Schmidt«, den unangenehmen Lehrer meiner Oberschulzeit. Wie jener wirkte der MfS-Offizier, dem ich jetzt vorgestellt wurde, vor allem durch seinen lauernden Blick abschreckend, der dem Gesicht etwas gab, das an einen Geier erinnerte. Im Oberkiefer blinkte ein Goldzahn, als er mich begrüßte. Werner, der hinter mir eintrat, stellte ihn als »Christian« vor. Mir wurde im selben Augenblick klar: Vor dem mußt du ganz höllisch auf der Hut sein. Der ist dir vermutlich weit überlegen und könnte dich durchschauen.

Christian ließ sich noch einmal meinen gesamten Lebensweg erläutern. Dann kam eine blitzschnelle Frage: »Was hat dir Leo alles erzählt? Hat er dich, wie das seine Art ist, auf unser Gespräch vorbereitet?«

Ich erkannte sofort, eine Lüge würde bei dem Mann nicht ziehen. Ich berichtete von der Aussicht auf die Übersiedlung in den Westen und vom einstudierten Frage- und Antwortspiel. Wieder tauschten meine Gesprächspartner Blicke aus. Nach meiner »Beichte« sagte Christian, an dem ich jetzt auch einen leichten Silberblick und ein Lispeln wahrnahm: »Vergiß den ganzen Quatsch, Leo ist ein Schwätzer! Wir sind zusammengekommen, um unsere Verbindung auf eine feste Basis zu stellen. Dazu versprechen wir dir zunächst nichts als Arbeit und Anstrengung.«

Dann hielt auch er den Standardvortrag über die internationale Lage im großen und die Situation der DDR im kleinen. Er malte das Schreckensbild des Klassenfeindes und seiner finsteren Absichten an die Wand, verspritzte gehörig Gift in Richtung Bonn und Washington. »Deshalb ist es wichtig, daß das MfS in seiner Arbeit von Genossen und Patrioten der DDR unterstützt wird. Bist du bedingungslos bereit, alle Aufträge, die wir dir erteilen, zu erfüllen?«

Ich kam mir vor wie die Maus, die der Katze ausgeliefert war. Sogar meine Hintergedanken waren in diesem Augenblick wie weggeblasen. Mich beherrschte nur ein Gedanke, diesen Mann nicht zu reizen. Ich sagte: »Ja.«

»Es ist dir wohl klar, daß wir uns nicht nur auf dein Wort verlassen können. Wir müssen vor allen Dingen wachsam sein«, fuhr Christian fort. »Deshalb wünschen wir, daß du eine Verpflichtung zur Zusammenarbeit mit unserem Ministerium unterschreibst. Wir haben ein Muster, das alle wichtigen Punkte enthält. Im übrigen kannst du den Text selbst formulieren.« Werner holte nun einen mit Schreibmaschine geschriebenen Entwurf einer Verpflichtungserklärung aus der Aktentasche und erläuterte mir die Vorlage Wort für Wort. Ich erhielt Papier und einen Kugelschreiber und machte mich an die Arbeit. Da mir heute noch ein Duplikat zur Verfügung steht, kann ich den Wortlaut genau wiedergeben. Ich schrieb also:

»Verpflichtung. — Ich, Werner Friedhelm Stiller, geboren am 24. 8. 1947 in Weßmar, tätig als Student an der Karl-Marx-Universität Leipzig, wohnhaft in 422 Leuna, Friedrich-Ebert-Str. 23, verpflichte mich hiermit freiwillig zur Zusammenarbeit mit dem Ministerium für Staatssicherheit der Deutschen Demokratischen Republik und bin bereit, alle mir übertragenen Aufgaben ehrlich, gewissenhaft und mit ganzen Kräften zu erfüllen. Ich bin mir bewußt, daß ich damit einen ehrenvollen Auftrag als Bürger der DDR übernehme, um meinen Beitrag zur Sicherung und Stärkung der Deutschen Demokratischen Republik zu leisten. Ich wurde aus Anlaß dieser Verpflichtung darüber belehrt, daß alle mir im Verlauf meiner inoffiziellen Tätigkeit für das MfS bekannt werdenden Arbeitsmethoden, Personen, technischen Einrichtungen u. dgl. strengstes Geheimnis darstellen und ich deshalb darüber — einschließlich meiner Tätigkeit für das MfS — mit keiner Person, auch nicht mit meinen Verwandten, Bekannten und anderen gesellschaftlichen oder staatlichen Organen sprechen bzw. Angaben machen darf. Zur Sicherung meiner Person und meiner inoffiziellen Tätigkeit wähle ich mir den Decknamen ›Stahlmann‹ und werde meine gesamte Tätigkeit für das MfS unter diesem Namen führen. Mir ist bekannt, daß ich beim Bruch dieser Verpflichtung die Interessen der DDR schwer schädige und nach den bestehenden Gesetzen der DDR streng zur Rechenschaft gezogen werden kann. — Berlin, den 6. 12. 1970, Werner Stiller.«

Als ich damals den Kugelschreiber aus der Hand legte, beschlich mich ein eigenartiges Gefühl. Mir war klar, daß meine politische Einstellung nur noch schwer mit der Verpflichtungserklärung in Einklang zu bringen war. Ich wäre nicht verwundert gewesen, wenn auch Christian das gespürt und mich überführt hätte. Doch er nahm mir das Blatt kommentarlos aus der Hand, prüfte es noch einmal Wort für Wort, faltete es zusammen und steckte es in seine Jackentasche. Beide Gesprächspartner erhoben sich nun, nahmen ein feierliches Gehabe an und gratulierten mir zu dem bedeutsamen Schritt, der mich in »die Front der Kämpfer gegen den inneren und äußeren Feind« einreihe. Man überreichte mir sogar Blumen, und auf dem Tisch stand eine Flasche »Remy Martin«. Wir stießen auf meine zukünftige Zusammenarbeit mit dem MfS an. Ich erhielt die Telefonnummer der Zentrale in Berlin, unter der ich Werner oder auch Christian jederzeit erreichen könne — damals war das noch der Anschluß 55 02 05. Das Kapitel »Leo« sei abgeschlossen, so bedeuteten mir beide. Künftig werde Werner mein Führungsoffizier sein. Ich war zufrieden; Christian wäre mir unangenehmer gewesen.

Wir plauderten noch etwas über Politik und kamen dann zur Physik. Meine beiden Gesprächspartner hatten auf diesem Gebiet zwar keine profunden Kenntnisse, aber einen guten Gesamtüberblick. Insbesondere in der Kernphysik schienen sie sich einigermaßen auszukennen. Ich begann das Richtige zu vermuten: Ihr Fach war die Geheimdienstarbeit auf naturwissenschaftlichem Gebiet, was sich später auch bestätigte. Der Pegel in der Cognacflasche sank schnell. Christian zeigte bereits leichte Trunkenheitssymptome, als ich schließlich verabschiedet wurde. Mit schwerer Zunge lispelnd bedeutete er mir, ich müsse nun erst einmal die konspirative Arbeit von der Pike auf lernen, dann werde man weiter sehen. Auch meine Ausbildung als Physiker werde mir später zugute kommen. Mit gemischten Gefühlen saß ich später im Zug nach Leuna. Was hatte man nun wirklich mit mir vor? Ich mußte mir eingestehen, daß ich darüber so wenig wußte wie vorher. Eines jedoch wußte ich ganz genau: Christian würde mir stets gefährlich bleiben. Sein lauernder Blick und die offensichtliche

Schärfe seines Verstandes hatten mich zutiefst beeindruckt. Die folgenden acht Jahre bestätigten meine damalige Einschätzung.

Wenige Tage nach der Anwerbung als »inoffizieller Mitarbeiter« des MfS siedelte meine Frau aus Budapest in die DDR über und wohnte zunächst mit in der Wohnung meiner Mutter in Leuna.

4

Anfang Januar 1971 lag ein mit der Schreibmaschine adressierter Umschlag ohne Absenderangabe in unserem Briefkasten. Er enthielt eine Nachricht meines Führungsoffiziers Werner. Mit einem lapidaren Satz bestellte er mich zum Treff nach Leipzig. Dieser Termin sollte mein erster Schritt in die konspirative Arbeit werden. Werner ersuchte mich, in seinem »Wartburg« Platz zu nehmen. Er fuhr mit mir in den Leipziger Osten durch die »Straße der Befreiung«, vorbei am Grassi-Museum und an etlichen Buchverlagen. Plötzlich stutzte ich. Werner verlangsamte die Fahrt und bog nach links in die Reclam-Straße ein. Die Gegend war mir sehr vertraut. Hier hatte Irma, die Chemiestudentin und ehemalige Freundin, früher gewohnt. Vor dem Haus, in dem sie ihre »Bude« gemietet hatte, stoppte Werner. Ich überlegte, ob das MfS vielleicht der Einfachheit halber mehrere Wohnungen im gleichen Gebäude unterhielt und auch Irma dort »logiert« hatte. Vielleicht hatte sie ihre Bekanntschaften mit orientalischen Gaststudenten von Anfang an im Auftrag des MfS angebahnt und unterhalten. Doch verwarf ich diesen Gedanken bald wieder.

Im Erdgeschoß des Gebäudes rechts vor dem Altbau, der sehr an das Haus in der Berliner Knaackstraße erinnerte, öffnete Werner eine Tür mit der Aufschrift »Ingenieurbüro Hoffmann«. Wir betraten eine Wohnung, die der in Berlin bis ins Detail glich. Ich habe später noch viele solcher »KW« — konspirative Wohnungen — des Staatssicherheitsdienstes betreten und auch selbst unterhalten, alle mit dem gleichen »Fluidum«. Wir nahmen Platz. Werner braute und servierte den unvermeidlichen Kaffee; auch Cognac fehlte nicht. Dann begann meine systematische nachrichtendienstliche Ausbildung. Die einleitende ideologische Unterweisung bezog sich groteskerweise auf die Rolle des MfS als »Rechtspflegeorgan« der DDR. Ich tat verständnisvoll, und blieb auch noch dabei, als mir Werner zwei Jahre später erzählte, wie er als junger MfS-Mitarbeiter früh um vier Uhr Bürger aus den Betten geholt habe, um sie dann erst einmal »weichzuklopfen« und einzusperren, bis eine Beschuldigung, wie fadenscheinig sie auch sein mochte, zusammengezimmert war.

Das eigentliche geheimdienstliche Thema an diesem ersten Treff nach der Anwerbung waren die Grundregeln der Konspiration. »Merk dir eines«, hämmerte mir Werner mehrmals ein, »oberster Grundsatz ist, daß jeder nur soviel erfährt, wie zur Erledigung seiner Aufgaben unbedingt nötig ist!« Doch bald verfielen wir aus dem Unterricht ins Plaudern; die Stimmung lockerte sich, und so stellte ich ihm die Frage, die mich vor allem beschäftigte:

»Sag mal, was ist denn nun wirklich mit den Zukunftsaussichten, die Leo mir vorgegaukelt hat?«

Mein Führungsoffizier blickte mich schräg an, griff zum Cognacglas und erwiderte dann, leicht verärgert: »Na, glaubst du denn, daß wir dich nach deiner Heirat mit einer Ungarin noch übersiedeln können, wenn Leo, der Trottel, das auch angenommen hat? Der Traum ist jetzt ausgeträumt. Zeig erst mal, was du kannst!« Ich bemühte mich, meine Betroffenheit zu verbergen: Keine Übersiedlung, also auch keine spätere Absprungmöglichkeit in den Westen. Ich sollte also werden, was ich nicht werden wollte: Stasi-Spitzel. Werner schien meine Unzufriedenheit bemerkt zu haben. Er setzte scheinbar beiläufig mit leiser und doch bedeutungsvoller Stimme hinzu: »Wir brauchen auch Nachwuchs in unserer Zentrale. Vergiß das aber erst einmal schnell wieder«. Ich war nun wieder erleichtert: Mitarbeiter in der Zentrale — das dürfte doch Möglichkeiten aller Art eröffnen. Mein Engagement schien sich also doch zu lohnen. Ich mußte mir nur alle Mühe geben, die sicher vielfältigen Prüfungen zu bestehen.

Zum Abschluß des Treffs erhielt ich die Aufgabe, zwei »positive Personenhinweise« zu erarbeiten, und Werner erläuterte mir, was darunter zu verstehen sei: Positive Personenhinweise oder auch »Tips« beziehen sich auf Bürger, die aufgrund ihrer Entwicklung, ihrer politischen Überzeugung, ihrer charakterlichen Eigenschaften und ihrer möglichen operativen Fähigkeiten in der Lage und bereit sein könnten, mit dem MfS zusammenzuarbeiten. Nach Festlegung des neuen Trefftermins wurde ich aus der »KW« entlassen.

Ich war mit dem Gang der Dinge wieder recht zufrieden, und da ritt mich der Teufel. Mir war etwas aufgefallen. Werner hatte, als er mich aus dem Treffzimmer geleitete, die Kaffeedose wieder aus dem Schrank genommen, offenbar um noch eine Kanne Kaffee aufzubrühen. Also erwartete er wohl noch einmal Besuch. Mit zügigen Schritten erreichte ich die Hauptstraße, verschwand um die Ecke und setzte mich, nachdem ich einige Haken geschlagen hatte, in ein Café, von dem aus ich den Hauseingang zum »Ingenieurbüro Hoffmann« beobachten konnte. Werners blaßgelber »Wartburg« mit dem Kennzeichen IG 95-08 stand noch davor. Meine Vermutung traf zu: Nach wenigen Minuten sah ich zu meinem Erstaunen, wie der ehemalige FDJ-Sekretär unseres Institutes, Dr. Klaus Hübner, in die Reclamstraße einbog und in der gleichen Haustür verschwand, die ich etwa eine halbe Stunde zuvor zugeschlagen hatte. Klaus Hübner! Zweifellos stand er genau wie ich im inoffiziellen MfS-Dienst und noch dazu unter dem gleichen Führungsoffizier.

Klaus hatte meine ideologischen Zweifel während der CSSR-Ereignisse wenigstens teilweise miterlebt. Wenn er Werner etwas darüber erzählt hätte, wäre ich wohl wegen mangelnder Zuverlässigkeit nie angeworben worden. Vielleicht hatte er mich sogar an das MfS »getippt« — genauso wie ich jetzt zwei neue Tips bringen sollte —, oder er war einfach nicht über mich befragt worden. Da ich mir nun die MfS-Zentrale zunächst als festes Ziel gesetzt hatte, hielt ich es doch vorsichtshalber für angebracht, meine politische Zuverlässigkeit auch in meiner akademischen Umwelt »zu beweisen«. Bei der nächsten Parteiversammlung setzte ich mich wie zufällig neben Klaus. Wir kamen ins Diskutieren, Themen gab es genug. Jedermann konnte sehen, daß die Ulbricht-Ära bald zu Ende gehen würde, ein einschneidendes Ereignis für die DDR. Ich warf Probleme auf, stellte Fragen, legte Meinungen dar und bezog parteikonforme Standpunkte. Klaus lud anschließend zu einem

Bier ein, andere schlossen sich an, und so konnte ich mich in dieser gleichgeschalteten Runde weiter politisch hervortun. Die Folgen blieben nicht aus: Im Institut wuchs mein »Ansehen.«

Zum nächsten Treff, drei Wochen später, erschien ich, pünktlich und gut präpariert, wieder im »Ingenieurbüro Hoffmann«. Der »Wartburg« mit dem Kennzeichen IG 95-08 stand nicht vor dem Haus. Ich erwartete schon, daß niemand öffnen würde, aber Werner begrüßte mich mit dem gewohnten »Hallo«. Ich fragte ihn nach seinem Auto. Er belehrte mich: »Weißt du, es ist eigentlich ein Grundsatz, das Auto immer etwas abseits zu parken, nur beim letzten Mal war die Zeit zu knapp.« Von dem zweiten, weitaus schwererwiegenden Fehler, der ihm unterlaufen war — zwei Agenten, die sich persönlich kannten, nacheinander in die gleiche konspirative Wohnung zu bestellen — sagte ich natürlich nichts. Statt dessen übergab ich ihm die beiden Tips, die ich ihm liefern sollte. Der Aufwand für zwei umfangreiche, fast vollständige Personendossiers war groß gewesen. Das erste betraf meinen Diplombetreuer Dr. Klaus Roth, das zweite Dr. Klaus Hübner, von mir als Mitarbeiter Werners erkannt. Der Führungsoffizier hatte sich in der Gewalt. Er verzog keine Miene. Der einzige Lapsus, der ihm unterlief: Er las das zweite Dossier zuerst und das sehr gründlich, während er das erste anschließend nur ganz kurz überflog. Ich glaubte nun wenigstens zu wissen, daß mein Diplombetreuer Dr. Roth nicht in MfS-Diensten stand, zumindest nicht bei Werner. Seinen »IM« Hübner hatte ich sehr positiv geschildert.

Werner war mit meinen Berichten sehr zufrieden. Das Ergebnis erlaubte es ihm, das Lehrgebiet »Personeneinschätzung« zu überspringen und das heikle Thema »Legende« zu behandeln — heikel deshalb, weil mit der Qualität der Legenden der geheimdienstliche Erfolg steht und fällt. Zur Erläuterung: Eine Legende ist die Täuschung Außenstehender über den geheimdienstlichen Hintergrund eines Mitarbeiters, einer Aktion oder einer ganzen Institution. Werner erläuterte mir die Theorie, untermauerte sie mit richtigen und falschen Beispielen und trug mir dann auf, für verschiedene Anwendungszwecke Legendenvorschläge zu erarbeiten. Die obligatorische politische Diskussion folgte diesmal zum Schluß. Ich hatte mir eine neue Taktik zurecht gelegt, die mir zweckmäßig zu sein schien: Ich warf selbst politische Fragen auf und begann unaufgefordert meine Meinung zu aktuellen Ereignissen darzulegen. Aus nachträglicher Einsicht weiß ich, daß mir das sehr viel Pluspunkte eingebracht hat.

Der nächste Treff war dem Thema »Personenermittlung« gewidmet. Werner gab mir zwei Adressen, eine in Halle und eine in Zepernick, nördlich von Berlin, ergänzte sie mit einigen Hilfsangaben und entließ mich mit dem Auftrag, ich möge innerhalb von vier Wochen so viel wie möglich über diese Familien in Erfahrung bringen und niederschreiben. Ich setzte mich auf meinen Motorroller und fuhr nach Halle in die Dürerstraße 2. Der Name dieser Zielpersonen ist mir nicht mehr erinnerlich. Zunächst beobachtete ich das Einfamilienhaus aus der Entfernung und stellte fest, daß dort zwei ältere, gutsituierte Leute wohnten. Das war einfach. Schwieriger war die Ansprachelegende. Zunächst wollte mir nichts einfallen, aber dann kam mir eine Idee. Unlängst hatte in der DDR eine Volkszählung stattgefunden. Jeder Haushalt mußte dabei ein umfangreiches Formular ausfüllen, dessen Fragen recht weit in die persönliche Sphäre reichten. Unter einigen Mühen besorgte ich mir in Leipzig zunächst einen Fragebogenvordruck und fuhr wieder nach Halle.

Als ich vor der Gartentür in der Dürerstraße stand, war mir doch etwas mulmig zumute. Auf mein Klingeln schlurfte der Hausherr herbei — etwas verwundert, einen Unbekannten an der Pforte zu finden. Ich bemühte mich, besonders höflich und zugleich bedrückt zu wirken, wobei ich dem Mann erklärte, ich käme vom Statistischen Zentralamt und sei mit der Auswertung der Volkszählung beauftragt. Ein von mir verschuldetes Mißgeschick habe dazu geführt, daß neben einigen anderen ausgerechnet auch der Fragebogen des Hauses Dürerstraße 2 in Halle unbrauchbar geworden sei. Da mein Vorgesetzter sehr streng sei und ich mit einer Bestrafung rechnen müsse, wolle ich höflich anfragen, ob es vielleicht doch möglich sei, das Formular noch einmal auszufüllen. Mir sei der Vorfall sehr peinlich. Ich erregte das Mitgefühl des Hausherrn, wurde eingelassen und gebeten, im Wohnzimmer Platz zu nehmen. Der freundliche Mann verschwand einige Zeit, um das in jedem Haus der DDR obligatorische »Hausbuch« zu holen. Unterdessen konnte ich die Post auf dem Schreibtisch begutachten, die Adresse der Westverwandtschaft registrieren und auch sonst kurz Umschau halten. Die Literatur im Bücherschrank ließ auf geistige Interessen und liberale politische Haltung, der Gesamteindruck des Zimmers auf gutbürgerliche Verhältnisse schließen. Aus dem Hausbuch erhielt ich alle benötigten Daten. Einige gezielte Fragen erbrachten weitere verwertbare Angaben. Meine überschwenglichen Dankesworte beim Abschied waren echt. Der Ermittlungsbericht umfaßte an die zwanzig eng beschriebene Seiten.

Schon mit mehr Selbstvertrauen begann ich mit dem zweiten Auftrag in Zepernick. Von der Familie Blasek im Ahornweg 2 wußte ich wenigstens, daß dieses Ehepaar sieben Kinder hatte und religiös eingestellt war. So gab ich mich als Theologiestudent aus, der mit einigen Gleichgesinnten karitativ für kinderreiche Familien wirken wolle und daneben eine wissenschaftliche Arbeit über die Lage solcher religiös gebundener Familien in diesem und jenem Sprengel vorbereitete. Die Methode war nicht ganz fein, aber sie hatte Erfolg. Zum Abschied bekam ich sogar ein Familienfoto geschenkt. Werner nahm meine Berichte zur Kenntnis, erstattete mir meine Auslagen und schob mir dann noch spontan 50 Mark Prämie über den Tisch. Ich dankte und strich das Geld ein. Meinem Ziel, Mitarbeiter der Zentrale zu werden, war ich vermutlich etwas näher gekommen.

5

Beim nächsten Treff sprach Werner von der bevorstehenden Leipziger Frühjahrsmesse. Das sei eine hervorragende Gelegenheit, meine Ausbildung weiter voranzutreiben. Ich war wenig erfreut, denn die Messe war ja für mich immer die beste Gelegenheit gewesen, um als Kellner etwas Geld zu verdienen, da ich aus Rücksicht auf meine übergesiedelte Frau und wegen des »Endspurts« bei der Diplomarbeit an den Wochenenden nicht mehr im Stahlwerk Riesa arbeiten konnte. Doch Werner beharrte auf seinem Vorhaben. Er trug mir auf, mindestens zwei »Messekontakte« anzubahnen. Ich sollte eine nachrichtendienstlich ausbaufähige Verbindung herstellen, das Persönlichkeitsbild der Partner abklären und Voraussetzungen für die Weiterführung dieser Beziehungen schaffen. Nun war ich zwar schon früher als Kellner im Messerestaurant mit zahlreichen Westdeutschen in Kontakt gekommen. Aber das war es natürlich nicht, was meinem Führungsoffizier vorschwebte. Ich sollte unter falschem Namen und mit einer »qualifizierten« Legende auftreten, die auch dank meiner Kenntnisse auf einem speziellen technischen Gebiet schnell gefunden war. Ich benutzte für meine Diplomarbeit einen teuren, aber weil aus der DDR-Produktion stammend nicht besonders guten Elektronenspinresonanz-Spektrometer und wußte aus dem Messekatalog, daß Firmen aus Karlsruhe und Zürich mit ganz anderen Qualitäten aufwarten konnten. Beide Unternehmen waren in Leipzig vertreten. Als angebliche Arbeitsstelle wählte ich ein Institut der Akademie der Wissenschaften aus, von dem ich wußte, daß auch dort Elektronenspinresonanz betrieben wurde. Die Wahl eines anderen Namens war natürlich kein Problem — ich entschied mich für »Schilling«. Aus alter Gewohnheit bin ich auch später meistens bei diesem Namen geblieben. Wie ich später erfuhr, hat es nicht lange gedauert, bis die Abteilung Spionageabwehr im Kölner Bundesamt für Verfassungsschutz von der Existenz eines Herrn »Schilling« im DDR-Geheimdienst wußte.

So gewappnet, ging ich zunächst zum Stand der Schweizer Firma und blickte in einer Art und Weise, die Sachkunde signalisieren sollte, auf das ausgestellte Gerät. Daraufhin erschien ein seriös wirkender Herr Anfang dreißig. Wir begannen zu »fachsimpeln«. Ich sprach von meiner angeblichen Arbeitsstelle und deutete an, unserem Institut würde möglicherweise der Kauf eines neuen Gerätes aus dem Westen genehmigt. Der Mann wurde hierauf noch freundlicher und interessierter. Kurz darauf blickte ich wie erschrocken auf die Uhr und schob einen dringenden Termin vor. Mein Gegenüber reagierte wie erwartet. Er bedauerte, daß wir das interessante Gespräch abbrechen mußten, und fragte mich, ob wir es zu einem anderen Zeitpunkt fortsetzen könnten. Er habe auch außerhalb der Messeöffnungszeiten genügend zeitlichen Spielraum. Was Werner mir aufgetragen hatte — ich solle mich möglichst immer einladen lassen und nicht selbst als Gastgeber auftreten –, hatte ich erreicht. Wir verabredeten uns für den nächsten Abend zum Bier.

Zunächst ging ich jedoch noch zum nahegelegenen Stand der Karlsruher Konkurrenzfirma. Dort ließ sich zunächst niemand blicken. Ich hatte Zeit, mir das Ausstellungsstück eingehend zu besehen. Ganz unerwartet hörte ich plötzlich von hinten die Frage: »Verstehen Sie etwas von Elektronenspinresonanz?« Wieder stellte ich mich als »Schilling« vor; ich sei an dem und dem Institut in Berlin tätig ... In diesem Augenblick tauchte ein Besucher auf, der mir wohlvertraut war: Mein Diplombetreuer Dr. Roth. Das Erstaunen über das Zusammentreffen war offenbar beiderseits, denn für DDR-Bürger ist ein Messebesuch mit allen möglichen Genehmigungen und Auflagen verbunden. Später bestätigte sich mir, daß auch mein akademischer Betreuer zu diesem Zeitpunkt schon längst und intensiv der Bezirksverwaltung Leipzig des MfS verpflichtet war. Deshalb kam ihm die Begegnung wohl genauso ungelegen wie mir das Zusammentreffen mit ihm, und er verschwand zu meiner Erleichterung. Die gemeinsame Zielperson, der Messevertreter der Karlsruher Firma, hatte zum Glück nichts bemerkt. Ich verfolgte nun die gleiche Taktik wie bei dem Schweizer Firmenvertreter. Nach kurzer Zeit hatte ich eine Einladung des Herrn aus Karlsruhe für den übernächsten Abend in der Tasche.

Diese Ergebnisse berichtete ich Werner bei einem sogenannten »Spazier-Treff« im Clara-Zetkin-Park. Wir besprachen die nächsten Schritte. Die Verbindung nach Zürich schien ihn wenig zu interessieren: »Trink' dein Bier mit ihm, aber ansonsten hat die Sache für uns keine Perspektive.« Der Vertreter aus Karlsruhe allerdings interessierte ihn ungemein. Er ließ sich von mir die Visitenkarte des westdeutschen Geschäftsmannes geben und kündigte an, mich in der Sache erneut kontaktieren zu wollen. Tatsächlich wurde ich bald zu einem weiteren Kurztreff bestellt. Eine neuerliche, wenn auch knappe politische Einleitung meines Führungsoffiziers gipfelte in der Feststellung: »Du mußt den nächsten Termin mit dem Mann aus Karlsruhe unbedingt wahrnehmen. Wir sind stark daran interessiert. Achte bei dem Gespräch insbesondere auf alle Details zu seiner Person und vor allem zu verwandtschaftlichen Verbindungen in der DDR. Ich habe dir zwei Eintrittskarten für die Nachtbar besorgt, schleif ihn dorthin und horch' ihn aus!« Ich rief den Herrn aus Karlsruhe an und informierte ihn über den geplanten Barbesuch. Er willigte ein, wenngleich seine Stimme ein leichtes Erstaunen verriet. Als erfahrener Messevertreter wußte er wahrscheinlich, daß Plätze in Bars und Kabarettkarten zur Messezeit äußerst rar sind.

Ich versuchte, die mir aufgetragenen Rollen an den zwei Abenden schlecht und recht wahrzunehmen. Der Eidgenosse war tatsächlich wenig ergiebig. Er war unbescholten, redlich und naiv — Eigenschaften, die jeden Geheimdienstmann frustrieren. Der Stolz, ein Bürger der Schweiz zu sein, war nicht zu überhören, auch nicht die innere Sicherheit und Gelassenheit, die damit einhergeht. Ich habe allerdings bei diesem Gespräch erstmals eine Ahnung davon bekommen, was es heißt, freier Bürger eines freien Volkes zu sein. Nachrichtendienstlicher Profit jedenfalls war aus diesem Gespräch nicht zu ziehen.

Pünktlich erschien am nächsten Abend der Herr aus Karlsruhe vor dem »Eden« in der Peterstraße. Ich war vorher kaum jemals in einer Nachtbar gewesen. Ich versuchte, mir an diesem Abend den Anschein weltmännischer Gelassenheit zu geben. Ich weiß nicht, ob der Karlsruher Vertreter gespürt hat, wie verkrampft ich tatsächlich war. Ich fühle mich noch heute unwohl, wenn ich daran denke. In meinem biederen dunklen Anzug, den ich schon bei mehreren Physikerbällen und anderen studentischen Veranstaltungen getragen hatte, betrat ich mit ihm die Bar. Die Eintrittskarten wiesen einen numerierten Tisch aus. Zwei der vier Tischplätze hatte ein junges Paar belegt. Instinktiv spürte ich, daß dabei nicht alles mit rechten Dingen zuging. Die beiden trugen unterschiedliche Eheringe, sprachen kaum ein Wort miteinander, schienen noch so harmlose Intimität fast überängstlich zu scheuen und benahmen sich auch sonst in auffälliger Weise unauffällig. Ich dachte mir: Werner hat die Karten besorgt, er hat auf diesen Ausgang bestanden ... Erst ein gutes Jahr später wurde mir zur Gewißheit, was ich an diesem Abend schon vermutete: Das Ganze war eine mehr oder weniger geschickt eingefädelte Überprüfungsoperation.

Ich versuchte, meinem Gesprächspartner aus Karlsruhe gegenüber zu »brillieren«, ihn einzuwickeln und auszuhorchen, sein Innerstes nach außen zu kehren. Doch dieser erwies sich als gewiefter Gesprächspartner, bei dem ich keinerlei Chance hatte. In der politischen Diskussion, die sich bald entspann, manövrierte er mich mühelos aus. Schließlich vertrat er in erster Linie Auffassungen, die ich mir selbst allmählich innerlich zu eigen gemacht hatte. Er horchte mich intensiv nach dem Institut in Berlin aus, so daß mir bald mein Wissen darüber auszugehen drohte, obwohl ich mich intensiv vorbereitet hatte. Zum Schluß hatte ich weitaus mehr erzählt als gehört. Unsere Tischnachbarn haben zum Glück von all dem nur wenig mitbekommen. Ich konnte mit dem Karlsruher Vertreter noch für die nächste Messe eine Fortsetzung unseres Gesprächs vereinbaren, dann suchte ich schleunigst das Weite. Dieser Abend zählte gewiß nicht zu den Glanzleistungen meiner Geheimdienstlaufbahn. Mein Bericht an Werner las sich dennoch ganz gut: Ich hatte ihn entsprechend aufgeputzt.

Der Spaziergang mit Werner am nächsten Tag, wieder im Clara-Zetkin-Park, brachte eine neue Überraschung. Mein Führungsoffizier begann, nachdem er meinen Bericht über den Mann aus Karlsruhe mit sichtlicher Genugtuung gelesen hat, in dramatischer Stimmlage dunkle Machenschaften des Klassenfeindes zu schildern. Das MfS sei einem Agentenring auf der Spur, der Subversions- und Terrorakte vorbereite. Einer dieser Agenten sei erkannt. Es komme jetzt darauf an, die anderen und die Hintermänner zu fassen. Er gab mir den Auftrag, diesen Mann über eine bestimmte Zeit zu beobachten, alles und jedes festzustellen. Selbst winzige Details seien für die Sicherheit der Republik äußerst wichtig. Der Mann werde am folgenden Tag gegen 15.00 Uhr einen Treff mit einem seiner Komplizen in der Toreinfahrt zu einer am Sachsenplatz gelegenen Wohnung haben. Meistens trage er einen Taschen-Regenschirm mit sich. Ich solle auf ihn warten und ihn dann beschatten. Wenn er mir entkomme, so werde das für die DDR schlimme Folgen haben. Nach 16.00 Uhr würden mich andere MfS-Mitarbeiter ablösen.

Ich konnte mich eines gewissen Verdachtes nicht erwehren — das Paar aus der Bar kam mir wieder in den Sinn —, und ich beschloß, mich schon eine halbe Stunde vor dem Zeitpunkt am Sachsenplatz einzufinden. Bereits nach einer Viertelstunde hielt ein Taxi vor der Toreinfahrt, dem ein der Beschreibung Werners entsprechender Mann entstieg. Allerdings fehlte ein Kennzeichen, der Taschenschirm — aber es war ja strahlend sonniges Wetter. 15.05 Uhr kam er wieder aus dem Tor heraus. Ich verfolgte ihn eine Stunde lang kreuz und quer durch die Leipziger Innenstadt. Der Mann verhielt sich, als werde er von allen Hunden gehetzt. Er rannte durch Messehäuser, durch die berühmten Innenstadtpassagen, hastete an »Auerbachs Keller« vorbei, durcheilte verschiedene Bedürfnisanstalten und schien um sein Leben zu laufen. Nach 45 Minuten schlug er einen gewaltigen Haken. Offensichtlich hatte er mich bemerkt, glaubte aber nun, mich abgeschüttelt zu haben. Er strebte jetzt mit festem Schritt ohne Hast dem Leipziger Fundbüro zu. Ich folgte ihm. Er meldete dort den Verlust eines Taschenschirms. Das gute Stück sei ihm vor kurzem in einem Taxi abhanden gekommen; wenn es abgegeben werde, möge man ihn doch bitte unter der Nummer 3 16 19 benachrichtigen. Ich hätte laut lachen können: Unter dieser Rufnummer war — auch für mich — Werner während der Messe erreichbar. Ein Jahr später sah ich übrigens diesen »feindlichen Agenten« wieder. Er war Oberleutnant des DDR-Geheimdienstes und erwies sich als Kollege von gutem Wesen. Er hat sich wohl deshalb nicht lange im MfS halten können.

Nach diesem Erlebnis war mir klar, daß ich noch nicht die letzte Überprüfung meiner Zuverlässigkeit und meiner operativen Fähigkeiten hinter mich gebracht hatte, die erforderlich waren, um in der Berliner Zentrale mit all den vermutlich sich dort bietenden Möglichkeiten eingestellt zu werden. In diesem Zusammenhang bereitete mir auch die Frage Kopfzerbrechen, inwieweit ich meinem Führungsoffizier über meine privaten Kontakte rechenschaftspflichtig sein sollte. Ich hatte zufällig Irma wieder einmal getroffen und ihr dabei meinen bevorstehenden Messeeinsatz kurz angedeutet. Sie nahm das zur Kenntnis, sagte aber nichts weiter dazu. Ich verschwieg Werner auch — und vorsichtshalber auch ihr —, daß ich während der Messe noch weitere Kontakte »ohne Auftrag« mit westlichen Geschäftsleuten suchte. Ich wollte mich sowohl über das gesamte Angebot an physikalischen Geräten informieren wie auch jede Möglichkeit zum Gespräch mit westlichen Firmenvertretern nutzen, um mehr über ihre Mentalität sowie ihre Argumentationsweise zu erlernen, um so — nach meiner Schlappe in der Nachtbar — besser für Diskussionen gerüstet zu sein.

Bei einem westdeutschen Firmenstand trat ein Mann — wohl ein Geschäftsfreund des Ausstellers, wie ich später vermutete — auf mich zu, stellte sich als Vertreter eines Stahlkonzerns aus der Bundesrepublik vor und knüpfte ein Gespräch mit mir an. Ich hielt es damals für einen Zufall, auf diesen sehr angenehmen, aber hellwachen Westdeutschen gestoßen zu sein. Er war ein Mann von stattlichem Aussehen, offenbar gebildet und welterfahren, sprach mehrere Sprachen und war viel auf Reisen, wie sich bei der Unterhaltung herausstellte, hatte gute Manieren und strahlte vor allem Gelassenheit aus. Auch er fand offensichtlich Gefallen an unserem Gespräch und lud mich für den Abend zum Essen ein. Es schien mir, daß er nicht zu den westdeutschen »Stammbesuchern« der Leipziger Messe gehörte. Er zeigte sich sehr interessiert an den Lebensumständen sowie den politischen Entwicklungen in der DDR. Unser Gedankenaustausch war sehr offen — gefährlich offen, wie mir am Ende des Gesprächs plötzlich bewußt wurde. Der Westdeutsche hatte bei mir unversehens alle Hemmungen gelöst. Nachdem er die Rechnung beglichen hatte, fragte »Küster« (seinen eigentlichen Namen möchte ich verschweigen), ob ich womöglich Unannehmlichkeiten mit meinen Vorgesetzten im Institut bekomme, denn es sei ja bekannt, daß zu enge Kontakte zwischen westlichen Messebesuchern und DDR-Bürgern nicht gern gesehen würden. Ich entgegnete vorsichtig, daß ich wegen dieses Abendessens keine solchen Folgen erwarte, denn ich beabsichtige nicht, meine Vorgesetzten darüber zu informieren. Ich war schon im Laufe unserer Unterhaltung zu dem Schluß gekommen, Werner keinesfalls von diesem Kontakt zu berichten, sondern ihm statt dessen zu sagen, ich hätte an diesem Abend keinerlei interesssante Leute kennengelernt. Ohnehin hatte ich mich nicht als »Schilling« ausgegeben, sondern meinen echten Namen genannt. Ein Verstoß gegen die konspirativen Regeln? Und kannte »Küster« vielleicht den Vertreter der Karlsruher Firma ?

Ich war vom Wesen meines Bekannten aus Westdeutschland so eingenommen, daß ich ohne weiteres zustimmte, als er mir vorschlug, in Kontakt miteinander zu bleiben und die Adressen auszutauschen. Dabei bemerkte er freilich, es sei für mich doch wohl besser, wenn wir uns nicht gegenseitig schreiben würden. Wir könnten uns ja jedenfalls auf der nächsten Messe wieder begegnen. Ich sagte zu. Es sollte mir erst später klar werden, daß es von Seiten »Küsters« — seiner offensichtlich ehrlichen Sympathie für mich ungeachtet — doch keine Zufallsbekanntschaft war.

6

Wenige Wochen nach der Messe kam Werner bestürzt zum Treff. Ein Kurier sei durch einen Unfall ausgefallen. Nun könnten wichtige Meldungen aus dem Westen nicht abgeholt werden. Er habe sich überlegt, daß ich zwar noch relativ neu »im Geschäft« sei, aber vielleicht fehle es mir dennoch nicht an dem nötigen Mut, um bei Nacht und Nebel auf der anderen Seite des »antifaschistischen Schutzwalls« einen sogenannten toten Briefkasten zu leeren. Allerdings sei das ein nicht ungefährliches Unternehmen. Alles klang wie bei den vorangegangenen Tests. Mit ernster Miene wiederholte ich meine Bereitschaft, jeden Auftrag der Partei auszuführen. Werner schien erleichtert. Er bereitete mich auf einen kurzfristigen Abruf nach Berlin vor und entließ mich.

Eine Woche später läutete in meinem Leipziger Universitätsinstitut das Telefon: Ich möge mich am nächsten Abend um 20.00 Uhr in dunkler, unauffälliger Kleidung auf dem Bahnsteig A des Bahnhofes Berlin-Schönefeld einfinden. Werner erschien pünktlich zur angegebenen Zeit am Treffpunkt. Wir bestiegen seinen blaßgelben »Wartburg« — ich »erbte« ihn ein Jahr später als Dienstwagen von ihm —, und fuhren zunächst durch und dann um das nächtliche Berlin herum. Mein Führungsoffizier wies mich dabei in meine Aufgaben ein. Bald hatte ich jegliche Orientierung verloren. Die Stadt lag hinter uns, finsterer Wald säumte die Straße zu beiden Seiten. Werner hielt an: »Wir nähern uns jetzt dem Grenzgebiet, leg' dich auf den Rücksitz und zieh' die Decke über den Kopf.« Ich tat, wie befohlen. Dann fuhr er weiter. Ich spürte, daß die Straße in einen Feldweg überging und der Wagen schließlich anhielt. Unter meiner Decke kam es mir so vor, als ob wir gerade eine Kontrollstelle passierten; ein Lichtschein drang durch. Wir fuhren weiter, das Rütteln wurde immer unangenehmer.

Erleichtert hörte ich schließlich beim nächsten Halt Werners Aufforderung, ich möge aussteigen. Dann flüsterte er mir zu, ich solle ihm folgen. Nach etwa 500 Metern durch Fichtengestrüpp stießen wir auf einen Stacheldrahtzaun mit dem weißen Schild: Halt! Staatsgrenze! Betreten des Grenzgebietes verboten! Werner zog den hier nur locker befestigten Stacheldraht aus der Halterung, ließ mich durch die Öffnung kriechen und wünschte mir vollen Erfolg. Ich hielt mich an seine Wegbeschreibung. Der Trampelpfad führte nach etwa 200 Schritten auf eine Lichtung. Weit und breit war kein Mensch zu sehen. Ein alleinstehender, alles überragender und gegen den klaren Nachthimmel deutlich erkennbarer Baum war das angegebene Ziel. Ich griff, wie mir erklärt worden war, in eine Höhlung an der Wurzel und zog ein in Plastikfolie gewickeltes Päckchen von der Größe einer Tonbandkassette hervor. Alles verlief wie vorgesehen. Werner, der gewartet hatte, zeigte sich sehr befriedigt über meine rasche Rückkehr und sparte nicht mit Lob. Ich habe ihm nicht gesagt, daß ich zu keinem Zeitpunkt geglaubt hatte, ich würde tatsächlich auf West-Berliner Gebiet geschickt. Aber an diesem Abend hatte ich, wie sich herausstellen sollte, die vorerst letzte große Hürde auf dem Weg in die Zentrale des DDR-Geheimdienstes genommen. Ich habe später selbst solche Scheineinsätze mit meinen »IM« ausgeführt, sie allerdings echter gestaltet. Einmal hat sich dabei sogar ein DDR-Grenzwachkommando erboten, eine »Feindpatrouille« des BGS zu mimen. Mein Prüfling, der hiervon wirklich keine Ahnung hatte, behielt jedoch kaltes Blut und zog sich nach Erfüllung des »Auftrages« vorbildlich aus der Affäre.

Ich hatte nun einige Wochen Ruhe, um mich ungestört meiner

Diplomarbeit widmen zu können. Erst im Mai erhielt ich eine neue schriftliche Aufforderung zum Treff nach Berlin, wie üblich mit der Schreibmaschine geschrieben und ohne Absender. Die »KW« in der Knaackstraße — ihren Decknamen »Office« kannte ich bereits — hatte sich verändert. Das Namensschild »Haustein« war durch »Helbig« ersetzt worden. Mir gegenüber nahmen wieder der gefährliche Christian und der mir nun schon recht vertraute Werner Platz. Wieder hielt der erstere nach einigen Einleitungsformeln einen ideologischen Vortrag, und das so intensiv, daß ich mich wegen der bisher geringen eigenen Bereitschaft zur Aufopferung für die Sache des Sozialismus eigentlich hätte verachten müssen. Ich habe die Anwendung dieser Methode noch häufiger erlebt und sie mir auch selbst später bei meiner Arbeit zunutze gemacht. Christian stellte mir anschließend die scheinheilige Frage, wie ich mir nun vor dem Studienabschluß, an der Schwelle zur Berufstätigkeit, meine Zukunft vorstellen würde. Ich entgegnete, nun schon ganz automatisch: »Liebe Genossen, ich werde auf den Platz gehen, an den die Partei mich stellt«, und fügte diesmal noch hinzu: »Wenn die Partei keine Verwendung für mich finden sollte, so werde ich mir eine Stelle suchen, an der ich dem Sozialismus maximal dienen kann.« Das war ganz im Stil der früheren Treff-Vorbereitungen mit Leo gesprochen. Werner quittierte den Erguß mit verhaltenem Lächeln, das freilich abrupt verschwand, als er Christians mißmutige Miene sah und dessen nächste Frage kam: »Bist du einverstanden, wenn wir dir eine Aufgabe als Parteiarbeiter geben?« Ich sagte: »Ja«.

»Uneingeschränkt ja?«

»Uneingeschränkt ja!«

Meine Antworten hatte ich weiterhin ganz mechanisch, aber offenbar doch überzeugend gegeben, und der Genosse Hauptmann, so weit hatte es Christian zu diesem Zeitpunkt schon gebracht, schloß die Besprechung über meine Zukunft kurz und bündig mit der Bemerkung: »Wenn du dich weiter bewährst, werden wir dich zu gegebener Zeit in unsere Reihen aufnehmen«. Nach dieser Eröffnung verabschiedete er sich.

Werner zog nunmehr einen ungefähr 30 Seiten umfassenden Personalfragebogen mit der Aufschrift »Ministerrat der Deutschen Demokratischen Republik, Ministerium für Staatssicherheit« aus seiner Aktentasche, und wir machten uns ans Werk. Noch nie habe ich so viele Fragen zur eigenen Person beantwortet. Jede Adresse, auch während eines Urlaubs, jede gesellschaftliche Funktion, jede Kinderkrankheit wurde erfragt. Was ich nicht wußte, wurde mit der Notiz versehen, daß ich diese Angaben nachzureichen habe. Die Prozedur dauerte bis zum späten Nachmittag. Mit der Aufforderung, nochmals einen »letzten« ausführlichen Lebenslauf zu fertigen, wurde ich entlassen.

Genau eine Woche später saß ich erneut in der Knaackstraße. Werner erwartete mich allein: »Kennst du die Physikalische Gesellschaft der DDR ?« — »Nein« — »Dann wirst du sie kennenlernen und ab ersten August nach deiner Diplomverteidigung dort arbeiten.« Leicht schockiert blickte ich auf:.

»Ich denke, ich soll bei euch . . .«

». . . wenn du dich bewährt hast« bekam ich zur Antwort.

»Aber wenn man mich nun in der Physikalischen Gesellschaft gar nicht nimmt?«

»Man wird dich nehmen, frag' nicht so viel. Du gehst am 1. Juli um 10.00 Uhr zum Sekretär der Gesellschaft, dem Genossen Reinhard Linke, stellst dich vor und sagst, du hättest gehört, es sei eine Stelle frei.«

»Wer ist Linke?«

»Ein riesengroßes Rindvieh!«

Ich wußte nicht, was ich von diesen Mitteilungen meines Führungsoffiziers halten sollte. »Und wo soll ich in Berlin wohnen?«

»Komm mit.«

Wir verließen die konspirative Wohnung, überquerten die Prenzlauer Allee und kamen in die Immanuelkirchstraße. Auch hier bestimmten ungepflegte Mietskasernen aus den Gründerjahren das Straßenbild — viergeschossige Gebäude, Toiletten jeweils in der Zwischenetage, ohne Bad, Relikte einer vergangenen Zeit. An der Hausnummer 35 bog Werner mit mir in den Hinterhof ein. Mit jedem Schritt wurde es dunkler und unheimlicher. Das Ganze erinnerte mich an Zille-Bilder. Mir schwante nichts Gutes. Im zweiten Seitenflügel zog Werner einen schweren Schlüsselbund aus der Tasche und öffnete damit die Tür der linken Erdgeschoßwohnung mit dem Namensschild »Hüther«. Ich vermutete eine weitere konspirative Wohnung. Feuchter Muff schlug uns entgegen. Trotz der Wärme draußen war es innen so kalt, daß mich fröstelte. Werner schaltete das Licht ein. Ich war zwar einigermaßen angenehm überrascht: Wir standen in einer modern eingerichteten, geräumigen Zweizimmerwohnung. Sogar ein Bad war eingebaut. Das spärliche Außenlicht und vor allem die Kälte aber blieben. Die Unterkunft war offenbar bis vor kurzem von einer Familie bewohnt worden, die nicht einmal ihre letzten persönlichen Habseligkeiten abgeholt hatte. Das war also mein neues Domizil, welches meine Frau, unsere gerade geborene Tochter und ich einen Monat später bezogen und in dem wir trotz allem die wenigen glücklichen Jahre unserer Ehe verlebten.

7

Am 1. Juli 1971 fuhr ich frühmorgens mit der Bahn nach Berlin. Eine Woche zuvor hatte ich mit gutem Erfolg meine Diplomarbeit abgeschlossen und nach einem letzten Umtrunk von meinen Leipziger Kommilitonen Abschied genommen. Die meisten von ihnen habe ich nicht wiedergesehen. Der bevorstehende Eintritt ins Berufsleben beschäftigte mich sehr. Physikalische Gesellschaft — das sagte mir zunächst nichts. Mir schien nur, daß ich mit wissenschaftlicher Arbeit nichts mehr und mit nachrichtendienstlicher Tätigkeit vorläufig noch nichts zu tun haben würde. Ich überlegte, ob es nicht doch töricht gewesen war, die Verpflichtung für das MfS zu unterschreiben. Ich hatte ja mit dem Gedanken gespielt, der DDR über eine Zwischenstation in der Berliner Geheimdienstzentrale möglichst bald den Rücken kehren zu können. Das schien nun wieder in weite Ferne gerückt. Manchmal fragte ich mich sogar, ob ich das nun überhaupt noch wollte. Ich war jung und fühlte mich damals noch glücklich verheiratet, zudem stolzer Vater einer Tochter. Was würde ich — möglicherweise ganz allein — im Westen anfangen? Eine vom MfS geregelte Übersiedlung mit Familie war ja schon ausgeschlossen worden.

Außerdem beobachtete ich eine neuartige Empfindung bei mir. Meine Verbundenheit mit der DDR und der Partei war in den letzten Jahren fast schon ganz erloschen. Aber die Geheimdienstarbeit, in die ich nun in gewissem Umfang eingeführt war, widerte mich dessen ungeachtet nicht an. Die Erledigung der letzten Aufträge hatte mir sogar Spaß gemacht. Das Wandeln auf konspirativen Pfaden übte einen eigentümlichen Reiz auf mich aus. Eine gar nicht so unangenehme Vorstellung von »Macht« beherrschte mich bei dem Gedanken, mit dem riesigen Sicherheitsapparat im Rücken unter dem Deckmantel einer Legende zu operieren. Außerdem war ich neugierig zu erfahren, wie die geheimnisumwitterte »Aufklärung« der DDR, über die so vieles gemunkelt wurde, denn nun tatsächlich organisiert war und wie sie arbeitete. Noch hielt man mich weiterhin »draußen«, aber doch mit der Aussicht, Mitarbeiter der Zentrale zu werden. Derlei Gedanken gingen mir nun im Zug nach Berlin durch den Kopf, wo ich mich bei der Physikalischen Gesellschaft vorzustellen hatte.

Am Bahnhof Alexanderplatz verließ ich die S-Bahn. Ich hatte noch ausreichend Zeit bis zu meinem ersten Auftritt bei Reinhard Linke und beschloß, mich näher in der »Hauptstadt der Republik«, die zu »schützen« ich mich verpflichtet hatte, umzusehen. Ich schlenderte an der Marienkirche vorbei über die Spree zur Museumsinsel, durch den Lustgarten mit dem Kastanienwäldchen und dem Neuen Museum zum Kupfergraben mit meiner künftigen Wirkungsstätte, dem Haus Nummer 6, das mich in einiges Erstaunen versetzte. Es war ein schönes, mittelgroßes Gebäude. Eine Tafel an der linken Seite der Front enthielt den Hinweis, daß hier vor mehr als hundertfünfzig Jahren das erste Physikalische Institut Deutschlands von Gustav Magnus gegründet worden war, daher der Name Magnushaus. Den Schildern neben der Freitreppe war zu entnehmen, daß in dem Gebäude neben der Physikalischen Gesellschaft auch die Biophysikalische Gesellschaft, die Geographische und die Astronautische Gesellschaft sowie der Städte- und Gemeindetag der DDR ihren Sitz hatten.

Zumindest im Hinblick auf die Örtlichkeit war ich mit meiner ersten Arbeitsstelle auf Anhieb zufrieden. Der betagte Pförtner, bei dem ich mich mit dem Wunsch meldete, den Sekretär Reinhard Linke zu sprechen, ließ sich erst einmal meinen Personalausweis aushändigen und verwies mich dann in den ersten Stock. Durch eine große Flügeltür betrat ich das Sekretariat. Eine bebrillte Vorzimmerdame hörte sich mein Anliegen an, verschwand im rechts davon gelegenen Zimmer und kehrte mit der Mitteilung zurück, Herr Linke erwarte mich bereits. Ich fand es trotz Werners Anspielung noch immer sonderbar, daß Linke schon von mir wissen konnte. Beim Eintreten schlug mir ein bekannter penetranter Geruch entgegen. Als Student hatte ich selbst »Karo« geraucht, eine Zigarette für acht Pfennig. Linke konsumierte offenbar eine Menge davon. In Qualm gehüllt, saß er hinter einem mächtigen Schreibtisch, in schlecht sitzendem, zerknitterten Perlon-Anzug, mit leicht fleckiger Krawatte. Neben dem nicht zu übersehenden Parteiabzeichen registrierte ich ungeputzte Schuhe. Er legte sichtlich keinen Wert auf sein Äußeres.

Der massige Mann mit seinem etwas aufgedunsenen Gesicht — später bestätigte mir Werner: »Linke säuft« — erhob sich schwerfällig und begrüßte mich. Er habe von meinem Diplombetreuer Dr. Roth gehört, ich sei an einer Stelle in der Physikalischen Gesellschaft interessiert. Das konnte kaum stimmen. Werner hatte mir beim letzten Treff zwar aufgetragen, Roth über meinen »Wunsch« zu orientieren, bei der Physikalischen Gesellschaft tätig zu werden. Ich hatte das auch getan, aber erst am Abend vorher. Roth hatte mich gewiß nicht bei Linke angekündigt. Wer dann? Wohl nur Werner selbst! Demnach dürfte Linke tatsächlich auch in MfS-Diensten stehen. Ich beschloß, vorsichtig zu sein, und erwiderte: Dr. Roth habe mir in der Tat zur Physikalischen Gesellschaft geraten, falls ich in der Wissenschaftsorganisation arbeiten wolle. Zudem sei ich daran interessiert, in Berlin zu leben und hätte sogar eine, wenn auch nicht besonders elegante Wohnung in Aussicht.

Die nächste Stunde verging mit einem langen Vortrag Linkes über Rolle und Aufgaben der Physikalischen Gesellschaft der DDR, die der Akademie der Wissenschaften zugeordnet sei. Die Organisation von Kongressen, Fachtagungen und Kolloquien, die Zusammenarbeit mit ausländischen Physikervereinigungen und die Beteiligung an nationalen Informationsvorhaben gehörten ebenso dazu wie die Mitgliederbetreuung, die Herausgabe eines vierteljährlich erscheinenden Journals und die Koordination bei der Zusammenarbeit der Physiker in der DDR. Mehrfach unterbrach ein typischer Raucherhusten Linkes Redefluß, sein Gesicht wurde jedesmal krebsrot. Dann kam er zur Politik und schilderte mir die Partei- und Gewerkschaftsarbeit; zuletzt beschrieb er den engeren Kreis der Mitarbeiter: Die mir bereits bekannte bebrillte Sekretärin, Frau Breitenbach, Anfang vierzig, geschieden, angeblich mannstoll, parteilos und nach Linkes Erklärungen politisch suspekt, aber tüchtig; die Genossin Viohl, verantwortlich für Finanzen und organisatorische Fragen, geschieden, mit altjüngferlichen Allüren, aber ebenfalls besonders tüchtig; den Kraftfahrer, der gleichzeitig Hausmeister sei; das hochbetagte Faktotum Meyer, der die Max-Planck-Bibliothek hüte; der Pförtner und so weiter.

Es dauerte eine Weile, bis ich meine Frage anbringen konnte, welche Aufgaben mir hier zufallen würden. Linke erwiderte, erneut von Husten geplagt, ich könne eine Stelle als Referent erhalten, die mit 810 Mark im Monat dotiert sei, und ihm bei allen erwähnten Aufgaben zur Hand gehen. Ich hatte mir zwar etwas mehr Wissenschaft und weniger Verwaltung vorgestellt, aber Werners Anweisung entsprechend sagte ich zu. Linke gab mir einen Personalfragebogen, den ich am Nachmittag ausgefüllt abgeben sollte, stellte mich seinen Mitarbeitern vor und entließ mich.

Werner erwartete mich nach der Vorstellung bei Linke wieder im »Office«. Er war sehr zufrieden mit meinem Bericht und deutete mir an, ich würde keinesfalls länger als ein Jahr auf dem Posten bei der Gesellschaft belassen. Wir müßten diese Zeit nutzen, um meine nachrichtendienstliche Ausbildung fortzusetzen. Wir würden uns nun regelmäßig alle zwei Wochen zur Erteilung von Aufträgen und zur Berichterstattung treffen. Auf dem Programm stünden Personenansprache, zahlreiche Ermittlungen, Objektklärungen, Observationsübungen, tote Briefkästen und anderes mehr. Ich spürte schon, daß die Zusammenarbeit sachlicher und die politischen Diskussionen nur noch zur kurzen

Pflichtübung wurden. Zu meiner Überraschung sollten sie später auch offener werden. Von meinem Verdacht, daß Linke ebenfalls im Solde des MfS steht, erwähnte ich vorsichtshalber nichts. Falls es zutraf — und ich war dessen ziemlich sicher —, so war es für mich vorteilhaft, wenn ich meine Annahme für mich behielt, denn Linke würde ja dann zweifellos die Aufgabe haben, mich zu testen. Als ich den penetranten Qualm in seinem Arbeitszimmer erwähnte, konnte Werner sich eines Lächelns nicht erwehren: »Der qualmt schon seit zwanzig Jahren Karo«. Mein Führungsoffizier war also über die Gewohnheiten Reinhard Linkes durchaus im Bilde.

Am 30. Juli zogen wir in einem Dienstwagen, den Werner für mich besorgt hatte, aus Leuna nach Berlin um. Am 1. August konnte ich meine Tätigkeit bei der Gesellschaft beginnen. Es war trotz mancher schockierender Eröffnungen und einiger Enttäuschungen eine gemütliche Zeit. Die Physikalische Gesellschaft war damals noch relativ selbständig und zumindest im Prinzip ihren eigenen Statuten verpflichtet. Der Vorstand, dem die namhaftesten Physiker der DDR angehörten, trat nur einmal im Quartal zusammen, und die Sitzungen glichen mehr einer akademischen Plauderstunde.

Wenige Tage nach meinem Eintritt wurde ich dem Vorsitzenden, Professor Dr. Robert Rompe, vorgestellt. Als Mitglied des Zentralkomitees der SED und unumstritten führender Physiker der DDR war er der ranghöchste Funktionär, dem ich bis zu diesem Zeitpunkt begegnet war. Sein saloppes Äußeres stand in krassem Gegensatz zu seiner Stellung. Wie vielen bedeutenden Gelehrten schien ihm das gleichgültig zu sein. Die eher schmächtige Gestalt des 70jährigen war in eine zerknitterte, schlottrige braune Hose, ein dunkelkariertes Hemd und in eine ausgebeulte Strickjacke gehüllt. Auch bei ihm fielen mir die Flecken auf dem Binder und die ungeputzten Schuhe auf. Selbst Linke wirkte im Vergleich zu ihm fast wie ein Modell aus einem Herrenmodejournal. Rompe wechselte einige Worte mit mir über meinen Studiengang und flocht dabei eine Bemerkung ein, mit der ich noch nichts anzufangen wußte: »Der Genosse Willi hat mir von Ihnen erzählt«. Ich kannte gar keinen Willi. Aber ich wußte aus meiner nun fast schon eineinhalbjährigen inoffiziellen Geheimdienstaktivität, daß im MfS fast ausschließlich Vornamen gebraucht wurden. Vorsichtshalber entgegnete ich nichts auf diese Bemerkung und behielt auch mein Erstaunen für mich. Hatte denn das MfS seine Augen, Ohren und Verbindungen tatsächlich überall, sogar im Zentralkomitee der Partei? War etwa Rompe selbst ein inoffizieller Mitarbeiter des MfS? Dann mußte die Macht des Staatssicherheitsdienstes tatsächlich fast unbegrenzt sein. Es sollte noch ein Jahr dauern, bis ich die Bestätigung für meine Vermutung erhielt.

8

Bei meinem Dienstantritt im Magnushaus wurden gerade die letzten Vorbereitungen für den Internationalen Kongreß über Mössbauer-Spektrometrie in Dresden getroffen, an denen ich mich beteiligte, beginnend beim Schreiben von Briefumschlägen, dem Verteilen von Kongreßbroschüren und ähnlichen organisatorischen Tätigkeiten. Diese Arbeit erbrachte mir unschätzbare Einsichten. Ich erhielt auf diese Weise sehr schnell einen eingehenden Überblick über die in der DDR tätigen Physiker, ihre Arbeitsgebiete und auch über ihre politische Einstellung — letzteres durch Beurteilungen Linkes, der sich in diesem Metier auskannte. In meiner späteren Tätigkeit waren mir diese Kenntnisse von großem Nutzen. Ich vervollständigte mein Wissen ständig und galt später im MfS auf diesem Gebiet als »Auskunftsbüro«.

Die organisatorische Vorbereitung des Dresdner Kongresses verschaffte mir auch Erkenntnisse über die alles andere als wissenschaftliche Nebenfunktion der Physikalischen Gesellschaft der DDR und ihrer internationalen Veranstaltungen. Auf jeden Kongreßteilnehmer aus dem nichtkommunistischen Ausland wurde ein »Kollege« aus der DDR angesetzt, der den Gast nach geheimdienstlichen Richtlinien zu erforschen hatte. Die Berichte der »Betreuer« waren in zwei Ausfertigungen abzuliefern. Die eine behielt Linke für sich, die andere wurde an die Abteilung für internationale Beziehungen der Akademie weitergeleitet. Ich war kaum noch erstaunt, als ich beide Exemplare Jahre später im MfS wiedersah. Das Akademie-Exemplar war automatisch an die Abwehr weitergegeben und dort ausgewertet worden, während ich das andere in einer der mir übergebenen umfangreichen Akten wiederfand, als mir Linke und damit die ganze Physikalische Gesellschaft unterstellt wurde.

Jeder Wissenschaftler eines westlichen Landes, der zum fachlichen Gedankenaustausch die DDR besucht hat, kann sicher sein, daß beim MfS ein Dossier über ihn existiert. Es enthält neben Angaben zur Person und zum beruflichen Hintergrund Details über seine mutmaßlichen Charaktereigenschaften, eventuelle Gewohnheiten und Schwächen, seine politische Haltung und seine Einstellung zur DDR. Werner bestätigte mir, daß die systematische Erfassung, Auswertung und Konservierung alles dessen, was man über »Westpersonen« erfahren kann, unerläßlich sei. Als einen wesentlichen Zweck führte er »vorbeugende Abwehr« an. Fast jeder »Westler« sei ein erklärter, getarnter oder zumindest potentieller Feind der DDR. Erst viel später gewann ich weitere Einblicke über den Zweck der »vorbeugenden Abwehrarbeit«.

Durch den Kongreß erfuhr ich schließlich auch mehr über den Hintergrund Linkes. Nach langen und anstrengenden Sitzungen hatte dieser an einem Abend an der Bar des »Interhotels« mehr getrunken, als er vertrug. Mir blieb nichts anderes übrig, als ihn auf sein Zimmer zu bringen. Dort fiel er aufs Bett und schlief Sekunden später tief und nutzte die Gelegenheit, um sie zu inspizieren. Neben anderen Papieren fiel mir dabei ein Umschlag mit der Aufschrift »Christian« in die Hände. Der Name sowie die in der Tasche befindlichen Unterlagen bestätigten meine Vermutung. Linke stand im Dienste des MfS. Einen weiteren wichtigen Hinweis gab sein Sozialversicherungsschein. Als Arbeitgeber war darin für die Zeit von 1958 bis 1969 das Ministerium des Inneren der DDR verzeichnet. Ich wußte zu diesem Zeitpunkt bereits, daß sich die MfS-Mitarbeiter gern als Angehörige des Innenministeriums tarnten. Mir wurde nun alles klar. Der Sekretär der Physikalischen Gesellschaft arbeitete dem Staatssicherheitsdienst nicht nur in die Hände, sondern er war auch mehr als zehn Jahre hindurch hauptamtlicher MfS-Mitarbeiter gewesen. Ich tat nun noch mehr als bisher, um ihm gegenüber politisch voll zuverlässig zu erscheinen. Er hat mir auch, wie Werner mich später wissen ließ, eine sehr gute Beurteilung geschrieben.

Nach dem Kongreß brach für mich zumindest in der Physikalischen Gesellschaft eine ruhige Zeit an. Linke hatte neben schlechten auch einige gute Eigenschaften, darunter die, möglichst alles selbst zu erledigen. So blieb für mich eigentlich wenig zu tun. In meinem kleinen Zimmer im Magnushaus konnte ich mich so fast ungestört meiner Weiterbildung widmen. Als Grundlage dafür diente mir die im Haus gehütete Max-Planck-Bibliothek, die unter anderem die Originalkolleghefte des großen Gelehrten sowie die alten Aktenbestände der Gesellschaft verwahrt, die ich mir unter dem Vorwand, sie ordnen zu wollen, zugänglich machte. Ferner war das Sekretariat dem Globus-Informationsdienst angeschlossen, der Artikel aus westlichen Zeitungen und Zeitschriften zu speziellen Themen für bestimmte, politisch zuverlässige Interessenten in der DDR auswählt und an sie weiterleitet. Daneben konnte ich einige wissenschaftliche Zeitschriften auch regelmäßig lesen, die von der Bibliothek im Austauschverfahren aus dem Westen bezogen wurden. So verschaffte ich mir ein gutes und später nützliches Wissen über die Entwicklungslinien der Physik, über die wichtigsten Forschungseinrichtungen in der Welt und über die Wissenschaftspolitik der DDR. Der zu diesem Zeitpunkt einzige in der DDR lebende Nobelpreisträger Gustav Hertz, der die Bibliothek zuweilen besuchte, vermittelte mir auch eine Vorstellung von den humanistischen Traditionen großer deutscher Physiker.

Die Abende und häufig auch die Wochenenden verliefen weniger besinnlich. Werner hatte offensichtlich ein umfangreiches Ausbildungsprogramm vorbereitet, das er mich mit Konsequenz absolvieren ließ. Dabei blieb nun kein Zweifel mehr, daß die Aufklärungstätigkeit, also die gegen den Westen gerichtete nachrichtendienstliche Arbeit, sein und damit auch mein künftiges Fachgebiet war. Er scheuchte mich zu Ermittlungen durch Berlin und die Umgebung, ließ mich Reisebüros, Bahnhöfe, Forschungsinstitute und Hotels abklären sowie Personenhinweise aus meiner unmittelbaren Umgebung erstellen. Als Novum nannte er mir bei der Personenaufklärung auch die jeweiligen Gründe für das Interesse des MfS an den betreffenden Personen. Es handelte sich fast ausnahmslos um sogenannte »Einreisehinweise«, das heißt, die DDR-Bürger, über die ich zu ermitteln hatte, waren von Verwandten oder Bekannten im Westen besucht worden. Ich hatte herauszufinden, ob die Verbindungen für das MfS in irgendeiner Weise nutzbar waren — wie mir später noch erkennbar werden sollte, ein zentraler Komplex in der Arbeit des Staatssicherheitsdienstes.

Werner schien mit meinen Berichten meist zufrieden zu sein. Nur selten beurteilte er die Ergebnisse als ungenügend. Dann mußte ich »nachermitteln«. Das Ganze war alles andere als einfach, denn DDR-Bürger sind grundsätzlich mißtrauisch gegenüber jeder fremden Person, die an der Wohnungstür erscheint. Ursache ist das durch das System nolens volens hervorgerufene Prinzip, eine scharfe Trennungslinie zwischen Familie und Gesellschaft zu ziehen. In der Gesellschaft hat sich jeder zumindest bis zu einem gewissen Grad anzupassen und mit den Wölfen zu heulen. Um so mehr versucht der DDR-Bürger, die Familie und die eigenen vier Wände abzuschirmen. Die Staatsbürokratie bewirkt dabei ohnehin, den »Außenverkehr« einer Familie an den Arbeitsplatz und in die Amtsstuben zu verlegen. In der DDR gibt es keine Vertreter, die von Haus zu Haus gehen, und kaum gesellschaftliche Kontakte nicht-staatlicher oder unkontrollierter Art.

Die besten Erfahrungen machte ich noch bei der Befragung von Rentnern, die oft vereinsamt leben und sich daher über jede Abwechslung freuten. Ich mußte nur vorsichtig sein, um nicht an »Parteiveteranen« zu geraten, die durch ihre konspirativen Erfahrungen aus der Kriegs- und Vorkriegszeit geprägt und daher ebenfalls a priori mißtrauisch waren. Meine Legenden wechselten häufig. Manchmal gab ich mich als Student aus, der eine soziologische Befragung unternimmt — natürlich mit sorgfältig vorgefertigten Fragebogen —, manchmal als Rundfunkreporter, der eine Sendung vorbereitet, gelegentlich half mir auch einfach ein selbst gefertigter Fantasieausweis.

Es war für mich immer wieder erstaunlich, welche Wirkung ein solches Papier auf die Menschen in der DDR hat. Ich erinnere mich an eine alte Frau in der Neumannstraße in Berlin-Pankow, die ich zu ihren Nachbarn befragen wollte. Ich zeigte ihr in Ermangelung eines anderen Papiers nur kurz meinen Dienstausweis der Physikalischen Gesellschaft. Sie ließ mich ohne weiteres in ihre Wohnung, wobei sie mir bedeutete, sie wisse schon Bescheid; sie habe selbst einmal bei einem Gericht gearbeitet. DDR-Bürger sind daran gewöhnt, alle möglichen Ausweise zu respektieren und müssen sich ja selbst ständig bei den verschiedensten Gelegenheiten ausweisen. Erst das Papier macht das Individuum zur Person. Der Ausweis verselbständigt sich. Wie ich noch heraus finden sollte, ist dieses Phänomen bei den Russen weit ausgeprägter. Ein »Propusk« gleicht in der Sowjetunion einem wahren »Sesam-öffne-dich«. Der Wert eines Papiers steigt dort mit der Anzahl der darauf befindlichen Stempel. Das eindrucksvollste Papier dieser Art, das ich jemals gesehen habe, bestand aus drei Zeilen Schrift und achtzehn verschiedenen Stempeln, darunter runde, dreieckige und hexagonale, ein- und mehrfarbig. Es handelte sich um einen Passierschein für den Teilnehmer einer Nordpolexpedition zum Betreten der Tschuktschen-Halbinsel an der Beringstraße.

Nachdem ich weitere »Testaufträge« für Werner erledigt hatte, besuchte mich 1971 unangemeldet und unerwartet »Küster«, der Stahlmanager aus der Bundesrepublik, den ich auf der Leipziger Messe kennengelernt hatte, in meiner Berliner Wohnung, in der wir uns mittlerweile recht wohl fühlten. Er sei gerade »geschäftlich in der Nähe«, erklärte er und wolle nur »eben mal vorbeischauen«. War es Zufall oder nicht, daß bei seinem Besuch meine Frau gerade Bekannte besuchte und unsere Tochter mitgenommen hatte? Jedenfalls konnten wir uns wieder unter vier Augen und sehr offen unterhalten. Wie einige Monate zuvor in Leipzig empfand ich es als Erleichterung, mich über vieles auszusprechen, was mich über die Zustände in der DDR bedrückte. Zugleich kamen mir gegenüber diesem Westdeutschen, so angenehm er auch war, doch zwiespältige Gefühle auf. Ich fragte mich, ob er nicht einem westlichen Nachrichtendienst angehörte. Woher hatte er meine Berliner Adresse? Ich wollte ihn nicht fragen; er konnte sie in Leuna erfahren haben, obwohl es für einen Westdeutschen doch keineswegs einfach ist, in der DDR herumzureisen und es nicht ungefährlich ist, Adressen zu erkunden. Trotz des Risikos, das auch ich damit einging, beschloß ich, die Bekanntschaft fortzusetzen. Vielleicht — so sagte ich mir — könnte sie mir für eine spätere »West-Option« noch nützlich werden. Doch entschied ich mich innerlich, größte Vorsicht walten zu lassen. Als sich »Küster« nach diesem sehr freundschaftlichen Abend in meiner Wohnung in Berlin verabschiedete, fragte er mich, ob ich mich durch derartige Besuche gestört fühle und dadurch in Schwierigkeiten geraten könne? Ich verneinte — nicht ganz wahrheitsgemäß.

Im Winter 1971/72 hatte ich eine weitere aufschlußreiche Begegnung. Linkes Sekretärin berichtete mir, in einem der Gästezimmer des Magnushauses, die gelegentlich als Quartier für auswärtige Physiker in Berlin dienten, sei ein guter Freund Professor Rompes abgestiegen, der ihn von Zeit zu Zeit besuche. Er stamme aus der Bundesrepublik. Ich solle niemandem von dieser Visite erzählen, da Linke sonst Ärger bekommen könne, weil er in der Physikalischen Gesellschaft unangemeldet Ausländer ohne Genehmigung der Akademie beherberge. Das Ganze machte mich neugierig. Rompe hatte, wie ich ja schon wußte, Verbindung zum MfS. Wenn er einen Westdeutschen, noch dazu unter den Augen Linkes, empfing, so dürfte doch auch dahinter das MfS stecken! Am nächsten Morgen sah ich den Gast aus Westdeutschland auf der Treppe sitzen und in irgendwelchen Papieren blättern. Er machte auf mich allerdings nicht den Eindruck eines Geheimdienstagenten, sondern den eines leicht vertrottelten, nur in seiner eigenen Welt lebenden Wissenschaftlers.

Am Mittag desselben Tages kehrte ich von einer Besprechung in der Akademie der Wissenschaften zur Physikalischen Gesellschaft zurück und fand dort im Zimmer der Telefonistin, von der ich meinen Schlüssel holen wollte, zu meiner großen Verblüffung den Genossen Christian vor. Ich ließ mir nichts anmerken, sondern entbot ihm ein flüchtiges »Guten Tag«, das er ebenso flüchtig erwiderte und verschwand. Es war mir ziemlich klar, daß Rompes Freund der Grund für Christians Auftauchen war, also tatsächlich der Staatssicherheitsdienst seine Hand im Spiele hatte.

Volle Gewißheit erhielt ich erst Jahre später, als ich selbst die Akte dieses westdeutschen Wissenschaftlers in meinen Stahlschrank bekam. Bei jenem Aufenthalt in Ost-Berlin entstand übrigens ein Foto, das ihn gemeinsam mit Christian und Rompe zeigte. Er behielt es unvernünftigerweise bei sich. Nach meinem Übertritt in die Bundesrepublik Deutschland wurde es im Prozeß gegen ihn zu einem Beweismittel der Anklage.

9

Das Jahr 1972 brach an. Ich setzte meine Tätigkeit als Diener zweier, wenn auch hinter den Kulissen miteinander verbundener »Herren« fort. Tagsüber versuchte Linke mich nun schon intensiver in die Arbeit der Physikalischen Gesellschaft einzuspannen. Die Abende verbrachte ich zumeist in Werners Auftrag. Daneben wurde mir noch eine weitere Beschäftigung zugeteilt, die mir Zeit stahl: In der Akademie der Wissenschaften existierte eine Einheit der »Kampfgruppen der Arbeiterklasse«. Diese paramilitärische Einrichtung, die erstmals bei der Errichtung der Berliner Mauer eine wesentliche, wenn auch unrühmliche Rolle gespielt hatte, war auf Befehl Ulbrichts schon nach dem Juni-Aufstand von 1953 hauptsächlich mit dem Ziel gebildet worden, bei etwaigen neuen Unruhen nicht sofort die sowjetischen Panzer zu Hilfe rufen zu müssen, sondern — wie im Bereich des Warschauer Paktes in verschiedener Weise möglich — Arbeiter durch Arbeiter zu »befrieden«. Nun gab es zwar in der Akademie der Wissenschaften keine Arbeiter, aber dafür um so mehr parteigebundene Intellektuelle, die ihre Karriere durch den Beitritt zur SED zu beschleunigen gedachten. Dieses Reservoir wollte die Parteiführung nicht brachliegen lassen, und so waren die Genossen der Akademie prinzipiell gehalten, sich an den Kampfgruppen zu beteiligen. Die Werber erschienen auch bei mir. Ich sagte zu, denn als guter Kommunist, der ich vorgab zu sein, hatte ich keine andere Wahl. Werner hätte mir eine Ablehnung übel genommen, denn die Forderungen der Partei waren für ihn oberstes Gebot jedenfalls gab er das vor.

Im März 1972, wenige Tage vor Beginn der Leipziger Frühjahrsmesse hatte ich erneut Besuch von »Küster«. Er fragte mich, ob ich in Leipzig sein werde. Er selbst habe auf der Messe zu tun und vielleicht werde sich ein Abendessen einrichten lassen. Er wollte allerdings auch einen guten Bekannten dazu einladen und hoffe, daß es mich nicht störe. Ich war angesichts meiner Beschäftigung in der Physikalischen Gesellschaft nicht sicher, ob mich das MfS auf der Messe einsetzen würde, und beschied »Küster« entsprechend. Er meinte: »Na, wir werden sehen; wenn Sie dort sind, werden wir uns sicher über den Weg laufen.« Ich beschloß, alles zu versuchen, um zur Messe zu kommen und konnte auch ein vortreffliches Argument ins Feld führen, daß nämlich der Kontakt mit dem Geschäftsmann aus Karlsruhe noch in der Luft hinge und weitergeführt werden sollte.

Bald darauf rief mich Christian auch an und bestellte mich zu einem Kurztreff: »Du mußt nach Leipzig fahren und die angeknüpfte Verbindung ausbauen,« lautete sein Auftrag. Ich entgegnete: »Ich weiß nicht, ob ich dafür Zeit haben werde, denn Linke nimmt mich gegenwärtig voll in Anspruch.« — »Mach' dir darüber keine Sorgen, er wird dir frei geben. Du bist ohnehin die längste Zeit bei ihm gewesen. Außerdem ist der Genosse Linke ein Offizier von uns. Er wird tun, was ich ihm sage.« Ich war perplex. Zwar wußte ich schon von der Zusammenarbeit Linkes mit dem MfS und seiner früheren hauptamtlichen Tätigkeit für die Staatssicherheit, nicht aber, daß er noch als Sekretär der Physikalischen Gesellschaft, eines nach außen international angesehenen Gremiums von Gelehrten zum Nutzen der Wissenschaft, gleichzeitig Offizier des Staatssicherheitsdienstes sein konnte. Meine Frage beantwortete Christian unwirsch: »Glaubst du denn, wir könnten unsere umfassenden Aufgaben zum Schutze der Republik erfüllen, wenn wir nicht wichtige Positionen mit unseren Leuten besetzen?« Der Ton dieser Antwort gebot mir, das Thema fallenzulassen.

Ich ließ mich von Christian für den Einsatz in Leipzig instruieren und kehrte zu Linke zurück, der wie gewöhnlich massig hinter seinem Schreibtisch thronte, an der Karo sog und sich die wässrigen Augen rieb. Er knurrte mich an: »Was'n los?« — »Christian läßt dich grüßen. Er sagt, du sollst mir während der Messe freigeben.« Zunächst kniff nur die Augen leicht zusammen. Dann polterte er los: »Was haben sich die Ochsen eigentlich wieder dabei gedacht! Das ist doch wieder so'n Ding. Konnten sie mich nicht früher informieren — die haben wohl meine Telefonnummer vergessen. So machen die das immer, ohne einen zu fragen. Was soll ich denn den anderen erzählen, wo du während dieser Zeit bist! Die wundern sich doch schon lange, warum du auf diesem untergeordneten Posten bleibst. Aber die in der Zentrale haben eben keine Ahnung von der Praxis.«

In diesem Stil ließ Linke sich noch eine ganze Weile aus. Offensichtlich war sein Verhältnis zu Christian nicht das beste: »Na gut,« schloß er dann, »ich habe schon soviel auf meinen Buckel nehmen müssen, da kann ich das auch noch verkraften. Wenn ich Ärger mit Mond kriege, weil du nicht da bist, muß ich wieder allein schauen, wie ich aus der Bredouille komme.« Mond war der erst kürzlich von der Akademieleitung eingesetzte Koordinator für alle wissenschaftlichen Gesellschaften — ein persönlicher Feind Linkes, der den Sekretariaten streng auf die Finger sah. Ich begnügte mich mit einem Achselzucken und verschwand.

In Leipzig kam es so, wie »Küster« bei seinem letzten Besuch in Berlin angedeutet hatte. Ich brauchte ihn nicht zu suchen, er begegnete mir ganz »zufällig«. Er war in Begleitung seines Bekannten, von dem er mir erzählt hatte. Wir verabredeten uns für den Abend zum Essen in einem der Lokale, die vorwiegend von Messegästen besucht werden. »Küster« hatte mir erzählt, sein Bekannter genieße sein absolutes Vertrauen; er könne sich in jeder Hinsicht für ihn verbürgen. Der Mann entsprach in etwa seinem Typ und machte auf mich ebenfalls einen guten Eindruck. Als ich mich am Abend in dem vereinbarten Lokal einfand, traf ich nur ihn. Er entschuldigte »Küster«, der wegen einer dringenden Angelegenheit am Nachmittag in die Bundesrepublik hatte zurückkehren müssen. Ich war von dieser Eröffnung nicht sehr angetan, ließ mir aber nichts anmerken.

Das weitere Gespräch mit dem neuen Bekannten nahm für mich eine äußerst überraschende Wendung. Ohne viel Umschweife ließ er mich wissen, er sei über meine Person umfassend und detailliert unterrichtet. Er untermauerte dies, indem er mir Tatsachen aus meinem Lebenslauf berichtete, die man nur aus einer umfangreichen »Personalakte« über mich kennen konnte. So wußte er, daß ich bei der Aufnahme in die SED drei Gegenstimmen bekommen hatte. Außerdem war er genau darüber informiert, daß ich kurz davor stand, hauptamtlich in das MfS übemommen zu werden, ja, er schilderte mir sogar, welche ersten Aufgaben ich dort übernehmen sollte. Ich wurde leichenblaß. Sofort jagten mir Gedanken durch den Kopf, wie ich der vom MfS eingefädelten Provokation begegnen sollte, denn um eine solche konnte es sich nach meiner spontanen Folgerung nur handeln. Auch mein Gesprächspartner mußte wohl erraten haben, was in mir vorging, als er mir einen verblüffend einfachen Weg eröffnete, mich zu vergewissern, daß ich keineswegs in eine von meiner künftigen Dienststelle gestellten Falle geraten war. Ich muß es mir versagen, dazu Einzelheiten preiszugeben, jedenfalls gelang es dem Mann, mich zunächst einmal wieder zu beruhigen.

Gleichzeitig wurde mir jedoch klar, daß ich nunmehr unzweifelhaft mit einem westlichen Nachrichtendienst — aller Wahrscheinlichkeit nach mit dem Bundesnachrichtendienst — in Kontakt gekommen war. Vermutungen waren mir ja schon bei Küsters Besuchen in Berlin gekommen. Und wer sonst könnte, vom MfS abgesehen, über meine persönlichen sowie dienstlichen Verhältnisse so umfassend informiert sein und so intensives Interesse an mir haben?

Dennoch blieb es mir noch unfaßbar, daß ein westlicher Dienst über solche Kenntnisse im Detail verfügen konnte. Ich wurde noch einmal für eine Weile unsicher, zumal mein Gesprächspartner keinerlei Versuche machte, mich etwa zu werben. Er gab jedoch zu erkennen, daß meine »Entwicklung« — zweifellos eine schnelle Karriere im MfS, wie er meinte — weiter »mit Anteilnahme« verfolgt würde. Das klang freilich geradezu wie eine Ermunterung zur Bewährung in meinem Dienst und zum Streben nach verantwortlicher Position. Noch immer gehegte Zweifel am Hintergrund des Mannes schwanden, als er mir während eines kurzen Spazierganges nach dem Essen ein »Totem«, wie er es nannte, übergab. Es bestand aus der an einem kleinen Kettchen hängenden oberen Hälfte eines in zwei Teile gebrochenen Medaillons aus Porzellan. Mein Gesprächspartner erklärte dazu, daß, wer immer mir das untere, zu meinem passende Stück vorweisen würde — »und sei es in vier oder fünf Jahren« — eine Person sein würde, der ich voll vertrauen könne. Ich solle mein Stück mit dem Kettchen immer bei mir tragen, das sei ganz unverfänglich. Ich könne es als Rest eines Erbstücks deklarieren, das ich aus Sentimentalität aufbewahrte. Noch immer reichlich irritiert, nahm ich das »Erbstück« an mich. Danach verabschiedete sich der Mann schnell, ohne Weiteres zu offenbaren, zu verlangen oder zuzusagen.

Bei dieser überraschenden Begegnung sollte es für lange Zeit bleiben. Es hat Jahre gedauert, bis es wieder zum Signalaustausch mit dem BND kam. Auch daß es sich um diesen Dienst handelte, konnte ich bei »Küsters« Freund zunächst nur vermuten. Er hatte sich nicht zu erkennen gegeben. Mit gemischten Gefühlen fuhr ich an jenem Abend in unser Messequartier zurück.

Tatsächlich wurde ich schon in den nächsten Tagen von Werner angerufen und zu einem »wichtigen Gespräch« mit zwei weiteren Genossen in das »Office« bestellt. Erneut kamen Zweifel in mir auf, ob mir nicht doch eine Falle gestellt worden war. In der KW angelangt, eröffnete mir mein Führungsoffizier, daß es sich um Mitarbeiter der Kader-, nach westdeutschem Sprachgebrauch der Personalabteilung des MfS handele, die sich mit mir unterhalten wollten. Ich fragte noch immer etwas beklommen, worüber wir sprechen wurden. Erst die Antwort gab mir die Ruhe wieder: »Hast du denn immer noch nicht mitgekriegt, daß deine Einstellung vor der Tür steht?« — »Und was soll die beiden dabei? « — »Die bestehen darauf, sich selbst einen persönlichen Eindruck zu verschaffen — als ob wir das nicht besser könnten. Aber diese Schreibstubenhengste haben ja keine Ahnung. Nimm das Ganze nicht so tragisch. Das Wichtigste ist, daß du immer parteigemäß antwortest. Die haben eine Reihe von Standardfragen. Dabei darfst du sie nicht enttäuschen. Wenn sie dich fragen, ob du jeden Auftrag der Partei ausführen willst, so antworte: Jeden, selbst unter Einsatz meines Lebens. Das wollen sie hören. So ein Quatsch, als ob das nicht selbstverständlich ist. Dabei möchte ich wetten, daß von denen keiner seine Rübe hinhalten würde, wenn es mal notwendig ist«.

Offenbar war auch der so geschlossen wirkende MfS-Apparat von Ressentiments zwischen den Stufen der Hierarchie durchsetzt, wie ich schon bei Linke gemerkt hatte. Er gehörte zur »Basis«, voreingenommen gegenüber allen, die nicht seine Ebene teilten. Die operativen Mitarbeiter der Zentrale verstehen sich dagegen als eine Art »Strategen«, die den Einsatz der inoffiziellen Mitarbeiter lenken und leiten, damit jedoch noch immer intensiv mit der Basis befaßt sind. Die Kaderabteilung besteht aus reinen Bürokraten. Sie ist mehr oder weniger verpönt und weit von der Praxis entfernt. Auf meine Frage, weshalb wir die Sitzung nicht in seiner konspirativen Wohnung in der Gaudystraße abhalten, die wir schon seit einiger Zeit regelmäßig benutzt hatten, antwortete mein Führungsoffizier: »Ich werde doch diesen Bürohengsten nicht eine ›unverbrannte KW‹ offerieren. Die können doch ihr Maul nicht halten.«

Pünktlich um 9.00 Uhr erschienen die Kaderspezialisten. Beide waren zu meinem Erstaunen noch recht jung, höchstens Anfang dreißig, korrekt gekleidet. Der etwas Ältere stellte sich als »Karl-Heinz« vor, der Jüngere nannte sich »Günter«. Nach Fragen zu meiner Person, mit denen sie mir zeigen wollten, wie gut sie meinen Lebenslauf gelesen hatten, folgte der lange Standardvortrag über die Partei im allgemeinen und die Rolle und Bedeutung des MfS im besonderen, die Gefährlichkeit des Imperialismus und den Klassenfeind, der den Sozialismus in der Welt und insbesondere in der DDR vemichten wolle. Deshalb sei der aufopferungsreiche und harte Kampf des MfS an der »unsichtbaren Front« so wichtig. Zum Schluß kam die von Werner prophezeite Frage, ob ich bereit sei, im Dienste der Partei jeden Auftrag der Arbeiterklasse unter allen Bedingungen zu erfüllen. Wie Werner mir geraten hatte, sparte ich in meiner Antwort nicht mit Pathos, hob die langen, klassenkämpferischen Traditionen der deutschen Arbeiterbewegung hervor und ließ mich ausführlich und mit Ekel in der Stimme über die Machenschaften der Bonner Revanchisten aus. Mein Leben, so verkündete ich, gehöre der Partei.

Die beiden MfS-Kaderfunktionäre waren anscheinend beeindruckt. Gut, daß Werner vorher gegangen war. In seinem Beisein wäre mir meine gespielte Leidenschaft, die er mir nicht abgenommen hätte, doch peinlich gewesen. Auf die anschließende Behandlung von theoretischen Problemen des Marxismus-Leninismus war ich seit meiner Schulzeit gut vorbereitet. Danach kamen die beiden ins Plaudern, wobei sie hervorkehrten, wie anstrengend ihr Dienst im MfS sei. Abends kämen sie in der Regel erst spät nach Hause, und auch an den Wochenenden seien sie zumeist im Einsatz. Aber das habe ich ja wohl schon am Beispiel meines Führungsoffiziers, des Genossen Hengst, gesehen. Er sei ein sehr erfahrener Offizier des MfS, dem er seit der Gründung angehöre.

Hengst — diesen Namen hatte ich noch nicht gehört. Ich kannte nur einen Werner Helbig. Es konnte sich nur um ihn handeln. Die beiden MfS-Genossen hatten es dann doch bald eilig. Sie telefonierten Werner herbei und verabschiedeten sich. Nach ihrem Abgang gedachte ich nunmehr, mit meinem Führungsoffizier, wenigstens was seine Person betraf, zum »Klartext« zu kommen:

»Sag, mal, wie heißt du eigentlich — Hinz, Kunz oder gar Hengst?«

Wütend fuhr dieser hoch und bedachte die beiden Kaderfunktionäre, die seinen Klarnamen preisgegeben hatten, mit allen möglichen Injurien, war jedoch erleichtert, daß die Sache offenbar positiv verlaufen war. »Diese Idioten haben mir nämlich schon manchen Einstellungskandidaten mit ihren blöden Fragen versaut.« Ich schnitt nun das pekuniäre Thema an, obwohl Leo mir in früheren Tagen einmal bedeutet hatte, über Geld rede man innerhalb des MfS nicht. Werner holte denn auch tief Luft: »Sei bloß froh, daß du diese Frage nicht bei den Kaderhengsten gestellt hast. Die hätten dich dann noch stundenlang ideologisch in die Mangel genommen. Außerdem hätte dann in der Einstellungsvorlage gestanden, daß du übermäßig materiell interessiert bist. Und mit solchen Leuten ist unser Oberster ungemütlich. Im übrigen weiß ich selbst nicht genau, was du bekommst. Du wirst dich jedenfalls nicht beklagen können. Die Partei läßt ihre besten Kämpfer nicht verhungern.« Zum Schluß beschied mich Werner, am 9. Mai 1972 um 8.00 Uhr in der Poliklinik des MfS in der

Ruschestraße zur Einstellungsuntersuchung zu erscheinen.

Am Nachmittag zog ich mich in mein Arbeitszimmer im Magnushaus zurück, um nach den Ereignissen der letzten Tage wieder einmal zu versuchen, mit mir »ins reine« zu kommen. Schrittweise war ich nun dahin gelangt, mich dem Sicherheitsapparat eines Regimes fest zu verpflichten, über dessen Verlogenheit ich mir doch durch die Zeit in der Physikalischen Gesellschaft recht im klaren war. Ich hatte viele Parteigenossen kennen gelernt, aber sogenannte überzeugte und ehrliche Kommunisten waren kaum dabei. Die meisten waren berechnende Karrieristen. Ich war gleichzeitig mit Kundschaftern eines gegnerischen Dienstes in Berührung gekommen, freilich ohne daß es zu irgendeiner Vereinbarung gekommen wäre. Mein ursprüngliches Konzept, mir so oder so die Option eines späteren »Absprungs« zu verschaffen, war verschwommener geworden. Ich hatte Familie, die ich nicht mehr aufs Spiel setzen wollte. Was sollte ich also eigentlich noch im MfS? Würde ich die Widersprüche nicht einfach lösen, wenn ich mich noch vor der endgültigen Verpflichtung in einen »zivilen« Job zurückzöge? Ich konnte es jedoch nicht leugnen, daß ich davor zurückschreckte. Die Erfahrung unter Linke hatte mir gezeigt, wie traurig das Leben als kleiner Physiker unter vielen sein würde, während mich die Geheimdienstarbeit doch mehr und mehr reizte — solange ich nur aus meinem Bewußtsein verdrängen konnte, wem sie diente. Eine Hilfe hierbei war sicher mein Führungsoffizier Werner Hengst. Mir gegenüber war er — bei allem — sehr umgänglich. Er hatte in letzter Zeit kaum mehr auf die »ideologische Pauke« gehauen und manchmal sogar Kritik an den Zuständen in der DDR anklingen lassen. Ohnehin konnte ich jetzt, im letzten Augenblick, kaum noch eine plausible Begründung für eine Absage an das MfS vorbringen. So kam ich doch wieder zum Ergebnis meiner früheren »Meditationen«, vorläufig auf dem eingeschlagenen Wege weiterzugehen, ohne mich gänzlich festzulegen. Für alle Fälle hatte ich ja nun auch das Totem des Küster-Freundes. Ich trug es tatsächlich seit dem Leipziger Treffen stets bei mir. Es wurde für mich jetzt — wie auch später immer wieder, als mich die MfS-Arbeit gänzlich zu absorbieren schien — eine Art Talisman, Verheißung einer weiterhin möglichen Alternative. Und sollte es gar nicht mehr anders gehen, so schloß ich meine Überlegungen, dann konnte ich es immer noch bewerkstelligen, wegen »Unfähigkeit« oder »Faulheit« aus dem MfS entlassen zu werden.

Lehrjahre

1

Die Zeit bis zum 9. Mai verging rasch. Mit dem Personal- und dem Sozialversicherungsausweis in der Tasche machte ich mich morgens auf den Weg. In der U-Bahn vom Alexanderplatz in Richtung Tierpark Friedrichsfelde saßen auffallend viele gut gekleidete Fahrgäste. Ich war nicht erstaunt, als die meisten von ihnen mit mir den Zug am Bahnhof Magdalenenstraße verließen. Zum ersten Mal nahm ich bewußt den riesigen Komplex der MfS-Zentrale wahr, der sich entlang der Frankfurter Allee im Stadtbezirk Lichtenberg erstreckt. Der hintere Ausgang des U-Bahnhofs führte mich direkt zur Ruschestraße. Ich ging hundert Meter an einer hohen, mit einer Drahtkonstruktion bewehrten Mauer entlang — offensichtlich Teil einer elektronischen Sicherungsanlage — und bog nach links in eine Zufahrt ein. Dort war der Weg nach wenigen Schritten durch einen Schlagbaum und eine Fußgängerkontrollstelle versperrt, an der sich Posten in Uniformen der Nationalen Volksarmee (NVA) die Dienstausweise der zur Arbeit kommenden MfS-Mitarbeiter zeigen ließen. Ich nahm den Fußweg auf der anderen Straßenseite der Zufahrt und kam zu einem zweigeschossigen Gebäude, dessen Eingang sich in Höhe der Kontrollstelle befand. Vor mir versperrte ein Drahtgitterzaun den Weg. Neben dem Eingang des Flachbaues befand sich ein schwarzes Behördenschild mit weißen Buchstaben: DDR-Betriebspoliklinik. Drinnen nahm mir ein Posten den Personalausweis ab, ging eine lange Liste durch, auf der er auch meinen Namen fand, und verwies mich dann zur Anmeldung. Mit einem Laufzettel und einem umfangreichen Gesundheitsfragebogen zog ich weiter von Zimmer zu Zimmer, um mich fünf Stunden lang behorchen, beklopfen und befühlen zu lassen. Es ging alles sehr ernst und sachlich zu. Nach der Prozedur erhielt ich am Ausgang meinen Ausweis zurück und war entlassen.

Vierzehn Tage später teilte mir Werner mit, ich sei mit der festgestellten Gesundheitsstufe Eins voll diensttauglich. Er fügte hinzu, nun hänge alles nur noch von der »Attestierungskommission« ab. Er hoffe, daß nicht noch in letzter Minute ein Einstellungsstop verfügt werde. Unter dem Begriff Attestierungskommission konnte ich mir damals nichts vorstellen. Mitte Juni bekam ich dann von Christian den definitiven Bescheid: »Kündige per Ende Juli in der Physikalischen Gesellschaft. Dienstantritt im MfS am ersten August. Wenn dich jemand fragt, so sagst du, du gehst als Zivilangestellter zur Volksarmee, weil du dort mehr verdienst.« Ich informierte Linke entsprechend. Er knurrte etwas Unverständliches und begann, mich für die verbleibende Zeit mit Arbeit und Aufträgen zu überhäufen. Danach nahm ich meinen Jahresurlaub.

Knapp drei Monate nach der Einstellungsuntersuchung saß ich wieder in der U-Bahn in Richtung Magdalenenstraße. Ich war neugierig und aufgeregt — vor mir lag mein erster Tag als hauptamtlicher Mitarbeiter im Geheimdienst der DDR. Zwar wußte ich nun schon einiges über die Tätigkeit eines inoffiziellen Mitarbeiters im Dienste des MfS. Aber wie mochte der Riesenapparat wohl organisiert sein? Nach welchen Prinzipien wurde innerhalb der Zentrale gearbeitet? Wie hoch waren die Anforderungen an die Mitarbeiter? Welches Arbeitsklima herrschte dort? Welche Perspektiven harrten meiner, und vor allem — welches spezielle Arbeitsgebiet würde mir wohl zugewiesen; würde die Voraussage des Freundes von »Küster« stimmen? Sie hat gestimmt, wie ich bald erfahren sollte.

Werners Rat entsprechend war ich korrekt gekleidet, so wie er und Christian bei den Treffs mit mir, also mit Krawatte. Diesmal benutzte ich den in Fahrtrichtung liegenden vorderen Ausgang des U-Bahnhofes und kam zur Einmündung der Magdalenenstraße in die Frankfurter Allee — ein Weg, den nur wenige MfS-Mitarbeiter nahmen.

Die Altbauten an der linken Straßenseite, normale Wohnhäuser, Läden, kleine Betriebe, gehörten anscheinend nicht zum Gebäudekomplex des MfS. Nach fünfzig Metern wechselte die Szene. Die Fenster hatten jetzt Einheitsgardinen und waren in der ersten Etage vergittert. Eine Tordurchfahrt war wieder mit einem NVA-Posten besetzt. Er ließ Personenkraftwagen nach gründlicher Kontrolle der Dienstausweise und einer zusätzlichen Einlaßkarte passieren. Ich ging die Magdalenenstraße weiter entlang. Auf der rechten Straßenseite befand sich eine hohe Mauer mit einem verschlossenen Tor. Links wurde die leicht ansteigende Straße nun von einem schmutziggrauen, fünfgeschossigen Gebäude gesäumt, dessen untere Fenster ebenfalls vergittert waren. Die darüber liegende Fensterreihe war mit Metallstreifen gesichert. Fast am Ende des Komplexes erblickte ich eine Tür mit einem grauen Milchglasschild: Ministerrat der Deutschen Demokratischen Republik — Ministerium für Staatssicherheit — Besuchereingang. Ich bemerkte eine Fernsehkamera über der Tür, die offenbar die gesamte, nicht sehr lange Magdalenenstraße erfaßte. Wahrscheinlich beobachtete man mich schon. Ich holte tief Luft, blinzelte noch einmal in die Morgensonne und trat ein.

Der Raum, in den ich kam, maß etwa drei mal drei Meter. Hinter mir fiel die Tür ins Schloß. Innen hatte sie keine Klinke. Zu meinem Erstaunen sah ich mich plötzlich selbst in Lebensgröße an der linken Wand — ein Spiegel, der nichts anderes zeigen konnte als mich, denn die »Zelle« war im übrigen gänzlich leer. Einerseits kam mir das alles albern vor. Zum anderen beschlich mich doch eine leichte Beklemmung. Was hatte man mit mir vor? Sollte ich vielleicht die nächste Stunde hindurch mein Spiegelbild anstarren? Ich schnitt eine Grimasse — und hörte plötzlich Gelächter. Das Spiegelbild bewegte sich zur Seite und gab einen Schalter frei, hinter dem zwei Posten saßen. Sie grinsten mich an. Die bewegliche Platte war nur auf einer Seite Spiegel; von der anderen Seite konnte man hindurchsehen. »Sie wünschen?« fragte einer der Posten schließlich in dienstlichem Ton. »Ich komme zur Einstellung.« Er hatte eine Liste vor sich liegen, fand meinen Namen und forderte mir meinen Personalausweis ab, den er ausführlich studierte. Ich hörte ein Summen; dann öffnete sich eine

Tür an der gegenüberliegenden Zellenwand, die ich vorher gar nicht bemerkt hatte. »Gehen sie in den Besucherraum und warten Sie dort. Sie werden abgeholt.«

Im Besucherraum saßen schon etwa zehn Männer und Frauen, meist jüngere Jahrgänge. Ich nahm ebenfalls Platz und begann in den ausliegenden SED-Broschüren zu blättern. Hin und wieder erschien der Posten, nannte einen Namen und verschwand mit dem Aufgerufenen. Schließlich blieb ich allein übrig. Erst nach einer Stunde erschien der mir schon bekannte Kaderfunktionär Karl-Heinz und forderte mich auf, ihm zu folgen. Durch eine weitere Tür, die wieder nur von dem Posten am Eingang geöffnet werden konnte, traten wir in den Innentrakt des Gebäudes. Hier herrschte Geschäftigkeit: Zivilisten und auch einige Uniformierte, gelegentlich mit Papieren unter dem Arm, bevölkerten die Flure. Es folgte ein verwirrendes treppauf, treppab. Karl-Heinz ging schweigend neben mir her und wies mir die Richtung. Bald hatte ich die Orientierung verloren. Wir kamen erneut zu einem Posten. Mein Begleiter zeigte seinen Dienstausweis, meinen Personalausweis und ein anderes Papier, offensichtlich einen Passierschein für mich. Wir überquerten einen Hof, auf dem zahlreiche Personenwagen parkten, und kamen in ein weiteres sechsstöckiges Bürogebäude. Am Eingang wurden unsere Ausweise erneut von uniformierten Posten kontrolliert. Mir fiel auf, daß Karl-Heinz hier viele der entgegenkommenden MfS-Mitarbeiter grüßte. Die Zimmertüren trugen nur Nummem, keinerlei Namensschilder oder andere Bezeichnungen.

Im zweiten Stock betraten wir schließlich Karl-Heinz' Arbeitszimmer. Zwei Schreibtische, ein Kleiderschrank und zwei Stahlschränke mit Siegeln an den Flügeltüren bildeten die ganze Einrichtung. Das Mobiliar war nicht gerade modern, kein Vergleich mit der Ausstattung der Physikalischen Gesellschaft. Man hätte glauben können, sich im Büro eines Post- oder Kommunalbeamten zu befinden. Karl-Heinz forderte mich auf, an einem der Schreibtische Platz zu nehmen. Aus einem der Stahlschränke zog er mehrere Blatt Papier. »Alles klar?« Ich bejahte. »Du bist also bereit, Offizier im Ministerium für Staatssicherheit zu werden?« Ich bejaht wiederum; Offizier — das klang nicht schlecht. »Hier ist der Text deiner Verpflichtung. Er ist obligatorisch. Lies ihn dir durch, anschließend können wir deine Fragen dazu klären.«

Ich las sechs Schreibmaschinenseiten im DIN-A-4-Format. – Der Inhalt entsprach im wesentlichen meiner Verpflichtung als inoffizieller Mitarbeiter, war jedoch ausführlicher und in den Formulierungen schärfer. Allein auf drei Seiten wurde ausgeführt, was ich nicht dürfe, und was ich bei welchen Gelegenheiten zu tun hatte. Alles war eindeutig festgelegt: Keine Preisgabe von Dienst- oder Staatsgeheimnissen; keine Verletzungen der Dienst-, Partei- und Staatsdisziplin; kein Verstoß gegen »die Gebote der sozialistischen Moral«; keine Auskunft über meine Tätigkeit gegenüber anderen staatlichen Einrichtungen; kein Besuch bei Ärzten außerhalb des MfS; keine nicht genehmigten Auslandsreisen; keine Westkontakte außer dienstlich angeordneten; Meldepflicht für alle Freundschaften und Bekanntschaften, natürlich auch Meldepflicht aller Kontaktversuche einer »imperialistischen Institution«, besonders aber eines Geheimdienstes; Garantie für ständige Erreichbarkeit; Verpflichtung zur klassenmäßigen Erziehung der Familienmitglieder und einiges andere mehr.

Nachdem mir Karl-Heinz einige Fragen zu dem Text beantwortet hatte, schrieb ich den vorgegebenen Text ab und verpflichtete mich damit, auf Lebenszeit im Ministerium für Staatssicherheit zu arbeiten sowie alle aufgeführten Regeln, Anordnungen und Weisungen einzuhalten. Ich anerkannte meine Unterstellung unter die Militärgerichtsbarkeit der DDR und nahm zur Kenntnis, daß mich die volle Härte der Gesetze des Arbeiter- und Bauernstaates treffen würde, falls ich meine Verpflichtung bräche. Bei dieser Passage fühlte ich mich ausgesprochen unbehaglich. Hier sah ich mich dem bitteren Ernst meines künftigen Metiers gegenüber. Ich holte tief Luft, während ich meine Unterschrift unter jede einzelne Seite setzte. Die Prozedur hatte mehr als eine Stunde gedauert. Karl-Heinz prüfte den Text sehr sorgfältig und heftete die Verpflichtung in einer dicken Akte ab. Er belehrte mich noch einmal, ich sei jetzt hauptamtlicher Mitarbeiter des MfS und sollte mich dieser Ehre stets würdig erweisen. Dann griff er zum Telefon. Ich verstand, daß er mit Werner sprach, der mich in fünf Minuten abholen werde. Zum Schluß erklärte er mir, er sei der Oberleutnant Karl-Heinz Schmidt, der für meine Diensteinheit zuständige Kaderinstrukteur. Ich könne mich stets mit allen Fragen, die meine Person beträfen, unter Einhaltung des Dienstweges an ihn wenden.

Werner erschien: »Genosse Leutnant, ich begrüße dich als Offizier in den Reihen des MfS.« Er gratulierte mir und bat mich, ihm zu folgen. Wir verließen das Gebäude, überquerten weitere Innenhöfe und kamen zu einem Neubaublock, der früher anscheinend als Mietshaus gedient hatte. Unterwegs erhielt ich die ersten Instruktionen: »Wir unterliegen zwar den Regeln der Dienstordnung, die besagt, daß sich die Mitarbeiter untereinander mit ›Sie‹ anreden; aber im normalen Umgang benutzen wir das ›Du‹ und den Vornamen. Nur bei höheren Chargen, ab Abteilungsleiter, ist das ›Sie‹ üblich. Meinen Namen kennst du ja schon. Ich bin Hauptmann Werner Hengst. Unser Referatsleiter ist der Genosse Hauptmann Christian Streubel.« Ich unterbrach ihn: »Nun verrate mir aber mal, was mein Arbeitsgebiet sein wird.« Aber Werner, der nun nicht mehr mein Führungsoffizier, sondern mein stellvertretender Referatsleiter war, erklärte, daß diese Einführung dem Referatsleiter, also Christian, vorbehalten sei.

Im dritten Stock des Gebäudes betraten wir das, was früher einmal eine geräumige Vierzimmer-Wohnung des gehobenen DDR-Standards gewesen war. Ehemals getrennt vom MfS-Komplex, hatte das Haus leitenden Mitarbeitern als Privatwohnung gedient. Sie waren jedoch dem zunehmenden Bedarf an Diensträumen, den der wachsende Aufgabenbereich des MfS mit sich brachte, zum Opfer gefallen. Das Gebäude mit der früheren Adresse Frankfurter Allee Nr. 181 war dem MfS-Komplex einverleibt worden. Es war inzwischen schon Mittagszeit. Die anderen Mitarbeiter meines Referates hatten sich in die Kantine begeben. So konnte ich mich erst einmal in aller Ruhe umsehen. Werner erklärte mir die Räumlichkeiten. Geradeaus befand sich das Zimmer des Referatsleiters. Die Küche links vom Flur war umgebaut worden und diente der Sekretärin des Referates als Arbeitsplatz. Rechts gegenüber lag das Dienstzimmer von Werner und einem weiteren Genossen. Mir war der dritte Schreibtisch im größten Raum, dem ehemaligen Wohnzimmer auf der rechten Seite, zugewiesen worden. Von dort gelangte man in einen weiteren Arbeitsraum, sogar mit Balkon, in dem zwei Mitarbeiter untergebracht waren. Bad und Toilette waren unverändert geblieben. Werner bedeutete mir, damit sei das Referat komplett. Ich fand das sehr angenehm; wir hatten eine abgetrennte kleine Raumeinheit für uns.

Das Referat bestand demnach aus dem Referatsleiter Christian, seinem Stellvertreter Werner Hengst, der Sekretärin und sechs weiteren operativen Mitarbeitern. Gerade kamen die künftigen Kollegen aus der Kantine zurück. Lärmend wurde ich begrüßt und erlebte dabei eine Überraschung nach der anderen. Als ersten erkannte ich den falschen Nachrichtenhändler wieder, mit dem ich im vergangenen Herbst einen »Übungstreff« hatte abhalten müssen. Er hatte mich damals — natürlich auf Weisung — raffiniert hereingelegt. Christian stellte den Mann, der nun über das ganze Gesicht grinste, als Unterleutnant Peter Grosse vor. Der nächste erwies sich als der weniger raffinierte »Feind-Agent«, dem der Taschenschirm abhanden gekommen war; ich hatte ihn während der Frühjahrsmesse 1971 observieren müssen. — Nun lernte ich ihn als Oberleutnant Horst Kießig kennen, ein waschechter, gemütlicher Sachse, der mir sofort sympathisch war. Danach folgte ein weiteres bekanntes Gesicht: Leutnant Werner Heinze als der männliche Teil jenes »Liebespaares«, das bei meinem Treff mit dem Geschäftsmann aus Karlsruhe mit am Tisch in der Leipziger »Eden-Bar« gesessen hatte. Nur die beiden letzten, Unterleutnant Axel Huether und Leutnant Olaf Junghanns, glaubte ich noch nicht zu kennen. Sie kannten aber mich bereits. Vor und nach dem peinlichen Übungstreff mit Grosse war ich seinerzeit auch noch, natürlich ebenfalls auf Weisung, durch die beiden — von mir unbemerkt — observiert worden. Sie hatten anschließend einen Observierungsbericht schreiben müssen, der mir als »Lehre« vorgehalten worden war. Diese Geschichten wurden nun gleich noch einmal bis in alle Einzelheiten rekapituliert, wobei ich mich nicht allzu wohl fühlte. Anschließend bat Christian mich in sein Arbeitszimmer, das sich durch einen zusätzlichen großen Tisch, vorgesehen für Besprechungen, von den anderen Räumen unterschied. Nach der üblichen politischen Einleitung, die sich diesmal in Grenzen hielt, folgte eine Fülle verwirrender Informationen.

2

Ich war von jetzt an hauptamtlicher Angehöriger des Referats 1 der Abteilung XIII des Sektors Wissenschaft und Technik (SWT) in der Hauptverwaltung Aufklärung (HVA) des MfS. Die HVA hat die Aufgabe, nachrichtendienstliche Informationen aus dem feindlichen oder neutralen Ausland für die DDR zu beschaffen. Der Sektor Wissenschaft und Technik konzentriert sich dabei auf wissenschaftlich-technisches Material und Unterlagen. Spezialgebiet der Abteilung XIII sind die Grundlagenbereiche Physik, Chemie und Biologie. Das Referat I befaßt sich mit Physik, besonders mit der Kernphysik.

Christian umriß die Aufgabe für seine Leute und nun auch für mich: »Unser Referat ist beauftragt, alle Bestrebungen des Gegners, im besonderen der Bundesrepublik, auf dem Gebiet der atomaren Rüstung aufzudecken und aufzuklären. Ein bestimmtes Kräftepotential müssen wir mit dem gleichen Ziel auf die USA konzentrieren. Darüber hinaus sind wir verantwortlich für die Beschaffung von Informationen über die Entwicklung neuer und die Herstellung und Stationierung bestehender Waffensysteme, die auf der Grundlage moderner physikalischer Wirkungsprinzipien arbeiten. Hierbei konzentrieren sich die sowjetischen Genossen vorwiegend auf ihren Hauptgegner, die USA. Mit Westdeutschland müssen wir weitgehend allein fertig werden. Und vergiß nicht: Wir sind in der DDR die einzigen, die das machen. Unsere Arbeit nimmt uns niemand ab.« Das klang gewaltig. In den nächsten Jahren erkannte ich allerdings, daß es alles mehr oder weniger Theorie war. In erster Linie war das Referat damit beschäftigt, technische Unterlagen zu beschaffen, um der ineffektiven und unter den Mängeln des Systems leidenden DDR-Wirtschaft auf die Beine zu helfen. Davon profitierten auch die Russen kräftig, die die meisten Informationen in Kopie erhielten. Christian gab mir noch einiges Studienmaterial über die Arbeitsweise der HVA und wies auf das Prinzip im MfS hin, nach dem sich jeder einzelne Genosse seine Qualifikationen und Kenntnisse persönlich in der praktischen Arbeit aneignen müsse.

Kaum hatte ich diese Schulungshefte in meinem sonst noch leeren Stahlschrank deponiert, als Werner Hengst mit mir zur Erledigung von weiteren, auf einem Laufzettel verzeichneten Regularien aufbrach. Zuerst gingen wir zum Parteibüro der HVA, um meine Ummeldung abzugeben. Dann erhielt ich mein Petschaft — das Siegel mit dem Nummernaufdruck 6475, um den Stahlschrank sichern zu können. Wie mir Werner sagte, hatte zwar auch Christian einen Schlüssel und war zur Öffnung berechtigt, aber mein Siegel gab es nur einmal. Ich würde also immer sehen können, ob sich jemand an meinem Schrank zu schaffen gemacht hat. Die nächste Station war der Fotograf. Nach Entwicklung der Bilder erhielt ich im Ausweisbüro meinen Dienstausweis mit Hülle und Lederbändchen, um ihn an der Innenseite meiner Jacke befestigen zu können. Mein ehemaliger Führungsoffizier bedeutete mir, der Verlust des Ausweises sei so ungefähr das Schlimmste, was einem Mitarbeiter widerfahren könne, und werde hart bestraft.

In der Waffenkammer wurden mir eine Dienstpistole und vierzehn Patronen ausgehändigt. Im Wohnungsbüro stellte ich einen Antrag auf eine neue Bleibe, wobei mir allerdings gleich klar gemacht wurde, daß ich mindestens zwei Jahre warten müsse — für DDR-Verhältnisse noch immer eine sehr kurze Zeit. Der normale Bürger der Republik muß im Durchschnitt mit einer Wartezeit von sechs Jahren rechnen. Werner machte mich mit den wichtigsten Gebäuden des Komplexes vertraut: der Abwehr-Zentrale an der Normannenstraße, dem Ministerbau im Zentrum der Anlage, dem HVA-Hauptgebäude, das sich südlich daran anschloß, der Kantine für die Stabsoffiziere — also vom Major oder Referatsleiter an aufwärts —, unter den Mitarbeitern »Feldherrnhügel« genannt, und schließlich mit der MfS-eigenen Verkaufsstelle, wesentlich besser versorgt als die sonstigen Läden in Berlin.

Kaum war ich wieder an meinem Schreibtisch, als Christian wieder erschien; er sollte mich dem Genossen Abteilungsleiter vorstellen. Wir gingen in den vierten Stock in das Abteilungsbüro. Hier residierte die Genossin Stabsfeldwebel Iris Eschberger. Sie ließ uns warten. Sogar durch die geschlossene und ledergepolsterte Tür zur Rechten drang eine laute und energische Stimme. Wenige

Minuten später trat ein Mitarbeiter heraus, dem man leicht ansehen konnte, daß er soeben von seinem Vorgesetzten zurechtgewiesen worden war. Dann wurden wir eingelassen. Auf den ersten Blick sah ich, daß der Genosse Oberstleutnant Horst Vogel, Leiter der Abteilung XIII, ein hochgewachsener kräftiger Mittvierziger mit schon ziemlich gelichtetem Haar, eine souveräne Persönlichkeit war. Er blickte mich in einer Weise an, daß ich mir ganz nackt und bloß vorkam. Zunächst fuhr er jedoch den mich begleitenden Christian an: »Hast du deinen Monatsplan fertig?« Mein sonst so selbstsicherer Referatsleiter wurde kleinlaut: »Noch nicht, Horst, ich gebe ihn dir morgen früh.« — »Das kann ich dir sagen, wenn ihr euch nicht an die Termine halten könnt, bestätige ich euch überhaupt nichts mehr.« Danach wandte er sich mir zu: »So, Sie sind also der Genosse Stiller. Willkommen in meiner Abteilung. Nun verrate mir mal, mit welchen Vorstellungen du ins MfS gekommen bist.« Ich hatte weitere Erklärungen über die Dienstarbeit erwartet. Statt dessen wurde ich erst wieder einmal zur Rede gestellt. »Genosse Oberstleutnant«, stammelte ich, »zunächst ist alles noch neu und fremd für mich . . .« Er unterbrach mich sofort in herrischem Ton: »Ich habe nicht nach deinen Eindrücken, sondern nach deinen Vorstellungen gefragt.« — »Genosse Oberstleutnant, ich weiß, wie wichtig die Arbeit des MfS für die Gewährleistung der Sicherheit der DDR ist. Deshalb werde ich mich bemühen, den Anforderungen, die an mich gestellt werden, gerecht zu werden.« — »Das hoffe ich für dich und für deinen Referatsleiter, der dich zur Einstellung eingereicht hat. Du bist Physiker, und du hast in deiner Zeit als inoffizieller Mitarbeiter bewiesen, daß du für die Nachrichtenarbeit geeignet bist. Wir erwarten einiges von dir. Wenn du dich bewährst, stehen dir alle Türen offen. Nun komm, ich will dich dem Leiter des Sektors vorstellen.«

Er und ich gingen zum HVA-Hauptgebäude. Im Vorzimmer des Genossen Oberst Heinrich Weiberg mußten wir warten. Die Sekretärin teilte uns mit, er sei zum Genossen Wolf gerufen worden. Vogel erläuterte mir, der Genosse Generaloberst Markus Wolf sei Leiter der HVA und zugleich Stellvertreter des Ministers. Die Wartezeit nutzte er, um mich weiter auszufragen. Seine

Stimme klang jetzt etwas verbindlicher. Ich berichtete ihm über mein Studium, meine Familienverhältnisse und die Zeit bei Reinhard Linke. Unvermittelt fragte er mich: »Und was hältst du vom Westfernsehen?« Wahrheitswidrig behauptete ich, kein Westfernsehen zu sehen. Er erwiderte:

»Das möchte ich dir auch raten. In Fragen der Parteidisziplin sind wir sehr eigen.«

Für den Augenblick war ich wirklich entschlossen, von nun an auf ARD und ZDF zu verzichten. Ich wollte mich keinesfalls eines Tages wegen irgendwelcher Verfehlungen vor diesem Mann rechtfertigen müssen.

Ein älterer, stattlicher Herr mit schlohweißem, gescheitelten Haar trat ins Zimmer. Er ging schon leicht gebeugt. Gelbe Finger und Zähne verrieten den starken Raucher. »Nu, der Jenosse Wolf is heute ooch nich in bester Laune. Jutta«, wandte er sich zunächst an seine Sekretärin, »such doch ma die Informationsstatistik raus und bring se in sein Vorzimmer.« Der Dialekt wies den Leiter des Sektors als Ur-Berliner aus. Dazu stotterte er leicht. Vogel straffte sich: »Genosse Oberst, darf ich dir den Genossen Leutnant Stiller vorstellen . . .« — »Nicht hier, kommt in mein Zimmer.« Wir traten ein. Ich war erstaunt: Die Einrichtung war viel bescheidener, als ich sie mir vorgestellt hatte. Das nun folgende Gespräch hatte einen eher väterlichen Charakter. Weiberg erzählte Begebenheiten aus der Geschichte des Sektors Wissenschaft und Technik — inzwischen, wie ich mir später ausgerechnet habe, ein Apparat von rund 200 Offizieren und 2000 Agenten im In- und Ausland. Weiberg schien in der Tat mit Berliner Humor gesegnet zu sein, aber litt auch schon unter seinem Alter; zuweilen verlor er den Faden. Auf dem Rückweg belehrte mich Vogel: »Der Genosse Weiberg ist der Gründer des Sektors. Was wir heute sind, haben wir zum großen Teil ihm zu verdanken, und wir zählen zu den besten der ganzen HVA«.

Der erste Arbeitstag im MfS ging zu Ende. Ich siegelte gründlich meinen fast noch leeren Stahlschrank ab und verließ mit meinen neuen Kollegen kurz nach 17 Uhr den Dienstkomplex. Axel Huether, der in meiner Nähe wohnte, brachte mich mit dem Dienst-»Wartburg« nach Hause. Seine ruhige, humorvolle Art gefiel mir. Er war schon 1969 zum Referat gekommen. Zuvor hatte er nach einer dreijährigen Dienstzeit im Wachregiment des MfS »Feliks Dzierzynski«, benannt nach dem legendären ersten Chef der sowjetischen Tscheka, zur Hauptabteilung Personenschutz gehört, die für die Sicherheit der Staats- und Parteifunktionäre verantwortlich ist. Dabei habe er unglaubliche Dinge gehört und gesehen, berichtete er mir im Auto, ließ sich jedoch darüber nicht genauer aus.

Erst an diesem Abend eröffnete ich meiner Frau, daß ich Mitarbeiter des Geheimdienstes der DDR geworden war. Sie hatte vorher keine Ahnung von meiner Verbindung zum MfS gehabt. Es kam zu einer problematischen Aussprache. Zwar war ihr Vater in Ungarn selbst Sicherheitsbeauftragter in einem Rüstungsbetrieb. Aber die Erfahrung in ihrer Heimat hatte bei ihr wie bei vielen Bürgern des sozialistischen Lagers Abneigung gegen die Staatssicherheit erzeugt. Zudem waren der Aufstand von 1956 sowie die Brutalität der sowjetischen Besatzungstruppen und ihrer ungarischen Helfer noch keineswegs vergessen. Als ich ihr dann auch noch beizubringen versuchte, die durchschnittliche Arbeitszeit in der Woche werde etwa 70 Stunden betragen, wie Christian mir vorgerechnet hatte, hatten wir unseren ersten Ehekrach. Ich beging nunmehr einen verhängnisvollen Fehler. Aus Angst, ihre Abneigung gegen meine Tätigkeit könnte sich verhärten und mir damit Schwierigkeiten bereiten, begann ich, sie — im Grunde schon gegen meine eigene innere Überzeugung — politisch »umzuschulen« — und das mit unerwartetem Effekt. Sie wurde bald zur leidenschaftlichen Verfechterin der doktrinären Linie. Ab 1974 lebten wir in einem Mitarbeitern des MfS vorbehaltenen Wohnblock. Dort tat die gleichgeschaltete Nachbarschaft ein übriges. Nach einiger Zeit mußte ich verwundert feststellen, daß sie auf keinerlei Relativität mehr anzusprechen war. So war ich später natürlich gezwungen, meine Tätigkeit für den BND vor ihr geheim zu halten. Andere Erosionserscheinungen traten im Laufe der Zeit dazu, und als ich mich 1979 mit dem Übertritt in den Westen schließlich für immer von meiner Familie trennte, war die Entfremdung ohnehin schon weit gediehen.

Christian setzte meine Einweisung fort und widmete ihr den

ganzen Vormittag des nächsten Tages. Er machte mich mit den wichtigsten Punkten der Arbeitsordnung, mit den Dienstbestimmungen und den Prinzipien der Nachrichtenarbeit vertraut. »Vor allen Dingen«, so prägte er mir ein, »achten wir auch intern auf strenge Geheimhaltung. Alles, was du bearbeitest, geht nur dich und mich etwas an. Ebenso sind die Fälle und Probleme der anderen Genossen für dich tabu.« Er fuhr fort: »Jeder Mitarbeiter des Referates führt eine bestimmte Anzahl von inoffiziellen Mitarbeitern, und zwar sowohl in der DDR als auch im Operationsgebiet. Dir steht zu gegebener Zeit das gleiche bevor. Ich gebe dir jetzt deine ersten vier Vorgänge. Lies die Akten gründlich, dann wirst du schon etwas mehr von unserer Arbeit verstehen.« Damit packte er mir einen Stapel von Ordnern auf den Tisch.

Ich machte mich an die Lektüre. Kaum hatte ich jedoch die ersten Seiten gelesen, als ich den Ordner schon wieder aus der Hand legen mußte. Erst wollten mich noch der Parteisekretär der Abteilung, Hauptmann Günter Haering, und danach der stellvertretende Abteilungsleiter, Hauptmann Gerhard Jauck, kennenlemen. Haering schärfte mir ein, daß die Parteiarbeit auch im MfS außerordentlich wichtig sei. Von ihr werde der Hauptteil der politischideologischen Weiterbildung und der klassenmäßigen Erziehung der Mitarbeiter geleistet. »Klassenmäßige Erziehung« — ich hatte inzwischen wohl begriffen, daß darunter im besonderen Maße die kritiklose Unterordnung unter die Partei-, Staats- und nunmehr auch die MfS-Hierarchie zu verstehen ist.

Der etwa 40 Jahre alte stellvertretende Abteilungsleiter gefiel mir. Hellblond, kräftig gebaut und braungebrannt, wirkte er wesentlich jünger und gab sich auch so. In unkonventioneller Form machte er mich mit einigen Gebräuchen in der Abteilung vertraut und erläuterte mir die Aufgaben der anderen drei Referate. Das Referat II beschäftigte sich mit Mikrobiologie, Bakteriologie und biologischer Kriegsführung. Im Referat III waren die Chemiker versammelt. Diese sollten, so erläuterte Jauck, im Westen chemische Waffen aufspüren. »Mit den Leuten vom Referat IV mußt du vorsichtig sein. Die bilden nämlich das USA-Referat und halten sich deswegen für etwas Besseres. Wenn nur ihre Arbeitsergebnisse auch so gut wären.« Er wünschte mir

Erfolg in meiner zukünftigen Arbeit, fügte aber zugleich hinzu: »Setze dir keine allzu großen Ziele. Gewöhne dich daran, daß du zumeist Mißerfolge haben wirst. Die Nachrichtenarbeit ist nach wie vor, trotz aller Versuche, sie zur Wissenschaft zu erheben, vorwiegend Erfahrung, Intuition und Glückssache. Wenn du zehn Leute im Westen ansprichst und einer davon ›ja‹ sagt, kannst du dich schon als erfolgreich bezeichnen. Also, laß' den Kopf nicht hängen, wenn erst einmal alles schief geht. Wir haben Mitarbeiter, die sind schon fünf Jahre hier und haben noch nicht einen einzigen Westler angeworben. Natürlich«, schloß Jauck, »wenn du es trotzdem bald zu einer Westwerbung bringst, schaffst du damit für dich hier die beste Ausgangsposition.«

Ich war gerade zu meinen Akten zurückgekehrt, als das Telefon klingelte. Die Abteilungssekretärin eröffnete mir, ich solle umgehend zum Genossen Neumann kommen. Ich kannte keinen Genossen Neumann, aber »Sigi«, die Sekretärin unseres Referates, Stabsfeldwebel Sigrid Brodehl und der »gute Geist« unserer Gemeinschaft, klärte mich auf: »Genosse Oberst Willi Neumann ist der stellvertretende Leiter des Sektors, also kämm' dich schön und mach' einen guten Eindruck. Von ihm hängt es ab, wie schnell du befördert wirst.« Ich ging zum Hauptgebäude der HVA und fand das beschriebene Zimmer. Die dortige Vorzimmerdame strahlte mich an — sie war der weibliche Part des Pärchens gewesen, das mich in der Leipziger »Eden-Bar« beim Treff mit dem Aussteller aus Karlsruhe belauscht hatte. Die Visite bei Neumann blieb mir besonders bildhaft in Erinnerung: Klein und wohlbeleibt, knapp 60 Jahre alt, war Willi, wie er überall genannt wurde, wegen seiner Ungeschicklichkeit und seiner Freßsucht berüchtigt. Nie ließ er die Gelegenheit zu einem Arbeitsessen aus. Von seiner täppischen Art gab er schon bei meiner Vorstellung ein unvergeßliches Beispiel. Die Sekretärin hatte ihm gerade einen Kaffee gebracht. Willi griff nach der Tasse und verschüttete den Inhalt über seinen Anzug. Aufspringend stieß er nun auch noch die Milch um, die sich über seinen Schreibtisch ergoß, und stolperte schließlich über den umgefallenen Stuhl. Damit war die Audienz auch schon beendet, denn Willi verschwand, um seine Kleidung zu reinigen. Ich hatte es fertig gebracht, dabei ernst zu bleiben, was sich als sehr klug erweisen sollte. Willi war nämlich auch ungewöhnlich nachtragend.

3

Erneut schlug ich die Akte mit der Registernummer 12 915/60 auf. Der Ordner war mit dem Decknamen »Gärtner« beschriftet. Werner Hengst ging gerade vorbei und begann zu witzeln: »Also, dir hat man den großen Atomspion jetzt vermacht. Na, an dem wirst du noch deine Freude haben.« Was ich dann an diesem und dem folgenden Tag auf etwa 1500 Aktenblättern las, glich tatsächlich der Story zu einem Filmdrehbuch und gab mir einen Einblick in die Methoden der HVA in den fünfziger und sechziger Jahren.

Harald Gottfried, so der Klarname, wurde am 13. Februar 1935 in Netzheim in der Nähe der Stadt Bromberg als Sohn eines Dorfschullehrers geboren. Nach dem Krieg wurde die Familie nach Thüringen »ausgesiedelt«. Vater Gottfried, beileibe kein Nazi, kam eine abfällige Bemerkung über die Russen teuer zu stehen, als diese Frauen und Mädchen in der thüringischen Kleinstadt wie Beutegut behandelten. In einem der sogenannten Waldheimer Prozesse wurde er deswegen zu zehn Jahren Zuchthaus verurteilt, wo er 1955 laut amtlichem Bericht an »Lungenentzündung« starb. Der Akte zufolge lief allerdings auch das »böswillige Gerücht« um, er sei zu Tode gepeinigt worden. Sohn Harald, der seinen Vater seit 1947 nicht mehr gesehen hatte, scheint von dessen Schicksal nicht sonderlich berührt worden zu sein und wurde jedenfalls ein strebsamer Schüler. Er konnte die erweiterte Oberschule besuchen und erhielt sogar einen Studienplatz für das Fach Pädagogik in Dresden. Nach dem Tod des Vaters wurden seine Mutter sowie seine Geschwister bald »republikflüchtig«, d. h. sie gingen in den Westen. Harald jedoch blieb. Aus Angst, seinen Studienplatz zu verlieren, trat er sogar der FDJ bei und wurde dort aktiv.

Der Staatssicherheitsdienst in Dresden, bei dem der Vorgang zum Tode des Vaters aktenkundig war, wurde auf Harald aufmerksam, als dieser um eine Ausreiseerlaubnis zum Besuch seiner Mutter und seiner Schwestern in der Bundesrepublik beantragte. Zunächst vermutete man, er wollte ebenfalls flüchten, erkannte jedoch schließlich die Haltlosigkeit des Verdachts: Wenn er in den Westen gehen wollte, brauchte er damals nur mit der S-Bahn von Ost- nach West-Berlin zu fahren und benötigte keine Besuchserlaubnis. Also wollte Harald wohl doch wiederkommen. Mitarbeiter des Staatssicherheitsdienstes suchten den jungen Mann nun auf und fragten ihn, was er neben dem Verwandtenbesuch sonst noch im Westen zu tun beabsichtige. Es konnte ja sein, so dachte man beim SSD, daß der Sohn Verbindung mit westlichen Geheimdiensten hatte und deshalb in der DDR zurückgeblieben war. Harald antwortete, ihn bedrücke die »Schuld« seines Vaters, und er mißbillige auch die Flucht seiner Mutter und seiner Geschwister. Im übrigen betrachte er sich als Bürger der DDR und Anhänger des Marxismus-Leninismus. Die Mitarbeiter des SSD zogen sich zunächst zurück und überlegten — vielleicht wollte Harald tatsächlich nur seine Familie wiedersehen. Beim nächsten Treff fragten sie ihn über seine Kommilitonen aus. Der Student sagte, was er wußte und erklärte sich auch bereit, Berichte über ideologisch anfällige Studenten zu verfassen.

Der nächste Schritt war ein Auftrag des SSD für Harald, im Anschluß an den Verwandtenbesuch in der Bundesrepublik nach West-Berlin zu fahren, dort den »Bund Freiheitlicher Juristen« aufzusuchen und diese Institution auszuforschen. Dort sagte man Harald im Hinblick auf das Schicksal seines Vaters sofort Hilfe im Verfahren zur Anerkennung als »politischer Flüchtling« zu, falls er dies beabsichtige. Er kehrte jedoch zu seinen Auftraggebern zurück, die mit ihm und seinem Bericht sehr zufrieden waren. In diesem Stadium kam das noch schmale Aktenstück in der MfS-Zentrale in Berlin auf den Tisch von Willi Neumann, damals noch Hauptmann. Der witterte eine Chance, ließ sich Harald kommen und brachte ihn dazu, eine Verpflichtung zur Zusammenarbeit mit dem MfS zu unterschreiben. Nach vier Wochen waren die noch erforderlichen Ermittlungen zu dem neugeworbenen inoffiziellen Mitarbeiter, der den Decknamen »Gärtner« erhielt, befriedigend abgeschlossen.

Der nächste Treff wurde folgenschwer. Neumann stellte Harald Gottfried alias Gärtner die Frage, ob er bereit sei, im Auftrag des MfS in die Bundesrepublik zu gehen und dort »an der unsichtbaren Front für Sozialismus und Frieden zu kämpfen«. Er — Gärtner — habe ja »einiges an der Gesellschaft gutzumachen«. Die Andeutung galt in einer Art Sippenhaftung dem unglücklichen Vater. Gärtner sagte offenbar ohne Zögern zu. Damit schien alles gut eingefädelt zu sein. Nur eines ließ sich nicht mehr rückgängig machen, das sich als mißlich erweisen mußte. Der für die Einbürgerung im Westen vorgesehene Mitarbeiter war inzwischen auch SED-Genosse geworden. Er konnte sich jetzt kaum noch des Kanals über den »Bund Freiheitlicher Juristen« für seine Einbürgerung bedienen, denn dort würde man sich genauer mit seinem Fall befassen und ihm nicht ohne weitere Nachforschung abnehmen, daß der angeblich Verfolgte plötzlich Mitglied der Partei werden konnte. Er erhielt daher den Auftrag, einen anderen Weg in den Westen — über ein Notaufnahmeverfahren in Westberlin — zu nehmen. Die SED-Mitgliedschaft sollte er dabei nicht verschweigen, sondern erklären, er wäre in die Partei eingetreten, um seinen Studienplatz nicht zu verlieren. Es sei ihm jedoch schließlich unmöglich geworden, weiterhin in der DDR zu leben, die seinen Vater auf dem Gewissen habe. Anschließend sollte sich Gärtner, bisher Pädagogik-Student, an der Technischen Hochschule Karlsruhe zum Studium der Elektrotechnik einschreiben, wobei ihm das MfS monatlich DM 150,— Unterhaltsbeihilfe zusicherte.

In der Bundesrepublik nahmen damals die Pläne zum Aufbau eines Kernforschungszentrums in Karlsruhe Gestalt an. In Moskau und Ost-Berlin hatte man große Sorge, im »KFZ« könnten die Voraussetzungen für den Bau eigener westdeutscher Atomwaffen geschaffen werden, entgegen den von der Bundesrepublik Deutschland eingegangenen Verpflichtungen. Aber das war natürlich nur ein, und vielleicht nicht einmal das wichtigste Motiv für den Versuch des MfS, dieses Forschungszentrum auszuspähen. Auch wenn, wie die führenden Politiker der Bundesrepublik immer wieder verkündeten, in Karlsruhe tatsächlich nur Forschung zu friedlichen Zwecken betrieben wird und auf kaum einem Forschungsgebiet sind derart effektive Kontrollen möglich, wie auf diesem —, so waren die Ergebnisse für den Osten immer noch von großem Interesse.

Gärtner hat die Order Neumann genauestens befolgt, und alles lief zunächst wie geplant. Zum nächsten Treff im Herbst 1956 erschien er tatsächlich schon als Student der Elektrotechnik an der TH Karlsruhe. Damit hatte das MfS einen inoffiziellen Mitarbeiter in der Bundesrepublik und ihn noch dazu in der Nähe des Zielobjektes plaziert. In den folgenden Jahren studierte Gärtner fleißig und unauffällig. Dann und wann fuhr er nach Ost-Berlin zum Treff und wurde bei diesen Besuchen als Agent ausgebildet. Er lernte die Verwendung von Geheimschreibmitteln, Chiffren, den Funkverkehr mit der Zentrale, das Anlegen von toten Briefkästen, die Dokumentenfotografie und ähnliches. Das MfS zahlte den versprochenen Zuschuß und nahm Gärtners Berichte über seine Mitstudenten und Lehrer entgegen. Sie waren für das MfS sehr interessant in der Hoffnung, weitere Agenten zu gewinnen. Diese Hoffnung erfüllte sich zwar nicht, aber im übrigen leistete Gärtner gute und disziplinierte Arbeit.

Nach drei Jahren zeigte sich bei ihm freilich eine Erscheinung, die man in der Zentrale bei vielen in die Bundesrepublik übergesiedelten inoffiziellen Mitarbeitern feststellen mußte. Das Leben im Westen hatte ihn ideologisch abgestumpft; er zeigte politische »Aufweichungserscheinungen«. Beim nächsten Treff in Ost-Berlin wurde er deshalb unter Druck gesetzt. Die Schuld des Vaters und auch dessen Schicksal blieben dabei nicht unerwähnt. Andererseits verordnete ihm das MfS eine durchaus angenehme, der Zerstreuung dienende »Therapie«: In Ost-Berlin hatte man seinerzeit gerade entdeckt, daß die zahlreichen unverheirateten Sekretärinnen der Bundesministerien in Bonn als nachrichtendienstliches Potential ausgeschöpft werden können. So setzte man Gärtner nun an, solche Schreibkräfte, namentlich in interessanten Verwendungen kennenzulernen. Er war nicht häßlich, offenbarte aber bei der ganzen Aktion erneut »Charakterschwäche«. In den Betten der Damen vergaß er die Aufträge des MfS und gab sich nur den von diesem finanzierten sexuellen Abwechslungen hin. Er ließ sogar sein Studium schleifen. Willi Neumann mußte erneut umschalten und verordnete ihm nun wieder Last statt Lust. Gärtner wurde wieder kurz gehalten und auf seine Bücher in seiner Karlsruher Studentenbude verwiesen. 1961 erhielt er sein Diplom und stand damit frei zur Verfügung des MfS.

In der Zentrale war man sich über das weitere Vorgehen unschlüssig. Sollte man es tatsächlich mit einer Bewerbung im Kernforschungszentrum versuchen, die unweigerlich mit einer Sicherheitsüberprüfung verbunden war? Was, wenn der Verfassungsschutz dabei auf den ehemaligen DDR-Flüchtling mit SED-»Vergangenheit« aufmerksam wurde, ihn unter die Lupe nahm und sich dabei ein Verdacht ergab? Wie streng waren die Sicherheitsmaßnahmen im Kernforschungszentrum selbst? Nicht einmal das wußte man. Schließlich entschied der Genosse Markus Wolf, schon damals trotz seiner 38 Jahre ein sehr erfahrener Leiter der HVA: Man brauche unbedingt einen Mann, der Informationen aus dem KFZ liefern könne. Die sowjetischen Genossen seien besorgt über die Atompläne der Bonner Regierung. Daher solle der Versuch mit Gärtner gemacht werden.

Dieser bewarb sich und wurde tatsächlich ohne Schwierigkeiten eingestellt. Im MfS jubelte man. Alle Eskapaden des Agenten mit den Damen in Bonn waren vergessen. Bald trafen tatsächlich seine ersten Informationen aus dem KFZ ein — Fotokopien von Forschungsberichten, Konstruktionsplänen und Besprechungsprotokollen. Er konnte Arbeitsunterlagen und andere Materialien, die er sich von Kollegen hatte geben lassen, ohne Schwierigkeiten mit nach Hause nehmen, fotografierte sie dort Blatt für Blatt und brachte die noch nicht entwickelten Filme zum nächsten Treff nach Ostberlin mit. Zwar waren es noch nicht als »vertraulich« oder »geheim« klassifizierte und gestempelte Papiere, aber das konnte man für den Anfang auch nicht erwarten.

Gärtners nächster »Fehltritt«, der die MfS-Zentrale erheblich verärgerte, ließ jedoch nicht lange auf sich warten: Er verliebte sich in eine geschiedene Frau mit zwei Kindern, die noch dazu für das DDR-Regime ganz und gar nichts übrig hatte. Das war ein erhebliches Risiko. Würde sie von seiner Agententätigkeit erfahren, war die Gefahr nicht abzusehen. Außerdem befürchtete man im MfS, Gärtner werde nun durch seine Pflichten als Ehemann und Familienvater von seiner geheimdienstlichen Aufgabe abgelenkt. Der Nachrichtenfluß wurde tatsächlich spärlicher. Trotz aller Warnungen des MfS ging Gärtner nun auch noch die Ehe mit seiner Geliebten ein. In Ostberlin suchte man die Ursachen für die neue »Disziplinlosigkeit« des Agenten im Mangel an straffer Anleitung und Kontrolle. Sein Führungsoffizier Manfred Terber, der Gärtner inzwischen von Neumann übemommen hatte, kam daher auf die Idee, ihn einer der bereits in der Bundesrepublik bestehenden MfS-»Residenturen« anzuschließen. Die Zuschaltung wurde auch genehmigt, und Gärtner arbeitete fortan unter der Führung eines Residenten — Deckname Hartmann —, der sich, da in der Bundesrepublik ansässig, häufiger mit ihm treffen und ihn beeinflussen konnte. Gleichzeitig hatte man damit ein weiteres Sicherheitsrisiko gemindert. Gärtners Reisen nach Ostberlin konnten reduziert werden. Tatsächlich flossen nun die Informationen wieder reichlicher und auch ihre Qualität nahm zu.

Etwa 1966 beging der Atomspion jedoch den nächsten Fehler. In einer schwachen Stunde weihte er seine Ehefrau in seine Agententätigkeit ein. Diese erklärte ihm klipp und klar, sie billige die »Nebenbeschäftigung« ihres Mannes keinesfalls. Sie wollte ihn jedoch — so berichtete dieser nach Ostberlin — keinesfalls verraten. Im MfS war man nach einschlägigen Erfahrungen mit den Ehefrauen von Agenten indessen äußerst skeptisch geworden: Jeder Ehekrach konnte zu einem Kurzschluß führen. Nun schwebte nicht nur er, sondern die ganze Residentur Hartmann permanent in Gefahr. Also mußte er aus Sicherheitsgründen wieder abgekoppelt und auf sich allein gestellt werden. Nachdem die erste Aufregung vorüber war — die Ehefrau hielt sich offenbar an ihr Versprechen —, beschloß man, als Ersatz für Hartmann einen sogenannten »Instrukteur« in die Verbindung einzubauen, der Gärtner regelmäßig in der Bundesrepublik treffen sollte. Erneut häufige DDR-Reisen des Agenten wollte man jedenfalls nicht riskieren. Des weiteren wurde Gärtner angewiesen, alle Hilfsmittel, wie Chiffrier- und Geheimschreibunterlagen, außerhalb seines Grundstückes zu vergraben.

Von nun an übergab er seine Informationen an den Instrukteur, der sie nach Berlin brachte und bei den Treffs gleichzeitig Anweisungen der Zentrale sowie Geld übergab. Alles lief zunächst wieder befriedigend. Mit dem Instrukteur »Gross« hatte man einen guten Griff getan. Hilde Klein, die sich hinter diesem Decknamen verbarg, — sie lebt heute als Rentnerin in der Stargarder Straße, Prenzlauer Berg — leistete als inoffizielle Mitarbeiterin des MfS gute Arbeit. Etwa alle zwei Monate fuhr sie mit einem gefälschten Reisepaß der Bundesrepublik Deutschland nach Heidelberg oder Stuttgart und traf sich dort mit Gärtner. Das von ihm gelieferte Material erwies sich weiterhin als wertvoll. Hinweise auf die Entwicklung von Atomwaffen ergaben sich natürlich nicht, aber die von Gärtner beschafften Unterlagen über die Entwicklung von Kernkraftwerken, insbesondere zum Projekt »Schneller Brüter«, halfen den Sowjets wesentlich eigene Arbeiten voranzutreiben. So wurde Gärtner dann auch mit Orden ausgezeichnet und mit größeren Geldprämien bedacht.

Doch dann kam plötzlich das »Aus«. Im Oktober 1968, in einer Phase sehr interessanter Informationen, wurde er während einer Besprechung im Kernforschungszentrum Karlsruhe von Beamten des Landeskriminalamtes Baden-Württemberg unter dem Verdacht der geheimdienstlichen Agententätigkeit verhaftet. Der Vorgang versetzte die Zentrale in Berlin durch einen weiteren Umstand in höchste Spannung: Die Instrukteurin Gross war gerade zu einem planmäßigen Treff nach Heidelberg unterwegs. Im Flugzeug von West-Berlin nach Stuttgart hatte sie jedoch zufällig in einer Zeitung die Schlagzeile gelesen: »DDR-Atomspion verhaftet« und auf dem beigefügten Bild Gärtner erkannt. Sie nahm die nächste Maschine, und es gelang ihr, nach Ost-Berlin zurückzukehren. Dort hatte man die Hiobsbotschaft ebenfalls bereits Westberliner Morgenzeitungen entnommen und die Instrukteurin auch schon hinter Gittern vermutet. Sie wurde von zwar etwas erleichterten, im übrigen jedoch völlig ratlosen Genossen empfangen. Der Akte war zu entnehmen, daß man im MfS zunächst gänzlich im Dunkeln tappte. Es hatte keinerlei Anzeichen für eine akute Gefährdung oder gar für eine Verhaftung gegeben. Hatte die Ehefrau etwa doch geplaudert? Oder war Gärtner beim Mitnehmen und Photographieren von Unterlagen zu leichtsinnig gewesen?

Die Westberliner und westdeutschen Zeitungen gaben keinen Aufschluß. Nur eines konnte man ihnen entnehmen: Gärtner verstieß in der Haft gegen alle für diesen Fall vorgesehenen Regeln. Aber, das war bekannt, er hatte schon vorher Weisungen der Zentrale mißachtet. Und bei der Hausdurchsuchung auf dem Grundstück waren in seinem Wohnwagen alle technischen Hilfsmittel gefunden worden, die er eigentlich hätte außerhalb vergraben sollen. Angesichts dieses Beweismaterials legte er ein lückenloses Geständnis ab. Die bange Frage tauchte auf, inwieweit nun auch die Residentur Hartmann gefährdet war. »Hartmann« selbst hatte sich ja früher mit Gärtner häufig getroffen, ohne allerdings seinen Namen zu offenbaren, unter dem er in der Bundesrepublik lebte. Lange Tage des Wartens folgten. Während Gärtner in der Untersuchungshaft ausplauderte, was er wußte, lief in der Zentrale des MfS eine umfassende Untersuchung über die Ursache der Verhaftung an. Die mir vorliegende Akte war hierzu allerdings unvollständig; einzelne Blätter fehlten, und ich konnte aus den Fragmenten keine völlige Klarheit gewinnen. Es war noch vermerkt, daß Harald Gottfried alias Gärtner im Jahre 1969 aufgrund seines Geständnisses zu 18 Monaten Freiheitsentzug verurteilt, aber bereits sechs Wochen nach dem Prozeß wegen der langen Untersuchungshaft entlassen und in die DDR abgeschoben worden war. Anschließend enthielt die Akte eine Zusammenfassung des Vorganges mit einer Gesamteinschätzung. Ich las darin einen Satz, der mich aufmerken ließ: »Nach allen vorliegenden Erkenntnissen ist die Verhaftung des inoffiziellen Mitarbeiters ›Gärtner‹ auf Verrat durch den Doppelagenten ›Alois‹ zurückzuführen.«

Ein Doppelagent? Ich hatte vorher noch nichts davon gelesen und fand auch auf den weiteren Seiten keine Erklärung. Daher ging ich zu Christian, um ihn zu fragen. »Das ist eine lange Geschichte und kein Ruhmesblatt in der Laufbahn des Referates«, beschied er mich, »trotzdem solltest du sie kennen, damit du siehst, daß wir nicht wachsam genug sein können. Laß' sie dir von Werner Hengst erzählen, der hat alles direkt miterlebt.« Am folgenden Sonnabend hatte ich gemeinsam mit Werner Dienst. Bei einer Kanne Kaffee erzählte er mir alles über »Alois«.

4

Anfang der sechziger Jahre arbeitete mein früherer Chef bei der Physikalischen Gesellschaft, Reinhard Linke, als operativer Mitarbeiter in unserem Referat unter dem damaligen Leiter Major Günther Heinrich. Es waren die goldenen Zeiten in der Geheimdienstarbeit der HVA. Während der fünfziger Jahre hatte man in den Westen übergesiedelt, was nur immer zu übersiedeln ging. Die Universitäten der DDR waren systematisch nach Studenten durchkämmt worden, die einigermaßen positiv zur DDR und zur Partei standen. Schnell angeworben, aber kaum überprüft, wurden sie in den Westen geschickt, um sich dort beruflich zu qualifizieren und in eine nachrichtendienstlich interessante Position zu gelangen. Angesichts der offenen Grenze in Berlin und bei dem Reiz, den der höhere Lebensstandard im Westen ausübte, war der erste Teil dieser Strategie einfach zu verwirklichen. Opportunisten, aber auch überzeugte Parteigänger der SED waren nicht abgeneigt, den grauen DDR-Alltag mit einer geheimdienstlichen Tätigkeit im Westen zu vertauschen. Immerhin konnte man so dem eigenen Regime einen großen Dienst erweisen und dabei auch noch das gute Leben auf der anderen Seite genießen. Das Risiko der Entdeckung und Verhaftung war gering, verglichen mit den zu erwartenden Vorteilen.

Das Referat verfügte daher auch nach dem Bau des »antifaschistischen Schutzwalls« im Westen noch über ein Heer von Agenten, die alle der Betreuung und Anleitung bedurften. Zudem mußte bei ihnen auch noch die nachrichtentechnische Ausbildung nachgeholt werden. Dies hatte man vor der Übersiedlung zunächst unterlassen, da man nicht sicher sein konnte, ob der Übersiedler wirklich für das MfS arbeiten oder sich lieber dem Verfassungsschutz offenbaren würde, was nicht selten der Fall war. Dem Grundsatz: Alles vermeiden, was dem Gegner Wissen vermitteln könnte, war daher bei dieser Agentenwelle Vorrang gegeben worden. Ein weiteres Manko bestand darin, daß die meisten dieser Übersiedler in der Bundesrepublik noch ihr Studium abschließen mußten oder noch nicht in eine interessante Position gelangt waren. Das ganze System der »Perspektivagenten« stellte einen ungewissen Wechsel auf die Zukunft dar. Vorläufig war der Aufwand in der Führung des Netzes groß, der Informationsstrom dagegen noch gering. Aus Rationalitätsgründen schloß man daher mehrere Agenten zu je einer sogenannten Residentur zusammen, von einem ebenfalls übersiedelten Residenten geführt. Dieser mußte die Hauptarbeit »vor Ort« leisten. Das Problem blieb dabei die Verbindung von der Zentrale zum Residenten durch Kuriere oder Instrukteure. So war auch die Residentur Hartmann entstanden, der Gärtner Mitte der sechziger Jahre angehört hatte.

In dieser Zeit lernte Reinhard Linke auf der Leipziger Messe einen Westdeutschen kennen, der sich sehr lobend über die DDR und ihr politisches System äußerte und sich zudem häufig geschäftlich in Westberlin aufhalten mußte. Was lag für Linke näher, als ihn schnellstens anzuwerben. Er gab ihm den Namen »Alois«. Allerdings betrieb der Mann nachrichtendienstlich völlig uninteressante Geschäfte und kam als Lieferant von Informationen nicht in Frage. Linke setzte »Alois« daher als Kurier zur Residentur Hartmann ein. Von Sicherheitsüberprüfungen wurde damals noch nicht groß gesprochen, und »Alois« arbeitete gut. Seine Aufgabe war es, regelmäßig einen toten Briefkasten im Frankfurter Raum zu entleeren und den Inhalt nach Ostberlin zu bringen. Im Gegenzug legte er dort Geld und Instruktionen ab. Das lief mehrere Jahre reibungslos. Dann allerdings entdeckten Linke und sein Vorgesetzter Günther Heinrich ihre gemeinsame intensive Neigung zu alkoholischen Getränken. Es dauerte nicht lange, bis ihnen alle »revolutionäre Wachsamkeit« abhanden kam. »Alois« ließen sie nun auch bedenkenlos als Instrukteur fungieren. Schließlich verkehrte dieser mit Hartmann sogar in dessen Wohnung und kannte bald die ganze Residentur, Namen und Adressen. Das war schon damals ein schwerer Verstoß gegen die strikten Weisungen der Zentrale, blieb aber lange Zeit ohne Folgen.

Erst die Verhaftung Gärtners traf die Sorglosen wie ein Blitz aus heiterem Himmel. Nachdem die internen Untersuchungen im MfS ergeben hatten, daß die Ehefrau ihren Mann tatsächlich nicht verraten hatte, blieben nur der Führungsoffizier Terber, der stellvertretende Referatsleiter Reinhard Linke, Referatsleiter Günther

Heinrich, einige höhere Vorgesetzte, der Resident Hartmann und — zur Verblüffung der HVA-Führung — »Alois« in Verdacht. Es folgten peinliche Augenblicke für Heinrich und Linke, als sie ihren Vorgesetzten Rede und Antwort stehen mußten, wieso ein Kurier eine Quelle und darüber hinaus eine ganze Residentur kennen konnte. Im sogenannten Ausschließungsverfahren, bei dem alle Mitwisser einer rigorosen Prüfungsprozedur unterzogen werden, häuften sich die Verdachtsmomente hinsichtlich »Alois«, der als inoffizieller Außenmitarbeiter nichts davon ahnte.

Ein weiteres Ereignis erhärtete den Verdacht. Gärtner hatte neben seinem vollen Geständnis gegenüber den bundesdeutschen Untersuchungsbehörden, das in der Zentrale fast schon als Landesverrat eingestuft wurde, eine weitere Todsünde begangen. Während des gemeinsamen Hofgangs freundete er sich mit einem Mithäftling mit Vomamen Wolfgang an, der eine Haftstrafe wegen unterlassener Unterhaltszahlungen verbüßte. Da Wolfgangs Haftzeit bald zu Ende ging und dieser ohnehin keinen rechten Beruf oder feste Pläne hatte, versuchte Gärtner, Wolfgang politisch zu beeinflussen, und erzählte ihm seine gesamte Geschichte. Dieser erklärte sich dann auch bereit, dem freundlichen und einigermaßen berühmten »Atomspion« einen Gefallen zu tun, nach Ostberlin zu reisen und der Zentrale eine schriftliche Nachricht zu überbringen. Dazu verriet Gärtner ihm auch noch, was die Untersuchungsbeamten bisher noch nicht wußten: Die konspirative Telefonnummer der Führungsoffiziere, im MfS als strengstes Geheimnis gehütet.

Wolfgang wurde bald darauf entlassen und fuhr tatsächlich nach Ostberlin, verhielt sich jedoch, wie nicht anders zu erwarten, völlig unprofessionell. Um nicht die langwierige Einreiseprozedur durchlaufen zu müssen, verkündete er schon bei der Paßkontrolle im Bahnhof Friedrichstraße lauthals, er habe äußerst wichtige Informationen für die Leitung des MfS. Nach vielen Fragen und langem Hin und Her saß er schließlich dem Führungsoffizier Gärtners gegenüber und konnte seine Mitteilung sowie die Umstände, unter denen er sie erhalten hatte, an den Mann bringen. Laut Werners Erzählung hat Willi Neumann getobt, als er davon erfuhr: »Ist denn der Gärtner im Knast völlig verrückt geworden? Einem Zellenagenten auf den Leim zu gehen, ihm alles preiszugeben, was der Feind bisher noch nicht wußte. Dieser Wolfgang ist doch nichts anderes als ein Agent des Gegners, der sich beim MfS einschleichen will«. Er — Neumann — glaube jedenfalls kein Wort von dem angeblich für Gärtner herübergeschmuggelten Bericht. Wütend habe Willi dann den Referatsleiter Heinrich, der ihm den von Wolfgang abgegebenen Bericht vorgelegt hatte, aus seinem Dienstzimmer hinausgeworfen. Anschließend habe er jedoch das Papier noch einmal für sich alleine genauer studiert. Dabei fand er eine äußerst aufschlußreiche Passage: »In einem Verhör fiel der Name Ulli, den ich noch nie erwähnt habe,« schrieb Gärtner. Ulli war der Vomame des Residenten Hartmann. Nach allem, was man durch seine Ehefrau und seinen Verteidiger wußte, hatte Gärtner die Residentur jedoch bisher tatsächlich noch nicht preisgegeben. Sie war auch in der — dank der Gefälligkeit des Rechtsanwalts — beim MfS vorliegenden Anklageschrift nicht erwähnt. Das Bundeskriminalamt konnte nur durch jemanden anderen an diesen Namen gekommen sein, und dieser andere dürfte auch Gärtner verraten haben. Der Verräter mußte also jemand sein, der von der Verbindung zwischen Gärtner und Hartmann wußte. Außer den Mitarbeitern der Zentrale, die nicht in Frage kamen sowie Gärtner und dem Residenten selbst blieb wiederum nur »Alois« übrig.

Neumann ließ sich noch einmal die Akten aller Beteiligten kommen und las sie gründlich. Dann rief er Linke, der ihm alles wiederholen mußte, was »Alois« wissen konnte. Linke wurde blaß. Er ahnte, was auf ihn zukam. Neumann informierte nunmehr unverzüglich Weiberg, und beide gingen schweren Herzens zum Leiter der HVA, Markus Wolf. Der hörte sich alles mit unbewegtem Gesicht an und entschied dann: »Ich gebe euch vier Wochen Zeit, um Alois als Doppelagenten zu überführen. Die Residentur Hartmann ist jedenfalls aufs höchste gefährdet. Sie hat jede operative Arbeit einzustellen und alle möglichen Beweismittel zu vernichten.« Weiberg soll einen schwachen Exkulpationsversuch gemacht haben: »Genosse General, mit Alois hatten wir wohl keine glückliche Hand . . .«. Die Antwort Wolfs war ganz nach der ihm eigenen Art und ist im MfS zum Bonmot geworden:

»Statt der Hand hättet ihr eben euren Kopf gebrauchen sollen.«

Das Referat machte sich an die Arbeit. Es ergaben sich weitere bisher übersehene Verdachtsmomente. So hatte sich »Alois« auch in ungewöhnlicher Weise für die Führungsoffiziere interessiert. Doch blieb zunächst noch eine Frage offen: Wenn »Alois« tatsächlich ein Doppelagent war, wieso war dann nur Gärtner und nicht auch die Residentur Hartmann aufgeflogen, da er doch alle dazugehörigen Agenten kannte, insbesondere den Residenten selbst. Die Antwort ergab sich bald aus der Überlegung, daß der gegnerische Dienst, welcher »Alois« steuerte, diesen offenbar nicht gefährden wollte und die Residentur vorläufig unangetastet ließ. Nur bei Gärtner, der ja nun schon wieder einige Jahre von der Residentur abgetrennt war, hatte man geglaubt, zugreifen zu können. Größte Vorsicht war also geboten. Wenn »Alois« erfuhr, daß gegen ihn Verdacht bestand, oder wenn er verhaftet wurde, dann mußte man mit der Aushebung der gesamten Residentur Hartmann rechnen.

Bei seinem nächsten Aufenthalt in Berlin wurde »Alois« auf Schritt und Tritt observiert. Er lief prompt in die gestellten Fallen. Er notierte sich das Kennzeichen des Fahrzeuges, mit dem Manfred Terber zum Treff gekommen war. Er durchsuchte dessen Aktentasche, als Terber das Treffzimmer verließ; aus seiner eigenen Tasche zog er schließlich eine Minox-Kamera und photographierte Unterlagen, die ihm interessant erschienen. Damit war alles klar. Dennoch mußte man ihn zunächst unbehelligt wieder abziehen lassen, denn die Residentur Hartmann hatte ihre Rückzugsvorbereitungen noch nicht abgeschlossen. Drei bange Wochen folgten. Wenn »Alois« etwas von den gegen ihn gerichteten Maßnahmen mitbekommen hatte, dann war das Spiel verloren. Schließlich traf von Hartmann ein Brief im Geheimcode ein, in dem er die Vernichtung aller Spuren und Abzugsbereitschaft meldete. Nun stand man erneut vor einer schwierigen Entscheidung: Sollte man bis zur nächsten Einreise von »Alois« warten oder nicht? Der sofortige Rückzug würde die eigenen Leute sicher aus der Verhaftungsgefahr bringen, der Doppelagent jedoch ebenso sicher nicht mehr in die DDR kommen. Wartete man bis zu seinem nächsten Einreisetermin ab, so bestand die Gefahr, daß die Residentur in der Zwischenzeit doch noch aufflog. Alle mit dieser Entscheidung befaßten MfS-Offiziere, auch Wolf, waren für den sofortigen Rückzug der Residentur, um jedenfalls sicher zu gehen, wenn man »Alois« dabei auch nicht mehr habhaft werden würde. Aber keiner mochte die Verantwortung für eine solche Entscheidung persönlich übernehmen, nicht einmal Markus Wolf. Also wurde der Fall dem Minister Erich Mielke vorgetragen, und der wollte den Doppelagenten, um jeden Preis.

Wieder hieß es also: warten. Schließlich kündigte »Alois« seine nächste Einreise an. Er wollte, wie schon mehrfach, mit seiner Ehefrau kommen. Die Grenzkontrolle wurde alarmiert. Kaum war der Anruf eingegangen, daß er am Bahnhof Friedrichstraße eingetroffen sei, wurde für Hartmann und seine Gruppe telefonisch Alarm ausgelöst. Das bedeutete für die Residentur, sich auf dem schnellsten Weg in die DDR oder in ein anderes sozialistisches Land abzusetzen. Das Ehepaar empfing man so normal wie immer. Terber brachte die beiden wie üblich zur Übernachtung in das »Objekt Wald« in Blankenfelde, ein gut eingerichtetes Gästehaus des MfS mit festinstallierter Abhöranlage. Die Bewirtung war wie gewohnt gut und reichlich. »Alois« wurde erst unruhig — sagte aber nichts —, als Terber, bevor er am Abend wegging, die Fensterläden einklappte und abschloß. Die Gäste sollten nicht wahrnehmen, daß in einem neben dem Haus stehenden Schuppen zwei Mitarbeiter des Referates Quartier bezogen. Sie hatten zwei Aufgaben: Einmal die Abhöranlage wahrzunehmen, zum anderen »Alois« festzunehmen, falls er versuchen sollte, das Gebäude zu verlassen.

Für beide Seiten wurde es eine aufregende Nacht, die später noch oft Gesprächsstoff im Referat war. Kaum war Terber gegangen, als »Alois« in seiner Reisetasche nach der Minox suchte. Er fand sie nicht. Dann entdeckte er, daß auch sein Paß fehlte. »Alois« schloß offenbar sofort, daß nur der Führungsoffizier beides an sich genommen haben konnte, als dieser sich des Gepäcks der beiden Gäste angenommen hatte. Ratlos ließ er sich in einen Sessel fallen. Seine Frau setzte zum Sprechen an, aber er gebot ihr Schweigen. Nach einer Weile griff er zum Telefon und verlangte ein Gespräch nach Frankfurt am Main. »Alois« hatte seine Lage erkannt. Obwohl er sich damit noch mehr belasten mußte, versuchte er, im Gegenzug wenigstens noch die Verhaftung der Residentur Hartmann zu veranlassen. Natürlich war dieser Schritt einkalkuliert, und nach wenigen Minuten teilte ihm die Vermittlung mit, ein Gespräch nach Westdeutschland sei infolge einer »technischen Störung« zur Zeit nicht möglich. »Alois« bereitete sich und seine Frau nun auf den Abschied voneinander vor. Die stille Tragödie im Gästehaus hielt bis zum Morgen an.

Während der gleichen Zeit herrschte Hochbetrieb in der MfS-Zentrale. Mehrfach klingelte das Telefon. Die Agenten der Residentur Hartmann meldeten sich nach langjähriger Spionagetätigkeit gegen die Bundesrepublik bei ihren Auftraggebern in der DDR zurück. Erst in den späten Morgenstunden begaben sich Oberst Neumann, Major Heinrich und Hauptmann Terber zum »Objekt Wald«. Der Schlußakt war absichtlich hinausgeschoben worden, weil man hoffte, »Alois« würde vielleicht noch interessante Bemerkungen machen, die man ja abhören konnte. Doch trotz seiner steigenden Nervosität gab sich der Doppelagent keine weitere Blöße. Das Ende gestaltete man dann regelrecht makaber. Zunächst lud Terber die Ehefrau zu einem Einkaufsbummel nach Berlin ein. Das Ehepaar wußte, daß es sich für lange Zeit nicht wiedersehen würde, konnte jedoch kaum anders, als mitzuspielen. Man nahm dann noch im »Objekt« ein ausgiebiges Mittagessen ein. Neumann hatte sich von »Alois« gerade noch höflich das Gemüse über den Tisch reichen lassen, als er ihm schließlich wie nebenbei eröffnete, daß er als Agent des Westens entlarvt sei. Erst als der Oberst endlich gesättigt war, lud er »Alois« ein, mit nach Berlin zu kommen. Das Gespräch würde »an einem anderen Ort« fortgesetzt werden. Diese Bemerkung hat bei »Alois« sicher noch einmal einen schwachen Hoffnungsschimmer auf ein »Arrangement« aufkommen lassen, zumal ihn Neumann und Heinrich, als sie ihren Wagen bestiegen, auf ein zweites Fahrzeug verwiesen, in dem nur der übliche Fahrer saß. Doch kaum war »Alois« in diesen »Wartburg« eingestiegen, wurde er schon links und rechts von den beiden MfS-Mitarbeitern flankiert, die ihn nachts belauscht hatten. Nach einer knappen Stunde bogen die Wagen in die Magdalenenstraße ein. Sie hielten vor einem großen Eisentor, das sich vor ihnen öffnete. Der Doppelagent wurde in das Untersuchungsgefängnis des Ministeriums für Staatssicherheit eingeliefert. Zum Ärger der MfS-Führung verhielt er sich dort äußerst diszipliniert. Er stellte sich als Oberst des amerikanischen Geheimdienstes vor. Weder Demütigungen und Drohungen noch Lockungen konnten ihn zu weiteren Aussagen bewegen. Gelassen nahm er später die lebenslängliche Gefängnisstrafe hin.

Für das Referat war die Sache damit noch nicht beendet. Die Untersuchung, wie »Alois« in das geheime Agentennetz eindringen konnte, hatte vor allem Heinrich und Linke schwer belastet. Für die beiden kamen harte Zeiten, in denen sie noch mehr als sonst zur Flasche griffen. Schon am frühen Morgen stand der Wodka auf ihrem Tisch. Mehrfach fielen sie völlig betrunken bei Treffs mit Agenten aus. Schließlich wurden beide strafversetzt, Linke auf den Posten des Sekretärs der Physikalischen Gesellschaft, Heinrich in den Außenapparat des MfS im Ministerium für Wissenschaft und Technik. Etwa ein Jahr später kam auch Manfred Terber zu Fall, der ehemalige Führungsoffizier Gärtners, allerdings in einem anderen Zusammenhang. Er erlag einer jungen »Dame«, die ihm in ihrem Boudoir einige Dienstgeheimnisse entlockte. Als sie ihn auch noch zur Zusammenarbeit mit ihrem Auftraggeber, einem amerikanischen Dienst, überreden wollte, bekam Terber jedoch Angst und offenbarte sich seinem Vorgesetzten. Für den Geheimnisverrat erhielt er sechs Jahre Zuchthaus, abzusitzen in Bautzen. Seine Ehrlichkeit wurde immerhin mit einem Kalfaktorposten belohnt.

Damit war Werners Bericht über den Fall des Doppelagenten »Alois« beendet. Der Ausgang blieb bei mir nicht ohne bleibenden Eindruck. Gärtner war für seine langjährige Spionagetätigkeit im Kernforschungszentrum Karlsruhe mit 18 Monaten Gefängnis davongekommen. »Alois«, für den ich im Innern eine gewisse Sympathie empfand, bekam lebenslänglich, ein augenfälliges Unverhältnis. Immerhin wagte ich es, Werner zu fragen, wieso die in der Bundesrepublik gefaßten Agenten so gering bestraft würden. »Die versuchen sich damit den Anschein zu geben, sie hätten ein demokratisches System«, war seine Antwort.

Ich machte mich wieder über die Akte »Helmut Gärtner« her,

die noch eine bezeichnende Fortsetzung hatte, seine Rückkehr in die DDR im September 1969, kurz vor dem 20. Gründungstag der Republik. Bei der großen Propagandaschau, die dabei ablief, wollte natürlich auch das MfS nicht fehlen. Es wurde eine Fernsehsendung mit dem Kommentator Hans Jacobus organisiert, in der Harald Gottfried — alias Gärtner — als großer Friedensheld und Kämpfer an der unsichtbaren Front auftrat und über seine Taten Auskunft gab. Fragen wie Antworten waren Wort für Wort vordiktiert und einstudiert worden. Ich fand in der Akte den gesamten Vorgang, angefangen vom ersten Konzept über den Rohentwurf bis zur überarbeiteten und schließlich genehmigten Fassung für den vorgeschriebenen Ablauf des Auftritts vor der Kamera. Autor und Regisseur war kein anderer als Hauptmann Christian Streubel, der nach Heinrichs und Linkes Ablösung die Leitung des Referats übernommen hatte.

Mir verschlug es nicht nur wegen des Verfahrens, sondern auch wegen des Inhalts der Sendung die Sprache — eine einzige, vom MfS fabrizierte Lüge. Der »Patriot« Harald Gottfried ließ sich über »Atomwaffenpläne« der Bonner Regierung, dunkle und mysteriöse Arbeiten im Kernforschungszentrum Karlsruhe, über grausame Vernehmungspraktiken nach seiner Festnahme und unmenschliche Zustände in der Haftanstalt aus. In der Akte, die Streubel für das Szenario im Fernsehen durchgeackert hatte, stand aber — bewiesen durch Treffberichte, Informationseinschätzungen und Stellungnahmen an die Partei- und Staatsführung — genau das Gegenteil. Es gab keinen Hinweis darauf, daß irgendeine Stelle in der Bundesrepublik versucht hatte, Atomwaffen zu produzieren, geschweige denn Verfügungsgewalt über Atomwaffen zu erhalten. In Karlsruhe, so war es deutlich zu lesen, wurde ausschließlich Forschung zur friedlichen Nutzung der Atomenergie betrieben, anderes war allein aufgrund internationaler Kontrollen des Versuchsmaterials gar nicht möglich. Die Untersuchungsbeamten hatten Gärtner korrekt und sogar freundlich behandelt: Er hatte in der Haft zugenommen und Französisch lernen können.

Bei allem, was ich in dieser Beziehung über die Praktiken des Regimes, dessen Staatsapparat ich angehörte, schon erfahren hatte, erschien mir diese Täuschung der Öffentlichkeit dennoch ungeheuerlich. Sie führte mich zu einer neuen Stufe der Erkenntnis: Man lügt nicht nur bedenkenlos, um Mißstände zu vertuschen oder um die DDR entgegen der Wirklichkeit herauszustreichen. Nein — die Lüge wird a priori wesentlicher Bestandteil des Systems und ihre Notwendigkeit aus der Theorie des Marxismus-Leninismus abgeleitet: Alles, was im »Interesse der Arbeiterklasse« liegt, ist gut und recht. Dieser sogenannte Klassenstandpunkt ist auch das alleinige Kriterium für die Wahrheit, unbeirrt durch Fakten, und in der DDR wird dieses Interesse der Arbeiterklasse ganz einfach gleichgesetzt mit der uneingeschränkten Macht der SED-Führung. Damals habe ich mir öfters die Frage gestellt, ob und inwieweit anderen Kollegen im MfS diese »List der Idee« in ihrer ganzen Tragweite bewußt war. Einmal versuchte ich sogar, sehr vorsichtig darüber eine Diskussion in Gang zu setzen. Die Reaktion darauf war die gleiche, die ich schon früher von wohlmeinenden Freunden gehört hatte: »Wenn man dir einen Rat geben darf — vergiß solche Fragen. Du schadest dir nur selbst. Lerne möglichst schnell zu erkennen, was du hier sagen kannst und was nicht. Und lerne, manche Dinge einfach nicht zu bemerken oder schnell wieder zu vergessen.« Solche Ratschläge waren letztlich nur Bestätigungen meiner Erkenntnisse über den wahren Charakter des Regimes.

Auch das weitere Studium der Akte war durchaus geeignet, mich darin zu bestärken. Ich fand ein Blatt, auf dem auch die operativen Maßnahmen nach der Verhaftung Gärtner, vor allem der Abzug der Residentur Hartmann, nicht nur als defensiver, sondern auch als »aktiver« Erfolg bewertet wurden. Wieso ein Erfolg, fragte ich mich zunächst, doch dann erinnerte ich mich daran, daß im Jahre 1969 in Presse, Rundfunk und Fernsehen der DDR eine große Kampagne aufgezogen worden war. Mehrere als »Patrioten« bezeichnete Westdeutsche waren in die DDR gekommen und hatten in Interviews und auf Pressekonferenzen erklärt, sie hätten den »Bonner Staat« verlassen, weil sie sich nicht länger mit der dortigen Aufrüstung und Kriegsvorbereitung abfinden können. Von der DDR aus, dem »wahren Vaterland der Deutschen«, wollten sie nun die Weltöffentlichkeit über die dunklen

Machenschaften des westdeutschen Imperialismus aufklären und ähnliches. Ich erinnerte mich auch einiger Namen: an den Diplomphysiker Herbert Patzelt, der bei Euratom gearbeitet hatte, an den Biologen Dr. Ehrenfried Petras, der behauptete, im Institut für Aerobiologie in Grafschaft im Sauerland werde an der Entwicklung chemischer und biologischer Waffen gearbeitet, und an den Physiker Dr. Heinz Wieczorek. Ich fragte Werner Hengst. Er bestätigte mir grinsend ihre Zugehörigkeit zu der Residentur. Nicht nur der Ausgang der Operation Gärtner, auch der Rückzug des von »Alois« gefährdeten Agentennetzes war also in der gleichen Weise »systemkonform« ausgeschlachtet worden.

Die drei angeblich aus Gewissensgründen übergetretenen Akademiker werden heute noch in der Agentenliste des MfS geführt. Wieczorek, Decknamen »Carsten«, dürfte in seiner Funktion als Auslandsbeauftragter des Zentralinstituts für Elektronenphysik bei der Akademie der Wissenschaften weiter im MfS-Auftrag versuchen, vertrauensselige Wissenschaftler aus dem Westen, die das Institut besuchen, anzuwerben. Herbert Patzelt — Deckname »Brinkmann« — war bereits schwer alkoholabhängig, als ich später selbst sein Führungsoffizier wurde. Auch Gärtner, der mir nun zugeteilt war, hat mir nur Mühsal und Ärger eingebracht, wie Werner Hengst vorhergesagt hatte. Wie alle zurückgezogenen Agenten zeigte er sich mit seiner Behandlung in der DDR nach den Jahren seiner Spionagetätigkeit unzufrieden. Er beschwerte sich ständig, seine früheren Verdienste würden nicht genügend gewürdigt. Im Grunde hatte er damit sogar recht. Dann verliebte er sich zu allem Überfluß auch noch in die Tochter des MfS-Mitarbeiters, Major Winkler. Das war schon schlimm genug, denn das MfS mißtraut grundsätzlich allen Agenten, die einmal im Westen gelebt haben. In diesem Fall aber war die Sache besonders bedenklich. Winkler war einer der MfS-Offiziere, die für den persönlichen Schutz Erich Honeckers verantwortlich sind. Konnte Gärtner nicht doch vom Gegner in der Haft »umgedreht« worden sein? Es wäre nicht auszudenken. Die Scherereien mit seinem Fall endeten für mich erst mit meinem Übertritt.

5

Zwei andere Akten von denen, die Christian mir gegeben hatte, erwiesen sich bei weitem nicht als so interessant. Der Dresdner Physikprofessor Dr. Heinz Felke, Deckname »Erich«, war einige Jahre vorher angeworben worden, indem man ihn mit der NS-Vergangenheit seiner Familie unter Druck setzte. Er blieb jedoch wenig kooperativ. Die erteilten Aufträge wurden nur unwillig und unbefriedigend ausgeführt. Er galt daher als sogenannte »Aktenleiche«, wobei man hoffte, ihn in Zukunft vielleicht doch noch einmal nutzen zu können. Ich habe ihn während meiner gesamten Dienstzeit nicht zu Gesicht bekommen. Ähnlich verhielt es sich mit dem im Zentralinstitut für Kernforschung der DDR beschäftigten Physiker Rudi Rockstroh. Linke hatte ihn Mitte der sechziger Jahre mit dem Hinweis, alle guten SED-Mitglieder müßten ihren Beitrag zur Sicherheit des Staates leisten, für das MfS verpflichtet und ihm den Decknamen »Falke« gegeben, ihn danach jedoch wegen fehlender Einsatzmöglichkeiten in Ruhe gelassen.

Erst die vierte Akte war wieder interessant. »Günther« prangte als Deckname auf dem Ordner. Ich kannte ihn mit seinem Klarnamen Alfred Büchner. Er war viele Jahre hindurch als Vorgänger Linkes Sekretär der Physikalischen Gesellschaft gewesen. Ich konnte nur staunen, wen er alles unter dem Deckmantel der nach außen so ehrenwerten Physikervereinigung im Auftrag des MfS besucht und angesprochen hatte. Die Personenaufstellung hätte gut ein »Who is who« der bundesdeutschen Physik abgegeben. Er kannte anscheinend jeden, und die meisten kannten ihn. Dem MfS hatte er sich schon in den frühen fünfziger Jahren zur Verfügung gestellt. Seine Spezialität war die »Abschöpfung«, das heißt das Aushorchen der westdeutschen Kollegen, und die sogenannte halblegale Materialbeschaffung. Büchner reiste zwischen Hamburg und München herum, appellierte an gesamtdeutsche Gefühle und bejammerte die schlechten Verbindungen zwischen den Physikern in der DDR und der Bundesrepublik. Er kritisierte dabei — auftragsgemäß — auch kräftig die DDR-Führung und ihre Methoden um so das Mißtrauen der westdeutschen Kollegen auszuschalten: Vor einem von der eigenen Zunft, offenbar sogar von

»liberaler« Geisteshaltung, hatte man doch keine Geheimnisse! Sie gaben ihm Forschungsberichte, unveröffentlichte Resultate ihrer Arbeiten, hin und wieder auch den einen oder anderen vertraulichen Tip. Ich fragte mich, ob sie wirklich nicht begriffen, welche Hilfe sie damit dem kommunistischen System bei dem Versuch leisteten, der eigenen unproduktiven Forschung auf die Beine zu helfen! Später verstand ich: Sie halten sich an den alten Kodex der »Freiheit der Wissenschaft«, wissen aber gar nicht, welchem System die dabei in die Hand arbeiten.

Mit all dem, was Büchner so an Unterlagen nach Ostberlin gebracht hatte, war er über Jahre hinweg eine der besten Quellen des Referates. Nur sein Interesse für allzu junge Mädchen störte und brachte ihn mit dem Gesetz in Konflikt. Doch bei seinem großen Nutzen für das MfS konnte man schon einmal eine drohende Anklage wegen Kindesmißbrauchs unter den Tisch fallen lassen! Welcher Staatsanwalt in der DDR entsprach nicht gerne dem Wunsch eines MfS-Offiziers? Aber in den Westen sollte Büchner möglichst nicht mehr reisen.

Nach der eingehenden und lehrreichen Aktenlektüre ging ich zu Christian und fragte, was ich nun mit den vier Leuten anfangen solle. Er antwortete: »Als erstes sollst du einige Prinzipien unserer Arbeit begreifen.« — »Das hab ich.« — »Na fein, das reicht aber noch nicht. Deshalb wirst du ab nächster Woche für 14 Tage einen Einführungslehrgang für neueingestellte Mitarbeiter des Ministeriums besuchen. Und um dich auch theoretisch fundiert auszubilden, wirst du außerdem noch ab September für drei Monate auf die Schule der HVA geschickt. Bis dahin reicht es, wenn du den Büchner kennenlernst und ihn auf der Leipziger Messe einsetzt. Lies dir außerdem noch dieses Schulungsmaterial durch.« Er gab mir eine weitere Reihe von Broschüren, alle als vertrauliche Verschlußsache gekennzeichnet. So las ich denn, wie man Kandidaten für inoffizielle Mitarbeiter findet, wie man sie anspricht, aufklärt, sie schließlich anwirbt und ausbildet.

Der Einführungslehrgang war ein Witz. Vor etwa 30 neueingestellten Mitarbeitern produzierten sich zwei Wochen lang Angehörige der Hauptabteilung Kader und Schulung, die wieder einmal wortreich den westdeutschen Imperialismus verdammten und darlegten, weshalb das MfS die wichtigste Waffe im Kampf gegen den Kapitalismus ist. Wir wurden erneut auf strikte Geheimhaltung hingewiesen und zur »revolutionären Wachsamkeit« angehalten. Das alles spielte sich auf Grundschulniveau ab, damit auch jede neueingestellte Köchin begriff, was es mit ihrer Tätigkeit im MfS auf sich habe. Um unseren Klassenhaß anzufachen, zeigte man uns entsprechende Lehrfilme. Ich langweilte mich unsagbar. Ende August kehrte ich in unser Referat zurück.

Dort herrschte große Geschäftigkeit. Die Abteilung befand sich im Aufbruch zur Leipziger Herbstmesse. Werner Hengst erläuterte mir unsere Aufgaben. Der Messetrubel gebe den Nachrichtenoffizieren der HVA ausreichend Gelegenheit, Kontakte zu knüpfen und vielleicht sogar einen Agenten anzuwerben. Deshalb sei es zur guten Tradition geworden, daß sich zur Messezeit fast die ganze HVA in Leipzig versammelt, um dort die operativen Möglichkeiten zu nutzen. Auch ich war zum Einsatz vorgesehen. Ich freute mich, die Stadt meiner Studentenzeit und, falls möglich, auch einige ehemalige Kommilitonen wiederzusehen. Würde auch eine neue Kontaktaufnahme durch die »andere Seite« erfolgen, — eventuell durch jemanden, der die zweite Hälfte des Totems vorweist? Meines Erachtens kam die Leipziger Messe diesmal jedoch kaum dafür in Frage. Ich selbst konnte in meiner jetzigen Situation — eingefaßt von zahlreicher MfS-Begleitung — kaum eine eigene Initiative ergreifen, und ich durfte der anderen Seite vertrauen, daß sie nur einen völlig sicheren Weg wählen würde, wenn sie einen neuen Kontakt suchte.

Am Samstag vor Messebeginn fuhr ich mit Peter Grosse nach Leipzig. Es wurde eine sehr aufschlußreiche Fahrt. Grosse, seit einem Jahr Mitarbeiter des Referats, berichtete mir über seine MfS-Erfahrungen. Er hatte eine unbedeutende »Karriere« als Fußballer in der DDR-Liga hinter sich, die er aufgrund einer Gelenkverletzung beenden mußte. Anschließend besuchte er eine Ingenieurschule. Dort wurde er vom MfS ausgemacht und angeworben. Nach einer kurzen Ausbildungszeit, bei der man seine Eignung für die nachrichtendienstliche Tätigkeit entdeckte, entsandte man ihn regelmäßig als inoffiziellen Mitarbeiter zu Aufklärungseinsätzen in den Westen. Er hatte Gebäude auszukundschaften, Adressen festzustellen, Büros zu beobachten, tote Briefkästen anzulegen und einiges andere mehr. Den Hintergrund seines Auftrages erfuhr er dabei nie. Umso klarer sagte man ihm, welche westlichen Waren er bei »Hertie«, »Karstadt« und anderswo kaufen und in die DDR mitbringen sollte. Meistens handelte es sich um Textilien, Radios, tragbare Fernseher und Kassettenrecorder. Daneben waren auch Genußmittel und Luxusartikel sehr gefragt. Hin und wieder fiel auch für Grosse selbst etwas ab. Allmählich wurden die Aufklärungsaufträge immer fadenscheiniger; so hatte er zum Beispiel alle Autonummern auf einem Parkplatz in Stuttgart zu notieren. Dafür wurden aber die Einkaufslisten, die man ihm in die Hand drückte, sogar für Sex-Shops, immer länger.

Grosse, der bis dahin ohne lange Rückfragen getan hatte, was ihm aufgetragen worden war, wurde stutzig. Er sagte seinem Führungsoffizier, er mache sich Gedanken, ob denn das alles rechtens sei. Der beruhigte ihn. Wenig später forderte man ihn dann auf, mit der Bahn nach München oder Hamburg zu fahren, in der Spesenabrechnung aber die höheren Kosten für einen Flug ab Berlin-Tempelhof aufzuführen. Finanzbetrug war jedoch für Peter Grosse zuviel. Er weigerte sich, und wurde fortan nicht mehr für die Einkaufsreisen eingesetzt. Statt dessen bekam er wie seinerzeit Gärtner den Auftrag, ab und zu nach Bonn zu fahren, Lokale aufzusuchen, einsame Frauen anzusprechen und deren Vertrauen zu gewinnen. Peter gab zwar zu bedenken, daß er verheiratet ist, und seine Ehefrau davon erfahren könnte. Der Führungsoffizier winkte jedoch ab. Erstens werde seine Frau nichts erfahren, und zweitens handele er im Auftrag der Partei. Peter, von Natur kein Kostverächter, machte sich ans Werk. Sein angenehmes Äußeres und sein Charme halfen ihm dabei. Nach kurzer Zeit hatte er in Bonn einen festen Platz in mehreren einsamen Herzen.

Eines Tages vergaß sich jedoch der Führungsoffizier und gab anläßlich einer feuchtfröhlichen Zusammenkunft in Grosses Wohnung eine Geschichte zum besten, aus der die Ehefrau unschwer entnehmen konnte, was ihr Gatte trieb, wenn er sich in Westdeutschland aufhielt. Es folgten für Peter äußerst peinliche familiäre Szenen. Dem Führungsoffizier drohte die Frau mit einer Beschwerde. Er fand jedoch einen Weg zu ihrer Beschwichtigung.

Er bot die Bestallung Grosses als hauptamtlicher Mitarbeiter mit einem anständigen Gehalt in der Zentrale des MfS an, wenn er und seine Frau die Bonner Affären dafür »vergessen« würden. Nach einiger Überlegung nahm das Ehepaar den Handel an. – Als Ingenieur konnte Grosse höchstens mit monatlich 700 Mark rechnen, während ihm die Bestallung das Doppelte und etliche andere Vergünstigungen dazu in Aussicht stellte.

Der Führungsoffizier hat die Einstellung dann auch tatsächlich bewerkstelligt. Grosse kam, wie nach ihm ich in unser Referat. Allerdings hatte sein neuer Chef Christian Streubel die ganze Vorgeschichte mit allen Details bald aus ihm herausgeholt, was den ehemaligen Führungsoffizier, der inzwischen eine Außengruppe des Referats in Halle leitete, doch noch zu Fall brachte. Bezeichnenderweise nahm man ihm gar nicht übel, daß er Peter als Einkäufer verwendet hatte. Nur der versuchte Finanzbetrug wurde ihm zum Verhängnis. Er wurde entlassen und verschwand in der grauen »Masse der Werktätigen« der DDR. Mir war zunächst nicht klar, warum man ihm nur die Anstiftung zur gefälschten Spesenabrechnung und nicht auch die Einkaufsaufträge angekreidet hatte, denn das waren doch auch Staatsgelder, die offensichtlich für private Bereicherungen unterschlagen wurden. Mein Kollege, der sich dasselbe gefragt hatte, war der Sache schon auf den Grund gegangen: »Die Order zum Einkauf der Luxusgüter im Westen kam von Vogel und anderen Größen selbst. Sie konnten dem Führungsoffizier doch schlecht vorwerfen, was sie selbst angeordnet hatten. Sein Verbrechen war es, daß auch er sich nebenbei selbst etwas in die Tasche stecken wollte. Du wirst es ja noch schnell genug erfahren, daß auch im MfS sozialistische Moral und Gesetzlichkeit nicht für alle gleichermaßen gelten. Es kommt nur auf die Dienststellung und den Dienstrang an. Als kleiner Mitarbeiter kannst du dir gar nichts erlauben. Je höher du aber steigst, desto größer wird die Freizügigkeit.«

Die Eröffnungen meines Kollegen konnten mich kaum noch weiter gegen das sozialistische System in der DDR aufbringen, ich hatte ja schon genug erfahren, wie Anspruch und Wirklichkeit auseinanderklafften. Doch die Offenheit Grosses veranlaßte mich, ihn zu fragen: »Du bist in deiner Zeit als inoffizieller Mitarbeiter mehrfach im Westen gewesen. Ist es damit nun als hauptamtlicher Mitarbeiter vorbei?« – »Was glaubst du denn. Als Angehöriger der Zentrale bist du ein so wichtiger Geheimnisträger, daß man dich nicht den Gefahren aussetzen kann, die im Westen auf dich lauern.« Eine so definitive Klarstellung hatte ich nicht erwartet. Alle meine Spekulationen in dieser Richtung waren also verfehlt. Ich war nach wie vor genauso wenig freizügig wie die meisten DDR-Bürger und stand mich in meiner nunmehrigen Verwendung wohl noch schlechter als sie in dieser Hinsicht. Denn daß die Mitarbeiter des MfS innerhalb des Apparates auf ihre »Zuverlässigkeit« hin besonders eingehend beobachtet und kontrolliert wurden, unterlag keinem Zweifel, auch wenn darüber offiziell nicht gesprochen wurde. Ich hakte nochmals nach: »Aber wie kann ich inoffizielle Mitarbeiter führen, sie instruieren und in den Westen schicken, wenn ich selbst nie dort gewesen bin und überhaupt keine Ahnung von der dortigen Realität habe?« Doch Grosse blieb bei seiner Auskunft: »Sicherheit ist das oberste Gebot im MfS, und an erster Stelle steht dabei die Sicherheit der hauptamtlichen Mitarbeiter.« Ich wollte das dennoch nicht glauben, und es stimmte auch nicht ganz, wie ich später erfuhr. In wenigen, wohlbegründeten Fällen war es durchaus möglich, daß ein Führungsoffizier in ein westliches Land reisen konnte. Dazu mußte er aber das besondere Vertrauen der Vorgesetzten genießen, und es sollte noch Jahre dauern, bis ich mich zu dem kleinen Kreis dieser Auserwählten zählen durfte.

In Leipzig durchfuhr Grosse fast die gesamte Stadt und bog schließlich in der Fritz-Austel-Straße in einen Barackenkomplex ein, der normalerweise als Studenteninternat der Hochschule für Bauwesen diente, zur Messezeit aber regelmäßig zum Hauptquartier des MfS-Sektors Wissenschaft und Technik. Ein Wachmann in Zivil kontrollierte uns. Auf dem Barackengelände zwischen zahlreichen vertrauten Dienstwagen vom Typ »Wartburg«, »Lada« und »Wolga« sah ich auf dem Parkplatz zwei nagelneue BMW 2800, einen Volvo 244 und einen Mercedes 450, alle mit DDR-Nummernschildern. Auf meine erstaunte Frage, wem wohl diese auffälligen Modelle gehörten, riet mir Grosse, keine Fragen zu stellen: »Die Abteilungsleiter haben alle einen Fimmel für schöne und teure Westwagen. Jeder von ihnen besitzt einen oder mehrere davon. Sie kommen vor allem deshalb zur Messe, um alle ausgestellten neuen Modelle möglichst als erste begutachten zu können. ›Chef de file‹ ist dabei der erste Stellvertreter des Leiters der HVA, Generalmajor Fruck; meist kauft er gleich die gesamte Messekollektion. Die Autos werden dann hinterher an die Abteilungsleiter verteilt, die ihrerseits schon in Leipzig die Vorauswahl getroffen haben.« Grosse fuhr fort, Erich Mielke sehe diese Wagen in Berlin nicht gern: »Daher können die Genossen Obristen sich nur bei Dienstreisen und zur Messe in Leipzig mit den teuren Westkutschen austoben.«

Ich dachte an die Devisenlage der DDR, die immer wieder als Rechtfertigung für die Mängel in der Versorgung herhalten muß. Mein Kollege kam meiner Frage zuvor: »Knappe Devisenlage in der DDR bedeutet nicht knappe Devisenlage der HVA. Jeder Leiter hat einen Reptilienfonds, der keiner Kontrolle unterliegt. Du mußt dir mal das ganze Finanzsystem von Christian erklären lassen. Ich habe mich vor einem Jahr als Neueingestellter auch darüber aufgeregt und Christian gefragt, wie denn das mit den sozialistischen Prinzipien von Sparsamkeit und Bescheidenheit zu vereinbaren sei. Du hättest mal hören sollen, wie der mich angefahren hat: ›Leiste erst einmal was, ehe du solche Fragen stellst‹. Ja, mein Lieber, auch in unserem Staat herrscht das Prinzip: Jedem das Seine; je schneller du das begreifst und beachtest, desto schneller wirst du zu denen gehören, die auch im Sozialismus das Zuckerschlecken haben.«

Wir betraten die Baracke und bekamen unser Quartier zugewiesen. Im Zimmer hatte sich schon der Rest des Referates versammelt. Christian wies uns ein. Nach der Belehrung über die Weltlage im allgemeinen und der politischen Bedeutung der Herbstmesse 1972 im besonderen kam er auf die operativen Möglichkeiten während dieser Zeit in Leipzig zu sprechen. Er forderte uns auf, Kontakte zu Westbesuchern zu knüpfen, die Möglichkeiten der Einreisekartei auszuschöpfen und die inoffiziellen Mitarbeiter zu den Messeständen zu schicken, um sie im Umgang mit Besuchern aus dem Westen zu trainieren. Dann setzte er sich mit jedem von uns einzeln zusammen, um dessen Anteil am

Gesamtplan durchzusprechen. Bei mir war das nicht viel. Ich hatte meinen inoffiziellen Mitarbeiter Büchner alias Günther telefonisch für einen der nächsten Tage nach Leipzig bestellt. Christian meinte, ich sollte mir außerdem einige Westbesucher auf unserem Fachgebiet ansehen. Die anderen Genossen würden mir zeigen, wie das vor sich geht.

Da nichts weiter zu tun war, legten wir anschließend die offiziell wirkende Kleidung ab und begaben uns in Trainingsanzügen zum Essen. Sogar eine ganze Küchenmannschaft war für die Messe hergeholt worden. Wir genehmigten uns ein erstklassiges Steak zu dem unglaublich niedrigen Preis von 1,25 Mark; das war selbst für das DDR-Gehaltsniveau geschenkt. Peter Grosse belehrte mich erneut: »Vergiß nicht, was ich dir gesagt habe. An der Spitze stehen die Chefs, dann kommen wir und dann, weit unter uns, die normalen Bürger. Somit haben wir auch unsere Privilegien. Nur wenn wir selbst ein bißchen korrumpiert werden, können wir die Korruption weiter oben verstehen.« Peters Offenheit schien tatsächlich weit über der Norm im MfS zu liegen. Ich kam auch gleich in den Genuß des nächsten, uns als »Mittelschicht« gewährten Privilegs: Echtes Pilsener Urquell, eine ausgesprochene Rarität. Daneben bot eine kleine Verkaufsstelle andere Delikatessen westlicher Fertigung für ein Spottgeld an. Nach dem ausgiebigen Mahl zogen wir uns in unser Zimmer zurück. Ich gab nun meinen Einstand im Referat. Wir spielten die Nacht hindurch Skat. Als der Morgen dämmerte, hatte ich das Geld für das von mir ausgegebene Bier zurückgewonnen.

Am späten Nachmittag unternahm ich mit einem weiteren Kollegen, Werner Heinze, einen Messerundgang. Auch bei ihm versuchte ich vorsichtig die Fragen anzuschneiden, die mich noch immer bewegten. Er hatte auf mich einen patenten und kameradschaftlichen Eindruck gemacht. Da er immerhin zweiter SED-Sekretär der Abteilungsorganisation im MfS war, durfte ich von ihm eine andere Stellungnahme erwarten, als von Peter Grosse, doch, weit gefehlt, er riet mir wie jener: »Du bist neu hier. Ich hatte die gleichen Probleme nach meiner Einstellung, als ich glaubte, gerade im MfS müßten die Regeln und Prinzipien des Sozialismus besonders gepflegt werden. Aber offenbar sind wir alle nur Menschen. Finde dich also damit ab und behalte deine ideologischen Bauchschmerzen am besten für dich.«

6

Auf der Messe waren nur wenige Firmen vertreten, die direkt oder indirekt mit unserem Hauptarbeitsgebiet, der Kerntechnik, zu tun hatten. Zudem erwiesen sich die Aussteller auch als recht zugeknöpft und nicht so leicht zu einem Gespräch bereit, das über technische Gemeinplätze hinausging. Am nächsten Tag kam Alfred Büchner — mein IM »Günther« —, den ich bisher immer noch nicht zu Gesicht bekommen hatte. Christian begleitete mich zu dem Treff im »Café am Ring«. Ich war etwas aufgeregt. Bisher war ich bei solchen Treffs der inoffizielle Mitarbeiter gewesen, der von einem Führungsoffizier angewiesen wurde. Nun mußte ich zum ersten Mal dessen Rolle übernehmen. Würde mich der Agent akzeptieren? Mit meinen 25 Jahren war ich noch sehr jung und unerfahren. Demgegenüber hatte der frühere Sekretär der Physikalischen Gesellschaft Lebenserfahrung und war ein weitgereister Mann. Punkt 9.00 Uhr kam er in das Café. Sehr klein und beleibt, wie er war, konnte ich schon verstehen, daß er erwachsenen Frauen gegenüber Minderwertigkeitskomplexe hatte. Christian, der eben noch wegen eines Mißgeschicks am Vortag äußerst schlechter Laune war, veränderte plötzlich von einer Sekunde zur anderen seine Physiognomie: »Hallo, Alfred, alter Kämpfer, wie geht es dir!« Büchner schien sich ebenfalls zu freuen. Er warf mir einen fragenden Seitenblick zu, begrüßte Christian und streckte mir dann seine kleine, feiste Hand entgegen. Christian stellte mich vor und sagte, ich würde ihn von nun an betreuen.« Büchner blieb zunächst zurückhaltend.

Zur Feier des Tages kam Irish Coffee auf den Tisch. Wir plauderten über dieses und jenes, ohne daß Christian wie üblich mit ideologischen Exkursen aufwartete. Dann kamen wir zu den Entwicklungstrends der Physik, und ich konnte mit meinen noch frischen Kenntnissen glänzen. Mit Genugtuung stellte ich fest, daß sich Büchners Miene dabei aufhellte. Nachdem Christian sich verabschiedet hatte, klärte er mich auf: »Weißt du, ich war erst etwas mißtrauisch. Dein Vorgänger hatte nämlich keine Ahnung vom Fach und versuchte, mich immer nur politisch zu berieseln. Als ob ich das mit meinen 30 Jahren Parteierfahrung nötig hätte ...« Eilfertig stimmte ich ihm zu; mein Vorgänger war der Leutnant Olaf Junghanns. Dann meinte Büchner leutselig: »Was liegt denn diesmal so an? Ich hoffe, du willst mich nicht wie Olaf während der letzten Messe bei irgendwelchen Westbesuchern betteln lassen, ich käme vom Friedensrat der DDR, um zu fragen, ob sie nicht irgend etwas für den Sozialismus tun wollten.« Ich mußte über den kauzigen Mann lachen: »Nein, so nicht«. Dann erläuterte ich ihm meinen vorbereiteten Plan: »Du arbeitest doch im Ministerium für Wissenschaft und Technik. Auf der Messe gibt es die Firma Babcock, Brown und Boveri, Hersteller von allerlei Ausrüstungen für Kernkraftwerke. Die Aussteller sind Franzosen und haben Schwierigkeiten mit der deutschen Sprache. Du sprichst doch fließend Französisch. Besuch' die Leute doch mal und sieh zu, ob du jemanden näher kennenlemen kannst.«

Büchner hatte nur einen Einwand: »Du weißt doch, daß ich ohne Genehmigung meiner Vorgesetzten im Ministerium auf der Messe Westleute nicht offiziell ansprechen darf.« — »Wenn deine Vorgesetzten etwas mitbekommen, dann hast du schlecht gearbeitet«, gab ich zurück, »außerdem kannst du den Leuten aus dem Westen doch erklären, du seiest privat da. Beklag' dich über die restriktive Kontaktpolitik der DDR. Das schafft dann gleich eine intime Atmosphäre.« Büchner strahlte: »Das hätte sich Olaf nie getraut. Der wich keinen Zentimeter von der Linie des ›Neuen Deutschland‹ ab.« Er hatte jedoch noch eine letzte Frage: »Aber wie weit kann ich denn mit den Leuten gehen? Welche Aussicht soll ich dem Kontakt geben?« Ich blickte ihn gerade an: »Alfred, ich bin ganz ehrlich. Du hast doch mehr Erfahrung als ich. Ich bin neu.« Erneutes Strahlen: »Du gefällst mir. Endlich mal ein ehrlicher Mensch in dem Laden.« Mit diesem Kompliment verabschiedete er sich und zog auf seinen konspirativen Wegen von dannen.

Ich setzte mich in die Straßenbahn und fuhr zurück ins Quartier, um auf seinen Anruf zu warten. Dort stieß ich auf Werner Hengst, der auch gerade nichts weiter zu tun hatte. Er warf mir eine Flasche kühles Pilsner zu und öffnete sich auch selbst eine Bierflasche. Dabei fragte er mich unvermittelt: »Wie gefällt es dir im Referat?« Ich gab ihm eine positive Antwort. Sie war ehrlich, was die Kollegenschaft betraf — sie hatte sich bisher außerordentlich freundlich gezeigt, auch die Vorgesetzten. Doch Hengst warnte mich: »Das muß nicht immer so bleiben. Trotz aller Kameradschaft gibt es auch bei uns einen harten Kampf um Plätze und Punkte. Solange du Ergebnisse bringst, ist mit den Vorgesetzten alles in Ordnung. Aber die anderen im Referat werden neidisch. Stellst du dagegen gar nichts auf die Beine, dann fühlt vielleicht mancher Mitleid mit dir, aber offiziell hacken alle auf dir herum. Also streng' dich an und mach' möglichst bald deine erste Westwerbung. Wenn dir das innerhalb von zwei Jahren gelingt, dann bist du aus dem Schneider. Du hast das Zeug dazu. Andere Mitarbeiter schaffen es in fünf Jahren nicht. Du kannst dir denken, wie der Genosse Vogel das Gesicht verzieht, wenn die befördert werden wollen . . .« Hengst nahm einen Schluck aus der Flasche und fuhr fort: »Und noch ein guter Rat: Halte deine vorlaute Klappe, wenn es um politische Probleme geht.«

»Aber ich habe doch gar nicht . . .« Er unterbrach mich:

»Glaubst du, ich kenne dich nicht? Ich habe dich immerhin als Einstellungskandidaten bearbeitet, wenn ich auch nicht alles in die Ermittlungsberichte geschrieben habe, was ich über dich hörte.«

»Aber warum hast du mich denn zur Einstellung vorgeschlagen, wenn du Zweifel hattest?«

»Weil ich überzeugt bin, daß du im Gegensatz zu vielen Mitarbeitern der Abteilung das Zeug hast, ein guter Nachrichtenoffizier zu werden, und weil ich glaube, daß du intelligent genug bist, um dich anzupassen.« Damit hatte er das Richtige ausgesprochen: Anpassung und die mehr oder weniger gekonnte Konformität ermöglichten die Karriere im MfS und stabilisierten zugleich das System.

Wir waren mitten in unserer Diskussion, als das Telefon klingelte und die Sekretärin mich verlangte. Der erste operative Anruf von einem inoffiziellen Mitarbeiter für mich — das konnte nur Büchner sein. Er hatte, wie er sich ausdrückte, einen sehr netten Herrn kennengelernt. »In einer Stunde bin ich mit ihm zum Essen verabredet. Willst du mitkommen?« Ich war gespannt auf den ersten »Westkontakt«, der unter meiner Leitung angebahnt wurde. Wir vereinbarten, Büchner sollte mich als Untergebenen mit dem Namen »Schilling« vorstellen, dem Namen, unter dem ich in meiner Zeit als inoffizieller Mitarbeiter bei Ermittlungen gearbeitet hatte. Das Essen fand wieder im »Café am Ring« statt. Der Franzose war eine schillernde Persönlichkeit — das sah man auf den ersten Blick. Ich spielte ganz den Subalternen, der wenig sagte. Zudem wurde die Unterhaltung im wesentlichen auf Französisch geführt, da der Gast des Deutschen kaum mächtig war. Büchner und er diskutierten eifrig. Ich lächelte hin und wieder freundlich, fühlte mich jedoch allmählich überflüssig.

Nach dem Essen verabschiedete sich der Franzose. Ich war begierig zu erfahren, was denn nun bei dem Gespräch herausgekommen war. Vielleicht konnte ich Christian einen Erfolg melden. Wieder strahlte Büchner: »Ich glaube, wir haben einen guten Fang gemacht. Das ist ein ganz windiger Hund, und er ist offensichtlich nicht gut bei Kasse. Als ich ihm mehr wie im Scherz vorschlug, er könne mir doch privat einiges ›Know-how‹ aus seiner Firma verkaufen, wurde er plötzlich ganz ernsthaft und meinte, darüber ließe sich vielleicht reden. Das Problem sei nur, er komme so schnell nicht wieder in die DDR. Deshalb habe ich ihm angeboten, ihn in Frankreich zu besuchen. Ich hoffe doch, das geht. Er hat mich eingeladen.« Büchner sah mich selbstzufrieden an. Ich fühlte mich nun doch unsicher, ob er nicht doch etwas zu weit gegangen sei im ersten Gespräch. Mein Gegenüber war nun fast beleidigt: »Erstens hast du mir freie Hand gelassen, und zweitens muß man die Feste feiern, wie sie fallen.« Ich sagte vorsichtshalber nichts mehr dazu. Erst wollte ich mich mit Christian beraten. Büchner fuhr zurück nach Berlin. Ich versprach, ihn anzurufen.

Mit gemischten Gefühlen kehrte ich in unser Messequartier zurück. Mein Referatsleiter winkte mich heran. Ich erstattete Bericht. Christian tat zunächst äußerst ungehalten, wie ich schon befürchtete hatte: »Seid ihr denn wahnsinnig geworden? Weißt du, was das war? Ein Werbeversuch, und das ohne irgendeine Überprüfung. Da hört doch alles auf. Keine drei Tage im MfS und läßt seinen IM einen Werbeversuch machen. Das kann ja heiter werden mit dir. Ein Werbeversuch — ohne Vorlage und ohne Genehmigung!« Aber ich merkte, daß sein Ausbruch gespielt war. Nach seinen Vorhaltungen gab er mir sogleich Instruktionen, um den französischen Messebesucher zu überprüfen. Am nächsten Tag lag mir das Ergebnis der MfS-Abteilung »R« (Registratur) vor: Er war beim MfS noch nicht in Erscheinung getreten. Damit konnte ich ihn für mich »erfassen«, d. h. für alle anderen an ihm interessierten MfS-Mitarbeiter sperren. Jede Information, die nun im MfS über ihn anfiel, würde automatisch auf meinen Tisch gelangen. Karteimäßig gehörte er nun mir.

Eine Woche nach der Messe rief mich Büchner an und bat um einen Treff. Dabei zeigte er mir einen Brief, den der Franzose ihm noch während der Rückreise geschrieben hatte, um ihn auch formell zu einem Besuch in Frankreich einzuladen und das »in Leipzig begonnene interessante Gespräch fortzusetzen«. Nun strahlte auch Christian, als ich ihm den Brief zeigte: »Natürlich muß der Alfred fahren. Die Chance lassen wir uns nicht durch die Lappen gehen. Er darf die Werbung nur nicht in Frankreich vollenden oder dort schon irgendwelches Material entgegennehmen. Es könnte eine Falle des Gegners sein. Er muß den Kontakt festigen und den Franzosen zu einem verbindlichen Gespräch nach Berlin einladen.« Ich gab Christian zu bedenken, daß mein Lehrgang auf der HVA-Schule vor der Tür stand. Er entgegnete, er werde das schon regeln.

Doch das Schicksal machte uns einen Strich durch die Rechnung. Drei Tage später rief mich Büchner erneut an und teilte mir mit, er müsse zur Behandlung eines Herzleidens schnellstens in ein Krankenhaus. Wir müßten also mit seiner Frankreich-Reise noch etwas warten. Alfred ging ins Krankenhaus und war drei Monate später tot — Herzinfarkt. Von dem französischen Firmenvertreter haben wir nie wieder etwas gehört. Ein Brief im Namen des bereits toten Alfred blieb unbeantwortet.

7

Am 21. September 1972 fuhr ich mit schwerem Gepäck zur Dienststelle. Dort holte ich meine Dienstpistole, die Gasmaske sowie eine Maschinenpistole. Dann verabschiedete ich mich von meinen Kollegen, die mir eine »fröhliche Zeit« in der HVA-Schule wünschten, und meldete mich für die nächsten drei Monate beim Abteilungsleiter Vogel ab. Ich versprach ihm, die Schulung sehr ernst zu nehmen, was er hören wollte. In Wirklichkeit war mir von vornherein übel. Von früheren Kursanten hatte ich schon gehört, der Lehrgang bestehe wieder einmal hauptsächlich aus politischer Schulung. Für die praktische nachrichtendienstliche Arbeit war dort offenbar kaum etwas zu erwarten. Ideologische Berieselung war nun gerade das, was mich langweilte. Gespannt war ich allerdings darauf, wo sich die Schule tatsächlich befand. Daraus hatten alle ein großes Geheimnis gemacht, und niemand hatte sich dazu bringen lassen, es mir zu verraten. Lediglich die ungefähre Entfernung von Berlin, etwa 100 Kilometer, war im Instruktionsbogen erwähnt.

Von meiner Abteilung begleitete mich als einziger Dr. Peter Bertag. Er war im April des gleichen Jahres eingestellt worden und gehörte damals zum Referat VI — zu den als arrogant und überheblich verrufenen USA-Spezialisten. Peter war 30 Jahre alt, hatte an der TH Merseburg Chemie studiert und dort auch promoviert. In den letzten Jahren war er hauptamtlicher FDJ-Sekretär der Hochschule gewesen. Ich mochte ihn nicht besonders. Er war mir in Diskussionen durch übertriebene Linientreue und ideologische Scharfmacherei aufgefallen. Damit hatte er sich schnell lieb Kind beim Abteilungsleiter gemacht und galt schon als dessen Protégé. Der Doktortitel half ihm anscheinend dabei — er erhöhte Vogels eigenes Image.

Insgesamt 40 Kursanten bestiegen den wartenden Autobus. Das gab mir zum ersten Mal einen Anhaltspunkt, um die Zahl der hauptamtlichen Mitarbeiter der HVA abzuschätzen. Sie wird natürlich streng geheimgehalten. Ich rechnete: Zwei Grundlehrgänge im Jahr bedeuten etwa 80 Neueingestellte, denn der Schulbesuch ist für Operativmitarbeiter obligatorisch. Bei durchschnittlich 25 Jahren Dienstzeit ergeben sich so rund 2000 Offiziere — eine Zahl, die sich mir später aus anderen Beobachtungen und Feststellungen bestätigte. Natürlich ist damit noch nicht das ganze Aufklärungspotential der DDR erfaßt. Neben der HVA verfügen auch einzelne Zweige der »Abwehr« über Untergliederungen mit nachrichtendienstlichem Auftrag. Hinzu kommt noch die sogenannte XIII. Verwaltung der Volksarmee, der militärische Geheimdienst, den allerdings niemand recht ernst nahm.

Ein Lehrer begrüßte uns im Bus. Auch er wollte immer noch nicht preisgeben, wohin die Reise ging. Die Dienstausweise wurden noch einmal überprüft und mit der Liste verglichen, damit sich nicht etwa ein Unbefugter einschleichen konnte. Es war ein wunderschöner Herbstmorgen. Über die südliche Ausfallstraße und den Berliner Ring fuhren wir auf die Autobahn Richtung Leipzig. Wir hatten die Spielkarten aus der Tasche gezogen und vertrieben uns die Zeit beim Skat. Am Kilometer 29.5 bogen wir ab. Nach einiger Zeit durchfuhren wir das zwar alte, jedoch wenig ansehnliche Städtchen Belzig im Hohen Fläming. Etwa zwei Kilometer außerhalb der Ortschaft hielten wir an einem Schlagbaum. Ein Wachposten in Polizeiuniform hob ihn zur Durchfahrt, und wir rollten in die so streng verschwiegene Ausbildungsstätte für Geheimdienstoffiziere. »Zentralschule der Gesellschaft für Sport und Technik (GST) Edgar André« lasen wir auf einem Schild am Eingang. Damit kannten wir auch die offizielle Abdeckung.

Man führte uns sofort in den Hörsaal des zweigeschossigen Unterrichtsgebäudes. Unser Begleiter aus dem Bus gebot uns, Platz zu nehmen, und rief dann plötzlich mit markiger Kommandostimme: »Genossen, Offiziere, Achtung!« Stühle klapperten, wir erhoben uns und standen in unserem Zivil im »Stillgestanden«. Es erschien ein Schwarm von Lehrern, angeführt von einem freundlich dreinblickenden älteren Herrn. »Genosse Oberst«, meldete unser Begleiter, »die Kursanten des politisch-operativen Grundlehrgangs sind zur Eröffnung angetreten!« Der freundliche Genosse Oberst — er hieß Otto Wendel — hielt nur eine kurze Begrüßungsansprache und übergab dann das Wort seinem weniger angenehmen Stellvertreter, einem Dr. Walther, der zwei Stunden lang politische Phrasen drosch. Ich sah mich um und konnte sofort die Eiferer und die Moderaten unter den Kursanten ausmachen. Die ersteren hörten begierig zu oder taten jedenfalls so, während die anderen — die Mehrheit — ein mehr oder weniger gelangweiltes Gesicht machten. Dann wurden uns die Lehrer vorgestellt. Die Schule war in drei »Lehrstühle« gegliedert: »Marxismus-Leninismus«, geleitet von Dr. Walther — sowie »Operative Methodik« und »Operative Regimeverhältnisse«, beide unter Majoren mit Doktortiteln namens Hamisch und Günther. Lehrgangsleiter war ein Major mit Namen Naguschewski, der uns in die Unterkünfte einwies. Auf dem zwölf Hektar großen, eingezäunten und scharf bewachten Schulgebäude bezogen wir eine Baracke gleich neben dem Fußballplatz. Meine Zimmergenossen stellten sich vor: Leutnant Klaus Gey von der Abteilung 1 und Unterleutnant Klaus Bellmann von der »Arbeitsgruppe Grenze« der HVA. »Arbeitsgruppe Grenze« — damit konnte ich gar nichts anfangen; ich nahm mir vor, ihn bei Gelegenheit nach deren Aufgaben zu befragen.

Der »Kammerbulle« händigte jedem von uns eine GST-Uniform aus, die wir nun tragen sollten, um der offiziellen Abdeckung der Schule Rechnung zu tragen. Dann hatten wir unsere Dienstausweise abzugeben und bekamen dafür eine kleine graue Karte mit einem aufgedruckten »S« ausgehändigt. Sie berechtigte uns zum Betreten und Verlassen des Schulgebäudes. Nach einem ausgiebigen Mittagessen — die Verpflegung in der Schule erwies sich als ausgezeichnet — folgte der zweite Teil der Instruktionen für den ersten Tag. Wir wurden in der strikten Geheimhaltung des Schulbetriebs unterrichtet. Die Abdeckung der Schule war gegenüber jedermann zu wahren. Kontakte mit der Bevölkerung in Belzig waren untersagt. Wir durften dort nur die nötigsten Einkäufe tätigen. Auch untereinander sollten wir nicht über die Arbeit in den einzelnen Diensteinheiten sprechen. Für die Lehrgangsaufzeichnungen waren besondere Schulungsbücher vorgesehen, die abends in einen Tresor geschlossen werden mußten. Wie ernst es die Schulleitung mit ihren Geboten meinte, zeigte sich schon bald, als ein Kursant mit einem nicht eingebundenen Schulungsbuch über den Hof lief und dafür mit einem Verweis bestraft wurde. Schließlich wurden an diesem ersten Tag noch Ämter verteilt: Zugführer,

Gruppenführer, Parteiorganisatoren und andere Verantwortliche für alle möglichen Funktionen. Den höchsten Posten, den des Zugführers, erhielt der Leutnant Klaus Bieneck von der Abteilung II der HVA, ein besonders lupenreiner SED-Genosse.

Am ersten Abend schon trieb mich die Neugier dazu, meinen Zimmergefährten Klaus Bellmann nach der »Arbeitsgruppe Grenze« zu fragen. Er weigerte sich unter Hinweis auf ein striktes Gebot seines Vorgesetzten. Während des Lehrgangs bekamen wir dann aber doch einiges aus ihm heraus. Der Auftrag seines Diensteinheit besteht darin, Agenten des MfS bei Nacht und Nebel durch Schneisen in den Minenfeldern über die Staatsgrenze der DDR, vom Westen aus über die innerdeutsche Grenze zu schleusen. Klaus war in Meiningen an der Grenze zum Freistaat Bayern stationiert und hatte einige dieser Schleusen zu betreuen. Der Grund für seine anfängliche Zurückhaltung war einfach. Ein Jahr zuvor war ein anderer Lehrgangsteilnehmer aus seiner Einheit von einem Zimmerkameraden nach und nach über alle Details seiner Tätigkeit einschließlich der genauen Lage der unbewachten Grenzschleusen ausgefragt worden. Der Kamerad hatte dann die erworbenen Kenntnisse genutzt, um sich selbst kurz nach dem Abschluß des Lehrgangs durch eine dieser Schleusen in den Westen abzusetzen. Bisher hatte ich noch nie über Fälle des »Absprungs« von Dienstkollegen gehört. Im MfS war das Thema völlig tabu. Später erfuhr ich, daß es schon einige versucht hatten, allerdings die wenigsten mit Erfolg. Der dritte Mann im Zimmer, Klaus Gey, kam ebenfalls mit einer interessanten Geschichte heraus. Er war im Sommer 1972 für vier Wochen als DDR-Staatstourist zu den Olympischen Spielen nach München delegiert gewesen. Ich beneidete ihn noch nachträglich. Seine Berichte über die bayerische Landeshauptstadt klangen verlockend. »Natürlich war das alles inszeniert, um die BRD anläßlich der Spiele besonders vorteilhaft erscheinen zu lassen«, fügte er am Ende hinzu, um seinen enthusiastischen Bericht vorsichtshalber mit einem »klassenbewußten« Kommentar zu versehen.

Am nächsten Tag begannen die Lehrveranstaltungen im Fach Marxismus-Leninismus — es war wirklich schauerlich. Zum wievielten Male hatte ich den Sermon nun schon gehört. Hier wurde er nur noch gründlicher und theoretischer ausgewalzt. Kaum jemand zeigte Interesse an dem Fach. Echte politische Diskussionen gab es nur um den kurz vor dem Abschluß stehenden Grundlagenvertrag der DDR mit der Bundesrepublik und seine möglichen Auswirkungen auf die Arbeit des MfS. Einige glaubten, sie würde durch die zunehmenden Kontaktmöglichkeiten zwischen Ost und West einfacher werden. Andere befürchteten dagegen, das Abkommen werde zu einer ideologischen Aufweichung und damit für das MfS zu einer »komplizierteren« Arbeit führen. Die offizielle Lehrmeinung der Schule vermittelte uns den »richtigen« Standpunkt: Zwar werde manches in unserer Arbeit einfacher werden. Aber man dürfe sich dabei nicht zu falschen Auslegungen von Entspannung verleiten lassen. Marxistisch definiert bedeute sie nur die Veränderung der äußeren Bedingungen des Klassenkampfes. Man müsse also verstärkt kämpfen, um den Gegner zu schwächen, wo es nur möglich ist, und so unsere politische, militärische sowie in Zukunft auch ökonomische Überlegenheit sichern. Nur dann könnten wir den Entspannungsprozeß bis zum Ziele führen, das heißt bis zum Sieg über das imperialistische westliche System.

Ein weiterer Diskussionspunkt zum Entspannungsthema war, ob die DDR und die anderen sozialistischen Staaten nicht einen zu hohen Preis bezahlen müßten, weil der Gegner nunmehr gewisse Möglichkeiten für das »subversive Eindringen« und die ideologische Einflußnahme bekomme, die ihm vorher versagt waren. Aber selbst die »kalten Krieger« unter uns wurden beruhigt: »Genossen, vertraut der Kraft und der Fähigkeit der Partei und besonders des MfS, damit fertig zu werden. Wir haben bisher den inneren Feind immer und in schwierigen Situationen erfolgreich bekämpfen können. Mit eurer Hilfe wird das auch in Zukunft gelingen. Andererseits hat doch der Entspannungsprozeß beim Feind zu einer deutlichen Differenzierung der politischen Kräfte geführt. Die imperialistischen Staaten werden dadurch objektiv geschwächt. Wir werden den Grundlagenvertrag natürlich mit einem Minimum an eigenen Kompromissen und einem Maximum an Zugeständnissen der BRD abschließen.«

Mir wurde bei diesen Belehrungen noch klarer als bisher, welche Absicht die östliche Seite mit allen ihren Friedensinitiativen, Abrüstungsvorschlägen und Entspannungsoffensiven verband: Gestützt auf den Block der kommunistischen Länder, in denen jegliche oppositionelle Regung unnachgiebig unterdrückt bleibt, will man den Westen täuschen, einlullen und seine politische Landschaft »auflockern« mit dem Ziel, dort die natürlichen Konflikte zwischen verschiedenen Interessen und politischen Strömungen einer pluralistischen Gesellschaft zu schärfen und sich nutzbar zu machen. Nach vier Wochen der politischen Indoktrinierung fühlte ich mich von der marxistischen Gleichschaltungsmasche und der blinden Nachbeterei starrer Dogmen noch mehr abgestoßen als zuvor.

Der nächste Unterrichtskomplex — »operative Regimeverhältnisse« — war zwar ebenfalls propagandistisch eingefärbt, erschien aber dennoch weitaus interessanter. Wir erfuhren nun wenigstens teilweise die Wahrheit über die Verhältnisse im Westen, in gefilterter Form natürlich. Aber wer richtig hinhören und zu folgern verstand, konnte unschwer erkennen, wie die Gesellschaft jenseits der Elbe tatsächlich beschaffen ist. Die »operativen Regimeverhältnisse« sind im nachrichtendienstlichen Sprachgebrauch die Gesamtheit der politischen, organisatorischen, ökonomischen und kulturellen Bedingungen im »Operationsgebiet«, das heißt in der Bundesrepublik Deutschland. Dazu gehören nicht nur das Abwehrsystem, der Polizei- und Justizapparat, sondern auch das Berufsleben, die Universitäten, die Medienpolitik, das Transportwesen, das Freizeitverhalten und andere Lebensbereiche sowie Sitten, Gebräuche und Besonderheiten in den einzelnen Bundesländern. Ich nahm die Vorlesungen über all diese Themen mit größtem Interesse auf und verschlang die zur Verfügung stehende Literatur. Mir wurde klar, daß nicht nur Arbeitslosigkeit und Streiks oder gar angebliche Unterdrückung und Elend — wie die DDR-Propaganda behauptet — »die zentralen Fragen« des Lebens in Westdeutschland darstellen, sondern daß wir einer freien Gesellschaft gegenüberstehen, die ihre inneren und äußeren Angelegenheiten offen behandeln und bei allen sozialen Problemen im Vergleich zur DDR ein hohes allgemeines materielles Niveau aufweist.

Die Beispiele der praktischen Anwendung erworbener Kenntnisse von den Verhältnissen im »Operationsgebiet« waren alle nach dem gleichen Muster gestrickt: Ein IM oder »Übersiedler«, jedenfalls Mitarbeiter des MfS lernt in der BRD eine ledige, alleinstehende, nachrichtendienstlich interessante Sekretärin kennen, freundet sich mit ihr an und überredet sie, für das MfS zu arbeiten. Nach einiger Zeit will die Dame aber geheiratet werden, was unmöglich ist, denn der Abgesandte aus der DDR ist bereits verheiratet. Die Folge sind Konflikte und Sicherheitsrisiken. Die Diskussion kreiste dann um die Frage, wie wir als Führungsoffiziere mit der gegebenen Situation fertig würden. Die Uniformität dieser von uns »Pflaumenfälle« genannten Beispiele war auffallend, wenn nicht sinnfällig. Nach den mir schon zur Kenntnis gelangten Vorgängen Gärtner und Peter Grosse wurde mir nun vollends klar, daß in der politischen Aufklärung die Anwerbung von Sekretärinnen über den Umweg von Liebesbeziehungen tatsächlich eine der wichtigsten Methoden in der Arbeit der HVA darstellte, wie auch viele aufgedeckte Fälle vor und nach meinem Übertritt beweisen.

Mitte Dezember war der Lehrplan durchgeackert. Wir konnten uns eine Woche hindurch auf die Prüfung vorbereiten. Ich lernte fleißig. Der Ehrgeiz hatte mich gepackt — ich wollte die Schule mit einer guten Note verlassen. Meine Prüfungsfrage war nicht ganz einfach. Ich sollte in einem einstündigen Vortrag erklären, wie man die Zuverlässigkeit eines angeworbenen Agenten umfassend überprüft und so einen eventuellen, vom Gegner eingeschleusten Doppelagenten erkennt. Ich war gut vorbereitet. Dabei half mir die Kenntnis des noch nicht lange zurückliegenden Falles »Alois«. Die Lehrer hörten äußerst interessiert zu. Sie hatten zwar schon davon läuten hören, kannten aber die Einzelheiten noch nicht. Nach zwei weniger komplizierten Fragen zu den Funktionen des Bundesgrenzschutzes wurde ich entlassen. Dem Prüfer für Marxismus-Leninismus gab ich keine Chance und redete an seiner Stelle. Wie in einer normalen Schule erhielten wir am nächsten Tag Zeugnisse. Sie wurden von dem extra aus Berlin angereisten zweiten stellvertretenden Leiter der HVA, Generalmajor Horst Jaenicke, verteilt. Wir mußten einzeln vortreten. Er schüttelte jedem unbewegt und militärisch die Hand. Ich hatte eine glatte »Eins« bekommen, einer der vier Besten dieses Lehrgangs. Die anderen drei Ausgezeichneten waren zwei ehemalige Absolventen der Moskauer Diplomatenschule mit hervorragenden politischen Kenntnissen sowie der kleinwüchsige und unscheinbare ehemalige Journalist Matthias Brinckmann.

8

Meine Vorgesetzten in Berlin nahmen das Ergebnis des Schulbesuchs sehr zufrieden zur Kenntnis. Christian bedeutete mir, nun komme es darauf an, meine Schulnoten in operative Erfolge umzusetzen. Für das Jahr 1973 stellte er mir das Ziel, eine solide »rückwärtige« Basis in der DDR aufzubauen, um dann, darauf gestützt, die Arbeit in Richtung Westen zu beginnen. Ich sollte mir also innerhalb der DDR eine genügende Anzahl von Werbern, Instrukteuren, konspirativen Wohnungen und Deckadressen suchen, sollte ermitteln, überprüfen, verpflichten und ausbilden. Daneben forderte er, Ausschau nach einem geeigneten Übersiedlungskandidaten oder besser noch einem passenden Ehepaar zu halten. Übersiedlung galt nach wie vor als eine der wichtigsten Methoden, neue Agenten im Operationsgebiet zu plazieren.

Nachdem die DDR mit der Mauer nicht nur ihren Bürgern den einfachen Fluchtweg, sondern sich auch ihre Agentenschleuse zum Westen hin verbaut hatte, mußte das MfS seine Leute die gleichen beschwerlichen Wege gehen lassen, wie echte Flüchtlinge ihn jetzt nahmen: Als »Touristen«, die am Schwarzen Meer einen »Urlaub« verbrachten, »flüchteten« sie über Bulgarien in die Türkei und nach Griechenland oder krochen im Auftrag des MfS durch den Stacheldraht der DDR-Staatsgrenze, schwammen durch die Elbe oder überkletterten gar die Berliner Mauer. Aber das MfS machte damit keine besonders guten Erfahrungen. Es kam zu Abstimmungsmängeln und peinlichen Zwischenfällen. MfS-Agenten wurden an der bulgarisch-türkischen Grenze verhaftet oder sogar in einigen Fällen an der innerdeutschen Demarkationslinie von den eigenen DDR-Grenztruppen bei der befohlenen »Flucht« erschossen. Zudem war die nunmehr geringere Anzahl der DDR-Flüchtlinge jetzt der genaueren Beobachtung durch die Spionageabwehr in der Bundesrepublik ausgesetzt.

Es dauerte nicht lange, bis die HVA eine neue Übersiedlungsmethode ausgetüftelt hatte. Ihre Agenten gaben sich als Deutsche aus, die vor einigen Jahren nach Kanada, Australien oder Neuseeland ausgewandert waren oder nahmen die Identität von Deutschen an, die in Südafrika gestorben waren, nach Skandinavien geheiratet hatten und ähnliches. Als angebliche »Rückkehrer aus fremden Landen« tauchten die falschen Auswanderer in der Bundesrepublik wieder auf. Nach einer gewissen Zeit, mehrmaligen Wohnungswechseln und anderen Zickzack-Wegen beantragten sie einen neuen Paß, bewarben sich um »interessante« Beschäftigungen und begannen bald darauf, geheime Informationen an das MfS zu liefern. Ich selbst hatte übrigens, wie ich nun erfuhr, vor meiner Heirat zum Kreise dieser Art von Übersiedlungsanwärtern gezählt. 1976 wurde auch die »Rückkehrer«-Methode obsolet, als auf einen Schlag mehr als 30 auf diese Weise eingeschleusten Agenten verhaftet wurden und 120 andere in höchster Eile in die DDR zurückkehren mußten. Einige Experten in der Abteilung Spionageabwehr des Bundesamtes für Verfassungsschutz waren nämlich dem MfS inzwischen auf die neuen Schliche gekommen.

Im Jahre 1972 hat das Verfahren aber noch gut funktioniert, und Christian verlangte von mir, ich sollte mich auf die Suche nach geeigneten Leuten machen, um den Agentenstamm in der Bundesrepublik auf diese Weise zu vermehren. Er schärfte mir ein, dabei höchste Ansprüche an die Qualität, Zuverlässigkeit und Kaltblütigkeit der dafür auszuwählenden inoffiziellen Mitarbeiter zu stellen. Als negatives Beispiel nannte er mir den Fall eines Übersiedelten, der nach langer Ausbildung und unter einem Kostenaufwand von rund 150 000 Mark mit dem Zug aus Ostberlin in Frankfurt am Main eingetroffen war, dort zufällig zwei Streifenpolizisten sah, die Nerven verlor und sich sofort wieder über Prag in die DDR absetzte.

Ich benötigte also »Tips« — Hinweise — auf junge Wissenschaftler, Studenten usw., die solchen Anforderungen genügten, hatte aber noch keinen eigenen »IM«-Stamm, von dem ich solche Tips hätte beziehen können. Mein einziges aktives »Potential« war nach Alfred Büchners Tod Gärtner. Doch in dessen Akte stand der Vermerk: »Wir müssen immer damit rechnen, daß er während seiner Haftzeit vom Gegner — gemeint war damit der Bundesnachrichtendienst — übergeworben wurde. Keine von ihm getippten Hinweise bearbeiten, Neumann.« Obwohl Günther, der nunmehr im Institut für Elektronik der Humboldt-Universität an seiner Dissertation arbeitete, zahlreiche Kandidaten für inoffizielle Mitarbeit genannt hatte, durfte ich keinen von ihnen ansprechen.

Ich mußte andere Wege gehen. Zunächst überlegte ich mir, auf welche Gegend der DDR ich meine Tätigkeit konzentrieren sollte. Von Berlin hatten mir alle Kollegen abgeraten. Die Hauptstadt, so war die einhellige Meinung, sei schon umfassend »abgegrast«. Zudem war Berlin auch noch die Domäne des sowjetischen Geheimdienstes, der in der DDR und unter DDR-Bürgern eine beträchtliche Aktivität entfaltete. Schließlich galt auch die Abwehr in Berlin als wenig kooperativ, wenn es darum ging, die HVA zu unterstützen. Mit der Abwehr aber mußte man sich gutstellen, wenn man weiterkommen wollte. Das hatte mir Werner Hengst als eine seiner vielfältigen Erfahrungen mit auf den Weg gegeben. Der Norden der DDR kam auch nicht in Frage. Die Universitätsstädte Rostock und Greifswald waren mangels Autobahn nur schlecht zu erreichen, abgesehen davon, daß ich damals noch keinen Führerschein hatte — ein schweres Handicap, wie sich bald zeigte, denn ich war auf die Eisenbahn oder auf den Fahrer des Referates, Oberfeldwebel Dieter Delph, einen Mann ohne jegliches Orientierungsvermögen, mit seinem klapprigen alten »Wolga« angewiesen. Leipzig schied auch aus. Dort war ich in Studentenkreisen noch zu sehr bekannt. Jena hatte im MfS wegen dort noch immer fortlebender akademischen Traditionen und intellektueller Widersetzlichkeit einen schlechten Ruf. Auch in Magdeburg hatte der Staatssicherheitsdienst in der Regel schlechte Erfahrungen gemacht. Die Referatsleiter lehnten Kandidaten aus diesen beiden Städten grundsätzlich ab.

An Ausbildungsstätten für Physiker blieben also nur noch Dresden, Karl-Marx-Stadt — das frühere Chemnitz — und Halle. Auf diese wissenschaftliche Disziplin aber wollte ich mich zur Bearbeitung der Gebiete Kernenergie und Kernforschung vor allem konzentrieren. Überdies konnte ich bei Physikstudenten und Absolventen dieses Faches auf Grund meines eigenen Studiums als Geheimdienstoffizier mit Sachkenntnis auftreten, ein Vorteil gegenüber meinen Referatskollegen, die eine sehr unterschiedliche Vorbildung hatten. Ich charterte mir also trotz aller Vorbehalte den Oberfeldwebel Delph und unternahm zahlreiche Dienstreisen nach Sachsen. Bald konnte ich als weiteren günstigen Umstand feststellen, daß man dort gegenüber dem Staatssicherheitsdienst weniger Vorbehalte hatte als in anderen DDR-Bezirken, ganz zu schweigen von den Berlinern, die nach den Erfahrungen und der Einschätzung des MfS »ideologisch versaut« waren. Eine Erklärung für die Zugänglichkeit der Sachsen dürfte die Tatsache sein, daß sie das West-Fernsehen gar nicht oder nur schlecht empfangen können und fast ausschließlich der tagtäglichen Beeinflussung durch die »Aktuelle Kamera« des DDR-Programms aus Adlershof ausgesetzt sind.

Meine Ziele waren jeweils die Bezirksverwaltungen für Staatssicherheit in Halle, Dresden und Karl-Marx-Stadt. Mit betont kollegialem Auftreten gelang es mir, dort in den Abteilungen XX, die für die abwehrmäßige Bearbeitung der Universitäten und Hochschulen zuständig sind, hilfsbereite Genossen zu finden. In Karl-Marx-Stadt war es der Leutnant Meinhold, der mir den Zugang zu den Kader-Akten der Technischen Hochschule verschaffte. Ungestört konnte ich in den Lebensläufen und Personalfragebogen der Studenten und Angestellten blättern. In Dresden lernte ich die Genossen Hauptmann Hippe und Leutnant Rolf Schilde kennen. Sie versorgten mich mit direkten Hinweisen und waren mir später auch in anderer Hinsicht behilflich. In Halle schließlich war mir ein weiterer MfS-Mitarbeiter nützlich. Er hatte große Schwierigkeiten mit den dortigen Physikern und war froh, daß sich jemand für seine Probleme interessierte. Mit zahlreichen Personalien und Adressen kehrte ich jedesmal an meinen Schreibtisch zurück. Ich wählte sorgfältig aus. Wenn ich ungeachtet meiner inneren Einstellung glaubwürdig und erfolgreich sein wollte, mußten die von mir geworbenen inoffiziellen Mitarbeiter dem DDR-

Regime ergeben und absolut zuverlässig sein. Hauptkriterium war dabei die SED-Mitgliedschaft, wenn sie allein auch wenig besagte — ich selbst gehörte ja auch der Partei an. Doch wer nicht in der SED ist, hat im MfS in der Regel keine Chance, in die Reihen derjenigen Agenten aufgenommen zu werden, die gegen den Westen eingesetzt werden.

Nachdem die Auswahl getroffen war, begann der administrative Teil der Anwerbe-Aktion. Zunächst mußten die Betreffenden in der Registratur überprüft werden. Im MfS ist die Abteilung XII für die karteimäßige Erfassung aller Namen zuständig, die jemals »positiv« oder »negativ« aufgefallen sind, darunter Spitzel, inoffizielle Mitarbeiter, Verdächtige oder auch nur Kolporteure politischer Witze. Ihre Personalien werden auf Karteikarten und mittlerweile auch auf dem Wege der elektronischen Datenverarbeitung mit modernsten Anlagen gespeichert, einschließlich eines Vermerks, welche Diensteinheit und welcher spezielle Mitarbeiter sich für die betreffende Person interessiert, sie bearbeitet, als Agenten führt oder auch über belastendes Material gegen sie verfügt. Der Abteilung XII angeschlossen ist das Archiv, in dem erledigte Akten im Original oder auf Mikrofilmen aufbewahrt werden. Jeder Mitarbeiter, der sich für eine spezielle Person interessiert, kann auf einem kleinen Formblatt in der Abteilung XII anfragen, ob im MfS Informationen über sie vorliegen. Er bekommt entweder eine negative Antwort und kann den Betreffenden dann selbst erfassen, oder er wird — bei schon Registrierten — an die Diensteinheit verwiesen, die ihn für sich erfaßt hat und eine Akte führt. Ohne das Freizeichen — also die Auskunft, daß der eingegebene Name noch unbekannt ist — und ohne Abstimmung mit der Stelle, die sie schon erfassen ließ, darf eine nachrichtendienstliche »Bearbeitung« der betreffenden Person nicht begonnen werden. Ich schätze, daß rund zwei Millionen der knapp noch siebzehn Millionen zählenden DDR-Bürger in den Karteien der Abteilung XII enthalten sind. Dazu kommen zahllose Westdeutsche, die irgendwann einmal mit dem MfS in Berührung gekommen sind oder über die Erkenntnisse vorliegen, und schließlich auch sehr viele Ausländer.

Es war streng verboten, über die eigenen Anfragen und

Rückantworten der Registratur selbst Buch zu führen, da dies zumindest einen Teilüberblick über die Personen verschaffen würde, die in irgendeiner Weise mit dem Staatssicherheitsdienst in Verbindung stehen. Als ich anfing, mir die Ergebnisse der Überprüfung zu notieren und mein Referatsleiter mich dabei ertappte, wurde ich streng verwarnt und mir wurden für den Wiederholungsfall harte Konsequenzen angekündigt. Ich habe dennoch bis zu meinem Übertritt in den Westen weiter darüber Buch geführt. Es fand später beim BND größtes Interesse, zumal ich nicht nur die erfaßten Personen und die erfassende Diensteinheit, sondern auch den Grund der Erfassung aufgezeichnet hatte, den ich bei den Mitarbeitern telefonisch erfragen konnte. Neben zahlreichen Agenten der DDR-Abwehr und anderer Aufklärungsabteilungen waren darin auch Leute verzeichnet, die im Verdacht der Spionage für den Westen standen.

Viele von den Formblättern, die ich nach meinen »Forschungen« in Sachsen an die Abteilung XII schickte, kamen mit dem Vermerk »Erfaßt« zurück. Was mit der Auskunft »Nicht erfaßt« für mich übrig blieb, ließ ich sogleich für mich registrieren, und war damit berechtigt, Akten zu diesen Personen anzulegen und zu führen. Soweit hatte ich das schon im Fall des von Büchner angesprochenen Franzosen durchexerziert. Der nächste Schritt in der Bearbeitung war die Beschaffung von Abschriften der Personalakten bei den lokalen Abwehrabteilungen, bei denen ich diese Zielpersonen jeweils erkundet hatte. Dann schickte ich Ermittlungsaufträge an die Abteilung VIII der zuständigen Bezirksverwaltung für Staatssicherheit. Diese ließ hauptamtliche Ermittler ausschwärmen, um in den Wohngebieten und an den Arbeitsstellen weitere Informationen über meine »IM«-Kandidaten zu sammeln. Sie befragten Nachbarn, Wohngebietsparteisekretäre, Briefträger, Arbeitskollegen, Vorgesetzte und andere Informanten, um ein möglichst vollständiges Bild zu gewinnen. Nahezu alles ist dabei von Interesse: Die politische Einstellung, der Leumund, die Charaktereigenschaften, ob der Betreffende Westsender hörte oder sah, ob er an Staatsfeiertagen flaggte, ob er jemals mit Westdeutschen gesehen worden ist, wie es um seine Verwandtschaft stand, ob er trank oder in irgendeiner Weise sexuell auffällig lebte.

Der Ermittlungsapparat, den der Staatssicherheitsdienst im Inneren der DDR aufgebaut hat, ist unvorstellbar ausgedehnt. In fast jedem größeren Mietshaus, in jeder Siedlung, in jeder Kleingartenanlage gibt es einen Stamm von Auskunftspersonen, die sich als zuverlässig erwiesen haben und für das MfS zugänglich sind – insgesamt ein allumfassendes engmaschiges Netz.

Nach jeder Abklärung schmolz das Häufchen der Auserwählten mehr und mehr zusammen. Vorsorglich hatte ich jedoch eine große Zahl eventuell brauchbarer Leute in die Ermittlungsmühle eingegeben, die dann immerhin einige offenbar unbefleckte und zuverlässige »Söhne der Partei« übrig ließ. Bei diesem umfangreichen Verfahren ging mir zu meiner eigenen Person einiges durch den Kopf. Hätten Leo und Werner Hengst, die vier Jahre zuvor unter den gleichen Auspizien über mich ermittelt haben müssen, mit derselben Sorgfalt und Gründlichkeit gearbeitet, nie wäre ich über die Schwelle des MfS gekommen.

Angesichts der Tatsache, daß im MfS über fortgesetzte interne Sicherheitsüberprüfungen der Mitarbeiter offiziell nichts bekannt und das Thema unter den Kollegen an sich tabu war, beschloß ich auf alle Fälle – nachdem ich nun die ganze Bandbreite der Möglichkeiten kennengelernt hatte, die dem MfS offenstanden –, in Zukunft noch vorsichtiger zu sein und mir noch mehr Mühe zu geben, in den Augen der anderen als treuer und pflichtbewußter Genosse zu erscheinen.

Christian war jedenfalls mit meiner fleißigen Arbeit und den durch die vielen Auskünfte angeschwollenen Akten über meine Zielpersonen sehr zufrieden. Er gab mir nunmehr grünes Licht, die Betroffenen – die meist noch keine Ahnung davon hatten, daß sie seit Wochen auf den Ermittlungslisten des Staatssicherheitsdienstes standen – anzusprechen. Von den »Auserwählten« nahm ich mir zunächst fünf vor: In Karl-Marx-Stadt den Diplomphysiker Hilmar Helms sowie die Studenten Peter Noetzoldt und Peter Fleischanderl, in Halle den Assistenten Dr. Arndt Holm und den Dozenten Dr. Kurt Zwanzig, beide von der Sektion Physik, während aus Dresden vorläufig niemand den Ermittlungsprozeß »überstanden« hatte. Ich suchte jeden der Genannten ohne großes Aufsehen an seiner Arbeitsstätte auf, stellte mich als Mitarbeiter des Staatssicherheitsdienstes unter dem nun schon zum zweiten Ich gewordenen Namen »Werner Stiller« vor und bat um ein Gespräch, um »einige wichtige Fragen zu klären«. Dabei registrierte ich sehr genau die Reaktion meiner »Kontaktpersonen« — zu dieser Kategorie gehörten sie, nachdem sie angesprochen worden waren —, belehrte sie nach der Festlegung eines Trefftermins über die Notwendigkeit, Stillschweigen zu bewahren, und verabschiedete mich wieder. Anschließend suchte ich die zuständige Bezirksverwaltung für Staatssicherheit auf und ließ mir von den Kollegen die Namen einiger Wissenschaftler aus dem gleichen Bereich geben, die als ideologisch schwarze Schafe bekannt waren. Bei diesem ersten echten »Treff« — schon das Erscheinen brachte dem Kandidaten Pluspunkte ein — verwies ich die Angesprochenen auf ihre Pflicht als Parteigenossen, das MfS in seinem Kampf gegen die Feinde der Republik zu unterstützen, und bat sie, mir beim nächsten Termin eine schriftliche Beurteilung über die mir von der Abwehr genannten politisch »schief« liegenden Personen zu liefern. Dann folgte, wie das zum MfS-Gebrauch gehörte, eine politische Diskussion zu einem aktuellen Thema, damals meist die Auswirkungen der Entspannungspolitik und des Grundlagenvertrages sowie die bevorstehende europäische Sicherheitskonferenz — Streitpunkte auch im MfS.

Als ich in Berlin die Gespräche rekapitulierte und die Berichte schrieb, war ich mit dem Ergebnis einigermaßen zufrieden. Bei zwei der Angesprochenen hatte ich zwar von Anfang an Bedenken, und nach zwei weiteren Treffs wurde mir klar, daß mit ihnen nichts anzufangen war. Einer davon, der Diplomphysiker Helms, hatte schon beim ersten Mal wie auf einem Verhörstuhl gesessen und erschrocken aufgeblickt, als ich ihn ersuchte, Beurteilungen über Kollegen zu schreiben. Ich empfand im Grunde tiefe Sympathie für ihn, als er schließlich erklärte, er könnte es nicht mit seinem Gewissen vereinbaren, solche Berichte an die Staatssicherheit zu geben. Ich ließ den Mann künftig in Ruhe.

Zwei weitere »Kandidaten« hatten sich dagegen als sehr brauchbar erwiesen — Peter Noetzold aus Karl-Marx-Stadt und Dr. Arnold Holm aus Halle. Sie waren ungezwungen und sicher aufgetreten, hatten sich in der politischen Diskussion sehr rege gezeigt und keinerlei Vorbehalte gegenüber dem MfS zu erkennen gegeben. Im Grunde konnte ich auch nichts anderes erwarten. Schon die Eltern und Großeltern von Dr. Holm waren Kommunisten gewesen. Der Vater hatte unter den Nazis im KZ Buchenwald gesessen und genoß nun unter dem SED-Regime, das ja den Antifaschismus im Nachkriegsdeutschland für sich allein in Anspruch nimmt, höchstes Ansehen. Dem Sohn standen damit alle Türen offen. Daneben ließ er deutlich Abenteuerlust erkennen, mit eine Voraussetzung zu erfolgreicher Geheimdienstarbeit. Ähnlich verhielt es sich mit Peter Noetzoldt. Er hatte sogar noch einen entscheidenden Vorteil. Obwohl seit zwei Jahren verheiratet, war seine Ehe noch kinderlos. Meine Frage, wie es damit stehe, beantwortete er mit dem Hinweis auf seine derzeitigen Wohnverhältnisse. Ich mußte ihm im stillen recht geben. Während der Ermittlungen hatte ich die Hütte gesehen, in der er hauste. Vielleicht hatte ich auf Anhieb tatsächlich ein mögliches Übersiedlungspaar gefunden. Übersiedler mußten grundsätzlich kinderlos sein.

Jedenfalls kam ich mit Noetzold und Holm schnell vorwärts. Sie schrieben Berichte wie aus dem Lehrbuch, verweigerten keinen Auftrag und arbeiteten mit soviel Eifer, daß sie mich selbst in innere Konflikte brachten. Ich konnte nicht vermeiden, wenigstens einige ihrer Beurteilungen über der SED feindlich oder skeptisch gegenüberstehende Institutskollegen zusammen mit den Treffberichten auch meinem Referatsleiter vorzulegen, suchte jedoch zu verhindern, daß den denunzierten Akademikern Schaden widerfuhr. Als ich die Berichte von Christian zurückbekam, hatte dieser auch prompt an den Rand geschrieben: »Unbedingt an die Abwehr weitergeben.« Ich nahm es erstmals auf mich, seine Anweisung nicht zu befolgen, und behielt die Beurteilungen einfach in der Akte, um sie nach einer gewissen Zeit zu vernichten. Das war durchaus riskant, denn Christian hatte ein ausgezeichnetes Gedächtnis. Doch ich kam nur einmal in Schwierigkeiten, als er mich fragte, ob ich einen für einen Hallenser Bürger sehr kompromittierenden Bericht auch tatsächlich abgeschickt hatte. Ich bejahte das. Unglücklicherweise besuchte er den angeblichen Empfänger bei der Abwehr einige Tage später und stellte fest, daß dort kein Schreiben von mir eingegangen war. Es gelang mir jedoch, sein Mißtrauen mit dem Hinweis auf fehlgeleitete Post und die Schlamperei unserer Abteilungssekretärin zu entkräften — glücklicherweise war sie tatsächlich nachlässig und dafür bekannt.

Schon kurz nach meinem Antritt in der HVA war mir klar geworden, daß von uns nicht nur Aufklärung des Westens erwartet wurde. Laut Befehl hatten wir auch alles, was wir über negative Einstellung von DDR-Bürgern gegenüber dem Regime erfuhren, unverzüglich an die zuständige Abwehrdiensteinheit weiterzugeben. Damit wurde nicht nur ein zusätzlicher Beitrag zur inneren Sicherheit erzielt — von den rund 25 000 Agenten, die allein die HVA innerhalb der DDR unterhielt, kamen ja unzählige Meldungen über »ideologische Diversion«, Fluchtabsichten und verbotene Westkontakte zusammen. Die Leitung des MfS verfolgte mit der Anweisung auch den Zweck, bei den Westaufklärern das abwehrmäßige Denken und das »richtige Selbstverständnis« zu erhalten. Man hatte hierbei durchaus seine Gründe. Eine ausschließliche Beschäftigung mit dem »Operationsgebiet BRD« kann bei manchen HVA-Angehörigen den »klassenbewußten« Blick trüben. Sie lesen zu häufig Westzeitungen und hören zuviel über das Leben im Westen, um sich ein unbeschädigtes »Feindbild« bewahren zu können. Manche nehmen sogar — auch schon wegen ihrer meist höheren Dienstgrade und der damit verbundenen besseren Bezahlung — eine hochmütige Haltung gegenüber den Abwehroffizieren ein. Es war im MfS allgemein bekannt, daß Minister Mielke daher den Nachrichtendienst, einschließlich den HVA-Chef Markus Wolf, trotz aller Erfolge immer mit gewissem Mißtrauen betrachtete und ihm Beiträge zur inneren Sicherheit schon deshalb abverlangte, um den Westaufklärern elitäre Vorstellungen auszutreiben und ihnen die Realitäten in der DDR wieder bewußt zu machen. Mitte 1973 waren meine beiden Musterkandidaten soweit vorbereitet, daß ich sie auch formell für die Zusammenarbeit mit dem MfS anwerben konnte. Wie erwartet zögerten sie nicht, eine schriftliche Verpflichtung einzugehen, so wie ich sie selbst vor zweieinhalb Jahren unterschrieben hatte. Damit wurden sie in die Reihen der inoffiziellen Mitarbeiter des MfS aufgenommen. Peter Noetzoldt gab ich in Anlehnung an seine Funktion als FDJ-Funktionär an der Technischen Hochschule Karl-Marx-Stadt den Decknamen »Sekretär«. Dr. Arnold Holm hieß nach der Martin-Luther-Universität Halle, an der er tätig war, künftig »Martin«.

9

Ich selbst hatte nun ein volles Dienstjahr hinter mir und in dieser Zeit einen guten Überblick über die HVA sowie die Stellung unseres Referats im Sektor Wissenschaft und Technik gewonnen. Am 8. Februar 1973, dem Jahrestag der Gründung des MfS 1950, an dem auch Auszeichnungen und Beförderungen verkündet werden, erhielten Christian Streubel, Werner Hengst und ein inoffizieller Mitarbeiter des Referats, dessen Namen ich damals noch nicht kannte, den Friedrich-Engels-Preis Erster Klasse, die höchste Auszeichnung der DDR auf militärisch-wissenschaftlichem Gebiet. Es blieb nicht lange ein Geheimnis, wofür. Durch die Informationen des Agenten war es der DDR ermöglicht worden, die HVA mit einem hochmodernen elektronischen Datenverarbeitungssystem auszurüsten. Es war das erste Mal seit Bestehen der HVA, daß diese Auszeichnung an Mitarbeiter aus ihren Reihen verliehen wurde — ein großer Tag also für das Referat. Mit einem kontinuierlichen Nachrichtenstrom lagen wir auch im übrigen unangefochten an der Spitze des Sektors. Ein wichtiger Grund für das gute Abschneiden des Referats war — das blieb mir trotz des internen Geheimhaltungsprinzips nicht lange verborgen — sein vergleichsweise großer Bestand an West-Agenten. Von meinen Kollegen hatte ein jeder mindestens fünf unter seinen Fittichen, von denen auch viele erfolgreich arbeiteten und lieferten. Ich hatte noch keinen Westagenten zu führen, aber ich hörte aufmerksam zu, wenn bei Referatsbesprechungen allgemeine Empfehlungen für Reisewege von Agenten, für das Verhalten bei den Grenzkontrollen und für Maßnahmen im Falle einer Verhaftung gegeben wurden.

Die dienstinterne Parteiarbeit war wie überall in der DDR unumgänglich, belastete den Betrieb jedoch auch nicht mehr als etwa an der Universität oder in der Physikalischen Gesellschaft. In den Versammlungen auf der Ebene von Parteigruppen — identisch mit dem Personal eines Referats, nur der Abteilungsleiter trat jeweils noch dazu — wurden zumeist Probleme erörtert, die mit der Nachrichtenarbeit zusammenhingen, so zum Beispiel die Auswirkungen der europäischen Sicherheitskonferenz auf das Westnetz, die politische Erziehung der inoffiziellen Mitarbeiter oder die politische Lage in der Bundesrepublik. Auf der Abteilungsebene dagegen bestanden die Versammlungen nur aus einem verkrampften Zeremoniell. Man bestimmte einen Mitarbeiter, über ein angesetztes Thema zu referieren, und vier weitere Genossen — aus jedem Referat einer —, die Diskussion zu bestreiten. Auch der Ablauf der Diskussion wurde vorher festgelegt, damit ja kein falscher politischer Zungenschlag entstand. Nicht einmal Disziplinar- und Parteiverfahren kamen vor — sonst die »Würze in der Suppe« des Parteilebens —, denn der Genosse Abteilungsleiter Horst Vogel hatte seine Leute gut im Griff. In Disziplinarfragen bildete unsere Abteilung tatsächlich eine rühmliche Ausnahme.

Nicht so sauber ging es in anderen Dienststellen zu, so in der Abteilung XIV, die ebenfalls zum Sektor gehörte und auf Spionage im Bereich der Elektronik spezialisiert war. Dort hatte zum Beispiel eine Sekretärin als Folge mangelnder Finanzkontrolle im Laufe der Zeit 45 000 Mark aus der Staatskasse unterschlagen. Nach der Aufdeckung bestand sie selbstsicher auf Straffreiheit. Andernfalls, so drohte sie, werde sie ausplaudern, wer in der Abteilung mit wem »verkehrte«. Als sie dann auch noch mit Angaben darüber aufwarten wollte, mit welchen hohen Herren des MfS sie selbst intim geworden sei, begnügte man sich zur Vermeidung eines internen Skandals mit ihrer Entlassung. Den unterschlagenen Betrag durfte sie als »Schweigegeld« behalten. Sexuelle Beziehungen zwischen Dienststellenleitern und ihren Sekretärinnen sowie sonstige Disziplinarverstöße waren, anders als bei uns, in vielen Bereichen des MfS an der Tagesordnung, und ein Großteil der Agenten wurde dort mindestens so intensiv als Westeinkäufer, wie eigentlich nachrichtendienstlich eingesetzt. Die Mitarbeiter statteten ihre Wohnungen, Wochenendhäuser und Autos mit allerlei Gütern des gehobenen Bedarfs aus dem »kadewe« oder von »Hertie« und »Quelle« aus. Das Annehmen von Geschenken, in unserer Abteilung streng verboten, war weit verbreitet. Westagenten wurden oft sogar mehr oder weniger direkt aufgefordert, die Mitarbeiter der Zentrale auf diese Weise an ihrem höheren eigenen Lebensstandard zu beteiligen.

Das zweite Dienstjahr schien mir auch wieder »Ausbruchsmöglichkeiten« für die fernere Zukunft zu eröffnen. Es ist ja kaum noch ein Geheimnis, daß viel Staaten Geheimdienstangehörige in ihren diplomatischen Vertretungen einbauen und daß der Ostblock dieses Verfahren in unvergleichbarem Ausmaß betreibt. Die Botschaften kommunistischer Regime, besonders die sowjetischen Vertretungen in wichtigen westlichen oder auch neutralen Ländern sind praktisch Geheimdienstfilialen. Nach der weltweiten diplomatischen Anerkennung der DDR als Folge des Grundlagenvertrages mit der Bundesrepublik hatten auch wir die Möglichkeit, ständige nachrichtendienstliche Residenturen mit diplomatischem Status einzurichten. Das Personal dafür wurde zum größten Teil aus dem Bestand des MfS, insbesondere der HVA rekrutiert, da es ja um Auslandsspionage geht. Bald wurden hinter vorgehaltener Hand die ersten Versetzungen bekannt: Aus der Abteilung XIV wechselte der Mitarbeiter Dieter Gladitz in den diplomatischen Dienst. Der Leiter des Referates IV unserer Abteilung, Karl-Heinz Fischer, übernahm die Leitung einer neu gegründeten Abteilung im Ministerium für Wissenschaft und Technik, die den Einsatz der Geheimdienstangehörigen an den Botschaften unter dem Etikett von »Wissenschaftsattachés« lenkte. Unser Abteilungsleiter Vogel kündigte uns an, wir alle könnten damit rechnen, früher oder später für mehrere Jahre im Ausland eingesetzt zu werden. Ich beschloß, mich nun noch mehr anzustrengen, denn für den Auslandsdienst, das war mir klar, würden nur Mitarbeiter ausgewählt werden, die als absolut zuverlässig galten.

Mit gesteigertem Eifer machte ich mich an meine Arbeit. Meine beiden geworbenen Agenten mußten ausgebildet und auf zeitweilige Westreisen vorbereitet werden. Weitere Personenhinweise hatten sich ergeben, die es zu bearbeiten galt. Außerdem legte mir Christian bei jeder Besprechung mehrere sogenannte Einreisehinweise auf den Tisch, die ich abklären sollte. Diese Art von Hinweisen vermittelte mir eine Vorstellung von der Totalität des MfS-Erfassungssystems.

Jährlich überqueren Hunderttausende Bundesbürger und »westliche« Ausländer in beachtlicher Zahl die Grenze zur DDR – zu Verwandtenbesuchen, zu geschäftlichen Verhandlungen, zur Teilnahme an wissenschaftlichen Kongressen oder als Touristen. Grundsätzlich muß für jeden Besucher ein »Empfänger« in der DDR vorhanden sein, also Verwandte, ein Industriebetrieb, eine Handelsorganisation, Universitäten oder ein Reisebüro. Dieser Empfänger muß für seinen Gast aus dem Westen vor der Einreise einen Antrag stellen, mit genauen Personalangaben – Beruf, Adresse, Arbeitsstelle, Paßnummer und andere Daten. Alle diese Anträge werden von einer zentralen Sammelstelle, der Hauptabteilung VI des MfS erfaßt, dort gesichtet, geordnet, geprüft, verglichen und darüber entschieden. Die bearbeiteten Antragsformulare mit den vielfältigen Infomationen werden in einem Computer gespeichert, der dann diejenigen Personen herausfiltert, die nachrichtendienstlich von Interesse sein könnten – zum Beispiel Regierungsangestellte, Sekretärinnen Bonner oder auch Landesministerien, Parteifunktionäre, Atomphysiker, Journalisten, Juristen, Politikwissenschaftler und andere. Ein raffiniertes Rastersystem ermöglicht die Aufbereitung des Materials, das dann an spezielle Arbeitsgruppen in der HVA weitergereicht wird. Sie »verdichten« es durch Ermittlungen und Überprüfungen.

Schon vor Reiseantritt landen so beispielsweise die Personalien fast aller einreisender Physiker auf dem Schreibtisch des zuständigen Referatsleiters in der Abteilung XIII. Einwohner aus Pullach, die in die DDR reisen wollen, werden der für die Bearbeitung des BND verantwortlichen Abteilung IX der HVA gemeldet. Besucher aus Bonn und Umgebung werden zu »Vorgängen« in der politischen Aufklärung, das heißt bei den Abteilungen I und II der HVA. Ausländer schließlich werden dem zuständigen Länderreferat zur Kenntnis gebracht. Der Referatsleiter kann dann aufgrund des verdichteten Materials entscheiden, ob der erwartete DDR-Besucher bei seinem Aufenthalt ungeschoren bleiben soll, oder ob ein Mitarbeiter auf ihn angesetzt wird.

Das System erfährt seine Vervollständigung an den Grenzübergangsstellen, denen ein umfangreicher Katalog mit allen Berufsgruppen, Arbeitsstellen, Städten und Regionen, an denen das MfS potentielles Interesse hat, zur Verfügung steht. Wenn ein Einreisender zu einer der hierin aufgeführten Kategorien gehört, sucht der Grenzbeamte ihn in eine freundliche und unverbindliche Unterhaltung über das Woher und Wohin, besondere Interessen, die Finanzlage, die berufliche Tätigkeit und Hobbys zu verwickeln. Verweigert ein Einreisender ein solches Gespräch beharrlich, so gibt es Methoden, ihn »umzustimmen« — zum Beispiel ein dezenter Hinweis an den Zoll, das Gepäck besonders gründlich zu überprüfen. Der Laie kann sich kaum vorstellen, wie viele Informationen ein geschulter Zollbeamter auf diese Weise aus dem Inhalt eines normalen Reisekoffers herausholen kann. Der Beamte verfaßt über alles, was er so oder so erfahren hat, unverzüglich einen Bericht oder füllt ein spezielles Formblatt aus. Diese Unterlagen gehen dann an denjenigen HVA-Mitarbeiter, in dessen Arbeitsgebiet der Einreisende auf Grund seiner Qualifikation fällt. Außerdem werden die Informationen nochmals bei der Hauptabteilung VI gespeichert.

Der Operativ-Mitarbeiter bei der HVA, der sich genügend »interessanter« Hinweise annimmt, hat nun mehrere Möglichkeiten, sie weiter zu verfolgen. Zunächst existiert ja eine Bezugsperson in der DDR, die den Einreiseantrag für den Bundesbürger gestellt hat. Sie muß auf alle Fälle abgeklärt werden. Die Zielperson aus dem Westen selbst kann man erst einmal in Ruhe lassen. Zugleich wird aber ihr Briefverkehr in die DDR überwacht. Eine spezielle Abteilung »M« des MfS ist dafür zuständig. Kurz nachdem ich in das MfS eingestellt worden war, hatte ich einmal die Frage zu stellen gewagt, wie sich das mit dem Briefgeheimnis vertrage. Die Reaktion meiner Kollegen war schallendes Gelächter. Die »M«, wie sie innerhalb des MfS genannt wird, hat so viele Mitarbeiter, daß sie jeden Auftrag zur Postkontrolle übernehmen kann. Das Verfahren ist einfach: Der Geheimdienstmitarbeiter, der an einer Person im Westen interessiert ist, füllt drei kleine graue Karten mit der Adresse der Zielperson, also des Briefempfängers in der DDR aus, läßt sie vom Abteilungsleiter gegenzeichnen, der dazu in der Regel keine Fragen stellt, und schickt die Anträge »zur M«. Jeder Brief wird nun vor der Weiterleitung an den Empfänger sachkundig geöffnet, kopiert, wieder verschlossen und weitertransportiert. Die »M« öffnet übrigens auch Post ohne Auftrag, einige, und nicht wenige ihrer Mitarbeiter schnüffeln aus purer Neugier. Das MfS verfügt über ein breites Spektrum weiterer Möglichkeiten, um gezielt Informationen über einen Westbesucher zu erlangen. Glaubt der zuständige HVA-Mitarbeiter dann genug zu wissen, und hält er das Material für hinreichend interessant, so kann er die Zielperson bei der nächsten Einreise selbst ansprechen oder die DDR-Bezugsperson, wenn sie geeignet ist, für seine Zwecke einspannen.

Die Einsicht in diese Praktiken erzeugte bei mir heftigen Widerwillen. So sympathisch mir einzelne meiner Kollegen auch waren, so angenehm die Arbeitsatmosphäre auch sein konnte, und so sehr mir die Geheimdienstarbeit im allgemeinen noch behagte — es fiel mir immer schwerer, die Erkenntnis aus dem Bewußtsein zu verdrängen, daß wir uns alle, ich eingeschlossen, für die totale Mißachtung selbst der geringsten Bürgerrechte doch nur zum Nutzen der uneingeschränkten Herrschaft der SED, namentlich ihrer höchsten Repräsentanten hergaben. Ich überspielte mein Gewissen jedoch immer wieder mit der offengehaltenen späteren Option, auch wenn sie mir ungewiß erschien. Gelegentlich verband sich dieser Gedanke auch schon mit der Idee, einen Schlag gegen das Regime zu führen. Wie, das konnte ich mir freilich noch nicht vorstellen. Über das damit verbundene Risiko machte ich mir freilich keine Illusionen.

Mit zwiespältigen Empfindungen ging ich an die von Christian übergebenen Einreisehinweise. Mir wurde dabei bald bewußt, daß die Methode trotz ihrer Perfektion auch rein »professionell« fragwürdig war. Der Aufwand schien mir im Verhältnis zu den Erfolgsaussichten viel zu groß. In der Regel war man darauf angewiesen, nach der ersten eine nächste Einreise der Zielperson abzuwarten. Auch dann blieb noch die Frage offen, wie die Reaktion auf das mehr oder weniger versteckte Kontaktangebot ausfallen würde. Ich hielt mich daher bei der Verfolgung solcher Hinweise zurück und konzentrierte mich darauf, mein DDR-Netz auszubauen.

Meine nächste Werbekandidatin hieß Dr. Gertraude Sumpf, eine Dozentin für Kunstgeschichte an der Humboldt-Universität in Berlin. Christian kannte sie bereits. Er hatte mit ihr in Moskau studiert und verbürgte sich für ihre politische Zuverlässigkeit. Seiner Meinung nach war sie politisch absolut zuverlässig. Bei der Überprüfung in der Registratur stellte sich heraus, daß es bereits erhebliches Material über sie gab. Mir wurde eine ansehnliche Akte vorgelegt. Gertraude hatte schon in Moskau als Agentin für das KGB gearbeitet und ihr Verhältnis zu einem japanischen Studenten genutzt, um ihn auftragsgemäß für den sowjetischen Geheimdienst zu gewinnen. Wie diese Sache ausging, stand zwar nicht in der Akte, doch hatte »Traudel« vom KGB sehr gute Beurteilungen erhalten. Das Material wurde von den Russen an das MfS übergeben, als sie ihr Studium beendet hatte und in die DDR zurückkehrte. Hier stellte sich auch noch heraus, daß ihre Eltern viele Jahre hindurch als inoffizielle Mitarbeiter für andere Zweige des MfS tätig gewesen waren. Als Dank für die schöne neue Wohnung in der früheren Stalin-Allee, die ihnen in den fünfziger Jahren zugewiesen worden war, stellten sie noch immer ein Zimmer für konspirative Zwecke zur Verfügung. Alle diese aus der Akte gewonnenen Erkenntnisse machten mir die Arbeit leicht. Nie wieder habe ich so schnell einen Agenten geworben. Ich traf die Dozentin in ihrem Institutszimmer, zog meinen Ausweis aus der Tasche, den sie kurz betrachtete, und begann wie üblich: »Genossin Dr. Sumpf, ich habe einige Fragen an dich.« Sie blickte mich gelassen an: »Willst du mich zur Mitarbeit gewinnen?« — »Wenn du es so schnell wissen willst — ja.« — »Da brauchen wir doch nicht lange darum herumzureden.« Nach einigen weiteren Treffs mit ihr war sie als mein dritter inoffizieller Mitarbeiter in der DDR verpflichtet. Die Leute vom KGB hatten überdies bereits gute Arbeit geleistet. Mir blieb im Hinblick auf Ausbildung und Instruktion nicht viel zu tun übrig.

Der Sommer 1973 vervollständigte meinen negativen Lernprozeß. Im Juli fanden die »Weltfestspiele der Jugend und Studenten« in Berlin statt. Das Regime scheute keine Kosten und Mühen, um die Jugenddelegationen aus aller Welt zu beeindrucken und ihnen einen blühenden Arbeiter- und Bauern-Staat vorzugaukeln. Dem MfS fielen dabei umfangreiche Aufgaben zu. Schon sechs Monate vorher begannen die Sicherheitsüberprüfungen. Zunächst nahm man sich alle Teilnehmer aus der DDR-Jugend vor. Nur ideologisch absolut gefestigte junge Leute kamen in Frage. Jeder »Delegierte« wurde gesondert ermittelt und abgeklärt. Die Mitarbeiter der Abwehr stöhnten in dieser Zeit unter der Arbeitslast. Parallel dazu wurden nahezu alle sonstigen DDR-Bürger unter 25 Jahren, die schon wegen politischen Aufmüpfigkeit aufgefallen und registriert waren, von der Volkspolizei vorgeladen und ihnen dort klar gemacht, daß ihre Hauptstadt in der nächsten Zeit für sie Sperrgebiet sei. In einzelnen, besonders bedenklichen Fällen nahm man sie vorsichtshalber gleich in »Schutzhaft«. Desgleichen wurden die Prostituierten — auch in der DDR in durchaus nennenswerter Zahl vorhanden — ausgesperrt. Vorsichtshalber wurden die ankommenden Züge aus der Republik dennoch nach verdächtigen Personen durchsucht. Während man Unerwünschte aus dem übrigen Gebiet der DDR auf diese Weise von Berlin fernhielt, mußten »unsichere Elemente« aus der Berliner Jugend selbst — umgekehrt — aus der Stadt ausquartiert werden. Man errichtete daher eigens für sie Sommerlager und organisierte Arbeitseinsätze auf dem Land.

Während des »Jugendfestivals« war unter anderem das sogenannte Wachregiment des MfS eingesetzt, allerdings nicht in Uniform, sondern durchweg in FDJ-Montur. Bei befürchteten »republikfeindlichen Manifestationen« sollte es sofort in der Menge präsent sein, um eingreifen zu können. Die HVA war natürlich auch im Sondereinsatz.

Unser wichtigster Auftrag in dieser Zeit bestand in der Gewährleistung der inneren Sicherheit. Wir erhielten Urlaubssperre und mußten alarmierungsbereit jede zweite Nacht im Dienstgebäude schlafen. Im übrigen hatten wir die jüngeren unter unseren »inoffiziellen Mitarbeitern« in Berlin zur »Kontaktarbeit«, also zum Ansprechen Jugendlicher aus dem westlichen Ausland, anzuhalten. Man wollte die Gunst der Stunde in jeder Weise nutzen. Die geschmückte Hauptstadt und die ganze Atmosphäre, so sagte man sich, müßte doch beeindruckend wirken und die Zugänglichkeit der Gäste aus aller Welt erhöhen. Es zeigte sich, daß diese Überlegung nicht falsch war. Bei der Jahresauswertung 1973 der HVA ergab sich, daß nach den Jugendfestspielen die Zahl der neu angeworbenen Agenten, besonders unter den Studenten, sprunghaft gestiegen war. Diese Aktion lief unter dem Decknamen »Banner«.

Ich selbst gehörte zu dem Kontingent, das wir zur Unterstützung der Hauptabteilung Personenschutz zu stellen hatten. Die »PS« gilt als sehr wichtige Gliederung des gesamten Staatssicherheitsapparates, denn sie hat die Partei- und Staatsführung zu schützen. Es war nicht ungewöhnlich, daß wir bei den Besuchen hoher Staatsgäste zu solchen PS-Einsätzen herangezogen wurden. Wir standen dann schon Stunden vorher in Zweiergruppen mit untergeschnallter Pistole an der Fahrstrecke der Wagenkolonne, um Zwischenfälle oder gar Anschläge zu verhindern. Die meisten Passanten erkannten natürlich an unserem »auffällig unauffälligen« Gehabe, daß wir MfS-Leute waren.

Mein PS-Einsatz während der Weltfestspiele galt einer illustren Figur. Ich wurde zum persönlichen Schutz des PLO-Chefs Yassir Arafat abkommandiert, der das Festival in Berlin nutzte, um sich in der offiziellen Anerkennung durch die SED zu sonnen. Er galt als äußerst gefährdet. Wir wurden mehrere Stunden darüber belehrt, wie wichtig sein wirkungsvoller Schutz für die DDR und das gute Verhältnis der arabischen Welt zum sozialistischen Lager sei. An die 50 MfS-Mitarbeiter waren speziell für seine persönliche Sicherheit verantwortlich. Mit neun anderen MfS-Genossen gehörte ich zur Vorhut; das heißt, wir mußten alle Wege, die der Gast aus Nahost zu befahren oder zu beschreiten gedachte, vorher überprüfen und kontrollieren. Verdächtig aussehende Personen wurden registriert und der Kontrolle durch die uns während dieser Aktion unterstellte Volkspolizei überantwortet. Wir inspizierten Papierkörbe und nahmen geparkte Fahrzeuge unter die Lupe. Doch komplizierte sich alles durch die Eigenwilligkeit des Staatsgastes. Kaum war eine Strecke abgesichert, änderte er seine Pläne schon wieder, und wir hatten von vorne anzufangen. Freilich wurden wir am Ende für unsere Mühe von den hauptamtlichen PS-Leuten, die sich ständig in seiner Nähe aufhielten mit deftigen Geschichten über Arafats Gewohnheiten, insbesondere seinen erheblichen Bedarf an weiblicher Geselligkeit, entschädigt. Auch auf diesem speziellen Sektor war seitens des MfS gut vorgesorgt worden.

Weniger amüsant war der Fall eines Jugendlichen, mit dem ich aus Anlaß der Festspiele zu tun bekam — ein Bursche, der alle Eiferer, die ich bisher kennengelernt hatte, in den Schatten stellte. Kurz vor Beginn des Spektakels rief mich ein Abwehrmitarbeiter der Bezirksverwaltung Halle an. Ich hätte doch den Hallenser Physikstudenten Hans-Ullrich Doerge für mich erfaßt, und man bitte mich, diesen zur Absicherung der Bezirksdelegation für die zehn Festtage in Berlin an die Abwehr »auszuborgen«, da er hierfür sehr gut geeignet sei. Doerge war tatsächlich einer der Tips, die mir Martin, Dr. Holm, geliefert hatte. Aus Zeitgründen hatte ich ihn aber noch nicht ansprechen können. Ich war einverstanden. Der junge Mann leistete dann auch ungewöhnliche Spitzeldienste. Eifrig meldete er alle einheimischen Gesprächspartner, die sich negativ über »ihren Staat« geäußert hatten, mit Namen und Adressen an die Hallenser Abwehr. In den zehn Tagen des Festivals verfertigte er etwa 50 DIN-A-4-Seiten mit Hinweisen. Anschließend suchte mich der Genosse aus Halle persönlich auf, um mir einen Tausch anzubieten: Ich könnte zwei »gute« Leute von ihm haben, wenn ich dafür Doerge ganz an ihn abtrete. Ich begann nun regelrecht zu feilschen und trieb den »Preis« für den eifrigen Denunzianten immer höher, lehnte den Handel zum Schluß aber doch ab. Eine solche geborene Spitzelseele wollte ich lieber unter meiner eigenen Kontrolle behalten. Wenig später nahm ich meinen ersten Kontakt mit ihm auf. Doerge erwies sich wirklich als ein Fanatiker bis ins Mark. Sehr fleißig und intelligent, aus bescheidenen Verhältnissen stammend, hatte er sich völlig der Sache der Partei verschrieben. Ständig war er auf der Suche nach »Klassenfeinden«. Die jeweils letzte Rede Honeckers hatte für ihn Gesetzeskraft. Selbst altgedienten, zuverlässigen Parteimitgliedern suchte er ideologisch am Zeug zu flicken. Im Herbst 1973 warb ich ihn an. Ich bekam mit ihm später jedoch größte Scherereien. Sein Fanatismus entwickelte sich zum Verfolgungswahn, und mir blieb schließlich keine andere Wahl, als ihn in psychiatrische Behandlung zu bringen.

In der Mühle der Routine

1

Unmittelbar nach den Weltjugendfestspielen begann ein neuer Abschnitt meiner Karriere. Mein Referatskollege Unterleutnant Axel Huether wurde zum Studium an die Hochschule des MfS nach Potsdam-Eiche delegiert. Ich bedauerte den Weggang des ehrlichen Kollegen, der mir jedoch auch zustatten kam. Sein Agentenbestand wurde nämlich im Referat aufgeteilt. Ich war einer seiner Haupterben. Christian bereitete mich in einem langen Gespräch auf die neue Verantwortung vor, denn die »Erbschaft« enthielt einen aktiven Westagenten, den ersten, den ich damit übernahm. Dann packte er mir mehrere Akten auf den Tisch. Ich las den Decknamen »Sperber«. Zum ersten Mal las ich schwarz auf weiß den Klarnamen und die sonstigen Personalien eines der als »Kämpfer an der unsichtbaren Front« bezeichneten DDR-Spions. Für mich war das in der Tat ein besonderer Augenblick, gleichzeitig aber auch eine große Beruhigung. Wenn meine Vorgesetzten mir einen West-Agenten übergaben, dann bedeutete das auch, daß sie mir vertrauten. Ich hatte mich schnell in die Akte »einzulesen«, denn der nächste Treff mit »Sperber« in der DDR stand kurz bevor.

Rolf Dobbertin, wie er wirklich hieß, wurde 1935 als Sohn eines Kommunisten in Rostock geboren. In seiner Oberschulzeit Ende der vierziger Jahre erwies sich Rolf als sehr begabt und trat auch politisch »positiv« in Erscheinung. Seine Neigung zur Naturwissenschaft veranlaßte ihn, nach dem Abitur ein Physikstudium an der Universität Rostock aufzunehmen. Bei dem sogenannten »Deutschlandtreffen 1954« in Berlin fiel er dem Staatssicherheitsdienst zum erstenmal auf, als er mit anderen militanten FDJ-Angehörigen an einem sogenannten »Friedensmarsch« nach Westberlin teilnahm und bei provozierten Auseinandersetzungen mit der dortigen Polizei in den sowjetischen Sektor zurückgetrieben wurde. Ein Mitarbeiter der Bezirksverwaltung Rostock merkte sich den Namen und sprach ihn 1955 an, als sich die Fälle von Republikflucht am Physikalischen Institut häuften. Als Kontaktmann lieferte er einige Informationen, allerdings ohne sich dabei besonders hervorzutun. Als er SED-Mitglied geworden war, gab es sogar einige Schwierigkeiten mit ihm. Er wollte sich den Parteibeschlüssen und -direktiven nicht einfach unterordnen, sondern alles erst einmal genau geklärt wissen. Mit seinem scharfen Verstand hatte er bald offenbare Widersprüche zwischen der »reinen Lehre« von Marx und der wie es damals noch hieß »Übergangsperiode« zum Sozialismus in der DDR erkannt. Sein Führungsoffizier kam mit ihm nicht weiter und suchte einen Ausweg, der in der Arbeit des MfS nicht selten ist: Er »vergaß« den dunklen politischen Punkt und offerierte den jungen Mann der HVA, die damals intensiv nach Übersiedlungskandidaten suchte. Der Berliner Genosse, der ihn daraufhin persönlich in Augenschein nahm, war mit ihm zufrieden. So gelangte die Akte in die Zentrale.

Als »Sperber«, wie er nun beim MfS hieß, mitbekam, daß er jetzt vom Nachrichtendienst und nicht mehr von der Abwehr geführt wurde, änderte er auch sein Verhalten. Er verschwieg seine ideologischen Probleme und gab sich fortan linientreu. Seine Motive blieben unklar. Vermutlich reizte ihn einfach das bevorstehende Abenteuer. Nach kurzer Ausbildung und ohne gründliche Überprüfung wurde er für geeignet befunden, in den Westen übersiedelt zu werden. Dabei bot sich eine besonders elegante Variante an. Das Referat konnte auf die guten Dienste eines Physikprofessors in Frankreich zurückgreifen. »Ludwig« — so lautete dessen Deckname — war dem MfS durch Professor Rompe zugeführt worden. Er hatte sich zur Hilfestellung bei konspirativen Aktivitäten bereit erklärt und bot unter anderem an, einen vom MfS bestimmten Studenten, getarnt als DDR-Flüchtling, in sein Pariser Institut aufzunehmen. »Sperber« wurde dafür ausgewählt und erklärte sich mit dem Plan einverstanden.

An einem Sommertag des Jahres 1956 verließ er Rostock und fuhr mit der S-Bahn nach Westberlin. Nach kurzem Lageraufenthalt flog er in die Bundesrepublik. Dort durchlief er das Notaufnahmeverfahren, wobei er die SED-Mitgliedschaft verschwieg, und reiste dann weiter nach Paris, wo ihn »Ludwig« aufnahm. Dobbertin setzte zunächst sein Studium fort. Übersiedlung und Legalisierung waren ohne Schwierigkeiten verlaufen, doch waren damit noch nicht alle Probleme gelöst. Als Student verdiente Sperber ja kein Geld, und man sann auf eine glaubwürdige Studienfinanzierung. Willi Neumann, der das Physikreferat damals leitete, hatte eine Idee. Ein weiterer Mitarbeiter im westlichen Ausland wurde eingeschaltet, Dr. Egicio di Luca, Deckname »Faust«. Dieser betrieb mit seinem Bruder in Kairo ein Import-Export-Unternehmen mit einer Zweigstelle in der Schweiz und war dem MfS bereits mit einigen Waffengeschäften zu Diensten gewesen. Er erklärte sich auch bereit, mit »Sperber« einen »Förderungsvertrag« zu unterzeichnen, und überwies ihm monatlich eine angemessene Summe nach Paris. Das Geld wurde »Faust« natürlich vom MfS mit Provision erstattet.

Während der zweiten Hälfte der fünfziger Jahre absolvierte »Sperber« sein Physikstudium und zeigte daneben eine ungewöhnliche Begabung für Sprachen. Nach kurzer Zeit beherrschte er Französisch und sprach auch fließend Englisch. In der Ausbildung zum qualifizierten Geheimdienstagenten machte er ebenfalls gute Fortschritte. Bei den Treffs in Berlin brachte man ihm so ziemlich alle konspirativen Künste bei. Im MfS war man sehr zufrieden. »Sperber« beendete auch sein Studium mit sehr guten Ergebnissen.

Die Zentrale stand nun vor der Frage, wo er am besten zu plazieren sei, um ein Maximum an erstklassigen Informationen auf dem Atomsektor liefern zu können. Willi Neumann entwickelte, gestützt auf »Sperbers« Sprachkenntnisse, einen Plan, ihn in den Vereinigten Staaten einzusetzen, die inzwischen zu einem wichtigen Zielgebiet auch für den DDR-Geheimdienst geworden waren. »Sperber« willigte ein. Die notwendigen Formalitäten wurden eingeleitet. Doch sehr bald mußte dieses Projekt wieder aufgegeben werden. Die US-Behörden verlangen von den Immigranten detaillierte Auskünfte, also auch, ob er Mitglied der SED gewesen sei. Zwar hatte »Sperber« beim Notaufnahmeverfahren in Westberlin noch seine SED-Mitgliedschaft ohne großes Risiko verschweigen können, doch waren inzwischen einige Mitarbeiter und Studenten des Physikalischen Instituts aus Rostock geflüchtet, die sehr wohl wußten, daß er der Partei angehört hatte. Die Sache war dem MfS zu riskant — womöglich würde die amerikanische Spionageabwehr auf den Agenten aufmerksam.

Als nächstes Ziel war die Kernforschungsanlage Jülich ausersehen. Doch auch daraus wurde nichts — wie in vielen Fällen machte auch hier die Liebe einen Strich durch die Rechnung. »Sperber« hatte sich mit einer jungen Deutschen eingelassen, die nicht bereit war, Paris wieder zu verlassen. Er heiratete sie wenig später. Der Zentrale blieb nichts anderes übrig, als sich mit diesem Verlauf der Dinge abzufinden. Trotz dieser Mißlichkeiten wurde »Sperber« für das MfS doch noch sehr nützlich. Er knüpfte umfangreiche Verbindungen zu Wissenschaftlern in verschiedenen französischen Forschungszentren an. Bald floß der Strom an Forschungsberichten sowie unveröffentlichten wissenschaftlichen Arbeiten reichlich, denn das Mitteilungsbedürfnis der Physiker war groß und der »Informationsaustausch« entsprechend überaus rege.

Bald stellte sich allerdings die nächste Komplikation ein. Bei einem Urlaubsaufenthalt in Westerland auf Sylt lernte »Sperber« kurz vor dem Bau der Mauer in Berlin eine unverheiratete junge Frau aus der DDR kennen, die sich zu einem Verwandtenbesuch in der Bundesrepublik aufhielt. Zwischen beiden entbrannte eine kurze heiße Leidenschaft. Vergessen waren MfS und Ehefrau. Schlimmer noch: Ungeachtet aller Schulung erzählte »Sperber« seiner Urlaubsbekanntschaft, daß er sich »mit Auftrag einer DDR-Behörde« im Westen aufhalte. Was er freilich nicht wissen konnte, war, daß auch seine Angebetete, eine Studentin aus Dresden, im Dienste des MfS stand. Nach Hause zurückgekehrt, berichtete sie ihrem Führungsoffizier sofort über ihre Urlaubsliaison. Der nächste Treff mit der Zentrale war für »Sperber« folglich schon recht peinlich, doch war die Sache damit noch nicht ausgestanden. Zurück in Paris, erreichte ihn bald ein Brief mit einer

Hiobsbotschaft. Die Liebe am Nordseestrand war nicht ohne Folgen geblieben. Die Studentin aus Dresden sah Mutterfreuden entgegen und versuchte den werdenden Vater, ohne das MfS vorher um Rat zu fragen, zu erpressen: Wenn er die Vaterschaft nicht anerkenne und nicht zahle, werde sie ihn denunzieren. »Sperber« hielt es nun für unumgänglich, die Sache zunächst einmal seiner Frau zu beichten. Das war noch das kleinere Übel. Sie zeigte Toleranz, zumal die jungen Eheleute sich in puncto ehelicher Treue gegenseitig wenig Vorhaltungen machen durften.

Die Unterrichtung der MfS-Zentrale über die neue Wendung des Falles mußte »Sperber« dagegen schon mehr Kopfzerbrechen machen. Vorsichtshalber ersuchte er gar nicht erst um einen Treff, sondern schilderte den Erpressungsversuch der Studentin in einem Brief mit Geheimschreibmittel. Das MfS reagierte sofort. Zunächst nahm man sich die schwangere Studentin vor, zweifellos nicht eben sehr zart. Sie hat dann auch geschworen, nie wieder einen Mitarbeiter des MfS zu erpressen. Dann wurde »Sperber« aufgefordert, unverzüglich in Berlin zu erscheinen. Doch dieser ahnte Böses und stellte sich taub. Im Grunde war allerdings auch das MfS mit seinem Latein schon am Ende. Es blieb nichts anderes übrig, als die Alimente zu zahlen und sich der Pariser Quelle gegenüber wieder versöhnlich zu zeigen. Im Grunde fiel dies den Genossen relativ leicht, denn »Sperber« lieferte gut — daran gab es keinen Zweifel. Mit etwa hundert Informationen jährlich gehörte er zu den Spitzenlieferanten des Referats. Neuerdings hatte er auch noch Beziehungen zu einigen amerikanischen Physikern angeknüpft und erhielt Unterlagen aus den Berkeley Laboratories aus Princeton und Livermore frei Haus geliefert. Alles schien wieder reibungslos zu laufen. Nach einiger Zeit erhielt Sperber für seine hervorragenden Dienste sogar seinen ersten Orden.

Doch bald trübte sich das Verhältnis erneut. Es kam jetzt wieder zu ideologischen Differenzen. »Sperber« sympathisierte, wohl unter dem Einfluß französischer Intellektueller, mit dem antisowjetischen Kurs der chinesischen Kommunisten. Er war offenbar schon zu lange ohne feste politische Anleitung. Nun hatte man kürzlich gerade einen neuen Agenten gemeinsam mit seiner

Ehefrau in die Bundesrepublik übersiedeln lassen, der vorerst noch ohne Aufgabe war und beschäftigt werden sollte. Da dieser »Armin« — wie nach dem Mauerbau üblich — ein besonders fähiger und gut ausgebildeter Mann war, machte man ihn kurzerhand zum Residenten und schloß »Sperber« bei ihm an. «Armin« fungierte fortan als Zwischenstation und erwies sich zunächst auch als politischer Mentor erfolgreich. Von ideologischen Vorbehalten »Sperbers« war vorerst nichts mehr zu bemerken, und der Materialstrom floß wieder reichlich.

So war nach Aktenlage das Bild meines ersten »Westagenten«. Ich sah jedoch schon weitere Probleme und neuen Ärger mit ihm auf mich zukommen. Sein bisheriger Führungsoffizier Axel Huether gab mir mündlich noch weitere, wenig ermutigende Erläuterungen: »Du mußt ungeheuer vorsichtig sein. Sperber sitzt auf einem wackeligen Stuhl. Wegen des hohen Risikos in Frankreich möchte ihn die Leitung lieber heute als morgen zurückziehen. Sei also auf der Hut und überlege dir sehr gründlich, was du in die Treffberichte schreibst. Auch seine politischen Spinnereien hat er keineswegs aufgegeben. Er wird dich mit Theorien konfrontieren, die du noch nie gehört hast. Besonders die Sowjetunion ist für ihn ständig ein Stein des Anstoßes. Er behauptet, dort habe unter Stalin eine Konterrevolution stattgefunden. Die KPdSU habe jeglichen moralischen Anspruch auf die Führung des Landes verloren. Am besten ist es, du läßt ihn reden und diskutierst nicht ernsthaft mit ihm.« Ich erhielt von Axel noch die von »Sperber« benutzte Berliner Deckadresse. Sie gehörte dem Lehrer und Schulparteisekretär Manfred Koch, Deckname »Wild«, wohnhaft in Berlin-Pankow, Esplanade, unweit der Mauer, der dem MfS seinen Briefkasten für konspirative Postsendungen zur Verfügung stellte.

Wenige Tage nach der formellen Übernahme des Agenten informierte mich Axel, daß ein Brief von »Sperber« angekommen sei. Wir holten die Sendung ab. Im Umschlag steckte ein Briefbogen mit unverfänglichen Urlaubsgrüßen an »Onkel Manfred«. Ich notierte Poststempel sowie Eingangsdatum und brachte den Brief zum Referat C der HVA, zuständig für das Chiffrieren und Dechiffrieren von Geheimschreiben und Funktelegrammen. Am nächsten Tag konnte ich ihn wieder abholen. Im Referat C hatte man außerdem den Umschlag auf eine eventuelle Öffnung hin untersucht, aber nichts Verdächtiges feststellen können. Der entschlüsselte Text lautete: »Vater am 30. Juli.« Das Codewort »Vater« bedeutete nach dem »Verbindungsplan« mit »Sperber« ein Treffen in Berlin, und vom Datum hatte ich drei Tage abzuziehen, um den echten Treffzeitpunkt zu ermitteln. Wir nannten dieses Verfahren Doppelverschlüsselung. Sollte ein Geheimbrief von der gegnerischen Abwehr einmal geöffnet und konnte das Geheimschreibmittel sichtbar gemacht werden, so war der Text immer noch unverständlich. Zur Vorsicht waren die Agenten außerdem angewiesen, nur in Druckschrift zu schreiben, um Handschriftenvergleiche auszuschließen. Der »Verbindungsplan« verzeichnete neben diesen noch eine Reihe anderer vereinbarter Codeworte, zum Beispiel vorgesehene Trefforte in Amsterdam, Düsseldorf und Paris, sowie verschiedene Parolen, die benutzt werden mußten, wenn man »Sperber« durch ihm unbekannte Verbindungspersonen ansprechen lassen wollte. Schließlich enthielt dieses Aktenstück noch eine bestimmte Metrokarte aus Paris als Erkennungszeichen sowie das Foto und die Beschreibung eines Pariser Briefkastens, auf dem durch einfache Zeichen eine Mitteilung für Sperber angebracht werden konnte.

Am 27. Juli wollte der problematische Mitarbeiter also nach Berlin kommen. Da ich noch nicht über eine eigene konspirative Wohnung verfügte, half mir Christian für den Treff mit seiner »KW«. »Sperber« war in den letzten Jahren ohnehin stets bei Hanna, der »KW«-Verwalterin Christians, abgestiegen. Zum erstenmal beantragte ich Westgeld, das für Sperber bestimmt war, und erhielt bei der Abteilungssekretärin 1350 Mark als ständigen Gehaltszuschuß für die letzten drei Monate, 1000 Mark für die Reisekosten zum Treff und weitere 2000 Mark für sogenannte operative Ausgaben. »Sperber« war auch in diesem Punkt ein Sonderfall. Normalerweise werden die übersiedelten Agenten für ihre Materiallieferungen nicht bezahlt. Sie bekommen nur die Unkosten erstattet und erhalten dazu einen angemessenen monatlichen Zuschuß zu ihrem eigenen Gehalt. Außerdem wird monatlich eine nicht unbeträchtliche Summe auf ein Sonderkonto in der

DDR überwiesen. Davon bezahlt der Führungsoffizier den während des Aufenthalts im Westen weiter erhobenen Parteibeitrag. Der Rest läuft zu einer Reserve für den Fall des Rückzugs auf. Sperber befand sich jedoch, nicht zuletzt durch die hohen Ansprüche seiner Frau, ständig in Geldverlegenheit, so daß die Leitung der HVA ihm bei jedem Treff für das Material zusätzlich rund 2000 Mark als »Operativgeld« auszahlen ließ. So bekam ich 4350 Mark in die Hand — für DDR-Verhältnisse eine erstaunlich hohe Summe.

Am 27. Juli bestätigte mir Christian das Eintreffen »Sperbers«. Er warte am Reisebüro am Alexanderplatz. Er, Christian, komme mit, denn er müsse mich ja vorstellen: »Der Wechsel des Führungsoffiziers ist immer ein Problem. Die meisten sehen es nicht gern, wenn ein neues Gesicht auftaucht. Sie fühlen sich dann verunsichert.« Wir bestiegen Christians neuen Dienst-Lada. Auf dem Parkplatz hinter dem »Haus des Reisens« machte ich eine einsame, mittelgroße Gestalt in einem etwas schmuddeligen Cord-Anzug aus. Christian riet mir noch, mich nicht über seine »Eigenarten« zu wundern. Sperber sei ein »nervöser Typ«. »Sperber« hatte meinen Referatsleiter offenbar erkannt und kam auf den Wagen zu. Christian stieg aus und umarmte ihn herzlich. Wie ich schon in anderem Zusammenhang mitbekommen hatte, liebte er solche Gesten gegenüber den Westagenten, ganz im Widerspruch zu seinen oft abschätzigen, ja üblen Bemerkungen, über sie nach den Treffs. Anscheinend wollte er damit sichtbar ausdrücken, daß die Heimat ihren »Kämpfer an der unsichtbaren Front« nicht vergißt und willkommen heißt. »Sperber« stieg ein und gab mir zunächst wortlos die Hand. Christian stellte mich als »Werner«, den neuen Führungsoffizier, vor. Axel habe andere Aufgaben übernommen. »Sperber« musterte mich schweigend. Ich tat das gleiche, bemühte mich jedoch, seinem Blick freundlich zu begegnen. In Gestalt und Habitus wirkte der Agent trotz seiner nahezu 40 Jahre eher jugendlich. Doch fielen mir seine schon recht faltigen Augenränder und eine ungesunde graue Gesichtsfarbe auf. Bald hatte ich auch begriffen, was Christian mit dem Hinweis auf seine »Eigenart« gemeint hatte: Etwa in Minutenabstand gab der Mann eigenartige, knarrende Laute von sich.

In der »KW« begann allgemeine Plauderei, fortgesetzt während des Mittagessens. Hanna hatte eine schmackhafte Kalbshaxe zubereitet. Sie kannte »Sperber« seit mehreren Jahren und mochte ihn. Er brachte ihr regelmäßig eine Flasche »4711« mit. Zu seiner privaten Situation erklärte er uns, daß seine Frau wegen seiner Zusammenarbeit mit dem MfS ihm letzthin keine Vorhaltungen gemacht habe. Jedoch plane sie eine Reise in den Libanon und wolle das Geld dafür von ihm haben. Christian runzelte leicht die Stirn, denn ihm war klar, daß wir dieses touristische Vorhaben bezahlen sollten. Er verschob das leidige finanzielle Thema auf einen späteren Zeitpunkt. »Sperber« berichtete sodann über die Materialbeschaffung aus den USA und übergab uns einen Schlüssel für ein Gepäckfach im Bahnhof Friedrichstraße. Er habe vor, selbst in die USA zu reisen, um einige interessante Entwicklungen an Ort und Stelle zu verfolgen. Angeblich werde in einigen US-Instituten an neuen Methoden zur Kernwaffenzündung durch Schwerionen gearbeitet. Die Forschungen stünden noch im Anfangsstadium und seien vom Pentagon noch nicht zum Geheimprojekt erklärt worden. Daher biete sich eine günstige Gelegenheit, ohne großen Aufwand Einblick in diese Forschungen zu nehmen. Er kenne genügend Wissenschaftler in den damit befaßten Instituten. Überdies habe ein ihm bekannter Physiker eine neue Idee für eine Strahlenwaffe entwickelt. Er wolle ihn besuchen und in der wissenschaftlichen Diskussion herausfinden, was es damit auf sich habe. Das wissenschaftliche Niveau »Sperbers« lag weit über meinen Universitätskenntnissen. Zudem war er auch noch Spezialist auf einem ausgefallenen Gebiet der mathematischen Behandlung physikalischer Probleme. Immerhin verstand ich seine Darlegung einigermaßen, während Christian sich im wesentlichen auf das Zuhören beschränken mußte. Der Treff dauerte fünf Stunden. »Sperber« wollte in der »KW« übernachten und erst am nächsten Tag nach Frankreich zurückreisen.

Christian erklärte mir anschließend das Verfahren mit dem Gepäckschlüssel. In Referatsbesprechungen war zwar schon früher mehrfach das Wort »Gepäckschleuse« gefallen, aber bislang kannte ich die genaue Prozedur noch nicht. Ich ging zu Iris, der Hüterin des Abteilungsbüros, und ließ mir einen »Dienstauftrag«

ausschreiben. Der Abteilungsleiter unterzeichnete es nach Rückfrage beim Referatsleiter. Die Sekretärin händigte mir daraufhin einen Reisepaß der DDR und einen Sonderausweis zum Betreten des Grenzgebietes aus. Die einzelnen Seiten des Reisepasses waren verklebt. Der Innendeckel enthielt einen Faksimilestempel mit dem Namenszug »Brückner«. Mit diesen Papieren in der Tasche ließ ich mich zum S-Bahnhof Friedrichstraße, der Grenzübergangsstelle nach Westberlin, fahren. Dort betrat ich den Diensteingang für die Grenzbeamten und die Beschäftigten der »Reichsbahn«, wie sie in der DDR noch immer heißt. Ich mußte an einer verschlossenen Tür einen Summer drücken. Daraufhin wurde ein kleines Fenster geöffnet, und ein Offizier in der Uniform der Grenztruppen musterte mich. Natürlich handelte es sich um einen Mitarbeiter der Staatssicherheit. Die Kontrolleure an den Grenzübergangsstellen zum Westen und auf den Flughäfen der DDR gehören sämtlich der Hauptabteilung VI des MfS an. Eine so delikate und schwierige Aufgabe wie die Abwicklung der Ein- und Ausreiseformalitäten vertraut man den regulären, der Volksarmee angegliederten Grenztruppen nicht an.

Ich zeigte den Sonderausweis. Die Tür öffnete sich, und ich stand nun direkt vor dem Mitarbeiter, der hinter einem Schalter saß. Er nahm den besonderen Dienstauftrag in Augenschein, der den Vermerk »eigene operative Arbeit« trug. Ich erklärte dem Genossen, ich hätte Gepäck abzuholen. Er nickte und stempelte das Papier; ich legte es in den Reisepaß. Eine weitere Tür öffnete sich. Sie führte zu den jenseits der Grenzabfertigung gelegenen Bahnsteigen, im MfS »Westteil« des Bahnhofs genannt, obwohl noch immer zum Hoheitsgebiet der DDR gehörig und von unseren Sicherheitskräften kontrolliert. Ich mußte zum U-Bahnsteig hinuntergehen, dort die Ankunft eines Zuges abwarten, mich dann dem Strom der ausgestiegenen Fahrgäste anschließen und mit diesen wieder in das Erdgeschoß gelangen. Dann erst konnte ich aus einem der Schließfächer das für uns bestimmte »Gepäck« holen, in diesem Fall eine abgeschabte Kollegmappe. Danach begab ich mich zum S-Bahnsteig im Obergeschoß. Nach einer angemessenen Wartezeit — ich registrierte dabei mit Verwunderung die verwinkelte Anlage des Bahnhofs — hatte ich mich dort eintreffenden Reisenden anzuschließen, mit denen ich in das Erdgeschoß ging und so tat, als sei ich eben aus Westberlin gekommen. Nun erst durfte ich den Einreiseschalter für Dienst- und Transitreisende aufsuchen. Dort händigte ich dem Kontrolleur den Reisepaß aus. Er zog den besonderen Dienstauftrag heraus und gab mir das blaue Büchlein mit einem unmerklichen Augenzwinkern zurück — auch er war ein MfS-Mitarbeiter und wußte, daß er es mit einem Kollegen zu tun hatte. Die Zollbeamtin bekam ein Zeichen, winkte mich durch, und ich war wieder in der DDR, die ich freilich nicht richtig verlassen hatte.

Dieses umständliche Verfahren hat einen einfachen Grund. MfS-Agenten, die zum Treff in die DDR einreisen wollen und konspiratives Material bei sich haben, könnten damit bei der Zollkontrolle auffallen und in eine unangenehme Fragerei verwickelt werden. Dabei müßten sie schließlich ihre Funktion zu erkennen geben oder riskieren, nicht in die DDR hineingelassen zu werden. Die Grenzbeamten geht es aber schon aus Sicherheitsgründen nichts an, wer »IM« des MfS ist. Daher wird das »Gepäck« im Schließfach deponiert und später vom Führungsoffizier in der beschriebenen Weise ohne Kontrolle eingeschleust. Die gleiche Prozedur wird auch bei der Ausreise von Agenten angewendet. Wenn ein »IM« zum Beispiel ein Funkgerät mit in den Westen nehmen soll, deponiert es der Führungsoffizier im Schließfach. Der Agent reist normal aus und holt dann auf dem »Westteil« des Bahnhofes das Gepäckstück ab.

Ich öffnete nun die auf diese Weise von »Sperber« hinterlegte und in meine Hände gelangte Kollegmappe. Sie war prall gefüllt mit wissenschaftlichen Unterlagen. Zwar handelte es sich nicht um Geheimpapiere, aber doch um unveröffentlichte Berichte. »Sperber« hatte fleißig gearbeitet. Seine Informationen betrafen diesmal die Entwicklung auf dem Gebiet der Laser in den USA, Kernfusions-Probleme und einige andere interessante, insgesamt Material zu über dreißig Themen. Ich hatte sie in einer Liste einzutragen und zur Weiterbearbeitung an die Abteilung V — die wissenschaftlich-technische Auswertung — zu übergeben. Diese unterhält innerhalb der DDR ein spezielles Verbindungsnetz mit Forschern und Angehörigen wichtiger Industriebetriebe, denen die beschafften Informationen nach »Neutralisierung«, das heißt nach der Beseitigung aller Hinweise auf die Quelle, zur Verantwortung überlassen werden. Vorher konnte freilich der KGB-Verbindungsoffizier noch durchsehen, was er der Sowjetunion zugänglich machen wollte, im allgemeinen alles.

Am nächsten Tag suchte ich »Sperber« wieder in der »KW« auf. Wir besprachen die nächsten Schritte zur Vorbereitung seiner Reise in die USA. Ich ermahnte ihn, alle operativen Aktivitäten sorgfältig vor seiner Frau geheimzuhalten. Außerdem hatte ich ihm eine Weisung der Leitung zu übermitteln, der besonderen Gefährdung wegen kein Material mehr aus Frankreich selbst zu beschaffen. Nach Aushändigung des Geldes und Festlegung des nächsten Treffs — im September, wieder in Berlin — entließ ich ihn.

2

Aus Axel Huethers Hinterlassenschaft fiel mir nicht nur »Sperber« zu, sondern auch eine konspirative Wohnung, die »Burg«, eine Einzimmerwohnung mit Küche. Nun brauchte ich bei den Treffs mit meinem Agenten nicht mehr in Restaurants herumzusitzen oder bei Kollegen um die Benutzung ihrer »KW« zu bitten. Außerdem übergab mir Axel noch vier weitere Akten mit Erläuterungen. Da war zum einen der Diplomphysiker Herbert Patzelt alias Brinkmann, mir schon bekannt im Zusammenhang mit dem Abzug der Residentur Hartmann. Der einzige Vorgang, den ich nach der Übernahme des ehemaligen Spions bei Euratom jemals auf den Schreibtisch bekam, war eine drohende Klage wegen eines schweren Verkehrsdeliktes. Patzelt hatte in Trunkenheit einen Mann totgefahren. In einem solchen Fall war es sogar für das MfS schwierig, den zuständigen Staatsanwalt davon zu überzeugen, daß ein erfolgreicher und zuverlässiger, ehemaliger »sozialistischer Kundschafter« wegen eines so folgenreichen Verkehrsunfalles nicht verurteilt werden sollte. Es gelang uns dennoch. Anschließend besorgte ich dem Mann eine Kur in einer Trinkerheilanstalt. Jeweils zum Monatsersten bekam er von mir eine Ausgleichszahlung für den Verdienstunterschied, den die Rücksiedlung für ihn mit sich gebracht hatte. Er konnte es offenbar nicht verwinden, daß er sich nach der guten Zeit in der Bundesrepublik mit dem hiesigen Leben bescheiden mußte, und war zum Alkoholiker mit allen Erscheinungen einer zerfallenden Persönlichkeit geworden.

Die zweite Akte betraf einen ausgefallenen Vorgang — im doppelten Sinne. Zwei Jahre zuvor hatte sich an der Grenzkontrolle im Bahnhof Friedrichstraße ein griechisches Ehepaar gemeldet, Alexander und Marie Kontos. Ihrer Darstellung zufolge waren die beiden 1967 nach dem April-Putsch der Obersten Papadopoulos und Patakos in Athen wegen ihrer Zugehörigkeit zur kommunistischen Partei Griechenlands aus ihrer Heimat geflüchtet. Danach hätten sie in einem französischen Kernforschungszentrum Beschäftigung gefunden und könnten es nun nicht mit ihren Gewissen vereinbaren, ihre Kenntnisse von Atomgeheimnissen ihres Gastlandes den sozialistischen Genossen im Osten vorzuenthalten. Die beiden hatten offenbar sehr interessante Unterlagen mitgebracht. Bei einem so klaren Fall von Selbstanbietung reagiert das MfS — wie jeder andere Geheimdienst wohl auch — mit äußerster Vorsicht. Die beiden wurden zuerst einmal nach allen Regeln der Kunst verhört, ihre Aufgaben, soweit das möglich war, bis in die Details überprüft. Sie erwiesen sich als zutreffend.

Axel hatte den Fall übernommen. Er dankte »im Namen der Regierung der DDR«, gab sich als Geheimdienstoffizier zu erkennen, und bot eine ständige Zusammenarbeit an. Die beiden Kontos sagten ohne lange Überlegung zu; es sei ohnehin ihr eigentliches Ziel gewesen. Eine schnelle und noch dazu wertvolle Werbung war gelungen. Der Vorgang zählte in Axels Karriere. Daß es Selbstanbieter waren, spielte dabei keine Rolle. Die Leitung bewertet nur den »Fakt«. Axel händigte den neuen Agenten eine Deckadresse aus. Sie versprachen, vor ihrer nächsten Einreise zu schreiben. Informationen würden sie in Hülle und Fülle mitbringen. Doch der sonst so korrekte und fähige Genosse Huether machte einen verhängnisvollen Fehler, indem er den Namen der Deckadresse, »Gerber«, mit »Berger« verwechselte und so falsch an die Griechen weitergab. Lange wartete er auf die versprochene Nachricht des Ehepaares über den nächsten Besuch. Nichts geschah. Erst nach vielen Recherchen fand er den Grund heraus. Die beiden hatten wirklich geschrieben, doch der Brief war wegen des falschen Namens bei der Post als unzustellbar liegengeblieben. Nachdem das Ehepaar mit einem Koffer voll Unterlagen eingetroffen war und sie niemand in Empfang genommen hatte, reisten sie enttäuscht wieder ab. Der Grenzkontrolleur beging noch einen zusätzlichen Mißbegriff, indem er die Kontos schroff und herablassend behandelte. Axel war untröstlich, schrieb nach Paris und erhielt auch eine, allerdings sehr kühle Antwort. Dennoch meldeten sich die Eheleute später noch einmal brieflich mit der Nachricht, sie hätten sich inzwischen in der algerischen Stadt Oran niedergelassen. Danach riß der Kontakt ganz ab. Es war nun an mir, nochmals eine Verbindungsaufnahme zu versuchen. Ich hatte jedoch ebenfalls keinen Erfolg. Die Kontos antworteten nicht mehr.

Die dritte Akte, die Axel mir überließ, enthielt nach Christians Einschätzungen interessantes »Ausgangsmaterial«. Anfang 1971 war beim DDR-Innenministerium ein Brief aus Italien eingegangen. Ein junger Physiker aus Rom, italienischer Staatsbürger deutscher Abstammung, namens Dr. Richard Teichner, schrieb, er könne in seiner Heimat keine angemessene Arbeit finden und wollte daher anfragen, ob es in der DDR eine berufliche Möglichkeit für ihn gebe. Der Beamte des Innenministeriums überlegte nicht lange. Das war ein klarer Fall für den Staatssicherheitsdienst. Teichners Brief landete bei Axel Huether. Der überlegte etwas länger. Möglicherweise war das Schreiben echt, aber es konnte auch ein Kontaktversuch des Gegners sein. Also ließ er zunächst einmal große Vorsicht walten. Das Adreßbuch von Rom enthielt unter der angegebenen Adresse tatsächlich den Namen Teichner.

Axel gründete nun flugs eine fiktive »Außenstelle der Technischen Universität Dresden in Berlin« und schrieb unter diesem Absender als »Seifert«, einer seiner »Arbeitsnamen« im MfS, an den frustrierten jungen Wissenschaftler. Zuständigkeitshalber habe die TU Dresden das Schreiben erhalten und wolle den Interessenten nun zu einem unverbindlichen Gespräch in ihre Außenstelle nach Berlin einladen. Postwendend traf die Antwort ein. Dr. Teichner wollte sogleich kommen. Drei Tage später erhielt Axel jedoch einen weiteren Brief von ihm: Er könne zur Zeit doch noch nicht anreisen, denn er sei zum Militärdienst einberufen worden. Doch wolle er sich eventuell nach der Entlassung wieder melden. Die Sache schien klar zu sein — er hatte es sich offenbar anders überlegt. Eigentlich wollte Axel das Material nun in den Reißwolf geben, behielt es dann aber doch in seinem Schrank. Zwei Jahre später, Anfang Juni 1973, trat dann doch ein, was niemand mehr erwartet hatte. Dr. Teichner schrieb tatsächlich. Sein Militärdienst sei beendet, und er wolle nun gern wissen, ob die DDR nach wie vor an einem Gespräch mit ihm interessiert sei. Axel bejahte. Im nächsten Brief aus Rom teilte der Deutsch-Italiener den Tag mit, an dem er sich, wie vorgeschlagen, um 10 Uhr vormittags in der Berliner »Außenstelle der TH Dresden« ein finden könne. Dieser Tag stand nun unmittelbar bevor. Auch mir schien die Sache recht interessant, und ich freute mich auf den Kontakt.

Ich fragte Axel, weshalb er die schwierige Konstruktion mit der »TU-Außenstelle« erfunden habe. Er lächelte hintergründig und verwies mich auf die vierte mir übergebene Akte, ein sehr umfangreicher Band. Ich las den Decknamen »Singer«. Zum gründlichen Studium blieb mir bis zu dem Termin mit Dr. Teichner nicht mehr genügend Zeit. Daher informierte ich mich nur oberflächlich. »Singer« war der Deckname des Dresdner Physikprofessors und Spezialisten für Computersprachen Dr. Gerd Stiller, ein Bruder des noch bekannteren Professors Dr. Heinz Stiller, der eine wichtige Rolle in der Akademie der Wissenschaften spielte und dem DDR-Raumfahrtsprogramm wissenschaftlich vorstand, auch er inoffizieller Mitarbeiter im Referat I der Abteilung XIII. Nun hatte ich sogar einen Namensvetter als Agenten. Gerd Stiller war von 1956 bis 1963 für das MfS in der Bundesrepublik aktiv gewesen, unter anderem an der Universität Heidelberg, dann jedoch wegen akuter Gefährdung zurückgezogen worden. In der DDR wurde er anschließend auf Grund seiner konspirativen Verdienste zum Professor berufen. Zufällig hatte man damit einen guten Griff getan, denn er entwickelte sich zu einer Kapazität auf seinem Fachgebiet. Er sollte nach Axels Plan bei der Bearbeitung des Falles Dr. Teichner eine wichtige Rolle spielen. Sein akademischer Hintergrund schien gut geeignet zu sein, den jungen Physiker aus Rom vorerst darüber hinwegzutäuschen, daß er an einen Geheimdienst geraten war.

Für den Treff mit Dr. Teichner hatte Christian großzügig die konspirative Wohnung »Salon« zur Verfügung gestellt, die über einen büroähnlichen Raum verfügte. Zur Vervollständigung brachte Axel an der Tür ein extra angefertigtes Schild mit der Aufschrift »Außenstelle der TU Dresden« an. Zunächst traf Professor Gerd Stiller alias Sänger dort ein. Seine Rolle war ihm bereits klar — Axel hatte ihn bei einem früheren Treff informiert. Wir sprachen noch einmal die Details durch und legten fest, daß er sich unter dem Namen »Professor Sänger« vorstellen sollte. Das barg zwar einen kleinen Unsicherheitsfaktor, falls der Gast aus Rom diesen Namen in einem Vorlesungsverzeichnis der TU Dresden oder in anderen frei erhältlichen Unterlagen suchen sollte. Andererseits wollten wir den Professor aber nicht unter seinem Klarnamen präsentieren, da wir noch nicht ganz sicher sein konnten, woran wir mit Dr. Teichner waren.

Stiller, nunmehr alias Sänger, machte auf mich einen sehr guten Eindruck. Der Professor war mittelgroß, schlank und schwarzhaarig, besaß einen ausgeprägten, feinsinnigen Humor, den er übrigens später im Gespräch mit mir häufig nutzte, um seine Enttäuschung über die Verhältnisse in der DDR zu überdecken, insbesondere über die unproduktive und hemmende Wissenschafts- und Forschungspolitik. Gleichwohl empfand er offenkundig dem Staatssicherheitsdienst gegenüber ein Gefühl der Dankbarkeit und Verbundenheit. Als »IM« war er glücklicherweise stets an relativ aufgeschlossene und realistisch denkende Führungsoffiziere geraten und so zu der Meinung gelangt, daß zumindest die HVA »in Ordnung« sein. Ein weiteres Motiv spielte bei ihm mit: Er gehörte zu den zahlreichen wissenschaftlich-technischen Auswertern der Abteilung V. Von dort erhielt er — unabhängig von der Verbindung zu unserem Referat — regelmäßig umfangreiche Informationen zur Software-Entwicklung beim Computerkonzern IBM. Das half ihm, auf dem internationalen Kenntnisstand zu bleiben und sein wissenschaftliches Profil weiterzuentwickeln. Ich traf ihn bis zu meinem Übertritt noch häufig und stellte bei ihm zunehmend Zeichen der Resignation fest, er wäre wohl liebend gern nach Heidelberg zurückgekehrt.

Pünktlich zur angekündigten Zeit schrillte die Klingel zu unserer angeblichen »TH-Außenstelle«. Ich öffnete und war überrascht: vor mir stand ein junger Mann von stark orientalischem Einschlag. Ein Merkmal der deutschen Abkunft war bei Teichner nicht zu erkennen. Krauses tiefschwarzes Haar und ein voller Bart umrahmten ein ebenmäßiges, recht intelligent wirkendes Gesicht mit weichen Linien. Teichner trug eine Brille mit Goldrand. Unser Professor übernahm seine Rolle mit echtem akademischen Habitus. Wir — die Geheimdienstoffiziere — wurden zu zwei seiner Institutsassistenten. Der Gast wurde gebeten, über seine wissenschaftliche Laufbahn zu berichten. Dieser wollte jedoch erst einmal erklären, wieso er auf die Idee gekommen sei, sich an die DDR zu wenden. In gebrochenem Deutsch trug er uns seinen Lebenslauf vor.

3

Richard Teichner wurde am 30. Juni 1947 in Rom geboren. Sein Vater, ein deutscher Jude, Kaufmann aus Breslau, hatte das Dritte Reich noch kurz vor den Judenverfolgungen verlassen können. Eigentlich wollte er nach Palästina, konnte jedoch die Einwanderung nicht bewerkstelligen und blieb im zwar faschistischen, aber in der »Judenfrage« weniger rigorosen Italien. Die Kriegszeit überstand er dort bei Freunden, die ihn vor den deutschen Truppen verbargen, und heiratete danach eine aus Ägypten stammende Jüdin, von der sein Sohn die äußere Erscheinung erbte. Der Junge wuchs in bescheidenen Verhältnissen auf. Nur eine Rente der Bundesrepublik Deutschland als Entschädigung für die erlittene Unbill des Vaters in der NS-Zeit erlaubte es ihm zu studieren. An der Universität Rom verkehrte er in kommunistisch orientierten

Kreisen und sympathisierte bald selbst mit den Theorien von Marx und Lenin. Seine Promotion schloß er zwar mit guten Ergebnissen ab, doch gelang es ihm nicht, eine seiner Qualifikation entsprechende Stelle zu finden. So nahm er eine Stelle als Volksschullehrer an, denn er mußte nunmehr seine Familie unterstützen. Der Vater war inzwischen arbeitsunfähig geworden, und von der deutschen Rente allein konnten die Eltern sowie eine Schwester Teichners ihren Lebensunterhalt nicht bestreiten.

Der junge Wissenschaftler fühlte sich als Lehrer jedoch bald frustriert und suchte nach einem Ausweg, zunächst in der Bundesrepublik. Er verfügte über deutsche Sprachkenntnisse und besaß neben der italienischen auch die deutsche Staatsangehörigkeit. Mehrere Bewerbungen um einen Posten blieben jedoch erfolglos. Eine andere Möglichkeit war Israel, wo sich Angehörige seiner weiteren Familien inzwischen angesiedelt hatten. Kommunistische Freunde in Rom rieten ihm jedoch ab. Wegen seiner orientalischen Mutter und seiner betont »linken« Einstellung würde er dort Schwierigkeiten haben. Zum Glück, so fuhren die Freunde fort, existiere ja die DDR, in der die kommunistischen Ideale bereits verwirklicht seien. Dort sollte er doch einmal nachfragen. Teichner erkundigte sich bei der tschechischen Botschaft in Rom – die DDR war von Italien noch nicht diplomatisch anerkannt – und erhielt dort den Rat, sich an das DDR-Innenministerium zu wenden, was er dann auch getan hatte. Den Militärdienst, der seinen Besuch in der DDR um zwei Jahre verzögert hat, habe er im italienischen Verteidigungsministerium in Rom absolvieren können.

Nach dieser Darlegung seines Lebenslaufs erläuterte Teichner seine wissenschaftlichen Arbeiten und legte Zeugnisse dazu vor. Unser Professor, der ihn mit unbewegtem Gesicht angehört hatte, prüfte die Unterlagen sorgfältig und stellte ein paar Testfragen zu physikalischen Problemen. Teichners Antworten bewiesen ganz klar, daß er uns nicht getäuscht hatte und tatsächlich ein Physiker mit beachtlichem Kenntnisstand war. Auf meine Frage, wie er in die DDR eingereist sei, erklärte der Gast, er habe in der letzten Woche die neueröffnete DDR-Botschaft aufgesucht und den Briefwechsel mit uns vorgelegt. Man habe ihm darauf empfohlen, er solle damit an der Grenzübergangsstelle Berlin-Friedrichstraße erscheinen, wo er allerdings statt des erhofften Einreisevisums nur eine Tagesaufenthaltsgenehmigung bekam. Die Grenzbeamten hätten ihn erstaunt gefragt, wieso er denn keinen Berechtigungsschein zum Empfang eines Visums habe, nachdem ihn die TU Dresden doch aufgefordert habe, in die DDR zu kommen. Axel und ich tauschten Blicke aus: Teichners Gang zur DDR-Botschaft in Rom war uns gar nicht recht. Wir benötigten sowenig Mitwisser unserer Verbindungen wie nur möglich.

Unser Professor verhielt sich in dieser delikaten Phase des Gespräches sehr geschickt. Das Ganze sei für ihn etwas überraschend gekommen, erklärte er. Es sei ja nicht alltäglich, daß westliche Ausländer sich an die DDR wenden und um eine Beschäftigung nachsuchten. Völlig einbürgern lassen wolle sich Teichner doch vermutlich nicht? Unser Besucher verneinte das auch. Der Professor nickte daraufhin bedeutungsvoll und ließ ihn dann wissen: »Ich kann in dieser Sache natürlich nichts entscheiden, sondern muß mich mit der Leitung der TU in Verbindung setzen. Sie werden morgen wieder von mir hören.« Damit verabschiedete er sich.

Axel und ich blieben mit Teichner zurück. Nach einer kurzen Plauderei empfahl auch ich mich unter dem Vorwand, ich müsse noch einen anderen Termin wahrnehmen, und bat Axel, unseren Gast zum Mittagessen einzuladen. An der nächsten Straßenecke wartete Singer in seinem Auto auf mich. Er meinte, der Mann sehe eigentlich »echt« aus. Ich stimmte ihm zu. Die Aufgabe des Professors war damit beendet. Er kehrte nach Dresden zurück. Ich ließ mich von dem wartenden Fahrer in die Zentrale bringen und erstattete meinem Referatsleiter Bericht. Christian zeigte sich zufrieden. Wir entwarfen einen Plan für das weitere Vorgehen. Christian wollte zunächst über die Leitung der HVA den MfS-Residenten in der DDR-Vertretung in Rom ersuchen, uns alle dort vorhandenen Unterlagen über die Vorsprache Teichners bei der Botschaft zuzuleiten. Wir wollten unter allen Umständen verhindern, daß irgendeiner unserer dortigen mit nachrichtendienstlichen Angelegenheiten nicht vertrauten Diplomaten, über diese Sache einen Bericht an das Außenministerium verfaßte und damit Staub aufwirbelte.

Dr. Teichner schien tatsächlich harmlos und überdies arglos zu sein. Anscheinend nahm er uns unsere Legende ab. Seine Tätigkeit im italienischen Verteidigungsministerium, seine Möglichkeit, nach Israel zu gehen, und seine deutsche Staatsbürgerschaft machten ihn für uns interessant. Wir könnten ihn anwerben und dann in der Bundesrepublik oder gar in der israelischen Atomforschung zu plazieren versuchen. Ich brachte die gemeinsam erarbeiteten Vorschläge schnell zu Papier. Christian genehmigte sie ohne weiteres. Danach kehrte ich zu Axel und Teichner zurück. Die beiden hatten nach dem Essen eine kleine Stadtrundfahrt unternommen und waren guter Dinge. Beim Kaffee forschten wir näher nach Teichners politischem Credo. Er verfügte über profunde theroretische Kenntnisse des Marxismus, betonte aber zugleich, er neige mehr zum Pazifismus als zum bewaffneten revolutionären Kampf und einer Diktatur des Proletariats. Der Einfluß der »abweichlerischen« eurokommunistischen italienischen KP war deutlich. Mitglied der KPI, so fuhr Teichner fort, sei er jedoch nicht geworden, weil das seine Chancen, in Italien eine Stellung zu bekommen, noch weiter verschlechtert hätte. Das paßte ganz zu unseren Absichten. Als eingeschriebenes KP-Mitglied hätte er weniger Chancen, erfolgreich als Agent zu arbeiten. Wir verabschiedeten uns für diesen Tag ziemlich abrupt. Der Mann sollte keinesfalls den Eindruck gewinnen, daß wir ihn hofierten.

Wie vereinbart erschien Teichner am nächsten Tag Punkt 10 Uhr — mit einer am Bahnhof Friedrichstraße erneuerten Tagesaufenthaltsgenehmigung — wieder in der frisierten »KW«. Er wollte sogleich wissen, wie über sein Anliegen entschieden worden war. Wir vertrösteten ihn: Ganz so schnell sei die Sache nicht zu klären. Tatsächlich wollten wir nur Zeit gewinnen, um seine Persönlichkeit gründlicher zu studieren. Wir hatten schon einen Plan, wie wir ihn unter Nutzung seiner schwierigen finanziellen Lage, seiner politischen Einstellung und seiner Arglosigkeit in unser Netz ziehen konnten. Zunächst eröffnete Axel ihm, wir hätten es bei der Leitung der Universität durchsetzen können, daß er für einige Tage unser Gast sein könnte. Für seine Angelegenheit sei das im übrigen schon ein sehr gutes Omen. Ich nahm ihm den

Paß mit der Tagesaufenthaltsgenehmigung ab, angeblich um damit zum Polizeipräsidium zu fahren und ihm ein Visum zu besorgen. Axel zeigte Teichner unterdessen weitere Sehenswürdigkeiten Ostberlins. Natürlich hatte ich es nicht nötig, die Polizei zu bemühen. Visa und alle anderen Arten von Reisepapieren, echte DDR-Papiere oder gefälschte westliche Dokumente waren auf einen vom Abteilungsleiter bestätigten Antrag hin schnell und problemlos bei der Abteilung VI/K der HVA zu bekommen. Nach zwei Stunden hatte ich das Einlegeblatt für den Paß, mit dem Dr. Teichner sich für drei Tage in der DDR aufhalten und dann wieder ausreisen konnte. Wir bevorzugten diese Einlegeblätter statt eingestempelter Visa, weil so die Reisen in den Osten später nicht von westlicher Seite rekonstruiert werden konnten.

Erst am letzten Tag seines Aufenthalts in der »Hauptstadt der DDR« (auch für eine angemessene, nicht allzu luxuriöse Unterbringung war gesorgt worden), kamen wir auf Teichners Anliegen zurück. Wir entschuldigten zunächst die Abwesenheit von »Professor Sänger«, der dienstlich verhindert sei. Dann legte ich dem sichtlich erwartungsvollen Besucher umständlich dar, wie sich die »Leitung der TU« entschieden hatte. Ein »Gastarbeiterverhältnis«, wie es im ausbeuterischen westdeutschen Staat üblich sei, um sich an der Arbeitskraft anderer Völker zu bereichern, komme für die sozialistische DDR natürlich nicht in Frage. Enttäuscht sackte Teichner in sich zusammen: Aber wir hätten, so fuhr ich fort, eine andere Idee: Im Sozialismus mangele es uns infolge der Feindseligkeit des Westens am Zugang zu vielen wissenschaftlichen Veröffentlichungen. Er, Dr. Teichner, könne für uns Literaturstudien auf dem Fachgebiet der Computerprogrammierung beschaffen, für die er bezahlt werde. Gleichzeitig sei das für ihn eine gute Chance, um sich weiter zu qualifizieren und so seine Anstellungschancen zu verbessern. Die Freude unseres Besuchers kannte nach diesem Angebot keine Grenzen. Das sei mehr, so beteuerte Teichner, als er zu hoffen gewagt habe. Bei dieser Tätigkeit könne er in Italien mit seiner Familie zusammen bleiben, der von ihm verehrten DDR einen Dienst erweisen und überdies noch etwas Geld verdienen. Wir gaben ihm die wissenschaftliche Thematik an, die uns von Singer empfohlen worden war. Ich hatte diesen noch am Vorabend zu einem Treff in Dresden bestellt, um das Problem mit ihm durchzusprechen. Um Teichner zu zeigen, daß es uns mit unserer Offerte ernst war, eröffnete ich ihm, die TU Dresden sei bereit, ihm in Anbetracht seiner schwierigen finanziellen Situation die Kosten dieser Reise in Devisen zu erstatten. Axel zog 1200 DM (West) aus der Tasche und ließ sie sich quittieren. Richard, wie wir ihn nun schon anredeten, zeigte sich viel zu dankbar und zu beeindruckt, um zu bemerken, daß auf der Empfangsbestätigung offenblieb, welche Institution diese Summe auszahlte. Das gab uns die Möglichkeit, bei Bedarf ohne Schwierigkeiten den kompromittierenden Begriff »Ministerium für Staatssicherheit« einzusetzen. Man nennt so etwas ein »Kompromat« — eine Erpressungshilfe. In acht Wochen, so »baten« wir unseren Gast schließlich, solle er wiederkommen und uns erste Ergebnisse vorlegen. In Rom solle er jedoch besser nichts über seine Verbindung zur »TU Dresden« erzählen, da er sonst Schwierigkeiten bekommen könnte. Für unseren Plan, Teichner anzuwerben und im Westen irgendwo nutzbringend zu plazieren, war es sehr wichtig, daß seine Verbindung in die DDR nicht allzu bekannt wurde.

Wir wollten Teichner gerade verabschieden, als dieser plötzlich innehielt: Es sei ja wirklich alles ungeheuer nett und großzügig arrangiert worden, begann er etwas verschämt, aber er habe noch eine Bitte: »Ich war vorgestern abend in einem Tanzlokal und habe dort ein Mädchen kennengelernt, eine Pädagogikstudentin. Ich habe mich in sie verliebt und möchte sie wiedersehen. Kann ich bei meinem nächsten Besuch wieder für mehrere Tage in der DDR bleiben?« Axel und ich waren ob dieser Eröffnung und des Tempos, mit dem Teichner sich anscheinend schon gebunden hatte, konsterniert, zumal wir ihn nicht observiert und von seinem abendlichen Zeitvertreib keine Ahnung hatten. Doch wir ließen uns nichts anmerken und versprachen, den Wunsch zu prüfen. Axel bewies in diesem Augenblick sein Geschick, unerwartete Situationen zu meistern. Er bat mich, »mit unserem Richard« doch zum Abschluß in der Nähe »in ein ganz passables« Restaurant essen zu gehen. Er selbst müsse sich zwar vorübergehend empfehlen, da er noch etwas anderes zu erledigen habe, werde jedoch anschließend mit dem Wagen das Gepäck in der »TH-Außenstelle« abholen, das der Gast inzwischen dort stehen lassen könne. Axel wollte natürlich während unserer Abwesenheit Teichners Koffer und seine Tasche in der Hoffnung untersuchen, die Adresse von Teichners Freundin zu finden. Ich ging also mit Richard essen.

Zwei Stunden später fuhr Axel mit Teichners Gepäck im Wagen vor, um ihn zu seiner Abreise in die Nähe des Bahnhofs Friedrichstraße zu bringen. Für den bereits vereinbarten nächsten Termin in Berlin empfahlen wir ihm, zunächst wieder mit einer Tagesaufenthaltsgenehmigung einzureisen. Wir würden dann sehen, so hielten wir ihn hin, ob er wegen des Mädchens mehrere Tage bleiben könne. Wir konnten ja nicht wissen, ob seine Geliebte mit unseren Plänen zu vereinbaren war. Wir mußten sie erst ausfindig machen und abklären. Notfalls mußten wir die beiden auch wieder auseinanderbringen. Ich wartete in der konspirativen Wohnung auf die Rückkehr Axels, um mit ihm zur Zentrale zu fahren. Er war enttäuscht. Teichner hatte die Adresse der Dame nicht in seinem Gepäck, nicht einmal den Namen. Ich grinste gönnerhaft und stolz — ich hatte sie nämlich. — »Du hast ihn doch nicht etwa danach gefragt?« — »Wo denkst du hin!« Teichner hatte während des Mittagessens sein Jackett über seinen Stuhl gehängt, und als er einmal austreten mußte, konnte ich seine Brieftasche schnell aus dem Kleidungsstück herausziehen und fand auch die gesuchte Adresse.

Wegen seiner in Kürze beginnenden Delegierung war die Angelegenheit »Teichner« für Axel nunmehr beendet. Ich wurde allein verantwortlich für die Bearbeitung der Kontaktperson »Ernesto« — diesen Decknamen hatte mein Kollege noch für ihn ausgesucht. Christian gab mir den Auftrag, mich sogleich mit der Person der Freundin zu befassen. Ich griff zum Telefon und wählte die Nummer 85 96 04. Ein Knacken in der Leitung nach den ersten beiden Ziffern zeigte an, daß der Ruf vom internen MfS-Telefonnetz in das ebenso interne Polizeifernsprechnetz übergegangen war. Auf diese Weise konnten wir, ohne auf das reguläre Postnetz angewiesen zu sein, direkte Verbindung mit der Volkspolizei herstellen. Als sich eine weibliche Stimme mit »04« meldete; wußte ich, daß ich in der zentralen Meldekartei für Ostberlin angelangt war. »Liebe Genossin, hier ist das liebe MfS«. Die Beamtin am anderen Ende lachte. Sie erkannte mich an der Stimme wieder. Über das Telefon hatten wir schon eine Weile Freundschaft geschlossen. »Suchen Sie mir doch bitte mal die Meldekarte einer gewissen Elke Ehrhardt, wohnhaft in der Fredersdorfer Straße, heraus.« Nach kurzer Zeit meldete sich meine »Telefonfreundin« und bestätigte Elke Ehrhardt sei dort wohnhaft, geboren 1953 in Königswusterhausen, geschieden, Studentin, Geburtsname Kristen. Ich fragte weiter nach eventuellen West-Einreisen, einem eventuellen »K-Vermerk«, oder sonstigen Eintragungen. Die Antwort lautete stets:. Nein. Was die Meldekartei hergab, wußte ich nun: Personalien und Familienstand, und noch wichtig, Elke hatte noch keinen angemeldeten Westbesuch bekommen. Sie war noch nicht bei der Kripo in Erscheinung getreten, denn in diesem Fall wäre ihre Meldekarte mit einem roten »K« gekennzeichnet gewesen.

Für uns war die Meldekartei die erste Auskunftsstelle, die wir anrufen oder auch aufsuchen konnten, wenn wir uns für einen Ostberliner interessierten. In der gesamten DDR erfüllen die Kreismeldekarteien denselben Zweck. Die Polizei hat Anweisung, uns jede gewünschte Auskunft zu geben. An einem bestimmten Ton im Hörer konnten die Beamten erkennen, daß der Anruf tatsächlich aus dem MfS kam. Wir nutzten bei Bedarf natürlich noch weitere Informationskarteien der Polizei, wie die »Personalausweisantragsablage«, in der wir uns das Paßbild einer uns interessierenden Person besorgen konnten, und die umfangreiche »Republikfluchtkartei« mit den Namen aller DDR-Bürger, die die Republik illegal verlassen hatten sowie die Kraftfahrzeugkartei, die Ausländerkartei und andere Spezialkarteien.

Nunmehr füllte ich ein mit einem Dringlichkeitsvermerk versehenes Anfrageformular an die Registratur des MfS aus. Schon am nächsten Tag wußte ich, daß Elke Ehrhardt noch nichts mit dem Staatssicherheitsdienst zu tun gehabt hatte, und ließ sie schnellstens »erfassen«, denn nun hatte sie etwas mit dem MfS zu tun. Wie schon dargestellt, durfte ich erst dann, wenn ich wollte, »mit ihr arbeiten«, und ich wollte nicht nur, ich mußte. Sie war vorerst der wichtigste Punkt für die weitere Bearbeitung des Falles »Ernesto«. Bis zu dessen nächster Einreise mußte über ihre Person Klarheit herrschen. Schon jetzt mußten wir davon ausgehen, daß wir in der DDR eine Mitwisserin hatten, denn daß Teichner mit ihr über den Grund seines hiesigen Aufenthalts gesprochen hatte, stand für uns außer Zweifel. Als nächsten Schritt in der Personenaufklärung leitete ich eine Postkontrolle ein. Sollte Teichner »Ernesto« seiner Freundin schreiben, und damit war zu rechnen, so würde ich Mitleser sein. Gleichzeitig forderte ich bei der Abteilung XX der MfS Bezirksverwaltung Berlin, die für die Humboldt-Universität zuständig ist, die Kaderakte der Studentin an. Es dauerte einige Zeit, bis ich sie auf den Schreibtisch bekam. Irgendwelche Gewissensbisse bei all dieser Schnüffelei hatte ich nicht. Die Anwerbung eines Westagenten schon im zweiten Jahr meiner Laufbahn würde meine Karriere bedeutend fördern, was mich — so glaubte ich jedenfalls — auch einem Einsatz an einer DDR-Botschaft im Westen und damit verbundenen »Möglichkeiten« näherbringen konnte.

Nachdem ich die Errmittlungen über Elke Ehrhardt ohne komplizierende Ergebnisse abgeschlossen hatte, konnte ich mich unbelastet auf den nächsten Treff mit »Ernesto« vorbereiten. Christian hatte die Idee, dabei die beiden Liebesleute abzuhören. Er schickte mich zu der für diese Aktionen zuständige Abteilung 26 des MfS. Dort erklärte man mir, nichts sei leichter als das. Ich müsse lediglich die Unterschrift von Markus Wolf auf einem Abhörantrag bringen. Die Unterschrift des HVA-Chefs war kein Problem. Skrupel bestanden offenbar nicht, obwohl es hier nicht — wie seinerzeit bei »Alois« — um den Verdacht des Verrats oder die Überführung eines erwiesenen Feindagenten ging. Christian bestätigte mir, Wolf habe eine Vorliebe für »freizügige Arbeitsmethoden«. Er sei ohnehin der Auffassung, wir würden »die Technik« viel zu wenig einsetzen.

Ich gab den Abhörantrag ab und erhielt von der Abteilung 26 den Schlüssel eines Zimmers im »Interhotel«. Man klärte mich dabei auf: »Wir haben in allen Interhotels der DDR bestimmte Zimmer für uns reserviert, die mit einer Abhöranlage ausgerüstet sind. Da gibt es dann keine Schwierigkeiten mit dem Einbau der

›Wanzen‹. Außerdem können wir die Aufzeichnungsgeräte zentral in einem anderen Raum aufstellen und sie immer dort stehen lassen. Die Anlage schaltet sich nur ein, wenn im Zimmer wirklich gesprochen wird. Du brauchst mir also nur noch einmal den genauen Zeitraum anzugeben, in dem ›dein‹ Mann hier ist, und wir schicken dir dann das vom Tonband abgeschriebene Protokoll zu. Hoffentlich sprechen deine Leute nicht zu leise; im ›Stadt Berlin‹ haben wir viele Nebengeräusche durch die Stahlbetonkonstruktion und die Fahrstühle. Deshalb haben wir unsere Abhörzimmer schon alle in die oberen Etagen gelegt.«

Pünktlich zum festgelegten Zeitpunkt kam »Ernesto« zum nächsten Treff. Er war fleißig gewesen und brachte eine umfangreiche Ausarbeitung mit. Ich entschuldigte den »Kollegen Seifert« — das heißt den inzwischen zum Schulbesuch delegierten Axel Huether — sowie »Professor Sänger«, die verhindert seien, nach Berlin zu kommen. Dann händigte ich ihm das vorbereitete Einlegevisum sowie den Hotelzimmerschlüssel aus. Er dankte mir überschwenglich. Nun mußte ich nur noch dafür sorgen, daß die beiden Verliebten das Hotelzimmer auch wirklich benutzten und sich nicht nur in Elkes Wohnung amüsierten. Das bewerkstelligte ich, indem ich »Teichner« zu bedenken gab, er sei im Domizil seiner Geliebten ja nicht als Eingereister gemeldet. Das leuchtete ihm ein. Der Treff verlief auch im übrigen sehr erfolgreich. Ich gab »Ernesto« einen neuen Arbeitsauftrag, händigte ihm eine entsprechende Geldsumme aus und ließ ihn ansonsten die wenigen übrigen Stunden mit der Studentin verbringen. Der Bericht, den ich nach seiner Abreise von der Abhörabteilung erhielt, stimmte uns zuversichtlich. Beide schienen keine Ahnung zu haben, wer sich hinter der »Außenstelle der TU Dresden« verbarg. Außerdem hatten sie intensiv politisch diskutiert und sich dabei auf der »richtigen« Linie bewegt.

Schon Ende September sollte der nächste Treff stattfinden. Ich mußte nun zügig vorankommen. Die Verbindung zu »Ernesto« konnte ich zwar schon als stabil betrachten, aber ich wollte ja mehr: ihn als Westagenten des MfS anwerben. Christian setzte sich mit mir zusammen, und wir tüftelten folgenden Plan aus: Wir unterstellten, daß sich zwischen »Ernesto« und Elke ein festes

Verhältnis entwickelte — davon zeugten die Abhörergebnisse. Die beiden würden also ein dauerhaftes Zusammenleben anstreben. Unter normalen Umständen war das nur in der DDR möglich. Ernesto dürfte also jetzt darauf aus sein, nach Ostberlin zu übersiedeln. Das aber wäre natürlich genau das, was uns nicht paßte. Wir mußten daher versuchen, Elke für uns zu gewinnen, um das Paar nach einer Eheschließung im Westen zu plazieren. Christian drückte sich deutlich aus: »Wir können erlauben, aber auch verhindern, daß die beiden zusammenkommen. Wir haben ein Druckmittel in der Hand.«

Elke war keine Genossin. Einerseits paßte das gut in den Plan, denn für eine Übersiedelung war das von Vorteil. Andererseits brachte es Zweifel an Elkes politischer Gesinnung mit sich. Ihr ideologisches Einvernehmen mit »Ernesto«, das aus den Abhörergebnissen sprach, war vielleicht nur zweckhaft motiviert. Wir mußten sie daher testen, womit mein Peter Grosse beauftragt wurde. Natürlich erfuhr er dabei nicht alle Zusammenhänge. Er ging sehr geschickt vor. Zunächst lud er Elke ganz formell in ein Polizeirevier vor und befragte sie über einen Kommilitonen, der kurz vorher in den Westen geflüchtet war. Elke antwortete freimütig und offenherzig. Dann ließ er sie erst einmal in Ruhe. Nach vier Wochen suchte er sie erneut auf; nachdem sie beim letzten Mal so bereitwillig die Arbeit des MfS unterstützt habe, wolle er sie nun fragen, ob sie bereit sei, eine andere, sehr wichtige Aufgabe zum Schutz der DDR zu übernehmen. Wir rechneten mit einem eventuellen Zögern, aber sie sagte ohne weitere Frage zu.

Nun kam Peter mit einem konstruierten Fall heraus. Er erklärte ihr, sein Spezialgebiet sei die Bekämpfung von »Menschenhändlerbanden« — unser Ausdruck für alle Fluchthelferorganisationen, ob sie nun ideelle oder kommerzielle Interessen verfolgten. Er habe in diesem Zusammenhang die wichtige Mittelsperson einer solchen »Bande«, ein junges Mädchen, etwas voreilig verhaftet. Sie habe nun im Verhör gestanden. Sie erwarte in Kürze einen Kurier, der Instruktionen zum Auffinden neuer »Schleusenkandidaten« geben wolle. Seine Absicht sei es, auch diesen Kurier dingfest zu machen. Dazu benötige er aber Beweise, die er bekommen würde, wenn Elke bereit sei, die Rolle der — angeblich — in Haft befindlichen Mittelsperson zu übernehmen und sich mit dem Kurier zu treffen. Das sei ohne Risiko, da dieser das zu kontaktierende Mädchen nicht persönlich kenne. Elke willigte ein. Den Part des angeblichen Westkuriers spielte ebenfalls eine Frau, nämlich die MfS-Mitarbeiterin Gross, seinerzeit Instrukteurin des Atomspions Gärtner. Der Treff zwischen den beiden falschen »Bandenmitgliedern« fand statt — unter Beachtung konspirativer Regeln, mit Erkennungszeichen und Parole; auch ein verschlossener Umschlag mit Instruktionen wurde übergeben. Unsere Beauftragte wurde von Peter sogar zwecks vollkommener Täuschung Elkes zum Schein festgenommen, nachdem sie sich beim Verlassen einer Kneipe von dieser getrennt hatte. Für ihre Mithilfe bei der geglückten Festnahme einer gefährlichen Agentin bekam Elke eine Urkunde und eine ansehnliche Geldprämie. Auch uns erbrachte das Unternehmen schon die Resultate, auf die wir dabei mehr oder weniger intuitiv gesetzt hatten. Die vermeintliche Geheimdienstaktion hatte Elke Spaß gemacht. Ja, sie bekannte Peter nach dem Kassieren des Geldes sogar, daß sie ihm bisher etwas zu ihrer Person verschwiegen habe, sich aber nun verpflichtet fühle, es zu offenbaren. Es folgte die Geschichte ihrer Verbindung zu Teichner. Peter, der davon tatsächlich noch keine Ahnung hatte, veranlaßte sie zu einem ausführlichen Bericht darüber, den er an Christian weiterleitete, von dem ich ihn erhielt. Elkes Erklärung entsprach genau den Tatsachen. Sie hatte sogar noch hinzugefügt, daß sie zwar glaube, Richard Teichner sei ein echter Freund der DDR, doch, wenn nötig, wolle sie dem MfS helfen, das zu überprüfen.

Wir konnten zufrieden sein. Elke gegenüber hatten wir jetzt zumindest einen bindenden Vorgang in der Hand, denn sie war ja nach ihrer Überzeugung aktiv an einer echten Aktion des MfS beteiligt gewesen. Daneben lag uns der Bericht über »Ernesto« vor, auf dem wir bei ihr weiter aufbauen konnten. Überdies hatte sie sich für die Geheimdienstarbeit geeignet gezeigt. Mit »Ernesto« selbst lief die Verbindung nach dem begonnenen Muster weiter. Er betrieb seine Literaturstudien und lieferte sie beim Treff ab. Als Gegenleistung zahlte ich jeweils Honorar und Reisekosten. Um die Legende zu stützen, brachte ich ihn sogar noch einmal in

Dresden mit »Professor Sänger« alias Singer zusammen, der ihn für seinen Fleiß und den wissenschaftlichen Wert seiner Ausarbeitungen lobte und einen festen Honorarvertrag in Aussicht stellte. Dieses Gespräch verlegten wir auf ein Wochenende, um der immerhin möglichen Frage des reichlich naiven Dottore Teichner zu entgehen, weshalb der Professor ihn nicht in seinem Hochschulinstitut, sondern in einer, wenn auch respektablen, Gaststätte empfangen hat.

4

Die Zeit schien nun gekommen, um beide Operationen, die Fälle Elke und »Ernesto« miteinander zu verbinden. Ich schrieb die erforderliche Werbevorlage, in der ich zum Schluß kam, daß »Ernesto« auf Grund seiner politischen Haltung, des entstandenen Vertrauensverhältnisses und der Anziehungskraft Elkes wahrscheinlich bereit sein werde, sich für eine Zusammenarbeit mit dem MfS zu verpflichten. Oberst Willi Neumann bestätigte mein Papier. Unsere Chancen schienen tatsächlich gut – um Elke nicht zu verlieren, blieb Ernesto auch kaum eine andere Wahl. Er konnte sich an fünf Fingern abzählen, daß wir ihn bei einer Ablehnung nicht mehr in die DDR einreisen lassen würden. Vor dem nächsten Treff Ende November, bei dem ich den entscheidenden Schritt wagen wollte, mußte ich noch die ihrem Bericht zufolge ohnehin kooperationswillige Studentin anwerben.

Erneut erhielt Peter Grosse von Christian den Auftrag, die Sache einzufädeln. Er suchte Elke auf und kündigte ihr an, es werde demnächst ein anderer MfS-Mitarbeiter bei ihr erscheinen, der sich speziell für Dr. Teichner interessiere. Damit war seine Rolle in der Sache beendet. Drei Tage vor dem nächsten Einreisetermin ihres Geliebten aus Rom läutete ich an der Wohnungstür Elkes in der Fredersdorfer Straße. Ich hatte beschlossen, bei ihr ohne Umschweife zur Sache zu kommen und gab mich als der Mitarbeiter der MfS zu erkennen, den der Genosse Gottfried –

so nannte sich Grosse gegenüber Agenten — angekündigt habe, mein Name sei Schilling.

Elke riß die Augen auf: »Schilling? Genau wie der TU-Mitarbeiter, zu dem Richard Kontakt hat?« Ich bestätigte das.

Sie sah mich verblüfft an. Nach einer Weile hatte sie sich jedoch gefaßt und offensichtlich schnell alle Schlußfolgerungen gezogen: »Die Menschenhändlergeschichte war doch nicht etwa auch gestellt?«

»Nein«, log ich, »Die war echt. Rein zufällig hat sich der Genosse Gottfried an Sie gewandt, ohne daß ich mit meinem Bereich beteiligt gewesen wäre. Ich wußte zunächst nicht einmal etwas davon.«

Das weitere Gespräch verlief problemlos. Elke sicherte mir zu, sie werde ihr Wissen über meine Doppelrolle zumindest vorerst gegenüber Teichner verbergen. Sollte er nach meinem Werbeversuch Zweifel haben und sie zu Rate ziehen, wie er sich dazu stellen sollte, so wolle sie ihn dennoch in unserem Sinne beeinflussen und ihm raten, unserer Angebot anzunehmen. Elke hatte ihre Lage völlig erfaßt: »Wenn Richard aber für Sie im Westen arbeitet, kann ich ihn denn dann noch sehen? Wir möchten nämlich heiraten, und er will daher eigentlich in die DDR übersiedeln.« Die Leitung hatte mich nicht befugt, diese Frage zu beantworten — jedenfalls noch nicht. Also vertröstete ich sie: »Erstmal wollen wir abwarten, wie Teichner sich entscheidet, und dann werden wir weitersehen.« Elke verstand und schwieg. Vorsichtshalber feuerte ich aber noch einen Warnschuß ab, sollte sie etwas von dem, was ich ihr eröffnet hätte, nicht für sich behalten können, dann wäre Teichner natürlich das letzte Mal in der DDR gewesen, und sie Elke, könnte »Ärger« wegen Geheimnisverrats bekommen. Sie sagte zunächst nichts dazu, brachte mich zur Tür und kam erst jetzt mit einer unerwarteten Reaktion heraus: »Auch wenn es unumgänglich ist, daß Richard im Westen bleibt und ich hier — ich werde Sie unterstützen.« Darüber war ich nun doch überrascht; ich hatte offenbar eine wertvolle Verbündete gewonnen.

Am 28. November 1973 flog »Ernesto« von Rom aus über Frankfurt nach Berlin und reiste von dort aus wieder über den Bahnhof Friedrichstraße in die DDR ein. Ich erwartete ihn in der konspirativen Wohnung »Salon«. Er freute sich offensichtlich, mich wiederzusehen, doch war nicht zu verkennen, daß er es kaum abwarten konnte, endlich wieder mit Elke zusammenzusein. Nach einer kurzen Plauderei über die Ergebnisse seit dem letzten Treff fiel ich mit der Tür ins Haus:

»Richard, ich bin Offizier des Ministeriums für Staatssicherheit, des Nachrichtendienstes der DDR. Wir haben dich in den vergangenen Monaten so gut kennengelernt, daß wir dir heute vorschlagen möchten, an unserer Seite etwas für den Sozialismus zu tun.« Ich untermauerte mein Ansinnen mit Beispielen über die Niederträchtigkeit des Imperialismus, führte ihm seine eigene, nicht gerade rosige Lage in Italien vor Augen und suchte ihn mit allen Mitteln zu überzeugen.

Ernesto brauchte lange, um seine Verblüffung zu überwinden und sich zu sammeln. Ganz offensichtlich hatte er bis zu diesem Zeitpunkt unsere Legende für bare Münze genommen. Er fragte, ob Elke mit im Bunde sei. »Nein«, log ich, und setzte hinzu, sie solle vorerst auch nichts erfahren. Aus »Ernestos« Reaktion hatte ich erkennen können: Wenn er erfuhr, daß Elke schon mit uns zusammenarbeitete, hätten wir ihn das letzte Mal in der DDR gesehen. Der sonst so sanfte Mann zeigte sich unerwartet störrisch. Er wolle sich die Sache durch den Kopf gehen lassen, räumte er schließlich ein, aber nur, wenn er mit Elke darüber sprechen dürfe. Nach langem Zögern willigte ich ein — in der Hoffnung, daß seine Freundin geschickt genug war, ihn ihre Absprache mit mir nicht erkennen zu lassen. Schließlich war sie ja nun mein letzter Trumpf, sozusagen meine Geheimwaffe.

Am nächsten Morgen trafen wir uns wieder. Nach einer etwa kühleren Begrüßung als sonst lautete Ernestos erste Frage:

»Was soll ich denn für euch tun?«

»Darüber haben wir uns selbst noch keine eingehenden Gedanken gemacht. Erst einmal wollten wir wissen, wie du dazu stehst.«

»Mir bleibt doch gar nichts anderes übrig, wenn ich mit Elke zusammenbleiben will. Sage ich nein, dann bricht doch unsere Verbindung ab. Außerdem ist sie der Meinung, daß es eine großartige Gelegenheit sei, etwas für meine politische Überzeugung zu tun.«

Damit hatte ich einen Ansatzpunkt, um ihn weiter zu bearbeiten. Ich hatte die Genehmigung, ihm gegenüber sogar noch einen Schritt weiter zu gehen: »Wir überlegen zur Zeit, ob wir Elke nicht gestatten, zu dir in den Westen zu kommen, wenn ihr zusammenbleiben wollt. Davon darf sie natürlich noch nichts erfahren.« Teichners Miene hellte sich sichtlich auf. Er stellte nur eine Bedingung, er möchte das Ganze als DDR-Bürger tun, damit Elke und er sich hier niederlassen könnten, wenn etwas schiefgehe. Das kam für mich zwar etwas unerwartet, aber daran durfte die Anwerbung nicht scheitern: »Das können wir ohne weiteres regeln.« Nach einigen Stunden hatte ich ihn wieder soweit, daß er optimistisch in die Zukunft blickte. Ohne Elke, das war mir klar, hätte ich ihn trotz seiner politisch uns zuneigenden Einstellung nicht gewinnen können. Eine schriftliche Verpflichtung brauchte ich ihm nicht mehr unbedingt zuzumuten. Es genügte schon, daß ich ihn auf die Quittung schreiben ließ: »Erhalten vom MfS 1500 DM für Reisekosten und Materiallieferung.« Damit hatte ich ihn im Griff. Ich instruierte ihn, er solle die Ausarbeitungen vorerst wie bisher fortsetzen und in Italien weiterhin über seine Verbindung in die DDR Schweigen bewahren.

Am 30. November 1973 konnte ich »Ernesto« als meine erste Westwerbung melden. Damit war meine operative Position erheblich gestärkt. Nun kam es darauf an, ihn möglichst bald zur Lieferung nachrichtendienstlich relevanter Informationen zu bringen. Erneut führten alle Überlegungen zunächst zu Elke. »Ernesto« selbst war keineswegs ein geborener Nachrichtenbeschaffer. Für dieses Geschäft fehlte es ihm an Antrieb, Wendigkeit und Risikobereitschaft. Aber seine Freundin hatte das Zeug dazu, und mit dieser Kombination ließ sich durchaus arbeiten. Ich nutzte die nächsten Monate vordringlich für Elkes Motivierung für unsere Sache und für ihre Ausbildung. Die Ergebnisse, die sie dabei lieferte, befriedigten mich voll und ganz. Gleichzeitig brachte ich auch »Ernesto«, der weiterhin monatlich einreiste, die ersten Grundbegriffe der konspirativen Arbeit bei. Er mußte nun Legenden gegenüber seiner Familie finden, wenn er in die DDR fuhr, die Reisewege variieren, um nicht aufzufallen, und zu jedem Treff genau über die Grenzkontrollen Bericht erstatten. Seine »Bedingung«, DDR-Bürger werden zu wollen, bereitete mir keine großen Schwierigkeiten. Christian lachte nur, als ich ihm »Ernestos« Wunsch vortrug und meinte, dann sei er wenigstens umso mehr kompromittiert. Auf Antrag stellte die Abteilung VI/K der HVA innerhalb einer Woche einen Personalausweis der DDR aus, lautend auf den Namen Dr. Richard Teichner. Als Adresse wählten wir ein sogenanntes »Sperrobjekt« — ein Haus, dessen Melde-Instanz nicht die Polizei, sondern das MfS war. Feierlich händigte ich ihm beim nächsten Treff das kleine blaue Büchlein aus, das ihn als DDR-Bürger legitimierte. »Ernesto« war ganz ergriffen. Er wußte noch nicht, daß er damit noch keineswegs ein Niederlassungsrecht in der DDR erworben hatte. Um ihn und Elke noch weiter für die künftige Tätigkeit zu motivieren, schickten wir sie auf Kosten des MfS zu einem »Vergnügungsurlaub« ins böhmische Egerland.

Zwei Monate intensiver Vorbereitungen für die geplante Übersiedlung Elkes folgten. Der bürokratische Aufwand, um einen inoffiziellen Mitarbeiter in den Westen zu transferieren, war größer, als ich angenommen hatte. Ende August war ich für meinen Teil soweit. Ich hatte schon vor, die Akte zu schließen und an die Abteilung VI der HVA zu übergeben. Die dort tätigen Spezialisten sollten den Fall übernehmen und die Übersiedlung nach vorheriger Spezialausbildung bewerkstelligen. Ich genoß dabei das Gefühl, daß nun andere für mich arbeiten mußten. Ich würde das seltsame Paar Ernesto/Elke erst wiedersehen, wenn es bereits in der Bundesrepublik war. Der Erfolg für das kommende Planjahr schien mir damit gesichert. Eine in den Westen lancierte Agentin wurde von der Leitung sogar noch höher bewertet als eine Westwerbung.

Doch dann kam die bittere Enttäuschung an einem Septembertag im Jahr 1974. Elke rief mich an und wünschte mich zu sehen. Schon am Klang ihrer Stimme merkte ich, daß etwas nicht stimmte. Beim Treff eröffnete sie mir, ein Arzt habe ihr einwandfrei eine Schwangerschaft diagnostiziert. Ich hätte vor Wut aufheulen können und informierte Christian, der einige nicht eben feine Bemerkungen über das Paar von sich gab, ehe er zur Sache kam: »Sieh zu, daß du retten kannst, was noch zu retten ist. Elke muß die Schwangerschaft unterbrechen lassen. Aber bring ihr das so bei, daß es aussieht, als wäre es ihr Idee gewesen, sonst müssen wir uns später Vorwürfe anhören, wenn etwas schiefgeht.« Die DDR hatte zu diesem Zeitpunkt gerade die Praxis der Geburtenregelung geändert und den Schwangerschaftsabbruch mehr oder minder freigegeben. Ich traf mich wieder mit Elke. Sie empfing mich schon etwas gelöster und machte dann von sich aus den Vorschlag, den ich ihr gerade suggerieren wollte. Scheinbar zögernd stimmte ich zu. Dann gestand sie mir, in ihrem ersten Schrecken hätte sie Richard schon von der Schwangerschaft erzählt. Aber er werde sicher nichts gegen die Abtreibung haben. Wir hatten inzwischen beschlossen, für »Ernestos« Einreisen größere Abstände einzuführen, und dafür den beiden zugestanden, gelegentlich miteinander telefonieren zu dürfen. Das hatte die sonst so disziplinierte Elke dazu verleitet, die Neuigkeit dem Geliebten gegenüber auszuplaudern. Freilich blieb ich, anders als sie, sehr skeptisch, was die von ihm zu erwartende Reaktion betraf. Schon drei Tage später reiste »Ernesto« an, und, wie ich es befürchtet hatte, erklärte er kategorisch, daß eine Abtreibung überhaupt nicht in Frage komme. Wir setzten uns mit ihm zusammen und bearbeiteten ihn, doch es war alles vergeblich: »Wenn Elke das tut, wird sie mich nie wieder sehen«, drohte er. Auch Elkes Mutter, eine strenggläubige Baptistin, war im Bilde. Die junge Frau stand nun von zwei Seiten unter Druck und fiel schließlich um; auch sie wollte nun das Kind haben. Ich trauerte meinem gescheiterten Vorhaben nach, Christian tobte, die HVA-Leitung war ebenfalls erbost — doch es gelang uns nicht, Elke zu einer Abtreibung zu bewegen. Schließlich entschied der Referatsleiter, daß »Ernesto« in die DDR kommen und seine Vaterschaft legalisieren könnte, unter der Bedingung fünfjähriger erfolgreicher Arbeit für uns im Westen. Ich sollte ihm das eröffnen. Bei aller Enttäuschung empfand ich nun doch Mitleid für das Paar und weigerte mich. Die folgende Auseinandersetzung kostete mich bei meinem Referatsleiter viel von dem Stand, den ich bis dahin bei ihm gewonnen hatte, doch ich blieb unnachgiebig. Seine brutale Forderung sollte er selbst vorbringen.

Der Treff verlief, wie erwartet, unerfreulich. »Ernesto« nannte uns »Erpresser«, was wir ja auch waren. Doch Christian spielte nun seinen üblen Charakter voll aus, den er vor allem Agenten gegenüber zu verbergen trachtete, solange alles gut lief. Mit nackter Brutalität schaffte er es wirklich, dem verstörten Mann das Einverständnis abzubringen, sobald als möglich in die Bundesrepublik zu übersiedeln und dort eine für uns interessante Tätigkeit aufzunehmen. Ich beauftragte »Ernesto«, sich bei verschiedenen Einrichtungen zu bewerben und nach Vorliegen der Antwort wieder zum Treff zu kommen. So zog sich die Zeit bis Dezember hin. Schließlich meldete Elke mir, »Ernesto« habe sich für Anfang Januar angekündigt. Ein völlig verzweifelter Mensch kam zum Treff in die konspirative Wohnung. Auf alle Bewerbungen hatte er nur Ablehnungen erhalten. Aber das war noch nicht einmal das Hauptproblem. Unschwer konnte ich erkennen, daß er jegliches Vertrauen zu uns verloren hatte.

Ich informierte Christian. Der reagierte eiskalt und setzte »Ernesto« erneut unter Druck, sogar mit der Drohung, er werde ihn künftig nicht mehr in die DDR einreisen lassen, wenn er sich nicht mehr anstrenge. »Ernesto« gab nur noch apathische Antworten. Ich versuchte, ihn etwas aufzurichten, und versprach ihm, eine Änderung der Entscheidung Christians zu erwirken. »Ernesto« hörte mir kaum zu und glaubte mir nicht, obwohl ich es ehrlich meinte. In der Zentrale suchte ich Christian zunächst von der Zwecklosigkeit seiner Haltung zu überzeugen, erntete jedoch nur Hohn: »Was bist du überhaupt für ein Geheimdienstler? Unsere Aufgabe ist es, Informationen zu beschaffen und nicht den Ehevermittler zu spielen. Mich interessiert überhaupt nicht, was aus Ernesto wird. Bei einem ›von uns‹ wäre das noch etwas anderes, aber so — ich rühre keinen Finger für ihn. Wenn du dich von seinem Gefasel beeindrucken lassen willst — bitte sehr. Sag ihm meinetwegen, wenn er nicht für uns arbeiten will, dann soll er es bleiben lassen. In die DDR kommt er jedenfalls nur, wenn ihn die Einbürgerungsstelle akzeptiert, und ich werde dafür sorgen, daß sie es nicht tut. Wie kann ich eigentlich wissen, ob er nicht vom Gegner geschickt worden ist und mit allen Mitteln versuchen soll, sich hier einzuschmuggeln?«

Für diese Vermutung gab es keinerlei Anhaltspunkte, und Christian wußte das ganz genau. Wir hatten Ernesto länger als ein Jahr überprüft, und wenige Monate vorher hatte der Referatsleiter selbst in einer Vorlage versichert, es gebe keine Zweifel an seiner »Echtheit«. Ich wendete nun meine ganze Überredungskunst auf, um Christian für einen Plan zu gewinnen, der mir schon seit einigen Wochen im Kopf herumging. Mir war klar, daß aus »Ernesto« unter den jetzigen Bedingungen nichts herauszuholen war. Ich schlug Christian vor, Teichner in die DDR kommen zu lassen und im Westen alle Spuren über seinen Verbleib zu verwischen. Nach einer gewissen Zeit könne dann ein ›Dr. Teichner‹ dort wieder auftauchen, aber ein anderer, von uns präparierter, der mit den erstklassigen Papieren des echten Teichner und einer fundierten nachrichtendienstlichen Ausbildung im Westen bedeutend mehr erreichen könnte, als es unser »Ernesto« jemals gekonnt hätte. Christian starrte mich an, murmelte etwas von »versponnenen Ideen« und schob mich aus seinem Zimmer. Ich hörte jedoch von meinem Arbeitsplatz aus, daß er sich unverzüglich zum Abteilungsleiter begab. Nach einer halben Stunde rief mich dessen Sekretärin ja und befahl mich zum Genossen Vogel. Der gab mir freundlich die Hand und forderte mich auf, Platz zu nehmen, dann runzelte er die Stirn, um den Ernst seiner Worte zu unterstreichen:

»Wie schnell können Sie einen für die Papiere passenden Mann in der DDR gefunden haben ?«

»In einem Jahr sollte das zu schaffen sein.«

»Gut, ich bewillige euch den Rückzug »Ernestos« in die DDR. Aber wenn du in einem Jahr nicht den Übersiedlungskandidaten fertig hast, der auf die Papiere paßt, dann blüht dir was. Prüfe außerdem bei der ›VI‹, ob die mit den Dokumenten überhaupt etwas anfangen können und welche Voraussetzungen noch an die Sache geknüpft sind.«

Mit diesem Auftrag entließ er mich. Christian, der nun wieder eine normale Tonart angenommen hatte, erläuterte mir noch einige Details und schickte mich bei der Abteilung VI zum Genossen Major Becker. Der hörte sich die Sache geduldig an und meinte dann sichtlich interessiert: »Das klingt gut. Wir müssen aber tatsächlich alle Spuren in Italien verwischen und alle seine

Papiere, besonders den bundesdeutschen Einbürgerungsschein, in die Hand bekommen. Außerdem ist es besser, wenn wir mit der Übersiedelung eines falschen Teichner dann trotz allem noch einige Jahre warten – zumindest solange, bis der gegenwärtige Paß abgelaufen ist und der neue Mann dann einen neuen beantragen kann.« Das leuchtete mir alles ein. Am nächsten Morgen suchte ich Ernesto auf und nahm ihn mit in die konspirative Wohnung. Wie ein Häufchen Unglück saß er neben mir im Auto und gab außer gelegentlichen Seufzern keinen Laut von sich. Ich begann das Gespräch:

»Richard, wir haben gewonnen.«

Lethargisch fragte er mich: »Was bedeutet das?«

»Du kannst in sechs Wochen in die DDR übersiedeln, und ich werde dir bei der Eingliederung helfen.«

Doch meinem Agenten saß die Enttäuschung noch in den Knochen: »Das glaube ich dir nicht. Ich glaube euch überhaupt nichts mehr.«

»Hör mir zu, Richard, ich meine es ehrlich, du kannst gleich in die DDR und heiraten«.

»Ernesto« blieb immer noch mißtrauisch: »Und wieso habt ihr eure Meinung auf einmal geändert?«

Nun kam ich auch noch in die Zwangslage, Christians Roheit beschönigen zu müssen: »Die Leitung hat doch eingesehen, daß die menschlichen Probleme Vorrang haben.« Von der wahren Absicht durfte »Ernesto« natürlich nichts erfahren. Aber ich hatte ihn schließlich soweit, daß er wieder Lebensmut faßte. Jetzt galt es noch, ihm beizubringen, daß er keine in die DDR führende Fährte legen dürfe:

»Richard«, ging ich die Sache an, »befürchtest du nicht, daß dein Vater seine Rente verlieren könnte, wenn bekannt wird, daß Du in die DDR gegangen bist!«

»Nein, ich glaube, da besteht keine Gefahr,« antwortete er mir.

»Doch, doch, das könnte schon passieren. Es ist also besser, wenn niemand weiß, wo du abgeblieben bist. Erzähle allen Freunden, daß du in die Bundesrepublik gehst, und schärfe deinen Eltern ein, daß sie das gleiche sagen.« Froh über die nun positiven Aussichten, erklärte sich Richard einverstanden. Ich erläuterte ihm noch, welche weiteren Schritte er zu tun habe, und schickte ihn dann nach Rom zurück.

Im Februar 1975 reiste ein glücklicher Dr. Teichner mit einem voll bepackten alten Fiat, aus Hannover kommend, in die DDR ein. In der niedersächsischen Landeshauptstadt hatte er sich zunächst noch ein Zimmer zur Untermiete genommen, und sich polizeilich angemeldet, das Mietverhältnis aber dann mit der Begründung gelöst, er kehre nach Italien zurück. Er versicherte mir, seine Eltern würden sich an das halten, was er ihnen aufgetragen habe. Seine Spuren waren damit fürs erste verwischt. Ich legte den Stapel von Personalpapieren, den er mitgebracht hatte, der Abteilung VI vor. Deren Spezialisten bestätigten mir, daß sie eine gute Übersiedelungsgrundlage abgeben würden. Nach drei bis vier Jahren könnte sich ein neuer Mann damit in der BRD niederlassen. Den Anknüpfungspunkt würde die alte polizeiliche Anmeldung in Hannover liefern.

Ich gab mir in den nächsten Monaten die größte Mühe, um mein Versprechen einzulösen und Dr. Teichner bei der Eingliederung zu helfen. Der mit mir befreundete Hauptmann Hippe von der MfS-Bezirksverwaltung Dresden beschaffte ihm einen Arbeitsplatz als wissenschaftlicher Assistent — nun tatsächlich an der TU Dresden —, sowie eine Wohnung. Noch vor der Geburt ihres Sohnes Roberto fand die Hochzeit mit Elke statt. Bei meinem Übertritt vier Jahre später war schon das zweite Kind des Ehepaares geboren. Die Eltern hatten fortan nur noch die beste Meinung vom Staatssicherheitsdienst; sie wußten ja nicht, daß ihr gemeinsames Glück nur dem Wert der von Ernesto mitgebrachten Personalpapiere zu danken war.

Für mich war der Fall »Ernesto« mit seinem Rückzug noch nicht erledigt. Vielmehr begann nun die intensive Suche nach einem geeigneten Übersiedelungskandidaten. Es war schwierig, in der DDR jemanden zu finden, der den Anforderungen entsprach: Politische und dienstliche Eignung, Risikobereitschaft; Beruf und Alter mußten stimmen; Ehelosigkeit und keine nähere Verwandtschaft. Durch Einsatz meines gesamten DDR-Netzes, das ich mobilisiert hatte, bekam ich zahlreiche Hinweise. Doch alle genannten Personen wiesen irgendwelche Unzulänglichkeiten auf. Erst 1976 stieß ich auf den richtigen Mann. Ich bekam die Akte eines Dr. Klaus Berndt auf den Schreibtisch: Geboren 1944, Physiker, geschieden, keinerlei Verwandte, SED-Genosse. Nach einem halben Jahr hatte ich ihn geworben. Er war der ideale Kandidat, ungemein intelligent und schnell für die Nachrichtenarbeit begeistert. Ich »scheuchte« ihn mit Aufträgen durch die DDR, schickte ihn zu Ermittlungseinsätzen nach Österreich, Ungarn, Polen und kam dabei zu dem Ergebnis, daß ich keinen besseren Mann hätte finden können. Zu seiner Übersiedelung in den Westen als »Dr. Teichner« ist es freilich nie gekommen. Die Endphase des Projekts mußte ich logischerweise verschleppen, nachdem ich festen Kontakt mit dem BND bekommen hatte, und nach meinem Übertritt erledigte es sich automatisch.

5

Zurück in das Jahr 1973. In den restlichen Monaten war ich neben der Anwerbung »Ernestos« mit der Ausbildung meiner neuen Inlandsagenten und der Vervollständigung meines Netzes innerhalb der DDR beschäftigt. Nach Axel Huethers Weggang hatte ich dessen Schreibtisch eingenommen und saß nun mit meinem früheren Führungsoffizier Werner Hengst in einem Zimmer. Wir diskutierten häufig Theorie und Praxis der Nachrichtenarbeit, und Werner, ein alter Fuchs, konnte mir so manchen Tip geben. Im Referat hatte ich mich nun vollständig eingelebt, galt als aufstrebender junger Mitarbeiter und erhielt entsprechend mehr sowie neue Aufgaben. Im Herbst stellte mir mein Referatsleiter vier umfangreiche Aktenordner und einen großen Karteikasten auf den Tisch, mit der Erläuterung, jeder Mitarbeiter des Referats und auch die meisten anderen Offiziere in der HVA führten einen »Objektvorgang«, das heißt eine Akte über eine Einrichtung im Operationsgebiet, der er sich besonders anzunehmen habe und für die er verantwortlich sei: »Alles Wissen, das bei uns zu dem betreffenden Objekt anfällt, wird in diesen Unterlagen gespeichert. Jede Person, die in dem Objekt arbeitet, muß mit möglichst vielen Nebeninformationen erfaßt werden. Alles Wissenswerte ist zu dokumentieren. Du mußt versuchen, möglichst bald einen Agenten in deinem Objekt zu werben oder dorthin zu schleusen.« Nach weiteren langatmigen Erklärungen teilte mir Christian mit, ich sei als Nachfolger Axels künftig für das Kernforschungszentrum Karlsruhe zuständig. »Wenn in Zukunft die Leitung oder gar die Partei- und Staatsführung etwas zum ›KFZ‹ wissen will, dann mußt du ab jetzt auskunftsfähig sein. Zur Zeit haben wir keinen Mann dort. Wir wissen also nicht genau, was sich in dem Gelände abspielt. Wenn da heimlich Atombomben gebaut werden und wir erfahren das nicht, so liegt das hauptsächlich in deiner Verantwortung. Also versuche möglichst schnell, einen ›IM‹ in Karlsruhe zu plazieren.« Daß Christian mir nicht die volle Wahrheit gesagt hatte, erfuhr ich erst drei Jahre später. Das Referat hatte sehr wohl schon einen Agenten im »Objekt«.

Ich machte mich also wieder einmal ans Aktenlesen und staunte. Die Kartei enthielt zunächst ein Verzeichnis aller Mitarbeiter im Kernforschungszentrum, deren Tätigkeit bekannt war. Für nahezu über die Hälfte der Mitarbeiter des KFZ existierte eine weitere Kartei, auf der zusätzliche Informationen festgehalten waren. Ich war auch überrascht, wie viele Angehörige des KFZ davon bereits bei anderen Diensteinheiten des MfS erfaßt waren. Einige Karteikarten enthielten nämlich neben dem Namen nur eine Buchstabenabkürzung. Das bedeutete, daß schon anderswo Material über die Person geführt wurde, zum Beispiel bei der Objektverwaltung Wismut, einer MfS-Gliederung, die für die Betriebe der sowjetisch-deutschen Uranförderung auf dem Gebiet der DDR zuständig ist. Dieses Unternehmen hat eine eigene spezielle Aufklärungsabteilung, die sich, ähnlich wie unser Referat, mit Atomfragen befaßt und damals auch noch von unserem Referatsleiter Christian Streubel angeleitet wurde. Auf vielen Karten las ich den Hinweis »Freunde«. Das bedeutete: Das zu der Person vorhandene Material war dem KGB zur Weiterverarbeitung übergeben worden.

Die Aktenbände enthielten umfangreiches sonstiges Material über das KFZ: Finanzierungspläne, einen detaillierten Strukturplan, Jahresbilanzen, Konstruktions- und weitere Personalunterlagen, so Listen der wichtigsten Mitarbeiter und Angaben zu Personen, die vom Referat intensiv, aber vorerst erfolglos bearbeitet worden waren, Betriebsausweise, Pläne der Sicherheitsanlagen sowie zahlreiche Nachschlüssel. Nachdem ich mich mit dem Material vertraut gemacht hatte und über die wesentlichsten Sachverhalte im Bilde war, rief Christian mich erneut zu sich. Er trug mir auf, bis Mitte 1974 eine sogenannte »Objektauskunft« zu erarbeiten, also eine Zusammenstellung der im MfS über das Objekt vorhandenen Informationen, eine Mitarbeiteranalyse, und die operative Bewertung des Objektes unter nachrichtendienstlichen Gesichtspunkten. Außerdem sollte ich die Namen derjenigen Führungskräfte sowie Angestellten zusammenstellen, die am besten über das Objekt informiert waren und in der Lage sein würden, umfassend Auskunft zu geben. Christian forderte über jede dieser Schlüsselpersonen eine für den »Stab« bestimmte kurze Personenauskunft. Ich stellte mich dumm, denn nach meiner Kenntnis befaßte sich der »Stab« im wesentlichen mit der militärischen Ausbildung der MfS-Mitarbeiter. Christian wurde ungeduldig:

»Sei nicht so naiv. Glaubst du, der Stab hat keine Aufgaben für den Ernstfall? Sein Hauptauftrag ist es sogar, die HVA auf eine direkte militärische Konfrontation mit dem Gegner vorzubereiten. Denkst du etwa, wenn es knallt, kannst du hier ruhig an deinem Schreibtisch sitzenbleiben und deine Agenten zum Treff nach Berlin bestellen?«

So ahnungslos war ich natürlich nicht. Ich wußte, im Kriegsfall würde die Zentrale ausgelagert und der größte Teil der Mitarbeiter zur Diversion hinter den feindlichen Linien eingesetzt werden. Aber der Zusammenhang mit dem Kernforschungszentrum war mir nicht sogleich klar und ich fragte, was das mit den Beschäftigten im Karlsruher Forschungszentrum zu tun habe. Streubel fragte zurück:

»Du bist doch vom Sieg des Sozialismus überzeugt?«

» Selbstverständlich.«

»Dann ist es doch auch klar, daß wir irgendwann in Karlsruhe einmarschieren werden. Und dann müssen wir doch wissen, welche Personen als erste unter unsere Kontrolle zu bringen sind. Siehst du das nicht ein?«

Ich war über diese nichts bemäntelnde Auskunft perplex, trotz allem, was ich schon über die Verlogenheit mitbekommen hatte, mit der die DDR »Koexistenz« predigte und sich andererseits auf die Konfrontation vorbereitete. Offensichtlich existierten also bereits detaillierte Pläne und Listen über Personen, derer man bei einer Besetzung der Bundesrepublik habhaft werden wollte. Nach und nach erfuhr ich, daß es derartige Pläne nicht nur für Wissenschaftler und wissenschaftliche Objekte, wie das Kernforschungszentrum Karlsruhe, gab. Der Stab der HVA und der Stab des gesamten MfS verfügten über umfangreiche Unterlagen von allen möglichen Bundesbürgern, die für eine »Verwahrung« von besonderem Interesse sein könnten: Manager und Ingenieure, Politiker und Militärs, zahlreiche Geheimnisträger und Journalisten. Diese Planung erinnerte an das Vorgehen der Alliierten nach dem Zweiten Weltkrieg, als sie in ihren Besatzungszonen zahlreiche Wissenschaftler und Forscher von einiger Bedeutung für mehrere Jahre mehr oder weniger freiwillig in ihre Dienste nahmen. Offenbar will die Sowjetunion, die sich bei dieser Aktion einigermaßen zu kurz gekommen sah, auf den nächsten Krieg noch besser vorbereitet sein und sich gleich der gesamten Elite des okkupierten Gebietes bemächtigen.

Gewiß — die Doppelzüngigkeit, die sich hinter den in Parteiversammlungen ständig wiederholenden Entspannungs- und Abrüstungsphrasen versteckte, war mir schon lange bewußt. Auch hatten sich leitende Mitarbeiter des MfS nicht nur unter sich, sondern sogar in größerem Kreise allzu offen über die wahren Prioritäten des »Friedenslagers« geäußert. Auf eine solche Infamie war ich dennoch nicht gefaßt. Und das war noch nicht alles. Eines Tages erfuhr ich, daß es in den einzelnen Kreisen und auch in der Zentrale der Abwehr eine sogenannte VSH-Kartei gibt. Mit dieser Abkürzung konnte ich nichts anfangen, und in meiner unmittelbaren dienstlichen Umgebung war auch kein Kollege in der Lage, mir befriedigende Auskunft zu geben. Bei meiner nächsten Dienstreise nach Dresden fragte ich den mir gut bekannten Genossen Rolf Schilde, der für die abwehrmäßige Bearbeitung eines Teils der Technischen Universität Dresden zuständig war.

Schilde machte eine abschätzige Bemerkung über die »feinen

Pinkel von der Aufklärung in Berlin«, die nicht wüßten, wie die Dreckarbeit an der Basis aussieht. Dann kam er zur Sache: »Lieber Kollege, in der VSH-Kartei sind alle die schrägen Vögel erfaßt, die wir, wenn es mal politisch ernst wird, vorsichtshalber einsperren müssen.«

Ich wollte es jedoch noch genauer wissen; VSH-Kartei bedeutet Schilde zufolge — und ich habe keinen Grund, daran zu zweifeln — »Vorsorge-Sicherungshinweis-Kartei«. Darin sind unter anderem erfaßt: Personen mit nachgewiesener oder »begründet zu vermutender« Abneigung gegen das System der DDR, politische Straftäter, Sektenmitglieder, Nichtwähler, aufsässige Jugendliche, Bürger mit sehr intensiven Westbeziehungen und andere unsichere Kantonisten, schließlich auch Kriminelle. Bei innenpolitischen Schwierigkeiten oder außenpolitischen Krisen ist der Staatssicherheitsdienst anhand dieser Kartei in der Lage, schnell zuzugreifen. Es bedarf daher keiner großen Phantasie, warum Ereignisse, wie sie 1968 immerhin noch in der CSSR und später in Polen möglich waren, im SED-Staat nur schwer vorstellbar sind. Auch zu dieser Notstandsplanung im eigenen Lande äußerte sich mein Referatsleiter, als einmal die Sprache darauf kam, nicht anders als zur Verwahrung der West-Intelligenz im Kriegsfalle: »Wir werden doch nicht zimperlich sein, wenn der Sozialismus in Gefahr gerät. In den großen Weiten Sibiriens verlaufen sich die paar Staatsfeinde schnell. Wir müssen unsere Gegner nicht nur kennen, sondern auch wissen, was wir mit ihnen machen, wenn es einmal kritisch wird. Und der Feind steht nicht nur westlich von uns. Er steht auch im eigenen Land.« Diese und andere Erklärungen Christians gehörten zu den entscheidenden Erfahrungen, die es mir leicht machten, mich für die andere Seite zu entscheiden.

Es war aber noch lange nicht so weit. Gegenwärtig lag die »Objektsache Karlsruhe« auf meinem Tisch, und ich konnte nach einer gewissen Zeit nicht anders, als eine Liste mit etwa hundert Namen an den Stab der HVA zu geben. Alle Führungskräfte, die herausragenden Wissenschaftler und die Sicherheitsbeamten waren darin verzeichnet. Auch meine »Auskunft« zum Objekt hatte ich fertiggestellt. Kernsatz meiner operativen Beurteilung war, daß zum damaligen Zeitpunkt im Kernforschungszentrum Karlsruhe keine Atomwaffen entwickelt wurden, wenn auch genügend Grundlagenwissen vorhanden war, um eine Produktion von Kernwaffen in kürzester Zeit aufnehmen zu können. Daher müsse das KFZ doch als wichtigstes Objekt des Gegners konzentriert nachrichtendienstlich bearbeitet und mit Informationsquellen durchsetzt werden. Angesichts der bedeutenden wissenschaftlichen Potenz des KFZ konnte ich keine andere Bewertung abgeben.

Die gleiche Aufgabe war selbstverständlich den anderen Mitarbeitern des Referates und der gesamten HVA hinsichtlich der einzelnen ihnen zugewiesenen Objekte gestellt. Olaf Junghanns hatte zum Beispiel eine Akte über einen Teil des Bundesamtes für Wehrtechnik und Beschaffung im Schrank, Horst Kiessig bearbeitete das Atomreferat im Bundesministerium für Forschung und Technologie, Werner Heintze die Kernforschungsanlage Jülich, Peter Grosse war zuständig für Interatom in Bensberg, Werner Hengst für die Kraftwerksunion.

6

Im Herbst 1973 absolvierten die ersten von mir angeworbenen Agenten aus dem Inland ihre ersten Westeinsätze. Reisen inoffizieller Mitarbeiter in das Operationsgebiet gehören zu den Vorgängen in der Arbeit der HVA. Nach der Ausbildung erhalten diese sogenannten »Reisekader« die unterschiedlichsten Aufträge. Sie halten die Verbindung zu den im Westen stationierten Agenten als Kuriere und Instrukteure aufrecht. Sie arbeiten als Werber bei der Anbahnung neuer Kontakte und der Rekrutierung von Agenten. Sie ermitteln, observieren und kaufen, wie schon erwähnt, für die HVA sowie die Führungsoffiziere Güter ein, die in der DDR nicht zu haben sind. Die erste von mir selbständig organisierte Reise im Rahmen der Ausbildung unternahm mein »IM« Martin aus Halle. Zur Vorbereitung gehörte natürlich zunächst eine intensive politische Schulung, denn der Mitarbeiter begegnete ja zum erstenmal in seinem Leben den Realitäten des Westens. Darauf mußte er ideologisch vorbereitet werden. Auch auf gewisse Risiken mußte ich ihn hinweisen, bemühte mich jedoch, ihm keine Angst einzujagen. Wie in der HVA üblich, sollte der erste Einsatz eine Tagesreise nach Westberlin sein — also kein allzu großes Unternehmen. Ich erstellte den erforderlichen Reiseplan, der wie alle Einsätze in das Operationsgebiet vom Abteilungsleiter bestätigt werden mußte. Hauptziel sei es, so schrieb ich, den inoffiziellen Mitarbeiter mit den Verhältnissen im Operationsgebiet, mit den Verkehrsmitteln in Westberlin und mit den Verhaltensweisen der Westberliner vertraut zu machen. Ferner sollte er den Flughafen Tempelhof, über den zu dieser Zeit noch der gesamte Flugverkehr von und nach Berlin abgewickelt wurde und den auch die meisten Agenten benutzten, wenn sie ins Bundesgebiet weiterreisen wollten, abklären und sich die Abfertigungs- und Kontrollformalitäten einprägen. Natürlich mußte ich ihm auch eine Reiselegende mit auf den Weg geben. Bei einer Befragung durch die Westberliner Polizei, so legte ich fest, sollte er als Akademiker aus der DDR auftreten, der von seiner Universität in Halle beauftragt worden sei, in der Bibliothek der Freien Universität Berlin Literaturstudien zu betreiben.

Ich gab den Reiseplan meinem Referatsleiter, der das Papier Horst Vogel vorlegte. Wenig später mußte ich die Akte »Martin« nachliefern. Der Abteilungsleiter wollte sich selbst noch ein Bild von dem DDR-Bürger machen, ehe er ihn in den Westen reisen ließ. Anschließend wurde ich selbst zu ihm zitiert. »Bist du auch sicher, daß dein Mann wiederkommt?«, nahm mich Vogel ins Gebet, »hast du festgestellt, ob er nicht irgendwelche Schwierigkeiten hat, die ihn veranlassen könnten, im Westen zu bleiben?« — »Das habe ich; er hat keine,« gab ich zurück. — »Bist du sicher, daß er uns seine einwandfreie politische Haltung nicht nur vorspielt?« Mir wurde immer ungemütlicher zumute. Bei wem konnte man da schon sicher sein?! Ich selbst galt doch unter meinen Kollegen und bei meinen Vorgesetzten als überzeugter oder zumindest zuverlässig »angepaßter« Anhänger der SED und täuschte das auch nur noch vor. Aber zumindest Martins Familienverhältnisse waren unzweifelhaft in Ordnung, und allein darauf konnte ich schon bauen. So bejahte ich auch die letzte Frage. »Gut, ich bestätige dir die Reise«, entschied Horst Vogel, »aber wenn der Mann republikflüchtig wird, trägst du den größten Teil der Verantwortung. Dann kannst du wieder zu Reinhard Linke gehen und dich um die Physiker kümmern.« Die angedrohte Konsequenz war offenbar ernst gemeint. Doch mußten letzlich alle Führungsoffiziere mit diesem Risiko rechnen, und die Fälle, in denen ein ausgesandter Agent im Westen blieb, waren nicht allzu häufig. Auf meinem Antrag stellte die Abteilung VI/K einen DDR-Reisepaß auf den Klarnamen des Agenten und eine Ausreisegenehmigung für einen Eintagesaufenthalt in Westberlin aus. Von der Abteilungssekretärin Iris erhielt ich gegen meinen Anforderungsbeleg 40 Westmark. Das mußte für die Ausgaben Martins einschließlich einer kleinen Reserve für Zwischenfälle ausreichen.

Bis zu diesem Zeitpunkt hatte ich Martin noch nicht ausdrücklich gesagt, daß er für den Auslandsnachrichtendienst des MfS arbeitete. Zwar konnte er aus den ihm gestellten vorangegangenen Aufgaben und der politischen Schulung bei einiger Intelligenz entnehmen, daß mein Hauptinteresse dem Westen galt. Bislang war aber noch nicht die Rede davon gewesen, daß er selbst dort eingesetzt werden sollte. Am Telefon hatte ich ihn nur für zwei Tage nach Berlin bestellt. Als Universitätsassistent war es für ihn nicht schwierig, für diese Zeit aus seinem Institut abwesend zu sein. Ich brachte ihn in meiner von Axel Huether geerbten konspirativen Wohnung »Burg« unter, wo ich ihm erstmals mein Vorhaben eröffnete: »Du fährst morgen in unserem Auftrag nach Westberlin. Es wird Zeit, daß du jetzt erfährst, welche Aufgabe ich habe. Ich bin als Nachrichtenoffizier des MfS gegen die Bundesrepublik eingesetzt.« Martin schien konsterniert: »Soll ich etwa als Kundschafter nach drüben gehen?« fragte er, nachdem er seine Fassung halbwegs wiedergewonnen hatte. Meine Antwort war etwas überheblich: »Natürlich, oder denkst du, wir kommen an Geheiminformationen aus dem Westen heran, ohne dort selbst präsent zu sein?«

Martin begann nun zu strahlen — fast allzusehr, so daß ich ein wenig mißtrauisch wurde. Hatte ich mich etwa doch getäuscht? Würde er möglicherweise auf Nimmerwiedersehen verschwinden? Aber nein, beruhigte ich mich selbst, er freute sich nur über die hohe Ehre, die ihm zuteil wurde. Das konnte ich ihm auch nicht verdenken, denn bisher doch nur als kleiner »Stasi«-Spitzel eingesetzt, sah er sich nun endlich als respektierter Mitarbeiter der Aufklärung. Ich instruierte also den sichtlich neugierigen Martin ohne weitere Bedenken. Zur vorbereitenden Lektüre ließ ich ihm umfangreiche Broschüren in der konspirativen Wohnung, welche die Abteilung VI parat hielt. Er konnte sich so wenigstens theoretisch mit dem Bahnhof Friedrichstraße, den geographischen Gegebenheiten Westberlins, den Verkehrsmitteln und den dortigen Gepflogenheiten vertraut machen. Am nächsten Morgen drückte ich ihm Paß und Geld in die Hand und wies ihn an, Punkt 18 Uhr wieder in der konspirativen Wohnung zu sein. Den ganzen Tag verbrachte ich dennoch in leichter Unruhe. Mein Zimmergenosse Werner Hengst versuchte mich zu beruhigen; wenn der Mann in Ordnung sei, werde er auch wiederkommen. Hengst erinnerte sich: »Ich wollte dich, als du noch selbst mein ›IM‹ warst, übrigens auch einmal nach Westberlin schicken. Aber dann kam die Weisung von der Leitung, daß Einstellungskandidaten nicht reisen dürfen.«

Ab 17.30 Uhr wartete ich in der konspirativen Wohnung auf meinen Mann. Es wurde 18 Uhr, 18.30 Uhr, 19 Uhr. Meine Nervosität wuchs von Minute zu Minute. Wieder kamen mir Zweifel an Martins »Echtheit« auf. Vielleicht war er auch als Agent des Staatssicherheitsdienstes erkannt und verhaftet worden! Die Wartezeit wurde zur Qual. Endlich, um 19.30 Uhr, klingelte es. Abgekämpft, aber strahlend stand Martin vor der Tür. Er ließ mich gar nicht erst zu Wort kommen: »Was meinst du, was du mir da aufgebrummt hast. Der Flughafen ist riesig, die Universitätsbibliothek war nicht einfach zu finden, und überhaupt war ich den ganzen Tag nur in Hast und Eile. Zum Schluß mußte ich auch noch bei der Wiedereinreise eine ganze Weile warten.« Sein Bericht über die Verhältnisse in Westberlin, die riesigen Kaufhäuser und all' die anderen sehenswerten Dinge hat vor allem meine eigene Neugier auf den Westen verstärkt. Ich konnte ganz deutlich spüren, daß auch der sonst so linientreue Martin mehr oder weniger positiv von seiner Entdeckung des »dekadenten« Westberlins beeindruckt war, wenn er es auch nicht offen zeigen wollte.

In den folgenden Jahren schickte ich noch eine Reihe von »IM« zum ersten Einsatz in den Westen. Jedesmal verspürte ich dabei eine innere Unruhe und Unsicherheit. Zu meinem Glück kam es jedoch bei »meinen« Leuten nie zu einer Republikflucht oder Verhaftung. An einigen aufregenden Zufällen fehlte es allerdings nicht. Doch kann ich aus meinen Erfahrungen den Schluß ziehen, daß die Gefahren, die sich aus der Reisetätigkeit der Agenten ergeben, im MfS überschätzt werden. Nachdem mein Netz komplett war, habe ich jeden Monat etwa vier Leute zu den verschiedensten Zwecken losgeschickt. Wenn man davon ausgeht, daß ich damit nur leicht über dem Durchschnitt der gesamten HVA lag, so ergibt das etwa 4000 Agenten-Reisen, die innerhalb von vier Wochen im Auftrag des MfS über die Grenze ins Operationsgebiet stattfinden. Auf ein Jahr umgerechnet kommt man auf die stattliche Zahl von rund 50 000 Reisen. Die etwa 20 bis 30 registrierten Verhaftungen fallen dabei also statistisch kaum ins Gewicht. Dennoch verursacht natürlich jede Festnahme in der HVA große Aufregung. Es geht ja nicht nur ein Reise-Agent verloren, sondern die gegnerische Spionageabwehr erhält von ihm unter Umständen wichtige Informationen, wenn nicht gar eine sehr wichtige »West-Quelle« dabei ausgeschaltet wird. Vor allem aber wird die Verhaftung eines Agenten als politische Niederlage gewertet. Man betrachtet in erster Linie nicht den Menschen, sondern das System als getroffen. Unter gewissen Umständen wirkt eine solche Panne allerdings auch als Erfolg für das System, wie etwa der spektakuläre Fall Guillaume.

Tatsächlich kommen unglückliche Zufälle und Verwicklungen bei Westeinsätzen ziemlich häufig vor. In der Regel haben sie aber keine ernsten Folgen, wenn auch so mancher Agent aufgeflogen ist, weil er irrtümlich fur einen Rauschgiftschmuggler, Dieb oder Einbrecher gehalten wurde. Nicht wenige Zwischenfälle waren auf die von uns genutzten »Doppelgängerpapiere« zurückzuführen, das heißt auf nachgefertigte Ausweise wirklich existierender Bürger Westberlins oder der Bundesrepublik, die bei deren Einreisen in die DDR von den Kontrollstellen heimlich photokopiert werden. Der gefälschte Ausweis selbst wurde kaum je beanstandet. In Spionageprozessen in der Bundesrepublik Deutschland haben sogar Sachverständige die Druckerzeugnisse der Abteilung VI/K der HVA als »zweifellos echt« bezeichnet, während echte Dokumente der Bundesdruckerei hin und wieder angezweifelt wurden. Aber wir konnten nicht absolut ausschließen, daß zufällig nach der »Originalperson« wegen irgendeines Delikts gefahndet wurde. Schon wenn der Mann, der unfreiwillig mit seinem Namen für unsere Reisekader herhielt, etwaige Unterhaltsverpflichtungen vernachlässigt hat, kann das dem Agenten, der mit den Personalien des Gesuchten in eine Kontrolle geriet, in fatale Schwierigkeiten bringen. Auch dagegen suchten wir uns zwar möglichst abzusichern. Beim MfS liegen die wichtigsten Fahndungsbücher der Bundesrepublik vor, und wir schlugen bei der Vorbereitung jeder Reise mit gefälschtem Doppelgängerausweis dort nach; aber die Listen waren nicht immer auf dem neuesten Stand.

Mein ehemaliger Kollege Hauptmann Hartmut Ritter wäre auf Grund einer anderen fälschlichen Verdächtigung ebenfalls fast als Agent aufgeflogen. Im Sommer 1963, noch als »IM«, fuhr er mit der Legende eines bibliographischen Auftrages der Universität Leipzig nach Westberlin und benutzte dabei einen DDR-Reisepaß mit seinem echten Namen. In Wirklichkeit hatte er den Auftrag, für das MfS eine Adresse zu überprüfen und unauffällig festzustellen, ob der Betreffende zu Hause war. Hartmut suchte nach einem geeigneten Beobachtungsplatz, von dem aus er die Fenster der angegebenen Wohnung einsehen könnte und fand einen günstig gelegenen Kinderspielplatz. Er setzte sich dort auf den Rand des Sandkastens und tat so, als wolle er den spielenden Kindern ein kleines Vergnügen machen, indem er mit ihnen im Sande buddelte. Hartmut — damals im Zivilberuf noch Lehrer — war sich offenbar nicht im geringsten bewußt, daß er sich dabei den Verdacht abwegiger Neigungen zuziehen könnte. Es dauerte jedoch keine halbe Stunde, bis eine Polizeistreife am Spielplatz auftauchte und den kinderlieben Hartmut kurzerhand festnahm.

Auf dem Revier mußte er sich erst einmal den Vorwurf der »Liebe mit Kindern« gefallen lassen. Entrüstet wies er das von sich. Es kam nun zum regelrechten Kreuzverhör: Was er denn als DDR-Bürger, der sich angeblich auf einer Dienstreise für seine Universität in Westberlin aufhalte, an einem Kinderspielplatz zu suchen habe. Anstatt dafür die einfachste Erklärung zu finden, daß er sich nämlich verlaufen habe und sich etwas habe ausruhen wollen, brachte er im Lügen wenig geübte Jung-Agent fadenscheinige Gründe vor, die bei den Beamten bald den Verdacht aufkommen ließen, daß er tatsächlich gar nicht mit einem akademischen Auftrag, sondern für das MfS unterwegs war. Sie behielten Hartmut auf dem Revier, solange sie konnten. Er verwickelte sich in immer neue Widersprüche, leugnete jedoch unerschütterlich eine Verbindung zum Staatssicherheitsdienst. Obwohl die Polizeibeamten fest davon überzeugt waren, unversehens einen MfS-Agenten gefaßt zu haben, mußten sie ihn am nächsten Tag wieder ziehen lassen, denn eine strafbare Handlung war nicht nachweisbar, nachdem auch die Kinder vom Spielplatz keinerlei unsittliche Annäherungsversuche Hartmuts bestätigen konnten. Die ganze Geschichte kam mir nochmals in Erinnerung, als ich schon im Westen war. Auf einem erkennungsdienstlichen Photo der Polizei, das mir dort vorgelegt wurde, erkannte ich meinen früheren Kollegen Hartmut wieder.

Eine Meisterleistung

1

Am 31. Dezember 1973 zog ich wieder einmal für mich Bilanz. Zum einen hatte ich mich gut in meinem neuen Beruf eingeführt. Die erste Westwerbung lag hinter mir, und ich hatte einen weiteren Westagenten übernommen. Mein Inlandsnetz hatte eine beachtliche Ausdehnung, und mein Ruf als einer der Mitarbeiter, von denen man noch einiges erwarten konnte, hatte sich gefestigt. Auf der anderen Seite hatten sich in diesem Jahr meine Abscheu gegen das SED-Regime und damit der innere Widerspruch, das schwelende Unbehagen außerordentlich verstärkt. Die Frage, wie lange ich mit dieser Schizophrenie leben konnte, stellte sich immer öfter, und doch schob ich die Antwort weiter vor mir her. Auch der nun fast zwei Jahre zurückliegende, bisher ohne Fortsetzung gebliebene nachrichtendienstliche Kontakt mit einem Mann von der Gegenseite, damals in Leipzig, schien fast in das Unterbewußtsein verdrängt, obwohl ich das »Totem« weiter wie einen Talisman bei mir trug und manchmal fast körperlich zu spüren vermeinte, daß ich irgendwie weiter »von drüben« beobachtet würde — was, wie mir später bestätigt werden sollte, tatsächlich auch der Fall war.

Das Jahr 1974 begann mit einer großangelegten Kampagne in der HVA, im ganzen MfS und darüber hinaus in der gesamten DDR. Anlaß war der 25. Jahrestag der Staatsgründung am 7. Oktober. Bei uns kam noch der am 8. Februar 1975 anschließende 25. Jahrestag der Gründung des MfS dazu. Beide Anlässe waren Grund genug, zum großen »Wettbewerb« aufzurufen. Der These Lenins von der »bewußtseinsbildenden Kraft des sozialistischen Leistungsvergleichs« entsprechend wurde das Wettbewerbsprinzip in der DDR für alles und jedes eingesetzt, und es wurden ständig neue Anlässe dafür gesucht, bis es zur Farce abgeschliffen war. In der Industrie und Landwirtschaft war es daher schon längst zur Leerformel geworden. Nicht so im MfS. Hier tat man noch immer so, als ließe sich aus dem Apparat immer noch mehr herausholen. Das Thema »Sozialistischer Wettbewerb« stand auf jeder zweiten Parteiveranstaltung auf der Tagesordnung und forderte jedem Mitarbeiter bei besonderen Anlässen — wie den beiden anstehenden festlichen Anlässen »Selbstverpflichtungen« ab, über die später Rechenschaft abzulegen war. Daß wir uns damit selbst etwas vormachten, gestanden wir uns wohl insgeheim ein, ohne das nach außenhin zu erkennen zu geben. Der fähige Operativoffizier bemühte sich ohnehin, ein gutes Arbeitsergebnis zu erzielen, und die trägen Genossen lassen sich durch keinerlei Wettbewerb vom bequemen Bürosessel reißen. Vertreter dieser letzteren Kategorie kannte ich mittlerweile auch schon. Zumeist waren es diejenigen, die bei Parteiversammlungen das große Wort führten. Im MfS galt das dem Regime angemessene Prinzip, daß eine dienstliche Beförderung durch verschiedene Parteiinstanzen »vorbereitet« werden muß. Deshalb bemühten sich gerade jene, sich als besonders »revolutionär« aufzuführen, die wenig operative Ergebnisse vorzuweisen hatten.

Christian bestellte auch mich zur Besprechung einer Wettbewerbsverpflichtung in sein Arbeitszimmer. Seine kürzlich erfolgte Beförderung zum Major hatte seinen Ehrgeiz noch weiter angestachelt. »Nun, Genosse Leutnant«, begrüßte er mich, »was willst du denn zum 7. Oktober auf den Geburtstagstisch der Republik legen?« Von den anderen Mitarbeitern des Referats wußte ich, daß Christian sich bei ihnen im Grunde mit normalen Aufgaben begnügt hatte. Ich sah auch keine andere Möglichkeit für mich. Meine Werbung »Ernestos« lag erst etwas über einen Monat zurück, und noch war sein Westeinsatz sowie die Übersiedlung Elkes vorgesehen. Wenn ich die beiden intensiv für das Vorhaben vorbereitete, war dem »Selbstverpflichtungsprinzip« nach meiner Vorstellung Genüge getan. Doch der Referatsleiter winkte ab: »das schaffst du doch nebenbei und mit der linken Hand. Ich habe etwas anderes für dich, eine Geschichte, an der wir uns schon jahrelang die Zähne ausgebissen haben. Wenn du den Mann werben kannst, wäre das wirklich eine reife Leistung.« Er hatte zwei Akten vor sich liegen, die schon etwas älter wirkten. Nach meiner Erfahrung enthielten solche Bände meist besonders interessante Vorgänge; so packte mich doch die Neugier, und ich biß an. Christian wies mich an, mich zuerst mit der Akte über einen DDR-Bürger vertraut zu machen. Richtig eingesetzt, könne er vielleicht eine wertvolle Hilfe dabei sein, mir die eigentliche Zielperson aus dem Westen zuzuführen. Er habe mich für diese Sache ausgewählt, weil es diesmal »sehr hoch in akademische Kreise« gehe. Ich schien ihm die besten Voraussetzungen zu haben, »mit solchen Herrschaften umzugehen«.

Auf der Akte las ich den Deckmann »Bodo«. Schon die erste Seite mit dem Verzeichnis der MfS-Mitarbeiter, die mit dem Mann zu tun gehabt hatten, weckte mein Interesse. Die Aufzählung begann mit dem Namen Reinhard Linke. Was man von dem Sekretär der Physikalischen Gesellschaft und seinen Qualitäten zu halten hatte, wußte ich ja sowohl aus eigener Erfahrung wie aus der Akte zum Fall »Alois« und auch aus sonstigen Geschichten, die über ihn im MfS kursierten. Das Blatt mit den Personalien »Bodos« eröffnete mir, daß sich hinter diesem Decknamen der Physiker Dr. Herbert Friedrich, 40 Jahre alt, wohnhaft in der Karl-Marx-Allee, der ehemaligen Stalinallee, verbarg. Er war als Arbeitsgruppenleiter im Zentralinstitut für Elektronenphysik der Akademie der Wissenschaften tätig — einer Forschungseinrichtung, die mit Mitarbeitern des MfS durchsetzt ist, angefangen beim Leiter, Professor Dr. Alexander, über den Abteilungsleiter Professor Dr. G. O. Müller zu den Mitarbeitern Dr. Hans Wieczorek und Dr. Manfred Wirsig (später einer »meiner« IM) und dem für internationale Beziehungen des Instituts verantwortlichen Dr. Kurt Werner.

Ich kannte Dr. Friedrich bereits von der Physikalischen Gesellschaft her. Er war dort mehrfach erschienen, da er gleichzeitig als Sekretär des Nationalkomitees für Physik fungierte. Anläßlich eines Kongresses hatten wir einmal eine längere Aussprache über Fragen der Wissenschaftspolitik. Ich hatte dabei keinen schlechten Eindruck von ihm gewonnen. Er war mittelgroß, stämmig, mit dunklen, leicht angegrautem Haar und einem für sein Alter schon recht faltigen Gesicht. In der Unterhaltung mit mir hatte er Sachkenntnis und Objektivität gezeigt. Ob er sich allerdings für die nachrichtendienstliche Arbeit eignete, schien mir seinem Wesen nach zweifelhaft zu sein; ich sollte mich jedoch irren.

Der Mann war schon 1965 von Linke auf eine für diesen typische Art geworben worden. Dr. Friedrich hatte im Kollegenkreis zum Besten gegeben, daß einer seiner Nachbarn offenbar Unzucht mit der eigenen Tochter trieb. Linke hörte davon, sprach den Physiker darauf an, indem er ihm vorspiegelte, daß sich der Staatssicherheitsdienst als »Hüter der sozialistischen Moral« für solche Fälle interessiere, und ließ sich noch einmal alles im Detail erzählen. Im folgenden halben Jahr trafen sich beide monatlich, wobei der Physiker jedesmal einen umfangreichen Bericht über den Fortgang des Inzestverhältnisses in seiner Nachbarschaft erstattete. Als ich diese Berichte las, wurde ich stutzig; »Bodo« erfuhr die Einzelheiten über das Treiben jeweils von dem abartigen Vater selbst, und zwar immer dann, wenn dieser unter Alkoholeinwirkung stand und redselig wurde. Ich überlegte, daß bei dieser Trinkerei doch auch »Bodo« stets mitgehalten haben dürfte. Also war auch bei ihm mehr oder weniger Alkoholabhängigkeit (wie auch bei Linke) zu vermuten. Die Akte wies nach der Anwerbung »Bodos« nichts Bemerkenswertes mehr aus. Vermutlich war er von Linke weder richtig ausgebildet noch weiter eingesetzt worden. Nach Linkes Hinauswurf aus dem Referat war der Kontakt zu »Bodo« fast gänzlich eingeschlafen.

So banal also der Inhalt des ersten der beiden mir übergebenen Ordner blieb, so spannend wurde die Lektüre der zweiten Akte. Zu meinem nicht geringen Erstaunen führte diese zunächst bis in das Jahr 1948 zurück, als das MfS noch gar nicht existierte. Hinweise zur Herkunft des Materials, also Briefköpfe und ähnliches, fehlten zwar. Mir war aber sehr bald klar: Hier ging es um einen Fall, den der »Große Bruder«, also das »KGB«, in der Hand gehabt hatte. Mich interessierte das brennend. Obwohl das MfS natürlich in einem Juniorpartner-Verhältnis zum KGB steht, lag doch für uns ein ziemlich dichter Schleier über dem sowjetischen

Geheimdienst. Dieser wurde zu meiner Zeit in unserem Sektor von einem Obersten vertreten, dessen Hauptaufgabe es zu sein schien, die Zusammenstellungen eingegangener Informationen, welche ihm vom Leiter des Sektors fast vollständig vorgelegt wurden, zu begutachten und davon auszuwählen, was die Sowjetunion gebrauchen konnte. Wie ich mich anhand der Kopienanforderungen von eingegangenem Material überzeugen konnte, war für die Russen so gut wie alles interessant.

Vor mir enthüllte sich also der Weg eines sowjetischen Agenten, und zwar eines Wissenschaftlers aus alter deutscher Akademikertradition, des angesehenen Professors Dr. Karl Hauffe. Ein Jahr vor Ausbruch des Ersten Weltkrieges, am 8. April 1913, hatte er in Posen das Licht der Welt erblickt. Nach dem Abitur studierte er Chemie. Nach wenigen Jahren promovierte er an der TH Darmstadt. Politisch deutschnational eingestellt, hatte er einer schlagenden Verbindung angehört. In der NS-Zeit engagierte er sich nicht besonders, sondern zog es vor, sich hauptsächlich seiner wissenschaftlichen Karriere zu widmen. Um den Krieg kam der junge Doktor freilich nicht herum und wurde wie fast alle seiner Generation zur Wehrmacht eingezogen. Nach der Habilitation in Berlin 1948 wurde er 1950 zum Ordinarius an die alte mitteldeutsche Universität Greifswald berufen. Einer seiner früheren Lehrer förderte ihn besonders — der in Leningrad geborene Kommunist Professor Dr. Robert Rompe. Ich stockte beim Lesen: Der Vorsitzende der Physikalischen Gesellschaft, »Physikpapst« der DDR und ZK-Mitglied, war mir nun schon mehrfach in den Akten des Referats begegnet. Er war es gewesen, der den Agenten »Sperber« bei dessen Übersiedlung in den Westen an den Franzosen »Ludwig« vermittelt hatte. Ich blickte auf und fragte meinen Zimmergenossen Werner Hengst, der gerade mit dem Sortieren von Papieren beschäftigt war, welche Rolle eigentlich Rompe in unserem Referat spiele. In jeder bedeutenden Sache, die ich bisher in die Hände bekommen habe, hänge er irgendwie mit drin. Werner blickte mich erst einmal lange an. Das pflegte er immer dann zu tun, wenn ich eine besonders neugierige Frage stellte. Er überlegte dabei, ob ich schon reif für eine Antwort sei. Wollte er zum Ausdruck bringen, daß ich noch nicht »erwachsen« genug war, wandte er sich einfach wieder seiner Arbeit zu und tat so, als hätte er überhaupt nichts gehört. Diesmal entschied er sich jedoch für eine Antwort: »Na ja, der Robert ist vielleicht der wichtigste ›IM‹, den der Sektor überhaupt hat. Sein Deckname ist ›Frank‹. Er wird von Willi Neumann persönlich geführt. Bei vielen qualifizierten Übersiedlungen hat er uns unterstützt — zumeist dadurch, daß er Wissenschaftler im Westen gebeten hat, einen unbemittelten ›DDR-Flüchtling‹ aufzunehmen. Er genießt den Ruf einer eigenwilligen Persönlichkeit — nämlich überzeugter Kommunist und ZK-Mitglied zu sein und trotzdem für seine Schüler auch dann noch zu sorgen, wenn sie aus der DDR getürmt sind. Seine westlichen Kollegen haben ihm das zu unserem Glück jedenfalls noch immer abgenommen. Wer weiß, wieviel gut postierte Agenten des Sektors außer denen, die ich kenne, er noch zu übersiedeln geholfen hat!« Ich kann Werners Darstellung aus meiner späteren Erfahrung nur bestätigen und bin überzeugt, daß es in der Bundesrepublik und in einigen anderen westlichen Ländern auch heute noch eine Reihe von Rompe-Schülern oder -Günstlingen gibt, die in der Agentenkartei des MfS oder des KGB stehen.

Ich drängte Werner zu weiteren Eröffnungen über Rompe: »Hier in der Akte sieht es so aus, als hätte er auch für die ›Freunde‹ gearbeitet ...« Werner überlegte wieder für eine Weile und meinte dann gönnerhaft: »Ach, das hast du also auch schon gemerkt. Robert ist einer der ältesten Freunde der Sowjetunion, die wir in der DDR haben, und die wissenschaftlich-technische Aufklärung des KGB hat ja auch schon eine lange Tradition. Was meinst du denn, weshalb gerade der Genosse Rompe ZK-Mitglied geworden ist? Es gibt sicher noch andere Physiker in der DDR, die wissenschaftlich nicht schlecht und auch bewährte Kommunisten sind, aber die sowjetischen Genossen haben eben besonderes Vertrauen zu dem Genossen Rompe. Sie werden schon ihren Grund dafür haben.« Es hätte mich schon gereizt, allen Geheimdienstaktionen nachzuspüren, an denen Rompe unter Leitung des KGB wohl schon seit den dreißiger Jahren und später des MfS beteiligt war oder ist. Mir war sehr wohl bekannt, daß die wissenschaftlich-technische Spionage der Sowjets schon früher erfolgreich war. Der Leiter des Sektors, Oberst Heinrich Weiberg, erzählte einmal die sehr bedeutsame Geschichte, wie Lenin persönlich einen hochbegabten jungen Physiker schon kurz nach der Oktoberrevolution, als die kommunistische Macht noch ziemlich wacklig war, zu dem weltberühmten britischen Physiker Ernest Rutherford schickte, um von dessen Arbeiten zu profitieren. Als der Praktikant etwa um 1929 in die Sowjetunion zurückkehrte, legte er mit dem bei Rutherford erworbenen Wissen den Grundstein für die sowjetische Atomphysik. Rutherford schenkte dem jungen Russen, der den Briten stark für sich eingenommen hatte, zum Abschied sogar eine komplette Laborausrüstung.

Allmählich wurde mir klar, daß Rompe es war, der meine neue Zielperson in das Netz des KGB gezogen hatte. Ich fand das in der Akte auch bestätigt. Hauffe hatte sich als Chemiker bereits einen Namen gemacht, fühlte sich jedoch in der kleinen Universitätsstadt nicht wohl. Mit den örtlichen Behörden lag er ständig im Streit, einmal wegen seiner Wohnung, ein anderes mal wegen eines Mitarbeiters. Er betrieb intensiv eine Berufung nach Berlin. Rompe — zu dieser Zeit Staatssekretär im Ministerium für Hoch- und Fachschulwesen — unterstützte seinen Schützling auch bei diesem Vorhaben, spielte ihn aber offenbar gleichzeitig dem KGB zu. Nachdem die Berufung Hauffes nach Berlin 1952 auch zustande gekommen war, verschwand dieser plötzlich mit seiner Ehefrau — eine seiner früheren Laborantinnen — bei Nacht und Nebel in den Westen. Von 1953 bis 1956 war er dann wissenschaftlicher Berater des Zentralinstituts für industrielle Forschung in Oslo. Die Akte enthielt keine Angaben über die Gründe seiner Flucht, ob er sich weiteren Ansinnen des KGB entziehen wollte, oder ob es eine gezielte Aktion für Plazierung im Westen war. Jedenfalls ist er auch später nunmehr als Leiter der Forschungsabteilung eines bekannten Chemiekonzerns, wieder von KGB-Agenten kontaktiert worden. Er dürfte noch geraume Zeit von Nutzen für die flügellahme Sowjetwirtschaft gewesen sein.

1962 verlor Hauffe von einem Tag auf den anderen seine hochdotierte Stellung, ohne daß die Gründe hierfür aus den Unterlagen ersichtlich geworden wären. Vielleicht war der Vorstand des Chemiekonzerns ihm gegenüber mißtrauisch geworden, hatte aber den guten Ruf des Unternehmens nicht durch einen Spionageprozeß in Mißkredit bringen wollen. Erst nach langem Suchen erhielt Hauffe eine Berufung zum Institutsdirektor an die Universität Göttingen. Das KGB, das den Professor zunächst eine Weile in Ruhe gelassen hatte, bemühte sich nun erneut um ihn. Doch der ehemalige Agent wollte offenbar nichts mehr mit seinem früheren Auftraggeber zu tun haben und ließ sich auch nicht zu einer Unterredung in den Osten locken. Hierauf ist er von den Russen offenbar zusammen mit Rompe dem MfS sozusagen geschenkt worden, und seine Akte landete auf diese Weise beim MfS. Vielleicht glaubte das KGB, der DDR-Geheimdienst könnte ihn eher umstimmen und Rompe dabei von Nutzen sein. Das MfS entsandte jedenfalls unverzüglich einen Kurier zu Hauffe, der einen Brief Rompes überbrachte. In dem Schreiben erinnerte dieser seinen ehemaligen Schützling an alte Zeiten und lud ihn nach Ostberlin ein. Doch Hauffe bedeutete dem wartenden Kurier, er wolle ein für allemal nichts mehr von den »alten Sachen« wissen. Rompe schrieb ihm dann noch einige Male unverfänglich per Post. Hauffe antwortete mit Weihnachtsgrüßen und Geburtstagsglückwünschen. Mehr kam jedoch nicht dabei heraus. Damit verschwand die Akte auch bei der HVA zunächst im Archiv, wurde aber 1972 eilends wieder hervorgeholt, als hier bekannt wurde, Professor Hauffe wolle zu einem Kongreß nach Prag reisen. Nunmehr zog Christian den Fall an sich, doch am Ende hat Hauffe die Teilnahme an dem Kongreß wieder abgesagt. Über Rompe wurde noch einmal versucht, ihn einzuladen, doch wieder ohne Erfolg. Hauffe kündigte zwar an, er fahre vielleicht nach Bukarest, sagte dann aber auch diese Reise wieder ab.

Nun wußte auch Christian nicht weiter, und so gab er mir diesen verfahrenen Fall als Grundlage einer »Selbstverpflichtung« zum 25. Jahrestag der DDR. Ich verstand jetzt auch seine Bemerkung, die Werbung Hauffes würde eine »reife Leistung« sein. Nachdem das KGB und die HVA sich zehn Jahre lang die Zähne an dem Professor ausgebissen hatten, sollte ich nun mein Glück versuchen. Ich zweifelte an meinen Chancen; was konnte mir zum Beispiel der offenbar recht einfältige »Bodo« schon an Hilfestellung geben? Seine einzige Qualität schien zu sein, daß er einer der engsten Mitarbeiter Rompes war. Es sah jedoch eher so aus, daß Hauffe auch für Rompe nichts mehr übrig hatte. Vielleicht machte er diesen sogar für die Nachstellungen des KGB und seine mißlichen Erfahrungen verantwortlich.

Dennoch fing ich Feuer. Über die »Frühgeschichte« des Falles wies die Akte nur Fragmente auf, offenbar weil das KGB uns nicht ganz in seine Karten sehen lassen wollte. Daraus war zu ahnen, daß wohl eine hochkarätige Operation der Russen hinter dem Ganzen gestanden hatte. Einige Beurteilungen des KGB waren jedoch in der Akte verblieben, und ein Satz erschien mir als Möglichkeit einer Anknüpfung. Es hieß da in frappierender Offenheit: »Hauffe ist geldgierig. Er nimmt gern finanzielle Zusendungen an.« Geldgier, so überlegte ich, ist eine Eigenschaft, die sich nicht verliert und sich mit den Jahren höchstens noch verstärkt. Wenn es stimmt, was die Russen festgestellt hatten, und daran zweifelte ich nicht, dann sollte der Professor am ehesten wieder mit Geld zu locken sein. Ich sagte das Christian, und er stimmte mir zu. Wir entwarfen den Plan, »Bodo« zu Hauffe zu schicken und ihm ein gemeinsames Projekt in Aussicht zu stellen, an dem er eine Menge Geld verdienen könnte. Bei der geheimdienstlichen Vorbelastung des Professors brauchten wir nicht zu befürchten, daß er unseren Mann der Polizei übergab. Zunächst mußte ich also den nunmehr meiner Obhut unterstellten »Bodo« kennenlernen. Ich rief ihn an, stellte mich als »Schilling« und Mitarbeiter Linkes sowie Christians vor und bat um eine Unterredung.

2

Ich traf »Bodo« im »Mokka-Eck« in der Nähe des Alexanderplatzes, gegenüber dem Ostberliner Polizeipräsidium. Das Lokal war als MfS-Treffplatz verschrien, wurde aber immer wieder benutzt. Es muß an den attraktiven Serviererinnen gelegen haben, daß die Führungsoffiziere mit ihren Agenten so gern dort hingingen. Außerdem waren die Eisbecher für ihre Qualität berühmt.

»Bodo« saß schon wartend in einer Ecke. Offenbar erkannte er mich wieder, obwohl unsere letzte Begegnung in der Physikalischen Gesellschaft erst zwei Jahre zurücklag. Um so besser, dachte ich, dann erinnert er sich auch nicht meines Klarnamens. Nach den Vorschriften des MfS sollten »IM« ihre Führungsoffiziere ohnehin nur unter deren Vornamen oder einem Pseudonym kennen. »Bodo« akzeptierte mich sofort, obwohl er fast fünfzehn Jahre älter war als ich. Wir plauderten über das Institut, die Physik, ein wenig auch über Politik; ich stellte bald fest, was ja auch aus seiner Akte hervorging: Er war ein ausgesprochenes Klatschmaul. Später fiel mir auf, daß er hervorragend den Naiven spielen und die heikelsten Fragen mit der Miene eines Biedermanns stellen konnte. Bei unserem ersten Treff hielt er sich jedoch noch sehr zurück. Ich kam schnell zum Thema und fragte nach dem Termin seiner nächsten Dienstreise in den Westen. Anscheinend bekam es »Bodo« sogleich mit der Angst zu tun und fragte mit unsicherer Stimme: »Soll ich etwa dort etwas für euch tun?« Ich verwünschte im stillen Christian und den ganzen Fall. Was sollte ich mit dem ängstlichen Mann. Ich wurde unwirsch: »Beantworte mir erst einmal meine Frage.« Er druckste herum, kam aber dann doch mit der Sprache heraus: »Im März findet in Holland eine Unesco-Konferenz statt. Ich bin als DDR-Vertreter eingeladen und sollte eigentlich teilnehmen; aber ich weiß gar nicht, ob das etwas wird.« Das erschien mir nun doch als eine glückliche Fügung. Auf dem Rückweg von der Unesco-Konferenz würde es sich leicht einrichten lassen, Hauffe in Göttingen zu besuchen. Das war kein weiter Umweg. »Mach dir keine Sorgen, du wirst zur Unesco-Konferenz fahren«, sagte ich, erwähnte aber zunächst noch nichts von unserem Vorhaben und dem Abstecher in die Bundesrepublik. Zunächst mußte die Genehmigung der Reise »Bodos« nach Holland durch die Akademie erwirkt werden. Ich hatte in Wirklichkeit den Mund zu voll genommen und wußte ebenfalls noch gar nicht, ob das sicher war. Doch Christian tätigte nur einen Telefonanruf — nicht ohne mich vorher aus seinem Dienstzimmer wegzuschicken. Danach rief er mich wieder herein: »Bodo fährt.« So einfach geht das in der DDR manchmal!

Beim nächsten Treff fragte ich »Bodo«, ob er den Professor

Hauffe kenne. »Flüchtig, dem Namen nach.« — »Du sollst ihn auf deiner Holland-Reise besuchen, am besten nach dem Kongreß.« Es überraschte mich nicht, daß er sogleich allerlei Ausflüchte vorbrachte: Der Umweg sei zu weit, und es sei auch nicht üblich, daß Dienstreisen aus der DDR in ein kapitalistisches Drittland durch die Bundesrepublik führten, das sei allzu riskant. Ich hörte ihm eine Weile geduldig zu, schnitt ihm dann aber einfach das Wort ab: »Du fährst und besuchst Professor Hauffe. Du wirst ihm einen Gruß vom Kollegen Rompe ausrichten und ihn in dessen Namen in die DDR einladen. Du sagst, Rompe wolle mit ihm ein gemeinsames und lukratives Entwicklungsprojekt besprechen. Du deutest ihm dabei an, daß es um das Problem hochfester Werkstoffe geht. Auf dem Gebiet ist er ja eine führende Kapazität.«

Ich drückte »Bodo« eine zusätzliche Geldsumme für seinen Auftrag in die Hand und wünschte ihm eine gute Reise. Einige Gedanken kamen mir dabei freilich auf: »Bodo« war offenbar charakterlich schwach und fatalistisch, er trank und wurde von seiner Frau schamlos betrogen, wie ich inzwischen herausbekommen hatte. Dabei war er immerhin ein anerkannter Physiker und würde auch im Westen ohne weiteres Beschäftigung finden ...

Aber »Bodo« kam wie geplant zurück. Ich begrüßte ihn betont freundschaftlich beim anschließenden Treff und fragte, wie es denn im »bösen Westen« gewesen wäre? Er schnitt eine Grimasse: »Weißt du, manche von den bösen Dingen dort würden uns hier ganz gut tun. Von dem Geld, das du mir gegeben hast, habe ich eine Menge gespart und mir dafür eine Heimwerkermaschine von Black & Decker gekauft. Du hast doch nichts dagegen?« — »Das hängt ganz davon ab, was bei Hauffe herausgekommen ist.« — »Warte, eins nach dem anderen.« »Bodo« öffnete zunächst seine prallgefüllte Tasche. Sie enthielt zahlreiche Forschungsberichte über neueste Entwicklungen in der Nutzung der Solarenergie. Zum Teil, so erklärte er mir, habe er sich das Material in Holland schenken lassen, und das übrige aus dem Koffer eines Amerikaners entwendet, den dieser bei der Abreise vergessen hatte. Ich war verblüfft. Er war ein Risiko eingegangen, das man von ihm weder verlangt noch erwartet hatte. Ich mußte ihn sogar formell dafür kritisieren. Unsere Auswertung befand jedoch seine Beute sehr positiv. — »Und wie war es mit Hauffe?« Ich wurde ungeduldig. »Bodo« war immer noch nicht auf seinem eigentlichen Auftrag zu sprechen gekommen. Er begann nun zu erzählen, wie freundlich der Göttinger Professor ihn empfangen, ihn dann persönlich durch das Institut geführt habe und wie interessant die Eindrücke waren, die er dort gewonnen hat. Ich merkte, daß er mich absichtlich zappeln ließ und das sogar genoß. Ich wurde wieder barsch: »Sag' mir jetzt auf der Stelle, wie der Professor auf die Einladung reagiert hat.« — »Ach so, ja, er hat sich sehr gefreut und läßt Rompe grüßen. Im Mai will er kommen. Er hat mir noch gesagt, er hätte eventuell schon einige Ideen bezüglich eines gemeinsamen Projektes.«

Aus »Bodos« Verhalten hatte ich schon schließen können, daß seine Mission erfolgreich verlaufen war. Ich sparte nicht mit Lob. Dann erstattete ich Christian Bericht, und wir besprachen unverzüglich, wie wir weiter mit Hauffe verfahren wollten. Rompe würde nicht mehr tun als ihn empfangen. Er hatte beim letzten Treff mit Oberst Neumann schon erklärt, daß er kein Werbegespräch führen wolle — er bekomme ja sein Gehalt nicht vom MfS. Außerdem könne er es sich als ZK-Mitglied nicht leisten, eventuell kompromittiert zu werden, wenn irgend etwas schiefgehen würde. Wir mußten die Sache also selbst in die Hand nehmen. Ich schlug meinem Referatsleiter vor, einen Beratervertrag für Professor Hauffe zu entwerfen, und Christian war einverstanden. Bei der Abfassung des Vertragsentwurfs konnte ich auf »Bodos« vorzüglichen Bericht über seinen Besuch in Hauffes Institut zurückgreifen, aus dem genau hervorging, mit welchen Forschungen sich der Professor befaßte und welche Art Material er liefern könnte. Um es noch präziser beschreiben zu können, mobilisierte ich über die Auswertungsabteilung des Sektors das von dieser geführte Auswerternetz. Es ergab sich dabei, daß Hauffes Forschungsgegenstände für die DDR-Wirtschaft von höchstem Interesse sein würden. Der Professor hatte »Bodo« außerdem erzählt, er unterhalte auch Verbindung zu namhaften Unternehmen der Flugzeug- und Atomindustrie. Anhand der Erkundungen »Bodos« und der Angaben unserer Auswerter konnte ich eine ganze Liste der uns interessierenden Bereiche aus Professor Hauffes wissenschaftlichem Repertoire zusammenstellen, die ich in den Vertragsentwurf einarbeitete. Dieser enthielt auch die wesentliche Klausel, daß der Professor an den Gewinnen seiner »Beratertätigkeit« für die DDR-Wirtschaft beteiligt werde. Oberst Neumann, dem wir das Konzept vorlegten, zeigte sich damit einverstanden.

Wir beschlossen, daß Christian, der am Gespräch mit Hauffe teilnehmen wollte, und ich als Mitarbeiter des Ministeriums für Wissenschaft und Technik auftreten würden. So konnten wir unser Interesse an der Lieferung von Forschungsergebnissen und technologischen Unterlagen am besten rechtfertigen. Die nachrichtendienstliche Vergangenheit des Professors mit dem KGB wollten wir nicht berühren. Er konnte ja noch einen Groll auf die Russen haben. Wir wollten vielmehr das äußerliche Etikett des Wissenschaftsministeriums wahren, als dessen angebliche Vertreter wir von seiner früheren Spionagetätigkeit nichts zu wissen hatten. Natürlich setzten wir dessenungeachtet darauf, daß Hauffe schnell begreifen würde, mit wem er es wirklich zu tun hat und was von ihm erwartet wird.

Das Äußerste, was wir Rompe — über Neumann — an Mitwirkung abringen konnten, war die Zusage, daß er uns dann gegenüber Hauffe »legitimieren« würde.

3

Am festgelegten Tag im Mai rief mich »Bodo« an: »Hauffe ist bei Rompe eingetroffen.« Zur Mittagszeit meldete er sich erneut: »Rompe hat seinem Gast den Gesprächswunsch zweier Herren vom Ministerium für Wissenschaft und Technik übermittelt, und Hauffe ist einverstanden, mit euch zu essen. Du hast doch nichts dagegen, wenn ich mitkomme?« Christian, den ich vorsichtshalber fragte, meinte: »Der will sich nur auf unsere Kosten durchfressen, aber vielleicht ist es doch besser, wir haben ihn als Vertrauten von Rompe dabei.« Ich kündigte »Bodo« an, wir würden ihn und Hauffe gleich am Institut Rompes abholen. Christian ließ unseren Wagen zunächst in einiger Entfernung vom Institutsgebäude halten: »Da arbeiten nämlich einige Herren, die wissen, wer ich bin.« Damit hatte er völlig recht. Das gesamte Zentralinstitut für Elektronenphysik war gleichsam eine Außenstelle unseres Referats, aber auch anderer Diensteinheiten des HVA-Sektors Wissenschaft und Technik.

Nach fünf Minuten erschien »Bodo« mit dem Göttinger Professor. Wir fuhren vor und ließen sie einsteigen. Hauffe nahm mit Bodo und mir im Fond Platz, während Christian neben dem Fahrer sitzen blieb. »Bodo« stellte uns vor: »Das sind die Herren Schubert und Schilling vom Ministerium für Wissenschaft und Technik, die Herr Professor Rompe Ihnen angekündigt hat.« Professor Hauffe gab uns die Hand und entgegnete recht kühl: »Sehr erfreut.« Ich betrachtete ihn unauffällig von der Seite: Hochgewachsen, schlank, ergrautes, streng gescheiteltes Haar, ein interessantes Gesicht mit Goldrandbrille und »Schmissen« aus seiner Studentenzeit. Unwillkürlich drängte sich mir der Gedanke auf: Das wird nichts. Der Mann machte einen derart unnahbaren Eindruck, daß ich mir eine Werbung noch nicht einmal im Ansatz vorstellen konnte. Hatten wir die Reaktion Hauffes auf »Bodos« Einladung nicht eher falsch ausgelegt, und lagen nicht eventuell von Anfang an — etwa schon seitens der Russen — irgendwelche Irrtümer vor? Dieser traditionelle deutsche Professorentyp konnte doch unmöglich für das für seine ruppigen Methoden berüchtigte KGB gearbeitet haben. Ich sah eine riesige Blamage auf uns zukommen. Während der Fahrt fiel kaum ein Wort. Christian war damit beschäftigt, unseren Fahrer Dieter — der nach wie vor unfähig war, sich allein zurechtzufinden — zum Gesprächsort zu lotsen.

Ich hatte das »Ermelerhaus« für das gemeinsame Mittagessen ausgewählt, einst ein berühmtes Bürgerdomizil am Spreeufer und nach großzügiger Restaurierung wohl das ausgefallenste Restaurant der DDR. Beim Hineingehen beobachtete ich Christians Gesichtsausdruck. Er hatte offenbar denselben Eindruck von Hauffe gewonnen wie ich. Aufrecht und in tadelloser Haltung ging der Professor neben »Bodo«. Ein befrackter Kellner nahm uns in Empfang. Er wies uns einen Tisch im »Pfauenzimmer« an und brachte die Speisekarten. Ich war das erste Mal hier und ließ mich beeindrucken. Die barocke Einrichtung, die Deckengemälde, die würdevolle, aufmerksame Bedienung — das alles ergab eine für uns ungewohnt vornehme Atmosphäre. Von den spärlich besetzten Nebentischen drang nur unverständliches Gemurmel herüber. Der äußere Rahmen zumindest war, für das, was wir vorhatten, hervorragend geeignet — nur unsere Zielperson, der Professor aus Göttingen, erschien als ungeeignetes Objekt. Während wir die Speisekarten studierten, äußerte sich Hauffe gemessen anerkennend über das Restaurant: »Das ist das Berlin, wie ich es in der Zeit vor dem Krieg kannte und liebte.« Ich wußte nicht so recht, was ich dazu sagen sollte, und auch Christian war sichtlich ratlos: Sollten wir etwa versuchen, an die Bemerkung unseres Gastes eine Darlegung über die Errungenschaften des Sozialismus anzuknüpfen? Es wäre kaum passend gewesen. Mir war sehr unbehaglich zumute. Mein Referatsleiter vertiefte sich krampfhaft in die Speisekarte. Es gab keinen Zweifel — bei diesem Mann, den gleichsam eine undurchdringliche Hülle umgab, hatten wir uns vergriffen.

Der einzige am Tisch, der die gespannte Atmosphäre nicht zu spüren schien, war »Bodo«. Unbekümmert ging er die einzelnen Speisen auf der Karte durch und gab Kommentare dazu ab. Nachdem Hauffe offenbar seine Wahl getroffen hatte, nahm er mit einer geradezu aristokratischen Gebärde die Brille ab, schob einen Bügel leicht in den Mundwinkel und verkündete: »Recht ordentliche Auswahl hier, meine Herren. Ich nehme eine Schildkrötensuppe und die Schweinelendchen.« Christian und ich schlossen uns dieser Wahl an; nur »Bodo« verlangte ein deftiges Berliner Eisbein. Der Kellner kam heran: »Was darf ich Ihnen zu trinken bringen, einen Apéritif vielleicht vor der Suppe?« Er begann die Weinkarte mit dast ausschließlich westlichen Kreszenten herunterzubeten, doch unser Gast unterbrach ihn: »Wissen Sie was, Herr Ober, ich möchte ein Bier.« Zu uns gewandt fügte er fast entschuldigend hinzu: »Das erinnert mich an die alten Zeiten in Berlin.« »Bodo« fiel erneut ein: »Ja, zu meinem Eisbein paßt am besten auch ein Bier.« Der Kellner fühlte sich gehalten einzuwenden: »Meine Herren, gewöhnlich schenken wir hier kein Bier aus.« Professor Hauffe hielt ihm leicht mokant entgegen: »Herr Ober, wenn Sie schon Eisbein als Berliner Spezialität auf der Karte haben, dann ist es wohl nur natürlich, daß es dazu auch Bier gibt. Oder soll mein Kollege etwa Mosel dazu trinken?« Geschickt hatte der Gast aus dem Westen den provinziellen Stil der DDR, auch wenn sie internationalen Standard zu zeigen versucht — das »Gewollt-doch-nicht-gekonnt« —, deutlich gemacht. Andererseits schienen ihm sein Wunsch nach einem Bier und sein Verweis auf den »Kollegen« Friedrich — »Bodo« tat das Wort sichtlich wohl etwas von seiner Unnahbarkeit zu nehmen. Der Kellner antwortete mit leicht geknickter Würde: »Damit haben Sie natürlich recht, mein Herr. Ich werde sehen, daß ich das Bier bekomme.«

Professor Hauffe eröffnete das Gespräch: »Kollege Rompe hat mir von Ihrem Interesse an einer Unterhaltung mit mir berichtet. Er sagte mir, Sie seien Mitarbeiter des Ministeriums für Wissenschaft und Technik. Womit kann ich Ihnen dienen?« Dabei blickte er Christian, den Älteren von uns beiden, ernst an, was mich sehr erleichterte, denn ich fühlte mich der Situation nicht so recht gewachsen. Mein Vorgesetzter hatte eher wieder einige Sicherheit gewonnen: »Zunächst möchte ich erst einmal meine Freude daüber zum Ausdruck bringen, daß Sie nach so vielen Jahren wieder nach Berlin, eine Ihrer früheren Wirkungsstätten, gekommen sind, Herr Professor. Wir haben zwar ein Problem, das wir gerne mit Ihnen diskutieren möchten, aber lassen Sie uns doch damit bis nach dem Essen warten.« Das hatte Christian gut gemacht. Wir hatten nun ein wenig Zeit gewonnen, um die Stimmung etwas zu lockern. Doch erwies sich auch diese Hoffnung, wie sich schnell zeigte, als trügerisch. Hauffe blieb steif und in sich gekehrt. Seine Bemerkungen während des Essens waren reine Höflichkeitsfloskeln. Lediglich das Bier entlockte ihm ein aufrichtiges »Ah, das tut gut.« Dagegen ging ihm nun »Bodo«, der ohne Hemmungen an seinem Eisbein herumsäbelte und darauf losfutterte, sichtlich auf die Nerven.

Als die Gedecke abserviert waren, kam Christian zur Sache: »Herr Professor, Sie wissen sicher, daß wir auf einigen Gebieten der Werkstoffentwicklung den Weltstandard noch nicht erreicht haben. Wir wollen hier nicht die Gründe dafür untersuchen, sondern uns eher Gedanken machen, wie wir dem abhelfen können.

Wir dachten uns, daß Sie mit Ihren Erfahrungen und dem Einblick, den Sie in verschiedene bedeutende Industrieunternehmen haben, uns dabei durch beratende Tätigkeit, die wir natürlich entsprechend honorieren würden, helfen könnten.« Der Gast verzog keine Miene bei dieser deutlichen Offerte und entgegnete zurückhaltend: »Ich kenne mich hier bei Ihnen und in Ihrem System nicht so recht aus. Um vielleicht einem Mißverständnis meinerseits vorzubeugen, könnten Sie mir doch zunächst einmal erläutern, mit welchen Aufgaben Ihr Ministerium befaßt ist, und welche Rolle es in der DDR-Wirtschaft spielt, um die es doch offensichtlich geht.« Gut gekontert, dachte ich. Christian blieb nichts anderes übrig, als vom Frager zum Gefragten zu werden. Das Ministerium für Wissenschaft und Technik, so erklärte er, befasse sich mit der Unterstützung und Anleitung von Forschung und Entwicklung in der Wirtschaft und mit der Koordinierung der Arbeiten in der Akademie, den Hochschulen und den Forschungseinrichtungen der Industrie. Er illustrierte seine Ausführung mit ein paar Beispielen. Nach einigen Fragen und Antworten begann ich mich zaghaft an der Unterhaltung zu beteiligen. Schließlich kam Professor Hauffe auf das Angebot zu sprechen, das Christian ihm unterbreitet hatte: »Meine Herren, Sie sind offensichtlich mit den Verhältnissen in der Bundesrepublik Deutschland nicht recht vertraut. Wir haben einen freien Meinungs- und Informationsaustausch. Wenn Sie meinen, ich könnte Ihnen in irgendeiner Weise behilflich sein, so schicken Sie doch Dr. Friedrich zu mir, und ich werde ihm alle Fragen beantworten. Selbstverständlich verlange ich dafür nichts. Das bin ich schon meinem alten Freund Professor Rompe schuldig. Darüber hinaus arbeite ich natürlich noch als Berater bei verschiedenen Firmen und habe damit Einblick in die dort laufenden Entwicklungen. Aber Sie wissen ja selbst, daß ich darüber schon aus Konkurrenz- und Loyalitätsgründen nicht reden kann.«

Die Absage war eindeutig, und alle Beteiligten hatten es begriffen. Mir war nur nicht ganz klar, ob Hauffe tatsächlich richtig verstanden hatte, was wir mit dem Angebot eigentlich meinten. Als ich einmal nachhaken wollte, schnitt mir Christian das Wort ab: »Es ist sehr freundlich, daß Sie Dr. Friedrich ein wenig unterstützen wollen. Ich möchte Ihnen dafür danken. Wir werden zu gegebener Zeit darauf zurückkommen.« Die Atmosphäre wurde nun noch frostiger. Ich beeilte mich, den Kellner herbeizurufen. Christian, der sein Desinteresse an unserem Gesprächspartner kaum noch verbergen konnte, telefonierte nach einem anderen Wagen und bat mich, »unseren verehrten Gast«, wie er sich ausdrückte, zu seinem Auto zurückzubringen, das Unter den Linden abgestellt war. »Bodo« strebte ebenfalls in eine andere Richtung, und so befand ich mich nach einer sehr höflich-kalten Verabschiedung der beiden mit dem Gast aus Göttingen und dem Fahrer allein im Wagen.

Völlig unerwartet begann der Professor nun von der alten Zeit zu erzählen: »Wissen Sie, mein lieber Schilling, ich bedauere es heute noch, damals nicht in Berlin geblieben zu sein.« Ich bemühte mich, meine Überraschung zu verbergen. Der eben noch so unnahbare Forscher bedauerte plötzlich — und dazu noch mir, einem subalternen Bürokraten, für den er mich ja halten mußte, gegenüber —, daß er 1953 geflüchtet war. Wie sollte ich mich dazu stellen? Vorsichtshalber schwieg ich. Professor Hauffe fuhr fort: »Eigentlich habe ich es nicht eilig. Lassen Sie uns doch in einer gemütlichen Kneipe noch ein Bierchen trinken.« Gemütliche Kneipe — was für eine Wunschvorstellung! Zwar gibt es in Ostberlin zahllose Bierschenken, aber die alte Berliner Gemütlichkeit sucht man dort vergeblich. Das Personal wird zu schlecht bezahlt, und auch auf einen ansprechenden Rahmen wird kein Wert mehr gelegt. Schließlich fiel mir ein neueröffneter Bierkeller in der Tordurchfahrt zwischen Palais und Operncafé ein — die »Schinkenklause«. Dahin führte ich meinen Gast. Gemütlich war es zwar auch hier nicht, dafür aber modern eingerichtet. Das Lokal war übrigens zu dem Zweck aufgemacht worden, Staatsgästen der DDR die Gelegenheit zu geben, »inmitten der werktätigen Berliner Bevölkerung« ein Bier zu trinken. Sie brauchen vom Gästehaus nur um die Ecke in die »Klause« geführt zu werden, wobei natürlich jeweils schon zuvor eine entsprechend lustige Runde als »Berliner Bevölkerung« organisiert wird.

Zwischen dem Professor und mir entspann sich bald eine interessante Unterhaltung über aktuelle Probleme der Physik. Ganz nebenbei erwähnte mein Gast, er habe gute Beziehungen zur Firma Dornier, der Kernforschungsanlage Jülich, der Reaktorstation in Geesthacht und einigen weiteren bedeutsamen Einrichtungen. Zunächst ärgerte ich mich: Wollte er mit diesen für uns interessanten Angaben jetzt, nachdem er unser Angebot ausgeschlagen hatte, auch noch demonstrieren, was er hätte bieten können? Schließlich ritt mich der Teufel: »Herr Professor, das ist natürlich für uns äußerst interessant. Ich bin sicher, daß wir auf der Grundlage Ihres Wissens und Ihre Verbindungen sehr gut ins Geschäft kommen könnten. Sie sollten sich unser Angebot doch noch einmal überlegen.« Hauffe reagierte zunächst nicht auf meinen Vorstoß, und ich ärgerte mich nun über mich selbst, weil ich die aussichtslose Angelegenheit noch einmal aufgegriffen hatte.

Dann begann der Professor mich nach meinen Beziehungen zu Dr. Friedrich — unseren »Bodo« — auszufragen, was mich stutzig machte. Ich entgegnete ihm: »Eigentlich habe ich nichts mit ihm zu tun. Ich erhielt nur routinemäßig einen Bericht über seinen Besuch in Ihrem Institut und habe ihn daher gebeten, ein Gespräch mit Ihnen zu vermitteln.« Hauffe schien mit der Antwort zufrieden zu sein. Anschließend begann er zu politisieren: »Wissen Sie, mein lieber Schilling — offenbar war das seine professorale Standardform vertraulicher Anrede —, »ich glaube, in der DDR werden die alten preußischen Traditionen von Zucht, Ordnung, Fleiß und Disziplin noch hochgehalten. Hier ist es nicht so wie bei uns, daß jeder Faulenzer irgendwelche Rechte und Ansprüche anmeldet, daß die Studenten streiken statt zu arbeiten, daß das Land mit allen möglichen Ausländern, Türken oder Zulukaffern überschwemmt wird, daß eine saft- und kraftlose Regierung eine saft- und kraftlose Politik macht und daß das, was einmal den guten deutschen Namen ausgemacht hat, mehr und mehr unter die Räder kommt. A la longue liegt die Zukunft Deutschlands hier im Osten.« In dieser Tonart fuhr er noch eine ganze Weile fort. Wieder war ich völlig überrascht. Wie sollte ich mich zu diesem »Bekenntnis« stellen? Vorsichtig warf ich ein: »Herr Professor, ich weiß nicht so recht, ob ich Ihrer Meinung völlig zustimmen kann. Aber einiges ist sicher zutreffend.« Natürlich wollte ich das fragwürdige Kompliment des Professors soweit wie möglich ausschlachten. Vielleicht war es auf dieser sonderbaren Basis doch noch möglich zu einer Verständigung mit ihm zu kommen. Aber es schien mir anfangs absurd, eine These zu akzeptieren, welche die DDR zur Erbin und Fortsetzung des friderizianischen Korporalstaates machte. Indessen fiel es mir im Laufe der Diskussion immer weniger schwer, Hauffes Leitfaden aufzunehmen, und ich sah überdies ein, daß er tatsächlich nicht so unrecht hatte. Schließlich sind ja sogar die Bemühungen der Partei- und Staatsführung unübersehbar, die preußische Geschichte in sorgsamer Auswahl in das »Nationalbewußtsein« der DDR einzuspannen.

Der Professor ließ das Thema schließlich fallen und erklärte mir nun zu meiner abermaligen Verblüffung: »Wissen sie, mein lieber Schilling, ich habe mich entschlossen, Ihr Angebot doch anzunehmen. Sie werden aber verstehen, daß ich bei dieser Sache so wenig Mitwisser wie möglich haben will. Immerhin könnte es ja meinen Industriebeziehungen schaden, wenn bekannt wird, daß ich Kontakt zu einem DDR-Ministerium unterhalte. Deshalb ist es auch besser, wenn wir bei unseren künftigen Gesprächen Dr. Friedrich nicht mehr hinzuziehen. Der fährt doch ab und zu einmal in den Westen, und dabei könnte ihm ein falsches Wort herausrutschen.« Es fiel mir nun wie Schuppen von den Augen: Die übertriebene Korrektheit, die aristokratische Zurückhaltung, die überdeutliche Ablehnung, die in den Untertönen spürbare Entrüstung über die scheinbare Zumutung, die in unserer Offerte lag — das war alles nur Taktik gewesen, um »Bodo« glauben zu lassen, die Sache sei geplatzt. Daher auch der plötzliche Drang nach einem »gemütlichen Bier«, daher die vielen Fragen nach meiner Tätigkeit und meinem wissenschaftlichen Hintergrund, und daher auch die politische Diskussion, mit der Hauffe mir eine ziemlich konstruierte Rechtfertigung für seine Bereitschaft darlegen wollte, zugunsten der DDR tätig zu werden. Wahrscheinlich war er schon mit dem Vorsatz nach Berlin gekommen, mit uns handelseinig zu werden. Dennoch war ich nicht darauf gefaßt, als er nun seinen Aktenkoffer öffnete und einige Drucksachen hervorholte. Mir gingen die Augen über — sogar Material hatte der alte Fuchs mitgebracht: Dechema-Tagung, Meersburger Kolloquium, Deutsche Forschungsgemeinschaft — ich sah sofort, daß es sich um sehr interessante Informationen handelte.

Ich erwog, ob ich die Sache nicht gleich weiter treiben und 1000,- DM (West) ins Spiel bringen sollte, die ich mir vorsorglich in der Zentrale hatte mitgeben lassen, als wir zum Gespräch mit dem Professor aufbrachen. Christian hatte, als ich darauf bestand, noch Werner gegenüber gespottet: »Nun sieh Dir diesen unverbesserlichen Genossen Stiller an. Der glaubt allen Ernstes, daß der Mann schon bei der Kontaktaufnahme liefert.« Nach einer kurzen Überlegung zog ich den Umschlag mit dem Geld hervor: »Herr Professor, ich weiß natürlich nicht so ohne weiteres, was die Unterlagen wert sind. Das müssen unsere Fachleute in der Industrie beurteilen. Aber ich denke, ich liege mit dieser Summe etwa in der angemessenen Größenordnung.« So schnell, wie ich den Umschlag auf den Tisch legte, so schnell verschwand er auch im Aktenkoffer meines Gesprächspartners. Die Russen hatten also völlig recht gehabt: Hauffe war geldgierig.

»An welchen Unterlagen sind Sie denn überhaupt interessiert?« nahm der Professor nach dem Inkasso-Akt das Gespräch wieder auf. Ich wollte gerade die Sachgebiete aufzählen, die in dem sonst überflüssig gewordenen Vertragsentwurf standen, als er mich auch schon unterbrach: »Ach, lassen Sie, ich kann mir schon denken, was Sie haben wollen.« Er lächelte wissend. Damit war eigentlich alles schon gesagt, was vorerst zu sagen war; wir konnten aufbrechen. Im Auto entschloß ich mich dennoch zu einem weiteren Schritt: »Sie werden verstehen, Herr Professor, daß ich nach Möglichkeit eine Quittung für das Geld brauche. Immerhin könnten ja meine Vorgesetzten annehmen, ich hätte mir eine schöne Zeit im Intershop gemacht, wenn ich keinen Beleg beibringe.« Er zögerte ein wenig — es war ihm vermutlich wohl bewußt, daß er sich mit der Quittung nun endgültig festlegte —, dann setzte er jedoch seine Unterschrift mit der Bemerkung unter den Vordruck, ich könne den Empfänger ja selbst einsetzen. Ich verstand, daß er damit sein persönliches Vertrauen zu mir demonstrieren wollte, welchen Teil des Staatsapparates auch immer ich nun wirklich vertrat.

Als er sich anschickte, seinen Wagen, einen weißen BMW 2800, zu besteigen, tat ich noch den letzten Schritt zur Abrundung der Operation: »Wann sehe ich Sie wieder?« – »Ich denke, ich kann in vier Wochen wieder in Berlin sein.« Das übertraf meine Erwartungen. Wir legten den Termin fest und vereinbarten als Treffpunkt das Foyer des Hotels »Berolina«. Er fügte hinzu: »Ach, ehe ich es vergesse, würden Sie bitte für diesen Tag ein weiteres Gespräch mit Professor Rompe ermöglichen? Wir haben nämlich noch einiges zu diskutieren.« Ich dachte mir: Ein Profi. Er macht sich sogar selbst Gedanken, mit welcher Legende er nach Ostberlin fahren kann. Rompe als offizieller Reisegrund lag freilich nahe. Unser Abschied war freundlich, fast herzlich.

4

Auf der Rückfahrt in die Zentrale zog ich Bilanz: Meine zweite Westwerbung war so gut wie perfekt. Ich hatte Material bekommen, und Hauffe hatte von mir Geld angenommen. Damit waren die entscheidenden Kriterien für eine Anwerbung erfüllt. Ein Rest von Ungewißheit blieb freilich noch immer: War dem Professor wirklich klar, mit wem er es zu tun hatte, oder glaubte er wirklich die Geschichte mit dem Ministerium für Wissenschaft und Technik oder wollte er es gar nicht so genau wissen? Vieles deutete darauf hin, daß er richtig verstanden hatte – etwa seine Sorge um die Ausschaltung von Mitwissern, sein Verhalten beim Quittieren des überlassenen Tausenders, seine Vorsorge für eine Reise-Legende. Im Grunde war die letzte Klarheit nicht einmal so wichtig. Wir hatten jedenfalls einen modus operandi gefunden: Er weiß, was ich will, und er weiß auch, daß er für das Material gutes Geld bekommt. Ich trieb den Fahrer zur Eile an, denn ich wollte noch vor Dienstschluß Christian erreichen. Wir schafften es gerade noch. Das ganze Referat befand sich schon im Aufbruch. Kaum hatte Christian mich erblickt, als er auch schon über mich herfiel: »Ach, sieh mal einer an, der Genosse Stiller. Will eine Werbung machen und nimmt mich auch noch mit zum Treff. Zum Schluß sagt er fast gar nichts, ich muß reden wie ein Buch, und das auch noch bei einem Mann, der gar nicht will, sondern uns von oben herab behandelt, als wären wir seine Studenten.« Die beißende Ironie konnte mich nicht mehr berühren. Ich ließ ihn weiterreden, während meine Kollegen schadenfroh grinsten. Sie freuten sich doppelt: einmal, weil ich einen Dämpfer bekam, zum anderen, weil der vermeintliche Mißerfolg auch den überheblichen Christian traf. Ich machte absichtlich ein schuldbewußtes, betretenes Gesicht und stammelte:

»Christian, ich habe die tausend Mark nicht mehr.«

Mein Referatsleiter stockte. Ich konnte förmlich sehen, wie er die Chance witterte, mich nun noch mehr »fertig machen« zu können: »Was hast du denn mit dem Geld gemacht?«

»Na, ich habe es Hauffe gegeben.«

»Ist dir nach der Blamage, in die du mich reingezogen hast, nun auch noch nach Witzen zumute? Du solltest lieber in dich gehen und dich fragen, was du falsch gemacht hast.« Christian zeigte seine Niedertracht nun hemmungslos — er unterschlug einfach die Tatsache, daß er selbst darauf bestanden hatte, mit zum Treff zu gehen und daß er selbst die Werbechancen noch als »großartig« bezeichnet hatte, nachdem Hauffe sich zum Besuch in Berlin angesagt hatte. Wenn ich Christian all' das jetzt entgegenhalten würde, so überlegte ich, wäre mir seine Feindschaft ungeachtet meines Erfolgs mit dem Professor für die nächsten Jahre sicher. Christian konnte vorzüglich aus schwarz weiß und aus weiß schwarz machen — eine Fähigkeit, die im MfS für das Fortkommen unerläßlich ist. Ich entschloß mich daher, nun mit der Wahrheit herauszukommen und zog die Quittung aus der Tasche:

»Nein, ich mache keinen Witz; das hier habe ich für die ›Marie‹ bekommen.«

Mein Referatsleiter — eben noch zynisch und boshaft — fand plötzlich keine Worte mehr. Das war der Augenblick, den ich mir schon ausgemalt hatte und nun auskostete. Ich öffnete meine Tasche, zog die Unterlagen hervor und drückte sie ihm in die Hand:

»Das hat er mir auch noch gegeben, mit schönen Grüßen an den Genossen Mielke.«

Jetzt war es Christian, der belämmert wirkte — und nicht

gespielt! Er hatte sein Blatt überreizt. Um die für ihn sehr peinliche Situation vor den verblüffte Mitarbeitern des Referates schnell zu beenden, beorderte er mich in sein Zimmer. Dort erstattete ich ihm Bericht und sah, wie zwei widerstreitende Empfindungen ihn bewegten: Einerseits konnte er mir nicht verzeihen, daß ich ihn zunächst geblufft hatte. Andererseits aber war er höchst erbaut über den Erfolg, der ja auch sein Ansehen bei der Leitung heben würde. Letzteres gewann bei ihm schließlich die Überhand, und seine Haltung mir gegenüber schlug ohne weiteres ins Gegenteil um. Er griff zum Telefon und wählte die Nummer des Abteilungsleiters: »Horst, ich wollte dir nur sagen, daß der Genosse Stiller seine Wettbewerbsverpflichtung zum 25. Jahrestag vorzeitig erfüllt hat. Hauffe ist so gut wie angeworben.« Auch die bescheidene Ausdrucksweise, mit der Christian seinem Vorgesetzten den Erfolg meldete, war »gemacht«; es sollte »oben« beeindrucken.

Mir gegenüber schlug er jetzt eine kollegiale Tonart an und wurde sogar vertraulich: »Würde es dir etwas ausmachen, dich jetzt noch hinzusetzen und den Bericht zu schreiben? Wir haben morgen früh Referatsleiterbesprechung beim Genossen Vogel, und da würde ich die anderen gern ausstechen. Die schießen nämlich schon lange gegen unser Referat und behaupten, wir würden nur von unserem Agenten-Polster aus der Vergangenheit zehren.« Für Christian war es eine ungewöhnliche Konzession, mir gegenüber zuzugeben, was im MfS hinter den Kulissen vor sich ging: Intrigen, Positionskämpfe und Karrieredenken. Ich hatte freilich schon längst mitbekommen, mit welch üblen Methoden man dabei arbeitete. Jede momentane Unachtsamkeit eines Konkurrenten wird genutzt, um ihn auszumanövrieren. Ich tat Christian den Gefallen und entwarf sofort meinen Bericht. Noch immer hatte ich bei ihm Rachegedanken gegen mich wegen der Szene vor dem Referat zu gewärtigen und erwähnte daher nicht, daß er am entscheidenden letzten Teil der Gespräche mit Hauffe gar nicht beteiligt gewesen war.

Pünktlich zur versprochenen Zeit reiste der Professor, dem wir inzwischen intern den Decknamen »Fellow« gegeben hatten, wieder mit einer Tasche voll Unterlagen an. Wir aßen auch wieder im »Ermelerhaus«, das ihm ausnehmend gut gefiel, und diskutierten über weitere Informationsmöglichkeiten. »Fellow« zeigte dabei, daß er tatsächlich kein Neuling im Nachrichtengeschäft war. Er entwickelte mir seine Ideen, wie er an bestimmte, uns interessierende Papiere herankommen könne. Er kommentierte auch das Material, das er mir übergab, und vergaß dabei nicht, die Bedeutung dieser Unterlagen hervorzuheben. Ich stellte fest, daß wir uns gut ergänzten; unsere Zusammenarbeit versprach fruchtbar zu werden. Erneut legte »Fellow« auch ein nationales Glaubensbekenntnis ab: »Wissen Sie, mein lieber Schilling, was ich meinen Studenten immer wieder predige, ist Redlichkeit, Redlichkeit und nochmals Redlichkeit. Damit sind wir Deutschen groß geworden, und das zeichnet uns aus.« Ich war doch recht perplex: Der Profesor betrieb Nachrichtenhandel gegen klingende Münze zum eigenen Vorteil, zum Nachteil des noch am ehesten freien Teils seines Vaterlandes, und pries zugleich die Redlichkeit als höchste deutsche Tugend. Doch offenbar wollte »Fellow« — wie er erneut vorbrachte — in der DDR nur die Erbin von Preußens Gloria sehen. Ich stimmte ihm diesmal von vornherein ohne Einschränkungen zu und überschritt dabei nicht einmal meine dienstlichen Kompetenzen. Im Interesse möglichst reichhaltiger Informationen hatte Christian mir nach Abstimmung mit dem Abteilungsleiter gestattet, in den politischen Gesprächen mit »Fellow« die Linie des reinen Marxismus »ein wenig ins Abseits zu stellen« und ihm nach dem Mund zu reden. »Wenn es uns nützt, verbünden wir uns sogar mit dem Teufel oder was noch schlimmer ist, mit dem lieben Gott«, hatte er die Ausnahmeregelung kommentiert. Nach dem Essen, im Auto, zog ich diesmal das Doppelte der ersten Summe aus der Tasche. Er schien zufrieden zu sein.

Ich hielt es nun doch für angebracht, dem Verhältnis volle nachrichtendienstliche Form zu geben: »Wissen Sie, Herr Professor, in Ihrem Interesse ist es vielleicht besser, wenn Sie die Quittung nicht mit Ihrem tatsächlichen Namen unterschreiben, Sie wissen doch — die Finanzleute glauben immer alles prüfen zu müssen, und dabei gehen sie bestimmte Dinge eigentlich gar nichts an.« Er atmete auf: »Ja ja, das dachte ich auch schon. Ich werde mit ›Oswald‹ zeichnen.« Ich stimmte zu. »Fellow«, der nun auch noch »Oswald« hieß und dessen richtiger Name fünf Jahre später durch die westdeutsche Presse ging, schien aber noch nicht ganz zufrieden zu sein — offenbar wollte er es nun auch eindeutig wissen: »Ich möchte eigentlich noch bis morgen in Berlin bleiben und heute abend einige Bekannte besuchen. Ihrem Dienst müßte es doch möglich sein, mir ein Visum und ein Hotelzimmer zu beschaffen, damit ich nicht in Westberlin zu übernachten brauche.« Damit war nun tatsächlich alles ganz klar zwischen uns: »Ihr Dienst«, hatte er gesagt. »Natürlich ist das kein Problem für meinen Dienst«, antwortete ich. »Fellow« trieb das Gespräch nun in der eingeschlagenen Richtung weiter: »Alle Achtung! Ihr Günter Guillaume ist ja eine ganz große Nummer. Die Plazierung eines so einflußreichen Agenten direkt in der Nähe des Bundeskanzlers beweist mir, daß Ihr Unternehmen nicht zu Unrecht für seine Qualitätsarbeit bekannt ist.« Ich lächelte wie geschmeichelt; mit der Bemerkung bestätigte mir der nun voll seiner Verbindung mit dem MfS bewußte Professor den Eindruck, den wir seit der Verhaftung des Kanzlerspions am 24. April 1974 in der HVA schon allgemein bekommen hatten. Der Fall hatte nicht etwa Panik oder Abwendung unter den Agenten im Operationsgebiet ausgelöst, sondern den ohnehin schon guten Ruf der Effektivität des DDR-Nachrichtendienstes noch weiter gefestigt.

Mehrere meiner Kollegen hatten festgestellt, daß nach dem Fall Guillaume sonst eher ruhigere Agenten wieder aktiver arbeiteten. Kontaktpersonen, deren Anwerbung als zweifelhaft gegolten hatte, ließen sich nun mit dem MfS ein, und viele stellten uns die Frage: »Guillaume war doch sicher nicht der einzige, den ihr in solchen Positionen sitzen habt; es gibt doch noch mehr?« Natürlich blieb die Frage unbeantwortet. Tatsächlich hat mir ein für die SPD zuständiger Auswerter der HVA-Abteilung VIII, Oberleutnant Rüdiger Ullrich, später, als wir noch einmal auf den Fall Guillaume zu sprechen kamen, bestätigt, daß die wichtigsten Positionen, die wir in diesem Bereich haben, noch voll in Aktion sind. Leider ließ sich seine Zunge nicht weiter lösen; Namen dürfte er überdies kaum gekannt haben. In der Leitung des MfS waren die Meinungen über die Folgen der Entdeckung und Verhaftung Guillaumes allerdings nicht so einhellig positiv. Tatsächlich waren seine Informationen allein im Jahre 1972 für die DDR von größtem Nutzen gewesen, wie mir später auch eine Bekannte bestätigte, die während der Verhandlungen über die Ostverträge und den Grundlagenvertrag als Sekretärin im Ostberliner Außenministerium in einer nicht unwichtigen Abteilung gearbeitet hatte. Noch bevor sich der Bonner Unterhändler Egon Bahr zu den einzelnen Verhandlungsrunden mit dem DDR-Beauftragten Michael Kohl traf, waren sein Konzept und vor allem sein Verhandlungsspielraum im SED-Zentralkomitee und im DDR-Außenministerium weiter als nur in Umrissen schon bekannt. So ist es kein Wunder, daß die DDR-Führung bei eher mäßigen eigenen Zugeständnissen ein maximales Ergebnis erzielen konnte. Doch nachdem nun Willy Brandt über seinen Referenten gestolpert war, zeigte der neue Regierungschef Helmut Schmidt gegenüber der DDR sehr schnell größere Härte.

Bei »Fellow« ließ ich natürlich nichts von all' dem verlauten. Die Zusammenarbeit lief vorerst ohne Probleme weiter. Er kam in Abständen von zwei oder drei Monaten zum Treff, brachte umfangreiches Material mit und erhielt dafür in der Regel 2500 D-Mark (West). Nachdem ich ihn besser kannte und auch einschätzen konnte, zu welchen Informationen er ohne weiteres Zugang hatte, wurde ich gleichwohl das Gefühl nicht los, daß er mir einige Dinge vorenthielt — vor allem Informationen mit Bedeutung für die Militärtechnik. Bereits von ihm fest zugesagte Unterlagen über spezielle Werkstoffe lieferte er nicht, und wenn ich ihn darauf erneut ansprach, wollte er nicht weiter auf das Thema eingehen. Ich hatte keine Erklärung für sein Verhalten. Da sein schon vom KGB festgestellter Hang zum leichten Gelderwerb keineswegs nachließ, fragte ich mich, warum er diese Materialien nicht beibrachte, für die er, wie er wissen mußte, noch weit höhere Beträge von uns erhalten würde, und an die er nach unserer Kenntnis auch herankommen konnte. Zunächst vermutete ich als Grund für diese Abstinenz eine bei ihm trotz Geldgier und »Guillaume-Effekt« erkennbare Angst vor Enttarnung und fand mich vorläufig damit ab. Es schien auch nicht recht in »Fellows« bisheriges Geschäftskonzept zu passen, daß er — etwa ein Jahr später — plötzlich den Wunsch äußerte, zum Ehrendoktor der

Humboldt-Universität ernannt zu werden. Er scheute anscheinend zusätzliches Risiko und verzichtete lieber auf mehr Geld, suchte aber nach Möglichkeiten, aus der Verbindung mit uns herauszuholen, was sonst noch ging. Ich versprach ihm, seinen Wunsch zu prüfen. Zu meiner Überraschung zeigte sich sogar Christian nicht abgeneigt, wenn auch nicht ohne seinen üblichen Zynismus: »Die Möglichkeit, das zu organisieren, haben wir durchaus. Mache ihm aber klar, daß wir vorher erst noch ein paar sehr gute Informationen von ihm haben wollen ›zur besseren wissenschaftlichen Begründung‹ –, kannst du ihm ja sagen.« Der Professor war damit einverstanden, und so legten wir als Termin für diese Ehrung das Jahr 1978 fest, in dem er sein 65. Lebensjahr vollendete. Daß es zu der Verleihung der Ehrendoktorwürde nicht mehr gekommen ist, lag nicht an ihm, sondern an mir. Ich ging zu dieser Zeit schon andere Wege.

Ende 1975 fiel »Fellow« eine weitere Möglichkeit ein, neben den Vergütungen in der üblichen Höhe noch andere Gegenleistungen aus der Agententätigkeit bei uns herauszuschlagen. Er äußerte unverhohlen seine Sorgen, immer wieder mit dem Material über die deutsch-deutsche Grenze zu kommen. Falls er doch einmal auf westlicher Seite kontrolliert werde, könne das unangenehme Folgen für ihn haben. Er schlug vor, die Treffs zum Beispiel nach Rumänien, Ungarn oder Polen zu verlegen. Ich sah die Logik dieses Vorschlages nicht ganz ein, denn die Gefahr einer gründlichen Kontrolle war doch bei einer Flugreise noch größer. Aber die Aussicht auf eine solche Reise lockte mich. Ich brachte »Fellows« Wunsch bei Christian vor. Mein Referatsleiter zeigte sich zunächst von der Idee wenig angetan. Ich stellte jedoch die Sache so dar, als ob der Professor zur Zeit des nächsten Trefftermins ohnehin nach Ungarn müsse und deshalb die anstehende Anreise nach Berlin ausfallen würde. Christian, inzwischen zum stellvertretenden Abteilungsleiter avanciert, stimmte unter der Bedingung zu, daß er dann mit von der Partie sein müsse. Selbst er war, wie ich und die meisten DDR-Bürger, gern bereit, das eigene sozialistische Paradies wenigstens für einige Tage zu verlassen, und sei es auch nur für einen Besuch in einem anderen Ostblockland. Zum Glück ergab sich jedoch, daß Christian nicht mitfahren konnte, und so verbrachte ich im März 1976 mit »Fellow« in Ungarn einige amüsante und auch in anderem Zusammenhang aufschlußreiche Tage.

5

Im Mai 1974 erhielt ich mit meiner Familie eine neue Wohnung im Stadtteil Johannisthal zugewiesen. Wir konnten die schon vor meiner hauptamtlichen Tätigkeit vom MfS zugewiesene Behausung in der Immanuelkirchstraße aufgeben und bezogen nun eine Zweizimmer-Wohnung in einem MfS-Wohnblock am Sterndamm. Christian händigte mir die Zuweisung mit dem Kommentar aus, daß er selbst neben vielen anderen, die es in der HVA zu etwas gebracht hatten, früher dort gewohnt hätte: »Nun kannst du das reichhaltige Freizeitleben in einem MfS-Wohnblock kennenlernen«, fügte er nicht ohne Ironie hinzu. Ich fühlte mich leicht beklommen. Bisher hatte ich völlig anonym in einem Arbeitermilieu gelebt und konnte in der knapp bemessenen Freizeit innerhalb der eigenen vier Wände weitgehend tun und lassen, was ich wollte. Sogar gelegentliches »Westfernsehen« war möglich gewesen. In dem Haus am Sterndamm lebten dagegen nur MfS-Angehörige, die sich gegenseitig auf die Finger sahen, wie ich schon erfahren hatte. Aktivitäten in der Wohnblockorganisation der Partei und ähnliche Verpflichtungen würden mir nun bevorstehen. Dazu kam noch, daß schräg über mir mein Referatskollege Olaf Junghanns wohnte, mit dem ich wegen seiner dogmatischen Haltung nie so recht warm geworden war. Jeder Ehekrach, so befürchtete ich, würde künftig wahrscheinlich meinen Vorgesetzten gemeldet werden.

Doch ich täuschte mich, zumindest was die Atmosphäre betraf. Noch ehe die Möbel aufgestellt waren, rückten die neuen Nachbarn zu einem Begrüßungstrunk an, der sich fast über 24 Stunden erstreckte, und Olaf lernte ich mit der Zeit als guten Freund und weichherzigen Charakter schätzen. Nur politische Dinge konnte man mit ihm nicht diskutieren — das »Neue Deutschland« vom jeweiligen Tag hatte für ihn so etwas wie Gesetzeskraft. Die Wohnung links nebenan stand leer. Die Mieter, das Ehepaar Meier, waren für drei Jahre zur DDR-Botschaft in Peking versetzt worden — er als Funker und MfS-Offizier, sie als Sekretärin des Botschafters. Rechts wohnte Hauptmann Hermann Lindner mit seiner Familie. Er gehörte der militärischen Abwehr an, der Hauptabteilung I des MfS. Vor seiner Frau hatte ich mich allerdings in acht zu nehmen. Es war im Haus bekannt, daß sie mit einem gegen die Wand gehaltenen Kochtopf die Gespräche der Nachbarn abhörte. Am Sterndamm verlebte ich mit meiner Familie die fast fünf Jahre, welche mir in der DDR noch bleiben sollten. Es war hauptsächlich eine feuchtfröhliche Zeit, denn im Hause wurde intensiv getrunken. Hier schaffte ich mir auch ein eigenes Auto, einen gebrauchten, aber noch gut erhaltenen »Trabant« an. Den Führerschein hatte ich nach einer »Prüfung« durch unseren Kfz-Experten im Dienst erhalten. Er war regelmäßig betrunken und brauchte gerade einmal jemanden für eine »Probefahrt« zum nächsten Schnapsladen.

Für Anfang Juli 1974 plante ich einen Urlaub mit meiner Familie an einem See in der Nähe Berlins. Dort wollte ich angeln und segeln, außerdem in Ruhe die Fußballmeisterschaft am Fernseher verfolgen. Unsere Abteilung verfügte über eine »Datscha« mit ordentlicher Einrichtung, die ich mir für 14 Tage »organisiert« hatte. Mitte Juli wurde ich jedoch unerwartet zum Abteilungsleiter gerufen. In der Regel bedeutet das nichts Gutes; Oberstleutnant Vogel war dafür bekannt, daß er die Mitarbeiter bei Vergehen und Verstößen gern persönlich zur Rechenschaft zog. Ich war mir zwar keiner Schuld bewußt, verspürte aber dennoch ein flaues Gefühl im Magen. Als ich mich bei ihm meldete, saß Christian auch schon da. Ohne ein Wort zu sagen, ließ der Chef mich bis zu seinem Schreibtisch kommen und musterte mich dabei intensiv. Ich fühlte mich noch unbehaglicher. Doch dann reichte er mir die Hand und bot mir einen Stuhl an. Außerdem redete er mich sofort mit Du an, was mich weiter beruhigte: »Was planst du denn für den 11. Juli?« — »Ich wollte Urlaub nehmen und die Weltmeisterschaftsspiele unserer Fußballmannschaft verfolgen.« Vogel und Streubel wechselten einen Blick, und der Oberstleutnant sagte: »Dann hat es sich erledigt. Du kannst wieder gehen.«

Ich hatte das unbestimmte Gefühl, irgend etwas zu verpassen, und erwiderte: »Aber ich bin in dieser Zeit in der Nähe von Berlin, und wenn es etwas Wichtiges ist, kann ich meinen Urlaub ohne weiteres unterbrechen.« Meine Vorgesetzten sahen sich erneut an, ehe der Abteilungsleiter damit herauskam: »Gut, du fährst am 11. Juli zu einem Weltmeisterschaftsspiel der DDR-Fußballnationalmannschaft nach Westdeutschland.« Ich hatte Mühe, meine übermächtige Freude nicht allzu sehr zu zeigen, um bei Vogel und Streubel kein Mißtrauen aufkommen zu lassen. Vogel zumindest war jedoch ohne jeden Argwohn: »Vergiß nicht, daß du als Tourist fährst, also keine operativen Aktivitäten bitte. Betrachte das Ganze als eine Auszeichnung. Geh zum Stab; dort erfährst du alles Weitere.«

Die Reise sollte zweifellos eine Belohnung für die Anwerbung »Fellows« sein. Beschwingt ging ich zum Stab im Hauptgebäude der HVA, wo der Genosse Major Kempe meine Hochstimmung allerdings vorerst wieder dämpfte: »Freu' dich nicht zu früh. Du kannst natürlich nur fahren, wenn die DDR-Mannschaft die Vorrunde übersteht und in die Zwischenrunde kommt, denn am 11. Juli ist schon ein Zwischenrundenspiel. Bring' mir aber schon mal ein Bild, sowie einen ausgefüllten Paßantrag und komm' nach den ersten beiden Spielen wieder vorbei.« Das hatte ich in meiner Begeisterung freilich übersehen: Die Reise hing natürlich von der Spielstärke der DDR-Mannschaft ab, und von der hielt ich nicht allzu viel. Wahrscheinlich würden unsere Staatsamateure, so überlegte ich, höchstens Dritte in der Vorrunde werden, und damit ausscheiden. Aber vielleicht würden sie doch zufällig Glück haben und mir damit die Gelegenheit verschaffen, zum erstenmal selbst einen Eindruck vom Leben in der Bundesrepublik zu gewinnen — von dem Teil Deutschlands, gegen den ich arbeitete und dem ich doch im stillen seit geraumer Zeit wachsende Sympathie entgegenbrachte. Ein Paßbild bekam ich im Kaderreferat. Den Antrag, der sonst der Ausstellung von Reisepapieren für den zum Einsatz fahrenden Agenten diente, füllte ich auf den Namen Werner Schilling aus. Vogel hatte mir überdies eingeschärft, selbst im Kollegenkreis vorläufig strenges Stillschweigen über die Reise zu bewahren.

Ich trat meinen Urlaub an. Noch nie hatte ich so eifrig die Daumen für die DDR-Mannschaft gedrückt wie diesmal. Nach zwei Spielen war klar, daß die Schützlinge des DDR-Trainers Georg Buschner tatsächlich in die Zwischenrunde kommen würden. Nur das Spiel gegen die Bundesrepublik stand noch aus; aber bei dieser Begegnung ging es nur um die Frage, ob die DDR Gruppensieger oder Zweiter würde. Zum vereinbarten Termin fuhr ich in die Zentrale, um die weiteren Einzelheiten zu erfahren. Insgesamt sechs Mitarbeiter der HVA waren für die Reise ausgewählt worden und wurden im Arbeitszimmer von Kempe vergattert: »Wenn euch jemand fragt, dann gebt ihr als Legende an, daß ihr bei der Sportstättenverwaltung in Berlin angestellt seid. Kümmert euch nicht um die anderen Touristen. Ihr habt in Gruppen zu gehen; außerdem kommen mindestens drei inoffizielle Mitarbeiter der Abwehr auf sechs Leute aus der DDR, die dafür sorgen, daß die anderen drei keine Dummheiten machen. Sie sind besonders eingewiesen und schreiben anschließend ihre Berichte. Ihr könnt euch also ganz dem Vergnügen hingeben. Der Spielort steht noch nicht endgültig fest. Je nach dem Ergebnis des Spiels DDR-Bundesrepublik ist es entweder Hannover oder Gelsenkirchen. Ihr könnt davon ausgehen, daß die DDR alles daran setzen wird, die Bundesrepublik zu schlagen. Die Mannschaft ist auf dieses Spiel speziell vorbereitet worden. Die wissen, sie können im übrigen abschneiden wie sie wollen, aber gegen Westdeutschland haben sie zu gewinnen. Das ist schließlich eine politische Frage.« Von meiner Abteilung gehörte noch Herbert Weidling, ein älterer Mitarbeiter des Referates IV, und Major Arno Mauersberger, der Leiter des Referats III, meiner Gruppe an. Arno wurde auch die Verantwortung für uns drei übertragen. Am 11. Juli fand ich mich um sechs Uhr früh auf dem Bahnhof Berlin-Schönefeld ein. Arno erwartete uns schon und händigte uns die Pässe sowie zehn DM-West Zehrgeld aus. Zum erstenmal konnte ich die DDR-Grenze in Richtung Westen überqueren — ein neues Lebensgefühl, wenn auch nur für einen Tag. Auf dem Richtungsanzeiger lasen wir »Sonderzug Gelsenkirchen«. Die DDR-Mannschaft hatte ihre »politische Aufgabe« begriffen und die Elf der Bundesrepublik tatsächlich 1:0 geschlagen. Die SED-Führung konnte zufrieden sein. Nun spielte also die DDR-Elf in der Zwischenrunde in einer Gruppe mit Argentinien, Brasilien und Holland.

Bei der Ankunft in Gelsenkirchen erhielten wir eine Stunde Zeit für einen Bummel durch das Stadtzentrum. Wie uns befohlen worden war, blieben wir in Gruppen zusammen. Ich konnte mich dabei jedoch nicht recht auf die von allen möglichen Waren überquellenden Geschäfte und das Leben und Treiben in der Stadt konzentrieren. Ein spontaner Gedanke kam in mir auf und hielt mich gefangen: Soll ich nicht hier und jetzt gleich abspringen? Zuviel Abscheu gegen unseren »Arbeiter- und Bauernstaat« hatte sich in meinem Innern gesammelt. Noch auf der Bahnfahrt hierher hatte die Staatsmacht — der ich ja angehörte — erneut ihr ganzes häßliches Gesicht gezeigt: Wieder und wieder Kontrollen, Identitätsprüfungen, Wagendurchsuchungen bei der Abfahrt und an der Grenze, obwohl wir schon von genügend Spitzeln eingefaßt waren. Polizisten und Schwärme von Grenzsoldaten mit eisigen Gesichtern; abweisende Transportbegleiter, die den Zug auf westdeutschen Bahnsteigen sogleich abschirmten. Auf die harmlose Frage des westdeutschen Grenzbeamten, ob sich Ausländer im Zuge befinden, war ihm kalt geantwortet worden: »Wir sind alle Ausländer.«

Die Versuchung, ohne jegliche Gefahr und Schwierigkeiten einfach zum nächsten Polizisten gehen und sagen zu können: »Ich bin DDR-Geheimdienstoffizier und möchte in der Bundesrepublik bleiben«, war groß. Doch würde ich es fertig bringen, meine Familie im MfS-Wohnblock am Sterndamm und meine Mutter in Leuna zu verlassen? Eine sofortige Entscheidung wurde indessen von einer anderen Überlegung verdrängt: Ich hatte mir schon lange vorgenommen, nicht mit leeren Händen überzutreten. Bis jetzt konnte ich ja nur mein im Gedächtnis gespeichertes Wissen mitbringen. Vielleicht wäre das auch schon etwas, aber doch wenig angesichts meiner Möglichkeiten. Ich konnte ja meine Stellung im MfS noch ganz anders ausnutzen und der »anderen Seite« viel mehr bieten, wenn sie einmal auf mich zukam. Die Überzeugung, daß es so sein würde, hatte sich in den letzten Monaten bei mir fast unbewußt mehr und mehr festgesetzt. Jetzt freilich mußte ich mich konkret fragen, wann würde die Chance endlich kommen und wie? Warum läßt sie so lange auf sich warten? Nun war ich endlich einmal in der Bundesrepublik — was ich mir so oft sehnlichst ausgemalt hatte — und sah doch keinen Weg, Verbindung aufzunehmen. Das »Totem« hatte ich wie immer bei mir. Wäre ich allein gewesen, hätte ich sehr wahrscheinlich versucht, auf irgendeine Weise Kontakt mit dem »Gegner« aufzunehmen, aber von Herbert und Arno eingefaßt, konnte ich nichts machen.

Der weitere Tagesverlauf beeindruckte mich nicht mehr sonderlich — auch nicht das Fußballspiel, in dem sich die DDR-Mannschaft mit einem 3:3 gegen Argentinien zufrieden geben mußte. Dem aufmerksamen Arno Mauersberger fiel auf, daß ich still und nachdenklich geworden war. Ich schützte Unwohlsein vor und schob die Schuld auf das Mittagessen im »Hans-Sachs-Haus.« Dennoch merkte ich, wie Arno mich in den nächsten Stunden nicht aus den Augen ließ und mich mehr als einmal kritisch musterte. Er wurde erst wieder ruhig, als der Zug bei der Rückfahrt in Marienborn einlief. Dann erst glaubte er mir offenbar auch die Magenverstimmung. Während der Rückfahrt hatte ich mit geschlossenen Augen dagesessen, Schlaf vortäuschend. Meine Reisegefährten spielten Karten.

In Wahrheit war ich weiter mit der Frage beschäftigt, was ich tun sollte. Mir war die Gefahr bewußt, in die ich mich begab, wenn ich im MfS eine Aktivität gegen den Dienst und das SED-Regime aufnehmen würde — nämlich bei Entdeckung zum Tode verurteilt und erschossen zu werden. Ich war mir auch bewußt, daß ich mit derartigen Überlegungen meine familiären Bindungen praktisch schon durchschnitt, machte mich jedoch nunmehr mit dem Gedanken vertraut, selbst diese Konsequenz hinzunehmen. Damit trat wieder die Frage in den Vordergrund, wo der Partner für die Arbeit gegen das MfS blieb — ich war überzeugt, daß es nur der BND sein konnte. War es gar nicht möglich, von mir aus eine Verbindung herzustellen? Ich überlegte hin und her, sah indessen keinen Weg. Ich mußte mich damit abfinden, das Wann und Wie den Leuten von »drüben« zu überlassen, auch wenn ich noch lange würde warten müssen. Ich konnte jedoch inzwischen schon Vorsorge treffen, das heißt gezielt alle mir zugänglichen Informationen über Agenten, operative Hilfsmittel, spezielle

Operationen und sonstige wissenswerte Vorgänge sammeln und dokumentieren. Zugleich wollte ich noch mehr als bisher meine Loyalität und Treue demonstrieren, um weiter Karriere zu machen, um auf diese Weise Einblicke zu gewinnen. Meine Position und mein Ansehen im MfS wollte ich so festigen, daß es auch ein verstärktes Sicherheitsrisiko tragen konnte, welches mit der erhofften Verbindung zum BND einsetzen würde.

Das neue Ziel

1

Mit solchen Vorstellungen im Kopf und mit entsprechend neuem Elan kehrte ich aus dem Urlaub an meinen Arbeitsplatz zurück. Allerdings wollte ich mich vergewissern, wie meine Frau über eine distanzierte politische Einstellung zur DDR dachte. Das Ergebnis war für mich bestürzend: Sie war dem Anpassungsprozeß schon so weit verfallen, daß sie auf meine zaghaften Vorstöße völlig negativ reagierte und bei der nächsten Gelegenheit Olaf gegenüber äußerte, er solle sich als Parteigruppensekretär mehr um die politische Verfassung seiner Gruppenmitglieder kümmern. Zum Glück verstand mein Nachbar und Referatskollege nicht, daß sie damit mich meinte, und bezog die Kritik als parteiergebener Genosse ausschließlich auf vermeintlich unzureichenden eigenen Eifer in seiner politischen Funktion. Ich hatte also mein privates Problem endgültig aus meinem Konzept auszuklammern. Diese Entscheidung mußte mich freilich früher oder später in eine schwere Konfliktsituation bringen.

Im übrigen ging ich nun ganz nach meinem Plan vor. In meiner konspirativen Wohnung in der Marienburger Straße richtete ich mir ein Versteck ein, in dem ich künftig all das aufbewahrte, was nach meiner Einschätzung für die westliche Seite später einmal interessant werden konnte. Über der Kochnische befand sich eine Zwischendecke aus Plastikplatten. Darüber war genügend Raum, um solche Unterlagen dort unterzubringen. Das Risiko schien mir gering, denn ich war der einzige Mitarbeiter, der diese Wohnung zu Treffs benutzte.

Das nächste war der Ausbau meiner Position durch Festigung

meiner Stellung in der Partei und Demonstration von ideologischem Engagement. Von Stund' an wurde ich in der Parteiorganisation der Abteilung zum »Falken«. Bei Versammlungen, aber auch bei den gelegentlichen Diskussionen im Kreise der Referatskollegen verfocht ich zielbewußt die orthodoxe Partei-Linie. Dabei konnte ich mir eine ideologische Kampagne zunutze machen, die damals im Schwange war: die sogenannte Feindbild-Diskussion, ausgelöst durch eine Rede der Volksbildungsministerin und Ehefrau des Parteichefs, Margot Honecker. Diese beklagte darin den Mangel an klassenbewußter Erziehung der Kinder in der DDR und forderte, die Lehrer müßten sich mehr um die Entwicklung eines klaren Feindbildes bei den Heranwachsenden kümmern. Die Genossin Honecker sprach damit ein Problem an, das der Parteiführung nach dem Abschluß der in der Bundesrepublik sogenannten Ostverträge, der Helsinki-Konferenz und angesichts des Entspannungsprozesses bewußt geworden war: nämlich die Gefahr, daß die DDR-Bevölkerung das Feindbild vergessen könnte. Dem Volk mußte schnellstens klargemacht werden, daß die Worte Entspannung und Normalisierung keine innenpolitische Bedeutung hatten, sondern lediglich dazu dienten, den Umgang mit dem Klassenfeind zum Nutzen der unveränderten eigenen Zielsetzung zu erleichtern. Es gelang mir tatsächlich, meine schon in raschem Wandel begriffene innere Einstellung zu unterdrücken und die gewohnten konformen Tiraden im MfS an fanatischem Eifer und schneidender Schärfe noch zu übertrumpfen.

Mit so klarer Position in der Parteiarbeit stürzte ich mich wieder in die operativen Aufgaben, denn im MfS verblaßt auch frisch erworbener Glanz sehr schnell. Nach den beiden Westwerbungen konzentrierte ich mich weiter auf den Ausbau meines Inlandsnetzes und die Verbreitung der DDR-Basis. Ich verschaffte mir Hinweise über Hinweise. Doch alle Hochschullehrer, die die politischen Voraussetzungen erfüllten, waren schon irgendwie beim MfS gebunden. Die von mir trotz Verbot fortgeführte Liste der Namen, die in der Registratur für eine HVA-Abteilung oder die Abwehr erfaßt waren, wurde immer länger. Schon dieser Liste wegen gab ich es nicht auf, weiterzusuchen, denn jede Auskunft der Abteilung XII über bereits erfaßte Personen war ein Baustein für meine Materialsammlung gegen das MfS. Dabei überprüfte ich am Ende — eigentlich nur zur »Abrundung« meiner Liste — auch den Direktor der Sektion Physik an der Humboldt-Universität, den Genossen Professor Rudolf Hermann. Ich erwartete natürlich, daß er in seiner Position längst dem MfS verpflichtet war. Doch erstaunlicherweise war er bei der Registratur noch nicht als »erfaßt« vermerkt. Ich ließ ihn sogleich für mich festschreiben und machte mich tags darauf auf den Weg, um ihn ohne weitere Umstände zu kontaktieren. Nach den Erfahrungen mit »Fellow« waren meine Hemmungen gegenüber hohen akademischen Würdenträgern bedeutend geringer geworden.

Im Vorzimmer des Direktors angelangt, wurde ich von der Sekretärin gefragt, wer ich sei. Ich bedeutete ihr: »Das sage ich ihm selbst«, klopfte kurz an und trat ein. Rudolf Hermann runzelte leicht die Stirn über den unangemeldeten Besucher, doch diese Unmutsregung verschwand sofort, als er meinen Ausweis sah — er hatte also Respekt vor dem MfS. Das war eine gute Grundlage für mein Vorhaben. Ich sah mir den Mann etwas genauer an: Für seine hohe Funktion sah er noch reichlich jung aus; er war mittelgroß, leicht korpulent, mit vollem Gesicht, sorgfältig gescheiteltem schwarzen Haar, Goldrandbrille. Der Professor gefiel mir. Er verhielt sich sehr zuvorkommend und ließ von seiner Sekretärin sogleich Kaffee servieren. Doch meine Fragen nach einigen seiner Mitarbeiter — ich hatte mir einige als weitere Ansprech- und Werbekandidaten ausgesucht —, beantwortete er nur zögernd. Das verwunderte mich, und so fragte ich ihn geradeheraus nach dem Grund seiner Zurückhaltung, wobei ich einen tadelnden Unterton anklingen ließ. Ich erhielt eine Antwort, die mich verblüffte. Hermann sagte, er habe schon eine Verbindung zu Angehörigen des MfS. Die hätten ihm gesagt, er solle gegenüber anderen Mitarbeitern der Staatssicherheit vorsichtig sein. Ich stutzte und erkundigte mich, wer diese Leute seien. Einer hieße Wertke, erklärte der Professor. Ich verabschiedete mich von ihm mit der Bemerkung, die Sache zu klären und dann wiederzukommen.

Den Namen Wertke kannte ich — er war Referatsleiter in der

Abteilung XX der Berliner MfS-Verwaltung, der einen Teil der Humboldt-Universität abwehrmäßig bearbeitete; aber es war unklar, wieso er Kontakt zu einem Mann hatte, der in der Registratur nicht für ihn erfaßt war. Ich überlegte, ob der Abteilung XII ein Fehler unterlaufen sein könnte, wie das manchmal geschah. In der Zentrale rief ich den Genossen Wertke an: »Du kennst doch den Professor Rudi Hermann in der Sektion Physik . . .« — »Ja, der ist ist für mich erfaßt.« — »Du mußt dich irren, er ist für mich erfaßt.« Wir stritten noch eine Weile darüber, wem der Mann nun »gehörte«, wobei Werkte mich mit der Bemerkung abzufertigen suchte, ich möge mir keine Hoffnungen machen, denn »Rudi« arbeite schon seit einiger Zeit für die Abwehr und sei auch verpflichtet. Ich sah schon meine Felle davonschwimmen, doch vorsichtshalber ging ich selbst zur Registratur und ließ die Sache überprüfen. Dort stellte sich heraus, daß Rudolf Hermann zweimal geführt wurde, einmal für Wertke, das andere Mal für mich erfaßt war. Der Grund waren zwei verschiedene Geburtsdaten, einmal der 6. 11. 1936 für »seinen«, und das andere Mal der 11. 6. 1936 für »meinen« Rudi. Ein Anruf bei der Meldekartei ergab, daß »mein« Geburtsdatum stimmte. Ich fuhr nun persönlich zu dem roten Backsteinhaus in der Prenzlauer Allee, der die MfS-Verwaltung Groß-Berlin beherbergt.

Wertke, der mir ohnehin wegen meiner neuerdings intensiven Aktivitäten in der Sektion nicht grün war, wollte sich auf keinerlei Diskussionen einlassen: »Der Mann gehört mir, und damit ist der Fall für mich erledigt.« Ich wies ihn lächelnd auf das falsche Geburtsdatum hin und schlug ihm vor: »Du siehst also, der richtige Rudi Hermann gehört mir. Such du dir einen, der am 6. November geboren ist, und an dem kannst du dann deine Freude haben. Nun gib mir schnell die Akten und dann will ich vergessen, daß du regelwidrig meinen Mann kontaktierst.« Der Abwehrgenosse lief rot an: »Das wollen wir doch sehen, wer den Mann bekommt.« Er ließ mich auf dem Gang stehen und marschierte zu seinem Abteilungsleiter. Ich wartete geduldig. Als er wieder zurückkam, drückte er mir schweigend die Akte in die Hand und schrieb eine Übergabemitteilung. Ich lächelte etwas gehässig; die Bürokratie hatte mir zum »Sieg« verholfen, aber

Wertke schwor Rache: »Du wirst es jetzt natürlich schwer haben, wenn du noch irgend etwas in der Sektion unternehmen willst. Ich werde dir die Suppe versalzen, wo ich nur kann.« — »Lieber Genosse«, entgegnete ich ihm gelassen, »ich führe es auf deine Enttäuschung zurück, daß du mir drohst, aber beruhige dich — ich habe genügend Positionen in der Sektion, und wenn du mich ärgern willst, mache ich umgekehrt dir das Leben dort schwer.«

Das war kein Bluff; ich hatte mir in diesem Bereich schon ganz heimlich einige Leute ausgesucht, die ich bald darauf auch konzentriert anging und anwarb. Es handelte sich um den Oberassistenten Dr. Wolfgang Braune, der später unter dem Decknamen »Johann« für mich arbeitete, ferner um den Oberassistenten Dr. Peter Rudolph, den ich warb und dann einem anderen Mitarbeiter unseres Referates abtrat, ferner um den Studenten Wolfgang Bräunig, den ich als Einstellungskader bearbeitete — er wurde später Mitarbeiter der Abteilung XXXII des MfS —, und um den FDJ-Sekretär der Sektion, dem ich den Decknamen »Alfons« gab. Die Anwerbung von Professor Hermann selbst war nur noch eine Formalität. Die Abwehr hatte schon gute Ermittlungsarbeit geleistet. Ich brauchte lediglich die Werbevorlage zu schreiben, und bald darauf war er als »IH« für mich verpflichtet, Deckname »Kaehler«. Später konnte ich ihn zu meinen besten Inlandsagenten zählen.

2

Inzwischen war der 25. Jahrestag der DDR herangerückt. Die internen Festivitäten im MfS waren üppig; es gab auch einiges zu feiern: Werner Hengst wurde zum Major, der Abteilungsleiter Horst Vogel zum Oberst, und der Leiter des Sektors, Heinrich Weiberg, gar zum Generalmajor befördert. Ich konnte mit meiner erfolgreichen »Fellow«-Werbung glänzen, und Christian deutete mir an, zum bald folgenden Gründungstag des MfS im Februar 1975 sei der Oberleutnant für mich »drin«. Ich nahm diese Ankündigung vor allem als Beweis dafür, daß ich meine Position als sicher ansehen durfte. Die Beförderung zerschlug sich allerdings noch einmal: Im November unternahm ich eine Dienstreise mit der Eisenbahn nach Dresden und nutzte dabei ein Privileg, das den MfS-Offizieren zustand — eine Netzkarte der »Deutschen Reichsbahn«, die zur Benutzung der Ersten Klasse berechtigte. Ich besorgte mir die Karte im Büro der HVA; auf der Fahrt konnte ich die Karte jedoch nicht mehr finden. Betroffen kehrte ich nach Berlin zurück und meldete den Verlust; der Wert der Karte belief sich immerhin auf 8000 Mark. Nicht das wurde mir jedoch vorgehalten, sondern der Umstand, daß ich überhaupt etwas verlieren konnte. Der frischgebackene Oberst Vogel nahm mich gehörig vor: »Was nutzen alle deine guten Ergebnisse, wenn wir nicht sicher sein können, ob du nicht vielleicht irgendwo einen Zettel mit dem Namen deiner ›IM‹ liegenläßt?« Obwohl ich mich wegen meiner Unachtsamkeit über mich selber ärgerte, dachte ich während der Zurechtweisung, was erst sein würde, wenn ich vorsätzlich einen solchen Zettel und noch einiges andere freiwillig »verliere« ... Der Oberst beendete seine Standpauke: »Ich sehe von einer exemplarischen Bestrafung aufgrund deiner Leistungen ab, aber mit dem Oberleutnant werden wir wohl noch etwas warten müssen, Genosse Stiller.« Jahre später fand ich übrigens die Netzkarte im Futter meines alten Wintermantels wieder. Ich befand mich dann schon in der Vorphase zu meinem Absprung und hielt es für das Beste, sie einfach zu vernichten.

An die Episode mit der Netzkarte mußte ich gelegentlich denken, als es mir ein gutes Jahr später gelang, als die so lange erwartete Partnerschaft mit dem BND endlich Wirklichkeit geworden war, dem MfS weitaus wichtigere Geheimnisse als die Namen von IM zu entlocken. Ich machte mir dazu den sogenannten GvD-Dienst zunutze.

Die operativen Telefonanschlüsse der HVA mußten rund um die Uhr besetzt sein. Im Hauptgebäude gab es zu diesem Zweck eine Zentrale, die außerhalb der normalen Dienstzeit ankommende Gespräche in die Wohnungen der jeweils zuständigen Bediensteten durchstellte. Zum Betrieb dieser Vermittlung wurden alle operativen Mitarbeiter turnusmäßig herangezogen. Man konnte damit rechnen, einmal im Vierteljahr für eine Nacht oder auch für einen Sonntag dazu antreten zu müssen. Im GvD-Zimmer befand sich ein großer Ordner, der die Namen, Telefonnummern und Adressen fast des gesamten HVA-Personals enthielt. Um eine effektive Kontrolle zu gewährleisten, wurden stets zwei Mitarbeiter gleichzeitig eingestellt.

Ende 1976 war ich wieder einmal an der Reihe, eine Nacht in der Zentrale zu verbringen. Der mit mir eingeteilte zweite Diensthabende war neu in der HVA und kam außerdem mit der Vermittlungsanlage nicht zurecht, obwohl diese gar nicht sonderlich kompliziert war. Schon gegen zehn Uhr abends schickte ich ihn schlafen. Das war gestattet, wenn keine Anrufe kamen. Auf dem Flur vor dem GvD-Zimmer stand eine Liege, eine weitere im Zimmer selbst. Ich wartete noch ein wenig, bis ich sicher sein konnte, daß mein Kollege fest schlief, und machte mich dann ans Werk. Die Gelegenheit war ausgesprochen günstig, denn ein Kontrollgang des Offiziers vom Dienst, der die Nachtschicht zu überwachen hatte, ein behäbiger Major, war erst in den Morgenstunden zu befürchten. Ich schlug die Mitarbeiterliste auf und begann, den Inhalt in mein Notizbuch zu übertragen. Vor mir hatte ich noch einen Roman liegen, um mein Notizbuch bei einer Störung darunterschieben und so tun zu können, als ob ich las. Bis zwei Uhr früh arbeitete ich emsig. Einmal war der Wachposten, der regelmäßig die Flure inspizierte, erschienen. Er beanstandete nur, daß im GvD-Zimmer das Fenster offen stand, was verboten war. Mein Notizbuch hatte ich schnell unter dem Roman verschwinden lassen. Der Mann war harmlos, und alles ging gut. Da ich ihm nicht auch noch dadurch auffallen und möglicherweise in Erinnerung bleiben wollte, daß in dieser ausgesprochenen ruhigen Nacht das GvD-Zimmer ständig erleuchtet war, schaffte ich die Aufstellung nicht ganz. Alles in allem konnte ich jedoch den größten Teil der HVA-Personaldaten mit Namen und genauen Adressen an den BND liefern. Bis es so weit war, versteckte ich all diese und andere nicht weniger brisante Notizen in der Zimmerdecke meiner konspirativen Wohnung.

Ein Jahr nach jener Nacht wurde der Telefondienst für die Mitarbeiter abgeschafft. Der Offizier vom Dienst, in der Regel ein Stabsoffizier, mußte ihn selbst übernehmen. Ich hätte keine Gelegenheit mehr gehabt, das Mitarbeiterverzeichnis einzusehen.

3

Die personellen Veränderungen im Sektor hatten für mich eine weitere Folge. Christian wurde tatsächlich in seiner neuen Funktion stark in Anspruch genommen. Er trennte sich daher von einigen Westverbindungen, die er bis dahin noch selbst geführt hatte. So wurde ich der Führungsoffizier für einen der wichtigsten Agenten des Referats. Ehe Christian ihn 1973 übernommen hatte, hatte ihn der zur Schule delegierte Axel geführt. Wie in früheren Fällen der Übernahme von Agenten hielt mir mein Vorgesetzter einen langen Vortrag. Mein neuer Mann hatte schon Bedeutendes für die DDR-Wirtschaft und auch für die Landesverteidigung gebracht. Zwei Jahre zuvor hatte er den Friedrich-Engels-Preis Erster Klasse für Leistungen auf dem Gebiet der Militärwissenschaft erhalten. »Der ist jedoch außerordentlich sensibel«, kündigte mir Christian an, »dazu reagiert er meist ungehalten auf einen Wechsel des Führungsoffiziers. Immerhin hat er es im Operationsgebiet zu etwas gebracht und einiges zu verlieren. Wenn du in der Führung dieser Verbindung einen Fehler machst, schicke ich dich in die Wüste. Die nächste Einreise zum Treff wird wahrscheinlich erst zum Jahresende sein. Aber übernimm schon jetzt die Unterlagen und den Instrukteur; der muß nämlich demnächst reisen.« Christian gestand mir mittlerweile genug Erfahrungen zu, um Instrukteureinsätze gewissenhaft vorzubereiten und durchzuführen. Ich las mich in die umfangreiche, mehrere Bände starke Akte ein.

Gerhard Arnold alias »Sturm« wurde 1935 im Erzgebirge in einem einfachen Elternhaus geboren. Seine Eltern ermöglichten dem etwas farblosen und ruhigen Sohn in Dresden das Studium der Elektrotechnik. Er brachte es freilich nur zu durchschnittlichen Leistungen und engagierte sich auch politisch nicht sonderlich. Doch dann griff das MfS in den Lebensweg Arnolds ein, nachdem ein Genosse namens Roland Herrmann von der damaligen Hauptabteilung IV, der Vorläuferin der HVA, zufällig auf ihn aufmerksam geworden war. Herrmann war ursprünglich mit der »Klärung« eines Besuchers der Leipziger Messe befaßt, der in einem für das MfS interessanten Betrieb im Westen arbeitete.

Diese Messebesucher hatten eine Schwester in Leipzig, Medizinstudentin, die Verlobte eben von Gerhard Arnold. Herrmann sprach die Medizinstudentin zunächst wegen ihres Bruders an: Ob sie anläßlich dessen nächsten Besuches nicht ein Gespräch mit ihm vermitteln könne. Sie versprach es zwar, setzte sich aber unverzüglich in den Westen ab. Herrmann war sehr enttäuscht, zumal er annehmen mußte, daß der Verlobte ihr bald folgen würde. Man schrieb das Jahr 1959, und der große intellektuelle Exodus aus der DDR war in vollem Gange. Zum großen Erstaunen des MfS-Offiziers blieb Arnold jedoch. Er beendete sein Studium und nahm danach eine Tätigkeit in einem Leipziger Betrieb auf.

Als Herrmann dieses ungewöhnliche Verhalten durchdachte, fand er dafür zwei mögliche Erklärungen. Entweder war die Liebe doch nicht so groß, oder irgendeine andere starke Bindung hielt Arnold in der DDR. Der Genosse vom MfS schaltete die Postkontrolle ein und las den Briefwechsel zwischen den Verlobten mit. Daraus ging tatsächlich hervor, daß Arnold große Hemmungen hatte, seine Eltern in Stollberg im Erzgebirge zu verlassen, daß allerdings auch die Sehnsucht nach der fernen Verlobte stetig zunahm. So kam Herrmann eine ebenso »humane« wie nützliche Idee. Warum sollte man den Jungingenieur nicht dorthin schicken, wohin er wahrscheinlich über kurz oder lang doch abziehen würde? Herrmann fuhr nach Leipzig und sprach Arnold an. Dieser befand sich in einer miserablen seelischen Verfassung, eine für eine Anwerbung durchaus günstige Situation. Der MfS-Offizier befragte ihn aber nicht sogleich nach seinem Liebeskummer, sondern nach einigen ehemaligen Kommilitonen, bei denen der Verdacht bestand, daß sie demnächst ebenfalls das Weite suchen würden. Arnold antwortete frank und frei, er halte sie für potentielle Fluchtkandidaten. Damit schrieb er sich bei Herrmann ausnehmend gut an, und schon beim nächsten Treff schlug dieser Arnold vor, man könne doch zwei Fliegen mit einer Klappe schlagen. Er, Arnold, solle im Auftrag des MfS in die Bundesrepublik übersiedeln und dort für den sozialistischen deutschen Staat als Kundschafter arbeiten. So könne er die Verlobte endlich heiraten und auch seiner Heimat, der DDR, einen Dienst erweisen. Seine Eltern werde er natürlich jederzeit besuchen können. Arnold überlegte nicht lange und willigte ein.

Ohne eine besondere nachrichtendienstliche Ausbildung, dafür aber mit einer vom MfS bezahlten S-Bahn-Karte in der Tasche, fuhr der junge Ingenieur nach West-Berlin und gelangte von dort über einige Zwischenstationen nach München. Er heiratete, fand eine Anstellung beim Computerkonzern IBM und arbeitete sich rasch hoch. Die MfS-Zentrale in Berlin war außerordentlich zufrieden mit der Entwicklung des parteilosen, nunmehr unter dem Decknamen »Sturm« geführten Agenten. Schon 1964 begannen die ersten Informationen — Material über Computerprogramme und Betriebssysteme zu fließen. Diesen erfreulichen Tatbestand nahm man zum Anlaß, Sturm feierlich in die SED aufzunehmen. Allerdings gab es einige Probleme der Verbindung zu »Sturm«, denn die Ehefrau, mittlerweile Ärztin, hatte von der Agententätigkeit ihres Mannes keine Ahnung und sollte keinesfalls eingeweiht werden. Herrmann hatte nicht vergessen, daß sie damals nach seinem Kontaktversuch sogleich republikflüchtig geworden war. Außerdem wurde »Sturm« von seiner Tätigkeit bei IBM stark in Anspruch genommen, und so konnte er nur selten einen Treff in der DDR wahrmehmen. Ein Instrukteur fand sich in dem Ostberliner Landwirtschaftsspezialisten Walter Kremp mit dem wenig originellen Decknamen »Bauer«. Er fuhr von 1965 an vier- bis sechsmal jährlich nach München und wartete am Isartor auf »Sturm«, der in der Regel auch pünktlich kam und einen Stapel Firmenschriften mitbrachte. Die Zentrale hatte mit der Verbindung der beiden einen guten Griff getan. »Sturm« und »Bauer« verstanden sich ausgezeichnet. Dem Agrarexperten gelang es, den politisch wenig motivierten, aber dafür immer noch am heimatlichen Erzgebirge hängenden IBM-Mann zu fleißiger Nachrichtenarbeit anzuhalten. Das alles geschah ohne großen Aufwand. Um die Informationen in der Firma zu sammeln, benötigte »Sturm« keinerlei aufwendige technische Hilfsmittel. Die für den Osten so wertvollen IBM-Schriften aller Kategorien über alle möglichen Informationssysteme waren ihm ohne weiteres zugänglich.

1969 kam die große Zeit »Sturms«. In der DDR hatte man allmählich begriffen, daß man im ökonomischen Wettlauf mit dem Westen nicht auf die elektronische Datenverarbeitung verzichten konnte. Es war sogar gelungen, den altersstarrsinnigen Ulbricht für eigene Anstrengungen der DDR auf diesem Gebiet zu gewinnen, und zwischen Elbe und Oder setzte nun ein EDV-Boom ein. EDV — diese drei Buchstaben wurden so etwas wie ein Zauberwort. Überall entstanden Datenverarbeitungszentren. Doch ohne die entsprechenden Kenntnisse und das erforderliche kybernetische Vorwissen kam man nicht weit, und eine Bestandsaufnahme ergab, daß der Vorsprung des Westens immens war. Es zeigte sich nun, daß das MfS in diesem Falle die dafür eingesetzten Finanzmittel wert war. Lange vorher hatten die Spezialisten im MfS den Trend erkannt und konnten nun, als die Partei entsprechende Anforderungen stellte, mit einigen guten Positionen zur Ausspähung westlicher Computergeheimnisse aufwarten.

»Sturm« war eine der besonders guten Quellen. Fortan wurde dem MfS alles, was er lieferte, von der DDR-Wirtschaft aus den Händen gerissen. Auch die Volksarmee glaube nun nicht länger abseits stehen zu dürfen. Mit eigenen Fähigkeiten und Potentialen haperte es immer noch, aber zum Kopieren dessen, was bei IBM entwickelt worden war, langte es. So kann man »Sturm« und einen weiteren Agenten, der von der Abteilung XIV der HVA geführt wurde, ohne Übertreibung als die Väter der Datenverarbeitungsanlagen in der DDR bezeichnen, und dafür entstanden noch nicht einmal nennenswerte Kosten. »Sturm« nahm als übersiedelter Agent kein Geld und ließ sich nur seine Auslagen erstatten. Die Reisekosten des Instrukteurs zum Münchner Isartor fielen in dem großen Topf der HVA überhaupt nicht auf. Aber der Nutzen, den die DDR aus dem gestohlenen Material zog, war ansehnlich. Den Wert einer einzigen Lieferung im Jahre 1971 veranschlagten Experten in der DDR-Industrie auf 55 Millionen Mark. Dazu kam noch der militärische Nutzen der Unterlagen für die NVA. Für seine Lieferungen und Informationen erhielt »Sturm« einen Orden. Der Friedrich-Engels-Preis war dabei die höchste ihm zuteil gewordene Auszeichnung.

Nach Herrmann wurden Manfred Terber, ab 1969 Axel Huether Führungsoffiziere Sturms. Bis zum Sommer 1973 fuhr

»Bauer«, der den Agenten so trefflich zu motivieren wußte und die wechselnden Führungsoffiziere »überlebt« hatte, weiter regelmäßig nach München. Nur den Treffort in der Stadt variierte man im Laufe der Zeit. Statt am Isartor kamen die beiden nun vor der Buchhandlung im Münchner Rathaus zusammen, also mitten im dichtesten Menschengewühl der Innenstadt. Niemandem fiel auf, daß die beiden Herren, die sich dort regelmäßig trafen, nicht nur Grüße tauschten, sondern daß auch jedesmal eine prall gefüllte Tasche den Besitzer wechselte. »Sturm« kam nur noch in seltenen Fällen selbst zum Treff nach Ostberlin, so wenn er etwas ausgefalleneres Material, zum Beispiel Computerprogramme, persönlich überbringen wollte. Die regelmäßigen Besuche bei seinen Eltern in Stollberg hielt er »sauber«; bei diesen Einreisen wollte er keine MfS-Leute sehen.

Das Jahr 1973 brachte zwei wesentliche Veränderungen in den Vorgang. Zum einen schied »Sturm« bei IBM aus und machte sich selbständig, zum anderen mußte sein Instrukteur ausgewechselt werden. Das Verhältnis zwischen ihnen war zu persönlich geworden. Sie kannten mittlerweile gegenseitig voneinander die Klarnamen, Adressen und Telefonnummern. Verspätete sich die Quelle gelegentlich beim Treff, so rief der Instrukteur einfach in der Wohnung oder in der Firma an. Oder fiel der Instrukteur einmal aus, weil ihm etwas dazwischengekommen war, so wählte »Sturm« die Nummer der Ostberliner Wohnung »Bauers«. Jedem Geheimdienstexperten stehen bei derartig laxen Arbeitsmethoden die Haare zu Berge, wenn man im Nachrichtendienst mit solchen »Vereinfachungen« auch manchmal sehr effektiv arbeiten kann. In der Zentrale billigte man jedenfalls diese Vertraulichkeiten — die beiden sollen sogar gelegentlich zusammen amouröse Etablissements in München aufgesucht haben — nicht länger. Außerdem stand die Ernennung »Bauers« zum Staatssekretär im DDR-Landwirtschaftsministerium bevor. In dieser Stellung konnte er unmöglich noch weiter »nebenberuflich« als Agent mit gefälschtem Paß herumreisen. Zwischen zwei Treffs wurden die beiden daher unversehens getrennt. Ein neuer Instrukteur kümmerte sich fortan um »Sturm«, der natürlich erst einmal »sauer« reagierte. Aber in der Zentrale blieb man in dieser Frage hart.

Dagegen nahm das MfS den Plan »Sturms«, zwei eigene Firmen zu gründen, ohne weiteres hin, zumal er versichert hatte, sein Kontakt zu IBM bleibe erhalten und er komme weiterhin an Material gleicher Qualität heran. Seine Unternehmen richtete er in München und Hannover ein und ließ sich in der niedersächsischen Landeshauptstadt auch vorübergehend nieder.

Hiemit schloß ich die Akte zunächst, recht beeindruckt; DDR-Spitzenagent, SED-Mitglied, gleichzeitig Unternehmer, »Kapitalist« in der Datenverarbeitungsbranche — wahrlich eine interessante Kombination.

Meine erste Tätigkeit in Sachen »Sturm« war die Mitwirkung bei der Vorbereitung der nächsten Reise des nunmehr zuständigen Instrukteurs, eines Ingenieurs Namens Heinz Hiess, Deckname »Rechner«, der im Dresdner Datenverarbeitungskombinat »Robotron« arbeitete, dem Betrieb, der neben der NVA aus den von »Sturm« gelieferten Informationen den größten Nutzen zog. »Rechner« sollte »Sturm« in Hannover treffen. Die Abfertigung des Instrukteurs für die Reise fand in der konspirativen Wohnung »Hain« statt — im Appartement 703 des Hochhaus-Komplexes am Leninplatz. Sowohl die Quelle als auch der Instrukteur hatten diesen Unterschlupf schon seit einiger Zeit frequentiert. Wie ich später erfuhr, war das Gebäude mit konspirativen Wohnungen durchsetzt wie ein Schweizer Käse mit Löchern.

»Rechner«, ein mittelgroßer Mann mit fliehender Stirn und glatt nach hinten gekämmtem, blonden Haar, erschien am Reisetag frühmorgens. Christian, der die Einweisung noch selbst vornehmen wollte, und ich warteten schon. Ich erschrak, als sich der Mann vorstellte: Sein Sächsisch war so unüberhörbar, daß mir schon dabei angst und bange wurde. Sein biederes und provinzielles Gehabe tat ein übriges, um ihn unverkennbar zum DDR-Bürger zu stempeln. Er konnte doch keinesfalls durch die Bundesrepublik reisen ohne aufzufallen! Ich konnte »Sturm« gut verstehen, wenn er mit seinem neuen Instrukteur nicht zufrieden war.

Den Reiseplan für »Rechner« hatte ich auf Christians Anforderungen hin vom vorhergehenden abgeschrieben und nur die Daten geändert. Christian beschränkte sich bei seiner Unterweisung auf den Hinweis, dies sei nun seine elfte Reise; er brauche nicht groß zu wiederholen, auf was er alles zu achten habe. Dann trug er noch Grüße an »Sturm« auf und drückte ihm eine drei Seiten lange, eng mit der Maschine beschriebene Liste in die Hand, auf der die Nummern der IBM-Schriften verzeichnet waren, die die Auswertung benötigte. Hiess legte das Papier gefaltet in seine Brieftasche. Dann entfernte er aus seinen Kleidungsstücken alles, was auf die Herkunft aus der DDR hinweisen konnte. Der Anzug und die anderen Bekleidungsstücke, die er anbehielt, stammten aus dem Westen. Dort hatte er das alles schon bei der Vorbereitung seiner Instrukteursfunktion gekauft. Den gefälschten Personalausweis, den Christian ihm überreichte, steckte er ebenfalls in die Brieftasche. Ich händigte ihm 400 DM Reisekosten und 1000 DM für die Unkosten der Quelle aus. Wir erklärten ihm die Reiseroute, und dann zog er mit einer fast leeren Aktentasche ab. So einfach ist das also, stellte ich für mich fest — die Beamten des Bundesgrenzschutzes müssen wirklich naiv sein, wenn sie diesen Mann bei der Kontrolle nicht als Agenten des MfS herausfischen. Doch seinerzeit waren sie wirklich harmlos, und auch später hat sich nach meiner Erfahrung, von vorübergehenden Verschärfungen abgesehen, nichts Wesentliches daran geändert.

Dem Reiseplan gemäß begab sich »Rechner« nun zum Bahnhof Friedrichstraße, stieg dort in die U-Bahn und fuhr zum Flughafen Tempelhof. Um 10 Uhr saß er in der Maschine nach Hannover-Langenhagen. Nachmittags um zwei Uhr ging er — nachdem er sich noch kurz vergewissert hatte, daß ihm niemand folgte — zum Treff, der bequemerweise vor dem Rathaus stattfinden sollte. Quelle und Instrukteur gaben sich ein zuvor vereinbartes Zeichen, daß sie sich unbeobachtet fühlten, begrüßten sich und legten fest, daß sie sich eine Stunde später in einem nahegelegenen Restaurant wiedersehen wollten. Diese Einteilung in Vor- und Haupttreff war in der HVA aus Sicherheitsgründen vorgeschrieben. So gab man den Agenten die Möglichkeit, sich noch einmal gegen eine Observation abzusichern. Bei einem schnellen Bier übermittelte »Rechner« dann die Instruktionen der Zentrale und überreichte die Auftragsliste. Von dem inzwischen erfolgten Wechsel des Führungsoffiziers sagte er nichts. »Sturm« schob ihm zwei prall gefüllte Plastetaschen mit den beschafften Informationen zu und ließ der Zentrale ausrichten, bei ihm gebe es keine Probleme. Anschließend vereinbarten beide den nächsten Treff, wieder in Hannover, und trennten sich.

Gegen 19 Uhr saß »Rechner« schon im Zug zur Rückreise nach Berlin. Als angeblicher Westberliner hatte »Rechner« sich bei der DDR-Grenzkontrolle ein Transitvisum durch die DDR nach Schweden ausstellen lassen, das ihm die Einreise ermöglichte. Wegen des Materials war es nicht geraten, das Flugzeug zu benutzen. Gegen 23 Uhr nahm ich ihn in der Nähe der Friedrichstraße in Empfang, befragte ihn in der konspirativen Wohnung nach dem Verlauf der Reise, nach eventuellen besonderen Vorkommnissen und den Ergebnissen des Treffs, und ließ mir die Informationen, den Ausweis und das Transitvisum aushändigen. »Rechner« übernachtete dann in der KW. Das Visum mußte ich noch in der Zentrale beim Bereitschaftsdienst der Abteilung VI/K der HVA abgeben; andernfalls wäre der angebliche Transitreisende im Computer der Hauptabteilung VI, die den grenzüberschreitenden Verkehr lückenlos überwacht, als nicht ausgereist erschienen und eine Fahndung ausgelöst worden.

Am nächsten Mittag fuhr ich erneut zu ihm in die »KW«, nahm den Reisebericht entgegen und zahlte ihm sein Reisegeld aus. Wegen seiner vier Kinder bemaß ich es sehr großzügig. Dann fuhr »Rechner« wieder als Genosse Hiess nach Dresden zurück, um am folgenden Tag seine Arbeit im Kombinat »Robotron« fortzusetzen. Die zweitägige Abwesenheit wurde von seinem Vorgesetzten, ebenfalls einem MfS-Mann, im Betrieb abgedeckt. Mir oblag es nur noch, die Informationen in sogenannte Materialbegleitlisten aufzunehmen und sie der wissenschaftlich-technischen Auswertung der Abteilung V unseres Sektors zu übergeben. Nach vier Wochen bekam ich für jede einzelne Unterlage eine Benotung, die mir die Qualität anzeigte. Bei »Sturm« waren das regelmäßig die Noten I — sehr wertvoll — oder II — wertvoll. Zum Schluß heftete ich alle Papiere, Reiseplan, Reisebericht, Visaantrag und Finanzabrechnung in der Akte ab, machte im Sicherheitsteil einige Eintragungen zu den Grenzkontrollen und den Reisewegen, und damit war die Sache bis auf weiteres erledigt. Ich konnte nun knapp drei Monate warten, um die Prozedur dann zu wiederholen. Mehr blieb bei der Führung dieses Agenten nicht zu tun.

4

Zwei Monate nach dieser ganz routinemäßigen Reise »Rechners« veränderte sich die Situation indessen ganz erheblich. Mit simpler Vorbereitung und Durchführung solcher Instrukteurreisen war es ein für allemal vorbei. Grund hierfür war ein Ereignis, daß die DDR eigentlich gar nicht berührte. Ich befand mich gerade auf einer Dienstreise nach Perleberg im Nordwesten der DDR, wo ich Ermittlungen zu einer neuen Inlandskontaktperson anstellen wollte, und hatte das Autoradio auf einen Westsender eingestellt. Die Nachricht, daß der Berliner CDU-Vorsitzende Peter Lorenz entführt worden war, berührte mich zwar menschlich, aber ich kam zunächst nicht auf die Idee, daß wir dienstlich davon betroffen sein könnten. Am nächsten Tag in die Zentrale zurückgekehrt, spürte ich jedoch sofort, daß sich etwas ereignet haben mußte. Christian hatte für nichts und niemanden Zeit und lief fortwährend zum Abteilungsleiter, beide zusammen suchten mehrmals den Leiter des Sektors, Oberst Vogel auf, und »Didi«, der Leiter des Referates 2, lief herum wie ein geprügelter Hund.

Gegen 10 Uhr wurden wir alle vom Abteilungsleiter Gerhard Jauck zusammengerufen: Er verkündete ein sofortiges Verbot für alle operativen Westreisen. Instrukteure, die gerade bei ihren Führungsoffizieren in konspirativen Wohnungen saßen, um Weisungen und Papiere für ihre Reisen zu empfangen, mußten aufgehalten werden. Stapel von Funktelegrammen wurden in der HVA-Zentrale abgesetzt, um bereits festgelegte Treffs abzusagen. Die einleuchtende Begründung für diese Restriktionen war die in Westberlin angelaufene Großfahndung nach den Entführern und ihrem Opfer. Bei uns wurden nicht wenige Verwünschungen gegen die Terroristenszene laut, denn der ganze Aufruhr störte unsere Arbeit empfindlich. Christian versäumte es nicht, einen für ihn typischen Kommentar beizusteuern: »Konnten die den

Lorenz nicht gleich umlegen? Dann gäbe es einen Feind weniger, und unsere Arbeit wäre nicht durch die Suchaktion behindert worden.«

Nach und nach erfuhren wir, daß bei der Abteilung schon Pannen eingetreten waren: Eine wertvolle westdeutsche Quelle, von Heinrich Steffen, einem Mitarbeiter des Referats 2, geführt, war am Tag vor der Lorenz-Entführung mit einem auf fiktive Personalien gefälschten bundesdeutschen Reisepaß zum Treff in die DDR gekommen. Als Geheimnisträger waren ihm Reisen in den Osten verboten, und so hatte er das Risiko des falschen Papiers auf sich genommen. Am Abend des Entführungstages wollte er mit dem Flugzeug nach Frankfurt zurückkehren. In Tempelhof wurde sein Ausweis im Rahmen der Großfahndung besonders gründlich kontrolliert, und bei der Ankunft am Main erwartete ihn die Polizei schon mit Handschellen. Während der Flugzeit war festgestellt worden, daß die im gefälschten Paß angebenene Behörde kein Personalpapier auf den fraglichen Namen ausgestellt hatte. Sowohl Steffen wie sein Referatsleiter wurden zur Rechenschaft gezogen. Eine Untersuchung hatte ergeben, daß beide von der Lorenz-Entführung und von der einsetzenden Großfahndung schon gewußt hatten, als sie den Agenten mit dem gefälschten Ausweis und fiktiven Namen in die Bundesrepublik zurückreisen ließen. Die Panne wurde ihnen als »politisches« Versagen angelastet, und beide erhielten einen »Verweis« als Disziplinarstrafe.

Die Beschränkungen für Reisen mit gefälschten Ausweisen über Westberlin wurden erst nach und nach aufgehoben. Die Benutzung fiktiver Personalien für Reisepässe und Personalausweise blieb aber weiterhin verboten, wenn damit in der Bundesrepublik operiert werden sollte. Daran änderte sich auch bis zu meinem Übertritt nichts. So haben die Terroristen der »Rote-Armee-Fraktion« dem DDR-Geheimdienst unbewußt einen nicht geringen Schlag versetzt. Viele Treffs fielen aus, Material kam nicht oder zu spät zur Auswertung in die Zentrale, die Agenten wurden durch die häufigen Kontrollen verunsichert, die Verbindungspläne gerieten durcheinander, und schließlich wurden die Bewegungsmöglichkeiten der MfS-Reisekader erheblich eingeschränkt. Schon vorher waren alle Grenzübergänge aus der DDR nach Bayern für den operativen Einsatz gesperrt worden, denn die bayerische Grenzpolizei hatte sich dort relativ geschickt im Aufspüren von MfS-Agenten erwiesen und auf diesem Gebiet einen besonderen Ruf gewonnen. Nach der Lorenz-Entführung wurden außerdem jegliche Flugreisen in das Bundesgebiet verboten. Schließlich wurde auch der neue Flughafen Tegel wegen des dort installierten verbesserten Kontrollsystems für Agenten mit gefälschten Papieren tabu.

Freilich ersann das MfS bald Auswege. Der Flughafen Berlin-Schönefeld hatte sich mittlerweile zum Luftverkehrszentrum der DDR entwickelt. Neben zahlreichen Flügen nach Moskau und in andere Staaten Osteuropas gab es mittlerweile auch einige Verbindungen ins westliche Ausland, namentlich nach Wien, Kopenhagen, Amsterdam, Mailand und Stockholm. Gewiß war das für die Instrukteure ein großer Umweg, wenn der Treff in der Bundesrepublik stattfinden sollte. Aus Sicherheitsgründen forderte die Leitung auch, der IM müsse an jedem Zwischenziel mindestens zweimal übernachten. Die Reisen dauerten nun oft eine Woche und länger. Das wurde für die HVA teuer, und viele Instrukteure hatten überdies Freistellungsprobleme an ihren Arbeitsplätzen. Doch man war durch die grundsätzlich veränderten Bedingungen gezwungen, die Umwege und die Kosten in Kauf zu nehmen. Schon bald saßen in den Maschinen ab Schönefeld in die westlichen Zielstädte zahlreiche DDR-Agenten. Besonders Wien — schon seit langem Drehscheibe für die östliche wie für die westliche Spionage — bot sich als Zwischenstation zur Weiterreise in die Bundesrepublik oder zu Treffs in Österreich selbst an. Der MfS-Leitung mußte diese Massierung natürlich Sorge bereiten, und sie entschied, daß jeweils nicht mehr als zwei »IM« mit gefälschten Ausweisen in einer Maschine reisen durften. Falls eine strenge Kontrolle stattfinden sollte, ließ sich der Verlust so einigermaßen begrenzen. Doch die österreichischen Beamten erwiesen sich meist als ungefährlich. Ich selbst habe unzählige Agenten auf die »Alpenroute« geschickt. Meinen neu übernommenen Münchener EDV-Agenten Gerhard Arnold lernte ich im Sommer 1975 persönlich kennen. Eines Abends rief Christian mich zu Hause an und orientierte mich, halbwegs verschlüsselt: »Sturm ist da. Ich hole ihn ab und gehe mit ihm ins Restaurant ›Budapest‹. Fahr in die Zentrale und laß dir vom OvD die Papiere für die Gepäckschleuse geben. Er hat Material in der Friedrichstraße hinterlegt. Ich schicke dir auch den Fahrer mit Sturms Schließfachschlüssel in die Zentrale. Wenn du das Fach entleert hast, kommst du anschließend auch ins Restaurant!« Offenbar drängte die Zeit; da die beiden in ein Restaurant und nicht in die KW gegangen waren, wollte »Sturm« wohl noch in der Nacht nach Hannover zurückfahren. Nachdem ich die erforderlichen Papiere besorgt und den Schließfachschlüssel übernommen hatte, fuhr ich zur Friedrichstraße. Obwohl sehr in Eile, hielt ich die Regeln ein und parkte den Wagen einige Straßenecken entfernt. In mehreren Referatsbesprechungen war uns eingeschärft worden, daß Observation durch westliche Dienste in der Nähe des Bahnhofs nicht auszuschließen seien, und ich wollte nicht gerade auf diese Art mit einem westlichen Geheimdienst in Berührung kommen. Das Schleusungsverfahren kannte ich mittlerweile zur Genüge. »Sperber«, mein Mann aus Paris, hatte in der Zwischenzeit die Gepäckfächer einigemale für mich belegt, wenn er zum Treff gekommen war. Nach zehn Minuten saß ich wieder im Auto. Neben mir lag eine Collegemappe, enthaltend zwei Computer-Magnetbänder. Sturm hatte den beim letzten Instrukteurtreff übergebenen Beschaffungsauftrag ausgeführt. Die DDR-Industrie lechzte förmlich nach den gespeicherten Informationen. Ich war sicher, daß sie mir zwei »Einser-Noten« einbringen würden. Eine Information dieser Güteklasse wurde von der Auswertung mit einem Nutzen von mindestens 150 000 Mark veranschlagt; das heißt, diese Summe in Devisen hätte die DDR aufwenden müssen, um die Bänder selbst zu entwickeln oder sie über einen Mittelsmann zu kaufen, wenn sie überhaupt zu kaufen waren.

Im »Budapest« muß ich eine Weile suchen, bis ich Christian und »Sturm« im »Weinkeller« fand. Eine fast leere Karaffe und die aufgeräumte Stimmung zeigten mir, daß sie sich nicht gelangweilt hatten. »Sturm« lud mich mit großer Geste an den Tisch. »Aha, du bist also der Eleve, dem ich in Zukunft zu dienen habe.« Er grinste dabei. Ich beugte mich zu ihm und flüsterte ihm ins Ohr: »Du dienst nicht mir, sondern dem Vaterland aller guten Deutschen, dem Arbeiter- und Bauern-Staat, dem ersten sozialistischen Staat auf deutschem Boden, geführt von der ruhmreichen und erfahrenen Sozialistischen Einheitspartei. Aber sag' es nicht weiter. Das ist wie alles bei uns ein großes Geheimnis.« Der Agent lachte schallend. Ich spürte, daß ich den richtigen Ton getroffen hatte und von ihm akzeptiert war. Auch mir war er im Grunde sympathisch: Ein gut aussehender, auf Frauen wirkender Typ, schwarzes Haar, volles, intelligentes Gesicht, dunkler Teint, gewandt und selbstsicher. Man hätte ihn für einen Italiener halten können. So hatte ich mir einen erfolgreichen Jungunternehmer auch vorgestellt.

Wir kamen auf seine Leidenschaften — altes Porzellan, das Erzgebirge und die Jagd — zu sprechen. Ich nutzte die Gelegenheit, den neuesten Witz über den Staatssicherheitsdienst zu präsentieren. Ein normaler DDR-Bürger hätte sich damit großen Ärger eingehandelt; wir »Insider« aber konnten uns auf diesem Gebiet doch etwas mehr erlauben. Ich erzählte also: Genossen der Volkspolizei, der Nationalen Volksarmee und des MfS gehen gemeinsam auf die Jagd. Aufeinander eifersüchtig, wollen sie ihre waidmännischen Fähigkeiten gegenseitig messen. Auf einer Waldlichtung verabreden sie, sich am selben Ort nach dem Halali zu treffen und die Jagdbeute zu vergleichen. Dann trennen sie sich. Stunden vergehen. Schließlich ist die Jagd beendet. Stolz legen die Volkspolizisten ein erlegtes Reh vor. Die NVA-Soldaten haben sogar einen Hirsch zur Strecke gebracht. Nur die Genossen von der Staatssicherheit lassen sich nicht blicken. Man startet eine Suchaktion, und schließlich werden sie aufgespürt. Sie haben einen mickrigen kleinen Hasen gefangen, prügeln heftig auf ihn ein, und schreien dabei: »Gib zu, daß du ein Wildschwein bist.« Ich genoß die Wirkung meiner Geschichte auf »Sturm« und war nun völlig sicher, daß ich bei ihm gewonnen hatte. Er bedauerte nur, daß er den Witz nicht unter seinen Jagdfreunden erzählen konnte. So ging es zwischen uns angeregt weiter. Erst zum Schluß kamen wir auf einige operative Dinge zu sprechen.

Der Agent berichtete, daß sein neues Haus in der Nähe von München inzwischen fertiggestellt sei. Die Treffs mit dem Instrukteur sollten deshalb besser wieder in der bayerischen Landeshauptstadt, am Marienplatz, stattfinden. Ich schug statt dessen Österreich vor. Mit meinem sächselnden »Rechner« wollte ich das Risiko häufiger Reisen mit gefälschten Papieren in das wachsam gewordene Bayern nicht mehr eingehen. »Sturm« gefiel der Gedanke ganz und gar nicht, doch ich erläuterte ihm die veränderte Situation nach der Lorenz-Entführung und machte ihm klar, daß er sich notfalls beim Grenzübertritt ins neutrale Österreich eher wegen des mitgeführten Materials rechtfertigen könnte als der Instrukteur. Sturm lenkte schießlich ein, wohlwissend, daß ich recht hatte: »Gut, dann werde ich in Zukunft zur vereinbarten Zeit am Goldenen Dachl in Innsbruck warten.«

Die Beschaffungsfrage war schnell abgehandelt. Das System funktionierte ohnehin vortrefflich. Einmal im Jahr bekamen wir von der Quelle einen vollständigen Katalog aller IBM-Schriften. Dieses Papier gaben wir den Auswertern. Diese hakten, wie Kinder vor Weihnachten, ihre Wünsche an. Sie konnten offenbar auch immer alles gebrauchen. Besonders von den firmeninternen Unterlagen ließen sie keine aus. Der Instrukteur nahm die Bestellung mit zur Quelle, die durch ihre nach wie vor guten IBM-Kontakte das Material in die Hände bekam. Nach einer angemessenen Wartezeit hatten wir 80 bis 90 Prozent dessen, was wir bestellt hatten, in Händen. Dennoch war eine Gefahr zu überwinden — und zwar nicht etwa ein Sicherheitsrisiko, sondern bei der MfS-internen Konkurrenz. Von der Abteilung XIV der HVA wurde nämlich eine Quelle geführt, welche die gleichen Zugriffsmöglichkeiten wie »Sturm« hatte, jedoch direkt bei IBM saß. Ihre Materialsendung traf deshalb manchmal schneller als unsere in der Zentrale ein. Dann waren »Sturms« Informationen natürlich nichts mehr wert, da sie bereits vorlagen. Wir spornten ihn also an, rascher zu liefern, und er versprach zu tun, was er könne. Dann verabschiedeten wir uns — was »Sturm« und Christian betraf, in ziemlich weinseliger Stimmung. Da ich mich selbst mehr zurückgehalten hatte, mußte ich »Sturm« in die Nähe des Grenzübergangs und meinen Referatsleiter anschließend nach Hause fahren.

Im Wagen meinte Christian — er hatte manchmal fast menschliche Anwandlungen —: »Der Sturm ist seit Jahren eine der erfolgreichsten Quellen im Referat. Er verlangt dafür außer einer kleinen Aufwandsentschädigung und einem gelegentlichen Präsent gar nichts. Weißt du, warum er das alles tut? Nicht etwa aus politischer Überzeugung. Der ist längst Kapitalist und würde sicher nie mehr in die DDR zurückkommen. Er macht es einfach aus alter Anhänglichkeit an das Erzgebirge, seine Heimat. Wenn er irgendwann einmal erfahren würde, daß sein Material auch an die ›Freunde‹ geht, würden wir wahrscheinlich kein Stück Papier mehr von ihm sehen. Es ist einfach eine Art Schuldkomplex, daß er seine Heimat verlassen hat. Natürlich werden wir das nie in einen Bericht schreiben. Ideologische Überzeugung — das klingt doch viel besser.« Auf dem Weg nach Hause dachte ich über meine eigenen Erfahrungen mit unserem Westagenten nach. Das MfS nutzte wirklich alle möglichen Motive, um die Leute für sich arbeiten zu lassen: Geldgier, Schuldkomplexe, Sex, Abenteuerlust, Erpressung, familiäre Bindungen. Nur das eine Motiv, ständig gepredigt, und das man sich immer wieder vorgaukelte, politische Überzeugung, für die gute Sache des Sozialismus ohne Bedenken zu wirken, hatte ich tatsächlich nur selten feststellen können. Die Erfolge des MfS beruhen auf der skrupellosen Ausnutzung aller dieser nichtideologischen Empfindungen und Triebe, daneben auf seiner straffen Organisation, dem Fehlen einer demokratischen Kontrolle, der großzügigen Ausstattung mit finanziellen Mitteln und nicht zuletzt Schwächen des Abwehrsystems in der Bundesrepublik.

Am nächsten Tag unternahm ich einen weiteren Schritt, um die Erfolge der Operation »Sturm« zu sichern. Ich suchte Herbert Kulka auf — den Mitarbeiter der Auswertung, der alle eintreffenden Informationen entgegennahm und auch die Beschaffungsaufträge gab. Mit einer Flasche besonderen französischen Cognac und vielen guten Worten brachte ich ihn nach einer halben Stunde so weit, daß er mir versprach, die Wunschliste an die Abteilung XIV, welche die Konkurrenz-Quelle bei IBM führte, jeweils mit einer kleineren Verspätung auszugeben.

Für Ende Oktober bestellte ich ihn nach einem zwischenzeitlichen Instrukteur-Treff in Innsbruck erneut nach Berlin. Er wollte zunächst die Notwendigkeit nicht einsehen, fügte sich dann aber doch. Er hatte gerade seinen 40. Geburtstag gefeiert. In der konspirativen Wohnung »Hain« ließ ich von Sigi, der Sekretärin des Referats, ein paar delikate kalte Platten herrichten. Die Zutaten bezogen wir aus einem der neueröffneten Lebensmittel-»Exquisitläden«, mit denen Honecker die Wünsche der DDR-Bürger nach westlichen Delikatessen zu stark überhöhten Preisen zu stillen gedacht und gleichzeitig »schwarze« Kaufkraft abschöpfen ließ. Geld spielte für uns keine Rolle. Ich holte den im »Mokka-Eck« wartenden Sturm und fuhr mit ihm in die »KW«. Dort warteten schon Oberst Vogel, der Leiter des Sektors, und Christian. Es wurde feierlich. In Anbetracht seiner »Verdienste um den Schutz und die Stärkung des Sozialismus« wurde dem Agenten die Verdienstmedaille der DDR, die nächste große Auszeichnung nach dem Friedrich-Engels-Preis, überreicht. Ungeachtet der unpolitischen Motive bei seiner Arbeit für das MfS war er doch sichtlich beeindruckt, obwohl es doch einigermaßen absurd war, mit einem Orden ausgezeichnet zu werden, den er — außer als Staatspensionär in der DDR — nie öffentlich tragen konnte. Vogel hatte allerdings noch anderes im Sinne. In einer kurzen Rede schätzte er die internationale Lage ein und kam zu dem Schluß, die DDR müsse mehr Anstrengungen als bisher auf dem militärischen Sektor unternehmen, um »gewissen kriegslüsternen imperialistischen Kreisen« begegnen zu können. Er entwickelte einen Plan, wie »Sturm« mit seinen Firmen, die bis dahin auf die EDV-Beratung von Versicherungsgesellschaften ausgerichtet waren, in Geschäftsbeziehungen zu Unternehmen der Rüstungsproduktion und Waffenentwicklung treten könnte. Mit etwas Geschick und dem Aufbau entsprechender Verbindungen müßte es doch möglich sein, meinte Vogel, Lohnarbeitsaufträge zum Beispiel von MAN, Krauss-Maffei, MBB oder Dornier zu erhalten. Man könne dabei ganz klein anfangen; irgendwann werde sich schon einmal die Gelegenheit ergeben, richtig einzusteigen. »Sturm« blickte uns zunächst skeptisch an; aber angesichts der Medaille am Revers seiner eleganten Jacke versprach er, sich umzutun. Es war ihm wohl auch klargeworden, daß sich die Zentrale mit seinen selbständigen Unternehmen nicht ohne den Hintergedanken abgefunden hatte, sich diese ebenfalls nutzbar zu machen, zumal die »Konkurrenz-quelle« der Abteilung XIV ganz gut in der Lage war, das zu liefern, was aus dem gedruckten IBM-Programm benötigt wurde. Das Jahr 1975 brachte keine weitere Westwerbung, aber ich hatte auch genug mit den übernommenen Fällen zu tun. Diese entwickelten sich sämtlich befriedigend — mit Ausnahme »Sperbers« in Paris. Anlaß zu einer nachhaltigen Störung des Verhältnisses zu unserem Atomspion war eine weitere Ordensverleihung gewesen. Anläßlich des 25. Jahrestages der DDR sollte »Sperber« von Oberst Willi Neumann mit der Verdienstmedaille der NVA in Silber ausgezeichnet werden. Werner Hengst hatte mich schon vor dem Akt bei einem Treff Ende 1974 in der konspirativen Wohnung gewarnt: »Wenn der Willi mitgeht, dann mußt du damit rechnen, daß er dir etwas kaputtmacht. Manchmal ist es nur das Geschirr, manchmal ist es aber auch der Mitarbeiter, der draufgeht.«

Mit entsprechend düsterer Vorahnung begleitete ich den übergewichtigen Obristen in meine »Burg«, die sich im vierten Stock befand. Auf jedem Treppenabsatz mußte ich mit ihm eine Pause einlegen, damit er nicht schlappmachte. Keuchend erreichte er den vierten Stock und ließ sich dort erschöpft in einen Stuhl fallen. Mit einem gewaltigen Cognac gelang es mir, seine Lebensgeister zu wecken und angeregt machte er sich über den bereitgestellten Imbiß her. Beim Dessert machte er auch seinem Ruf der Ungeschicklichkeit alle Ehre und bespritzte sich sowie seine Umgebung ausgiebig mit Schlagsahne. »Sperber«, der Neumann bereits seit vielen Jahren kannte, konnte es sich nicht verwehren, den Vorfall mit Ironie zu kommentieren: »Ach, Genosse Willi, ich freue mich, daß du immer noch der Alte bist.« Das war freilich nicht dazu angetan, den ohnehin schon mürrischen Obristen in bessere Laune zu versetzen. Schließlich kam Christian mit dem Orden. Willi Neumann stand kurz auf und nahm die übliche Zeremonie vor. Dann begann sich sein Groll zu entladen. Gereizt fragte er »Sperber«, wieso er denn immer noch in Frankreich sei; schon vor Jahren habe man doch festgestellt, daß dieses Land ein allzu gefährliches Pflaster sei. Er möge nun endlich die nötigen Schritte unternehmen, sich in der BRD oder, wie schon lange geplant, in den USA niederzulassen. »Sperber« brachte eine Reihe von Argumenten dagegen vor — unter anderem, daß seine Ehefrau Frankreich nicht verlassen wolle. Willi kommentierte böse: »Oh, das ist ja schlimm. Dann bist du also regelrecht durch deine Frau erpreßbar. Nun, wir werden sehen.« Dann zog er nach einer kurzen Verabschiedung davon.

Christian wurde konkreter: »Lieber Rolf, wir müssen wohl damit rechnen, daß du in die DDR zurückkehren mußt, wenn sich keine Lösung findet. Die Leitung reagiert äußerst empfindlich. Wir haben mit Frankreich schlechte Erfahrungen gemacht. »Sperber« war nun doch erschrocken. Ich konnte ihm deutlich ansehen, was er davon hielt, wieder in der DDR leben zu müssen. Er versprach zu tun, was er könne, um wenigstens vorübergehend aus Paris zu verschwinden. In der Zentrale schrieb ich den Treffbericht, wobei mir Christian weitere Erklärungen gab. Die meisten Lieferungen »Sperbers«, so erklärte er mir, beträfen nur noch Entwicklungen, mit denen sich die DDR nicht selbst befaßte. »Wir haben keine Forschung an Laserwaffen, wir bauen auch keinen Kernfusionsreaktor. Deshalb werden wir von unserer Auswertung für sein Material auch immer nur mittelmäßige Bewertungen bekommen. Für die Freunde vom KGB sind die Informationen natürlich von höchstem Wert. Dem Genossen Neumann kommt es aber allein darauf an, daß ›Sperber‹ vor seiner Pensionierung nicht auffliegt. Er ist alt, und weiter denkt er nicht. Sogar das Interesse des KGB ist ihm dabei gleichgültig. »Als der Treffbericht von der Leitung zurück kam, stand in der linken oberen Ecke bereits der Rotstiftvermerk: »Rückzug in die DDR vorbereiten.«

Ich saß wie geschockt. Erstens würde ich eine gut liefernde Quelle verlieren, und dann stand mir auch noch der ganze Ärger mit der Wiedereingliederung bevor. Ich überlegte, was zu tun war. Am besten schien es mir zu sein, die Anweisung vorerst einmal überhaupt nicht zu beachten. Statt dessen schrieb ich ein langes Memorandum darüber, wie wichtig die Informationen »Sperbers« für die Freunde seien. Dieses Papier gab ich meinem Referatsleiter, dessen gute Beziehungen zum neuen KGB-Verbindungsoffizier, dem Kapitän ersten Ranges Igor Owsjannikow, bekannt waren. Christian lobte mich für meine Initiative zur Rettung der

Quelle und versprach mir, mich zu decken, wenn ich Schwierigkeiten haben würde, weil ich die Rückzugsanweisung nicht befolgt hatte. Außerdem wollte er sehen, »was Igor machen kann«.

Im Januar 1975 kam »Sperber« erneut nach Ostberlin. Rein zufällig erfuhr auch Neumann davon und verlangte prompt den Treffbericht zu sehen. Der befand sich schon beim Abteilungsleiter, und so konnte ich ihn nicht mehr für die Vorlage bei dem Genossen Oberst »frisieren«. Der Bericht kam sogleich mit dessen Vermerk zurück: »Genosse Stiller, wie befolgen Sie meine Weisungen? Leiten Sie unverzüglich den Rückzug ein.« Ich stellte mich weiterhin stur, obwohl Christian langsam an unserer Durchhaltefähigkeit zweifelte und sich schließlich aus der Affäre zog, als die Sache immer delikater wurde: »Ich weiß von nichts. Ich als dein Vorgesetzter nehme an, daß du Weisungen von oben befolgst.« Doch dann kam die Sache unserem ehemaligen Abteilungsleiter zu Ohren, der ja inzwischen zum Leiter des Sektors und damit zum Vorgesetzten Neumanns avanciert war. Auch er wollte den Rückzug vermeiden, prinzipiell aber einen einmal gegebenen Befehl auch nicht aufheben. Außerdem mochte er sich nicht schon kurz nach der Amtsübernahme mit Neumann anlegen. Doch gelang es immerhin, über Vogel einen Aufschub zu erreichen. Der Preis dafür war eine Weisung an »Sperber«, keine weiteren Operationen mehr einzuleiten. »Laß dich das nächste halbe Jahr lieber nicht hier blicken«, riet ich ihm, als er im März nochmals in Berlin war, »es könnte sein, daß du sonst Paris nicht wiedersiehst.« Wir waren allein beim Treff, und so konnte ich recht offen mit ihm sprechen. Vorsichtshalber fügte ich hinzu, er solle jedenfalls im Herbst erscheinen — nicht daß er auf die Idee käme, wir wollten die »Zusammenarbeit« ganz einstellen. Eigentlich war dieser Wink nicht nötig gewesen, denn ich konnte auf Sperbers chronische Geldverlegenheit vertrauen. Nach wie vor kam er in einem alten abgeschabten Wintermantel zum Treff. Das Kleidungsstück hatte mindestens schon drei Führungsoffiziere überlebt. Den braunen Cordanzug trug er, solange ich ihn kannte. Die Gewißheit, daß er neben den 450 Mark, die monatlich auf seinem Konto eingingen, zu jedem Besuch eine gepfefferte Spesenrechnung bei mir anbringen konnte, würde ihn gegen Ende des Jahres gewiß wieder in die DDR treiben.

Der entscheidende Durchbruch in unserer »Stabilisierungsaktion« für »Sperber« kam im Spätsommer. Nachdem auch ich schon resignieren wollte, traf ein Schreiben des KGB ein. Die Verbindung Christians zum Genossen Owsjannikov funktionierte also. Die Kollegen vom sowjetischen Geheimdienst schrieben, die von »Sperber« gelieferten Informationen seien mindestens teilweise von größtem Wert für die Sowjetunion, und sie »baten« darum, den Beschaffungskanal unbedingt zu erhalten. Oberst Vogel willigte nun ein, daß der Mitarbeiter im Westen bleiben durfte, allerdings wurden ihm Auflagen erteilt. Treffs in der DDR wurden als zu riskant untersagt, und Sperber mußte alle operativtechnischen Hilfsmittel vernichten, damit bei einer Verhaftung keinerlei Beweismittel vorhanden waren.

Christian beriet nun mit mir die Konsequenzen und meinte, ich benötigte für »Sperber« unbedingt einen Instrukteur. Obwohl ich in meinem Netz genügend ausgebildete Reisekader hatte, versprach er mir, einen von einem Kollegen geführten besonders geeigneten Mitarbeiter zur Verfügung zu stellen. »Wir können unseren Sonderling und Revisionisten aber nicht nur über einen Instrukteur führen«, gab ich zu bedenken, »wenigstens einmal im Jahr ist auch ein persönlicher Treff erforderlich. Sonst gerät der Mann noch ganz ins maoistische Lager.« Wir wußten, daß »Sperber« nicht nur Maos Ideen vertrat, sondern seit einiger Zeit sogar Chinesisch lernte. »In die DDR darf er nicht mehr, also müssen wir ihn eben im Ausland treffen«, erwiderte Christian, »und wenn die Informationen so wichtig für die Freunde sind, dann wird uns der Genosse Markus Wolf mit Sicherheit eine Reise zum Treff nach Wien genehmigen.« Ich horchte auf; nach meinem bisherigen Wissen durften doch Mitarbeiter der Zentrale nicht zu Treffs ins westliche, auch nicht in das neutrale Ausland reisen. Aber Christian meinte es anscheinend ernst, und ich begann zu frohlocken. Natürlich würde ich nicht allein reisen dürfen, aber bei einem Aufenthalt von mehreren Tagen in Österreich müßte sich doch eine Gelegenheit ergeben, Verbindung mit dem BND oder notfalls einem anderen westlichen Geheimdienst aufzunehmen.

Wie erwartet kam »Sperber« Anfang September. Sein Aufatmen war deutlich zu bemerken, als ich ihm beiläufig andeutete, die Rückzugsgefahr sei gebannt. Er forschte nicht nach dem Warum und Wieso. Die langen Jahre der Zusammenarbeit hatten ihn gelehrt, daß es zwecklos war, gewisse Fragen zu stellen. Dagegen versprach er, von sich aus, seine Frau, einen der Hauptunsicherheitsfaktoren, künftig völlig aus allem herauszuhalten, was mit der DDR zu tun hatte. Er wollte ihr weismachen, daß er die Arbeit für das MfS aufgrund unüberwindbarer politischer Meinungsverschiedenheiten eingestellt habe. Dazu paßte es auch recht gut, daß er seine Reisen in die DDR ja nun einstellen mußte. Er hatte den Wunsch, seine Eltern noch einmal sehen, die er bis dahin wenigstens einmal jährlich besucht hatte. Es war bereits Mittag, und am nächsten Tag wurde »Sperber« schon in München erwartet, wo er an einer wissenschaftlichen Tagung teilnehmen und einen Vortrag halten wollte. Wir mußten uns also beeilen; ich fuhr mit ihm nach Rostock, seinem Heimatort. Unterwegs führten wir die übliche politische Diskussion. Er zog wieder über das politische System in der DDR und Sowjetunion her. Am Ziel bewilligte ich ihm nur eine Stunde für den Abschied von seinen Eltern. Da er sich krampfhaft bemühte, dies Thema nicht weiter zu berühren, mußte ihm dieser künftige Verzicht nahegehen. So weit kannte ich ihn schon. Auf der Rückkehr sprachen wir nur wenig miteinander. »Sperber« wollte mit seinen Gedanken allein sein. Erst als wir den Stadtrand von Berlin erreichten, nahm ich das Gespräch wieder auf und hämmerte ihm nochmals die neuen Grundsätze der Zusammenarbeit ein. Dabei wurde ihm wohl klar, daß er sein weiteres Verbleiben im Westen hauptsächlich mir zu verdanken hatte. Er versprach mir ganz persönlich, daß er nun wirklich alles versuchen werde, außerhalb Frankreichs zu arbeiten, obwohl er noch nicht wisse, wie er das mit seiner Ehe und seinen Vaterpflichten in Einklang bringen könne. Ich nahm ihm das Argument nicht ganz ab — wir wußten schließlich, daß zumindest in seiner Ehe sehr lockere Verhältnisse herrschten. Ich sagte jedoch nichts dazu. Zum Schluß bestellte ich ihn für den 5. Januar 1976 nach Salzburg, Vortreff am Geburtshaus Mozarts. Er wollte noch wissen: »Wer wird denn von euch kommen?« — »Laß dich überraschen und halte dich an den Verbindungsplan«, war die einzige Antwort, die ich ihm geben konnte. Christian hatte es tatsächlich erreicht, daß wir selbst nach Österreich fahren durften, mir aber streng untersagt, »Sperber« davon zu unterichten. Wenn er trotzdem den richtigen Schluß zog, so hatte er es jedenfalls nicht von mir.

6

Am 18. März 1975 saß ich gemeinsam mit sechs Kollegen des Sektors in der Morgenmaschine nach Moskau. Das KGB hatte eine Delegation der HVA eingeladen. Anlaß war eine Industrieausstellung der Bundesrepublik Deutschland in der sowjetischen Metropole. Die Russen waren so freundlich, ihrem »Juniorpartner« Gelegenheit zur ausgiebigen Kontaktarbeit unter den westdeutschen Ausstellern zu geben. Christian sah es freilich von vornherein anders an: »Betrachte das Ganze mehr als touristisches Unternehmen und lerne die Hauptstadt der kommunistischen Weltbewegung kennen. Es ist ohnehin eine Schande, daß du immer noch nicht das Land Lenins kennst.« Ich wäre lieber in die entgegengesetzte Himmelsrichtung geflogen, aber andererseits war ich doch neugierig auf die sowjetische Hauptstadt. Außer mir waren der Leiter des Referates 2, »Didi« Ullrich, und der persönliche Referent Vogels, Major Werner Zeisler, sowie vier andere Mitarbeiter aus den Abteilungen XIV und XV von der Partie. Im Hinblick auf die Kontaktarbeit wollte ich sehen, was sich so ergab. Wie es der Zufall wollte, hatte sich in der langen Schlange vor der Paßkontrolle nach Moskau auch mein inoffizieller Mitarbeiter »Singer« gestanden — der Professor Gerd Stiller aus Dresden, der im Fall »Ernesto« so nützlich gewesen war. Unbemerkt von meinen Kollegen konnte ich mit ihm einen Treff in Moskau vereinbaren; vielleicht würde ich seine Hilfestellung wieder benötigen.

Ich sah aus dem Kabinenfenster: Unten auf der Erde war weit und breit keine Ansiedlung auszumachen. Die geschlossene Schneedecke ließ erkennen, daß der Winter in den russischen

Weiten noch nicht vorüber war. Nach zweieinhalb Stunden landeten wir auf dem Flughafen Scheremetjewo. Ich war enttäuscht: Ein mäßig großes, häßliches Abfertigungsgebäude stand am Rande des Rollfeldes, kein besonders attraktives Eingangstor zum Zentrum des Weltkommunismus.

Eine schier endlose Wartezeit am Paßkontrollschalter folgte. Der blutjunge Grenzsoldat, der die Pässe kontrollierte, schien noch nicht viel Übung im Lesen zu haben; jedenfalls konnte man das der langen Zeitspanne entnehmen, die seine Augen auf einer Paßseite verweilten. Gelegentlich rief er auch einen höheren Dienstgrad zu Hilfe, um sich etwas erklären zu lassen. Dabei waren unsere Dienstpässe in deutscher und russischer Sprache beschriftet. Ich zweifelte nicht, daß es sich um einen KGB-Mann handelte; wenn in der DDR zu solchen Zwecken ausschließlich MfS-Beamte eingesetzt sind, mußte es sich wohl beim »Großen Bruder« genauso verhalten. Schließlich waren wir alle abgefertigt. Ein Duft schweren Parfums, mit denen die russischen Frauen verschwenderisch umgehen, angereichert mit Knoblauchdunst, erfüllte das Gebäude. Ich kannte diesen Geruch, er erinnerte mich an das Haus der russischen Offiziere in Merseburg, als ich dort zur Schule ging.

»Didi«, der Leiter der Delegation, wurde gerade von einem vierschrötigen Genossen mit Pelzkappe begrüßt. Er stellte sich uns als »Oberst Iwanow« vor. Der Oberstenrang konnte stimmen; es war bekannt, und nicht wenige von uns erfüllte das mit Neid, daß im KGB die Dienstgrade im Durchschnitt weit höher lagen als im MfS. Der Deckname Iwanow ging auch in Ordnung – jeder dritte Russe heißt so. Ich nahm Zeisler, mit dem mich seit langem eine gute Bekanntschaft verband, beiseite, um ihm einen Russenwitz zu erzählen, in dem der Name Iwanow vorkommt. Mit ihm konnte ich das machen. Er war mit seinen knapp 50 Jahren so abgebrüht und weise geworden, daß ihn politische Phraseologie überhaupt nicht mehr berührte. Er »schob« seinen Dienst mit aller Behäbigkeit, betrank sich seit Jahren täglich und lächelte nur in sich hinein, wenn andere über den nahen Sieg des Sozialismus und die dann anbrechenden paradiesischen Zeiten bramarbasierten.

Über meinen Witz lachte Zeisler dröhnend, so daß die Leute in der Abfertigungshalle zu uns herübersahen. Daß in meiner Erzählung auch eine Schnapsflasche eine Rolle spielte, hatte ihn außerdem darauf gebracht, sich an einem Flugplatz-Kiosk für den Tag zu versorgen. Nach einer Minute war er wieder mit aufgebauschter Manteltasche bei uns. Der Genosse Oberst verfrachtete uns in zwei bereitstehende klapprige »Wolga«-Limousinen. Der noch sehr junge Fahrer kam sicher aus dem ferneren Osten, wahrscheinlich ein Sibirjak. Er roch nach Machorka und Knoblauch. Wir fuhren über die Leningrader Chaussee an baufälligen Holzhütten vorbei und passierten nach einer Weile die symbolischen Panzersperren, die als Denkmal daran erinnern, daß die deutschen Truppen im Dezember 1941 an dieser Stelle von der Sowjetarmee gestoppt worden waren. Iwanow drehte sich um und erklärte in gebrochenem Deutsch: »Das verdanken wir dem Genossen Sorge.« Er hatte zweifellos recht. Die entscheidende Rolle des deutschen Spions, der im Zweiten Weltkrieg, zweifellos aus Überzeugung, in Japan für die Sowjetunion gearbeitet hatte, war uns schon auf der HVA-Schule eingepaukt worden.

Nach wenigen Kilometern befanden wir uns schon mitten in der Stadt. Uniforme Wohnblöcke, noch eintöniger als die in der »Hauptstadt der DDR«, säumten hier die Straßen; dazwischen ungepflegte, sanierungsbedürftige Gebäude aus der Zeit vor dem Zweiten Weltkrieg. Wir stiegen im Hotel »Belgrad« gegenüber dem Monumentalbau des Außenministers am Smolensker Platz ab. Das Hotel ließ sich ertragen. Die Jugoslawen hatten es gebaut, vermutlich lag es deshalb über dem sowjetischen Standard. Erfreut stellten wir fest, daß der Keller die einzige Bar Moskaus beherbergte, in der man in Landeswährung bezahlen konnte; alle anderen verlangten harte Devisen. Nach einem ausgiebigen Mittagessen begaben wir uns zum wahrhaftigen Mittelpunkt der kommunistischen Welt, auf den Roten Platz. Die Fahrt mit der U-Bahn beeindruckte mich allerdings. Prachtvoll mit Marmor ausgelegte Stationen bilden einen außerordentlichen Kontrast zur Häßlichkeit der Bauten, die wir bis dahin gesehen hatten. Auch das Stadtzentrum bot ein völlig abweichendes Bild: Eindrucksvolle Gebäude, weite Alleen und die goldenen Türme des Kreml strahlen Gelassenheit und Reichtum aus. Wir besuchten das »GUM«, das größte und prächtigste Warenhaus der Sowjetunion, auch dies ein großzügiges Gebäude aus der vorrevolutionären Epoche, und verließen es fluchtartig wieder. Endlose, geduldig wartende Käuferschlangen hatten uns die Lust zu einem Einkaufsbummel schnell genommen.

Den späten Nachmittag verbrachten wir geruhsam im Restaurant »Berlin«, unweit vom Dschershinskiplatz, an dem sich auch die Zentrale des KGB befindet. Altrussische Plüschatmosphäre umfing uns. Der Türhüter hatte uns erst eingelassen, nachdem wir uns als Ausländer zu erkennen gegeben hatten und eine Fünf-Rubelnote in seiner Jackentasche verschwunden war. Wir machten es uns bequem. Die Preise auf der Speisekarte garantierten ein erlesenes Publikum. Wir beschränkten uns auf Kaviar, der in Schalen serviert wurde und langten mit großen Löffeln zu. Geld spielte keine Rolle –, Dieter Ullrich führte einen beträchtlichen Betrag an »Operativgeld« mit sich, der mit Erlaubnis des Genossen Vogel angegriffen werden durfte. Die Woche in Moskau hatte deutlich den Anstrich einer Vergnügungsreise.

Nach dem Kaviar-Essen kamen wir gerade zur rechten Zeit ins Hotel zurück, um die Öffnung der Bar mitzuerleben. Natürlich mischten wir uns unter die Gäste; nur Zeisler zog sich zurück, der Wodka vom Flughafen-Kiosk hatte sein Werk getan. An bildhübschen Mädchen war kein Mangel, und wir gaben uns angenehmen Erwartungen hin. Um so größer war unsere Enttäuschung, als sich die jungen Damen desinteressiert abwandten, sobald sie merkten, daß wir aus der DDR kamen. Andere deutschsprachige Gäste, die nur etwas weiter westlich zu Hause waren, wurden dagegen wie Könige umgarnt. Überall bildeten sich Pärchen, nur wir blieben allein bei Wodka und Tomatensaft. Genosse Iwanow, der sich kurz bei uns sehen ließ, um sich nach unserem Wohlergehen zu erkundigen, tröstete uns: »Genossen, Ihr müßt das dialektisch sehen; morgen vormittag schreiben die Mädchen alle einen langen und oft interessanten Bericht über den Herrn von der letzten Nacht. Denkt nicht schlecht über die Genossinnen, sie sind Gold wert.« Uns wurde klar, daß die Hotelbar ein Anbahnungslokal des KGB darstellte und die Schönen im Dienst des Komitees für Staatssicherheit standen.

Am nächsten Morgen wurden wir zum Gelände der Allunions-Ausstellung in Ostankino — im Norden Moskaus — gefahren. Das riesige Areal zeigt die Errungenschaften der sowjetischen Volkswirtschaft. Die Anlage ist wirklich großartig. Hier hat man weder Geld noch Mühe gescheut, um die Besucher aus dem In- und Ausland zu beeindrucken. Jetzt war jedoch nur ein großer Pavillon von Interesse, den man ganz am Ende des Geländes für die bundesdeutsche Industrieausstellung geräumt hatte, unser dienstliches Ziel. Doch schon kurz hinter dem Eingangstor zum Ausstellungsgelände endete eine breite Menschenschlange, die sich in Schleifen zum Horizont hinzog. Mit meinen mäßigen Russischkenntnissen fragte ich einen der zahlreichen Ordner, worauf denn die vielen Sowjetbürger warteten. »Ach Genosse«, bekam ich zur Antwort, »das sind Delegationen aus Betrieben des Landes, die ausgewählt wurden, um die Ausstellung der westdeutschen Kapitalisten zu sehen.« Zum Glück hatte uns der Genosse Iwanow mit Sonderausweisen versehen. So brauchten wir uns nicht anzustellen, sondern konnten geradewegs auf den offenbar in weiter Ferne stehenden Pavillon mit der Sonderschau zumarschieren.

Wir brauchten bei zügigem Tempo eine halbe Stunde. Das Gelände war also mindestens drei Kilometer lang, und neben uns wand sich während der ganzen Strecke die Wellenlinie der Einheimischen. Die Leute am Ende der Schlange hatten an die zehn Kilometer geduldig Wartender vor sich; viele schlugen auch schon mitgebrachte Gartenstühle auf und zogen Imbißpakete hervor, denn es konnte wohl einen Tag dauern.

Wenn wir auch geradewegs zum Pavillon kamen, so gerieten wir doch drinnen notwendig in den Menschenstrudel; die durchwälzende Masse versperrte jeden Ausblick. Ich ging im Gewühl eines Standes verloren, an dem den staunenden Russen westliche Stereomusik mit Quadro-Effekt geboten wurde. Keiner bewegte sich, und so blieb auch ich eine Weile eingeschlossen. Mir schien es völlig unmöglich, hier in einen Kontakt mit den Ausstellern zu kommen, und so erkämpfte ich mir schließlich wieder den Weg nach draußen. Dort standen auch meine Kollegen an einem Imbißstand und tranken Kwaß, eine trübe Flüssigkeit, in der sich auch noch

Bestandteile des Pappbechers zu einem unappetitlichen Gebräu auflösten. Mir verging der Durst. Als wir den langen Weg zum Eingangstor des Ausstellungsgeländes zurückgingen, gewahrten wir, daß sich neben der Schlangenlinie zum Pavillon eine zweite in entgegengesetzter Richtung gebildet hatte. Das Ziel der hier Wartenden war ein kleiner Verkaufsstand, an dem die russischen Besucher Schallplatten mit Liedern, gesungen von Heintje, erwerben konnten.

Am nächsten Tag unternahmen wir einen Stadtbummel, der zu einem weiteren Anschauungsunterricht über die hiesige Mangelwirtschaft und den tristen Alltag der Sowjetbürger wurde. Danach überredete mich Zeisler, der sich am Vortag vom Besuch der Ausstellung gedrückt hatte, nochmals mit ihm dorthin zu fahren. Er war durch unseren Bericht neugierig geworden. Wir nahmen ein Taxi, um nach Ostankino zu gelangen. Mehrfach ließ mein Kollege den Fahrer des unglaublich verdreckten Autos halten, um zu versuchen, im Straßenverkauf eine neue Flasche Wodka zu erstehen, was beim dritten Halt auch gelang. Als wir schließlich ankamen, bot sich das gleiche Bild wie am Vortag. Diesmal nutzten wir einen der kleinen offenen Busse, die für Besucher mit Sonderausweisen bereitstanden, um zum Ausstellungspavillon zu gelangen. Dort wurden wir jedoch erneut hoffnungslos eingekeilt, bis Zeisler die Geduld riß. Er zog mich an den Rand des Besucherstroms, und gemeinsam krochen wir unter dem Absperrseil zu einem menschenleeren, aber sehr ansprechenden Ausstellungsstand einer relativ kleinen süddeutschen Firma für spezielle Meßinstrumente.

Der Standvertreter trat auf uns zu und sah uns fragend an. Anscheinend hielt er uns für Russen, die sich über die strikten Vorschriften hinweggesetzt hatten. Schon tauchten auch zwei finster blickende russische Ordnungshüter auf, die sich jedoch wieder verzogen, als wir den Geschäftsmann deutsch ansprachen. Wir entschuldigten uns für das Eindringen mit dem Hinweis auf die erdrückende Menschenmenge und stellten uns vor. Ich hieß natürlich wieder Schilling; Zeisler gebrauchte einen Phantasienamen. Wir erklärten, wir seien Mitarbeiter der Akademie der Wissenschaften der DDR und auf einer Dienstreise in Moskau. Auch der Aussteller stellte sich vor und hieß uns »als Landsleute« willkommen. Er bat uns in einen kleinen separaten Raum und ließ Cognac servieren. Wir kamen auf den Massenandrang zu sprechen. Unser Gastgeber erklärte uns, offenbar mit den Verhältnissen in der Sowjetunion gut vertraut: »Ja, meine Herren, Sie leben ja auch unter dem Sozialismus und sollten es eher wissen als ich. Aber anscheinend sind Sie in der DDR noch nicht ganz so weit. Die Menschen hier sind einfach verrückt auf alles, was aus dem Westen kommt. Jeder Betrieb Moskaus schickt Abgesandte. Dazu kommen noch Delegationen aus allen Teilen des Landes. Offensichtlich werden nur linientreue Arbeiter ausgewählt, die durch den Anblick von Westprodukten nicht gleich ideologisch ›verseucht‹ werden. Außerdem zählt das Warten als Arbeitszeit, deshalb harren sie auch aus. Nur einem Teil gelingt es am ersten Tag, durchgeschleust zu werden. Der Rest kommt brav wieder und stellt sich erneut an. Das seien seine jahrelangen Erfahrungen im Osthandel. Um vom unerfreulichen Thema der sozialistischen Wirklichkeit wegzukommen, brachte ich das Gespräch auf die Erzeugnisse der Firma. Unser Gastgeber gab bereitwillig Auskunft, und als Physiker konnte ich in der Fachsprache mithalten. Dann erzählte der Süddeutsche uns einiges über seinen von einem ehemaligen Ingenieur der Raketenversuchsanstalt in Peenemünde gegründeten Betrieb. Das prosperierende Unternehmen beliefere eine Reihe wichtiger Konzerne, sei aber auch in U-Boot-, Panzer- und Raketenbau eingeschaltet. Ich horchte auf. Der Firmenvertreter ließ sich noch über interessantere Details aus; außerdem schien er aufgeschlossen und entgegenkommend zu sein. Mir kam dabei eine Idee, und ich drängte zum Aufbruch. Zeisler machte mir im Wagen deswegen Vorwürfe, vor allem wegen des entgangenen Cognacs — die Flasche war noch nicht ganz leer gewesen, als wir den Stand verlassen hatten. Ich erklärte meinem Kollegen, daß ich den Kontakt auf anderem Wege mit viel besseren Aussichten ausbauen und das jetzt schnell einleiten wolle. Für den entgangenen Cognac würde ich ihn am nächsten Schnapsgeschäft entschädigen. Der persönliche Referent des mächtigen Sektorleiters Vogel war schon zufrieden mit diesem Angebot; mein nachrichtendienstliches Vorhaben interessierte ihn nicht mehr sonderlich, und er fragte nicht weiter.

Es traf sich gut: Am selben Abend hatte ich meine Verabredung mit »Singer«, dem ich auf dem Flughafen begegnet war. Er war im Rahmen seiner Hochschultätigkeit zu dienstlichen Gesprächen in der Lomonossow-Universität nach Moskau geflogen. Diszipliniert wie immer erschien er zur festgelegten Zeit im Hotel »Metropol«. Seine ironischen Bemerkungen über die Lage der Sowjetwissenschaft im besonderen und die des Landes allgemein überhörte ich. Er hatte ja völlig recht, was sollte ich widersprechen. Dann informierte ich ihn über unseren Besuch bei dem süddeutschen Aussteller und entwickelte meinen Plan, mit diesem intensiver ins Gespräch zu kommen; er könne unter seinem Klarnamen auftreten; da er als Professor die entsprechende Legitimation habe: »Komm morgen mit zu dem Stand. Ich stelle dich als Interessenten vor. Dir fällt es leicht, den Mann nach einem Geplauder zum Abendessen und dann eventuell auch zu dir nach Dresden einzuladen.« Mein Namensvetter willigte ein.

So zogen wir am nächsten Morgen los, nun schon zum dritten Mal. Nochmals Taxi, Ausstellungsgelände, Bus, Einlaßkontrolle — »Singer« wies den Sonderausweis Zeislers vor, den mir dieser großzügig als Gegenleistung für die versprochene Schnapsflasche zur Verfügung gestellt hatte. Erneute Drängelei und unerlaubtes Überwinden der Absperrung; dann waren wir wieder auf dem Stand der süddeutschen Firma gelandet. Ich erklärte dem Standvertreter die Situation: »Ich habe gestern abend zufällig Professor Stiller getroffen. Er ist Physiker und interessiert sich für die Produkte Ihres Unternehmens. Deshalb habe ich ihm versprochen, ihn mit Ihnen bekannt zu machen.« Wir gingen wieder in den Besprechungsraum. Stiller alias »Singer« beherrschte schnell das Gespräch; seine akademische Stellung blieb nicht ohne Wirkung auf den Gastgeber. Die beiden fachsimpelten nach kurzer Zeit sehr intensiv. Ich saß als »Subalterner« still dabei, studierte dafür aber um so gründlicher die Persönlichkeit des Süddeutschen und kam zum Ergebnis, wenn das kein ausgeprägter Geschäftemacher sei, will ich gern wieder an den Sieg des Sozialismus glauben. Er könnte möglicherweise die noch fehlende Westwerbung für das Jahr 1975 werden.

Nachdem ich mir ein Bild gemacht hatte, verabschiedete ich

mich mit dem Hinweis auf eine andere Verpflichtung. Ich konnte den Aussteller getrost meinem »professoralen« Agenten »Singer« überlassen; dessen einnehmende Persönlichkeit, sein Witz und seine immensen Kenntnisse würden sich schon in unserem Sinne auswirken. Vorerst kam es nur darauf an, die Bekanntschaft auszubauen. Singer unterrichtete mich am folgenden Tag telefonisch über das Ergebnis auch des zustande gekommenen gemeinsamen Abendessens und schätzte die Sache mit seinem durch die frühere Agentenzeit im Westen verfeinerten Gespür als hoffnungsvoll ein. Der Süddeutsche hatte auch die Einladung des Professors nach Dresden angenommen. Ich konstruierte schon im stillen das Angebot, das ich ihm unterbreiten würde. In diesem Fall schien mir, daß ein namhafter Geldbetrag die geeignete Offerte sei, damit er als Gegenleistung Firmengeheimnisse an uns lieferte.

Nach Berlin zurückgekehrt, formulierte ich sogleich die fällige Anfrage bei der Abteilung XII des MfS, ob der süddeutsche Aussteller dort registriert sei. Meine Enttäuschung war groß, als ich den Überprüfungszettel zurückbekam. Die Auskunft lautete: »Erfaßt für die Bezirksverwaltung Dresden.« Alle Werbungsträume zerplatzten wie eine Seifenblase. Ich setzte mich mit dem zuständigen Mitarbeiter in Dresden, dem Genossen Michel, in Verbindung und fuhr sogar zu ihm; allerdings erfolglos; er blieb hart. Bereits seit langem habe einer seiner eigenen Agenten Kontakt mit der Zielperson; der Mann gehöre ihm. Ich trug den Fall Christian vor, der sogleich versuchte, eine Entscheidung der Leitung zu erreichen. Doch auch er scheiterte; der Fall blieb uns entzogen.

7

Auch im nächsten Jahr 1976, scheiterte ich nach zunächst erfolgversprechendem Ansatz bei einer Westwerbung. Meine Agentin Dr. Gertraude Sumpf, Deckname »Karla«, rief mich im Frühsommer an und bat um einen Treff. Sie sprach von einer Studentin, die sich in einen Westdeutschen verliebt habe: »Der junge Mann studiere Pädagogik in Braunschweig und soll der DKP sehr nahestehen. Das Problem ist nur: Der Vater von Petra Fehr, so heißt das Mädchen, ist hoher Offizier bei unserer Kriminalpolizei und damit Geheimnisträger. Sie steckt nun in einem tiefen Konflikt. Der Vater hat von der Verbindung erfahren und verlangt, daß sie die Beziehung abbricht, weil er sonst Schwierigkeiten bekommen könnte. Die Eltern sind übrigens geschieden. Die Mutter arbeitet im Kulturministerium. Beide sind gute Genossen. Das Mädchen selbst ist in Ordnung. Sie hat sich mir anvertraut, weil sie nicht weiß, wie sie sich entscheiden soll. »Karla« wußte auch den Namen des verliebten Jungkommunisten: Heinrich Gewecke. Zwar schien mir ein Pädagogikstudent, noch dazu dieser politischen Couleur, nicht gerade der interessanteste Werbekandidat zu sein; aber Verwendung fand sich für einen einmal angeworbenen Agenten immer. Schließlich konnte er ja auch dazu eingesetzt werden, interessante Leute zu rekrutieren. Ich besprach die Sache mit Christian, der mir zustimmte.

Ohne Umschweife suchte ich Petra Fehr auf. Sie bewohnte eine moderne Appartementwohnung in der Karl-Marx-Allee. Offensichtlich sorgten die hochgestellten Eltern gut für ihre Tochter. Die Wohnung befand sich übrigens schräg gegenüber von unserem Dienstgebäude auf der anderen Straßenseite, was uns auch »technisch« noch zustatten kommen sollte. Ich stellte mich ohne Umschweife als Mitarbeiter des MfS vor. Ihr Vater habe in seiner Dienststelle pflichtgemäß von ihrer Verbindung zu dem Studenten aus Braunschweig Meldung gemacht. Natürlich sei das eine komplizierte Angelegenheit, erklärte ich weiter. Als Mitarbeiter der Sicherheitsorgane müsse ich nun ermitteln, ob hinter dem Verhalten von Heinrich Gewecke nicht vielleicht eine bestimmte Abwehr stehe. Dem jungen Mädchen leuchtete das ein. Mit dieser Erklärung konnte ich verbergen, daß ich mein Wissen von ihrer Dozentin an der Humboldt-Universität hatte. Ich erwähnte nicht, daß auch ihr Vater in Wirklichkeit Oberstleutnant des MfS war, der als sogenannter »Offizier im besonderen Einsatz« die Berliner Mordkommission leitete. Sogar in der DDR-Öffentlichkeit ist weithin unbekannt, daß Schlüsselpositionen im Polizeiapparat grundsätzlich mit getarnten MfS-Offizieren besetzt sind. In diesem speziellen Fall hatte ich mir vom Leiter des Kaderreferates in der Bezirksverwaltung des MfS Berlin, die für den Oberstleutnant Fehr verantwortlich war, Erlaubnis geben lassen, die Angelegenheit zu bearbeiten.

Petra versicherte, sie würde mir gern bei der Erklärung helfen, ob mit ihrem Freund Gewecke auch wirklich alles seine Richtigkeit habe; schließlich wolle er in die DDR übersiedeln und sie heiraten. Ich bat sie, mir erst einmal alles aufzuschreiben, was sie über Ihren Bekannten wisse. Dann würden wir weitersehen. Auf dem Rückweg zur Dienststelle tat mir das verliebte Mädchen beinahe leid. Sie wußte nicht, daß ihrer beider Vorhaben aussichtslos war. Der Kaderreferatsleiter hatte mir unter Hinweis auf die Bestimmungen erklärt, daß ein MfS-Offizier niemals einen Schwiegersohn haben dürfte, der aus dem Westen stammt — DKP oder nicht, das spiele dabei überhaupt keine Rolle. Deshalb komme auch ein Zuzug Geweckes in die DDR gar nicht in Frage. Doch ich gab noch nicht auf; ich hatte meine eigene Idee.

Zunächst prüfte ich, ob man bei der Diensteinheit, die sich »Büro der Leitung II« nannte, etwas über Gewecke wußte. Dieses Büro hat eine sehr spezifische Funktion innerhalb des vielfältigen Beziehungskomplexes zwischen der DDR und der DKP. Die in der Bundesrepublik zugelassene »Deutsche Kommunistische Partei« wird, wie allgemein bekannt, von der SED gestützt und angeleitet. Sie erhält aus der DDR Finanzhilfe sowie politische Anweisungen und zeichnet sich daher durch besondere Moskau-Treue aus. Weit weniger bekannt ist dagegen, daß die DKP auch einen illegalen konspirativ arbeitenden Apparat unterhält. Dort werden Mitglieder gesteuert, deren Parteizugehörigkeit geheim bleibt. Sie sollen im Untergrund den kommunistischen Einfluß vergrößern und für den »Tag X« als »fünfte Kolonne« bereitstehen. Dieser nach meiner Einschätzung nicht unbedeutende Teil der Partei hat außer dem Zentralkomitee der SED noch einen anderen »Dienstherrn« — das MfS. Die Agentenschar des MfS in der Bundesrepublik wird so durch eine subversive Organisation ergänzt, die im Auftrag der SED und der KPdSU — am Werk ist und speziell vom »Büro der Leitung II« angeleitet wird, dessen Aufgaben nur wenigen MfS-Mitarbeitern bekannt sind. Uns »normalen« MfS-

Bediensteten war es auch prinzipiell verboten, mit DKP-Mitgliedern zu arbeiten. Wir sollten die Kreise dieses »Büros« — tatsächlich eine ganze Abteilung, die eine vollständige Kartei der DKP-Mitglieder und, soweit der Partei bekannt, auch ihrer Sympathisanten führt — nicht stören.

Die Auskunft fiel negativ aus. Der junge Mann aus Braunschweig war bei jener Dienststelle noch nicht bekannt. Ich konnte ihn also »bearbeiten«; sein Hang zur DKP war nicht relevant. Natürlich bestand nun auch Anlaß zu der Vermutung, daß seine Neigung zur DKP überhaupt nur vorgetäuscht war, um für ganz andere Zwecke Zutritt zur DDR zu erlangen. Doch auch das interessierte mich zunächst nicht weiter. Drei Tage später holte ich mir von Petra Fehr den Bericht ab. Gleichzeitig bat ich sie, mir beim nächsten Besuch ihres Freundes ein Gespräch mit ihm zu vermitteln. Wir hatten uns entschlossen, direkt auf ihn zuzugehen und ihn unter Hinweis auf seine politische Einstellung und seinen Übersiedlungswunsch zu bitten, etwas für das MfS zu tun, um seine Loyalität unter Beweis zu stellen.

Christian kam noch auf einen weiteren Gedanken, damit wir prüfen konnten, ob der ganze Fall auch wirklich »sauber« war: Wir sollten die Gespräche der beiden während des nächsten Besuches abhören. So besuchte ich Petra noch einmal. Ich täuschte vor, daß ich zu einigen Bemerkungen in ihrem Bericht noch Fragen hätte; tatsächlich wollte ich mit Hilfe eines Tricks ein Duplikat ihres Wohnungsschlüssels anfertigen lassen. Während ich mit ihr sprach, schrillte die Klingel an ihrer Haussprechanlage, und sie wurde aufgefordert, ein Päckchen in Empfang zu nehmen. Sie bat mich, so lange zu warten, und verschwand. Die Wohnungstür ließ sie offen. Der Schlüssel steckte innen. Darauf hatte ich gesetzt; Sekunden genügten, um den Wohnungsschlüssel in der Knetmasse abzudrücken, die mir Mitarbeiter der Abhörabteilung 26 zu Verfügung gestellt hatten. Petra kam zurück und wunderte sich: »Da war niemand. Vielleicht hat sich jemand einen Scherz erlaubt.« Sie irrte natürlich. Peter Grosse hatte geklingelt und sich als Postbote ausgegeben.

Von »Karla« ließ ich mir nun den Vorlesungsplan der Studentin geben und wählte eine geeignete Zeit aus, zu der ich mit einem

Spezialisten der Abteilung 26 die Wohnung präparieren konnte. Er trug den Schlüssel bei sich, den die Abteilung VIII der HVA, zuständig für die gesamte operative Technik, nachgefertigt hatte, und dazu eine 40 Zentimeter lange, harmlos aussehende Holzleiste. Sie enthielt jedoch zwei empfindliche Mikrophone westlicher Fertigung, einen Sender und entsprechende Batterien zur Stromversorgung. Die Fachleute hatten eine sogenannte Stereo-Wanze vorgeschlagen, als ich ihnen den Plan für den — von Markus Wolf persönlich genehmigten — »Lauschangriff« vorlegte und die Umstände erläuterte. Damit, so meinten sie, könnten störende Nebengeräusche besser weggefiltert werden. Wir vergewisserten uns noch einmal, daß sich tatsächlich niemand in der Wohnung aufhielt. Der Nachschlüssel paßte ausgezeichnet. Der Techniker bewegte sich ruhig und zielstrebig. Er suchte einen geeigneten Platz für seine Holzleiste. Der Schreibtisch stand zu nahe am Fenster. Der Kleiderschrank schien ihm besser geeignet zu sein. Das Möbelstück stand in der Nähe der Sitz- und Schlafgelegenheit und auch noch im geeigneten Winkel für den Stereo-Empfang. Er legte sich auf den Boden und befestigte vorsichtig mit zwei Stahlstiften die Holzleiste an der hinteren Unterkannte des Schrankes. Dabei vermied er sogar geschickt, Spuren im Staub zu hinterlassen. Die Anbringung dauerte keine drei Minuten. Ich ließ ihn verabredungsgemäß allein und eilte zurück an meinen keine 200 Meter Luftlinie entfernten Schreibtisch im gegenüberliegenden Dienstgebäude. Dort hatten wir vorher schon die Empfangsanlage aufgebaut. Bequemer konnte ich es wirklich nicht haben. Ich lehnte mich aus dem Fenster. Damit wußte der Abhörspezialist, daß der Funktionstest beginnen konnte, denn ich war von der Wohnung Petras aus gut zu sehen. Er lief in verschiedene Zimmerecken und zählte. Deutlich und klar kam seine Stimme über die Stereokopfhörer. Auch bei eingeschaltetem Fernsehgerät konnte ich noch genug verstehen. Ich wählte von meinem Telefon die Nummer der Petra Fehr an, ließ es dreimal klingeln und legte auf. Das war das vereinbarte Zeichen, daß die Anlage einwandfrei funktionierte.

Drei Tage später wollte Gewecke nach Ostberlin einreisen. Durch die schon längst eingeleitete Postkontrolle hatte ich das schnell herausgefunden. Da Petra keine Möglichkeit hatte, mich von sich aus zu verständigen — sie war keine angeworbene Agentin, durfte also meine konspirative Telefonnummer nicht kennen, und ihr Vater sollte von der Sache gar nichts erfahren. Darauf hatte sein Vorgesetzter bestanden —, rief ich nun wie zufällig bei ihr an. Sie erklärte mir auch sofort, daß ihr Freund komme und nannte den Ankunftstag. Ich gab mich natürlich unwissend und überrascht. Am Einreisetag — ein Freitag im Juni 1975 — saß ich mit den Kopfhörern am Schreibtisch. Gegen elf Uhr klingelte es an Petras Wohnung. Der Empfang erwies sich als wirklich ausgezeichnet. Es war Gewecke. Nach der ausgiebigen Begrüßung berichtete ihm Petra in allen Einzelheiten von meinem Besuch und dem Hintergrund sowie meinem Wunsch, ihn zu sprechen. Der Besucher schien den westdeutschen Kommunisten nicht nur nahezustehen, sondern auch in deren konspirative Praktiken hineingerochen zu haben. Er stellte erst einmal das Radio auf große Lautstärke. Das half ihm freilich nicht viel, denn dank der Stereomikrophone und der Lautsprecherabstimmung konnte ich das störende Nebengeräusch weitgehend beseitigen. Gewecke äußerte unwirsch: »Was wollen denn die Kerle von mir?« Aha, dachte ich bei mir, auch er mag unsere Staatssicherheit nicht so sehr; eigentlich inkonsequent für einen »ordentlichen« Kommunisten. Petra beruhigte ihn, es gehe doch nur um ihren Vater, das »hohe Tier« bei der Polizei: »Sprich mit den Leuten und sei freundlich zu ihnen. Wenn du in die DDR übersiedeln willst, dann ist es gut, wenn die eine positive Meinung von dir haben.« So ging es noch eine ganze Weile mit Rede und Gegenrede weiter. Gewecke war gar nicht begeistert, willigte schließlich aber doch ein. Das war alles, was ich wissen wollte, und ich nahm die Kopfhörer ab.

Ich spielte Christian die wesentlichen Teile des Gesprächs vom Band vor. Er kommentierte es mit seiner eigenen verbohrten Logik, da könne ich einmal sehen, wie selbst bei fortgeschrittenen und politisch engagierten Leuten die von der Gegenseite über uns ausgestreute Lügenpropaganda wirke. Ich fragte ihn, ob wir uns unter diesen Umständen überhaupt mit dem Gewecke zusammensetzen sollen? — »Natürlich werden wir ihn treffen. Solange er nicht beim Büro der Leitung II erfaßt ist, zählt er für uns nicht als Kommunist, und wir brauchen keine Bedenken zu haben. Der will doch etwas von uns, nämlich in die DDR übersiedeln. Also will er auch etwas dafür tun. Daß wir ihn nie in die DDR lassen werden, steht dann auf einem ganz anderen Blatt.« Am Abend rief ich bei Petra an und fragte sie, wie denn die Dinge stünden, und sie bestätigte, was ich schon wußte: ihr Freund sei einverstanden. Wir vereinbarten einen Termin im Restaurant »Budapest«. Durch den Telefonhörer vernahm ich im Hintergrund noch einen für beide Staatsschutzeinrichtungen wenig schmeichelhaften Vergleich Geweckes von MfS und Verfassungsschutz.

Am nächsten Tag erwarteten Christian und ich den jungen Mann am vereinbarten Treff. Petra führte ihn zu uns und verabschiedete sich gleich wieder. Ich hatte darauf bestanden, daß wir uns mit dem Westbesucher allein unterhalten konnten. Zunächst erläuterte Christian ihm nach einer allgemeinen Plauderei die Lage: »Sehen Sie, Herr Gewecke, wir, das heißt das Ministerium für Staatssicherheit, sind, wie schon der Name sagt, für die Gewährleistung der Sicherheit unseres Staates zuständig. Wie Sie wissen, ist der Vater Ihrer Freundin Geheimnisträger. Es ist ihm daher nicht erlaubt, direkt oder indirekt irgendwelche Westbeziehungen zu unterhalten. Nun sind Sie mit seiner Tochter eng bekannt geworden. Für uns ist damit eine schwierige Situation entstanden. Natürlich sind wir überzeugt, daß Sie politisch auf der richtigen Seite stehen, aber wir haben unsere Bestimmungen. Wenn Sie der DKP nahestehen, dann werden Sie auch verstehen, daß wir nicht wachsam genug sein können. Wir haben es mit einem gefährlichen und hinterlistigen Feind zu tun, dem westdeutschen Imperialismus. Woher können wir wissen, daß Sie nicht gerade von diesem Feind langfristig für Ihre Mission vorbereitet worden sind?« In dieser Tonart bedrängte er den Besucher noch eine Weile. Ich betrachtete mir dabei den jungen Mann. Er war groß und kräftig. Das nicht unintelligente Gesicht rahmte ein stattlicher Vollbart ein. Seine Kleidung verstärkte den Eindruck, daß wir einen typischen Vertreter der linkslastigen studentischen Jugend aus der Bundesrepublik vor uns hatten. Seine mit APO-Phrasen durchsetzten Einlassungen ließen keinen Zweifel: Er schwor auf Marx-Marcuse und war keineswegs als orthodoxer Parteigänger der DKP anzusehen. Ich empfand schon länger eine instinktive Abneigung gegen diese Leute, die ich früher einmal für den fortschrittlichen Kern der Bundesrepublik gehalten hatte. Mir war jedoch klar geworden, daß ihre ausufernde und konzeptionslose Protestbewegung objektiv den von der SED gesteuerten Kommunisten in die Hände spielte.

Christian strebte nun dem Kernpunkt seiner Ausführungen zu: »Sehen Sie, Herr Gewecke, wenn Sie uns den Beweis liefern, daß Sie tatsächlich der Patriot sind, für den Sie sich ausgeben, können wir Ihren Einbürgerungswunsch ohne weiteres befürworten.«

Das Gesicht des Angesprochenen verfinsterte sich, als er fragte, wie er das tun solle.

»Dafür gibt es zahlreiche Möglichkeiten. Wir sind an vielen Vorgängen in der BRD interessiert. Sie kennen doch zum Beispiel eine Menge fortschrittlich eingestellter Studenten. Sie könnten uns ausführlich über Ihre Freunde informieren. Es ist wichtig für uns zu wissen, wer auf der richtigen Seite steht.«

Gewecke überlegte eine Weile und erklärte dann ruhig: »Das kann ich nicht tun. Was Sie von mir erwarten, widerspricht meiner grundsätzlich humanistischen Einstellung. Außerdem bin ich sicher, daß ich mich schlecht für Dinge eigne, die ich als Spionage bezeichne.«

Mit dieser Antwort gewann er meine Sympathie, obwohl sie meinem Ziel entgegenstand, ihn anzuwerben.

Er setzte hinzu: »Ich bin gerne bereit, Ihnen andere Beweise für meine politische Haltung zu bringen, zum Beispiel Empfehlungen von DKP-Mitgliedern.«

Doch damit kam er bei Christian nicht an: »Sie scheinen mich nicht zu verstehen, Herr Gewecke. Zur Erfüllung Ihres Wunsches, in die DDR zu übersiedeln, um mit Fräulein Fehr zusammen sein zu können, erwarten wir eindeutige Vorleistungen. In Anbetracht unseres hohen Sicherheitsbedürfnisses können wir darauf nicht verzichten.«

»Sie wollen mich also zwingen, für Sie zu arbeiten ...«

»O nein, wir wollen nur, daß Sie Ihre angebliche politische Überzeugung unter Beweis stellen. Das ist alles.«

»Geben Sie mir Bedenkzeit. Wenn ich das nächste Mal in die

DDR komme, werde ich Ihnen die Antwort geben. Allerdings muß ich sagen, daß ich von der Staatsmacht hier etwas enttäuscht bin. Aber vielleicht ist mein Standpunkt auch falsch. Sie können jedoch sicher sein, daß ich unser Gespräch für mich behalte«, schloß er diese unergiebige Unterhaltung ab.

Wir gewährten ihm diese Bedenkzeit. Ich rechnete damit, daß seine Antwort negativ ausfallen werde, und war darüber nicht einmal sehr enttäuscht, denn einen großen Erfolg, der meine Karriere fördern würde, könnte ich vermutlich mit diesem Mann ohnehin nicht erzielen. Außerdem gönnte ich Christian die Niederlage, der das Gespräch geführt und auf den Erfolg seiner ruppigen Methoden gebaut hatte. Wir fuhren zurück in die Zentrale. Die fortgeführte Lauschaktion ergab nichts. Die beiden waren offensichtlich ausgegangen und besprachen alles Wesentliche außerhalb der Wohnung. Sobald ich sie wieder einmal sicher in ihren Vorlesungen wußte, baute ich die »Wanze« wieder aus und gab sie der Abteilung 26 zurück. Ihr Freund wollte in 14 Tagen wiederkommen. Bis dahin mußten wir uns gedulden. Doch noch vor diesem Termin wurden wir erneut mit dem Fall befaßt.

Schon einige Tage nach dem fruchtlosen Gespräch mit Gewecke rief uns Genosse Oberst Vogel zu sich. An seinem Gesicht ließ sich nicht ablesen, was uns erwartete. Christian hatte offenbar so wenig Ahnung wie ich. Vogel eröffnete uns: »Ich komme gerade von Genossen Hauptabteilungsleiter Wolf. Dort konnte ich mir einige Vorwürfe über zwei meiner Offiziere anhören, die anscheinend nicht gelernt haben, daß man eine Zielperson erst studieren muß, um abzuschätzen, ob sich eine Erpressung auch lohnt. Etwas anderes habt ihr doch mit dem Gewecke nicht gemacht, stimmt's?«

Zum erstenmal sah ich den sonst so selbstsicheren Christian ratlos dasitzen, und ich genoß es. Gewiß wurden wir im Augenblick beide geprügelt; aber den größeren Anteil mußte doch mein Vorgesetzer einstecken. Er war es ja auch gewesen, der sofort die volle Breitseite auf Gewecke abgefeuert hatte. Doch wieso konnte Wolf von der ganzen Sache wissen? Der nächste Vorwurf Vogels blieb nicht aus; wir hätten das »Ansehen des Sektors« schwer geschädigt.

Ich merkte auf. Vogel war für seinen krankhaften Ehrgeiz bekannt. Wenn ihn etwas treffen konnte, dann ein Vorgang, unter dem sein Ruf leiden konnte. Seinen bisherigen steilen Aufstieg, den er noch durch seine Beförderung wenigstens zum Generalmajor zu krönen gedachte, wollte er durch nichts gefährden, und so machte er uns noch eine Weile Vorwürfe wegen unseres Gesprächs mit dem Studenten aus Braunschweig. Wir saßen da wie begossene Pudel.

Endlich nahm Vogel einige engbeschriebene Blätter von seinem Schreibtisch und schob sie Christian zu. Der begann zu lesen und dabei vernehmlich zu fluchen. Der Sektorleiter blieb ernst: »Genosse Streubel, willst du damit etwa die privaten Verbindungen eines stellvertretenden Ministers verunglimpfen?« Mit der Anführung des Titels Wolfs als Vertreter Mielkes schien Vogel die höchsten Register der Einschüchterung ziehen zu wollen. Dann änderte er jedoch unvermittelt die Tonart: »Da habt ihr eben mal Pech gehabt. Das konntet ihr natürlich nicht wissen, daß die Mutter der Petra Fehr mit der Genossin Wolf im Kultusministerium zusammenarbeitet.« Nun bekam auch ich das Papier zum Lesen. Diesem war zu entnehmen, daß Petra die Sache ihrer Mutter erzählt und diese dem HVA-Chef über dessen Ehefrau einen Bericht hatte zukommen lassen. Der Beschwerdegrund entsprach durchaus der Wahrheit; Genossen des MfS hätten versucht, einen aufrechten Patrioten zu erpressen. Christian versuchte, wenn auch gedämpft, zu polemisieren: »Horst, wenn der Genosse Wolf solchen politisch zweifelhaften Berichten Glauben schenkt, dann will ich mich gern kritisiert fühlen.«

»Ach was«, entgegnete Vogel, »der Genosse Wolf hat sich selbst verwundert über das Schreiben geäußert und gegenüber der Genossin Fehr überhaupt nicht reagiert. Außerdem hat er mir erzählt, daß ihm Mitarbeiter lieber sind, die wenigstens etwas unternehmen, anstatt die Hände in den Schoß zu legen.« Der Sektorleiter hatte uns also nur eine Weile vor der MfS-Obrigkeit zittern lassen. Christian atmete auf, doch Vogel war noch nicht fertig: »Ich werde zum nächsten Treff mitgehen und dem Herrn Pseudo-Kommunisten einmal unsere offizielle Meinung sagen. Außerdem werden wir der DKP einen Wink geben, daß die

Genossen mit dem Mann vorsichtig sein sollen.« So geschah es. Der Genosse Oberst kanzelte Gewecke wegen »Versuchs, sich auf krummen Wegen den Zutritt zur DDR zu verschaffen«, derart ab, daß er sich nicht wieder in der DDR sehen ließ. Ein Werbeversuch stand unter diesen ungünstigen Auspizien natürlich ohnehin nicht mehr zur Debatte.

8

Wenige Wochen später ließ uns Vogel erneut kommen. Wir dachten schon, der Fall des »Pseudo-Kommunisten« aus Braunschweig würde noch weitere Kreise ziehen, doch der Leiter des Sektors hatte etwas anderes im Sinn; er habe uns hergebeten, weil er von seinen Mitarbeitern erwarte, daß sie auch politisch ein wenig an die Zukunft denken: »Wir haben jetzt seit sechs Jahren eine SPD/FDP-Koalition in Bonn, und wir können mit diesen sechs Jahren eigentlich ganz zufrieden sein. Es ist uns gelungen, den Alleinvertretungsanspruch der BRD zu brechen, wir sind weltweit diplomatisch anerkannt, und die Entspannungspolitik trägt ihre Früchte. Die Klassenkampfsituation hat sich also weiter zu unseren Gunsten verändert. Die ganze Entspannungseuphorie hat natürlich auch negative Seiten. Denkt nur an den sogenannten Eurokommunismus, der sich in Westeuropa ausbreitet, oder an die gelegentlich feststellbare Beeinträchtigung im ideologischen Niveau der DDR-Bevölkerung. Ich denke dabei an die Ausreiseanträge als Folge von Helsinki oder speziell an gewisse Schwierigkeiten in unserem Netz. Aber das will ich nur nebenbei erwähnen«, schloß Vogel seine Einleitung, um dann zur eigentlichen Sache zu kommen:

»Insgesamt ist die Bilanz der letzten Jahre also für uns recht positiv. Aber habt ihr einmal daran gedacht, daß im nächsten Jahr Bundestagswahl ist? Gewiß, wir hoffen, daß die jetzige Koalition im Amt bleibt. Aber können wir das garantieren? Nein! Wir werden natürlich versuchen, im Rahmen unserer Möglichkeiten die politische Situation in der BRD zu erhalten. So leicht wie beim

Mißtrauensvotum am 27. April 1972, als zwei Stimmen genügten, deren eine wir uns sicher sein konnten, wird es nicht wieder sein, und wir müssen auf eine CDU/CSU-Regierung vorbereitet sein. Dann können und müssen wir sogar wieder härtere Bandagen anlegen. Wir brauchen nicht mehr so große politische Rücksichten zu nehmen, sondern haben sogar alles zu unternehmen, um einer Rechtsregierung das Leben so schwer wie möglich zu machen. Die Situation für die politische Aufklärung ist klar. Perspektivisch kümmern sich die Genossen schon heute darum, für uns effektive Positionen in der jetzigen Opposition zu schaffen, ohne dabei die Arbeit in Richtung SPD und FDP zu vernachlässigen. Aber was können wir dabei tun, liebe Genossen vom Atomreferat?«

Christian war sich offenbar schon darüber klar, worauf Vogel abzielte: »Natürlich machen wir uns Gedanken über die mögliche Entwicklung, und als Mitglied unserer Parteigruppe, Horst, weißt du das auch.«

»Freilich weiß ich das«, unterbrach ihn Vogel, »aber es gibt Dinge, die man in der Parteigruppe nicht diskutieren kann; vielleicht versteht ihr, was ich meine.«

Ich für meinen Teil verstand nicht, aber Christian machte ein wissendes Gesicht. Vogel fuhr fort: »Wir beobachten seit einiger Zeit ein beträchtliches Anwachsen der Anti-Kernkraftbewegung. Natürlich haben wir auch daran unseren, wenn auch mäßigen Anteil. Diese Strömung arbeitet eindeutig gegen die Atompolitik der Bonner Regierung und damit objektiv, wenn auch auf Umwegen, für unsere Interessen. Im Moment paßt uns das nicht so sehr, denn es schwächt die Bonner Koalition. Aber wie sieht das Problem bei einer CDU/CSU-Regierung aus? Die Umweltspinner sind ja system-destabilisierend. Wie können wir dabei mitwirken?

Christian hatte eine Antwort parat: »Horst, wir haben das analysiert. Wir werden unter Einsatz des Netzes in einem solchen Fall einige aktive Maßnahmen starten können. Erinnere dich an den Test im letzten Jahr.«

Damit habe es folgendes auf sich. Ein Agent hatte gemeldet, im Reaktor des Kernkraftwerkes Stade habe sich ein Störfall ereignet. Die Werksleitung wollte den Vorgang zunächst nicht publik machen. Die für derartige Fälle zuständige Abteilung X der HVA hatte aber die Meldung in eine westliche Zeitung lanciert, um festzustellen, wie sich diese »Schützenhilfe« bei der Anti-Kernkraftbewegung auswirkt.

»Genau solche Dinge meine ich«, fuhr Vogel fort. »Nur, unter einer anderen Regierung können wir natürlich noch schwerere Geschütze auffahren. Es wird die Zeit kommen, und ich glaube, sie ist gar nicht mehr so fern, in der es nicht mehr ausreicht, wissenschaftlich-technische oder meinetwegen auch politische Informationen zu beschaffen. Das ist doch hauptsächlich eine passive Funktion. Ich denke, wir müssen vielmehr aktiv mit daran arbeiten, den Westen systematisch zu schwächen. Wir müssen eine Position nach der anderen erobern. Nicht der Generalangriff, sondern die schrittweise Eroberung wichtiger Stellungen bringt uns ans Ziel. Auf der Grundlage einer stabilen militärischen Überlegenheit können wir den Imperialismus mehr und mehr durch eine offensive konspirative Arbeit schädigen. Bedenkt zum Beispiel, was zur Zeit in den sogenannten Entwicklungsländern vor sich geht. Der Westen verliert dort ein Einflußland nach dem anderen. In der heutigen Klassenauseinandersetzung müssen politische, ökonomische, diplomatische und nachrichtendienstliche Formen des Kampfes eine Einheit bilden. Denkt darüber nach. Setzt euch zusammen und entwerft ein paar Ideen. Ich will nicht mit leeren Händen dastehen, wenn die Zeit kommt, in der wir weniger politische Rücksichten zu nehmen brauchen.«

Nach dieser Grundsatzerklärung über den revolutionären Kampf der Zukunft entließ uns der Genosse Oberst. Einige Bemerkungen Vogels gaben mir sehr zu denken. Ich fragte meinen Referatsleiter skeptisch, ob es tatsächlich stimme, daß die HVA den entscheidenden Draht gezogen hat, der damals in Bonn zur Ablehnung des Mißtrauensvotums geführt habe oder ob dabei der Wunsch der Vater des Gedankens gewesen ist. Christian wies mich zurecht: »Wenn der Genosse Vogel das sagt, dann wird es schon seine Richtigkeit haben. Kümmere dich aber nicht um den Schnee vom letzten Jahr, sondern denke darüber nach, was der Genosse Vogel für die Zukunft von uns verlangt.« Immerhin der Leiter des Sektors hatte in komprimierter Form die Strategie erläutert, die langfristig zum Sieg des Kommunismus in der westlichen Welt führen soll. Es klang alles durchaus logisch und bei der Vielfalt der möglichen Ansatzpunkte nicht einmal chancenlos: Unterwanderung der nach dem Zerfall des imperialistischen Kolonialsystems entstandenen jungen Nationalstaaten in Afrika und Asien, Installierung marxistischer Systeme in ausgewählten Ländern, Schürung innenpolitischer Differenzen im Westen, Untergrundarbeit der westeuropäischen Kommunisten, Einflußnahme auf Protestbewegungen, Verschärfung der letztlich doch antagonistischen Gegensätze zwischen den einzelnen kapitalistischen Ländern, Plazierung wichtiger Einflußagenten, um nur einiges aus dem umfangreichen Katalog zu nennen. Propagandistisch sollte natürlich weiter laut von Entspannung, Sicherheit und Abrüstung geredet werden, um die Welt zu täuschen und die westlichen Regierungen unter politischem Druck der Massen zu halten.

Aktive operative Maßnahmen — davon wurde im MfS schon seit einiger Zeit viel geredet. In der HVA hat die Abteilung X die Aufgabe, in Zusammenarbeit mit anderen operativen Abteilungen, gelegentlich aber auch selbständig, sogenannte aktive Maßnahmen durchzuführen, als Desinformation bezeichnet. Freilich reicht der Begriff längst nicht aus, um die ganze Bandbreite der Offensivarbeit dieser HVA-Abteilung zu erfassen. Präziser wäre wahrscheinlich der Ausdruck: psychologische Zersetzung und Kriegführung. Die Abteilung X kombiniert echte Sachverhalte, ausgewählte oder »frisierte« Informationen und eigene Operationen zu Gesamtkomplexen, mit denen die öffentliche Meinung im Westen und auch im Osten manipuliert werden kann. Wenn es politisch gelegen kommt, werden die Kombinationsergebnisse mit dem Charakter der Exklusivität westlichen Journalisten zugespielt oder von angeworbenen westlichen Agenten direkt in der bundesdeutschen Presse plaziert. Manchmal begnügt man sich auch damit, einen gezielten Meinungsaufruhr. nur im Osten zu entfachen, in der Hoffnung, daß westliche Medien sich des Vorgangs aus Sensationslust bemächtigen.

Ein fast klassischer Fall für eine anhaltende, wirkungsvolle politische Kampagne in der Bundesrepublik, an der das MfS wesentlich mitgewirkt hatte, war die Kampagne gegen Berufsverbote. Im engen Zusammenwirken mit der DKP wurden Fälle des Ausschlusses von Kommunisten oder kommunistischer Sympathisanten aus dem öffentlichen Dienst nicht nur gesammelt, sondern auch zielbewußt herbeigeführt. DKP-Mitglieder bewarben sich systematisch im Parteiauftrag um Anstellungen im Staatsapparat. Die zu erwartende Ablehnung wurde provoziert und propagandistisch nicht ungeschickt genutzt. Ausgehend von einigen Einzelfällen wurde so durch offensive und generalstabsmäßig gesteuerte Multiplikation sowie durch raffiniert eingefädelte »Öffentlichkeitsarbeit« ein immenser politischer Druck erzeugt, der letztlich die — jedenfalls in den Augen der zuständigen ZK-Abteilung und des MfS — erstaunlich großzügigen Staatsschutzmaßnahmen der Bundesrepublik weithin diskreditierte und sie in den Geruch faschistischer Praktiken brachte.

Wenn ich Oberst Vogel richtig verstanden hatte, so wollte er jedoch mehr als nur Vorschläge zur Lancierung von Kampagnen in den Medien. Ihm schwebten offenbar subversive Aktionen vor, die die politische Stabilität der Bundesrepublik weitaus stärker belasten sollen. Er hatte die Antikernkraftbewegung als Beispiel genannt. Mir kam dabei die Idee, in diesem Zusammenhang einmal zu testen, inwieweit im MfS, wenn überhaupt, noch allgemeine moralische Bedenken den Handlungsspielraum bei solchen Aktivitäten einschränken würden. Auf der Grundlage einer wissenschaftlich exakten Studie, so schrieb ich in einer Vorlage, müßte man in der Umgebung von Kernkraftwerken der BRD gezielt und systematisch radioaktive Stoffe plazieren, wie sie in Atommeilern anfallen. Dezente Hinweise auf die Kernkraftgegner — unter denen das MfS einige zuverlässige Vertrauenspersonen hatte — dürften dann ausreichen, um einen Protestansturm zu entfachen, der die westdeutschen Politiker unter erheblichen Druck setzen würde. Die Wirkung der Operation könne durch Enthüllungen über angebliche Lücken im Sicherheitssystem der Kernkraftwerke, durch die Lancierung von Meldungen über Beinahe-Unfälle oder gar durch provozierte wirkliche Unfälle bei radioaktiven Materialtransporten noch verstärkt werden. Der Nachweis, daß diese Aktion fremdgesteuert sein könnte, wäre bei geschickter und technisch »sauberer« Vorbereitung nur außerordentlich schwer zu führen. Ich stellte eine Liste möglicher Zielobjekte zusammen und fügte Unterlagen über die bis dahin eingetretenen Schädigungen der Atomwirtschaft der BRD durch die Umweltschutzbewegung hinzu. Christian befürwortete meinen Vorschlag und reichte ihn an den Leiter des Sektors weiter. Nach der nächsten Parteiversammlung nahm mich Vogel tatsächlich beiseite und erklärte mir, meine Ausarbeitung sei höheren Orts besprochen, da ja ein solches Vorhaben den Rahmen der Abteilung X bei weitem übersteige und grundsätzlich gebilligt worden. Die Zeit müsse dafür reif werden.

Ich hatte eigentlich keine andere Reaktion erwartet. Von moralischen Einwänden war überhaupt nicht die Rede, das nicht auszuschließende Risiko, auf das ich hingewiesen hatte, wurde schlicht vernachlässigt. Neben der Skrupellosigkeit meiner Vorgesetzten bewies mir indes Vogels Reaktion, daß man mir uneingeschränkt vertraute und mich zu Dingen heranzog, die außerhalb des routinemäßigen Arbeitsrahmens des Referates lagen. Im Herbst 1975 wurde ich auch augenfällig für meine scheinbare politische Willfährigkeit belohnt, durch meine Wahl zum stellvertretenden Parteiorganisator des Referats.

9

Noch im gleichen Jahr gelang es mir, meine Verbindungen zu den Abwehrdienststellen des MfS bedeutend zu festigen. Ich hatte es mir zur Gewohnheit gemacht, jeweils im Abstand von zwei Wochen eine zweitägige Dienstreise nach Dresden, Karl-Marx-Stadt, Leipzig und Halle zu unternehmen. In diesen Städten waren die Mehrheit meiner Inlandsagenten angesiedelt, mit denen ich ohnehin regelmäßig Treffs abhalten mußte. Bei diesen Reisen erschien ich aber auch immer für einige Stunden in den Bezirksverwaltungen für Staatssicherheit, um Tips zu bekommen und Freundschaften zu pflegen. Gelegentlich hörte ich dabei recht interessante Dinge über Personen und Sachverhalte, über die ich mir vorsorglich Notizen machte, die ich in der konspirativen Wohnung »Burg« für spätere Zeiten versteckte. Besonders bei der neugegründeten Objektdienststelle für die Technische Universität Dresden war ich ein gern gesehener Gast. Der mir schon bekannte Leiter Manfred Hippe, inzwischen Major, und sein Mitarbeiter Rolf Schilde zeigten ein ausgesprochenes Interesse an koordinierten Aktionen mit dem Nachrichtendienst. Der Grund dafür war ganz einfach: Die mit ihm konkurrierende Abteilung XV in Dresden war bei Hippe schlecht angeschrieben. Wie in allen anderen Bezirken leistete diese Diensteinheit Aufklärungsarbeit auf regionaler Ebene. Einreisende Westbesucher wurden angesprochen, um sie für eine Agententätigkeit abzuklären. Daneben betrachtete die Abteilung sich als allein zuständig für alle Westreisen von Angehörigen der Dresdner TU, was zu einem regelrechten Dauerkonflikt mit der Dienststelle Hippes geführt hatte. Um die Mitarbeiter der Abteilung XV zu ärgern, die sich zudem überheblich und arrogant aufführten, ließ sich Manfred lieber auf eine Zusammenarbeit mit der HVA ein.

Erster Anlaß für die enge Zusammenarbeit mit Hippe war eine Vorabinformation meines »IM« »Bodo« gewesen, derzufolge die DDR einen Vertrag über den befristeten Austausch von Wissenschaftlern mit den Amerikanern hatte abschließen können. »Bodo« war selbst in den USA gewesen, um die Einzelheiten auszuhandeln. Seit langem waren wir aufgefordert worden, unsere Aktivität in Nordamerika zu intensivieren. Das Abkommen mit IREX — so nannte sich die Partnerstelle in New York — schien mir dafür eine gute Grundlage zu bieten. Es kam nur darauf an, die geeigneten DDR-Wissenschaftler zu finden, die in der Lage sein würden, bei den Besuchen drüben auch nachrichtendienstlich aussichtsreiche Kontakte zu knüpfen und interessantes Material zu beschaffen. Ein Dresdner Physiker — der Professor Dr. Roland Reif — war schon ausgewählt worden, um 1975 eine USA-Rundreise anzutreten. Ich überprüfte ihn in der Registratur und stellte fest, daß die Objektdienststelle ihn bereits erfaßt hatte. Also fuhr ich zu Hippe und schlug ihm vor, das Projekt gemeinsam zu betreiben. Wir kamen schnell zu einer Übereinkunft. Er erklärte mir, Schilde habe Reif gerade angeworben. Sie wüßten allerdings noch nicht so recht, was sie mit ihm anfangen sollten. Es ginge ihnen nur darum, keinen unbeleckten Mann über den großen Teich zu schicken. Sie seien einverstanden, wenn ich ihm Aufträge erteilen und die Ergebnisse verwerten würde. Hippe versprach sich natürlich Pluspunkte, wenn er die HVA unterstützte.

Ich nahm an den folgenden Treffs mit Reif teil und erklärte ihm schlicht: »Pack' alles ein, was du an interessanten Unterlagen siehst, oder lasse es dir schenken. Die Amerikaner sind nach allem, was wir wissen, in diesen Dingen von unglaublicher Naivität. Forschungsergebnisse, die bei uns streng unter Verschluß gehalten würden, liegen dort auf den Tischen herum. Schick' alles, was du kriegen kannst, per Post in die DDR, am besten an deine Institutsadresse. Da bekommen wir keinen Ärger mit dem Zoll.« Reif versprach das zu tun. Ich wollte noch von ihm wissen: » Kennst du schon jemanden da drüben?« — »Ja, da gibt es in New York einen Professor, dessen Frau stammt aus der DDR. Er hat uns einmal hier in Dresden besucht. Dabei sind wir recht gut miteinander bekannt geworden. Ich will ihn auf jeden Fall besuchen.«

Ich ließ mir beim nächsten Treff die Personalien dieses Professors und alle anderen über ihn verfügbaren Details geben und überprüfte ihn. Wenn er einmal in der DDR gewesen war, dann mußte er im MfS auch irgendwelche Spuren hinterlassen haben; ein Amerikaner in der DDR, noch dazu ein Physiker, konnte nicht einfach unbeachtet geblieben sein. Meine Vermutung traf zu. Über den Mann existierte bei der Abteilung XI, der speziellen HVA-Aufklärungseinheit für die USA, ein umfangreiches Aktenkonvolut. Ich ließ es mir aus dem Archiv kommen. Das Personaldossier enthielt Berichte, denen zufolge der amerikanische Professor bereits 1965 vom MfS kontaktiert worden war. Unter dem Aushängeschild »Friedensbewegung der DDR« hatten ihn zwei Mitarbeiter angesprochen. Anscheinend war der Amerikaner ahnungslos. Er glaubte das ihm aufgetischte Märchen und äußerte recht unverblümt, was er über die politische Situation in den Vereinigten Staaten dachte. Weiter war die Sache allerdings nicht gediehen, da die beiden MfS-Mitarbeiter damals zu der Meinung gelangt waren, der Professor sei für die politische Aufklärung nicht geeignet. Die Idee, daß ein Atomphysiker eventuell weit interessantere Informationen liefern könne, war den einseitig fixierten Leuten offenbar nicht gekommen. Deshalb hatten sie die Verbindung abgebrochen. Mir schien der Amerikaner jedenfalls noch interessant genug und die Bekanntschaft Reifs mit ihm eine gute Ausgangsbasis zu sein. Außerdem hatte die Frau immer noch Verwandtschaft in Sachsen.

Reifs Aufenthalt in den Staaten dauerte drei Monate und geriet zum vollen nachrichtendienstlichen Erfolg. Noch lange nach seiner Rückkehr trafen umfangreiche Pakete mit Forschungsberichten und anderen interessanten Papieren ein. Er war auch von dem amerikanischen Professor ausgesprochen freundlich aufgenommen worden. Sein Gastgeber hatte ihn in interessante Unterlagen Einblick nehmen lassen und ihm durch Empfehlungen Zugang zu mehreren anderen Instituten und Forschungseinrichtungen verschafft. Außerdem wollte er nächstens für zwölf Monate nach Europa kommen und dabei auch die DDR besuchen. Ich registrierte ihn mit dem Decknamen »Charles« als aussichtsreiche Kontaktperson. Allerdings wurde nichts daraus. Wahrscheinlich war die allzu große Offenherzigkeit des Professors schon bei amerikanischen Stellen aufgefallen, und man hatte ihn zur Vorsicht ermahnt. Jedenfalls vermied er es, in die DDR zu kommen und beschränkte sich auf den Briefwechsel. Drei Jahre später, als sich wieder eine Gelegenheit bot, ihn persönlich zu treffen, war ich vollauf mit anderen Vorgängen beschäftigt und konnte mich daher der Sache nicht mehr annehmen. Zu einer Tätigkeit des Professors für das MfS ist es meines Wissens jedenfalls nie gekommen.

Mit Hippe und Schilde konnte ich jedoch 1975 noch eine andere gemeinsame Operation durchführen. In alten Unterlagen, die Christian mir ab und an zu lesen gab, fand ich zahlreiche Hinweise auf interessante Personen beim Deutschen Atomforum. Diese Einrichtung in Bonn sei, wie Christian mir erläuterte, ein Informationsknotenpunkt der Atomforschung und Kernindustrie der BRD, und er riet mir, dort auf jeden Fall einzudringen. Ich erinnerte mich an einen Namen, der in diesem Zusammenhang mehrfach genannt worden war: Dr. Bernhard Feigenspan, tätig im Zentralinstitut für Kernforschung der DDR-Akademie in

Dresden-Rossendorf. Feigenspan war ebenfalls ein inoffizieller Mitarbeiter von Manfred Hippe; Deckname »Max«. Ich fuhr nach Dresden und schlug eine gemeinsame Aktion vor. Der Genosse Major war einverstanden. Ich erklärte ihm: »Am besten ist es, wenn wir Max ganz unverfänglich zur nächsten Reaktortagung nach Nürnberg schicken, die vom Atomforum dort veranstaltet wird. Und um das Ganze seriöser und unauffälliger zu machen, lasse ich noch einen meiner eigenen ›IM‹ mitfahren.« Ich dachte dabei an den ebenfalls in Rossendorf tätigen Diplomphysiker Rudi Rockstroh. Christian hatte mir auch diesen schon bald nach meinem Eintritt in das MfS übergeben. Ich war jedoch erst vor einiger Zeit in persönlichen Kontakt mit ihm getreten. Er war ein enger Mitarbeiter von Professor Klaus Fuchs, 1949 in Großbritannien zu 14 Jahren Zuchthaus verurteilt, wegen der Weitergabe angloamerikanischer Atomgeheimnisse an die Sowjetunion, nach seiner Begnadigung 1959 einer der führenden, gewiß aber der angesehenste Forscher der DDR. Für eine Tätigkeit als Agent schien Rockstroh zu unbedarft und zu unbeweglich, aber als zweiter Mann bei der Reise nach Nürnberg mochte er zu gebrauchen sein.

Von »Max« war ich dagegen regelrecht begeistert. Ein Tausendsassa, mit allen Wassern gewaschen, dachte ich mir, nachdem wir zehn Minuten miteinander geplaudert hatten. Er schien mir genau der richtige Mann zu sein, um eine interessante Figur aus dem Atomforum herauszupicken und zu bearbeiten. Doch Hippe dämpfte mich, »Max« sei zwar außerordentlich fähig. Aber er habe auch seine Schwachpunkte. Mit der Disziplin sei es nicht so weit her: »Wir können nicht sicher sein, daß er sich auch an unsere Vorgaben hält. Mindestens mit zwei Damen vom Atomforum hat er schon geschlafen, obwohl er das gar nicht tun sollte.« Ich dachte anders darüber. Mir war er als Draufgänger lieber. Vielleicht, so überlegte ich, können wir sogar eine »alte Liebe« wieder auffrischen und geheimdienstlich auswerten, obwohl die Methode, Liebesbedürfnisse einsamer Sekretärinnen durch MfS-Agenten ausnutzen zu lassen, schon allzu bekannt geworden war. Außerdem würde Rockstroh gegebenenfalls als Bremse wirken, wenn Max zu unbedacht sein sollte.

Die Entsendung von »Max« zur Reaktortagung erwies sich tatsächlich als einträglich. Er knüpfte neue Kontakte und erneuerte frühere: Ein Dr. A. hatte sich dabei als besonders aufgeschlossen gezeigt. »Max« kannte ihn schon lange und hielt ihn für einen aussichtsreichen Werbekandidaten. Auch war die »alte Liebe« noch nicht erloschen, doch nutzten wir diese Möglichkeiten vorläufig nicht. Die Verbindung zu Dr. A. schien uns aussichtsreicher. Schon im August folgte dieser einer von »Max« ausgesprochenen Einladung in die DDR. Ich sah keinen Grund, selbst in Erscheinung zu treten; »Max« konnte gut allein den Gastgeber spielen und hat das auch mit Erfolg getan. Er nahm Dr. A. das Versprechen ab, ihm bestimmte Unterlagen zu schicken, die dann auch kamen. So konnten wir die ersten Informationen des Mannes (interner Deckname »Wagner«) verbuchen. Ein Jahr später entsandten wir »Max« erneut in den Westen. Das Ergebnis seiner Kontakte mit Dr. A. beflügelte unsere Hoffnungen, diesen anwerben zu können.

Den entscheidenden Vorstoß wollten wir im Frühjahr 1977 wagen. Dr. A. kam mit seiner Familie nach Prag, wo er sich auch mit »Max« treffen wollte. Ich arbeitete eine detaillierte Konzeption aus, die als Kern ein finanzielles Angebot an A. enthielt. Die Leitung bestätigte sie; »Max« sollte ihm 5000 DM für eine spezielle Studie des Bundesministeriums für Forschung und Technologie anbieten. Ich fuhr selbst mit nach Prag, um die Operation aus dem Hintergrund zu steuern, kam jedoch nicht zum Ziel. Der Grund hierfür lag nicht bei Dr. A., sondern bei »Max«, der sich eben doch als gerissen und auf den eigenen Vorteil bedacht erwies. Die Leitung seines Instituts in Rossendorf hatte ihm nämlich inzwischen angeboten, für mehrere Jahre als DDR-Vertreter bei der Internationalen Atomenergiekommission in Wien zu arbeiten. Dahinter stand, wie ich später herausfand, die für Rossendorf abwehrmäßig zuständige Abteilung XVIII der Bezirksverwaltung Dresden. »Max« hatte natürlich sofort »geschaltet«. Bei einer erfolgreichen Anwerbung von Dr. A. wäre er ja Mitwisser, und dann würde man ihn doch nie mehr nach Wien und überhaupt nicht mehr ins Ausland fahren lassen. So hat er sich zwar mit Dr. A. in Prag angeregt unterhalten, aber von unserem Angebot vorsichtshalber nichts verlauten lassen. Epilog: Es erfüllt mich doch mit Genugtuung, daß »Max« trotz seiner wohlausgeklügelten Strategie scheiterte; mit meinem Übertritt ging sein Plan, DDR-Vertreter bei der Internationalen Atomenergiekommission zu werden, natürlich in die Brüche.

In der Zentrale war inzwischen ein neuer Kollege für das Referat eingetroffen: Leutnant Dr. Paul-Rainer Huth, ein gebürtiger Thüringer. Damit war ich nun nicht mehr der Jüngste. »Paule«, wie wir den Neuling bald nannten, lockerte mit seiner unbekümmerten, jungenhaften Art die Atmosphäre, die infolge des Leistungsdrucks mehr und mehr gespannt war, hin und wieder auf. Dafür verließ uns Horst Kiessig. Er ging als Dozent an die HVA-Schule nach Belzig. Den wachsenden Anforderungen an die operative Nachrichtenarbeit hatte er sich nicht mehr gewachsen gezeigt. An seiner Ruhe und Gemütlichkeit hatte der ehrgeizige Christian schon lange Anstoß genommen. Da sich die Einschränkungen im operativen Reiseverkehr — die zeitweilige Entsendung von Instrukteuren, Werbern, Ermittlern und Kurieren in das Operationsgebiet, also die BRD — nach der Lorenz-Fahndung auf den Beschaffungserfolg beträchtlich mindernd ausgewirkt hatten, drängte die Leitung der HVA auf höhere Leistungen bei der Agentenwerbung, um den Informationsausfall wettzumachen. In den Parteiversammlungen ging es ständig um Leistungsappelle und höhere Ansprüche an die Arbeitsergebnisse der Werbung, beinahe um jeden Preis, wurde absolute Priorität eingeräumt. Dabei kamen natürlich die Sicherheitsvorkehrungen für die bestehenden Agentennetze zu kurz, was nun auch zu häufigeren Verhaftungen führte. Die Folge war jedoch nur, daß die Leitung noch mehr auf den Ersatz der ausgefallenen Agenten drängte.

10

Ende September 1975 rief mich der seit Februar als Abteilungsleiter fungierende Gerhard Jauck zu sich. Mein Referatsleiter saß bei ihm. Jauck hatte sich inzwischen als umgänglicher Vorgesetzter erwiesen. Anders als sein Vorgänger Vogel und als mein verbissener, rücksichtsloser Referatsleiter Christian Streubel blieb er stets gelassen und realistisch. Ohne Streubel — nunmehr ja auch sein Stellvertreter — wäre die Arbeit unter ihm ganz angenehm gewesen. Jauck lobte meine bisherigen Erfolge mit »Sperber«, »Sturm« und »Fellow«, erwähnte zwei meiner inaktiven Westverbindungen und betonte, man betrachte mich schon als erfahrenen Mitarbeiter. Mit zwei Westwerbungen läge ich weit über dem Abteilungsdurchschnitt. Ich erschiene noch weiter belastbar. Die Aufklärung der Hauptabteilung I habe uns einen Mann angeboten. Er wisse selbst noch nichts Genaues. Nach den Akten handelte es sich um einen disziplinierten und gut ausgebildeten Westagenten. ›Die Eins‹ käme allerdings nicht recht mit ihm weiter. Ich sollte versuchen, ihn zu einer wertvollen Quelle zu entwickeln und mich deswegen mit dem Genossen Barnikol in Hildburghausen in Verbindung setzen, um den Mann beim nächsten Treff zu übernehmen.

Mir war die Sache nicht recht geheuer: Wer gibt schon einen Westagenten ab, mit dem noch etwas zu machen ist. An sich ist die Hauptabteilung I im MfS mit der Abwehrarbeit innerhalb der NVA beauftragt. Minister Erich Mielke hatte sich diese Funktion bei der Führungsspitze der SED für seinen Apparat gesichert und die Armee bis in die Führungskader derart mit Agenten und Spitzeln durchsetzt, daß die Streitkräfte praktisch vom MfS kontrolliert wurden. Das war auch der Grund für das betont schlechte Verhältnis zwischen Mielke und dem Minister für nationale Verteidigung Heinz Hoffmann. Neben den für die Kontrolle der einzelnen Truppenteile verantwortlichen Abwehrdiensteinheiten, unterhält die Hauptabteilung I aber auch noch Referate, die nachrichtendienstlich gegen den Westen und dabei besonders gegen die Bundeswehr und die auf westdeutschem Boden stationierten NATO-Verbände arbeiten. Ihre wichtigste Aufgabe ist es, das sogenannte »Vorfeld« auszukundschaften — einen 50 Kilometer breiten Streifen jenseits der »Staatsgrenze West« auf dem Territorium der Bundesrepublik, welcher im Kriegsfall zum unmittelbaren Angriffsstreifen der NVA gehören würde. Diese Aufklärungseinheiten sind in Grenznähe stationiert, um ihrem speziellen Operationsgebiet möglichst nahe zu sein.

Mit einiger Skepsis rief ich also den Genossen Barnikol in Hildburghausen, einer der südlichsten Kreisstädte der DDR unmittelbar an der Grenze zum Freistaat Bayern, wegen der Übernahme des fraglichen Agenten an, der mich sogleich beschied, am nächsten Sonnabend früh um acht Uhr in seiner Dienststelle zu sein. Dort würde ich dann von ihm informiert. Treffzeit sei anschließend um zehn Uhr. Ich ließ mir den Weg erklären und bedankte mich. Vorsichtshalber machte ich mich schon frühmorgens um drei Uhr auf den Weg. Nach Hildburghausen waren es immerhin 450 Kilometer. Dichter Nebel lag über der Elbeniederung bei Dessau. Er hielt bis zu meiner Heimat, dem Chemierevier an der Saale, an. Hinter dem Hermsdorfer Kreuz zog sich zu meiner Linken der Rücken des Thüringer Waldes an der Autobahn entlang. Bis zum Grenzübergang Herleshausen waren es keine 100 Kilometer mehr, als ich an der Ausfahrt Gotha abbog. Es war schon ziemlich spät; ich jagte den »Wartburg« die Steigungen zum Kamm des Thüringer Waldes hoch. Bis Oberhof war die Straße hervorragend ausgebaut — das war kein Wunder, denn Walter Ulbricht hatte dort regelmäßig seinen Winterurlaub verbracht, mit den entsprechenden positiven Rückwirkungen auf den Straßenbau. Ich dachte wieder einmal daran, was alles im Arbeiter- und Bauernstaat unternommen wird, um den Spitzen von Partei und Regierung das Leben so angenehm wie möglich zu machen: unter anderem die mit allen erdenklichen Bequemlichkeiten ausgestattete Luxussiedlung Wandlitz; die für die Spitzenfunktionäre reservierte Insel Vilm; Luxusjachten und Sommervillen; das ausgedehnte »Jagdrevier«, über das jeder der Alt-Genossen im Politbüro persönlich verfügen konnte, und einiges andere mehr.

Pünktlich um acht Uhr hielt ich vor dem Tor des Objektes Grenzkommando Hildburghausen. Der Posten riß die Hacken zusammen, als ich ihm meinen Dienstausweis entgegenhielt, und öffnete den Schlagbaum. In der Baracke der Hauptabteilung I erwartete mich der Oberstleutnant Barnikol bereits; er rief den Führungsoffizier Oberleutnant Scharlibbe hinzu. Beide informierten mich in der folgenden Stunde über den Agenten, den ich übernehmen sollte. Sieben umfangreiche Akten legte Scharlibbe auf den Tisch; demnach schien es sich um einen besonders aktiven Mann zu handeln. Um so unverständlicher war es mir, weshalb sich »die Eins« von ihm trennen wollte. Die Vorgangsnummer wies zudem aus, daß der Agent erst vor zwei Jahren angeworben worden war. Ich fragte die beiden Offiziere unverblümt danach und bekam zur Antwort, es sei fehlgeschlagen, den Mann in das Bundesamt für Wehrtechnik und Beschaffung einzuschleusen, da er inzwischen geheiratet hatte und in Neustadt bei Coburg ansässig wurde. Er arbeitet jetzt im Siemenskabelwerk und könne nicht mehr die Informationen liefern, auf die es der Hauptabteilung I vor allem ankäme. Ich wurde belehrt, die HA I interessiere alles, was mit der Bundeswehr und den Amerikanern zu tun hat, daneben auch noch für das Bundesverteidigungsministerium und für einige zentrale Dienststellen der Bundeswehr. Die Aufgaben der HA I im grenznahen Raum kannte ich schon; ich wußte hingegen noch nicht, daß sie auch in Bonn tätig war.

Als Ingenieur im Siemenskabelwerk konnte der Agent natürlich keine militärisch relevanten Informationen liefern. Ich blätterte nur flüchtig die Papiere durch, denn mehr Zeit hatten wir nicht. »Ernst Koehler« war der Deckname des Agenten; Günter Senger hieß er tatsächlich, geboren 1946, Vater Justizangestellter, Schule und Lehre in Franken, danach beschäftigt bei Siemens, Besuch des Polytechnikums in Schweinfurt. Ausbildung zum graduierten Ingenieur, und nun erneut im Siemenskabelwerk tätig — eine ganz unauffällige Biographie. Ich las noch die operativen Beurteilungen. Danach war der Mann tatsächlich nicht schlecht: Diszipliniert, gewissenhaft, ehrlich und genau in der Auftragserfüllung. Nur ein Punkt in der Personalakte machte mich stutzig. Er hatte eine geschiedene Frau, eine Schwippschwägerin, mit drei Kindern geheiratet, nachdem der Vater der Sprößlinge nach Kanada ausgewandert war. Das sah mir sehr nach einer von den lieben Verwandten arrangierten Ehe aus. Möglicherweise war der Agent ein wenig arglos. Genosse Scharlibbe hatte offenbar besondere Freude an Papier und Akten. Jedes Wort, das der Mann einmal von sich gegeben hatte, war fein säuberlich notiert, jeder Brief an die Deckadresse in Meiningen noch einmal kopiert worden, und jede gelieferte Information in der Arbeitsakte aufbewahrt. So kamen natürlich schnell sieben Bände zusammen.

Es war Zeit, zum Treff zu fahren. Scharlibbe trug Zivil, während alle anderen Mitarbeiter der Dienststelle, denen ich begegnet war, in Uniform herumliefen. Während der Fahrt berichtete mir der Genosse von der großen Belastung, die sein Dienst mit sich bringe.

Ich fragte ihn: »Wieviel Westagenten führst du denn?«

»Na, den Koehler, aber dazu noch einen anderen Kontaktmann, die Deckadressen und einige DDR-Hilfskräfte.«

»Das ist alles?«

»Ja, das ist alles.« »Wenn ich mal ein paar Jahre Urlaub brauche, dann lasse ich mich zu euch versetzen«, sagte ich und nannte ihm die Zahlen meiner West- und Inlandsagenten sowie Kontaktpersonen, insgesamt an die 40 Personen. Scharlibbe staunte: »Wie könnt ihr denn die Arbeit schaffen?«

Seine Truppe machte tatsächlich einen etwas provinziellen Eindruck. Ich befürchtete, daß sein Agent dazu passen würde und erkundigte mich vorsichtig nach dessen Motiv für die Zusammenarbeit mit uns. »Nach allem, was wir wissen und beurteilen können, ist es seine pazifistische Überzeugung«, antwortete der Oberleutnant. Ich wurde immer neugieriger auf den Mann. Kurz vor zehn Uhr langten wir am Treffort an, dem Kirchplatz in Eisfeld. Wir blieben im Auto sitzen und warteten. Ich wunderte mich: »Wir sind doch hier ganz nahe der Grenze. Hast du denn keine Sorge, daß der Mann eine Zufallsobservation mit zum Auto bringen könnte?« – »Nach unseren Kenntnissen machen die das drüben nicht«, lautete die Antwort. Ich war mehr als verblüfft – uns in der Zentrale wurde bei jeder Referatsbesprechung eingehämmert, nie Kontakt mit einem West-Agenten aufzunehmen, ohne ihn vorher zu überprüfen, ob er nicht von der Gegenseite observiert wurde. Hier machte man sich darüber offenbar wenig Gedanken.

Nach zehn Minuten bog ein junger Mann von stattlicher Größe und sportlicher Figur um die Ecke. In der Hand trug er eine Aktentasche wie ein ins Büro eilender Familienvater. Die korrekte Kleidung vervollständigte noch dieses unpassende Bild. Entgegen ihrem Ruf bei der HVA mußten die Beamten der bayerischen Grenzpolizei eben doch harmlos sein, wenn ihnen ein solcher

DDR-Besucher nicht auffiel. Koehler stieg ins Auto. Scharlibbe stellte mich vor, aus Versehen mit meinem ihm unnötigerweise bekannt gewordenen Klarnamen. »Koehler« sagte sachlich: »Guten Tag«, ließ aber nicht weiter erkennen, wie er sich zu meiner Person zu stellen gedachte. Er wußte bereits, daß er künftig von einer anderen Diensteinheit geführt werden sollte. Wir fuhren zurück nach Hildburghausen, durchquerten die Stadt und kamen auf die Straße nach Meiningen. In einem Waldgebiet bog Scharlibbe ab und hielt nach hundert Metern vor einem Gebäude, das wie eine Holzfällerhütte aussah — das »konspirative Objekt« der Hauptabteilung I nahe der Ortschaft Römhild. Langsam begannen mich die Umstände dieses Treffs zu amüsieren, zumal Scharlibbe mir auch noch eine Axt in die Hand drückte, damit ich Holz für den Kanonenofen schlage. Dann wurde Kaffee auf der Herdplatte gebraut und der unterwegs gekaufte Kuchen auf einen Teller geschichtet; der überaus gemütliche Treff konnte beginnen. Der Oberleutnant und »Koehler« machten es sich in einer uralten Sesselgarnitur bequem. Neugierig setzte ich mich dazu.

»Koehler« schnallte seinen Gürtel ab, spreizte das doppelte Leder an einer aufgetrennten Stelle auseinander und zog zusammengelegte Kleinbild-Dias hervor. Diese Idee für den Transport habe er selbst gehabt, erklärte er mir. Dann öffnete er den Verschluß der Aktentasche und fuhr mit einer Nadel in ein kleines, fast unsichtbares Loch, wodurch er ein Geheimfach freilegte, aus dem er noch einige Filmstreifen hervorholte. Ich kannte dieses System des Transportcontainers. Es galt in der Zentrale als gefährlich, da bei einigen Verhaftungen ähnliche Taschen in die Hände des Gegners gefallen waren. Ich sah mir die Filmstreifen an, gelungene Kopien von Firmenunterlagen. Erstaunt fragte ich den Agenten: »Wieso sind die Filme denn entwickelt? Wenn sie zufällig bei einer Kontrolle oder Durchsuchung gefunden werden, liegen die Beweismittel sofort offen auf dem Tisch.« Die Antwort verwunderte mich noch mehr: »Das wurde mir so geraten. Auf diese Weise kann ich doch sicher sein, daß die Aufnahmen tatsächlich etwas geworden sind.« Vollends verblüfft aber war ich, als Koehler nun die Tasche ganz öffnete und eine Anzahl Landkarten vom grenznahen Raum der Bundesrepublik herausholte. Ich deutete auf verschiedenfarbige Markierungen und fragte nach deren Bedeutung. Wer beschreibt mein Erstaunen, als er unbefangen antwortete: »Standorte und Verfügungsräume im Hinterland und vorwärts, des Bundesgrenzschutz und der Amerikaner in Grenznähe. Das war mein Auftrag.« Ganz offensichtlich kam dem Oberleutnant Scharlibbe bei dieser Befragung erstmals richtig zu Bewußtsein, wie leichtfertig die Sache bisher gehandhabt worden war. Ich erlöste ihn aus der peinlichen Situation, indem ich das Thema wechselte: »Wie geht es denn bei der Grenzkontrolle zu?« Der Mann holte als Antwort noch mehr aus der Tasche: Ein Pfund Bohnenkaffee, einige Tafeln Schokolade und eine kleine Flasche Weinbrand. Das zumindest schien in Ordnung. Als Legende für den DDR-Besuch sollte er bei eventuellen Fragen angeben, er wolle zu Bekannten, und da war es nur natürlich, daß er aus dem Westen einige Geschenke mitbrachte.

Der Agent bekam nun ein Diktiergerät in die Hand gedrückt. Er sprach mehrere lange Berichte, für die er sich vorher Notizen gemacht hatte — über die Rückreise vom letzten und die Anreise zum jetzigen Treff, über seine familiäre Situation, sein Berufsleben, seine sämtlichen Aktivitäten seit dem letzten Treff, über beobachtete militärische Bewegungen im Coburger Raum und über eine ganze Anzahl von Bekannten und Freunden. Das zog sich den ganzen Tag hin. Was für ein gemütlicher Laden, dachte ich für mich. Bei uns in der Zentrale stünden weder Zeit noch Schreibkräfte für ein solches Verfahren zur Verfügung. Wir mußten die Berichtsarbeit so knapp wie möglich halten. Freilich fielen dabei zuweilen auch brauchbare Details unter den Tisch. Den Mitarbeitern der Hauptabteilung I konnte das offensichtlich nicht passieren — sie verzeichneten jedes Wort. Erst am späten Nachmittag schaltete ich mich ein; vorläufig war »Koehler« noch Scharlibbes Mann. Mich interessierte vor allem, wie er sich zu einem eventuellen Umzug stellen würde, denn im Kabelwerk konnte er auch für mich nur von begrenztem Nutzen sein. Vielleicht konnte er doch von Neustadt weggelockt werden, wenn damit eine erhebliche finanzielle Verbesserung für ihn verbunden war? Ich fragte ihn geradeheraus, ob ihn das nicht reize. »Ach ja«, antwortete er, »warum eigentlich nicht. Für eine fünfköpfige

Familie ist mein Gehalt tatsächlich etwas knapp.« Ich blickte zu Scharlibbe hinüber und sah, daß dieser schon das Angebot bereute, den Mann an die HVA abzugeben. Mit Geld hatte er es anscheinend noch nicht versucht, »Koehler« beweglicher zu machen. Mir schwebte schon ein konkreter Plan vor, doch ich wollte ihn in Scharlibbes Gegenwart nicht äußern. Man könnte es noch einmal mit dem Bundesamt für Wehrtechnik und Beschaffung oder eventuell mit der KWU in Erlangen versuchen. Im großen und ganzen war ich jedoch mit der Neuerwerbung zufrieden. »Koehlers« sachliches und ruhiges Wesen ließ auf Zuverlässigkeit und Solidarität schließen. Für die Einschleusung in einen operativ interessanten Bereich war das notwendig. Den Ortswechsel würde ich ihm schon schmackhaft machen. Ich legte den nächsten Treff fest; damit wußte Scharlibbe, daß der Agent von mir akzeptiert und nicht mehr sein Mann war. Als wir uns verabschiedeten, drückte mir der Oberleutnant »Koehlers« Mitbringsel aus dem Westen in die Hand: »Das gehörtja nun auch dir.« Ich spürte das leise Bedauern in seiner Stimme und gab ihm Schokolade, Kaffee und Schnaps zurück.

11

Ich konnte nicht ahnen, daß der Fall Günter Senger alias »Koehler« eines Tages — freilich nur indirekt — zu einer entscheidenden Änderung meiner Lage führen sollte. Vorerst machte ich mich daran, mehr »Professionalität« in die Sache zu bringen. Ich gab dem Mann einen neuen Decknamen und nannte ihn fortan »Hauser«. Wir trafen uns zwar weiterhin in Eisfeld, weil er im grenznahen Besuchsverkehr nur bis dorthin gelangen konnte. Ich legte allerdings fest, daß er nach dem Aussteigen erst eine bestimmte Strecke passieren mußte; dabei konnte ich ihn beobachten und sicherstellen, daß er auch »sauber« war. Der Haupttreff fand danach im Interhotel »Panorama« im 50 Kilometer entfernten Oberhof statt. Ich zog auch die Aktentasche mit dem »Geheimfach« ein, instruierte ihn in den notwendigen Absicherungsmaßnahmen und baute einen soliden »Verbindungsplan« auf. Die Beschaffung von Landkarten mit seinen Eintragungen von Truppenstandorten und Verfügungsräumen, so interessant das war, untersagte ich ihm — ich konnte nicht viel damit anfangen, und bei den Feststellungen dazu exponierte er sich nach meiner Einschätzung zu sehr. Vorerst genügten mir die Informationen aus dem Kabelwerk. Dafür hatte ich einen guten Abnehmer gefunden: Die lahmende DDR-Kabelindustrie war für jeden Hinweis auf westliche Technologie sehr dankbar. Infolgedessen konnte ich nun für das Material auch weitaus mehr bezahlen. »Hauser« bekam bei jedem Treff zwischen 1000 und 1500 DM West. Er war mit dieser Verbesserung seines Einkommens natürlich sehr zufrieden.

Ungeachtet meiner eigenen kritischen Einstellung bearbeitete ich ihn auch politisch, denn für das, was ich mit ihm plante — die Einschleusung in das Verteidigungsministerium in Bonn —, mußte er gut motiviert sein. Ich wollte außerdem Zeit gewinnen. Gewissen Andeutungen hatte ich entnommen, daß es in »Hausers« Ehe kriselte. Irgendwann, das war abzusehen, mußte es zum großen Krach kommen. Dann, so kalkulierte ich, würde der Mann für meine Pläne frei sein. Inzwischen bereitete ich einen Instrukteur vor, der in der Lage sein sollte, mögliche Treffs in der Bundesrepublik wahrzunehmen. Denn wenn sich »Hauser« in Bonn bewerben sollte, mußte er seine Besuche in der DDR unverzüglich einstellen. Sogar der von uns qualitätsmäßig nicht hoch eingeschätzte MAD, würde bei der Sicherheitsüberprüfung stutzig werden, wenn »Hauser« seine nicht zu verbergenden regelmäßigen Reisen in das DDR-Grenzgebiet angab.

An der Bearbeitung des Falles »Hauser« hatte ich mittlerweile ein ganz persönliches Interesse gewonnen. Für den Fall drohender Verhaftung hatten die Genossen der Hauptabteilung I einen sicheren Fluchtweg für den Agenten aufgebaut. Er sollte sich dann in die DDR absetzen, und zu diesem Zweck hatte man ihm eine Stelle angegeben, an der die »Staatsgrenze West« nicht vermint war und auch nicht regelmäßig bewacht wurde. Wenn diese Lücke für »Hauser« weiter offengehalten wird, so sagte ich mir, würde sie auch in umgekehrter Richtung ihren Dienst tun. Deshalb wollte ich die Schleuse auch in meinen neuen Verbindungsplan für »Hauser« übernehmen. Leider fand Christian an dieser Rückzugsvorkehrung keinen Gefallen. Ich mußte sie durch eine andere — über Österreich führende ersetzen.

Bei einem der folgenden Treffs machte ich »Hauser« mit seinem Instrukteur bekannt. Die nächste Zusammenkunft sollte bereits mit diesem in Coburg stattfinden. Doch dann erhielt ich einen Brief, der die ganze Planung fürs erste hinfällig machte. Aufgrund seiner familiären Situation, die ihn an den Rand der Verzweiflung gebracht habe, so schrieb »Hauser«, sehe er sich nicht mehr zur Zusammenarbeit mit uns imstande. Mir schien klar, was sich ereignet hatte. Die Ehe war in die Brüche gegangen. Die Konsequenz daraus war allerdings genau das Gegenteil von dem, was ich mir ausgerechnet hatte. Statt den Agenten nun für die geplante Einschleusung in Bonn frei zu haben, schien er mir ganz aus der Hand zu gleiten. Die Ermittlungen, die ich anstellen ließ, bestätigten meine Vermutung. »Hauser« litt unter dem Zerfall der Familie und verspürte keine Lust, neben der privaten Belastung auch noch riskante Spionage zu betreiben. Doch so schnell gab ich nicht auf.

Nach einer angemessenen Wartezeit setzte ich meinen Instrukteur wieder auf »Hauser« an. Ich wollte dabei nicht riskieren, »Film« — so sein Deckname — nach Coburg oder gar nach Neustadt reisen zu lassen, da mir die Situation noch zu unklar war. »Film«, Klarname Steffen Kind, sehr gewitzt und pfiffig, war im Zivilberuf Werbeleiter in dem Dresdner Betrieb für Starkstromanlagenbau »Otto Buchwitz«. Zuvor viele Jahre hindurch bei der Kriminalpolizei tätig, eignete er sich vorzüglich für das Nachrichtengeschäft. Aber wir konnten nicht ausschließen, daß sich möglicherweise die westdeutsche Abwehr inzwischen eingeschaltet hatte und nur darauf wartete, den Instrukteur zu kassieren. Ich schickte diesen daher nach Westberlin. Von dort aus rief er »Hauser« in seinem Betrieb an und versuchte, einen neuen Treff in der DDR zu vereinbaren. Doch »Hauser« lehnte ab. Er bat »Film«, in einigen Monaten noch einmal anzurufen, wenn er sich von dem Schock seines familiären Desaters etwas erholt habe. Aber auch beim nächsten Anruf war »Hauser« nicht zu einer Einreise in die DDR zu bewegen; die ganze Sache zog sich hin.

Erst im Spätsommer 1978 — ich muß vorgreifen — nahm die Operation ihren Fortgang. Christian drängte mich, eine Entscheidung herbeizuführen. Dabei kam mir die Idee, »Film« durch eine der offengehaltenen geheimen Schleusen an der Grenze, von denen ich ja nun schon mehrfach gehört hatte, nach Coburg zu schicken. Ich stand zu dieser Zeit schon in Verbindung mit dem BND, den solche Schleusen natürlich interessieren mußten, zumal diese »Einreise«-Praxis für Verbindungsagenten vom MfS — wie mir seinerzeit auf dem Lehrgang an der HVA-Schule mein Kurskamerad Bellman erklärt hatte — nur mit äußerster Vorsicht genutzt wurde. Über meinen Kommunikationsweg mit Pullach teilte ich dem BND mein Vorhaben mit, das freilich noch von der Zustimmung Christians abhing. Er erklärte sich nach kurzer Überlegung einverstanden. Es sei ganz gut, einige Reisekader zu haben, die sich in der Grenzschleusung auskennten. Wenn die politische Lage sich einmal änderte, oder andere Ereignisse die normalen Verkehrsverbindungen unterbrechen, würden wir sowieso gezwungen sein, unsere Leute auf diesem Weg in den Westen zu bringen. Ich setzte mich daraufhin mit der Arbeitsgruppe Grenze in Verbindung und vereinbarte einen Termin. Der zuständige Offizier bedeutete mir mit meinem Mann am 5. Oktober früh um sechs Uhr vor der Post in Hildburghausen zu sein. Ich könne ihn dann am gleichen Abend zurückhaben. Allerdings müßte ich darauf achten, daß er sich entsprechend kleidet. Er würde schließlich fast den ganzen Tag Spaziergänger spielen müssen.

Ich meldete nun auch den Termin und die Details, soweit mir bekannt, nach Pullach. Natürlich kannte ich nicht den genauen Ort, an dem »Film« die Grenze überqueren sollte; aber ich wußte, wann und wo er in Coburg auf »Hauser« warten würde. Das legte ich ja selbst fest. Der BND bekam so die Möglichkeit, von da ab die weiteren Bewegungen meines Instrukteurs zu beobachten und auch das Schlupfloch im Minenfeld zu lokalisieren. Weitere Schritte würde Pullach vereinbarungsgemäß zunächst nicht unternehmen. Ein Zugriff auf »Film« oder gar »Hauser« hätte mich sofort in fatale Schwierigkeiten gebracht, woran der BND kein Interesse haben konnte.

Ich brachte den Instrukteur zur angegebenen Zeit nach Hildburghausen. Dort übernahm ihn ein Mitarbeiter der Arbeitsgruppe in der Uniform der Grenztruppen; beide fuhren mit einem kleinen geländegängigen Wagen davon. Den weiteren Verlauf der Operation erfuhr ich von »Film« erst nach seiner Rückkehr: Er wurde in die Nähe des »Todesstreifens« bei Hildburghausen gebracht, wo bereits zwei Schleusungsspezialisten — beide ebenfalls »IM« — auf ihn warteten. Die drei spazierten los und erreichten nach zehn Minuten im Gänsemarsch die Durchlaß-Stelle. Man hatte »Film« eingeschärft, unbedingt in der Reihe zu bleiben. Da die Grenze an dieser Stelle nicht regelmäßig von Grenzsoldaten bewacht wird, hatten die NVA-Pioniere das Gelände links und rechts der Gasse besonders tückisch vermint. Wer vom Weg abkam, hatte kaum noch eine Chance. Nach Entfernung von zwei nur lose eingedrückten Nägeln öffnete sich eine Lücke im Stacheldrahtzaun. Die beiden Schleuser sowie der Instrukteur konnten auf westdeutsches Gelände kriechen. Sie fanden sich nach zehn Metern auf einem dicht an der Grenze vorbeiführenden Weg wieder. Eine Gefahr, daß patrouillierende bayerische Polizei die drei Grenzgänger aufgreifen könnte, bestand nicht, wie die Genossen von der Arbeitsgruppe mir bedeutet hatten, da ihnen der Dienst- und Streifenplan der bayerischen Grenzbeamten genau bekannt sei. Sie könnten daher sogar Agenten am hellichten Tag in den Westen schleusen. Genau das wollte ich nur wissen, denn ich war ohnehin sicher, daß meinem Instrukteur und seinen Schleusern an diesem Tage nichts passieren würde.

Nach einem Marsch von einer Stunde bei strömenden Regen kam das Trio bis auf die Haut durchnäßt in Coburg an. Die Schleuser verabschiedeten sich hier, nachdem sie mit »Film« verabredet hatten, ihn am Abend um 20 Uhr an der gleichen Stelle wieder abzuholen. Der Instrukteur zog allein weiter. Er suchte erst einmal die Bahnhofsgaststätte auf, um seine Kleider etwas trocknen zu lassen. Am Nachmittag rief er »Hauser« im Kabelwerk an. Der staunte nicht schlecht, als ihn der Instrukteur nach Austausch der vereinbarten Parole aufforderte, noch am selben Tag um 17 Uhr zum »Theater« zu kommen. Hinter diesem Codewort verbarg sich das Kino »Union«, der im Verbindungsplan vorgesehene Treffort in Coburg. »Hauser« sagte zu und kam auch pünktlich. Von hier an werden die beiden wohl nicht mehr allein gewesen sein. Eine Observationsgruppe vom BND dürfte die zwei auf Schritt und Tritt beobachtet, in der gleichen Gaststätte gesessen haben, in der die beiden ihren Haupttreff abhielten, und meinem Instrukteur gefolgt sein, als er sich wieder mit den Schleusern traf, um den Rückweg durchs Minenfeld anzutreten. Sie waren vermutlich auch nicht weit entfernt, als diese Drei durch die Stacheldrahtsperren zurück in die DDR krochen. Um 22 Uhr holte ich meinen wieder vor Nässe triefenden Instrukteur in Hildburghausen ab. »Film« hatte nichts bemerkt, was auf eine Observation hindeutete.

Vom Ergebnis seines Treffs nahm ich im übrigen mit gemischten Gefühlen Kenntnis. Hauser hatte wider Erwarten zugesagt, sich wegen seiner miserablen finanziellen Situation wieder voll für das MfS zu engagieren. Nach der Ehescheidung war er zu beachtlichen Unterhaltszahlungen für die Frau und deren Kinder verurteilt worden. Beim Treff hatte er aufgeatmet, als »Film« ihm einen in der Speisekarte verborgenen Geldbetrag über den Tisch schob. Nun wußte ich zu diesem Zeitpunkt aber schon, daß meine Tage in der DDR gezählt waren. Nur wenige Tage zuvor hatte die für mich entscheidende Besprechung mit Vertretern des BND in Helsinki stattgefunden, bei der meine Herauslösung aus MfS und DDR festgelegt worden war. Ich empfand ein gewisses Mitleid mit dem fränkischen Pechvogel, dem damit die sichere Verhaftung bevorstand. Aber ich konnte »Hauser« nicht mehr helfen. Ich mußte nunmehr den alten Plan — seine Einschleusung in das Bundesamt für Wehrtechnik und Beschaffung — weiter betreiben, wenn ich mich nicht selbst gefährden wollte.

Im November 1978 traf ich »Hauser« zu diesem Zweck in einem konspirativen Objekt der Abteilung XV der Bezirksverwaltung Suhl in Sonneberg. Obwohl mir natürlich klar war, daß die Sache nicht mehr realisiert würde, bestellte ich ihn Anfang Januar 1979 nochmals für drei Tage nach Berlin, mein letzter »West-Treff« überhaupt. Günter Senger alias »Hauser« wurde sogleich nach meinem Übertritt verhaftet und später der geheimdienstlichen Agententätigkeit angeklagt. Er war gerade dabei, sich für den

Abflug nach Rio de Janeiro vorzubereiten, als ihn die Polizei festnahm. Bei den Vernehmungen stellte sich heraus, daß seine neuerliche Zusage, wieder für das MfS arbeiten zu wollen, nur eine Täuschung gewesen war. Nach unserem Treff in Sonneberg hatte er ein Visum nach Brasilien beantragt. Den Nachstellungen der unterhaltsbedürftigen Ex-Ehefrau — und des MfS —, gedachte er mit der Emigration nach Südamerika zu entgehen. Zum Treff im Januar war er demnach nur noch einmal gekommen, um sich bei mir Geld zu beschaffen, das er für die Ausreise nach Südamerika gebrauchte. Wieder war »Hauser« von seiner Pechsträhne eingeholt worden. Immerhin wertete das Gericht sein volles Geständnis und die Auswanderungsabsicht, die er zweifelsfrei belegen konnte, zu seinen Gunsten, insoweit er sich seiner nachrichtendienstlichen Verstrickung entziehen wollte.

12

Zurück zum Ende des Jahres 1975, als ich »Koehler«, später »Hauser« von der Hauptabteilung I übernahm. Bei der Planabrechnung im November konnte ich erneut eine recht gute Bilanz vorweisen. Zwar war mir in meinem dritten Jahr im MfS keine Westwerbung gelungen, aber mit den übrigen Ergebnissen zeigten sich meine Vorgesetzten durchaus zufrieden. In der Informationsbeschaffung lag ich im Referat vorn, mein Inlandsnetz stand stabil und zuverlässig. In Sachen »Ernesto« konnten Dr. Teichners Personalpapiere als beschaffene Übersiedlungsdokumentation angeführt werden, und für 1976 hatte ich einige aussichtsreiche Vorhaben in petto.

In meinem Privatleben sah es nicht so positiv aus. Die Entfremdung von meiner Frau, nicht nur wegen ihrer weiteren ideologischen Hinwendung zum kommunistischen Regime, gefördert durch das Leben im MfS-Wohnblock und durch den Einfluß der Nachbarinnen, sondern auch durch die häufige dienstliche Abwesenheit war fortgeschritten. Allerdings war der Mangel an freier Zeit weitgehend in Aktivitäten begründet, die ich meiner Frau wegen ihrer ideologischen Einstellung verschweigen mußte.

Anfang Januar 1976 flog ich mit Christian nach Budapest zu einem Treff mit »Sperber«, der ursprünglich in Salzburg stattfinden sollte. Zwar hatte die Leitung ihre Zustimmung schon für Österreich gegeben, und der Reisepaß mit dem Ausreisevisum lag bereits in meinem Aktenschrank; doch wurden wir in letzter Minute zurückgepfiffen. Ich weiß heute noch nicht, warum. Meine Enttäuschung war groß. Von Salzburg aus hatte ich versuchen wollen, Verbindung mit dem BND aufzunehmen. Daneben war das Problem zu lösen, wie »Sperber« nach Ungarn umdirigiert werden sollte, der am 5. Januar vor dem Geburtshaus Mozarts auf uns oder einen ihm bekannten Mitarbeiter warten würde, wie bei seinem letzten Treff in der DDR festgelegt. Um ihn dort abzufangen und über die neue Disposition zu informieren, hatten wir gerade nur einen als Reisekader ausgebildeten »IM« zur Verfügung, den »Sperber« noch nicht kannte und eventuell abweisen würde. Ich zeigte »Mark« – Klarname Bernhard Theurich – ein Foto von »Sperber«, drückte ihm die im Verbindungsplan als Erkennungszeichen vorgesehene Pariser Metro-Fahrkarte in die Hand, und schickte ihn mit einem gefälschten Westberliner Personalausweis nach Salzburg.

Christian und ich warteten in Budapest im Hotel »Intercontinental« auf die Quelle, die jedoch erst am übernächsten Tag da sein konnte, vorausgesetzt, daß ihr Treff mit dem Instrukteur nicht platzte. Unsere vorzeitige Anreise hatte sich aus einer kurzfristigen Flugumbuchung ergeben, und wir mußten so eine lange Wartezeit miteinander verbringen. Am Abend schleifte ich meinen Vorgesetzten in die Bar. Ich wußte, daß er zwar gern trank, aber nicht viel vertrug und schon nach wenigen Gläsern redselig wurde. Auf diese Weise hoffte ich zu erfahren, welche personelle Entscheidungen in nächster Zeit im Referat anstanden. Ich schnitt die Doppelbelastung an, die er selbst als stellvertretender Abteilungschef und Referatsleiter zu tragen hatte. Dieses Thema griff er gern auf; mit der Überlastung wegen der dünnen Personaldecke müsse das Referat noch einige Zeit leben, zumal Mitte des Jahres noch ein weiterer Mitarbeiter abgezogen werde. Es seien unbedingt einige Botschaftsposten zu besetzen, die der HVA zustehen. Ich war sofort ganz Ohr. Wen konnte er mit dieser Andeutung meinen — etwa mich selbst? Aber Christian zerstörte sogleich die aufkeimende Hoffnung, daß ich mich demnächst an einer DDR-Botschaft im Westen wiederfinden könnte: »Der Genosse Werner Heintze zeigt seit einiger Zeit Ermüdungserscheinungen. Ihm wird ein Wechsel in der Arbeitsatmosphäre ganz gut tun.« Damit mußte ich die Aussicht, die DDR auf diesem Weg verlassen zu können, für lange Zeit begraben. Denn noch einen weiteren Mitarbeiter desselben Referats würde die Abteilung nicht so schnell hergeben.

An einem Gin-Tonic nippend, fuhr Christian fort: »Ihr bekommt dafür einen neuen stellvertretenden Referatsleiter, der das Referat ein Jahr später ganz übernehmen soll. Du bist mir für diese Funktion noch etwas zu jung, deshalb nehmen wir den Genossen Peter Bertag aus dem Referat Vier«. Da Werner Hengst vor einiger Zeit in einen anderen MfS-Bereich versetzt worden war, hatte ich schon mit dieser Entwicklung gerechnet. Bertag genoß Vogels besondere Protektion. Er führte das wichtigste Agentennetz des Sektors Wissenschaft und Technik, einige sehr potente in Österreich postierte Quellen im Bereich der Mikroelektronik. Auch nicht schlecht, dachte ich mir — so werde ich wenigstens etwas über diese Leute bei Bertag herausfinden können.

Am Trefftage brachen wir schon nach dem Frühstück Richtung Kaufhaus »Corvin« in der Rakoszi utca auf. Dorthin sollte »Sperber« der neuen Planung gemäß um 12 Uhr kommen. Hoffentlich klappt es, sagte ich mir im stillen, sonst wird Christian — noch in Katerstimmung nach einem weiteren Barbesuch am Vorabend — gänzlich unerträglich. Vorsichtshalber nutzte ich die verbleibende Zeit, um meinem Vorgesetzten mit dem berühmten ungarischen Kaffee, der »Tote wecken« soll, etwas zu beleben. Dann postierten wir uns vor dem Kaufhaus und warteten. Doch »Sperber« erschien nicht. Christian begann zu frieren und schimpfte über den »idiotischen Treffpunkt«. Er überschüttete mich mit weiteren Vorwürfen. Ich mochte ihn nicht daran erinnern, daß er den wirklich nicht günstigen Platz selbst ausgewählt hatte. Doch er würde das glatt leugnen. Nach einer Stunde gaben wir auf und kamen später noch einmal — auch ergebnislos — zum Zeitpunkt des sogenannten Ersatztreffs zurück, der »Sperber« ebenfalls von »Mark« mitgeteilt werden sollte. Ich begann daran zu zweifeln, daß der Treff mit dem Instrukteur in Salzburg funktioniert hatte. Zunächst lotste ich meinen Vorgesetzten zu den Sehenswürdigkeiten der ungarischen Hauptstadt, die ich ja gut kannte. Christians schlechte Laune und seiner Überzeugung, ich sei an allem schuld, tat das jedoch keinen Abbruch. Er betrachtete unsere Mission als geplatzt, denn einen weiteren Ersatztreff hatte ich nicht festgelegt. Ich mußte meinem Vorgesetzten nun jedoch eine Regelwidrigkeit gestehen, die ich bei der Umleitung unseres Pariser Agenten begangen hatte und die diesem doch noch eine Möglichkeit bot, uns zu finden. Die knappe Zeitspanne abschätzend — »Sperber« mußte die Umdisponierung nach Budapest ja gänzlich unerwartet treffen —, hatte ich ihm durch den Instrukteur den Namen unseres Hotels und meinen Reisenamen, wie üblich Schilling, ausrichten lassen. Ich wußte wohl, daß dies eigentlich nicht erlaubt war, doch Christians wütende Reaktion auf mein Geständnis war völlig unangemessen. Nach seinen Ausfällen konnte ich ihn einfach nicht mehr sehen. Zornig ging ich bereits um neun Uhr abends auf mein Zimmer.

Etwa um zwei Uhr nachts klingelte das Telefon an meinem Bett. Schlaftrunken meldete ich mich automatisch auf ungarisch — von meiner Frau hatte ich einiges von dieser komplizierten Sprache gelernt —, und ich brauchte eine ganze Weile, bis ich begriff, daß der Anrufer deutsch sprach. Es war »Sperber«, der mich fragte, wie lange ich ihn denn noch warten lassen wollte. Ich fuhr hoch und weckte Christian, der im Nebenzimmer schlief.

Eine halbe Stunde später saßen wir zusammen in der Hotelhalle. »Sperber« überreichte uns eine prall gefüllte Kollegmappe. Sie enthielt insgesamt dreißig interessante Unterlagen. Die Reise nach Budapest hatte sich also schon gelohnt. In Christians Augen war ich nun wieder ein As, immerhin hatte ich den Treff gerettet. Vergessen waren die Vorwürfe vom Nachmittag. Ich fragte nun »Sperber«, wieso er denn so spät komme; er mußte doch vom Instrukteur in Salzburg schon vor zwei Tagen neu eingewiesen worden sein. »Ach«, war seine Antwort, »erst mal gab es ein Problem am Mozarthaus. Dort habe ich vorgestern gewartet, aber kein bekanntes Gesicht gesehen. Ich hatte sogar mit euch persönlich gerechnet. Dann aber schlich euer junger Mann, den ich nicht kannte, mehrmals um mich herum und ich habe mich lieber davongemacht. Am nächsten Tag zum Ersatztreff kam wieder kein Bekannter. Dafür tauchte nach einer Weile derselbe junge Mann auf, der sich dann als euer Instrukteur zu erkennen gab. Er hat seine Sache übrigens gut gemacht. Gleich danach bin ich aus Salzburg abgefahren und habe auch in Wien nicht angehalten. Es gab aber noch ein Problem mit den ungarischen Grenzern. Die haben mich wegen meines etwas abgenutzten Autos erst nach einigem Palaver hereingelassen.«

Da nun doch alles gut ausgegangen war, beschlossen wir, in der Hotelhalle zu »feiern«. Das Äußere »Sperbers« paßte allerdings weniger ins Milieu. Er trug wieder seinen schäbigen Cordanzug, dazu ein offenes kariertes Hemd. Die einheimischen Besucher gehörten offenbar zur Creme der ungarischen Hauptstadt und waren im Smoking oder zumindest im dunklen Anzug erschienen; die Damen trugen Abendkleider. Nur mit dem Hinweis, wir seien durstige Hotelgäste, hatten wir »Sperber« überhaupt am Portier vorbeigebracht. Drinnen verfielen wir doch wieder in Fachsimpelei und achteten kaum auf das Unterhaltungsprogramm, auch nicht auf eine Sängerin, die mit dem Mikrofon in der Hand gelegentlich die Bühne verließ, um sich einzelnen Gästetischen zu nähern. Ich schob »Sperber« gerade eine Brieftasche über den Tisch, in die ich rund 5000 DM West — sein Salär für diesen Treff — gelegt hatte, als sie sich unbemerkt von hinten näherte und zum Scherz die Brieftasche an sich nahm. Die Scheinwerfer folgten ihr, und so wurde die ganze Bar Zeuge, wie die Banknoten zu Boden flatterten. Allgemeines Gelächter begleitete die Sängerin, als sie das Geld mit Entschuldigungen wieder einsammelte. Die Sache war auch für uns ziemlich peinlich.

»Sperber« fuhr uns am nächsten Tag zum Flughafen. Das war zwar auch ein Verstoß gegen die Regeln, aber wenn er guter Laune war, ließ selbst Christian so etwas zu. Auf der Fahrt begriff ich, warum die Ungarn unseren Agenten nicht ohne weiteres einreisen lassen wollten: Sein Mercedes — ein länger zurückliegendes Geschenk seines Schwiegervaters — war ein uraltes klappriges

Vehikel, die Karosserie voller Rostlöcher. Unwillkürlich empfand ich Mitleid mit dem offensichtlich am Rande permanenter Armut dahinvegetierenden Agenten. Mit einem solchen Auto hätte ich mich nicht einmal auf eine Straße in der DDR getraut. Seine Frau plünderte ihn offenbar finanziell völlig aus.

Dichter Nebel hüllte das Flughafengelände ein. Eigentlich sollte hier »Mark«, der Instrukteur, zu uns stoßen. Ich machte mir keine Sorgen, daß er nicht da war. Sicher war er wegen der Witterungsverhältnisse in Wien hängengeblieben. Am Informationsschalter erklärte man uns, daß auch unsere Maschine mit mehreren Stunden Verspätung abfliegen werde. Während der Wartezeit traf unser Instrukteur schließlich doch noch aus Wien ein. Damit hatten wir den dritten Mann zum Skat und zur Flasche »Kettenbrücke«-Brandy, die wir inzwischen auf dem Flugplatz gekauft hatten. »Mark« erzählte seine Version vom Salzburger Treff; nach dem Photo habe er die Quelle nicht erkannt. Sie aber dann an seinem Tick, dem Rasseln, identifiziert. Am ersten Tag habe er ihn deswegen nicht angesprochen, weil er so ärmlich aussah, daß er trotz allem gezweifelt habe: »Ich konnte einfach nicht glauben, daß ein Kundschafter der DDR so herumläuft.« Ich witzelte: »Das ist Tarnung. Wir weisen alle unsere Leute an, so auszusehen, damit niemand Verdacht schöpft.« Drei Jahre später erfuhr ich, daß ich mit meiner Ironie, ohne es zu wissen, ins Schwarze getroffen hatte. Nachdem »Sperber« in Paris als Folge meines Übertritts verhaftet worden war, kam heraus, daß es ihm bei weitem nicht so schlecht ging, wie wir vermutet hatten. Er lege bei seinen Reisen zum Treff stets die gleiche, abgerissene Kleidung an, um unsere Zahlungswilligkeit zu steigern. Auch der alte Mercedes war Teil dieser Maskerade.

Im Februar 1976 wurde ich im Rahmen einer feierlichen Dienstversammlung am Jahrestag der Gründung des MfS zum Oberleutnant befördert. Die damit verbundene Gehaltserhöhung machte mich übermütig: 1500 Mark netto, ein Gehalt, das in der DDR den Bezügen eines Direktors eines mittelgroßen Betriebes entspricht. Ich kaufte mir daher »standesgemäß« einen fabrikneuen Skoda, einen Viertakter aus der CSSR. Unter Ausnutzung der Privilegien eines MfS-Mitarbeiters konnte ich die Wartezeit für den neuen Wagen erheblich verkürzen. Ich hatte dabei keine Skrupel. Warum sollte ich als Gegner des Regimes nicht auch dessen Schwächen zu meinem Vorteil nutzen?

13

Wie Christian mir in Budapest mitgeteilt hatte, wurde Peter Bertag im Februar 1976 in unser Referat versetzt. Er brachte tatsächlich seinen gesamten Agentenbestand mit, sein gut plaziertes Quellennetz im Bereich Mikroelektronik, und zog zu mir ins Zimmer, wo der zweite Arbeitsplatz nach dem Weggang von Werner Hengst freigeworden war. Peter umgab sich mit einem Stapel Akten. Auf den Deckeln las ich die Decknamen »Prokurist«, »Sander« und noch einige andere. Wer waren diese Leute, deren Führung der Oberst Vogel persönlich beaufsichtigte? Mit der Zeit entlockte ich Bertag einige allgemeine Angaben über den Komplex. Die Arbeit dieser sogenannten »Wiener Residentur« hatte 1971 begonnen. Auf der Leipziger Messe hatte der damalige Leiter des Referates 3, Horst Müller, einen österreichischen Geschäftsmann angeworben, welcher der Kommunistischen Partei nahestand. Nach und nach waren noch weitere Agenten dazugekommen. Bald war die Gruppe auf zehn Personen angewachsen. Im Auftrag des MfS gründeten sie miteinander verzahnte Firmen, so daß allmählich eine regelrechte DDR-Geheimdienstkolonie in der österreichischen Hauptstadt entstand. Die Fäden reichten in die Schweiz und weiter in die Vereinigten Staaten. Dort wurden auch die meisten Informationen beschafft.

Nahezu die gesamte Entwicklung der so wichtigen Mikroelektronik in der DDR hing von dieser Wiener Residentur ab, da die planwirtschaftlich eingeengte eigene Industrie und die vielfach unselbständige Forschung wie in vielen anderen Bereichen unfähig war, diese für die Wirtschaftskraft entscheidenden Technologien zu meistern. Die Armee verlangte ständig nach neuen für die Steuerung und den Einsatz von Waffensystemen geeigneten Computern und Prozeßrechnern. Die »Freunde« übten in dieser Hinsicht einen ungeheuren Druck aus — sie hinkten ebenfalls erheblich hinter dem Weltstandard her. Ihre Panzer und Flugzeuge benötigten Mikroelektronik in Massenproduktion. Die eigenen Wissenschaftler aber vermochten nur unvollkommene Einzelstücke, sozusagen in »Handarbeit«, herzustellen. Der KGB war nicht in der Lage, den westlichen Markt entsprechend auszukundschaften. Aber im MfS gab es ja die potente Wiener Residentur. Die dort tätigen Agenten kauften oder stahlen, was sie an Unterlagen, Mustern und Einzelteilen bekommen konnten. Es würde zu weit führen, in die technischen Details zu gehen. Der Schaden, der dem Westen insgesamt durch diese von dem Gespann Vogel/Bertag geführte Gruppe zugefügt wurde, muß immens gewesen sein. Dieses Netz lieferte Informationen in Hülle und Fülle und erhielt höchste Bewertungsnoten für den Inhalt.

Auf die Identifizierung dieses Spionagerings wollte ich fortan einen guten Teil meiner »parallelen« Geheimdienstarbeit verwenden. Peter Bertag, sonst recht gesprächig, blieb weiter verschlossen, wenn ich versuchte, ihm konkrete Informationen zu entlocken. Anfang April 1976 konnte ich es jedoch so einrichten, daß wir zusammen in einem Dienst-»Wartburg« nach Budapest fuhren, wo er einen Mann treffen mußte, der in Beziehung zur Wiener Residentur stand. Der Anlaß für mich war der früher geäußerte Wunsch unseres »Fellow«, des angesehenen Professors Hauffe, den nächsten Treff in Ungarn stattfinden zu lassen, was Christian nach einigem Zögern genehmigt hatte.

Wir nahmen Zimmer im Hotel »Royal«, einem guten Haus im Stadtzentrum. Für den übernächsten Tag hatte Bertag seinen Treff geplant. Er wollte, wie er mir glücklicherweise verriet, mit dem Wagen zum »Grand Hotel« auf die Margareteninsel fahren. Ich kannte mich in dieser Gegend von meinen früheren privaten und dienstlichen Besuchen in Budapest her sehr gut aus. Es bereitete mir keine allzu große Mühe, Bertag und seinen Gesprächspartner aufzuspüren. Die beiden saßen in einem Gartenlokal und diskutierten eifrig. Offensichtlich verlief das Gespräch nicht sehr günstig. Mein Kollege schien unzufrieden zu sein, und sein Partner schüttelte ab und zu den Kopf. Ich hatte mir einen gedeckten Platz ausgesucht. Bertag konnte und durfte mich auf keinen Fall sehen, ich hätte ihn kaum glauben machen können, daß ich mich »zufällig« im gleichen Lokal aufhielt. Allerdings kam ich zunächst auch nicht weiter. Ich prägte mir das Gesicht seines Gegenübers gut ein: Ein noch junger Mann mit einem Vollbart. Ich mußte irgendeinen Anhaltspunkt gewinnen, der zu den Personalien des Österreichers — denn um einen solchen handelte es sich nach Bertags Andeutungen — führen könnte. Ich wartete geduldig, bis die beiden mit ihrer Unterhaltung zum Schluß kamen, und hatte Glück. Sie verabschiedeten sich voneinander und gingen getrennte Wege. Hätte Bertag ihn im Auto mitgenommen, so wäre meine Mühe umsonst gewesen. Nun konnte ich mich an die Fersen des Mannes heften, der mich interessierte.

Einen Profi hatte ich nicht vor mir — das sah ich bald an seinem arglosen Verhalten. Ich folgte ihm eine ganze Weile bei seinem Einkaufsbummel durch das Stadtzentrum. Ich saß am Nebentisch, als er ein »Espresso« aufsuchte, und ich war hinter ihm, als er schließlich zu seinem in einer Nebenstraße geparkten Wagen ging. Damit bekam ich nun doch etwas in die Hand. Das Autokennzeichen war der erste konkrete Anhaltspunkt, der zur Wiener Residentur führen könnte, wenn diese, wie Bertag erwähnt hatte, irgendetwas mit dem Mann zu tun hatte. Der Spionageabwehr im Westen würde es vielleicht aufgrund dieser Angabe und der Randinformationen, die ich schon besaß, möglich sein, den Agentenring zu enttarnen. Ich ahnte noch nicht, daß ich schon wenige Wochen später die Möglichkeit haben würde, mein Wissen an den BND gelangen zu lassen.

Bertag saß mit saurem Gesicht im Hotelzimmer, als ich wieder zurückkehrte. Er gestand mir eine fehlgeschlagene Werbung. Der Mann wolle nicht: »Er hat einfach Angst. Was sich heutzutage alles als Sympathisant der Kommunistischen Weltbewegung ausgibt! Die Leute studieren Marx gründlicher, als wir das jemals tun können. Sie entwickeln revolutionäre Ideen noch und noch. Aber wenn es darauf ankommt, etwas zu tun, kneifen sie.« Welche Art Kontakt auch immer der Österreicher zur Wiener Residentur haben mochte — er hatte sich nicht vom MfS einfangen und anwerben lassen.

Am späten Nachmittag fuhr ich zum Flughafen, um »Fellow«

abzuholen. Wir hatten zwar das Foyer des Hotels »Astoria« als Treffort vereinbart, aber ich wollte dem Professor eine Freude machen. Ich stand auf der Aussichtsterrasse, als die Lufthansa-Maschine aus Frankfurt landete und zur Parkposition rollte. Der schlanke und hochgewachsene Mann erschien in der Flugzeugtür. Ich wartete, bis er die Kontrollprozedur durchlaufen und das Flughafengebäude verlassen hatte, denn ich wollte ihn nicht sofort ansprechen. Erst als er nach einiger Zeit ein Taxi heranwinkte, fuhr ich vor und ließ ihn einsteigen. Den Abend verbrachten wir bei gebackenem Zander, Wein Zigeunermusik und unseren operativen Problemen auf der Zitadelle, die, auf dem hellen Kalkfelsen des Gellertberges gebaut, den flachen Teil der Stadt am anderen Donau-Ufer weit überragt.

Die Gelegenheit und die Stimmung waren günstig, um »Fellow« für ein größeres Informationsprojekt zu erwärmen. Er hatte zwar auch zu diesem Treff einen vollen Aktenkoffer mitgebracht, der unter anderem den internen Jahresbericht der Kernforschungsanlage Jülich enthielt, doch mir schwebte eine Operation in anderen Dimensionen vor. Ausgangspunkt war wieder einmal, wie so oft, die notleidende DDR-Industrie. Diesmal ging es schlicht und einfach um Filme. Die einst weltweit bekannten und marktbeherrschenden Agfa-Werke in Wolfen waren in den letzten Jahren unter der volkseigenen Regie qualitätsmäßig immer mehr ins Hintertreffen geraten. Seit die Produkte nach einem verlorenen Prozeß gegen die im Westen mit dem alten Glanz neu entstandenen Agfa-Werke auch noch einen DDR-Markennamen führen mußten, verschlechterten sich die Exportchancen noch weiter — und das nicht etwa aus politischen oder machtstrategischen Gründen, sondern einfach wegen der miserablen Qualität. Ich wußte, daß »Fellow« auf diesem Gebiet über beachtliche Erfahrungen und, sehr erwünscht für uns, zahlreiche Industriekontakte in dieser Branche verfügte. Anhand eines »Wunschzettels«, der von den Verantwortlichen für Forschung und Entwicklung in Wolfen zusammengestellt worden war, erläuterte ich »Fellow«, in wie mannigfaltiger Weise er helfen könne. Die Gelatine, der Träger des Fotomaterials, sei das Hauptproblem, erklärte ich ihm und verlor mich in Einzelheiten. Zum Schluß offerierte ich ihm als Gegenleistung für entsprechende Informationslieferungen eine hohe Summe als untere Grenze dessen, was für ihn bei dieser Sache herausspringen würde. »Fellow« hörte interessiert zu; Geld hatte für ihn eben doch eine magische Anziehungskraft.

»Natürlich, mein lieber Schilling, habe ich die Verbindungen,« entgegnete er. »Wenn das Problem für die DDR wirklich so dringend ist, will ich sehen, was ich tun kann. Zum Beispiel bin ich von Kodak in Amerika zu einem Vortrag eingeladen worden. Dort könnte ich schon ansetzen. Sie wissen ja, daß ich das Ganze nicht für Geld mache, sondern um meinem deutschen Vaterland zu dienen. Wir Deutsche in Ost und West müssen zusammenhalten — gleich, ob wir uns kapitalistisch oder sozialistisch nennen.« Aus Bequemlichkeit stimmte ich ihm zu. Was sollte ich mit diesem Mann von so wundersamer politischer Konzeption noch streiten, die weder meiner offiziellen noch meiner inneren Einstellung entsprach. Der geschäftliche Teil des Treffs war damit schon erledigt; einen »gemütlichen« arrangierte ich noch für den nächsten Tag. »Fellow« wollte und sollte ja noch etwas »erleben«, und ich selbst genoß Budapest immer wieder in vollen Zügen, galt doch Ungarn nicht zu Unrecht bei uns als »die fröhlichste Baracke im sozialistischen Lager«.

Face-en-Face mit dem BND

1

Einige Wochen später — Ende April 1976 — kam ich endlich in Verbindung mit dem BND. Es trat ein, was ich schon seit dem Treffen mit Küsters Freund in Leipzig, noch vor meiner Einstellung beim MfS, als eventuelle Möglichkeit erwogen und oft herbeigewünscht, manchmal auch wieder verworfen oder von irgend einer späteren Situation abhängig gemacht hatte. Seit mehr als anderthalb Jahren hatte ich mich bereits fest dafür entschieden, meinen Diensteifer im MfS eines Tages für die »andere Seite« nutzbar zu machen. Trotzdem fiel es mir doch nicht so leicht, das nunmehr viel größer gewordene Risiko der Entdeckung und das dann sichere Todesurteil einzukalkulieren. Die Täuschung meiner Umgebung gewann eine neue Qualität. Das »echte« Doppelleben, das mir nun bevorstand, würde mich vielleicht für immer psychisch zeichnen. Vom Tage der Entscheidung an würde ich mit der Angst, der Ungewißheit und mit dem Gedanken leben müssen, daß man mir möglicherweise auf der Spur sei. Ich ahnte, daß daraus ein Syndrom übersteigerten Argwohns erwachsen würde — die Empfindung, daß an jeder Ecke und hinter jedem Baum eine Gefahr lauert, die Wahrnehmung aller Ereignisse nur mehr unter dem einen Gesichtspunkt: Bin ich noch unentdeckt? Obwohl ich mich schließlich auch an diese Lebensweise gewöhnte, war mir fortan immer klar, daß ich sie nur eine begrenzte Zeit durchhalten könnte und die nervliche Belastung irgendwann nicht mehr würde tragen können.

Ich hatte mich auch für die weitere Perspektive zu entscheiden, meinen nunmehr ungemein gefährlich gewordenen Posten über kurz oder lang zu verlassen und mich in den sicheren Westen zurückzuziehen. Was aber bedeutete dabei schon »sicherer« Westen? Präzedenz-Fälle, über die in Kollegenkreisen hinter vorgehaltener Hand geflüstert wurde, hatten bewiesen, daß das Rachebedürfnis der Herrschenden im Osten unermeßlich ist. Sie können keine Niederlage des Systems ertragen. Deshalb jagen sie die »Abtrünnigen« auch dann noch, wenn sie ihrem unmittelbaren Zugriff entkommen sind. Mein Leben würde nie das eines normalen Bürgers sein können. Das alles wußte ich und habe es bei meiner Entscheidung in Rechnung gestellt. Trotzdem muß ich mir heute eingestehen, daß ich die Probleme, welche auf mich zukommen sollten, noch unterschätzt habe. Der Preis, den ich für alles zahlen mußte, war sehr hoch, und manches kann auch die Zeit nicht heilen.

Ich muß es mir hier versagen, in allen Einzelheiten darzustellen, wie die endgültige Verbindung mit dem BND zustandekam. Ich würde damit immer noch die Sicherheit beteiligter Personen aufs Spiel setzen sowie Methoden preisgeben und für die Zukunft unbrauchbar machen, die sich noch weiter bewähren können. Die andere Seite ging, wenn auch in recht genauer Kenntnis der MfS-eigenen Abwehrmaßnahmen ein höheres Risiko ein, als es mir zugemutet worden ist, wie ich mir nach meinem Übertritt zusammenreimte. Das »Totem« hat beim ersten Signalaustausch eine Rolle gespielt und den Weg für die ersten Botschaften »von drüben« an mich ermöglicht. Doch bestand damit für keine Seite schon volles wechselseitiges Vertrauen. Noch immer mußte ich eine besonders raffinierte Falle des MfS — gegebenenfalls schon seit den Gesprächen von Leipzig vor vier Jahren — für möglich halten, und der BND seinerseits durfte sich fragen, ob ich noch derselbe war wie damals, das heißt dieselben Anschauungen vertrat wie seinerzeit gegenüber Küster und seinem Freund, oder jetzt vielleicht ein Doppelspiel im Auftrag des MfS betrieb. Beide Seiten mußten zunächst mit dieser Ungewißheit leben, was natürlich in erster Linie meine Nerven strapazierte.

Für mich traten jedoch noch weitere Unsicherheitsmomente hinzu. Selbst wenn alles wirklich mit rechten Dingen zuging, konnte mir niemand garantieren, daß es innerhalb des BND nicht noch einen »Maulwurf« gab. Ich hatte Indizien dafür, daß die Zentrale »sauber« war, kannte aber natürlich Struktur und Organisation des BND zu wenig, um ganz sicher zu sein, daß nicht an anderer Stelle dort das MfS präsent war. Und wie funktionierte eine Zusammenarbeit des BND mit dem Verfassungsschutz? Gab es vielleicht dort eine »undichte Stelle« in östlicher Richtung, die mir gefährlich werden könnte? Wie ich aus verschiedenen Gesprächen im MfS wußte, war ihm seinerzeit schon vor der Verhaftung Günter Guillaumes eine Warnung zugegangen; und Guillaume war vom BfV enttarnt und zur Strecke gebracht worden. Genau so konnte jetzt nach Ostberlin durchsickern, daß es bei der HVA einen Informanten des BND gab. Die in diesem Falle einsetzende penible Such- und Überprüfungsaktion konnte für mich schon das »Aus« bedeuten.

Aber auch die Unsicherheit auf der anderen Seite — beim BND — mußte zunächst eine zusätzliche Gefahr für mich bedeuten. Da Pullach bis zum vollen Beweis des Gegenteils immer eine Operation des MfS in Rechnung zu stellen hatte, würde zunächst uneingeschränkt die eigene Sicherheit und die seiner Leute Vorrang haben. Noch gab es keine Gelegenheit, miteinander zu reden und die gegenseitigen Zweifel auszuräumen. Dies aber mußte das erste Ziel für beide Seiten sein. Erst danach ließ sich eine eigentliche Zusammenarbeit vereinbaren.

2

Die erste Nachricht, die ich aus München erhalten hatte, bestand aus der genauen Lagebeschreibung eines toten Briefkastens in meiner Nähe. Man teilte mir mit, dort werde ich alles vorerst Notwendige finden. Ich hatte zwar meine Entscheidung grundsätzlich getroffen; mit der Annahme des Inhalts im toten Briefkasten aber würde der Tatbestand des Verrats praktisch erfüllt sein. Ich begann erneut, die Gefahren zu analysieren, die mich bedrohten. Das Versteck konnte durch einen dummen Zufall schon entdeckt worden sein. Denn entweder mußte ein Mitarbeiter des BND die

Grenze überquert, die Ablage eingerichtet und belegt haben — oder der BND hatte, was wahrscheinlicher war, einen in der DDR ansässigen Mitarbeiter für diese Tätigkeit eingesetzt. Dabei konnte irgendetwas schiefgelaufen sein. Infolgedessen konnte ich nicht ausschließen, daß die Umgebung des toten Briefkastens observiert wurde.

Meine Sicherheit hing jetzt also nicht mehr nur von mir selbst ab, sondern noch von anderen Faktoren, die ich nicht beeinflussen konnte. Erst jetzt wurde mir das so recht bewußt. Es ist ein Unterschied, ob man selbst etwas Riskantes tut, oder ob man sich dabei auf — überdies unbekannte — Dritte verlassen muß. Doch ich schob diese Überlegung beiseite. Ich mußte meinen Partnern vertrauen, sonst gäbe es keinen Fortgang der Verbindung. Außerdem begann mich — neben meinem Ziel, für die andere Seite und fortan ganz bewußt gegen das SED-Regime zu arbeiten und ungeachtet der Todesgefahr, in die ich mich jetzt begab — das neuartige Abenteuer eines »Doppelagenten« zu reizen. Ich wollte das verhaßte System herausfordern und, wenn möglich, in meinem freilich begrenzten Rahmen, Sieger bleiben. Wenn ich mich so verhielt, wie ich es als Nachrichtenoffizier gelernt hatte und dabei mein Wissen über das MfS nutzte, standen meine Chancen nicht schlecht. Aber ich wußte auch, welche unheilvolle Rolle häufig der Zufall spielt, und auf dem Gebiet der inneren Sicherheit im MfS war mein Wissen, wie übrigens das Wissen aller nicht damit befaßter Mitarbeiter, lückenhaft. Wie war sie organisiert, mit welchen Methoden arbeitet sie, wie häufig und mit welcher Gründlichkeit wird jeder einzelne auf seine Zuverlässigkeit überprüft? Diese Fragen gingen in mir um, ohne daß ich Antworten darauf fand. Es hieß zwar »unter der Hand« — und ich hatte einige Beweise dafür —, daß es eine »Abteilung XXI« gebe, die sich ausschließlich mit unserem inneren Apparat beschäftige und für die dienstinterne Abwehr zuständig sei, aber mehr war mir nicht bekannt.

Der Ort für den toten Briefkasten war geschickt gewählt. Am nächsten Tag ging ich in den Stadtpark Friedrichshain. Die Anweisung aus Pullach führte mich auf die Spitze des dort nach dem Krieg angelegten Trümmerberges, von den Berlinern »Mont

Klamott« genannt. Eine Steinmauer begrenzte die Aussichtsplattform, von der aus man gut zu den Hochhäusern des Alexanderplatzes hinübersehen konnte. Ich blickte mich noch einmal kontrollierend um, entdeckte aber weit und breit niemanden. Dann löste ich den beschriebenen Stein und fand darunter das wasserdicht verschlossene Päckchen. Die Tarnung war gut gemacht. Ich schob den Stein in seine alte Lage zurück und fuhr in meine konspirative Wohnung. Dort öffnete ich das Behältnis. Es enthielt mehrere eng beschriebene Plastikfolien, ferner einige harmlose Brieftexte an einen Onkel in Hamburg und schließlich ein einfaches weißes Blatt. Ich nahm mir die Folien mit den Mitteilungen vor.

Die erste Seite steckte, neben einem Willkommensgruß an mich als neuen Informanten, den Rahmen für die Zusammenarbeit in der folgenden Zeit ab. Klar und deutlich gab die Botschaft zu erkennen, daß die BND-Zentrale meiner noch nicht sicher war. Die nächsten zwei Seiten enthielten einen geschickt formulierten Katalog mit mehreren umfassenden Hauptfragen, in Unterfragen aufgeschlüsselt, wobei nur letztere — und zwar einfach mit Ja oder Nein — beantwortet zu werden brauchten. Die Fragen verrieten nicht, wieviel die Verfasser über das MfS wußten, zwangen aber zu klaren Stellungnahmen, die Kenntnis von HVA-Interna voraussetzten. Auf der vierten Seite war die Handhabung des weißen Blattes beschrieben. Es handelte sich um ein mit Geheimschreibmittel imprägniertes Papier. Ich hatte damit keine Schwierigkeiten, denn ähnliche Verfahren kannte ich aus der eigenen Praxis, nur schien dieses weitaus perfekter zu sein. Schließlich war eine Deckadresse angegeben, auf die auch die beigefügten Onkel-Briefe zugeschnitten und als Tarntexte zu verwenden waren.

Ich legte das Blatt mit dem Geheimschreibmittel auf einen der »Onkel«-Briefe und darüber einen anderen Bogen Briefpapier. Darauf »malte« ich eine Reihe von Kreuzen und Kreisen, so daß sie zwischen die Zeilen des Tarntextes kamen. Die Zeichen bedeuteten jeweils ein Ja oder ein Nein zu den vorgelegten Fragen. Das oberste Blatt verbrannte ich; das mit dem Geheimschreibmittel imprägnierte Zwischenblatt verwahrte ich sorgfältig in meinem Versteck über der Küchendecke. Den Brief steckte ich in ein

Kuvert, jedoch erst, nachdem ich über mögliche Fingerabdrücke gewischt hatte. Als Absender wählte ich eine Adresse aus dem Telefonbuch, achtete jedoch darauf, daß es sich nicht um eine Gegend handelte, für die beim MfS ein sogenanntes »höheres Sicherheitsbedürfnis« bestand, etwa wegen einer nahegelegenen MfS-Dienststelle, etwa einer Residentur oder einer militärischen Einrichtung. So würde die Wahrscheinlichkeit, daß der Brief routinemäßig geöffnet wurde, geringer sein. Ich warf den frankierten Brief vorsichtshalber am Postamt in der Eberswalder Straße, Prenzlauer Berg, in den Kasten. Von dort aus, das wußte ich, gingen die Sendungen nach dem Westen direkt ab. Danach blieb mir nichts anderes übrig, als auf die Reaktion aus Pullach zu warten. Um meinen neuen Partnern möglichst noch mehr zu bieten, als ich auf normalem Wege erfahren konnte, begann ich, mich im Lesen auf dem Kopf stehender Texte zu üben. In der HVA, wie auch im gesamten MfS galt der strikte Grundsatz der Abschottung. Niemand durfte mehr wissen, als er zur Erfüllung seines Auftrages unbedingt wissen mußte. Den Kollegen im Referat oder in anderen Diensteinheiten hatte es nicht zu interessieren, welche Agenten man führte. Nur die Vorgesetzten in »direkter Linie« aufwärts durften Einblick in die Akten nehmen. Natürlich tauschten einzelne Mitarbeiter gelegentlich mehr oder weniger vertrauliche Dinge aus und erzählten Randerlebnisse. Doch mit dem Verbot, Informationen über die Agenten selbst vorsätzlich oder fahrlässig weiterzugeben, nahm es jeder sehr genau. Es war indessen unvermeidlich, daß die Kollegen bei der Arbeit die Akten ihrer Agenten offen auf ihren Schreibtischen ausbreiteten oder daß ein Vorgesetzter Papiere vor sich liegen hatte, wenn einer seiner Mitarbeiter ihn sprechen wollte. Dank meiner Übungen sowie meines überdurchschnittlich guten Sehvermögens war ich bald in der Lage, Schriftsätze, die auf Schreibtischen anderer Mitarbeiter mit dem Kopf zu mir lagen, genauso rasch zu lesen wie »richtig herum« liegende Papiere. Bald konnte ich mein Versteck in der konspirativen Wohnung mit Informationen anreichern, die ich durch das so ermöglichte Mitlesen fremder Akten erlangt hatte.

Eine erfolgreiche Probe dieser Fähigkeit machte ich bei Werner Heintze, der uns bald verlassen sollte. Ich suchte ihn in seinem

Zimmer auf, um mit ihm die Vorbereitung einer Parteiversammlung zu diskutieren, auf der er das Referat halten sollte. Mein Kollege hatte eine Agenten-Mappe vor sich liegen, und zwar war ein »Verbindungsplan« aufgeschlagen — also handelte es sich um einen Westagenten. Ich begann mit meinem Parteithema, behielt aber dabei die Akte möglichst unauffällig im Auge. Als Heintze umblätterte, erkannte ich den Klarnamen des Agenten: Reiner Fülle. Ich las auch, wo der Mann beschäftigt war, bei der Wiederaufbereitungsanlage im Kernforschungszentrum Karlsruhe, das heißt in dem Objekt, das Christian mir mit der Behauptung übergeben hatte, wir hätten noch keinen Agenten dort. Er hatte mich also getäuscht. Heintze klappte die Akte zu, und ich bekam so auch noch den auf dem Mappenrücken vermerkten Decknamen »Klaus« sowie die Vorgangs-Nummer . . ./64 mit. Das bedeutete also, daß der Mann mindestens seit 1964 im Dienste des MfS stand.

Nachdem wir den Ablauf der Parteiversammlung erörtert hatten, schnitt ich Heintzes bevorstehenden Weggang an, der schon kein Geheimnis mehr im Referat war und fragte ihn, wer alle seine Westleute erben würde. Er erwiderte, darüber sei noch nicht entschieden: »Aber wahrscheinlich kriegst du sogar den Mann hier, er ist in deinem Objekt.« Dabei wies der Kollege auf die vor ihm liegende Akte, ohne weitere Angaben zur Person zu machen. Doch war ich durch seine Andeutung nun sicher, daß ich richtig entziffert hatte. Ungeachtet der Aussicht, den Agenten bald überstellt zu bekommen, war mir die Kenntnis seines Klarnamens schon jetzt sehr dienlich. Um zu beweisen, daß ich nicht von meinen Vorgesetzten gesteuert wurde und es mit der Zusammenarbeit ehrlich meinte, hatte ich dem BND wohl nächstens die Identität wenigstens eines Agenten preiszugeben, nicht jedoch, so überlegte ich mir, die eines von mir selbst geführten Mannes. Ich wußte ja noch nicht, wie man in Pullach reagieren würde. Möglicherweise nahm man den Mann gegen alle Vernunft sogleich fest und brachte mich, wenn es einer meiner Leute war, damit in größte Gefahr. Noch am gleichen Abend deponierte ich also einen Zettel mit dem Vermerk »Rainer Fülle, ›Klaus‹, Vorgangsnummer . . ./64 WAK Karlsruhe« in der Küchendecke der konspirativen Wohnung.

3

Es wurde Mai. Ich wartete auf Nachricht von meinen neuen Auftraggebern und versah dabei meinen Dienst, so gut ich konnte, als ein weiterer Schatten über meiner Ehe aufzog. Meine Frau war zu einer vierwöchigen Kur nach Bad Elster gefahren, und ich nutzte eine Dienstreise, um sie dort zu besuchen. Ich hatte mich nicht angekündigt und wollte sie überraschen, erlebte aber selbst eine Überraschung. Zufällig lief sie mir über den Weg, sah mich aber gar nicht – sie war allzu intensiv mit ihrem Begleiter, einem mir fremden Mann, beschäftigt. Ich begnügte mich mit dem Augenschein; die bei solchen Anlässen übliche dramatische Szene ersparte ich uns nicht zuletzt deswegen, weil ich familiäre Turbulenzen in der kritischen Phase, die ich jetzt im Dienst durchlief, ganz und gar nicht gebrauchen konnte. Auf Ehekonflikte reagieren die Vorgesetzten im MfS in der Regel sehr unangenehm und suchen peinlich genau nach den Gründen.

Ende des Monats übermittelte mir der BND die nächste Beschreibung eines toten Briefkastens, natürlich nicht am gleichen Ort wie der erste. Pullach rechnete nach wie vor mit der Möglichkeit eines Doppelspiels oder einfach damit, daß die letzte Ablage vom MfS entdeckt worden war und observiert würde. Deshalb wollten sie es nicht riskieren, zum zweitenmal einen Kurier an dieselbe Stelle zu schicken. Mit schon deutlich weniger Herzklopfen als beim Aufsuchen des ersten »Fundorts« machte ich mich auf den Weg. Diesmal führte mich die Instruktion in den Plänterwald am Spree-Ufer. Die Sendung war auf pfiffige Weise deponiert worden. Die Leute von der anderen Seite schienen ihr Handwerk zu verstehen. Nichts beruhigte mich in dieser Phase so sehr wie die Überzeugung, es mit wirklichen Fachleuten zu tun zu haben, die kein unnötiges Risiko eingingen.

In der Sendung wurde der Empfang meines unversehrten Briefes bestätigt. Daran schloß sich ein neuer Fragenkatalog an, der jedoch schon längere Antworten erforderte. Außerdem ermunterte man mich – oder sollte ich sagen, man bat mich –, die Personalien aller mir bekannten Westagenten preiszugeben. Man versicherte mir, es werde in keinem Fall zu einem Zugriff kommen, solange meine Sicherheit davon abhänge. Die Offenbarung sei aber für die Entwicklung des gegenseitigen Vertrauens und die Gestaltung einer effektiven Zusammenarbeit unerläßlich. Um das Risiko beim Informationsweg per Brief an die Deckadresse weiter zu verringern, sollte ich nicht nur das bereits übersandte Geheimschriftmittel verwenden, sondern den Text auch verschlüsseln. Chiffrierunterlagen nebst einer langen Gebrauchsanweisung lagen bei. Letztere war überflüssig. Ich kannte das System aus der eigenen Arbeit im MfS.

In meiner konspirativen Wohnung braute ich mir einen starken Kaffee und überlegte, ob ich tatsächlich die Namen aller meiner Leute preisgeben sollte. Gewiß, ich vertraute der Zusicherung, man werde vorerst nichts gegen sie unternehmen, um mich nicht zu gefährden. Doch wie lange würde sich der BND weiter zurückhalten, falls meine Verbindung nach Pullach einmal abreißen sollte? Ich konnte zum Beispiel krank werden und daran gehindert sein, Pullach ein Lebenszeichen zu geben. Dann würde man dort womöglich unterstellen, ich sei im MfS enttarnt worden und folglich unverzüglich alle meine West-IM ausheben. Eine plausible Erklärung gegenüber meinen Vorgesetzten, wieso auf einen Schlag alle meine Leute im Gefängnis saßen, würde mir weder einfallen noch abgenommen werden. Mit der Preisgabe meiner Agenten würde ich mich dem BND also bedingungslos ausliefern. Aber blieb mir überhaupt ein anderer Weg, wenn ich meinen Plan durchführen wollte? Ohne hohen Einsatz ging es nicht. Es war sicher richtiger, so sagte ich mir, sofort volles Vertrauen zu investieren, um die Phase der gegenseitigen mißtrauischen Zurückhaltung so schnell wie möglich zu überwinden.

Nachdem ich mich so entschieden hatte, wurde mir leichter. Nun machte mir nur die Übermittlungstechnik noch einige Sorgen. Bei dem von Pullach angewandten System handelte es sich um die sogenannte Doppelverschlüsselung. Das Verfahren war aufwendig und erforderte absolut fehlerfreie Arbeit. Jeder Fehler würde den nachfolgenden Text unleserlich machen. Dafür hatte es den Vorteil, daß es ohne Kenntnis der Codegruppen nicht geknackt werden konnte. Vorbei sind die Zeiten, in denen man nach einem Buch verschlüsselte. Längst gibt es kein für einen ganzen

Nachrichtendienst einheitliches System mehr. Jeder Agent arbeitet nach seinen eigenen Chiffrierzahlen, die nach einem Gebrauch sofort vernichtet werden. Im Laufe der Zeit würde ich bei der mehrstufigen Umsetzung von Buchstaben in Zahlen eine gewisse Schnelligkeit entwickeln, tröstete ich mich, doch an diesem Abend benötigte ich noch mehr als drei Stunden.

Hinzu kam natürlich wieder die Übertragung mit dem Zwischenblatt auf einen der von Pullach gelieferten Tarnbriefe — diesmal an eine angebliche Großmutter in Hannover. Die vom BND vorgefertigten Tarntexte boten zwar absolute Sicherheit für mich als Absender, was einen eventuellen Schriftbild-Vergleich betraf, aber der Text selbst mußte die gut geschulten Leute von der Abteilung M — der Postkontrolle des MfS —, denen der Brief bei einer Routine-Kontrolle in die Hände fallen konnte, nicht unbedingt überzeugen. Bei einem Verdacht, daß mit dem Text irgendetwas nicht stimmte, folgte mit Sicherheit eine gründliche Laboranalyse des Papiers und möglicherweise auch die Entdeckung der Geheimschrift. Dann hätte man zwar nur Zahlenreihen gefunden, die nicht zu entziffern waren, aber es wäre dann doch klar gewesen, daß ein Geheimtext über die Grenze gehen sollte; außerdem würde ein erwarteter, aber ausbleibender Brief in dieser Phase beim BND Verunsicherung bewirken.

Mein Geheimtext enthielt nicht nur die Klarnamen und einige zusätzliche Informationen zu allen MfS-Agenten im Westen, die mir zu diesem Zeitpunkt bekannt waren: den Atomphysiker Dobbertin alias »Sperber« in Paris, den selbständigen Unternehmer Arnold alias »Sturm« in München/Hannover, den Professor Hauffe alias »Fellow«, den Siemens-Ingenieur Senger alias »Hauser«. Ich führte auch Reiner Fülle, den Agenten meines Kollegen Heintze im Kernforschungszentrum Karlsruhe, an. Bei diesem, schrieb ich dazu, handele es sich nicht um einen meiner Leute. Dennoch bat ich ausdrücklich darum, auch ihn vorläufig möglichst ungeschoren zu lassen. Obwohl seine Verhaftung nicht direkt Verdacht gegen mich erzeugt hätte — offiziell wußte ich ja (noch) nichts von ihm —, würde sie doch zu rigorosen internen Untersuchungen im MfS führen, die auch mich in erhöhte Gefahr bringen könnten. Sollte der BND dennoch nicht darauf verzichten wollen, meine Angaben zu testen — so räumte ich ein —, dann wäre am ehesten doch bei Fülle anzusetzen. Den fertigen Brief versah ich erneut mit einem Absender aus dem Telefonbuch, schickte ihn ab und ging dann wieder meiner gewohnten Tätigkeit nach.

»Meine« West-Agenten, die ich führte, nahmen schon einen guten Teil meiner Arbeitszeit in Anspruch. Dazu kamen noch die Kontakte und Hinweise, die ich mit dem Ziel einer Anwerbung bearbeitete, und die rund 30 »IM« in der DDR, die auch betreut sein wollten. Jeden Monat schickte ich mindestens drei Leute zu Instrukteur- und Aufklärungsreisen in den Westen. Diese Operationen mußten gründlich vorbereitet und ausgewertet werden. Daneben hatte ich noch eine Menge bürokratischer Dinge zu erledigen. Seit der Anwerbung »Fellows«, die mir als großer Erfolg angerechnet wurde, zogen mich Christian und auch der Abteilungsleiter Jauck häufiger zu grundlegenden konzeptionellen Beratungen heran. Das verhalf mir zwar zu vielen interessanten Erkenntnissen, für die ich nun unmittelbar den richtigen Abnehmer hatte, belastete mich jedoch zeitlich ungemein. Außerdem mußte ich nun, nachdem die Doppelrolle Realität geworden war, noch mehr Sorgfalt auf meine eigene Sicherheit verwenden. Zunächst beschäftigte mich mein Depot in der »Burg«, in dem ich neben der Materialsammlung neuerdings auch noch die Hilfsmittel aus Pullach versteckt hielt. Zwar wurde diese »KW« nur von mir benutzt, aber gelegentlich kam auch ein Vorgesetzter mit zu meinen dort abgehaltenen Agenten-Treffs und schon ein Fußabdruck auf der Fensterbank, auf die ich steigen mußte, um an die Zwischendecke heranzukommen, konnte ihm auffallen. Bisher hatte ich mir auch gleich am Schreibtisch in der Zentrale kleine Notizen über Dinge gemacht, die ich gesehen oder gehört hatte und für interessant hielt, um sie später in der »Burg« ausführlicher niederzuschreiben Aber selbst solche kleinen Zettel, die ich hinter einer doppelten Wand in meiner Geldbörse zu verbergen pflegte, erschienen mir jetzt als zu gefährlich. Ich mußte mir angewöhnen, außerhalb der konspirativen Wohnung nichts Schriftliches mehr über Informationen festzuhalten, die mich dienstlich nichts angehen durften. Auch bei der von mir bisher verfolgten Praxis, belastendes Material gegen DDR-Bürger zu vernichten, anstatt es der Abwehr auszuliefern, mußte ich vorsichtiger werden. Ich konnte es nicht mehr riskieren, Berichte einfach verschwinden zu lassen, von deren Existenz andere Mitarbeiter wußten. In schwerer wiegenden Fällen allerdings blieb ich meinen Grundsätzen treu.

4

Im Juni bereitete mein Zimmergefährte Peter Bertag eine Westwerbung vor, wie ich aus den Unterhaltungen mit ihm und aus seiner Hochstimmung mitbekam. Das Verhältnis zwischen ihm und mir hatte sich nach unserer Ungarnreise freundschaftlich entwickelt. Ich half ihm, sich im Referat zurechtzufinden, und er war mir dankbar dafür. Es lag auf der Hand, daß gute Beziehungen zu meinem künftigen Referatsleiter für meine eigene Sicherheit wichtig waren. Er führte zwar die wichtigsten Agenten des Sektors unter der direkten Anleitung von Oberst Vogel — nicht einmal Christian hatte ihm dabei hereinzureden —, aber durch eine eigene Westwerbung hatte er sich noch nicht auszeichnen können. Mit seinem engagierten politischen Auftreten hatte er diesen Mangel wettzumachen versucht, aber es sah eben nicht gut aus, wenn ein zukünftiger Referatsleiter selbst noch keine Quelle im Westen beschaffen konnte. Nach und nach hörte ich auch heraus, wen er werben wollte: Es ging um den Sohn einer der Hauptfiguren in der Wiener Residentur. Diesmal war sich Bertag seines Erfolges sicher. Wie er mir anvertraute, hatten die Eltern des jungen Mannes, beide dem MfS in lukrativen Geschäften verbunden, bereits Vorarbeit geleistet und ihren Sprößling mit den guten Perspektiven eines MfS-Mitarbeiters vertraut gemacht. Zur Zeit Medizinstudent an der Wiener Universität, war er außerdem auch schon ideologisch in die Fußstapfen der Eltern getreten und sympathisierte mit dem Kommunismus. Bertag hatte ihn in die DDR eingeladen, um ihn mit den »Errungenschaften« der Republik vertraut zu machen und sodann für das MfS zu gewinnen.

Der Fall interessierte mich natürlich brennend, und meine Exerzitien, um auf dem Kopf stehende Texte lesen zu können, halfen mir erneut. Bertag kam von einer Besprechung bei Oberst Vogel zurück und legte die bestätigte Werbevorlage auf den Tisch. Nur für einen Moment wandte er sich ab. Das genügte mir, um den Namen zu lesen: Wolfgang Wein, Deckname »Prokop«. Damit hatte ich wirklich den Anfang eines Fadens, mit dem die Wiener Residentur aufgespult werden konnte. Es gab also einen gewissen Wein senior in Wien, der kräftig mithalf, den Rückstand des Ostens auf dem strategisch so wichtigen Gebiet der Mikroelektronik abzubauen. Ich spekulierte, daß dieser Mann sogar die Hauptfigur der Residentur sein könnte, und identifizierte ihn mit dem »Prokuristen«. So lautete — wie ich schon mitbekommen hatte — der Deckname des wichtigsten Mannes der Wiener Gruppe. Damit erlag ich freilich einem Irrtum, wie ich erst im Westen erfuhr. Der Mann, der sich hinter dem Decknamen »Prokurist« verbarg, heißt mit Klarnamen Udo Proksch — ein typisches Beispiel übrigens für das Verfahren im MfS, möglichst Decknamen zu wählen, die den Klarnamen ähneln. Die Decknamen meiner Agenten sind die Ausnahmen, die die Regel bestätigen. Dank dieser Praxis konnten nach meinem Übertritt einige weitere Agenten, von denen ich nur die Decknamen nach einigen Ratespielen und Kombinationen kannte, identifiziert und ausgehoben werden.

Die Informationen über den Wiener Spionagering behielt ich vorläufig für mich, weil ich glaubte, diese aus Gründen meiner eigenen Sicherheit bis auf weiteres noch nicht an den BND weitergeben zu können. Die Wiener Residentur war so hochkarätig, für den Osten so wichtig und für den Westen wirtschaftlich wie militärisch so schädlich, daß ich befürchten mußte, man würde dort zu dem Entschluß kommen, die Arbeit der Gruppe ohne Rücksicht auf die möglichen Folgen für mich unverzüglich zu beenden. Wie mir später in Pullach versichert wurde, war meine Besorgnis allerdings unbegründet. Die Sicherheit meiner Person hatte dort schon absoluten Vorrang bekommen, nachdem man zu der Überzeugung gelangt war, daß ich nicht von der HVA gesteuert wurde.

Im Frühsommer des Jahres 1976 kam die HVA in große Turbulenz. Es trat ein, was der Genosse Markus Wolf und seine Abteilungsleiter schon seit einiger Zeit in Alpträumen befürchtet haben mochten: Die Abteilung Spionageabwehr im Kölner Bundesamt für Verfassungsschutz machte einen gewaltigen Fang. Mehr als 30 MfS-Agenten flogen auf, unter ihnen auch das im Verteidigungsministerium spionierende Quartett der Ehepaare Lutze-Wiegel. Die Abwehrexperten im BfV waren der Standardmethode des MfS auf die Spur gekommen, Agenten aus der DDR als »zurückkehrende Auswanderer« in die BRD zu übersiedeln. Nach der Aufdeckung einiger Einzelfälle hatte man in Köln mit Hilfe von Computern nach einem Rasterverfahren die Fälle solcher angeblicher Rückkehrer überprüft und war fündig geworden. »Aktion Anmeldung« nannte man im BfV die Verhaftungswelle, weil der kritische Punkt in der polizeilichen Anmeldung der vorgeblich aus Australien, Kanada oder anderen Ländern wiedergekehrten Personen lag. Die Bezeichnung »Aktion Anmeldung« wurde auch in der HVA übernommen und die Operation als ganz schwarzes Kapitel der DDR-Spionage verbucht. Der Schaden für die DDR-Spionage war in der Tat immens. Neben den 30 Verhafteten fielen weitere 120 Agenten aus, die nach derselben Methode vor einigen Jahren in der Bundesrepublik untergetaucht waren und inzwischen erfolgreich als Quellen oder Residenten arbeiteten. Sie wurden sämtlich Hals über Kopf in die DDR zurückbeordert, denn die Verantwortlichen im MfS sahen es nur als eine Frage der Zeit an, bis ihr Gegenspieler Hellenbroich, der damalige Leiter der Spionageabwehr im BfV, und seine Leute auch den übrigen auf die Schliche kommen würden.

Dieser Rückschlag zeitigte nun negative Auswirkungen. Hatte sich die Verhaftung des Kanzlerreferenten Guillaume noch positiv auf die psychologische Verfassung der MfS-Agenten im Westen ausgewirkt, so trat nun das Gegenteil ein. Viele schalteten sich selbst ab, weil sie das Vertrauen in den DDR-Nachrichtendienst verloren hatten. Fest geplante Werbungen gingen in die Brüche, selbst längst bewährte Leute stellten peinliche Fragen. Auch mein Referat mußte seinen Tribut entrichten. Meinen Kollegen Olaf Junghanns traf es besonders hart. Buchstäblich über Nacht hatte er zwei Agenten-Ehepaare zurückbeordert. Dabei waren ein Mann mit dem Decknamen »Schuster« und seine Frau Susi — die Klarnamen sind mir nicht bekannt geworden — noch kein großer Verlust. Sie hatten schlecht gearbeitet und sich eher dem angenehmen Leben drüben als ihrem Auftrag gewidmet. »Armin« und »Beate« aber wogen schwer. Es handelte sich um den Residenten, an den vor zehn Jahren »Sperber« vorübergehend angeschlossen war, und seine Frau. Beide hatten sich ausgezeichnet bewährt, er als Agentenbetreuer, die Frau — Sekretärin bei der Firma Olivetti — als Quelle.

Auch ich blieb schließlich von dem allgemeinen Tief in der DDR-Spionage nicht verschont: »Fellow« kam zwar im Juli zum Treff nach Ostberlin, doch er war derartig verunsichert, daß ich mir Sorgen um ihn machte. Er begann, das MfS scharf zu kritisieren: »Herr Schilling, eines der wichtigsten Güter eines Nachrichtendienstes ist ein unbefleckter Ruf an Umsicht. Diesen Ruf hatte ihr Haus bisher; jetzt scheint er verlorengegangen zu sein. Wie leichtfertig müssen Sie denn mit all' den Leuten umgegangen sein, daß sie jetzt entdeckt werden konnten? Darf ich vielleicht auch mit meiner baldigen Festnahme rechnen?« fragte er sarkastisch. Ich erklärte ihm den spezifischen Hintergrund der Verhaftungen, der für ihn ja nicht zutraf. Doch ganz konnte ich seine Besorgnis nicht ausräumen. Auf unser großes Projekt zum Nutzen der ehemaligen Agfa-Werke in Wolfen wollte er überhaupt nicht näher eingehen. Statt dessen fragte er mich wie beiläufig während des Gespräches, ob ich einen Dr. Markianow kenne. Ich entgegnete: »Wer ist das?« — »Ach, nur ein mir bekannter sowjetischer Wissenschaftler«, gab Professor Hauffe zurück, als wäre es eben nur eine Nebenfrage ohne besondere Bedeutung gewesen. Ich wußte nichts von einem Russen dieses Namens und maß der Sache auch keine weitere Bedeutung bei — warum sollte der Professor nicht seine wissenschaftlichen Kontakte im Osten haben. Umso besser konnten künftige Treffreisen legendiert werden. Ich ahnte damals nicht, was mir »Fellow« soeben verraten hatte. Erst nach seiner Verhaftung kam etwas Licht in die Zusammenhänge.

»Fellow« hatte diesmal zwar wieder Informationen mitgebracht, aber ihr Wert lag deutlich unter dem gewohnten Niveau. Ich hatte

2500 DM für ihn mitgebracht, behielt sie jedoch bewußt in der Hand: »In Anbetracht der geringen Ausbeute werden Sie verstehen, Herr Professor, daß ich nicht die volle Summe, die ich mir eigentlich gedacht hatte, auszahlen kann.« Doch ich unterschätzte seine Geldgier noch immer. Mit der Bemerkung: »Wenn Sie es schon einmal da haben, können Sie es mir ruhig geben«, riß er mir die Scheine blitzschnell aus der Hand. Ich fügte mich achselzuckend und machte mit ihm, seinem Anliegen entsprechend andere östliche Länder kennenzulernen, den nächsten Treff in Krakau aus.

Ich wurde allerdings ein Gefühl der Unsicherheit in bezug auf »Fellow« nicht los, und als ich zwei Monate später im Dienstwagen mit Fahrer Dieter nach Krakau aufbrach, befielen mich ungute Vorahnungen. Die äußeren Umstände der Fahrt taten ein übriges. Wir verließen Berlin an einem trüben und regnerischen Tag. In Forst überquerten wir die Grenze nach Polen und durchquerten anschließend Schlesien. Die Anzeichen der Verkommenheit in diesem einst deutschen Gebiet waren nicht zu übersehen. Der Eindruck von Trostlosigkeit änderte sich auch nicht, als wir ins altpolnische Krakau kamen: Neu erbaute Wohnsilos, noch nicht verputzt, aber schon bezogen; verkommene Altbauten, schmutzige Industrieviertel. Nur das wegen seiner Architektur berühmte Zentrum konnte sich sehen lassen. Der Parkwächter vor unserem Hotel, dem besten der Stadt, bot uns sogleich einen illegalen Geldumtausch an; das wiederholte sich bei der Bankangestellten, als ich ganz offiziell wechseln wollte. Bei einem Bummel durch das Einkaufsviertel fanden wir überwiegend leere Regale oder Ladenhüter vor. Ich hatte bald genug und zog mich ins Hotelzimmer zurück. Die schlechte Stimmung fand ihre Krönung am nächsten Tag, als ich vergeblich auf »Fellow« wartete. Schließlich rief ich einen Wissenschaftler der Universität an, den er zur Abdeckung der Reise hatte aufsuchen wollen. Von ihm erfuhr ich, daß Professor Hauffe vor einigen Tagen schriftlich abgesagt hatte. Mißgelaunt traten wir sogleich die Heimreise an. So leicht wollte ich meine Quelle jedoch nicht als Verlust am Rande der »Aktion Anmeldung« abbuchen. Noch hatte ich keinerlei Zweifel daran, daß es nur die Angst war, die ihn nach der

Verhaftungswelle bewogen hatte, nicht nach Krakau zu kommen. Ich ließ »Fellow« in dessen Institut durch meinen inoffiziellen Mitarbeiter »Sekretär«, dem ich eine Stelle als Privatsekretär bei Professor Rompe verschafft hatte, anrufen. »Fellow« biß jedoch auch auf eine neue Einladung nicht an; immerhin ließ er Grüße an »Schilling« ausrichten. Spätere weitere Anrufe führten zum gleichen negativen Ergebnis.

Erst im Spätsommer 1977 sagte »Fellow« wieder eine Einreise zu und kam auch zum Treff. Er versicherte mir, er habe seinen Schreck überwunden und sei nun ganz der alte; wir könnten daher unsere großen Projekte wieder in Angriff nehmen. Ich war damit zufrieden. Der Professor war mein großer Werbe-Erfolg gewesen, und für mein Ansehen als fähiger Geheimdienstoffizier mußte ich mir ihn unbedingt erhalten. Doch die Zusammenarbeit mit »Fellow« wurde bis zu dem Tag, an dem ich die DDR verließ, nie wieder so wie am Anfang. Bei allen folgenden Treffs hatte ich das Gefühl, er enthalte mir Material vor, das er hätte liefern können. Ich sah ihn zuletzt im Herbst 1978, als ich schon wußte, daß meine Tage in der DDR gezählt waren. Daher konnte mich auch seine Ankündigung ungerührt lassen, er werde wegen seines vorgerückten Alters und der anbrechenden schlechten Jahreszeit nicht vor Frühjahr zum nächsten Treff kommen.

Am 20. Januar 1979 wurde Professor Hauffe von Beamten des Bundeskriminalamtes in seiner Wohnung verhaftet. Ich war höchst erstaunt über das, was in seinen Vernehmungen aufgedeckt wurde. Seine plötzliche Zurückhaltung mir gegenüber war keinesfalls eine Folge von Angst vor den Spürnasen des BfV gewesen, sondern ganz andere Leute hatten ihm geraten, die Verhaftungswelle von 1976 zum Vorwand für eine Distanzierung vom MfS zu nutzen — nämlich die »Freunde« vom KGB, genauer gesagt Dr. Markianow, dessen Namen »Fellow« kurz beim Treff im Juli 1976 erwähnt hatte. Dieser Markianow war niemand anderer als mein »Konkurrent«, der Führungsoffizier des Professors beim KGB, und »Fellow« seit einiger Zeit schon Doppelagent gewesen. Er hatte zwei Herren gedient, wenn auch aus dem gleichen Lager. Sein nachrichtendienstliches Aufkommen für das MfS war offenbar deshalb »dünner« geworden, weil die »Freunde« entweder besser zahlten oder ältere Rechte geltend machten, wenn nicht beides. Nachdem es mir entgegen allen Erwartungen gelungen war, ihren früheren Agenten wieder für Spionage zu gewinnen, ist auch der KGB wieder an ihn herangetreten.

Der alte KGB-Gefolgsmann Professor Rompe hat sicher dabei geholfen. Sobald der Professor von uns geworben war, dürfte Rompe seinen früheren Genossen in Moskau oder Karlshorst — der KGB-Zentrale in der DDR -Meldung erstattet haben. Vermutlich wollte sich »Fellow«, als er mich beiläufig fragte, ob ich einen Dr. Markianow kenne, nur vergewissern, daß der KGB und das MfS ihm gegenüber nicht unter einer Decke steckten. Die Russen dürften dennoch mitbekommen haben, daß er auch an uns lieferte und die völlige Einstellung seiner Arbeit für das MfS gefordert haben. Deshalb war »Fellow« in Krakau nicht erschienen. Ich weiß nicht, warum er dann doch ein Jahr später noch einmal nach Ostberlin kam. Vielleicht wollte er wieder zum Doppelverdiener im Spionagegeschäft werden. Seine Geldgier hat ihn vielleicht noch zu weiteren einschlägigen Aktivitäten veranlaßt. Während der Zeit unserer Zusammenarbeit war er verschiedentlich nach Bukarest gereist, um sich dort, wie er mir erzählt hatte, mit einem befreundeten Wissenschaftler, einem gewissen Professor Murgelescu, zu treffen. Die Vermutung liegt nahe, daß er auch dem rumänischen Geheimdienst zu Diensten stand und bei diesem Kasse gemacht hat.

5

Ende Juni 1976 traf erneut die Beschreibung eines toten Briefkastens vom BND ein. Ich sollte eine Einkaufstasche mitnehmen, war als Anweisung hinzugefügt. Gespannt machte ich mich auf den Weg. Die von der anderen Seite schienen eine Vorliebe für Parkanlagen zu haben. Diesmal war es die Königsheide, unweit dem MfS-Wohnblock, in dem wir wohnten. In Pullach kannte man ja nun meine Adresse und wollte es mir offensichtlich leichter machen. Der Gegenstand, den ich finden sollte und auch fand, war ein unter einem Busch verborgener, unscheinbarer, wenn auch ziemlich voluminöser Steinbrocken. Ich steckte ihn in den mitgebrachten Einkaufsbeutel und fuhr damit in meine »Burg«. Der Anweisung zufolge mußte der Brocken ein winziges Loch in der Oberfläche haben. Auch dieses fand ich bald, führte eine Nadel ein und nach einem kurzen Druck zerfiel das scheinbar kompakte Stück in zwei Teile. Ein kleines Kofferradio, dem Aussehen nach gebraucht und aus DDR-Produktion, kam zum Vorschein. Neugierig — noch ehe ich die beiliegenden Instruktionen gelesen hatte — stellte ich den Apparat an und drehte am Sucher. Außer einem Rauschen war nichts zu hören. Das Gerät schien defekt zu sein. Erst die Instruktionen verrieten mir den Dreh. Kein Uneingeweihter würde mit dem Ding etwas anfangen können. Er könnte es sogar getrost zu einem hiesigen Fachmann tragen, so wurde in der Anleitung versichert; der hätte nur feststellen können, daß das Gerät, auch im Innern nur aus originalen DDR-Teilen zusammengesetzt, defekt sei, sich jedoch eine Reparatur wegen der hohen Kosten nicht mehr lohne. Der Gebrauchsanweisung zufolge ließ sich jedoch durchaus noch ein Sender empfangen, der des BND. Ab jetzt sollte ich an bestimmten Tagen und zu bestimmten Zeiten eine sichere Stelle aufsuchen, das Gerät einschalten und lange Zahlenreihen abhören. Falls die mir zugeteilte Kenn-Nummer aufgerufen würde, enthielten die anschließenden Reihen eine Botschaft für mich. Dechiffrierunterlagen und meine Kenn-Nummer waren beigefügt. Um einen sicheren Empfang zu gewährleisten, würde jeder Spruch unter Wechsel der Kenn-Nummern und auf anderer Wellenlänge mehrfach in einem bestimmten Zeitabstand wiederholt werden.

In einem weiteren beiliegenden Brief dankte man mir für das mit der Bekanntgabe von MfS-Agenten bewiesene Vertrauen und versicherte mir, es würden zwar einige vorsichtige Überprüfungen vorgenommen, aber — solange ich noch in der DDR tätig sei — keinerlei Schritte gegen die Betroffenen eingeleitet. Es könnten jedoch jederzeit Umstände eintreten, die mein weiteres Verbleiben im Osten unmöglich machten. In diesem Falle würde mir jede mögliche Hilfe gewährt, um dem Zugriff meiner eigenen Leute zu entgehen. Man versuchte im übrigen keineswegs, die Gefahren, die die Zusammenarbeit für mich bringen könnte, herunterzuspielen, im Gegenteil. Man ermahnte mich zu äußerster Vorsicht, selbst wenn damit auf interessante Informationen verzichtet werden müsse. Schließlich war wieder ein Fragenkatalog beigefügt, der über die bisherigen, welche mehr Ehrlichkeitsproben und Wahrheitsteste dargestellt hatten, hinausging. Zuerst wollte man die aktuelle Struktur des MfS und der HVA wissen. Das war verständlich, denn damit ließen sich alle weiteren Angaben besser einordnen. Die Leute vom BND gingen systematisch vor. Ich verlor keine Zeit und schrieb sogleich den verschlüsselten Antwortbrief. Dann zerstörte ich den hohlen Steinbrocken nach Anweisung bis zur Unkenntlichkeit, vernichtete den Verschlußmechanismus und warf die Trümmer auf einen Schutthaufen.

Alles in allem war ich recht zufrieden; es ging vorwärts. Die Leute in Pullach hatten ihre Zurückhaltung schon beträchtlich gelockert, noch ehe sie meine Angaben auf Richtigkeit geprüft haben konnten. Auf diese Überprüfung werden sie freilich nicht verzichten, so überlegte ich mir, denn damit konnten sie am besten volle Sicherheit hinsichtlich meiner »Echtheit« gewinnen — kein Geheimdienst würde fünf eigene Spione opfern, nur um einen Doppelagenten an die Gegenseite heranzubringen. Mit der Durchgabe von Funkanweisungen enthob man mich vorerst der für mich nicht unproblematischen Wege zu toten Briefkästen. Ein weiteres Problem blieb jedoch. Der Empfang der Sprüche, das Dechiffrieren, Absetzen der Meldungen und erneutes Verschlüsseln sowie das Abfassen der Tarntexte in den Briefen an die Deckadresse würden mich künftig eine Menge Zeit kosten. Ich mußte diese Tätigkeiten ja allein und ungestört am einzigen sicheren Platz, in meiner »Burg«, ausführen und mich von nun an auch in Zeiten dort aufhalten, für die ich bei eventuellen Nachforschungen keine dienstliche Begründung hatte.

Eine Woche später saß ich zur angegebenen Zeit zum ersten Mal vor dem eingeschalteten Radio. Pünktlich um 18 Uhr erklang die angekündigte auf- und abschwellende Tonfolge — »Wessel-Hymne« nannte man in Pullach die Melodie nach dem Nachfolger Gehlens als Präsident des BND, wie ich später erfuhr. Dann kam die emotionslose Stimme: Es liegen Mitteilungen vor für . . .

Auch meine Kenn-Nummer wurde genannt. Bleistift und Papier lagen schon bereit. Ich schrieb die Fünfergruppen nieder und entschlüsselte sie. Meine Führungsleute von der anderen Seite beglückwünschten mich zur Aufnahme des Funkverkehrs; dann folgten noch einige Vorsichtsmaßregeln. Gewiß war es vernünftig, nicht gleich einen wichtigen Spruch zu senden. Es war mehr oder weniger erst ein Test. Ich schickte als Empfangsbestätigung eine harmlose Ansichtskarte an die Deckadresse.

»Offiziell« arbeitete ich in der Folgezeit noch intensiver als vorher, denn ich mußte ja die für den BND aufzuwendende Zeit einarbeiten. Ich kam nun täglich schon eine Stunde früher an meinen Schreibtisch, längst vor meinen Genossen. So konnte ich schon einen Großteil der administrativen Routine erledigen, bevor der allgemeine Dienstbetrieb begann. Meine Vorgesetzten wunderten sich kaum darüber; ich war ja an sich stark mit Fällen und Vorgängen eingedeckt. Man hielt mich ohnehin für besonders strebsam. So erntete ich sogar Lob für den auffallenden Eifer. Mit dem vorzeitigen Dienstantritt verfolgte ich noch einen weiteren Zweck: Ich hatte vor, die Partner in Pullach um eine geeignete, gut getarnte Kamera zu bitten, mit der ich Aufnahmen von den mir täglich über den Tisch gehenden Geheimdokumenten machen konnte. Da man auch keinerlei Akten in die konspirativen Wohnungen mitnehmen durfte, würde dies nur in den Diensträumen vor acht oder nach siebzehn Uhr möglich sein. Ich entschied mich aus mehreren Gründen für die Morgenstunden. Erstens war ich zu dieser Zeit mit Sicherheit allein in der Abteilung. Jeden, der nach mir eintraf, konnte ich übrigens schon von weitem sehen. Man hatte mir inzwischen das umgebaute Bad der ehemaligen Funktionärswohnung, in der das Referat untergebracht war, als Arbeitsraum zugewiesen. Vom Fenster aus konnte ich kontrollieren, wer wann kam. Zweitens mußte ich mir die Nachmittage möglichst freihalten, um in der »KW« den Sender abhören zu können. Drittens schließlich gilt es in der Geheimdienstpraxis eher verdächtig, nach Arbeitsschluß noch im Büro zu bleiben, als schon vor Dienstbeginn dazusein.

Inzwischen war es »«offiziell« geworden, daß Werner Heintze das Referat Ende August 1976 verlassen sollte. Wie erwartet, hatte ich einen der wertvollsten Vorgänge des Referates von ihm zu übernehmen. »Du weißt es noch nicht«, erklärte Christian bei der Übergabe, »aber der Mann sitzt in deinem Objekt in Karlsruhe.« Er ahnte nicht, daß ich es nicht nur schon lange wußte, sondern daß auch der BND schon seit mehr als einem Monat im Bilde war ... Schwärmerisch fuhr Christian indessen fort: »Wenn jemand in der Lage ist, uns über mögliche Bonner Atomwaffenpläne aufzuklären, dann ist es dieser Mann. Er sitzt nämlich in der Wiederaufarbeitungsanlage, der vorerst einzigen in der BRD und kann dort den Fluß der radioaktiven Materialien kontrollieren. Dabei ist er nur Finanzbuchhalter, aber manchmal sieht man den Positionen von außen gar nicht an, was sie für einen Informationswert haben.« Ich konnte nur zustimmen. »Der Genosse Heintze wird dir die Akte und auch gleich den dazugehörigen Instrukteur übergeben. Die nächste Reise könnt ihr gemeinsam organisieren, damit du die Problematik gleich voll begreifst. Es handelt sich übrigens um den besten Instrukteur, den wir überhaupt in der Abteilung haben. Der leistet eine hervorragende Führungsarbeit, so daß dir eigentlich nur übrig bleibt, die Informationen zu sortieren und weiterzugeben.« Das war, wie ich noch erfahren sollte, nicht übertrieben.

Heintze packte mir die Akten auf den Tisch. Zuerst überzeugte ich mich, ob ich seinerzeit den Namen richtig gelesen hatte: Er stimmte. Reiner Fülle arbeitete schon seit 12 Jahren für den DDR-Geheimdienst. Ich vertiefte mich in seine Lebensgeschichte. Wie unser »Sturm« stammte er aus dem Erzgebirge, und zwar aus der Industriestadt Aue. Nach einer technischen Berufsausbildung ging er in den Westen, wahrscheinlich aus Abenteuerlust, jedenfalls kaum aus politischen Gründen. In Westdeutschland schlug er sich durch, so gut er konnte, nahm hier und da vorübergehend Arbeit an und besuchte Abendkurse, bis er eine feste Stellung in Karlsruhe fand. Die noch im Aufbau begriffene Kernforschungsanlage suchte gerade Leute; seine Bewerbung kam so zum rechten Zeitpunkt. Seine Herkunft aus Mitteldeutschland störte niemanden. Fülle qualifizierte sich zum Finanzbuchhalter und kam nach seiner Einarbeitung in der Wiederaufarbeitungsanlage unter. Dort werden die ausgebrannten Brennstäbe aus den Kernreaktoren der

Bundesrepublik mit Hilfe komplizierter chemischer Prozesse in ihre Bestandteile zerlegt, wobei nichtverbrauchter Kernbrennstoff, nutzloser, radioaktiver »Müll« sowie das für Kernwaffen unerläßliche Plutonium anfallen.

Die DDR beobachtete die versuchsweise Wiederaufarbeitungsanlage in Karlsruhe schon seit längerem mit Mißtrauen. Getreu ihrer Ideologie blieb den Herrschenden in Ostberlin nur eine Auslegung, daß das »imperialistische« Bonn nach Kernwaffen strebe. Die einfachere Erklärung, daß sich die Wirtschaftlichkeit der Kernkraftwerke durch Wiederaufarbeitung der Brennstäbe erheblich verbessern läßt und damit noch andere technische Probleme gelöst werden, konnte den ewigen »Klassenkämpfern« nicht genügen. In unregelmäßigen Abständen, abhängig von der politischen Großwetterlage, wurden Pressekampagnen gegen alles, was an Kernforschung in der Bundesrepublik vor sich ging, gestartet, daneben die Anlage in Karlsruhe zu einem der wichtigsten Zielobjekte der DDR-Spionage erhoben. De facto diente dieser Großeinsatz des MfS gar nicht der Erkundung von in den Bereich der Fabel zu verweisenden Absichten der Bundesregierung, ein eigenes Kernwaffenpotential zu erwerben, sondern der Beschaffung technischer Erkenntnisse zum Nutzen der atomaren Aufrüstung der Sowjetunion. Deshalb erhielt alles, was mit dem Kernforschungszentrum in Karlsruhe zu tun hatte, für den DDR-Geheimdienst absolute Priorität, und deshalb wurde jeder in die DDR Einreisende aus dieser Einrichtung zum Ziel von Agentenwerbungsversuchen. Zwei Referate hatten sich hierauf spezialisiert: in der Zentrale unseres und ein weiteres in Karl-Marx-Stadt, dem früheren Chemnitz, zugehörig der sogenannten Objektverwaltung »Wismut« des MfS.

6

Die »Wismut« ist seit Kriegsende ein Pfeiler des sowjetischen Kernwaffen-Programms und der wirtschaftlich-industriellen Nutzung der Kernenergie. Schon während des Krieges und vermehrt danach durch ideologisch für Spionage zugunsten der Sowjetunion motivierte Wissenschaftler wie Klaus Fuchs und zahlreiche andere Forscher kontinuierlich im Bilde über die bahnbrechenden amerikanischen Entwicklungen und Erfolge, arbeiteten in der Sowjetunion bedeutende Gelehrte wie der von Lord Rutherford geförderte Pjotr Kapitza — Weiberg hatte uns die Geschichte erzählt, wie Rutherford seinem begabten Schüler Anfang der dreißiger Jahre ein vollständiges Forschungslabor geschenkt hatte, als dieser in die Sowjetunion zurückkehrte — auf diesem für eine Weltmacht entscheidenden Gebiet. Das NKWD — Nachfolger der Tscheka und der GPU, Vorgänger des KGB — hat bei Kriegsende mit einigem Erfolg versucht, deutscher mit Atomforschung befaßter Spezialisten habhaft zu werden; wer ihnen in die Hände fiel, erhielt die Gelegenheit, jahrelang in sowjetischen Forschungseinrichtungen zu arbeiten, wie diese besondere Form, nach einem siegreichen Krieg Beute zu machen, bei inoffiziellen Gesprächen in unserem Referat umschrieben wurde. Gleichzeitig war die Sowjetunion bemüht, sich Zugang zum Weltmarkt für Uran zu verschaffen. Die Amerikaner befanden sich in der westlichen Hemisphäre hinsichtlich dieses Grundstoffs in einer günstigeren Situation. Zum Glück für die Kreml-Herren wurden jedoch bedeutendere Lagerstätten im sowjetisch besetzten Teil Deutschlands und in der ebenfalls unter sowjetischem Einfluß stehenden Tschechoslowakei, besonders am sächsischen Abhang des Erzgebirges, ausgemacht. Ohne weitere Umschweife erklärte Moskau das ganze Revier und jedes Gramm geförderten Uran-Erzes zum sowjetischen Eigentum.

Zu diesem Zwecke wurde die »Wismut« als sogenannte Sowjetische Aktiengesellschaft (»SAG«) gegründet, die fortan in der Gegend von Zwickau und Aue fieberhaft zu graben begann. Nachdem die Sowjets Ende August 1949 schließlich mit der ersten erfolgreichen Erprobung einer einsatzfähigen Atombombe das Kernwaffenmonopol der Amerikaner gebrochen hatten, strebten sie nun danach, ihre Arsenale möglichst schnell und reichhaltig mit der neuen Waffe zu füllen. Man trieb die Uranstollen im Erzgebirge immer tiefer. Ohne Pause rollten die Transporte aus Sachsen zu den Produktionsstätten im fernen Sibirien. Erst Mitte der fünfziger Jahre hielten die Nachfolger Stalins eine Konzession gegenüber der jungen DDR für angebracht: Die SAG wurde zur SDAG — Sowjetisch-Deutschen-Aktiengesellschaft — umgegründet. War schon die Geschäftsform einer kapitalistischen Aktiengesellschaft durch die sozialistische Sowjetunion merkwürdig, so mußte auch diese »Neuerung« als eine Farce erscheinen. Die Sowjets behielten die »Aktienmajorität« und stellten natürlich den Generaldirektor. Jedes geförderte Gramm Uran rollte weiter exklusiv nach Sibirien — »bezahlt« wurde dafür mit der Stationierung russischer Soldaten auf dem Gebiet der DDR. Diese hatte jetzt nur die Hauptverantwortung für das Liefersoll und für die Sicherheit der Förderung zu übernehmen. Deshalb schuf das Staatssicherheitsministerium nunmehr eine Unterorganisation, die »Objektverwaltung Wismut«, mit Sitz in Karl-Marx-Stadt.

In dieser »OVW« gab es bald auch ein »Referat XV«, das sich die Ausforschung von Atomgeheimnissen im Westen zum Ziel setzte und besonders Einreisende in die Erzgebirgszone abzuklären suchte, die dafür in Frage kamen. Auf diese Weise ist auch ein Besuchsantrag für Reiner Fülle, der nach einigen Jahren in der Bundesrepublik Heimweh nach der erzgebirgischen Heimat empfand, auf den Arbeitstisch der Genossen von der OVW gelangt. Seine alte Mutter hatte in der Spalte »Arbeitsstelle« des Antrags ordnungsgemäß das Kernforschungszentrum Karlsruhe eingetragen. Natürlich ließ man den verlorenen Sohn einreisen. Im Referat XV bereitete sich der Oberleutnant Berner auf die notfalls mit Drohungen verbundene »Bearbeitung« des Besuchers vor. Es genügte jedoch schon ein erstes Angebot des Genossen Berner, sich für Unterlagen aus der Karlsruher Forschungsanstalt mit einer »hübschen Geldsumme« erkenntlich zeigen zu wollen, das er Fülle ohne große Umstände auf dem Bahnhof von Karl-Marx-Stadt machte, um ihn zu gewinnen. Schon beim nächsten Besuch im Erzgebirge hatte der Finanzbuchhalter einen Stapel Papiere aus Karlsruhe für das MfS mitgebracht: Ob es das sei, was die Staatssicherheit brauche, wolle er nur wissen, wenn ja, so könne man das Geschäft gleich abschließen. So geschah es auch, denn sein »Mitbringsel« war genau das Richtige. Die Anwerbung war geradezu ein Hohn auf alle Geheimdienst-Praxis, die eine sorgfältige Analyse, gründliches Personenstudium, einen ausgefeilten Operationsplan und geschicktes taktisches Vorgehen bei der Agentengewinnung als unerläßlich lehrt. Lange rätselte man daher im MfS, was das Motiv Fülles gewesen sein könnte, so einfach anzubeißen. Gewiß, er brauchte Geld, denn er baute sich gerade ein Eigenheim. Er wollte sicher auch seine Bindung an die alte Heimat nicht gefährden. Die folgenden Jahre ließen jedoch ein anderes und wohl das hauptsächliche Motiv zum Vorschein kommen: Der Drang, die eintönigen Gleise des »gutbürgerlichen« Buchhalterdaseins zu sprengen, sowie die Vorstellung von »Romantik« und »Abenteuer«, die sich mit der Agententätigkeit verband.

Schnell legten sich bei den Führungsoffizieren der OVW die Zweifel und das anfängliche Mißtrauen gegenüber dem neuen Mann. Fülle arbeitete in der Folgezeit erstklassig. Er schaffte herbei, was immer er nur konnte. Dabei zeigte er sich erfindungsreich, risikobereit, ja geradezu als Draufgänger. Mehr als einmal mußte er dabei aus Vorsicht gebremst werden. Man staunte auch in der Zentrale zu Recht immer wieder, was so ein untergeordneter Angestellter alles herbeischaffen konnte: Forschungsberichte, Planungsunterlagen, Prozeßbeschreibungen und alle Arten von Plänen gelangten aus dem Kernforschungszentrum durch ihn nach Karl-Marx-Stadt und von dort in die Sowjetunion. Natürlich waren die Freunde die Hauptabnehmer; die DDR hatte kaum Verwendung für das Material. Schon nach kurzer Zeit war Fülle mit einer Chiffrierausrüstung, Geheimschreibmitteln und einer Filmkamera ausgestattet sowie im Agentenphotoverfahren ausgebildet worden. Das Material photographierte er im »Hobbykeller« seines Hauses, denn er konnte nicht alle Unterlagen im Original entwenden. Über Radio und Agentensender erhielt er, wenn nötig, Mitteilungen von der Führungsstelle aus Karl-Marx-Stadt. Er übermittelte auch Personaldaten der Anstalt sowie einiger Angehöriger des Verfassungsschutzes, die ihm dienstlich und zufällig bekanntgeworden waren, und verriet nebenbei auch noch einen DDR-Bürger, der eine Republikflucht wagen wollte, an das MfS. Er wurde dafür gut bezahlt. Mit den Jahren entwickelte sich Fülle, unter dem Decknamen »Klaus« geführt, zum besten Agenten, den das Referat XV der OVW hatte.

Natürlich war Christian Streubels Referat in der MfS-Zentrale neidisch geworden. Ohne Erfolg versuchte es zunächst mit Intrigen, den »Super-Agenten« überstellt zu bekommen, erhielt aber nur »Anleitungsfunktionen«, jedoch nicht den Mann selbst. Erst nach dem Verlust mehrerer Quellen auf dem Atom-Gebiet in der Folge der »Alois«-Affäre gelang es Christian, ihn ganz an sich zu ziehen. Ein abenteuerlicher Plan des Agenten half ihm dabei. »Klaus« hatte vorgeschlagen, den Panzerschrank seines Vorgesetzten in der Wiederaufarbeitungsanlage, der vermutlich alle Unterlagen über den Aufarbeitungsprozeß sowie eine Masse weiterer technischer Interna barg, auszuräumen. Christian zeigte sich zuerst nicht abgeneigt, bestand aber darauf, daß die Operation wegen der Bedeutung und des Risikos von Berlin aus geleitet werden müsse. So bekam er »Klaus« erst einmal unter seine Fittiche. Beim nächsten Treff erklärte er diesem dann, daß die Aktion natürlich in jedem Falle — auch wenn sich Klaus unverdächtigt wähnen würde — seinen Rückzug in die DDR erfordere, worauf der Agent prompt nichts mehr davon hören wollte. Auch dem MfS war schließlich eine Quelle, die möglichst viele Jahre sprudelte, lieber als eine einmalige Großaktion. Führungsoffizier für »Klaus« wurde nun Werner Heintze. Dieser setzte als neuen Instrukteur den Ostberliner Betriebswirt Manfred Baschin, beruflich im Kombinat Elektroprojekt- und Anlagenbau tätig, Decknamen »Hülse«, ein.

»Hülse« und »Klaus« bildeten bald ein außerordentlich gutes Gespann. Der Instrukteur war eine eindrucksvolle Persönlichkeit, nachgerade charismatisch veranlagt; er führte den Karlsruher Agenten mit großem Geschick und viel Einfühlungsvermögen. Der Materialfluß stieg weiter an. Die beiden Männer trafen sich fortan in der Umgebung von Karlsruhe oder in Zürich an einer Bootsanlegestelle. Klaus hinterlegte zu jedem Treff einen oder mehrere belichtete Schmalfilme in einem für ihn eingerichteten toten Briefkasten, den anschließend der Instrukteur leerte. So standen die Dinge, als ich den Vorgang im Juli 1976 übernahm.

Ich machte mir nun doch einige Sorgen, weil ich dem BND zuvor mitgeteilt hatte, daß Fülle alias »Klaus« nicht von mir geführt wird, ohne zu erwähnen, daß ich ihn eventuell übernehmen muß. Ich bemühte mich, wegen des beachtlichen Zeitaufwands für eine Umsetzung von Mitteilungen an die Pullacher immer so kurz wie möglich zu berichten. Hoffentlich ließen die zuständigen Stellen die Finger von »Klaus«, und hoffentlich gelang es mir, dem BND rasch von der veränderten Situation Kenntnis zu geben. Wie Christian angeordnet hatte, organisierten Heintze und ich den nächsten Instruktionseinsatz für Mitte August bereits gemeinsam. »Hülse« fuhr nach Zürich und kam ziemlich beunruhigt wieder. »Klaus« hatte ihm beim Treff mitgeteilt, daß er in Karlsruhe mehrfach beobachtet worden sei. Zu verschiedenen Zeiten und an verschiedenen Orten waren ihm Fahrzeuge gefolgt; ein Kennzeichen konnte er mitteilen. Er ließ uns jedoch ausrichten, daß er sich trotzdem nicht übermäßig verunsichert fühle und in den nächsten Wochen nur »etwas kürzer treten« wolle. Für mich gab es keinen Zweifel: Meine neuen Freunde waren am Werk gewesen. Wir handelten rasch; Heintze schickte ein Funktelegramm an »Klaus« mit der getarnten Anweisung, die Arbeit bis auf weiteres zu unterbrechen. Dann machte er die von der Leitung der HVA vorgeschriebene Meldung über eine festgestellte Feindberührung.

Ich selbst nutzte die nächste sich bietende Gelegenheit, von meiner »KW« aus einen Geheimbrief an die »andere Seite« zu schicken, mit dem chiffrierten Text: »Fülle hat Observation festgestellt. Vorgang wurde mir übergeben. Bitte keine Aktionen mehr.« Ich hoffte, daß man drüben in der Zwischenzeit nicht schon zugegriffen hatte. Die vom Instrukteur mitgebrachte Autonummer des von »Klaus« ausgemachten Observationsfahrzeugs wurde bei der Abteilung IX der HVA — der zwei Jahre zuvor gegründeten Spezialeinheit für Gegenspionage — überprüft. Diese Stelle bearbeitet vor allem Westdeutsche Geheimdienste (BND, BfV und MAD), sowie den Bundesgrenzschutz und die Spionageabwehr des Bundeskriminalamts. Die Antwort war eindeutig. Das Fahrzeug mit dem übermittelten Kennzeichen war als Observationsfahrzeug bekannt. Eine Woche später erhielt ich die Bestätigung per Funkspruch vom BND, die Observation Fülles sei eingestellt, es bestehe kein Grund zur Beunruhigung. Das war noch einmal gutgegangen. Die ganze Affäre brachte mir nun sogar das uneingeschränkte Vertrauen der Pullacher ein.

»Klaus« blieb ungeschoren und fortan unbehelligt. Nach dreimonatiger Stillegung wegen des Vorfalls reiste er im November 1976 überraschend ein. Christian nahm am Treff teil, um mich als neuen Führungsoffizier vorzustellen. Er und auch die höheren Vorgesetzten waren wegen der Observation noch immer in Sorge und keinesfalls bereit, den Agenten schon wieder aktiv in die Materialbeschaffung einsteigen zu lassen. Wir trafen »Klaus« im Frühstücksraum des Hotels »Unter den Linden«. Ich fand ihn gutaussehend: groß, sportliche Figur, intelligentes Gesicht. Er winkte Christian schon von weitem zu und bezog auch mich sofort in das Gespräch ein. Er sei die ganze Nacht durchgefahren und wolle sich anschließend hier mit seinem Bruder treffen. Seinen Vorgesetzten gegenüber habe er eine dringende Erbschaftsangelegenheit vorgeschoben und ihnen auch erzählt, daß er dazu in die DDR reisen müsse. Christian kritisierte vorsichtig: »War es richtig, schon jetzt hierher zu kommen?« — »Mach dir keine Sorgen,« winkte »Klaus« ab, »das Ganze war wahrscheinlich nur ein Sicherheitscheck, weil man mir jetzt offiziell gestatten will, was ich de facto längst kann, nämlich Einblick in geheime Unterlagen der Wiederaufbereitungsanlage nehmen. Außerdem kenne ich den Leiter unserer Sicherheitsabteilung gut. Ihr könnt mir glauben, die Geschichte ist erledigt.« Christian ließ sich vom »wahrscheinlichen« Grund für die Observation schließlich überzeugen; auch ich konnte aufatmen. Anschließenden Mahnungen zur besonderen Vorsicht hörte »Klaus« nur noch halb zu.

Der Agent wollte auf etwas anderes hinaus. Er platzte heraus, der eigentliche Grund, weshalb er gekommen sei, sei daß er keine Filme mehr habe: »Die drei Kassetten, die ich in Reserve hatte, sind alle voll.« Zugleich drückte er mir ein kleines, in Zeitungspapier eingewickeltes Päckchen in die Hand. Christian erschrak und rügte ihn, daß er gegen ausdrückliche Weisung die Materialbeschaffung fortgesetzt habe. — »Na ja«, meinte »Klaus«, »einige Wochen habe ich schon ausgesetzt. Doch dann kamen mir so interessante Sachen auf den Tisch, daß ich einfach weitermachen mußte. Außerdem bekam ich letzte Woche etwas ganz Besonderes vor die Linse, als ich einen Freund besuchte, der auch in der Wiederaufbereitung arbeitet. Er war gerade von einer Reise aus La Hague zurück, der französischen Wiederaufbereitungsanlage. Ich wußte, daß er dort war, um einen Geheimvertrag auszuhandeln. Deshalb hatte ich meinen Besuch so eingerichtet, daß er noch alle Unterlagen bei sich haben mußte. So war es auch. Sogar der Vertragsentwurf mit Erläuterungen und Randbemerkungen war dabei. Er zeigte ihn mir kurz, wollte ihn mir aber nicht zu lesen geben, da strengste Geheimhaltung angeordnet sei. Das Papier enthalte auch politischen Sprengstoff, erklärte mir der Freund noch, was mich natürlich noch mehr reizte. Ich habe mich deshalb mit dem Mann zum Saufen hingesetzt, bis er wie ein Toter ins Bett fiel. Dann habe ich den Vertrag genommen, bin nach Hause gefahren, habe dort in der Nacht Ablichtungen gemacht, war zeitig frühmorgens wieder bei ihm, legte die Unterlagen wieder hin, habe ihm noch ein kräftiges Frühstück gemacht und ihn dann aufgeweckt. Auf Christians Gesicht wechselte Bewunderung mit Entsetzen; er sei ja nicht bei Trost, bei der Unsicherheit nach der Observation sich solche Sachen zu leisten: »Was, wenn das Ganze nun eine Falle war, und du bist hineingetappt?« — »Gut«, meinte »Klaus« schnippisch, »wenn du das Material nicht willst, dann laß' sein. Werner«, wandte er sich an mich, »gib mir die Filme wieder, ich werde sie vernichten.« Natürlich war das nicht ernst gemeint, aber Christians Vorhaltungen waren damit überspielt. Trotzdem ließ sich mein Vorgesetzter gegenüber »Klaus« noch länger über Sicherheit aus. Christians Motiv war, wie ich wußte, weniger die Sorge um den Agenten, als um sich selbst. Nach den Verlusten, welche die »Aktion Anmeldung« der HVA eingebracht hatte, war der Minister, Generaloberst Mielke, persönlich »dazwischengefahren«. Wenn es noch zu weiteren Verhaftungen kommen sollte, hatte der Gewaltige damit gedroht, bei der HVA »einmal gründlich nach dem Rechten zu sehen«. Die Angesprochenen wußten, was der Minister, bekannt für seine ruppigen Methoden, damit meinte. Sie fürchteten um ihre Stühle und scheuten seitdem jedes Risiko. Für Husarenstücke, wie von »Klaus« soeben vollbracht, hatte man zur Zeit jedenfalls wenig Sinn.

Christian schickte mich zur Zentrale, um Agentengeld für

»Klaus« und das von ihm geforderte Filmmaterial zu holen. Es handelte sich dabei um ganz besondere Filme. Zur Dokumentenphotographie benutzten die meisten MfS-Agenten normale Schmalfilmkameras, die, auf Einzelbild geschaltet, so bis zu 3000 Blatt Kopien auf einer einzigen Kassette unterbrachten. Allerdings sind die handelsüblichen Filme hierfür zu unempfindlich. Sie mußten bei der Vergrößerung erst mit zahlreichen starken Photolampen ausgeleuchtet werden. Deshalb gab die für die operative Technik zuständige Abteilung VIII der HVA hochempfindliche Dokumentenfilme heraus, die in normale Kassetten verpackt und von handelsüblichen Filmen nicht zu unterscheiden waren. Zur Vorsicht spulte man noch drei Meter herkömmlichen Filmstreifen an den Anfang. Das System lief im MfS unter der Tarnbezeichnung »Wega«. Es hatte nur den Nachteil, daß die Filme aus der Zentrale in den Westen gebracht werden mußten, was die Sicherheit von Empfänger und Überbringer zusätzlich belastete. Bei der Abteilung VIII bekam man dieses Spezialfilm-Material gegen Vorlage einer Nachweiskarte. Ich besorgte für »Klaus« zwei Kassetten, die bis zum nächsten Treff reichen würden. Außerdem holte ich in der Zentrale 2500 DM, um ihn angemessen zu entlohnen. Wir vereinbarten, den Instrukteur vorsichtshalber nicht mehr zu »Klaus« nach Karlsruhe zu entsenden und den nächsten Treff beider für Februar in Zürich vorzumerken. Dann wurde er verabschiedet.

Auf dem Rückweg in die Zentrale machte Christian seinem Herzen Luft: »Der Mann ist wahnsinnig. In einer solchen Situation ein derartiges Risiko! Das können wir dem Horst Vogel gar nicht erzählen. Der wird verrückt. Eine Verhaftung können wir uns jetzt überhaupt nicht leisten. Der Minister hat angedroht, daß beim nächsten Mal Köpfe rollen. Der ›Klaus‹ ist viel zu leichtsinnig. Freilich, mit dem Vertrag, den er gebracht hat, können wir gut herauskommen – zumal jetzt bei der allgemeinen Informationsflaute, weil niemand mehr etwas riskieren will, und wir trotzdem zum Jahresende zur Rechenschaft gezogen werden, ob wir unseren Plan erfüllt haben.« Nur ich allein wußte, daß »Klaus« in der nächsten Zeit nicht mehr behelligt würde. Bis zu meinem Übertritt – und damit bis zu seiner mißglückten Festnahme — sollten ihm noch zwei Jahre bleiben, während derer er noch zweimal in die DDR kam. Daneben traf er sich weiter regelmäßig mit dem Instrukteur an der Bootsanlegestelle in Zürich. Die Nachwirkungen der Beobachtung waren über diese Zeit immer mehr verblaßt. Dennoch sorgte er kurz vor dem Ende seines Agentendaseins noch einmal für ein aufregendes Zwischenspiel.

7

Der Vorgang »Klaus« war nicht das einzige, was ich von Werner Heintze bei dessen Weggang erbte. Ich erhielt zusätzlich die Akten meines alten Bekannten Reinhard Linke und damit die »Oberhoheit« über die Physikalische Gesellschaft der DDR. Damit kehrte sich nicht nur das ehemalige Unterstellungsverhältnis um, sondern ich trug mich — von Christian angeregt — mit einem großen Plan zur Umwandlung der ganzen Einrichtung in eine nur noch aus Agenten des MfS bestehende Außenstelle des Referats. Auf diese Weise würden die Möglichkeiten, die sich durch die Westkontakte der Gesellschaft boten, noch viel systematischer als bisher genutzt werden. Sie würde als eine Art Agentensieb fungieren, durch das alle Wissenschaftler, die zu Tagungen in die DDR kommen, hindurchgingen und in dem dann hängen bleiben sollte, was immer sich für uns eignete.

Ich hatte den Plan natürlich mit ganz anderen Hintergedanken aufgegriffen. Einerseits würde die beabsichtigte Umgestaltung der Gesellschaft in der mir noch im MfS verbleibenden Zeit nicht viel einbringen, nach meinem Übertritt aber mehr oder weniger »verbrannt« sein, der Schaden für den Westen also gering bleiben. Andererseits konnte ich im Rahmen des Projekts eine Menge für den Westen erkunden. Zum Beispiel hatte ich nun den konkreten Vorwand, alle DDR-Physiker systematisch in der MfS-Registratur zu überprüfen und alle »erfaßten«, das heißt, für den DDR-Dienst tätigen, »kennenzulernen« — weiteres Material für meine rasch anwachsende Sammlung in der »Burg«.

Das große Hindernis für den Plan bildete jedoch Linke, der sich das Heft nicht so einfach aus der Hand nehmen lassen würde. »Er muß einfach weg«, meinte auch Christian, »er ist durch die Affäre Alois sowieso schon im Westen als MfS-Mann erkannt, säuft überdies zuviel und hat zuviele Weibergeschichten.« Doch so leicht war es trotz der ausgedehnten Macht der Staatssicherheit gar nicht, Linke als »Offizier im besonderen Einsatz« auszuquartieren. Außerdem mußte ich einen geeigneten Nachfolger finden. Das Linke-Problem und damit das ganze Projekt zog sich daher auch bis zu meinem Übertritt hin und nahm nur umrißhafte Gestalt an.

Von Heintze übernahm ich auch noch eine weitere Schlüsselfigur, über die das MfS schon seit vielen Jahren großen Einfluß ausübte, den Leiter der Abteilung Internationale Beziehungen in der Akademie der Wissenschaften, Dr. Heinz Hillmann. Mit ihm stärkte sich auch ganz entscheidend meine persönliche Machtstellung. Hillmann oblag die formale Genehmigung von Westreisen aller Angehöriger der Akademie. Über ihn konnte ich, wenn ich wollte, Westreisen von Wissenschaftlern der Akademie verhindern, eigene Agenten, »legal getarnt«, als Dienstreisende der Akademie in den Westen schicken, vor allem aber erfahren, wer von den DDR-Akademikern aller Fakultäten zum sogenannten Reisekaderstamm gehörte und welche von ihnen im Dienst des MfS standen. Fast alle von ihnen erfüllten neben dem Besuch von Tagungen oder bei wissenschaftlichen Institutionen im gesamten westlichen Ausland noch Nebenaufträge für den DDR-Geheimdienst. Die lange Liste, die ich dem BND später übergeben konnte, war für die Staatsschutzbehörden der Bundesrepublik Deutschland von höchstem Interesse. Meine neuen Partner erfuhren nicht nur, wer vom MfS in den Westen geschickt wurde, sondern auch die Diensteinheit, welche den Akademiker führte und damit auch die Art seines Auftrages.

In Zusammenhang damit gewann ich noch eine weitere wichtige Position; 1976 konnte ich den für die Naturwissenschaften verantwortlichen Mitarbeiter im Ministerium für Hoch- und Fachschulwesen, Dr. Bernhard Müller, für die Zusammenarbeit mit dem MfS werben und über diesen praktisch entscheiden, wer auf Berufungslisten gesetzt oder wem die Aussicht, Professor oder Dozent zu werden, verbaut werden sollte. Der Einfluß, den ich auf diese Weise nehmen konnte, erstreckte sich letztlich auf alle Universitäten und Hochschulen der DDR. Doch bald mußte ich feststellen, daß ich mich zu übernehmen drohte. Meine Arbeitszeit reichte nicht mehr aus, um alle Möglichkeiten wirklich auszubauen, die ich mir geschaffen hatte. Ich durfte meine normale Arbeit nicht vernachlässigen und mußte mich in zunehmendem Maße auf die Sammlung von Informationen für den BND konzentrieren. Zwar bot die Verbindung dorthin noch keine Möglichkeit, die Aufzeichnungen und Notizen, die sich in der »Burg« ansammelten, zu überstellen. Aber ich machte mir schon Gedanken, wie es mir gelingen könnte, das gesamte Material bei meinem, eines Tages fälligen, Übertritt mitzubringen.

Werner Heintze verließ uns schließlich Mitte August und nahm seine Tätigkeit im Außenministerium auf. Nach fast einjähriger Vorbereitungszeit wurde er Ende 1977 Resident des MfS an der DDR-Botschaft in der Schweiz. Seine Freude auf dem Posten währte allerdings nicht allzulange. Zwei Tage nach meinem Übertritt wurde er eilends in die DDR zurückbeordert. Die Führung wollte es offensichtlich nicht riskieren, daß ein DDR-Diplomat von den Eidgenossen als erkannter Geheimdienstler zur Persona non grata erklärt würde.

Nach der »Aktion Anmeldung« brachte uns das Jahr 1974 noch andere Erschwernisse. Der in diesem Jahr eröffnete neue Flughafen Berlin-Tegel mußte von der HVA-Leitung für den Agentenreiseverkehr mit gefälschten Pässen und Ausweisen gesperrt werden. Man wußte, daß dort jetzt ein modernes Überprüfungs- und Fahndungssystem installiert war, mit dem die gefälschten Papiere leichter aufgedeckt werden konnten. Ein so enttarnter Instrukteur könnte von der bundesdeutschen Abwehr leicht unter Beobachtung genommen werden und die Fahnder zur Quelle führen. Die Agenten mußten von nun an die oft langwierige Eisenbahnreise oder den Umweg von unserem Flughafen Berlin-Schönefeld über ein drittes europäisches Land in Kauf nehmen. Dadurch verlängerten sich die Reisen erheblich, und die Kosten stiegen bedeutend. Zudem schien die Abwehr auf der westlichen Seite zunehmend besser und systematischer zu arbeiten. Immer häufiger gelang es ihnen, ins Westnetz des MfS einzubrechen und Agenten zu verhaften. Die »fetten Jahre« des nahezu ungestörten Schaltens und Waltens der DDR-Spionage in der Bundesrepublik Deutschland schienen vorüber.

Die wiederholten Verhaftungen veranlaßten die Leitung der HVA eine besondere »Dienstanweisung 3/75« herauszugeben, die in der Konsequenz zu einer weiteren Belastung der Routine-Arbeit führte. Künftig mußten die Reisekader vor dem Einsatz eine schriftliche Erklärung abgeben, daß sie im Falle einer Verhaftung unter keinen Umständen Aussagen über das MfS und ihre Tätigkeit als »Kundschafter« machen würden. Mit dieser Verpflichtung war vor jeder Reise eine gründliche Schulung über das Verhalten im Verhaftungsfall verbunden. Tatsächlich war es bei den gefaßten Agenten mehr und mehr zur Regel geworden, nach ihrer Verhaftung »auszupacken«, um ein milderes Urteil zu erwirken. Mit dem so gewonnenen Wissen über die Methoden der DDR-Spionage hatten der Verfassungsschutz und das BKA ihre Abwehrarbeit erheblich verbessern können.

Mich selbst trafen die Erschwernisse beim Agenteneinsatz nicht allzu sehr. »Sperber«, mein Mann in Paris, traf sich mit seinem Instrukteur abwechselnd in Luzern an der Kapellbrücke, in Innsbruck am Goldenen Dachl oder in Salzburg am Mozarthaus. »Sturm«, der EDV-Spezialist aus München, fuhr ebenfalls ins nahe Österreich, um dem Instrukteur das Material zu übergeben und die Weisungen der Zentrale entgegenzunehmen. »Hauser«, der Siemens-Spion in Franken nahe der thüringischen Grenze, nutzte den kleinen Grenzverkehr, um zum Treff zu kommen, und »Klaus« kam mit dem Instrukteur der Zentrale in Zürich zusammen. »Fellow« lag ohnehin zur Zeit still. Meine Verbindungskader brauchten jedenfalls nicht in oder über die Bundesrepublik Deutschland zu reisen, und ich mußte mich nicht umstellen. Dafür waren meine Leute häufig in den Passagierlisten der Maschinen nach Wien verzeichnet.

Die Leute aus Pullach

1

Für Ende September 1976 stand wieder ein Haupt-Treff mit »Sperber«, der keinesfalls mehr in die DDR einreisen durfte, auf dem Plan. Erneut bemühte ich mich, Christian einzureden, daß wir diesen Treff in Österreich wahrnehmen sollten. Natürlich wollte ich dabei versuchen, die für mich zuständigen Beamten — oder waren es Soldaten? — im BND, die ich ja noch nie gesehen hatte, zu treffen. Ein persönliches Gespräch schien mir dringend nötig, um den Rahmen der Zusammenarbeit abzustecken. Die Funkverbindung zu mir und die Geheimbriefe zu ihnen ließen immer nur kurze Mitteilungen zu. Daraus konnte sich keine Seite ein rechtes Bild von der anderen machen, insbesondere der BND nicht über meine Möglichkeiten. Doch Christian winkte ab: Zur Zeit sei beim Genossen Wolf hinsichtlich West-Reisen hauptamtlicher Mitarbeiter nichts zu machen. Er wolle aber versuchen, ob man uns Jugoslawien erlaubt. Ich beauftragte den Instrukteur, bei seiner nächsten Reise mit »Sperber« den Haupt-Treff vorbehaltlich einer Planänderung für den 30. September im kroatischen Zagreb zu verabreden — 12 Uhr an der St. Markus Kirche, schlug ich vor; »Sperber« war einverstanden. Eine gute Reiselegende für uns selbst bot sich an: Die gleichzeitige Herbstmesse in dieser Stadt. Auch dem BND deutete ich per Geheimbrief eine eventuelle Treffmöglichkeit in Jugoslawien an. Ich würde dabei versuchen, meinen Referatsleiter, der unbedingt mitfahren wolle, irgendwie für eine Stunde loszuwerden.

Dann machte ich mich an den Reiseplan, der anstandslos genehmigt wurde. Ich bestellte die Flugkarten, und sobald ich alles beisammen hatte, schrieb ich dem BND einen weiteren verschlüsselten Brief über eine neue Deckadresse in Viersen. Ich teilte Datum, Ankunftszeit und Hotel mit, beschrieb die Kleidung, die ich auf der Reise tragen würde, und gab noch an, daß ich beim Betreten des Hotels eine Ausgabe der DDR-Zeitschrift »Wissenschaft und Fortschritt« sichtbar in der Hand halten wolle. Mehr konnte ich nicht tun, um ein eventuelles Gespräch zustandezubringen, da durch Christians Anwesenheit nicht abzusehen war, wie, wann und wo es stattfinden könnte. Ich mußte es meinen Partnern überlassen, in geeigneter Weise auf mich zuzukommen und sich auf meine dortigen Möglichkeiten einzurichten.

Am Vorabend der Abreise verfaßte ich für den Fall, daß ein Treff oder auch nur ein Austausch von Papieren zustandekam, einen langen Brief auf engzeilig beschriebenen Bögen, der Angaben über die aktuelle Struktur des MfS, die Leitungsorgane, Hauptabteilungen und Unterabteilungen mit den jeweiligen Aufgaben und die Namen der Leiter sowie die Territorialstruktur mit Bezirksverwaltungen und Kreisdienststellen enthielt, wobei ich besonders bei der Beschreibung der HVA und ihrer Untergliederungen ins Detail ging. Anschließend folgte eine Einordnung meiner Stellung, Arbeitsgebiete und Möglichkeiten. Als Anlage fügte ich eine Teilabschrift der Mitarbeiterliste der HVA hinzu, die ich, während meines Nachtdienstes als GvD aus dem internen Fernsprechverzeichnis kopiert hatte — allein dies war für einen westlichen Nachrichtendienst schon von beachtlichem Wert —, ferner einige Originalpapiere, die meine Beschaffungsmöglichkeiten demonstrieren sollten, und schließlich mehrere Paßbilder von mir. Letztere waren für die Anfertigung gefälschter Personalpapiere gedacht, die mir vom BND im Falle drohender Gefahr zwecks Ausreise aus der DDR zur Verfügung gestellt werden sollten. Ich wies ausdrücklich darauf hin, daß die Reise nach Zagreb ein Ausnahmefall sei. Meine Partner von der anderen Seite sollten sich keinen Illusionen hingeben. Ich machte einige Vorschläge, wie ich mir ein persönliches Verbindungssystem vorstellte. Alle Schriftstücke steckte ich zusammen in einen großen Briefumschlag, den ich sorgfältig verschloß und am nächsten Morgen in die Innentasche meiner Jacke steckte.

Vor dem Abflug fuhr ich noch einmal in die Dienststelle, um den von der Abteilung VI/K ausgestellten grünen Dienstpaß und das für »Sperber« bestimmte Geld zu holen. Die Kontrolle auf dem Flughafen Berlin-Schönefeld machte mir keine Sorge. Ein Schreiben an die HA VI hatte uns schon avisiert. Wir wurden direkt durch den Diensteingang in den Transitraum geschleust. Der dort kontrollierende Mitarbeiter blickte nur kurz in die Pässe und stempelte sie; er hatte Anweisung, die Genossen »Schubert« — unter diesem Namen reiste Streubel — und »Schilling« nicht unter die Lupe zu nehmen und ihnen auch die Zollkontrolle zu ersparen.

Im Transitraum trafen wir zufällig den Genossen Oberst Vogel. Er hatte gerade eine KGB-Delegation, die zu Besuch gewesen war, verabschiedet. Wir tranken ein Bier zusammen, wobei Vogel erneut darauf bestand, daß »Sperber« Frankreich endlich verlassen müsse. »Übrigens«, fügte er hinzu, »haben die Freunde eine umfangreiche Aufgabenstellung für euer Referat dagelassen, genauer gesagt, ihr müßt endlich etwas mehr auf dem Kernwaffensektor tun. Ich hätte nicht gedacht, daß ihnen das Projekt einer Neutronenbombe so am Herzen liegt. Sie haben mir unmißverständlich klargemacht, daß sich mit Einführung der Neutronenbombe durch die Amerikaner das Kräfteverhältnis wieder zugunsten der anderen Seite verschieben würde. Die Freunde selbst sind noch nicht in der Lage, das Ding herzustellen. Sie sind nach eigener Aussage erheblich im Rückstand auf diesem Gebiet. Also Genossen, ihr kennt jetzt eure Aufgabe. Gute Reise und grüßt den Schnüffler von mir.« Ehe er verschwand, nahm er Christian noch einmal zur Seite. Ich war beunruhigt; was wollte er mit meinem Vorgesetzten unter vier Augen besprechen? Hegte er mir gegenüber Verdacht? Es war ja kein Geheimnis, daß Jugoslawien keinen DDR-Bürger hinderte, die Grenze nach Österreich zu überschreiten, wenn er wollte. Doch Christian beruhigte mich, ohne daß ich fragen mußte. »Der Horst benötigt eine Mischbatterie für seine Datscha.« Die solle er ihm mitbringen. Mit diesen Worten verstaute er Hundert Westmark in seiner Brieftasche, die er vom Genossen Oberst dafür erhalten hatte — Operativgeld. Bei seiner Stellung war das natürlich keine Unterschlagung.

Unsere Maschine wurde aufgerufen, und eine halbe Stunde später lag die DDR schon hinter uns. Nach dem Besuch anläßlich der Fußballweltmeisterschaft in Gelsenkirchen war ich nun zum zweiten Mal auf dem Weg in ein Land, das zumindest innerhalb des MfS als »Feindstaat« galt. Das hatte mir Christian während der Reisevorbereitung nochmals deutlich zu verstehen gegeben. Nicht, daß ich die Idee auch nur erwogen hätte, mich jetzt abzusetzen — meine Arbeit für die andere Seite, wie ich mir das vorgestellt hatte, war noch nicht getan —, aber ich machte mir nun Sorgen darüber, wie alles in Zagreb ablaufen würde. Eine Antwort aus Pullach auf meinen Treffvorschlag war ausgeblieben. Vielleicht war mein Brief zu spät dorthin gelangt; dann wäre alle Mühe vergebens gewesen. Ich vertiefte mich in meine Zeitschrift. Was immer passieren würde, ich mußte es nun einfach auf mich zukommen lassen. Als die Maschine zur Landung ansetzte, wies Christian auf ein herausragendes weiß leuchtendes Gebäude: »Das ist sicher die Markuskirche«. Ich war von anderen Eindrücken gefangen, so von dem unerwartet starken Flugverkehr. In Berlin-Schönefeld herrschte, hiermit verglichen, Grabesstille.

Der jugoslawische Zoll unterließ es nicht, sich unsere Koffer genauer anzusehen. Ich empfand einige Beklemmung; hoffentlich kommen die titoistischen Brüder nicht auf die Idee einer Taschenkontrolle; doch geschah nichts dergleichen. Wir ließen uns von einem Taxi — einem fast fabrikneuen Mercedes — in die Stadt kutschieren und fühlten uns dabei ganz »herrschaftlich«. Selbst Christian zeigte sich vom Straßenbild beeindruckt: Reger Verkehr, der den in der DDR um ein Vielfaches übertraf, schmucke Einfamilienhäuser am Stadtrand. Auch das Zentrum wirkte recht wohlhabend. Dabei sollten laut DDR-Propaganda die Jugoslawen unter dem unfähigen Tito-Regime eigentlich in permanenten wirtschaftlichen Schwierigkeiten stecken, mit Elend und Armut im Gefolge. Christian fand schließlich die Erklärung für den Widerspruch: »Das sind die Gastarbeiter, die jahrelang fern von ihren Familien unter elenden Bedingungen als Knechte in Westdeutschland schuften, jeden Pfennig sparen und dann mit hohen Krediten ein bescheidenes Häuschen bauen. Auch die Autos bringen sie mit; es sind alte Schlitten, die sie im Westen für ein Butterbrot erwerben können.« Mit solchen Kombinationen von Halbwahrheiten und Verdrehungen kam er mit der SED-Doktrin immer wieder ins Reine.

Ich geriet wegen anderer Probleme in Spannung; würde im Hotel jemand auf mich warten, und wie würde dann eine Verständigung möglich sein? Fest umklammerte ich die zusammengerollte »Wissenschaft und Fortschritt«, als wir vorfuhren. Ein livrierter Diener übernahm die Koffer, und wir mußten nur hinterherlaufen. Der Standard der hiesigen Hotellerie lag anscheinend auch deutlich über dem Niveau der Staaten des Warschauer Pakts. In der Halle hielten sich nur wenige Personen auf. Auf den ersten Blick sah niemand »wie vom BND« aus: Einige ältere Damen und ein jüngeres Paar in einer angeregten Unterhaltung, das von der Umgebung keinerlei Notiz zu nehmen schien. Ich war enttäuscht und auch von neuem beklommen. Hoffentlich würde nicht jemand aus Pullach später versuchen, mich etwa über die Rezeption ausfindig zu machen. Das konnte gefährlich werden. Ich rollte die Zeitschrift so auf, daß der Titel gut zu sehen war und suchte, während sich Christian dem Empfangspult zuwandte, die Toilette auf. Vorsichtshalber hatte ich diesen notwendigen Gang schon im Taxi angekündigt. Wenn jemand aus München da war, dann mußte er die Gelegenheit jetzt wahrnehmen.

Kaum hatte ich die Tür hinter mir geschlossen, als sie sich wieder öffnete und die männliche Hälfte des Paares eintrat, das mir in der Empfangshalle aufgefallen war. Er lächelte mir zu, streckte die Hand aus: »Grüß Gott, Herr Stiller, ich freue mich, sie zu sehen.«

Etwas verdattert antwortete ich mit ähnlichen Worten, atmete jedoch gleichzeitig erleichtert auf. Dann zog ich einen der Umschläge aus der Tasche und drückte ihn dem Mann in die Hand.

»Eine kleine Aufmerksamkeit«, fügte ich hinzu, »wir müssen uns beeilen, ich weiß nicht, ob mein Vorgesetzter nicht vielleicht auch ein Bedürfnis verspürt.«

»Seien Sie ohne Sorge«, sagte mein Gesprächspartner, »wenn er sich vom Empfang wegbewegt, dann werde ich das wissen. Wie sehen Sie die Möglichkeit, uns an einem der nächsten Tage zu einem längeren Gespräch zu treffen?«

Ich antwortete, daß das völlig ungewiß sei, da ich wegen Christian nicht planen könne. Der andere nannte mir eine Telefonnummer, die ich mir durch mehrmaliges Wiederholen einprägte.

»Sie können mich zu jeder Zeit erreichen«, sagte er, »aber seien Sie vorsichtig und nehmen Sie kein unnötiges Risiko auf sich. Wir werden bald bessere Möglichkeiten zur Verbindung haben. Falls wir uns nicht sehen können, lesen Sie den Inhalt zu Hause«, er übergab mir eine Zigarettenschachtel der DDR-Marke »Club«; »die Nachricht ist in der Vorderseite. Seien Sie vorsichtig beim Öffnen.«

Wir wuschen uns nebeneinander die Hände, wobei der Fremde noch einige Fragen zu unserem dienstlichen Programm in Zagreb stellte, nach Zeit und Ort des Treffs mit »Sperber« sowie dem Termin unseres Rückflugs. Dann ertönte ein seltsamer Piepton, und er sagte:

»Sie müssen gehen, Ihr Referatsleiter ist an der Rezeption fertig.« Seine Begleiterin hatte Christian inzwischen beobachtet und mit irgendeinem elektronischen Gerät ein Signal gegeben.

Ich kam gerade wieder in die Hotelhalle, als der Hausboy die Koffer ergriff und uns in den Fahrstuhl lenkte. Die Dame saß scheinbar völlig unbeteiligt in ihrem Clubsessel und nippte an einem Whisky. Ich war zufrieden. Die Pullacher hatten die Sache gut organisiert. Dummerweise mußten wir in ein Doppelzimmer; wegen der Messe waren die Einzelräume alle belegt. Wir packten die Koffer aus, und Christian zog sich zum Duschen ins Bad zurück. Ich verstaute die Zigarettenschachtel des BND-Mannes sorgfältig in meinem Koffer.

Plötzlich fuhr mir ein Schreck durch die Glieder: Ich hatte doch zwei gleiche Umschläge in der Jacke, einen bestimmt für den BND, den anderen mit dem Geld für »Sperber«; hatte ich auch den richtigen übergeben? Meine Hand fuhr in die Jacke; ich zog den dort verbliebenen Umschlag hervor und befühlte ihn: Mein Gott! Es war der Brief für den BND; die 5000 DM für den Agenten hatte ich weggegeben. Es war mir sofort klar, was der Ernst der Situation gebot: Es waren erst wenige Minuten vergangen. Hoffentlich saßen die beiden noch in der Halle. Im Bad rauschte gleichmäßig das Wasser, Christian war also noch beschäftigt.

Rasch lief ich in die Halle — und hatte Glück. Demonstrativ ging ich an dem Paar vorbei, wiederum durch die Tür für »Herren«. »Was ist passiert«, wollte der sofort nachkommende BND-Mann wissen. Ich erklärte ihm die Verwechslung, erbat den falschen Umschlag zurück und öffnete diesen, um den Sachverhalt zu demonstrieren. Der Mann lächelte, als er das Geld sah, konnte jedoch nicht umhin zu mahnen, solche Fehler könnte ich nicht oft machen. Er verstehe natürlich meine Aufregung. Aber ich müßte sehr aufpassen. Ich müßte wissen, welch' großes Risiko ich auf mich genommen hätte: »Wir versichern Ihnen, auch wir wissen es!« Ich wiederholte noch einmal die Telefonnummer und verabschiedete mich dann. Am Zeitungsstand kaufte ich eine »Frankfurter Allgemeine« und ging auf unser Zimmer zurück. Christian kam gerade aus dem Bad. Meinen Gang nach einer Zeitung nahm er mir ohne weiteres ab. Es galt bei Operativreisen außerdem als unabdinglich, sich mit dem aktuellen Geschehen vertraut zu machen; alle aktuellen Ereignisse im Westen hatten uns zu interessieren. Auch unsere Instrukteure hielten wir bei ihren Einsätzen immer zur aufmerksamen Zeitungslektüre, auch von Boulevardblättern, an, nicht zuletzt um über eine Großfahndung gegen irgendwelche Terroristen oder einfache Kriminelle im Bilde zu sein, weil das auch für sie Folgen haben konnte.

Nach dem Mittagessen im Hotel unternahmen wir einen Stadtbummel. Ich staunte über das Angebot in den Geschäften. Anscheinend gab es in diesem Land alles zu kaufen — Titos eigener Weg zum Sozialismus hatte wohl doch einiges für sich. Schließlich nahm Christian Richtung zu dem beim Anflug bemerkten weißen Sakralbau auf. »Das ist sicher die Markuskirche«, wiederholte er wie schon im Flugzeug. Ich las auf einem Schild, daß es sich um die Kathedrale von Zagreb handelte, sagte aber nichts. Mein Vorgesetzter sollte ruhig bei seinem Irrtum bleiben. Ich hatte meine Gründe, den Fehler erst unmittelbar zur Treffzeit aufzudecken. Christian legte schon die »Strategie« fest, um den Treff mit »Sperber« abzusichern. Ich sollte ihn in Empfang nehmen und eine bestimmte Strecke durchlaufen. Christian würde dabei aufpassen, ob uns auch niemand folgte. Mein Vorgesetzter bestand auf dieser Zeremonie: »Immerhin sind wir in Feindesland, und der jugoslawische Geheimdienst ist dem MfS alles andere als freundlich gesonnen.« Für das Treffgespräch selbst wählten wir ein in der Nähe gelegenes Restaurant mit einem Sommergarten aus. Am nächsten Tag regnete es in Strömen. Doch getreu unserer Legende zog mich Christian mit zum Messegelände, wo wir den ganzen Tag durch die Ausstellung trabten. Auch am Abend fand ich keine Gelegenheit, ihn loszuwerden und Kontakt mit den BND-Leuten aufzunehmen.

Für den folgenden Tag, einen Sonntag, war der Treff mit »Sperber« angesetzt. Ich zweifelte nicht, daß er kommen würde. Anhand des Stadtplans orientierte ich mich noch einmal, wo die Markuskirche wirklich lag. Dann zogen wir los, wieder zur Kathedrale. Wir hatten noch genügend Zeit, also suchten wir uns in einem nahen Park eine Bank und gingen die Operativprobleme, die mit der Quelle zu besprechen waren, noch einmal durch. Anschließend kam das auf längeren Dienstreisen übliche Gespräch über Vorgänge im Referat und die Kollegen. Christian bestätigte, daß Peter Bertag im Oktober als stellvertretender Referatsleiter eingesetzt würde; er — Christian — müsse sich etwas vom Referat lösen. »Übrigens wird es auch mit dir aufwärts gehen«, fügte er hinzu, »im Rahmen einer langfristigen Perspektive kommt erst einmal eine höhere Parteifunktion auf dich zu. Wir werden dich im Frühjahr zum Zweiten Sektretär der Abteilungsparteiorganisation wählen.« Ich nahm die Neuigkeit zufrieden auf, bedeutete dies erstens doch, daß man mir weiter voll vertraute, und zweitens könnte ich dann noch besser hinter die Kulissen blicken. Für meine Partner in Pullach würde da sicher allerhand abfallen.

Kurz vor zwölf näherten wir uns wieder der Kathedrale. Ich rückte jetzt mit meinem besseren Wissen heraus: »Du, Christian, mir scheint, wir sind am falschen Platz. Sieh mal das Schild, da steht Kathedrale und nicht Markuskirche.« — Er beharrte zunächst und meinte, die Kathedrale könne doch Markuskirche heißen, verlangte dann jedoch den Stadtplan und erkannte seinen Irrtum. Der Tag war warm und so kamen wir bald ins Schwitzen, als wir zur echten Markuskirche eilten. Natürlich kamen wir zu spät. »Sperber« stand schon wie verloren vor dem Portal. Von

Absicherung gegen Beobachtung war keine Rede mehr. Mein Hauptgrund, Christian bis zuletzt in seinem Irrtum zu belassen, war jedoch meine Befürchtung gewesen, daß sich Beobachter vom BND in der Nähe der Markuskirche aufhalten könnten, um unseren Treff zu verfolgen. Hätte ich länger mit Christian dort herumgestanden, würden sie ihm möglicherweise aufgefallen sein. Meine Sorge war freilich unbegründet, wie ich später erfuhr. Der verantwortliche Einsatzleiter hatte Order gegeben, jedes Risiko zu vermeiden und meine normale operative Arbeit für den MfS nicht zu stören. Nur von der persönlichen Anwerbung neuer Quellen im Westen sollte ich, wie mir kurze Zeit später bedeutet wurde, möglichst Abstand nehmen. Eine neue Anwerbung ist auch tatsächlich bis zu meinem Übertritt nicht mehr erfolgt.

»Sperber« hatte wie gewohnt den schäbigen braunen Cordanzug an. Er war auch, wie er uns erzählte, in seinem alten Mercedes angereist. Zum Treffgespräch gingen wir in das vorher von uns bestimmte Restaurant. Neben einer neuen guten Materiallieferung brachte er auch eine andere sehr erwünschte Neuigkeit mit. Er hatte endlich die Arbeitsstelle gewechselt und war nun in Oxford tätig. Die Familie war in Paris zurückgeblieben. Vorerst lief sein Vertrag in England für ein Jahr. Wir diskutierten die neuen Beschaffungsmöglichkeiten; sie schienen gut zu sein. An seinem jetzigen Arbeitsplatz wurden wesentliche Arbeiten für das sogenannte JET-Projekt, einem westeuropäischen Fusionsversuchsreaktor, geleistet, an dem die Russen sehr stark interessiert waren. Mit einigem Geschick konnte die Quelle auch an klassifiziertes Material herankommen. Daneben wurde noch eine andere Idee auf diesem Treff geboren. »Sperber« hatte ja nicht nur seit langem mit dem Maoismus sympathisiert, sondern seit einiger Zeit auch begonnen, Chinesisch zu erlernen. Wir legten ihm nahe zu prüfen, ob im Rahmen einer Forschungsreise ein Besuch in der Volksrepublik China möglich sei. Schon seit einiger Zeit wurde die HVA vom KGB gedrängt, die nachrichtendienstlichen Aktivitäten in dieser Richtung zu erhöhen. Offensichtlich waren die eigenen Aufklärungsergebnisse der Russen unbefriedigend. Sie würden sicher gut gebrauchen können, was immer »Sperber« mitbrachte. Dieser strich erfreut die 5000 DM ein, die ich ihm zum

Schluß des Treffs übergab. Angeblich war er gerade wieder in höchster Geldnot. Es paßte nicht ganz dazu, daß er nach seinen Angaben gerade von einem Symposium aus Nizza kam und dort auch einige Tage Urlaub gemacht hatte. Auf dem Rückweg wollte er noch das Max-Planck-Institut in Garching bei München besuchen, um dort einige Informationen »abzustauben«. Wir kamen noch überein, den nächsten Haupttreff ein Jahr später abzuhalten, möglichst wieder in Jugoslawien. Außer mir konnten alle Beteiligten zufrieden sein, besonders die Leitung des MfS, wenn sie erfuhr, daß »Sperber« fürs erste aus Frankreich heraus war.

Ich selbst war sehr enttäuscht, denn auch am Abend wollte Christian unbedingt mit mir losziehen, um Mitbringsel einzukaufen. Ich sah eine letzte Chance, ihn loszuwerden, indem ich Unlust vorschützte. Aber mein Vorgesetzter ließ nicht locker, wir hätten noch so viel von unseren Tagegeldern übrig. Da könne ich den Meinen auch einige Mitbringsel kaufen. Nach dieser Aufforderung war es nicht mehr möglich, Desinteresse zu zeigen, ohne Verdacht zu erregen. Wir zogen durch mehrere Supermärkte. Christian kaufte nicht nur Mitbringsel für Vogel, sondern auch einiges für seine eigene, im Entstehen begriffene Datscha. Anschließend zog er sich zurück, um den Koffer zu packen, was ich schon am frühen Morgen getan hatte. So fand ich wenigstens die Gelegenheit, mich für eine halbe Stunde freizumachen. In sicherer Entfernung vom Hotel rief ich von einer Telefonzelle aus die auswendig gelernte Nummer an.

Mein Gesprächspartner meldete sich sofort: »Endlich, ich fürchtete schon, Sie seien abgereist.« Leider mußte ich seine Hoffnung gleich wieder zerstören:

»Ich habe nur wenige Minuten Zeit«, sagte ich, »und wollte mich eigentlich nur verabschieden«. Die Enttäuschung auf der anderen Seite war unüberhörbar, aber der BND-Mann hatte sich gut in der Gewalt:

»Da können wir halt nichts machen« antwortete er mit seinem leicht bayerischen Akzent, »trotz allem vielen Dank für den Brief. Allein für den Inhalt wäre ich zu Fuß hierhergekommen. Nur noch eine Frage, wie sieht es denn bei Ihnen mit dem Photographieren aus?« Genau das war schon länger meine Absicht.

»Da läßt sich sicher einiges machen, aber der Apparat sollte eine gute Verkleidung haben.«

»Nun, wir werden sehen, was wir machen können. Außerdem planen wir in der nächsten Zeit einen ständigen persönlichen Kontakt. Sind Sie damit einverstanden?«

Er meinte zweifellos den Einsatz eines Instrukteurs oder Kuriers. Natürlich hatte ich nichts dagegen, wenn sich dadurch auch das Risiko für mich erhöhte. Aber die Geheimbriefe hatten sich in der Anfertigung als zu zeitraubend und zu wenig effektiv erwiesen. Zum Schluß hielt mich der BND-Mann erneut zur Vorsicht an.

»Wir stehen noch ganz am Anfang und dürfen nichts überhasten. Für den Fall der Fälle werden Sie demnächst noch einen Freifahrtschein bekommen.«

Ein solches Papier, er meinte einen Reisepaß, konnte freilich auch nur für den Fall helfen, daß ich eine heraufziehende Gefahr rechtzeitig bemerken wurde.

Christian war gerade mit seinem Gepäck fertig, als ich zurückkam; er hatte keinen Verdacht geschöpft. Wieder in Berlin, fuhr ich noch am gleichen Abend in meine »KW« und nahm mir die Zigarettenschachtel vor. »Es« sei in der Vorderseite, hatte er gesagt. Ich zog vorsichtig eine Schicht von dem dünnen Karton ab. Eine hauchdünne mit Zahlengruppen bedeckte Folie kam zum Vorschein. Zwar ging die Entschlüsselung mit der inzwischen gewonnenen Erfahrung schon schneller, aber ich benötigte dennoch mehrere Stunden. Schließlich hielt ich einen detaillierten Aufgabenkatalog zu allen Komplexen in den Händen, die meine Partner für besonders wichtig hielten. Offensichtlich hatten sie aber noch keine genauen Vorstellungen von meinen Möglichkeiten. Wie aus der Zusammenstellung hervorging, unterschätzten sie einerseits meinen Überblick über das gesamte innere Gefüge des MfS-Apparates. Im BND selbst schien ein wesentlich strengeres Abschottungssystem zwischen den einzelnen Gliederungen zu bestehen. Das legten meine Partner wohl zugrunde, als sie meine Potenzen innerhalb des DDR-Nachrichtendienstes beurteilten und davon die Aufgabenstellung für mich ableiteten. Andererseits unterstellten sie, daß ich Einblick in militärische Geheimnisse der

DDR nehmen könne. Offenbar nahmen sie an, daß engste Verbindungen zwischen der Staatssicherheit und den bewaffneten Organen der DDR bestehen und so Material über Waffensysteme, Truppenstärken und Dislozierungen sowie spezielle Militärobjekte von mir beschafft werden könnte. Dem war nicht so. Mit der NVA hatte zumindest ich in meiner Stellung so gut wie nichts zu tun. Selbst die Hauptabteilung I, der die militärische Abwehr oblag, war organisatorisch vom übrigen MfS abgesondert. Aber ich mußte mir hierüber keine Gedanken mehr machen. Mein in Zagreb übergebener Brief enthielt bereits die klaren Umrisse dessen, wozu ich in der Lage war und wozu nicht.

2

In den folgenden Wochen widmete ich mich der in der letzten Zeit liegengebliebenen Arbeit. Mit meinen aktiven Westvorgängen hatte ich mich an die Spitze im Referat geschoben, mir damit jedoch auch die Spitzenlast aufgebürdet, wenn man von Peter Bertrags Wiener Residentur absah, die jedoch offenbar eine Einheit bildete und daher einfacher zu bearbeiten war. Außerdem hatte ich mich der längst fälligen Ausbildung einiger neu angeworbener Inlandsagenten zu widmen. Allein mein Hilfspersonal in der DDR belief sich inzwischen auf 35 »inoffizielle Mitarbeiter« aller Kategorien, von Werbern über Instrukteure, Kurieren bis zu den Deckadressen. Dazu kam noch das Projekt mit der Physikalischen Gesellschaft. Mein Arbeitseifer und meine Arbeitsergebnisse fanden Anerkennung. Anläßlich des Gründungstages der DDR am 7. Oktober wurde ich im Rahmen der alljährlichen feierlichen Dienstversammlung mit »Verdienstmedaille der Nationalen Volksarmee« ausgezeichnet.

Gleichzeitig wurde Peter Bertag Referatsleiter. Oberst Vogel hatte sich entschlossen, ihn nicht erst zum Stellvertreter zu machen, sondern gleich auf diese Stufe zu heben. Damit wurden wir arbeitsmäßig stärker von Christian abgetrennt, wenn dieser auch weiterhin Peters Anleitung wahrnahm. Mir war das sehr recht. Christian gegenüber ließ sich schwer eine Unregelmäßigkeit verbergen. Bertag dagegen war harmloser. Außerdem hielt das ausgezeichnete Verhältnis zwischen Peter und mir auch, als er in das Zimmer des Referatleiters umzog. Er stützte sich immer noch weitgehend auf mich. Ich galt als der Mitarbeiter im Referat, der sich die meisten Erfahrungen mit den verschiedensten Arbeitsmethoden und operativen sowie administrativen Prozeduren angeeignet hatte. Diese Situation sicherte mir größere Freiheiten, derer ich auch dringend bedurfte.

Schon der erste Funkspruch des BND nach dem mißglückten Treffversuch in Zagreb, der Ende Oktober eintraf, enthielt wieder einmal die Beschreibung eines toten Briefkastens. Ich fuhr in den Friedrichshain und fand an der bezeichneten Stelle unter herabgefallenem Laub am Fuße eines Baums ein wasserdicht verschlossenes Paket. Bei der Öffnung in meiner »Burg« kamen verschiedene Utensilien zum Vorschein: Ein Schraubenzieher mit einem dicken Holzgriff »Made in German Democratic Republic«; ein zweiter ähnlicher Schraubenzieher, jedoch abgebrochen, angerostet und scheinbar nutzlos; ein relativ großes Gasfeuerzeug, wie man es in der DDR mit etwas Glück kaufen konnte; ein neues Blatt Geheimschreibpapier und Chiffrierunterlagen — die früheren gingen bald zu Ende —, sowie eine mit Zahlenreihen bedruckte Folie. Letztere offenbarte nach dem Entschlüsseln die notwendigen Erläuterungen: Der intakte Schraubenzieher ließ sich mit einem Trick öffnen, und aus dem hohlen Griff kullerten vier kleine, außerordentlich schmale Filmrollen. Auch das verrostete Exemplar enthielt ein gleiches, aber leeres Geheimfach.

Von dem harmlos aussehenden Gasfeuerzeug ließ sich die Hülse über dem Tank abziehen. Sie gab eine winzige, doch unkompliziert aussehende Photoapparatur frei. Den Gasbehälter hatte man nur entsprechend verkleinert, so daß das Gerät noch immer seinen äußerlichen Zweck erfüllte und Feuer gab. Die Filmrollen ließen sich in eine zylindrische Höhlung einführen. Der Filmtransport wurde durch Drücken des Zündmechanismus bewirkt. Der Auslöser für eine Aufnahme bestand aus einem im Innern angebrachten winzigen Knopf. Das kleine Wunderwerk der Technik arbeitete allerdings nur, wenn die Hülse entfernt war — und in diesem Zustand konnte jedermann erkennen, daß es kein normales Feuerzeug war. Ich konnte also nur in Abgeschlossenheit und vor Störungen sicher arbeiten. Außerdem war die Filmkapazität auf fünfzig Aufnahmen begrenzt. Es handelte sich jedoch um hochempfindliches Filmmaterial, so daß normale Zimmerlichtverhältnisse für Aufnahmen ausreichten. Man mußte nur eine Entfernung von etwa vierzig Zentimetern über einem normalen DIN-A-4-Bogen einhalten und eine etwas ruhige Hand haben, um Dokumente qualitativ ausreichend photographieren zu können. So wenigstens besagten die Instruktionen. Diese erklärten auch die Funktion des Schraubenziehers. Das intakte Exemplar war zur Aufbewahrung unbenutzter Filme gedacht. Ich konnte ihn im Autowerkzeug oder an einem anderen unverfänglichen Platze aufbewahren. In das verrostete Stück sollten die belichteten Filme kommen. An einem festgelegten Tag der folgenden Monate hatte ich ihn an einem genau bestimmten Ort möglichst wenig sichtbar zu deponieren. Er würde von einem Kurier abgeholt werden. Drei Ablageorte waren verzeichnet, die ich abwechselnd nutzen sollte. Jeweils am nächsten Ort würde ich eine Woche später denselben Schraubenzieher, jedoch mit unbelichteten Filmen, wieder vorfinden, lautete die Anweisung weiter. Daneben werde jedoch der Funkverkehr und das Geheimschreibverfahren weiterhin aufrechterhalten, so daß nun zwei unabhängige Verbindungswege und ein Materialtransportweg bestanden. Die Einrichtung einer persönlichen Verbindung müsse man allerdings aus Sicherheitsgründen noch etwas aufschieben, hieß es am Ende.

Ich war nur halb zufrieden. Persönliche Gespräche wären mir lieber gewesen. Aber ich war ja bei der Verbindung nicht mehr der Führungsoffizier wie bei meiner Tätigkeit für das MfS, sondern künftig der Agent und hatte mich zu fügen. Die Schraubenzieher ließ ich in meiner »KW«, dort schienen sie mir am sichersten zu sein. Die verkleidete Kamera wollte ich jedoch grundsätzlich bei mir führen. Der Besitz eines Gasfeuerzeuges war nicht ungewöhnlich. Ich benutzte es regelmäßig und gab gelegentlich sogar meinen rauchenden Kollegen damit Feuer. Den winzigen Tank mußte ich allerdings sehr oft nachfüllen. Bereits am nächsten Tag konnte ich das Gerät jedoch schon zu seinem eigentlichen Zweck nutzen. Wie seit einiger Zeit gewohnt, war ich am Morgen der erste in der Abteilung. Beim Schein meiner Schreibtischlampe nahm ich die ersten Materialien für den BND auf; ich photographierte die Listen meiner Agenten und Kontaktpersonen sowie wichtige Seiten aus ausgewählten Akten. Am Tag darauf folgte der Inhalt einer »Vertraulichen Verschlußsache« der HVA-Schule. In der »Burg« machte ich Aufnahmen von den inzwischen in meinem Versteck über der Küchendecke angesammelten Niederschriften und Unterlagen, einschließlich der ganzen HVA-Mitarbeiterliste, von der ich schon eine Teilabschrift in Zagreb übergeben hatte. Die zur Verfügung stehenden zweihundert Aufnahmen waren schnell verknipst. Zum Schluß photographierte ich noch einen von mir verfaßten allgemeinen Lagebericht, den ich mit »Grüßen an Pullach« abschloß. Die abgelichteten Originalnotizen konnte ich nun im Kachelofen verbrennen. Ich tat dies sorgfältig und zerstäubte die Asche. Nur die Mitarbeiterliste der HVA hob ich noch auf. Sie war zu wertvoll. Für den Fall, daß die Aufnahmen wider Erwarten nicht gelungen waren oder der Film aus irgendeinem Grunde nicht ausgewertet werden konnte, wollte ich das Original noch zur Verfügung haben. Die ersten vier Filmrollen steckte ich in den abgebrochenen Schraubenzieher und steckte diesen an der angegebenen Stelle in den Boden.

Nach einer Woche hielt ich ihn schon wieder in den Händen. Er enthielt neues unbelichtetes Filmmaterial, aber keine Mitteilung. Ich war etwas enttäuscht, denn ich hatte gehofft, daß sich dieser Materialtransport auch als Instruktionsweg einspielen und den doch recht zeitraubenden Funkverkehr überflüssig machen würde. Letzterer konnte meiner Meinung nach auf Zeiten beschränkt werden, in denen der Verkehr »per Schraubenzieher« aus irgendwelchen Gründen nicht möglich war. Aber schon wenige Tage später empfing ich einen Funkspruch, der mich eines anderen belehrte und mir Vorwürfe über meinen Leichtsinn machte. Persönliche Mitteilungen gehörten nicht auf einen Film, entschlüsselte ich. Im Falle einer zufälligen Entdeckung der belichteten Filme wäre ich der Abwehr unmittelbar ausgeliefert, und diese hätte dann auch noch eindeutiges Beweismaterial gegen mich. Also: »Persönliche Texte wie bisher nur im Brief«, schloß der ziemlich patzig abgefaßte Spruch. Ich war anderer Meinung und kannte ja schließlich die Verhältnisse besser. Eine Entwicklung der Filme durch das MfS hätte mich, auch wenn sie nur Materialaufnahmen enthielten, in jedem Fall ans Messer geliefert, denn es handelte sich um Ablichtungen aus meinen eigenen Akten, – und die konnte nur ich gemacht haben. Die persönliche Bemerkung war demgegenüber unerheblich. Aber ich wollte das Verhältnis zwischen mir und den Leuten in Pullach nicht trüben und hielt mich in der Folgezeit strikt an ihre Anweisungen. Letztlich hingen meine Sicherheit und mein Überleben ja nun auch mit von ihnen ab.

3

An einem Herbsttag des gleichen Jahres – 1976 – las ich im »Neuen Deutschland«, dem Zentralorgan der SED, das ich mir jeden Morgen auf dem Weg zum Dienst kaufte, daß sich das Regime des unbequemen Liedermachers Wolf Biermann durch Ausbürgerung entledigt hatte, während er sich auf einer Konzertreise in Westdeutschland befand. Ich war keineswegs besonders überrascht, denn in den internen Partei-Informationen war schon länger angekündigt worden, daß man in Zukunft strenger mit »unbotmäßigen Kanaillen, die sich Schriftsteller und Künstler nannten«, verfahren werde. Nach der Europäischen Sicherheitskonferenz hatte tatsächlich nicht nur eine Welle von Ausreiseanträgen eingesetzt, sondern es war auch so etwas Ähnliches wie eine Bürgerrechtsbewegung entstanden. Beides hatte für das Gefühl der DDR-Oberen bedrohliche Ausmaße angenommen und die Abwehr auf volle Touren gebracht, um die Aufmüpfigen festzustellen, aufzulisten und besonders Widerspenstige hinter Schloß und Riegel zu bringen: nach einem subtilen Auswahlprinzip. So schützte ein gewisser Bekanntheitsgrad im Westen häufig vor dem direkten Zugriff – ein Bonus, auf den unbekanntere Protestler in der Provinz nicht zählen konnten. Falschen Schlußfolgerungen die von DDR-Bürgern aus den taktischen Parolen der

»friedlichen Koexistenz« und »Entspannung« gezogen wurden, mußte entgegengetreten werden, denn offenbar war das Volk trotz der »Feindbild«-Kampagne des Genossen Honecker noch immer politisch unreif und begriff einfach nicht, daß diese Formeln nur eine Funktion nach außen zu erfüllen hatten. Als nun sich auch noch Biermann mit seinen Gesängen zum Sprachrohr jener gemacht hatte, die nicht verstehen wollten, um was es ging, mußte er weg. Freilich, die früheren rein polizeilichen Methoden des Systems waren nicht mehr gegen jedermann angebracht. Es gab schon zuviel weichliches und versponnenes Literatenvolk, das dann möglicherweise unangenehmen Lärm gemacht hätte. Außerdem waren schon einige hohe Funktionäre heimlich mit dem »Strolch« befreundet. Also besser: Ab nach Westen mit ihm und seinesgleichen.

Mir bot sich eine neue, in meiner kritischer gewordenen Lage willkommene Gelegenheit, als Scharfmacher aufzutreten. In der Dienststelle wartete ich an diesem Morgen, bis nach und nach die anderen eingetroffen waren; meinen Kommentar hatte ich mir schon zurechtgelegt. Einige Genossen zeigten tatsächlich ideologisch weiche Stellen: »Können wir uns denn nicht einmal einen Biermann leisten? Wir sind doch ein stabiler Staat. Was kann uns da ein bißchen Meckerei schon anhaben?« Andere meinten, bei der gegenwärtig von den USA lancierten sogenannten Menschenrechtskampagne sei zumindest der Zeitpunkt des Vorgehens gegen Biermann ungeschickt gewählt. Wieder andere, darunter mein linientreuer Hausgenosse Olaf Junghanns, hielten sich an die einfache System-Logik: Wenn es die Partei so beschlossen hat, dann war es richtig und notwendig. Leute von der Art Olafs sind ein wesentliches Element zur Stabilisierung der DDR. Auch diese Sorten von bequemen Ja-Sagern wollte ich übertrumpfen und allen »einmal richtig zeigen«, wie ein wahrhafter Genosse die Sache parteilich, offensiv und dialektisch zu betrachten hat.

Ich wählte ein Gleichnis: »Stellt euch vor, ein Mann besitzt einen schönen rotbackigen Apfel, und will ihn natürlich genießen, nimmt ein Messer, schneidet ihn auf, und findet darin einen häßlichen und ekelhaften Wurm. Soll der Mann das Gewürm nun weiter fressen lassen, bis es ihm den ganzen Apfel ausgehöhlt und ungenießbar gemacht hat? Nein — unser Mann ist klug. Er nimmt das Messer und schneidet den Wurm, sowie, wenn nötig, noch etwas von dem schon angefressenen Fruchtfleisch heraus. Und genauso haben wir den giftigen Wurm Biermann herausgeschnitten aus unserem Volk — wir, das Messer der Partei, wir, das MfS.« Keiner der Anwesenden konnte es wagen, etwas gegen das Gleichnis — so primitiv und jämmerlich es war — einzuwenden. Christian, der meinen propagandistischen Auftritt auch mitbekommen hatte, warf mir einen anerkennenden Blick zu. »Genossen«, knüpfte er an, »wir müssen offensiv auftreten und dem Gegner keine Chance der Argumentation lassen. Biermann war ein Feind, und für einen Feind ist er noch sehr glimpflich davongekommen. So und nicht anders habt ihr nun auch mit euren Agenten über den Fall zu diskutieren.«

Niemand sagte noch etwas, jeder ging an seinen Arbeitsplatz. Nur einer hatte weitergedacht. Er kam wenig später in mein Dienstzimmer und sah mich listig an: »Du hast gesagt, der Apfel ist das Volk und das MfS das Messer. Wenn ich dich richtig verstanden habe, ist der Mann selbst doch die Partei. Was macht er denn am Ende mit dem Apfel?« Er forschte in meinen Augen, und ich in den seinen. »Nun, er frißt ihn auf. Du und ich, wir beide dienen ihm dabei«, antwortete ich schließlich. Unsere aufeinander gerichteten Blicke verrieten, daß wir uns richtig verstanden hatten. Ich war mit meiner Antwort nicht zu weit gegangen. Der Kollege teilte meine Ansicht, und ich wußte, daß unser kurzer Dialog unter uns bleiben, ja daß ich einen Vertrauten haben würde, wenn es einmal notwendig sein sollte.

Eine Stunde später wurde die ganze Abteilung im Zimmer des Leiters zusammengerufen. Der Genosse Minister hatte befohlen, eine Erklärung zur Ausbürgerung Biermanns bekanntzugeben. Wie zu erwarten, wurde uns eröffnet, daß der Barde eigentlich schon immer ein »fieses Subjekt« gewesen sei. Seine Herkunft aus einer durch und durch roten Ahnenreihe wurde verschwiegen, dafür seine angebliche moralische Verworfenheit ausgemalt. Der Propagandaapparat der Partei — sonst ausgesprochen prüde und zurückhaltend — hatte alles an Schmutz zusammengestellt, was man einem »verkommenen Menschen« wie ihm nur anhängen konnte. In »seinen Kreisen« habe es jeder mit jedem und jeder getrieben. Widerliche Exzesse und ideologische Diversion aber gehen Hand in Hand, hieß es weiter. Auch der künstlerische Wert der Biermannschen Gesänge sei mehr als zweifelhaft: »Genossen, nutzt diesen Fall, um mit euren Agenten zu diskutieren«, forderte uns der Abteilungsleiter auf. »Außerdem erwarte ich von jedem der von uns geführten Leute einen Stimmungsbericht aus seinem Arbeits- und Freizeitbereich. Vor allem wollen wir die Namen derjenigen, die sich gegen die Ausbürgerung aussprechen. Endlich werden die Feinde wieder einmal ihr wahres Gesicht zeigen und sich zu erkennen geben. Endlich können wir wieder einmal ungeschminkt erfahren, wie jeder einzelne zur Partei steht.« Wir sollten also den Akt politischer Willkür auch noch für Spitzelarbeit nutzen. Die meisten unserer Inlandsagenten hielten sich auch an die »Parteidisziplin« und denunzierten in ihren Berichten jeden, der sich mit der Maßnahme der Partei unzufrieden zeigte. Die Karteien der Ungehorsamen, Abtrünnigen, Zweifler oder gar Feinde wurden so angereichert und auf den neuesten Stand gebracht. Bürger, die ihre Selbstachtung wahren wollten, gaben an, Biermann nicht zu kennen und von seinen staatsgefährdenden Umtrieben erst aus der Zeitung erfahren zu haben.

Doch die Sache war damit für das Regime und das MfS noch nicht ganz überstanden. Trotz aller Maßnahmen fanden sich — völlig unerwartet — viele Künstler sowie Wissenschaftler nicht mit der bürokratischen »Lösung« des Biermann-Problems ab, demonstrierten Solidarität mit dem Verjagten und forderten die Rücknahme der Ausbürgerung. Namhafte Persönlichkeiten beteiligten sich am Protest. Die Obrigkeit parierte auch diese Anfechtungen auf ihre Weise sehr geschickt. Zunächst wurden alle inoffiziellen Mitarbeiter, die das MfS in Künstler- und anderen Intellektuellenkreisen hatte, angewiesen, »Anti-Biermann-Briefe« zu schreiben. Bei Leuten, die nicht sofort gehorchen wollten, wurde »nachgeholfen«, etwa mit dem Hinweis auf kleine dem MfS bekannte Verfehlungen. Die Parteipresse druckte dann Pro- und Contra-Stimmen ab, wobei die partei-konformen Stellungnahmen natürlich überwogen. Mit diesem Beweis angeblicher Meinungsfreiheit nahm man nicht nur der Diskussion die Spitze, sondern provozierte auch noch Leute, die zunächst vorsichtig geblieben waren, dazu, sich zu decouvrieren. Ein im MfS ad hoc gebildeter Operativstab bekam eine lange Liste von Biermann-Freunden. Vielen von ihnen legte man später nahe, wie er das Land ihrer künstlerischen Betätigung zu wechseln. Andere, bekanntere Sympathisanten wurden mit den verschiedensten Methoden zum öffentlichen Widerruf ihrer Überzeugung bewogen.

Für Dezember 1976 stand ein Haupt-Treff mit »Sturm«, der IBM-Quelle in München, an. Da inzwischen entschieden worden war, ihn nicht mehr in die DDR kommen zu lassen, mußte die Zusammenkunft im Ausland stattfinden. Ich witterte eine Chance und schlug Finnland vor. Christian zeigte sich nicht abgeneigt. Er berichtete dem Leiter des Sektors, Oberst Horst Vogel, von dem Plan. Doch dieser traf eine andere Disposition: Der Treff mit »Sturm« solle in Stockholm stattfinden, und er selbst — Vogel — sei mit von der Partie. Damit war ich selbst ausgeladen, denn eine Reise von drei MfS-Offizieren zu einem Treff im Ausland würde vom Leiter der HVA nicht genehmigt, zumal aus Absicherungsgründen auch »Rechner«, der Instrukteur, nach Schweden kommen sollte. Trotzdem hatte ich den Reiseplan zu schreiben, denn ich trug als Führungsoffizier in jedem Fall die Verantwortung. Ich suchte den für Schweden zuständigen Mitarbeiter der HVA-Abteilung III, den Genossen Oberleutnant Winter, auf und sprach die Reise mit ihm ab. Bei einer Dienstfahrt in ein westliches Ausland mußte auch der MfS-Resident an der Botschaft informiert werden, um notfalls Hilfestellung geben zu können. Winter übernahm die Hotelbestellung und empfahl unaufgefordert einige Pornoshops. Nach seinen Erfahrungen wollten alle MfS-Leute, die nach Stockholm kamen, auch einige spezielle »Erkenntnisse über die Dekadenz der westlichen Moral« gewinnen.

Vogel und Christian beabsichtigten mit Diplomatenpässen zu fahren, um sich, soweit wie möglich, Sicherheit durch Immunität zu verschaffen, wenn auch dieser Schutz unsicher war, denn sie benutzten ja falsche Personalien. Sollte die schwedische Abwehr auf irgendeine Weise dahinter kommen, könnte sie unter Umständen doch zugreifen. Aus diesem Grund kam ich in einen inneren

Konflikt: Sollte ich Pullach von der bevorstehenden Treffreise berichten? Wäre die Verlockung, zwei hochrangige Offiziere des DDR-Geheimdienstes »hochgehen« zu lassen, für den BND nicht zu groß, um meinen Sicherheitsinteressen noch Vorrang zu geben? Zumindest eine Observation würde sich Pullach nicht entgehen lassen. Das könnte von meinen Vorgesetzten bemerkt werden und bei ihnen Mißtrauen gegen mich erzeugen. Denn neben diesen beiden wußten zwar auch Winter und der Resident die genauen Reisedaten, aber von »Sturm« abgesehen, kannte nur ich auch noch Treffort und -zeit. Also beschloß ich, nichts davon in meinen regelmäßigen Geheimbriefen verlauten zu lassen.

Als ich den von mir aufgestellten Reiseplan nach Genehmigung durch den Chef der HVA zurückbekam, um ihn in der Akte abzuheften, entdeckte ich einen von Christian eingefügten Passus. Demnach sollten mit »Sturm« Fragen des ›Projekts Strahl‹ besprochen werden. Was mochte sich wohl hinter dieser Tarnbezeichnung verbergen? Ich konnte meinen Vorgesetzten nicht einfach danach fragen; nach dem Reglement ging es mich nichts an, solange man meiner nicht dazu bedurfte. Aber ich wußte, daß Christian schon irgendwann damit herausrücken würde.

Die Treff-Reise der beiden MfS-Offiziere verlief reibungslos. Es fiel mir nur auf, daß sie nach der Rückkehr elegante neue Pelzmützen trugen, die sie bestimmt nicht in einem Supermarkt gekauft hatten und nicht aus ihren Reisespesen bezahlt haben konnten. Erst in der Bundesrepublik erfuhr ich die Wahrheit. Ich hatte beim MfS 4000 West-Mark für »Sturm« angefordert und sie Christian mitgegeben, der für meine Finanzabrechung nach der Reise auch einen Beleg über diese Summe »als Ausgabe für die Quelle« unterschrieb. »Sturm« gab bei seinen Vernehmungen nach der Verhaftung jedoch an, in Stockholm nur 2000 DM erhalten zu haben. Es besteht kein Zweifel: Die beiden DDR-Geheimdienstoffiziere haben den Rest einfach unterschlagen. Dazu fügte es sich gut — oder war von vornherein so arrangiert worden —, daß ich zugunsten Vogels auf die Reise verzichten mußte. Im Beisein eines Untergebenen konnten die beiden höheren MfS-Offiziere nicht einfach 2000 DM in die eigene Tasche stecken. Obwohl mein Urteil über die beiden schon lange feststand, hat mich diese nachträgliche Erkenntnis über das Ausmaß ihrer Korruptheit doch noch überrascht.

Wenige Wochen nach ihrer Rückkehr hatte ich »Rechner« zu einem weiteren Treff mit »Sturm« einzuweisen, wozu es unerläßlich wurde, mich in das Projekt »Strahl« einzuweihen. Christian klärte mich auf, daß er die Quelle bei seinem Treff in Stockholm beauftragt hatte, die ganze Lage der Rechenzentren von MTU in München und von Dornier in Friedrichshafen zu erkunden. Es gäbe nämlich eine Methode — so vertraute mir mein Vorgesetzter weiter an —, die bei Inbetriebnahme eines Computers abgestrahlten elektromagnetischen Wellen mit einer Spezialantenne aus der Nähe aufzunehmen und letztlich die Programme zu entziffern. Damit erhalte man umfangreiche Informationen über Projekte und Entwicklungsarbeiten. Die »Freunde« — also das KGB — hätten diese Art der Nachrichtenbeschaffung bereits erfolgreich erprobt, und wir wollten nun sehen, ob wir das Verfahren nicht auch nutzen könnten. Die beiden Konzerne in der Bundesrepublik waren für Aufklärungsoperationen besonders geeignet, da sie mit militärischen Entwicklungen befaßt seien.

Ich dachte dabei an den Trubel, den in Westdeutschland das Datenschutzproblem auslöste. Die Bürger der Bundesrepublik Deutschland fühlten sich schon bedroht, wenn etwa von Versicherungen und der öffentlichen Verwaltung verschiedene persönliche Daten gespeichert werden, die noch nicht einmal ausgetauscht werden dürfen, worüber Datenschutzbeauftragte sorgfältig wachen, während gleichzeitig östliche Geheimdienste daran gingen, in die Datenbanken der westlichen Sicherheitssysteme hineinzuhorchen. Ob es schließlich wirklich gelungen ist, mit den sowjetischen Methoden zu Ergebnissen zu kommen, konnte ich nicht mehr in Erfahrung bringen. Die eigentliche elektronische Spionage selbst war nicht unser Geschäft. Ich zweifle jedoch nicht daran, daß man am Projekt »Strahl« zielstrebig weitergearbeitet hat.

4

Zu Beginn des Jahres 1977 trat ein bedeutender Fortschritt in der Verständigung mit dem BND ein. Bereits bei den kurzen hastigen Gesprächen in Zagreb hatte mir der Abgesandte aus Pullach eine persönliche Verbindung in Aussicht gestellt. Doch war das Vorhaben per Funkspruch wieder aufgeschoben worden. Film- und Briefübermittlung funktionierten zwar gut, führten jedoch nicht zu dem Grad der Zusammenarbeit, den ich mir vorgestellt hatte. Mir schwebten gemeinsam geplante Operationen vor, die den DDR-Spionageapparat entscheidend schwächen sollten. Natürlich konnte ich mit dem in jeder neuen Lieferung aus Pullach enthaltenen Filmmaterial für jeweils 200 Aufnahmen eine Reihe interessanter Materialien in den Westen gelangen lassen, aber das hatte ja noch immer Zufallscharakter. Ich photographierte nur, was mir über den Tisch kam und besonders wertvoll erschien. Nach meiner Ansicht war jedoch bedeutend effektiver zu arbeiten, wenn ich zu einem richtigen Konsultationsverhältnis und zu gemeinsamer Planung mit dem BND kommen könnte. Mit dem quasi anonymen Weisungsverfahren aus der Ferne und den permanenten Mahnungen zur Vorsicht allein war ich nicht zufrieden. Ich erfuhr jedoch später, daß man sich erst ein möglichst präzises Bild über meine Sicherheitssituation zu verschaffen versuchte, ehe man eine regelmäßige persönliche Verbindung einrichten wollte.

Im Januar ging jedoch ein Funkspruch ein, in dem ich nun endlich aufgefordert wurde, der Zentrale in Pullach meine Vorstellungen über die Abwicklung eines persönlichen Treffs mit einem Verbindungsmann darzulegen. Gedanklich hatte ich mich schon lange mit dem komplexen technischen Problem befaßt, wie ein Treff mit einem BND-Mann in der DDR am besten zu organisieren wäre. Bei allen Varianten, die ich theoretisch durchspielte, waren die Risikofaktoren allerdings verhältnismäßig groß. Orte außerhalb Berlins schieden von vornherein aus, da Bürger der Bundesrepublik Deutschland für die Einreise einen umständlichen und in diesem Falle höchst riskanten und auch langwierigen Prozeß der Antragstellung und Visaerteilung durchlaufen müssen. Zudem war ich in der Planung meiner Dienstreisen nicht uneingeschränkt freizügig. Auf diese Weise könnten höchstens zwei Treffs im Jahr zustandekommen, etwa anläßlich der Leipziger Messe, was meiner Ansicht nach nicht ausreichte. Außerdem hielten sich dann zu viele MfS-Angehörige in dieser Stadt auf.

Dagegen bot Ostberlin den großen Vorteil, daß Bundesbürger ohne große Formalitäten mit einem Tagesvisum einreisen können und im Strom der Besucher untergehen. Auch regelmäßige Einreisen würden nicht auffallen. Viele Westdeutsche kamen öfters in die alte Reichshauptstadt, um Verwandte, Freunde — oder Freundinnen — im Ostsektor zu sehen. Auch — wenn auch wenige — günstige Einkaufsgelegenheiten sowie Theateraufführungen und sogar Fußballspiele der DDR-Oberliga zogen ständig Besucher aus dem Westen an. Die Legende für eine Einreise nach Ostberlin war also kein Problem. Mit einem dieser gängigen Besuchszwecke würde auch die Gefahr der Beobachtung durch das MfS gemindert werden. Wie ich wußte, hängen sich nämlich Observationsgruppen der Hauptabteilung VIII stichprobenartig an einzelne Einreisende an, um deren Tun in der DDR-Hauptstadt zu kontrollieren. Da der Prozentsatz der so Bespitzelten bei dem Umfang des täglichen Besucherstroms gering bleiben muß, entgehen Ankommende mit plausibler Legende am ehesten einer Verfolgung.

Das Hauptproblem war vielmehr die Lokalität, in welcher der Treff abgehalten werden konnte, sowie die damit verbundenen Umstände und Risiken. Zwar würde es beim Umfang meines Potentials an Agenten und Kontaktpersonen nicht gleich auffallen, sähe man mich vielleicht mit einem Fremden in einem Restaurant. Das kam oft vor. Die verschiedenen »IM« durften nicht alle in die gleiche konspirative Wohnung bestellt werden, und das Reservoir an »KW« war begrenzt. Bei einem Treff in einem »besseren« Restaurant war es kaum zu vermeiden, von Kollegen gesehen zu werden, die ebenfalls mit ihren Verbindungen dort verkehrten — in einigen Lokalen, wie im »Opern-Café unter den Linden«, im »Budapest« in der Karl-Marx-Allee oder im »Baikal« am Leninplatz lief man sich gegenseitig ständig über den Weg —, doch kannte man die Treffpersonen des anderen ja nicht. Aber was, wenn mich einer meiner Vorgesetzten sah, die über meinen Agentenbestand recht genau Bescheid wußten und auch die mei sten »IM« persönlich kannten? Das Risiko war zu hoch. Parks, Museen oder ähnliche Orte schloß ich ebenfalls aus. Obwohl in der einschlägigen Literatur gern verwendet, sind solche Treffs in der umfassend kontrollierten Umwelt eines kommunistischen Staates viel zu gefährlich.

Ich kam bei meinen Abwägungen schließlich auf zwei Möglichkeiten, die nach meiner Ansicht viel für sich hatten, obwohl beide, zumindest auf den ersten Blick, äußerst abenteuerlich erscheinen mußten. Warum sollte der BND-Mann nicht im Rahmen meiner normalen Arbeit als »West-Hinweis« kontaktiert werden? Er konnte doch eine für das MfS interessante Person darstellen, die ich operativ wahmehmen wollte. So würden die Treffs ganz »legal« und mit der Billigung meiner Vorgesetzten stattfinden. Ich könnte nach einer gewissen Zeit sogar noch zum Schein mit einem »Werbungserfolg« aufwarten. Der BND-Mitarbeiter hatte also seine eigentlichen Führungsaufgaben mir gegenüber wahrzunehmen, aber gleichzeitig in die Rolle eines von mir bearbeiteten und später scheinbar von mir geführten MfS-Agenten zu schlüpfen. Er dürfte dabei freilich nicht den geringsten Fehler machen, und seine »Legende« müßte den Nachprüfungsmöglichkeiten des MfS standhalten. Meine Vorgesetzten würden meine angebliche Operation natürlich auch verfolgen und womöglich sogar einmal an einem Treff teilnehmen wollen. Mir gefiel die Idee dennoch außerordentlich. Die Geschichte der Nachrichtendienste der jüngeren Vergangenheit kennt schon eine Reihe von Fällen dieser Art.

Die zweite Möglichkeit erschien mindestens so verwegen, war jedoch viel einfacher, und ich hielt sie für ebenso gut. Der BND-Mann konnte doch nach gründlicher Absicherung gegen eine Beobachtung ohne weiteres in die »Burg«, meine konspirative Wohnung kommen, die ja ohnehin schon lange eine Art Relais-Station der Spionage gegen das MfS geworden war. Ich hatte meinen Unterschlupf noch immer von anderen potentiellen Benutzern aus der Kollegenschaft freihalten können. Nie hatte sie ein Vorgesetzter ohne mich betreten. Der Treff könnte dort also völlig ungestört verlaufen. Die Kontrolle und die Vorsichtsmaßnahmen lägen voll in meiner Hand und würden mir ein Gefühl der

Sicherheit geben, ein größeres jedenfalls, als das häufige Belegen und Entleeren von toten Briefkästen. Obwohl stets ein neuer Lagerort gewählt worden war, beschlich mich noch jedes Mal ein Gefühl der Beklommenheit, wenn ich — selbst nach gründlichster Absicherung — in die Parkanlage ging und dort den Schraubenzieher aus der Erde zog. In knappen Worten vertraute ich also meine beiden Vorschläge dem nächsten Geheimbrief über die Deckadresse nach Pullach an. Der Zeitmangel bei der Abfassung, verbunden mit dem vergleichsweise beschränkten zur Verfügung stehenden Raum erlaubten mir allerdings keine sehr ausführliche Begründung meiner Vorstellungen.

Die Antwort kam nach reichlich zwei Wochen per Funk. Schon nach Entschlüsselung der ersten Worte wußte ich, was man beim BND von meinem Vorschlag hielt. In höfliche Formulierungen verpackt, erklärten mich die Leute für verrückt. In die »MfS-Bannmeile« wollten sie ihren Verbindungsmann auf keinen Fall entsenden. Ich solle mir etwas anderes ausdenken. Wenn nicht, würden sie selbst einen Vorschlag ausarbeiten. Außerdem kündigte man mir bei der nächsten Lieferung im toten Briefkasten, die in Kürze fällig war, eine umfangreiche Sendung an. Wie sollte ich nun reagieren, doch ein Restaurant oder den Zoo als Treffort benennen? Nein, so schnell wollte ich meine Idee nicht fallen lassen. Offenbar sah man die Sache beim BND nicht im richtigen Licht. Wie sollte ich das den Pullachern klar machen? Es blieb mir nur der Weg — entgegen der Instruktion, ausschließlich Dokumente per Film zu übermitteln —, die Beweggründe für meine Vorschläge ausführlich auf mehreren Seiten darzulegen, diese mit der Feuerzeugkamera zu photographieren und zusammen mit dem sonstigen, auf Film gebrachten Material im verrosteten Schraubenzieher zum toten Briefkasten zu bringen.

Ich war diesmal besonders nervös und überzeugte mich besonders genau, daß niemand meinem Wagen folgte. Es verlief jedoch alles reibungslos. Ich stellte mein Fahrzeug hinter dem Lenin-Hochhaus ab und ging festen Schrittes in den Friedrichshain, als wollte ich ihn nur durchqueren. Es war noch im Winter, schon dunkel, wenn auch noch früh am Abend. Wegen der Kälte war kaum ein Mensch unterwegs. Unauffällig trat ich an den gewissen

Baum und tat dabei so, als müßte ich einem dringenden Bedürfnis nachgeben. Danach trat ich etwas beiseite und bückte mich, wie wenn ich meine Schnürsenkel neu schnüren müßte. Mit der Hand fühlte ich nun im Laub am Fuß der Baumwurzel und konnte ein Päckchen aus dem lockeren Erdreich ziehen. Zum Glück lag kein Schnee, auch war der Boden nicht gefroren; für diesen Fall war eine andere »Fundart« vereinbart. Das Päckchen ließ ich in der Innentasche meines Wintermantels verschwinden. Den von mir mitgebrachten Schraubenzieher steckte ich an der gleichen Stelle in den Boden, richtete mich wieder auf und trat die Erde danach fest, als wollte ich probieren, daß die Schuhe nun richtig sitzen. Mit der Schuhspitze schob ich wieder altes Laub darüber. Das Ganze ging so schnell und scheinbar »natürlich« vor sich, daß auch ein zufälliger Beobachter, außer er hätte dicht bei mir gestanden, nichts Auffälliges bemerkt hätte. Auf dem Rückweg brachte ich in der öffentlichen Toilette hinter dem Lenin-Hochhaus das festgelegte Zeichen an, das dem BND-Kurier zeigen würde, daß ich den toten Briefkasten ohne Probleme geleert und wieder belegt hatte.

In der »Burg« öffnete ich das Päckchen in Ruhe. Zunächst kam das fällige Duplikat des verrosteten Schraubenziehers zum Vorschein. Um den Transportverkehr zwischen mir und dem BND zu beschleunigen, diente ein toter Briefkasten schon seit einiger Zeit — anders als am Anfang — gleichzeitig der Entgegennahme von Material aus Pullach wie auch der Belegung mit belichteten Filmen für Pullach, und so waren zwei wechselseitig genutzte Exemplare dieses wandernden »Containers« nötig. Diesmal fand ich im Päckchen auch den angekündigten »Reisepaß der DDR« und die weiteren dazu benötigten Ausreisepapiere. Die Innenseite zierte mein Bild, die übrigen Personalien waren mir natürlich fremd. Die beiliegende Erläuterung besagte, daß es sich um eine reine Vorsichtsmaßnahme handele. Der Paß mit eingestempeltem Visum, dazu eine Devisenbescheinigung, sowie die bei den Grenzkontrollen der DDR von ihren Bürgern vorzuweisende Ein- und Ausreisekarte sollten mir im Falle akuter Gefahr ermöglichen, mich abzusetzen, »jedoch nur, wenn es wirklich nötig sein sollte«. Darauf mußte man mich nun nicht besonders hinweisen. Ich hatte dem BND ja klar gemacht, daß ich hier noch möglichst viel Informationen sammeln und mich nicht ohne Grund absetzen wollte. Der falsche Paß war — auch nach kritischer Prüfung — eine vorzügliche Arbeit. Er würde seinen Zweck an der Grenze voll erfüllen — wenn ich sie im Ernstfall überhaupt noch erreichen konnte und auch noch keine Großfahndung angelaufen sein würde. Das Ausreisevisum war für das ganze Jahr 1977 gültig. Wahrscheinlich hatte Pullach mit der Lieferung des bereits in Zagreb zugesagten Personaldokuments bis jetzt gewartet, damit es möglichst lange Zeit gültig war. Die BND-Spezialisten waren gut im Bilde: Visa werden in der DDR selten über das Jahresende hinaus erteilt. Ich verwahrte die Reisepapiere im Versteck über der Küchendecke, nahm die neuen Filmrollen aus dem alten Schraubenzieher, zog einen Film in die Minikamera ein und verstaute die übrigen in dem »guten« Schraubenzieher, den ich im Gegensatz zu dem verrosteten ständig greifbar hatte. Für die nächsten zweihundert Aufnahmen war ich gerüstet.

Der nächste Funkspruch bestätigte den Empfang meiner letzten Sendung und kündigte mir die nochmalige Prüfung meiner Vorschläge an. Man werde sich dann äußern; ich müßte jedoch mit vier Wochen Wartezeit rechnen. Das war verständlich. Ich hatte unter anderem die Lage meiner »KW« genau beschrieben, und die Leute in Pullach wollten sich jetzt selbst ein Bild über ihre Anlaufmöglichkeiten machen — immerhin ein Fortschritt. Man lehnte meinen Vorschlag nicht mehr rundweg ab. Ich schrieb daraufhin eine einfache Geburtstagskarte an die Deckadresse, das vereinbarte Zeichen dafür, daß ich den Spruch gehört hatte.

Besonders intensiv widmete ich mich weiterhin der Photoarbeit. Sie war mir in den frühen und ruhigen Morgenstunden an meinem Schreibtisch schon längst zur vertrauten Gewohnheit geworden. Pullach hatte nun schon längst die gesamte MfS-Struktur, das Mitarbeiterverzeichnis der HVA, die wichtigsten aktuellen Dienstanweisungen und den Inhalt einer Reihe von Akten aus meinem Schrank. Regelmäßig kopierte ich ferner die Protokolle der Referatsbesprechungen und der aktuellen Politinformationen, die uns durch die Parteiorganisation zugänglich wurden. Letztere enthielten durchaus Dinge, die von der SED-

Führung nicht öffentlich verbreitet wurden. Als MfS-Angehörige genossen wir das besondere Vertrauen der Parteiführung und durften deshalb so manches erfahren, was hinter den Kulissen vor sich ging.

Bei vielen der von mir auf diese Weise übermittelten Informationen wurde mir allerdings das Dilemma immer mehr bewußt, in dem sich der BND zunehmend befand: Er konnte sie nicht nutzen, wenn er mich nicht in Gefahr bringen wollte. Vor allem mußte alles, was ich über Westagenten des MfS meldete, dort bis auf weiteres »auf Vormerkung« bleiben. Mit meinen Materialkopien bekamen meine BND-Partner Beweise gegen DDR-Spione in die Hand und durften diese doch noch nicht anrühren. Sie mußten sich ja geradezu verhöhnt fühlen, wenn ich ihnen über laufende Operationen gegen den Westen berichtete, die ich selbst weiter betreiben sollte und mußte. Aus Verständnis für die schwierige Lage, in die ich meine Partner brachte, stellte ich bei meinen Mitteilungen solche Vorgänge voran, an denen ich dienstlich unbeteiligt war.

Bei der Sammlung mir offiziell nicht zugänglicher Personaldaten machte ich mir unter anderem meine Bekanntschaft mit dem Genossen Werner Schlenkrich von der Abteilung VI/K der HVA zunutze. Der Mann — ein mürrischer Kettenraucher — spielte im Geheimdienst der DDR eine wesentliche Rolle. Obwohl er eigentlich nur einen untergeordneten Verwaltungsposten innehatte, kamen bei ihm mehr Personaldaten zusammen als an jeder anderen Stelle des Apparates. Schlenkrich gab nämlich die gefälschten Reisedokumente aus und nahm die Anträge dafür entgegen. Ihm gelangten die Personalien jedes vom MfS benutzten Passes vor Augen; anhand der Visumanträge wußte er ferner, wann welcher Agent in die DDR kommen würde. Er sah natürlich auch die Lichtbilder und kannte meist auch die Klarnamen. Seiner bedeutenden Stellung bewußt, achtete er allerdings streng auf die Prinzipien der Konspiration. Wenn er einmal den Mund aufmachte, dann meist nur, um zu nörgeln oder um einen Antragsteller abzukanzeln. Unser Referat nahm bei ihm aber eine Sonderrolle ein, denn er hatte sich bei uns vor Jahren — wenn auch erfolglos — als Führungsoffizier versucht. Irgendwie hing er noch an den »alten Kameraden von der Truppe«. Daneben spielten kleine Bestechungen mit Westschnaps und Zigaretten eine Rolle. Er wurde keineswegs freundlicher, wenn er eine Flasche Dujardin ohne Kommentar entgegennahm und in seinem Schreibtisch verstaute, aber er bemühte sich doch, unsere Anliegen möglichst vorrangig zu bearbeiten.

Für meine Zwecke kam es mir aber vor allem zustatten, daß Schlenkrich davon absah, seine Kassette zuzuklappen, wenn wir bei ihm vorsprachen, was er bei anderen Besuchern prinzipiell zu tun pflegte. Sie stand seitlich vor ihm und diente zur Sammlung von Tagesvisa und anderen Einreisepapieren, die von den Agenten benutzt worden waren. Auf den Visa standen die Paßnummern sowie die Reisetage. Ab und zu gelang es mir, eine der Paßnummern zu entziffern und mir einzuprägen. Sorgfältig schrieb ich sie mir dann im Anschluß an einen solchen Besuch in meiner »KW« auf. Zwar wußte ich nicht, ob es sich bei der Person, die den Paß benutzt hatte, um einen nach Ostberlin bestellten Agenten handelte, der im Westen arbeitete, oder um einen Instrukteur oder Kurier, der von einem kurzfristigen Einsatz zurückkam. Immerhin, der Inhaber des Passes oder — im Falle einer Fälschung — ein Doppelgänger der im Paß ausgewiesenen Person stand in Verbindung mit dem MfS. In den Händen des Verfassungsschutzes oder des BKA konnten diese knappen Informationen zur Enttarnung von DDR-Agenten führen. Der große Vorteil bei solchen Erkundungen für mich war, daß eventuelle Maßnahmen westlicher Stellen gegen die Betreffenden nicht mit mir in Verbindung gebracht werden konnten. Dennoch hielt ich auch die mir auf diese Weise bekanntgewordenen Daten vorerst zurück, denn bei der Übergabe an den BND würden ausführliche Erläuterungen nötig sein. Dazu wollte ich erst die Einrichtung persönlicher Treffs mit einem BND-Vertreter abwarten.

Ende Februar, im nächsten Funkspruch aus Pullach wurde Treffvariante ›zwei‹ akzeptiert und ich gebeten, einen geeigneten Termin für Ende März vorzuschlagen: »Unser Mann wird sie am vorgeschlagenen Ort aufsuchen. Zur Absicherung ist es erforderlich, daß Sie unmittelbar vor dem Treff ein Freizeichen in der Nähe anbringen. Informieren Sie uns, wie und wo.« Ich wählte als

Trefftag den dritten Montag im März. Ein Montag war deshalb günstig, weil an diesem Wochentag grundsätzlich ab 17 Uhr die Parteiveranstaltungen stattfanden. Jeder Mitarbeiter mußte teilnehmen; Ausnahmen gab es nur bei wirklich unaufschiebbaren operativen Aufgaben. Die Versammlungen dauerten regelmäßig eineinhalb Stunden. Anschließend fuhren die Mitarbeiter gewöhnlich direkt nach Hause. Ein anschließender Treff verliefe also mit an Sicherheit grenzender Wahrscheinlichkeit ungestört; als Zeitpunkt hielt ich 19.30 Uhr für gut geeignet. So konnte ich nach der Parteiveranstaltung zeitig genug in meine konspirative Wohnung kommen und vor dem Eintreffen des BND-Mannes noch einmal nach dem Rechten sehen. Ich verfaßte den Antwortbrief, teilte die Daten mit und schlug als »Freizeichen« einen Bleistiftstrich auf meinem Briefkasten vor, der — wie der der anderen Mieter — am Eingang zum Hinterhaus befestigt war. Der Besucher vom BND würde so schon im Erdgeschoß erkennen können, ob alles in Ordnung war. Fehlte der Strich, konnte er das Gebäude sofort wieder verlassen.

In der Woche vor dem angebotenen Termin kam über die Funkspruchverbindung noch einmal eine Treffbestätigung und abermals eine Mahnung zu äußerster Vorsicht. Nach der Parteigruppenversammlung, die am verabredeten Montag wie üblich pünktlich endete, fuhr ich zunächst — relativ langsam — ein Stück in Richtung meiner Wohnung. Nachdem die Wagen meiner Kollegen außer Sicht waren, und ich sicher sein konnte, daß niemand mehr hinter mir herfuhr, schlug ich die Richtung zur »Burg« ein. Ich parkte den Wagen wie immer etwas davon entfernt. Vorsichtshalber patrouillierte ich noch einmal um das Straßengeviert, ohne etwas Verdächtiges zu entdecken, auch nicht in der Wohnung selbst. Kurz nach 19 Uhr ergriff ich meinen Mülleimer, bewaffnete mich mit einem Bleistift, stieg ins Erdgeschoß, stellte den Mülleimer ab, machte den Strich an dem Briefkasten und stieg wieder in den dritten Stock. An meinen feuchten Handflächen merkte ich, daß ich doch etwas aufgeregt war. Zur Ablenkung brühte ich vorsichtshalber schon einen Kaffee auf und stellte das Radio an.

Punkt 19.30 Uhr hörte ich Schritte auf der Treppe und öffnete sogleich die Tür. Ich wollte vermeiden, daß meine Nachbarin — eine recht neugierige alte Dame namens Franke — durch Klingeln aufmerksam gemacht würde. Ein Mann in mittleren Jahren erklomm gerade die letzten Stufen, der gleiche freundliche Verbindungsmann aus Zagreb. »So sieht man sich also wieder«, waren seine ersten Worte, »diesmal haben wir hoffentlich mehr Zeit. Ich heiße Günther.« Ich drehte das Radio vorsichtshalber etwas lauter und servierte Kaffee. Dabei sah ich mir den Mann erstmals etwas genauer an. Er hatte ein volles »gemütliches« Gesicht mit sehr wachen Augen und sprach, wie ich schon in Zagreb bemerkt hatte, mit leicht bayerischem Akzent.

Als erstes legten wir fest, was wir im Falle einer Störung tun würden. Danach gingen wir zügig zur Besprechung der großen Linie unserer Zusammenarbeit über. Uns beiden war bewußt, daß wir die Treffzeit intensiv nutzen müßten. Günther erklärte, er sei zwar nicht in der BND-Zentrale eingesetzt — seine Funktion entsprach wohl in etwa der Aufgabe unserer Instrukteure —, doch sei er mit allen Einzelheiten vertraut, wenn er auch keine grundsätzlichen Entscheidungen fällen könnte. Um eine Ausgangsbasis für unser Gespräch zu schaffen, umriß er sodann das Bild, das man sich im BND über mich und meine Lage machte. Ich sollte ihn korrigieren, wenn ich Unstimmigkeiten bemerkte, mußte jedoch zugeben, daß man in Pullach alles richtig eingeschätzt hatte. Nur die Ansicht, daß ich zu wenig auf meine Sicherheit bedacht sei, wollte ich nicht teilen.

Günther erläuterte danach, wie sich sein Dienst die weitere Entwicklung vorstellte, und wir gelangten zur Übereinstimmung in den Grundsätzen, auch wenn dabei von seiner Seite immer wieder das Prinzip der größtmöglichen Sicherheit anklang; ich wüßte wohl selbst, was meine Informationen für den BND bedeuteten, erklärte mir mein Gesprächspartner: »Aber Sie stellen wahrscheinlich nicht die Verantwortung in Rechnung, die wir mit der Aufnahme einer Zusammenarbeit mit Ihnen für Ihr Wohlergehen übernommen haben. Wenn Ihnen etwas passiert, würde man uns das mit Recht als schwere Fehlleistung und moralische Niederlage anlasten. Natürlich können Sie Ihre Lage am besten selbst beurteilen und müssen sich vorwiegend selbst verantwortlich danach richten. Doch wenn Sie enttarnt werden, können wir Ihnen nicht mehr helfen. Machen Sie sich auch mit dem Gedanken vertraut, daß unsere Zusammenarbeit nicht ewig währen kann. Einmal werden sich so viele Risikofaktoren angehäuft haben, daß die Fortsetzung zum Tanz auf dem Vulkan würde. Ich darf Ihnen versichern, daß Sie sich jederzeit, wenn es Ihnen ratsam scheint, in die Bundesrepublik zurückziehen können, und daß wir auch dann unserer Verpflichtung für Sie gerecht werden.«

Wir gingen dann die Sicherheitsfragen im einzelnen durch, die sich im Verlaufe des vergangenen Jahres gestellt hatten oder sich künftig — vor allem bei weiteren Treffs — stellen könnten. Befriedigt konstatierten wir, daß noch keine auf eine Gefährdung hinweisenden Vorkommnisse zu verzeichnen waren. Zwar war, wie Günther berichtete, gleich zu Anfang der Korrespondenz ein Brief an eine Deckadresse geöffnet, aber die Geheimschrift eindeutig nicht entdeckt worden. Zur verstärkten Absicherung künftiger Treffs schlug ich vor, mich vorher an einer bestimmten Stelle im Stadtzentrum aufzuhalten, die Günther passieren würde, um ihm anzuzeigen, daß ich bereit sei. Außerdem würde ich nach diesem »Sichtkontakt« eine Kontrolle wegen einer eventuellen Observation vornehmen, die sich an den BND-Mann angehängt haben könnte. »In Ordnung, der Vorschlag ist insofern ganz gut, als ich dann schon vorher sehen kann, ob bei Ihnen alles in Ordnung ist«, meinte Günther hierzu, »aber machen Sie sich im übrigen keine Sorgen um meine Absicherung. Wir haben dazu unsere eigenen Methoden.« Die Dame, mit der er zusammen in Zagreb war, spiele dabei eine wichtige Rolle. Übrigens könne es einmal vorkommen, daß sie den Treff wahrnehme, wenn er verhindert sein sollte. Wir planten die nächste Zusammenkunft für Anfang Mai. Ich zeigte Günther noch mein Versteck über der Küchendecke und gab ihm einen Zweitschlüssel für die »KW«. Etwa um 21 Uhr verabschiedete sich mein Besucher. Er wollte noch in einer Gaststätte »seine Legende ausbauen«.

5

Im April 1977 wurde ich, wie von Christian in Zagreb vorausgesagt, zum stellvertretenden Parteisekretär der Abteilung gewählt. Das Verfahren entsprach dem, was über den Charakter von »Wahlen« in der DDR überhaupt und die »innerparteiliche Demokratie« in der SED bekannt ist. Wer zu wählen ist, bestimmen außerhalb des MfS die jeweils nächsthöhere, gegebenenfalls die oberste Parteileitung, im MfS die dienstlichen Vorgesetzten. Der »Gewählte« sollte ja auch kein Gewährsmann der Wähler, sondern der Führung sein, die ihn mit dem Parteiamt für eine höhere Dienststellung vorbereitet. Für mich war also die »Wahl« insofern eine Befriedigung, als sie einen erneuten Vertrauensbeweis der Leitung darstellte. Allerdings kam nun noch mehr Nebenarbeit auf mich zu. Mit dem ersten Parteisekretär, Hauptmann Hartmut Ritter, verband mich ein gutes Verhältnis. Wir teilten uns die Arbeit einigermaßen. Dennoch war viel Zeit für die Vorbereitung von Versammlungen, das Schreiben von Berichten, Einholen von Instruktionen, für Kaderaussprachen, die Anleitung der untergeordneten Funktionäre und anderes aufzuwenden. Außerdem oblag mir der Einzug der Parteibeiträge bei den Mitarbeitern der Abteilung sowie für die in den Westen übergesiedelten und dort arbeitenden Agenten.

Auf diese Weise erfuhr ich einiges mehr über den Bestand an Westagenten der Abteilung. Zwar wurden die Beiträge unter deren Decknamen eingezahlt, so daß mir die Identität der Leute offiziell verborgen blieb, doch hatte ich nun einen Grund, gelegentlich den jeweiligen Führungsoffizier auf sie anzusprechen und diesen zu ein paar Indiskretionen zu verführen. Nach und nach kam ein Detail zum anderen, aus denen dann nach meinem Übertritt zusammen mit den zuständigen Stellen in der Bundesrepublik das von der Abteilung geführte Agentennetz im Westen rekonstruiert werden konnte. So sind nur wenige davon unentdeckt geblieben.

Selbstverständlich wollte ich mein Parteiamt so gut wie möglich ausfüllen, war es doch eine wichtige Stufe für die weiter verfolgte Karriere nach oben. Da jedoch die mir zur Verfügung stehende Zeit schon vorher überzogen war und keinesfalls mein Engagement für den BND vernachlässigt werden sollte, mußte ich Abstriche bei meinen dienstlichen Verpflichtungen als Führungsoffizier machen. Unter anderem schob ich unproduktive oder wenig versprechende »IM« an andere Mitarbeiter ab — wobei mir die Übergabe noch Pluspunkte einbrachte — oder ließ ihre Akte ins Archiv wandern.

Der folgende Treff mit Günther fand wie vereinbart statt. Ich stand vor dem Postamt Berlin-Mitte, als er eine Stunde vor der vereinbarten Treffzeit in der »KW« dort vorbeiging. Damit war klargestellt, daß von mir aus keine Probleme bestanden. Dennoch brachte ich auch noch den vereinbarten Bleistiftstrich auf meinem Briefkasten an und wartete dann oben in der konspirativen Wohnung auf ihn. Er kam pünktlich und guter Laune zu dem zweiten »unserer Montage«, wie ich die Zusammenkünfte nannte. Das Gespräch verlief diesmal weitaus gelockerter als beim ersten Treff, bei dem wir beide sicher unter einer erheblichen Spannung gestanden hatten. Wie er mir mitteilte, zeigte sich die Zentrale in Pullach mit der Entwicklung zufrieden.

Günther führte eine umfassende »Wunschliste« des BND mit sich. Gefragt war, wie die Abwehr des MfS arbeitet, wie das System der Postkontrolle funktioniert, wie die grenzüberschreitende Reisetätigkeit überwacht wird, wie das MfS Observations- und Ermittlungskräfte einsetzt und vieles andere mehr. Zum Erstaunen meines Gesprächspartners konnte ich zu den meisten Fragen sofort Material liefern oder umfassende mündliche Erläuterungen geben. Nur auf einem Gebiet mußte ich vollständig passen; wie ich dem BND schon früher dargelegt hatte, hatte ich keinen Zugang zu militärischen Informationen. Dafür konnte ich mit den jüngsten internen politischen Nachrichten dienen.

Anschließend machte ich einen Vorstoß in einer mir sehr wichtigen technischen Frage. Der BND sollte akzeptieren, daß ich auch selbst geschriebene Berichte photographierte und sie in den toten Briefkästen ablegte. Bei Entdeckung eines toten Briefkastens würde ich sowieso »auffliegen«. Der bisherige Korrespondenzweg erfordere einfach zuviel Zeit. Günther sah dies ein und versprach, entsprechend nach Pullach zu berichten. Vorläufig sollte es jedoch beim bisherigen Verfahren bleiben. Ich bedeutete Günther, daß mir die Risiken, welche ich bei meiner Tätigkeit gegen das MfS unmittelbar einging, die ich jedoch selbst einschätzen und kontrollieren konnte, weit weniger Sorgen bereiteten als die Risiken, auf die ich keinen Einfluß hatte, also die Gefahren, welche für mich von einer zu freizügigen Auswertung und Weitergabe meiner Informationen in der Bundesrepublik ausgehen könnten. Günther versuchte mich zu beruhigen. Nur die unmittelbar Beteiligten im BND wußten überhaupt, daß es eine neue Quelle im MfS gab. Informationen, die Rückschlüsse zuließen, würden grundsätzlich nicht weitergegeben. So ganz konnte er mich allerdings nicht überzeugen. Gewißheit gewann ich erst mit meinem Übertritt. Meiner Sicherheit war beim BND auch bei der Auswertung meiner Meldungen uneingeschränkter Vorrang gegeben worden.

Ich konnte dem BND-Abgesandten schließlich für den kommenden Herbst eine neue Treffmöglichkeit in Jugoslawien in Aussicht stellen; Christian hatte ja schon seine grundsätzliche Zustimmung beim ersten Treff mit »Sperber« in Zagreb gegeben und sie vorerst auch nicht zurückgenommen. Der nächste Funkspruch des BND bestätigte Günthers reibungslose Rückkehr und übermittelte auch das Einverständnis, meine eigenen Aufzeichnungen verfilmt im toten Briefkasten zu hinterlegen. Ich machte mich unverzüglich daran, mein Protokollbuch über die Referatsbesprechungen, meine persönlichen Parteiaufzeichnungen und schließlich auch meine Aufzeichnungen über die Schule der HVA zu photographieren.

Im Sommer 1977 lernte ich noch eine der wohl seltsamsten Figuren des Agentenstammes des Referates — wenn nicht der HVA oder des MfS überhaupt — kennen. Seit der Versetzung von Werner Hengst hatte ich die sagenumwobene Akte »Faust« im Schrank stehen; die Vorgangsnummer wies auf eine langjährige Geheimdienstpraxis hin. Ich war schon lange auf den Mann neugierig gewesen, zumal ich schon einiges Abenteuerliche aus den allerdings lückenhaften Unterlagen entnommen hatte. Allein sein Klarname — Dr. Egicio di Luca — klang schon geheimnisvoll. Schon der Abstammung nach »international«, hatte er ein Büro in der Schweiz und gleichzeitig gemeinsam mit seinem Bruder eine Handelsfirma in Kairo betrieben. Er gehörte zu den ersten Geschäftsleuten, die nach dem Krieg mit der sowjetischen Besatzungszone, später mit der DDR Handelsbeziehungen aufnahmen. Er verkaufte zunächst in Thüringen hergestellte »Erika«-Schreibmaschinen im arabischen Raum. Seine häufigen Besuche der Leipziger Messen und bei seinem Lieferbetrieb brachten ihn bald ins Blickfeld des MfS.

Er ließ sich schon in den fünfziger Jahren als Agent anwerben. Inzwischen hatte er undurchsichtige Waffengeschäfte im Nahen Osten betrieben. Gelegentlich brachte er auch einige politische oder technische Informationen mit. Bei der Plazierung »Sperbers« in Paris leistete er durch die Einrichtung eines Kontos in der Schweiz finanztechnische Dienste. Bei einigen anderen Übersiedlungsfällen soll er ähnlich mitgewirkt haben. Zur besseren Abdeckung seiner Reisen und Transaktionen richtete er auf Anraten des MfS auch noch ein Büro in Westberlin ein. Dabei vermutete man schon lange, daß er noch bei weiteren Nachrichtendiensten unterschiedlichster Couleur im Sold stand. Doch er betätigte sich offensichtlich nicht als Doppel- oder Mehrfachagent im klassischen Sinne, sondern trennte die einzelnen »Sphären« strikt voneinander. Sicher kannte er die alte Regel, wer Geheimdienste gegeneinander auszuspielen versucht, ist am Ende selbst meist der Ausgespielte.

Höchsten Wert gewann der vielseitige Mann jedoch erst, als sich der ägyptische Staatschef Nasser mehr und mehr in Richtung Osten profilierte. »Doktor Faust« war ein Vertrauter des Herrschers am Nil und lieferte wichtige Informationen zur arabischen Politik. Aus den unvollständigen Akten entnahm ich sogar Hinweise, wonach er in die Rolle eines sogenannten Einflußagenten hineingewachsen war. Jedenfalls hatte er bei der Vorbereitung des aufsehenerregenden Besuchs des damaligen DDR-Staatsratsvorsitzenden Walter Ulbricht Ende Februar/Anfang März 1965 in Ägypten mitgewirkt. Damit hatte er sich zumindest um die Herauslösung der DDR aus der diplomatischen Isolierung im Lager der blockfreien Länder verdient gemacht. Wie Werner Hengst mir schon erzählt hatte, war er damals ein »strahlender Stern am östlichen Geheimdiensthimmel«. Die Bedeutung des »Doktor

Faust« verblaßte, als Nasser am 28. September 1970 plötzlich starb. Unter dessen Nachfolger Sadat geriet er sogar in einige Schwierigkeiten. Jedenfalls mußte er nun die Finger von der »großen Politik« lassen. Es war seitdem auch nicht mehr zu Treffs mit ihm gekommen. Die HVA hatte den alternden Agenten schon lange ganz abgemeldet; das Problem war nur, daß er zuviel wußte und deshalb unter Kontrolle gehalten werden sollte.

Als Hüter seiner Akte war ich darüber unterrichtet, daß »Faust« nächstens doch wieder einmal nach Ostberlin kommen werde. Christian beauftragte Werner Hengst, der inzwischen zum Major und Leiter der Außengruppe der Abteilung avanciert war, den Mann jedoch noch am besten kannte, sich der Sache anzunehmen. Als ich Werner die Weisung überbrachte, meinte dieser: »Ach, lebt der alte Knochen immer noch; dann weiß ich auch, was er will.« Er eröffnete mir auch, was damit gemeint war: »Faust« bevorzugte erlesene sexuelle Perversitäten, was ihn seit Jahren immer wieder in die Arme einer gleich veranlagten Gespielin aus der DDR getrieben hatte. Das MfS hatte seine Veranlagung genutzt und dem Mädchen, das altersmäßig seine Enkeltochter sein konnte, ein Dauervisum für regelmäßige Ausreisen in den Westen zur Befriedigung des alten Genießers ausgestellt. Da das Visum inzwischen abgelaufen und nicht verlängert worden war, erschien er nun persönlich.

Wir fuhren ins Hotel »Sofia«, wo »Faust« abgestiegen war. Hengst stellte mich vor, was bei dem alten Mann, der uns im Pyjama empfing, keinerlei Reaktion auslöste. Er hatte im Laufe der Jahre mit so vielen MfS-Offizieren zu tun gehabt, daß ihm ein neues Gesicht nichts mehr bedeutete. Das Gespräch begann mit einer Plauderei über die Ereignisse seit dem letzten, lange zurückliegenden Treff. »Ich hatte eine schwere Zeit nach dem Tode meines Freundes«, erklärte »Faust« – gemeint war offenbar Nasser. »Ich bin gewissen Leuten von da unten in die Hände gefallen, die glaubten, sie hätten alte Rechnungen mit mir zu begleichen.« Wie er noch andeutete, handelte es sich bei den »gewissen Leuten« um Palästinenser, denen wahrscheinlich seine früheren Geschäftspraktiken nun mißfielen. Zur Illustration entblößte er ungeniert sein Hinterteil, das in der Tat beachtliche Narben aufwies. Die alten Zeiten, jammerte er weiter, seien eben vorbei, in denen er mit einem Koffer voll militärischer Pläne und Unterlagen angereist sei oder auch mal in Paris »ein Ding gedreht« habe.

Paris war offenbar das Stichwort, auf das er hinauswollte: »Gibt es denn den jungen Mann noch, dem ich damals finanziell behilflich war?« »Faust« starrte uns bei dieser Frage schon wieder recht pfiffig an. Werner blieb die Antwort schuldig, denn des Doktors Anspielung auf seine Mitwisserschaft in Sachen »Sperber« war nicht zu überhören. »Faust« ließ auch gleich erkennen, welche Gegenleistung er für seine Diskretion erwartete, nämlich eine Erneuerung der Reisegenehmigung für seine auf ihn eingestellte Gespielin. Aber Christian hatte uns deutlich gesagt, daß sie kein neues Visum bekäme. Bliebe sie im Westen, hätten wir überhaupt keine Kontrolle mehr über den Mann. Werner formulierte zunächst vorsichtig: »Aber, Herr Doktor, in Ihrem Alter würde eine so besonders anspruchsvolle Freundin doch nur eine unzumutbare Belastung darstellen. Das können wir Ihnen nicht antun. So sehr wir die alten Gefälligkeiten auch zu schätzen wissen, die Dame muß in der DDR bleiben.« »Faust« zeigte deutlich seine Enttäuschung. Um ihn trotzdem weiter zur Verschwiegenheit anzuhalten, fuhr Hengst nun schärfstes Geschütz auf. Er bewies echtes Berufsformat mit der Art, in der er es tat: »Was die Palästinenser mit Ihnen angestellt haben, war ja wirklich schon furchtbar. Zu diesen Leuten haben wir inzwischen die besten Beziehungen; und ich fürchte, es könnte noch schlimmer für Sie werden, wenn die sich noch einmal Ihrer annehmen sollten. Vielleicht ist es doch besser, Sie halten sich in Zukunft aus gefährlichen Vorhaben heraus.« Ich wußte, daß die Drohung aus der Luft gegriffen war, aber der alte Spion schluckte doch ein paar Male sehr deutlich. Von der Visumangelegenheit oder einer Wiederaufnahme der alten Geschäfte wurde nicht mehr gesprochen, und wir verabschiedeten uns bald. Man brauchte »Faust« nicht mehr, und er war nunmehr durch Werners Andeutung auch ein für allemal »entschärft« worden. Er ließ sich nach diesem Treff nicht wieder in der DDR blicken.

Auf operativem Gebiet brachte mein vorletztes Jahr im MfS keine sonderlichen Höhepunkte. Mir war das ganz recht. Die

Arbeit für den BND nahm inzwischen mehr und mehr von meiner Zeit in Anspruch. Ich bemühte mich außerordentlich, hierbei nicht in Routine zu verfallen, denn darin lag zweifellos die größte Gefahr. Schematische Abläufe sind häufig die Ursachen für Fehler im Geheimdienstgewerbe. Ich zwang mich, die Anmarschwege beim Belegen der toten Briefkästen zu verändern und in der Absicherung gegen Observation nicht nachlässig zu werden. Ich setzte sogar immer wieder einmal für einige Tage das Photographieren von Unterlagen aus und nahm sogar manchmal günstige Gelegenheiten bewußt nicht wahr, an interessante Informationen zu gelangen. Ich glaubte, so die Gefahr verhängnisvoller Zufälle zu mindern. Dabei stellte ich fest, daß man sich an eine ständige Gefahr, die natürlich unverändert bestand, gewöhnen kann. Wenn mich zu Anfang der Arbeit für den BND manchmal Alpträume geplagt hatten, so empfand ich jetzt Befriedigung darin, immer neue Ideen zu entwickeln, um das MfS noch weiter ausforschen zu können.

Zu meiner Zufriedenheit konnte ich Pullach über Günther auch den erneuten Treff mit »Sperber« in Zagreb nicht nur bestätigen, sondern sogar ankündigen, daß ich höchstwahrscheinlich ohne hinderlichen Begleiter reisen werde. Ich bedrängte Günther, ob diese Gelegenheit nicht auch für seine Vorgesetzten günstig sei? Er legte sich aber nicht fest. »Auf jeden Fall werde ich da sein«, beschied er mich. Da ich die Treffdaten mit »Sperber« schon kannte, vereinbarten wir gleich einen Termin. Meine Reise nach Zagreb wurde tatsächlich vom Leiter der HVA bestätigt. Ich hatte den Zeitpunkt bewußt so gelegt, daß kein Vorgesetzter mitfliegen konnte. Wie ich wußte, mußte Christian zur selben Zeit aus wichtigem Grunde – Empfang von Material über den »Schnellen Brüter«, das die »Freunde« dringend erwarteten – persönlich zu einem Treff nach Helsinki, und der inzwischen zum Referatsleiter berufene Peter Bertag nach Österreich sowie in die Schweiz reisen, wo er wichtige und umfangreiche Materiallieferungen der Wiener Residentur – ebenfalls persönlich – abholen sollte. Der Leiter des Sektors, Oberst Vogel, hätte wegen der drei gleichzeitigen Reisen »in den Westen« – Jugoslawien zählt im MfS auch zum Westen – beinahe Schwierigkeiten gemacht. Aber auch mein

Treff mit »Sperber« wurde als unaufschiebbar eingestuft. Einmal hatte ich mit ihm den innerhalb der Abteilung erstmaligen direkten Ansatz auf die Volksrepublik China vor, zweitens sollte er Antwort auf die für die moderne Waffentechnik wichtige Frage bringen, ob es technisch schon möglich sei, eine Wasserstoffbombe mittels eines energiereichen Laserstrahls zu zünden.

Vor der Jugoslawienreise fuhr ich kurz noch einmal mit Christian Streubel nach Budapest, um den für das laufende Jahr fälligen Treff mit dem IBM-Lieferanten »Sturm« abzuwickeln. Dieser spielte nicht nur eine Rolle im Zusammenhang mit dem Projekt »Strahl«. Auch sein sonstiger Wert war seit 1976 wieder bedeutend gestiegen, da der frühere, schneller liefernde Konkurrent von der Abteilung XIV im Rahmen der »Aktion Anmeldung« zurückgezogen worden war.

6

Eine Woche später saß ich also schon wieder im Flugzeug — endlich allein nach Zagreb. Pullach hatte mir noch einmal auf dem Funkwege bestätigt, daß Günther kommen werde. Allerdings mußte sogleich unser Plan für ein Treffen verändert werden, da in Zagreb wegen der Messezeit kein Hotelzimmer zu finden gewesen war. Ich wollte deshalb mit ihm in der Eisenbahn nach Ljubljana weiterfahren, wo ich eine Reservierung im »Slon« hatte. Ich erfuhr von Günther, den ich wie vereinbart an der Markthalle in Zagreb traf, daß er für sich das gleiche Problem zu lösen hatte. Wir vereinbarten, uns am Zug wiederzutreffen. Er wollte nur noch einen Umweg machen, »um etwas zu erledigen«. Zwei Stunden später saßen wir nebeneinander im Expreß nach Slovenien.

Auf einem Doppelsitz gegenüber hatte ein schlanker junger Mann in auffallend guter Kleidung Platz genommen. Wir bestellten uns ein Bier und begannen zu plaudern. Ich sprach möglichst leise, denn möglicherweise handelte es sich bei unserem Gegenüber auch um einen Deutschen oder Österreicher. Bis jetzt gab er mit keiner Regung zu erkennen, daß er uns etwa verstehen könnte. Aber ich bemerkte, daß er mich gelegentlich interessiert betrachtete. Das war mir unangenehm; ohnehin war ich etwas enttäuscht darüber, daß niemand aus der BND-Zentrale mit Günther zum Treff gekommen war. Als ob der Mann auf der Gegenbank meinen Mißmut verspürt hatte, wandte er sich plötzlich an mich, als der Zug gerade die Stadt verließ: »Herr Stiller, ich freue mich, Sie endlich persönlich kennenzulernen; ich bin Karl-Heinz.«

Günther amüsierte sich über meine Verblüffung: Tatsächlich war ich nicht gewitzt genug gewesen, eine Vermutung in dieser Richtung über den »dritten Mann« angestellt zu haben. Wir plauderten nunmehr miteinander, allerdings ohne vorerst ein Wort über unsere Arbeit zu verlieren.

»Karl-Heinz« wollte wohl ohnehin zunächst einen allgemeinen Eindruck von mir gewinnen. Noch am gleichen Abend saßen wir wieder zusammen, jedoch ohne Günther, dem die Absicherung des Treffs oblag. Der Mann aus der BND-Zentrale kam jetzt zügig und intensiv zur Sache. Er schien gleichsam ein ganzes Bündel von Fragebogen im Kopf zu haben. Wir gingen noch einmal gründlich jede Phase meiner Entwicklung, meiner Tätigkeit im MfS und alles, was mit unserer Zusammenarbeit zusammenhing, durch. Ich fühlte mich wie bei einer Vernehmung und brachte das auch deutlich zum Ausdruck. »Karl-Heinz« entgegnete, er wisse, daß dieses Gespräch nicht besonders angenehm für mich sei: »Aber wenn wir in Zukunft aktiver ins Geschäft einsteigen wollen, dann müssen wir das alles in Betracht ziehen, denn wir tragen nun für jede weitere Unternehmung die Verantwortung.« Ich mußte die Replik hinnehmen, doch fiel mir der Rückfall in die Rolle des examinierten Agenten nicht leicht. Ich war eben schon lange daran gewöhnt, selbst die Fragen zu stellen und Weisungen zu erteilen. Die Aussprache zog sich bis weit in die Nacht hinein und dauerte noch den ganzen folgenden Tag, einen Sonnabend. Ich hatte den Reiseplan so arrangiert, daß genügend Zeit heraussprang. Unterbrechungen gab es nur, um ab und zu vorsichtshalber das Lokal zu wechseln. Günther übernahm dabei weiter die Absicherung.

Schließlich schien »Karl-Heinz« mit dem Überblick zufrieden zu sein, den er sich über meine Situation in der HVA verschafft hatte. Trotz aller Fragen, die er mir über das MfS stellte, haben mich die Kenntnisse überrascht, über die der BND offenbar schon verfügte. Es mußten schon vor meiner Mitarbeit reichlich Informationen über den DDR-Geheimdienst nach Pullach geflossen sein. Was ich aus »Karl-Heinz« an solchem »Vor-Wissen« heraushörte, war sogar erstaunlich aktuell. Er eröffnete mir dann auch, daß sein Dienst noch andere Quellen im MfS hatte; eine davon sei besonders ergiebig gewesen — bis vor kurzem: »Der Mann hat mehrere Jahre erfolgreich für uns gearbeitet, bis er gegen unseren Rat, zuviel wagte . . .« »Karl-Heinz« machte eine Pause und fuhr dann fort: »Wir wissen, daß er enttarnt und hingerichtet wurde.« Ich verstand nun sehr gut, warum Pullach so auf Vorsicht bedacht war, und mir selbst wurde nun doch etwas mulmig zumute. Gleichzeitig packte mich wieder die berufliche Neugier. Unter den MfS-Bediensteten war man allgemein davon überzeugt, daß es schon lange keinen Agenten eines westlichen Dienstes im internen Betrieb der Staatssicherheit mehr gegeben hatte. Auf meine Fragen zu dieser enttarnten Quelle ging »Karl-Heinz« indessen nicht ein. Ich habe jedoch später davon erfahren. Es handelte sich um einen Angehörigen der Bezirksverwaltung Cottbus, der sich beim BND verdingt hatte. Nach seiner Entdeckung und Ausschaltung wurde in seiner Dienststelle die Erklärung verbreitet, er habe wegen familiärer Probleme Selbstmord verübt.

Ich ließ mich nun doch, wenn auch widerstrebend, von »Karl-Heinz« überzeugen, die von ihm entwickelten Richtlinien — was ich mir im Rahmen eines möglichst begrenzten Risikos leisten durfte und was nicht — zu befolgen. Meine weitergehenden Vorstellungen nahm er zwar zur Kenntnis, vertröstete mich jedoch auf einen vielleicht günstigeren späteren Zeitraum. Dem Grundsatz der Vorsicht fiel auch meine Idee zum Opfer, meine Verbindung zum BND mit einer Schein-Werbung für das MfS abzudecken. Meinen Vorschlag, mir einen Mann zuzuspielen, der die Doppelrolle eines Verbindungsmannes des BND und eines scheinbar von mir geworbenen Agenten des MfS übernehmen könnte, bezeichnete »Karl-Heinz« zwar als reizvoll, aber viel zu riskant: »Sie sind ein hochwertiger Informationsspeicher für uns, unser Ziel ist es, in den Besitz ihres Wissens zu kommen. Also machen

Sie sich nicht nur selbst, sondern auch uns die Freude, am Leben zu bleiben.« Wir besprachen schließlich die Absetzmöglichkeiten in allen Einzelheiten. Pullach vertrat den Standpunkt, daß ich schon bei einer geringfügigen »Panne« die DDR verlassen sollte, da ich bei einem schwerer wiegenden Vorfall ohnehin kaum eine Chance haben würde. Die Abwägung dieser Entscheidung erwies sich für mich allerdings später als nicht so einfach. Ehe wir uns am nächsten Abend voneinander verabschiedeten — ich mußte ja am nächsten Tag wieder nach Zagreb zurückkehren, um »Sperber« dort aufzugreifen —, vereinbarten wir einen nächsten Treff für 1978. Irgendwie würde es mir schon gelingen, wieder eine Auslandsreise für mich zu arrangieren.

»Sperber« kam am nächsten Tag pünktlich wie gewohnt zur Markuskirche. Ich leitete ihn ebenfalls nach Ljubljana um, wo ich das Hotelzimmer weiter für mich gebucht hatte. Als erstes kam der Agent mit einer unangenehmen Neuigkeit heraus. Er hatte die Tätigkeit in England wieder aufgegeben und arbeitete jetzt erneut in Paris. Ich sah den Unwillen meiner Vorgesetzten schon auf mich zukommen. Doch erklärte er sich nun wenigstens bereit, das Chinaprojekt in Angriff zu nehmen. Abends gingen wir zusammen in eine Nachtbar. Wir kamen, wie gewohnt, in eine politische Diskussion. Es fiel mir dabei zunehmend schwerer, bei der Vertretung der SED-Doktrin einigermaßen glaubwürdig zu bleiben. Gegenüber meinen Kollegen im Dienst war das einfacher. Die wußten — und hatten mich ja selbst darüber aufgeklärt —, welche Fragen man einfach nicht zu stellen hatte, so daß man da nicht in Verlegenheit kam. »Sperber« jedoch nahm kein Blatt vor den Mund und zog über die sowjetische Politik her, daß es jedem orthodoxen Kommunisten die Sprache verschlagen hätte. War es nun der Wein oder die Ferne von der DDR: Nach einigen anfänglichen Widerreden wurde auch ich nachlässig und stimmte meinem Gesprächspartner schließlich in seiner Verurteilung der Russen offen zu. Ich brachte nicht mehr den sogenannten »Brustton der Überzeugung« für eine Gegendarstellung auf, an die ich schon so lange selbst nicht mehr glaubte. Selbst »Sperber« schien am Ende über meine »Glaubenskrise« verwundert zu sein und sah mich nachdenklich an. Am nächsten Morgen nahm ich mich selbst ins Gebet. Ich dachte an die soeben dem BND gelobte Vorsicht und war beim Frühstück mit »Sperber« wieder Herr meiner Reaktionen und meiner »Überzeugungen«.

Kaum war ich wieder in Berlin, als auch Peter Bertag von seiner Mission zurückkam. Unser Kraftfahrer hatte ihn in einem Lieferwagen aus Bratislava abgeholt, denn er brachte eine Ladung Kisten, Koffer und Päckchen aus Österreich und der Schweiz mit — die neueste Lieferung der Wiener Residentur. Mit einem Fahrzeug der dortigen DDR-Botschaft hatte er das Material — unter dem Schutz der diplomatischen Immunität — in die CSSR gebracht. Die Agentengruppe in Wien verhökerte massenweise wichtigste Rüstungstechnologie an den Osten. Was Peter da in die DDR transportierte, bedeutete für den Westen soviel wie eine verlorene Schlacht, wenn nicht mehr. Wohl selten hat in Zeiten relativen Friedens die nachrichtendienstliche Tätigkeit eine so entscheidende Rolle gespielt wie in der gegenwärtigen Auseinandersetzung zwischen den beiden antagonistischen politischen Systemen in der Welt. Obwohl ich selbst dem Osten jahrelang eifrig gedient hatte und selbst noch — wenn auch mit der vagen Idee eines eventuellen späteren Seitenwechsels damit fortfuhr, als ich mich dem Regime schon innerlich abgewandt hatte, erregte der Wiener »Beutezug« bei mir innere Wut. Ich ärgerte mich vor allem über die Naivität, mit der westliche Politiker auf unsere Entspannungs- und Koexistenz-Phrasen hereinfielen. Freilich hatte ich einzigartige persönliche Einsichten darüber gewinnen können, was man hier darunter verstand: Die möglichst wenig behinderte Aneignung westlicher technischer Erkenntnisse zwecks Ausbau des eigenen Rüstungspotentials, eines Potentials, das auf bereits detailliert konzipierte Machtausweitung angelegt ist.

Eine gewisse Befriedigung bereitete es mir jedoch, daß ich meinen Teil zur späteren Aushebung der Wiener Residentur schon geleistet hatte, da ich auf den Namen einer der Hauptfiguren gekommen war. Gelegentlichen Bemerkungen Bertags hatte ich ferner entnehmen können, daß die Mitglieder der Gruppe auch in ihren offiziellen Funktionen zusammenhingen, so daß über den einen Mann das ganze Netz zu fassen war. Das alles hatte ich bereits nach Pullach übermittelt. Wenige Tage nach seiner Rückkehr ließ Bertag, als er in heller Begeisterung daran ging, die Pläne, Beschreibungen und Muster zu ordnen, aus denen die abgeholte Lieferung bestand, versehentlich ein Blatt auf seinem Schreibtisch liegen. Ein kurzer Blick genügte, und ich hatte einen weiteren Klarnamen: Dr. Sacher – wie ich später herausbekam, eine unter dem Decknamen »Sander« geführte weitere Schlüsselfigur.

Auf dem Pulverfaß

1

Etwa vier Monate später — am 11. Januar 1978, einem Mittwoch — mußte ich dienstlich nach Thüringen. Ich nahm meinen postgelben Dienst-Wartburg und überdachte auf der Fahrt die seit der Reise nach Jugoslawien verstrichene Zeit. Alles hatte sich planmäßig entwickelt, von kleinen »Episoden« abgesehen. Meine Pflichten als stellvertretender Parteisekretär hatte ich ganz gut bewältigt. Und meine Tätigkeit für den BND — jetzt mit Vorrang betrieben — nahm einen ungestörten und erfolgreichen Verlauf. Ich hatte einige, mit »Karl-Heinz« in Ljubljana besprochene und von ihm zögernd gebilligte Operationen in Gang setzen können, über die ich auch jetzt noch nicht, aus verständlichen Gründen, nichts Näheres publik machen möchte.

Nach Oberhof trieb mich wieder einmal der Problemfall »Hauser«. Es war schon die Zeit seiner völligen Apathie, die seine desolaten familiären Verhältnisse bei ihm hervorgerufen hatten. Dennoch hatte sein Instrukteur geglaubt, ihn zu einer kurzen Einreise im grenznahen Reiseverkehr überredet zu haben. Der Treff sollte am nächsten Tag statt finden. Bei der Fahrt hinauf auf den Kamm des Thüringer Waldes blieb ich beinahe im hohen Schnee stecken, doch kam ich noch gut bis zum Interhotel »Panorama«. Das Haus, im Bezirk Suhl auch als »Panodrama« verspottet, war mir von den früheren Treffs mit »Hauser« her gut bekannt.

Nach einem guten Abendessen ging ich noch für einen »Schlaftrunk« an die Bar. Meist konnte man dort ein wenig mit jemandem plaudern. Nach einiger Zeit setzte sich eine junge und recht attraktive Frau zu mir. Sie gehörte offenbar zum Personal; ich hatte sie vorher beim Servieren im Speisesaal gesehen. Wir kamen schnell ins Gespräch. Ich gab vor, ich sei Ingenieur auf Geschäftsreise und wolle am nächsten Tag einen Industriebetrieb im nahen Suhl besuchen. Bald darauf ging das Gespräch ins Politische über. Die Frau machte schon in ihrer Sprechweise kein Hehl aus ihrer Einstellung: Für sie war die DDR »die Zone«, die SED-Mitglieder bezeichnete sie als »Bonzen« und die sowjetischen »Freunde«, wie die Russen offiziell zu bezeichnen waren, nannte sie noch immer schlicht und einfach »Besatzer«. Auch die Staatssicherheit ließ sie nicht unerwähnt; von dieser sprach sie mit besonderer Verachtung und kam sogleich mit einer persönlichen Erfahrung heraus. Man hatte ihr eine Reise zur Hochzeit ihres Bruders in den Westen verweigert, obwohl solche Besuche bei dringenden Familienangelegenheiten »im Prinzip« erlaubt waren. Allerdings war gerade der Bezirk Suhl, die »autonome Gebirgsrepublik«, zeitweise für einen besonders restriktiven Kurs bekannt. Ich hielt mich mit eigenen politischen Meinungsäußerungen zurück. Da ihre Ausbrüche bei einem anders als ich eingestellten Zuhörer schon hinreichen würden, sie ins Gefängnis zu bringen, konnte sie durchaus eine Provokateurin sein, die vom MfS auf die Hotelgäste oder gar gezielt auf mich angesetzt war. Nach einer Weile mußte ich mich kurz zum Toilettenbesuch entschuldigen. Erst auf dem Gang fiel mir ein, daß ich nicht nur meine Zigaretten, sondern auch das Feuerzeug mit der eingebauten Kamera auf dem Bartresen liegengelassen hatte. Unruhig hastete ich zurück. Es muß ja nicht gleich . . . aber da erstarrte ich schon:

Das Feuerzeug lag nicht mehr da!

Die junge Frau sah mich mit einem merkwürdigen Blick an. Verstört griff ich nach meinem Glas und zog eine Zigarette aus der Schachtel. Ich tat so, als stellte ich erst dabei das Fehlen des Feuerzeugs fest und fragte meine Gesprächspartnern wie beiläufig, ob sie vielleicht wisse, wohin ich es verlegt haben könnte. Sie griff in ihre Handtasche und schob mir verdeckt zwei Gegenstände zu: Den Körper, dem jedermann ansehen konnte, daß er nicht nur aus einem Gasbehälter bestand, sondern auch ein Mini-Objektiv mit Filmrollen enthielt, und die Blechhülle, die das verräterische Eingeweide normalerweise verbarg. »Tut mir leid«, erklärte sie ganz ruhig: »Es war unabsichtlich; ich habe mit dem Ding gespielt, und da ist es auseinandergefallen.«

Ich sagte erst einmal gar nichts, sondern steckte die Bestandteile in meine Jackentasche und schob sie dort mit einer Hand wieder zusammen. Dann erst zündete ich mir die Zigarette damit an. Daß meine Finger zitterten, konnte ich nicht verbergen. Ich bemühte mich, einen klaren Gedanken zu fassen, was mir aber nicht gelang. Tausend Dinge schossen mir durch den Kopf, die alle um eine Erkenntnis kreisten: Es ist passiert! Um Zeit zum Überlegen zu gewinnen, tat ich so, als wäre überhaupt nichts geschehen, und knüpfte das Gespräch wieder dort an, wo es bei meinem Gang zur Toilette unterbrochen worden war.

Die Frau ging auf das Spiel ein und bewies damit zumindest Instinkt für die Situation. Auch die diskrete Art, in der sie mir die kompromittierenden Bestandteile des Feuerzeugs zurückgegeben hatte, war schon ein Zeichen dafür gewesen. Das machte mich etwas ruhiger. Doch einige Minuten dauerte es noch, bis ich den Schreck überwinden und mir klare Gedanken über die Lage machen konnte. Sicher war es wirklich der gefürchtete tückische Zufall, daß sie den Mechanismus des Feuerzeugs in der richtigen Weise betätigt hatte. Aber damit stand fest, daß es nun außer mir selbst noch eine Person in der DDR gab, die wußte, daß ich eine Geheimkamera mit mir führte. Was dachte sie über mich und wer war sie selbst? Das waren jetzt die ersten Fragen, die ich zu klären hatte, und zwar möglichst schnell. Abrupt unterbrach ich ihren Redefluß.

»Kommen Sie«, sagte ich ziemlich barsch, »ich bringe Sie nach Hause; wir haben miteinander zu reden.« Aus ihren Erzählungen wußte ich bereits, daß sie verwitwet war und allein mit ihrem Sohn in einer Neubauwohnung lebte. Ein erstaunter Blick traf mich, aber sie widersprach nicht. Ich zahlte für uns beide und wir gingen. In der Halle wies ich sie an: »Gehen Sie voraus, ich komme nach.« Draußen war mein Wagen inzwischen eingeschneit. Ich mußte ihn freischaufeln und Geäst unterlegen, damit die Räder faßten, wobei ich mich ziemlich beschmutzte. Nachdem ich losgekommen war, erreichten wir jedoch schon bald ihre Wohnung. Sie ließ mich eintreten, und ich sah mich zunächst einmal um; alles wirkte geschmackvoll; meine »Zwangsbekanntschaft« hatte offenbar Stilgefühl. Von ihrem Sohn war nichts zu sehen. Sie bot mir einen Platz an, brachte etwas zu trinken und forderte mich auf, mein Hemd auszuziehen: »Sie können mit Ihren Problemen ruhig noch warten, bis ich es wenigstens etwas gesäubert habe«, erklärte sie dabei.

Ich war tatsächlich froh über die Verzögerung, hatte ich doch damit Zeit gewonnen, gegeneinander abzuwägen, welche Möglichkeiten mir jetzt blieben. Gleichzeitig empfand ich eine regelrechte Hochachtung für meine Mitwisserin. Sie meisterte die Situation weiterhin mit Takt. Offensichtlich ahnte sie etwas von dem inneren Zwiespalt, in dem ich mich befand. Dennoch entschied ich mich für einen »Präventivangriff«. Als sie endlich mir gegenüber Platz nahm, zückte ich meinen Dienstausweis und erklärte, noch immer in barschem Ton: »Ich bin Mitarbeiter des Ministeriums für Staatssicherheit. Sie sind Mitwisser eines Dienstgeheimnisses geworden, ohne daß Sie es gewollt haben. Das ändert jedoch nichts an den Konsequenzen. Ich muß jetzt wissen, ob Sie selbst mit dem MfS in Verbindung stehen. In diesem Fall können wir die Sache vergessen. Wenn nicht, dann muß ich Sie einer langwierigen Sicherheitsprozedur unterziehen und Sie zum Stillschweigen verpflichten. Sie wissen, unsere Gesetze sind sehr streng.«

Ihr Gesicht verfinsterte sich bei meinen Worten. Hatte es bisher so etwas wie Verwunderung und auch ein bißchen Belustigung gezeigt, schlug der Gesichtsausdruck jetzt in Feindseligkeit, ja Abscheu um. »Antworten Sie mir«, setzte ich dessenungeachtet das Gespräch in heftigem Tone fort: »Wenn Sie dem MfS verpflichtet sind, dann nehmen Sie mit ihren Auftraggebern Kontakt auf. Ansonsten fahren wir jetzt gemeinsam zur Bezirksverwaltung, um dort zu erledigen, was notwendig ist.« Ich ging absichtlich auf diese ihr wie mir peinliche Weise vor, weil ich unbedingt heraus finden mußte, ob sie nicht doch eine der zahlreichen Zuträgerinnen des MfS war, wenn ich auch nicht glaubte, daß sie gezielt auf mich angesetzt sein könnte.

Das Gesicht der Frau versteinerte zusehends. Schließlich kam ihre Antwort: »Ich kenne Ihren Namen nicht und will ihn auch gar nicht wissen. Aber lassen Sie sich eines sagen: Ich habe mich nie mit ihrem ›Verein‹ eingelassen und werde das mit Sicherheit auch nie tun. Ich habe Ihnen schon meine Meinung über die ›Stasi‹ gesagt, und Ihr Auftreten zeigt mir nur, daß ich recht habe. Wenn Sie mich jetzt mitnehmen wollen, bitte. Sie müssen selbst wissen, ob Sie ihren Vorgesetzten eingestehen wollen, daß Sie einen Fehler begangen haben. Ich würde Ihnen aber eher raten, daß Sie dorthin verschwinden, wo Sie hergekommen sind. Was ich gesehen habe, werde ich vergessen. Ich wundere mich nur, daß es Menschen wie Sie gibt, die sich so angenehm geben können, ehe sie sich entpuppen. Aber Verstellung gehört wohl zum Handwerk aller guter Kommunisten. In meiner Wohnung ist jedenfalls kein Platz mehr für Sie.«

Der Ausbruch war echt, daran bestand für mich kein Zweifel. Soviel Menschenkenntnis glaubte ich doch zu haben, um sicher zu sein, daß sie mir keine Komödie vorspielte. Ein Spitzel des MfS hätte sich nicht so verhalten. Was aber jetzt? Sollte ich ihr Angebot annehmen, einfach alles zu vergessen und mein »Doppelleben« fortsetzen, als wäre nichts geschehen? Die Frau meinte es im Augenblick sicher ehrlich. Wie würde sie aber morgen und später über die Sache denken? Die sicherste Konsequenz für mich wäre doch, unverzüglich in den Westen überzutreten. Aber noch zögerte ich. Es war zu schade, gerade jetzt, und noch wegen eines so dummen Zufalls, alles schon abzubrechen.

Eine abenteuerliche Idee kam in mir auf. Wenn ich doch noch hier weitermachen wollte, konnte ich das Verhältnis zwischen ihr und mir keinesfalls so belassen, wie es im Augenblick war — ganz gleich, was sie versprach. Ich mußte auf alle Fälle versuchen, es auf eine Vertrauensbasis zu stellen. Warum sollte ich also nicht gleich die volle Wahrheit sagen und dann erst, je nach ihrer Reaktion, entscheiden?

Genügend Zeit für den einzig sicheren Ausweg — nach Berlin zurückzufahren und, da ich ja mit den nötigen Fluchtpapieren versehen war, in den nächsten Zug Richtung Bundesrepublik (in der DDR nannte man sie noch immer »Interzonenzüge«) zu springen —, blieb mir auch dann immer noch. Ich mußte sie dazu bringen, mir zuzuhören und zu glauben. Dazu mußte sie zunächst ihren Hinauswurf rückgängig machen und sich wieder auf einen normalen Gesprächston einlassen. »Ich möchte Ihnen vorschlagen, sich noch eine Geschichte anzuhören, die Ihnen vielleicht wie aus Grimms Märchen vorkommen mag. Der Unterschied ist nur, daß sie wahr ist. Danach können Sie mich noch immer vor die Tür setzen. Aber vielleicht gewinnen Sie eine etwas andere Meinung über mich, und wir scheiden in freundlicherem Einvernehmen voneinander.« Ich hatte mit dieser Einleitung noch nicht viel mehr gewonnen als einen Aufschub: »Eigentlich weiß ich zwar nicht, wieso ich noch meine Zeit mit Ihnen vertrödeln soll, aber — wenn Sie Ihr Gewissen erleichtern wollen . . .« Und so begann ich auszupacken und erzählte meine Geschichte, wenigstens in großen Zügen; aber auch das reichte schon. Als ich endete, war Mitternacht längst vorüber.

»Und das soll ich Ihnen alles glauben?« war ihr erster Kommentar. Sie hatte bis dahin schweigend zugehört. Ich ersparte mir Wahrheitsbeteuerungen: »Ob Sie mir glauben, ist vorerst unwesentlich. Es genügt, daß Sie sich vergegenwärtigen, was mir blüht, wenn Sie sich dazu entschließen sollten, meine Geschichte weiterzugeben.« Diese Logik war ihr offenbar sofort klar. Sie besann sich nur kurz; dann begann sie — statt einer Antwort — ihren eigenen Lebensweg zu erzählen, der nicht viel weniger turbulent erschien als meiner. Die Entscheidung, Vertrauen gegen Vertrauen zu setzen, hatte sich als offenbar richtig erwiesen. Als ich mich verabschiedete, graute schon der Morgen. Mein Hemd war inzwischen getrocknet. Auf der Straße fuhren gerade die Schneepflüge schmale Schneisen in die dicke weiße Decke. In meinem Hotelzimmer blieb ich nicht lange, denn zum Schlafen war keine Zeit mehr. Ich setzte mich gleich zum Frühstück ins Restaurant und durchdachte noch einmal die Ereignisse der Nacht.

Nun, bei Tage, kamen mir doch wieder Zweifel. War das Vertrauen tatsächlich gerechtfertigt, das ich ohne wirkliche Sicherheit in die Frau setzen mußte, wenn ich mich entschloß, nicht sofort übertreten? Je mehr ich überlegte, desto schwankender wurde ich, und das Schwanken führte mich schließlich doch zum Entschluß, heute abend noch meine Siebensachen zu packen und nach dem Westen zu verschwinden. Die folgenden Stunden waren für mich sehr unangenehm. Ich hatte nach außen hin völlig normal zu wirken und fuhr in einem Widerstreit der Gefühle zum geplanten Treff mit »Hauser« nach Eisfeld. Treffzeit und Ersatztreffzeit verstrichen jedoch, ohne daß die Quelle aufgetaucht wäre. Damit war meine eigentliche Mission gescheitert. Ich brauchte nun eigentlich nichts anderes mehr zu tun, als nach Berlin zurückzufahren, einige wichtige Papiere zusammenzupacken, an einem bereits mit Günther ausgemachten Ort zu deponieren, in meiner »Burg« den Paß aus dem Versteck zu holen, die anderen dort verwahrten Hilfsmittel zu vernichten und dann als »normaler« DDR-Reisender die Grenze nach Westberlin zu überschreiten.

Aber mir blieb noch Zeit, denn ich konnte die Absetzaktion nicht vor Dienstschluß beginnen und wollte mich vorher nicht mehr im MfS sehen lassen. Wer weiß, was dann noch dazwischenkommen konnte. Ich vermag eigentlich nicht mehr zu sagen, was mich nun noch einmal zur MfS-Bezirksverwaltung Suhl trieb; vielleicht verweigerte ich mir im Unterbewußtsein immer noch das Eingeständnis, meine Position jetzt schon räumen zu müssen. Ich suchte den für das »Interhotel Panorama« zuständigen Abwehrmann auf. Nach einigen konventionellen Einleitungsworten und Danksagung für die Unterstützung der örtlichen Dienststelle bei meiner Operation erwähnte ich beiläufig, daß ich besorgt über das bedenkliche ideologische Niveau des Hotelpersonals sei. Am gestrigen Abend hätte ich inkognito eine längere Unterhaltung mit einer Kellnerin geführt, die überhaupt kein Hehl aus ihrer Abneigung gegen unseren Staat gemacht habe. Der Genosse zuckte resigniert die Achseln und bemerkte, da oben sei einer wie der andere: »Selbst die Parteimitglieder machen keine Ausnahme. Wir haben schon mehrfach neue bewährte Genossen aus anderen Betrieben hergeholt und in der Direktion eingesetzt, aber nach kurzer Zeit waren auch die angesteckt und korrumpiert. In der Küche wird mehr unterschlagen, als für die Gäste verwendet. Der Direktor verschiebt die freien Betten persönlich, und die Kellner sind fast alle in illegalen Westgeldhandel verwickelt. Wer war denn die Dame, die dir die Augen über die Zustände im ›Paradies der Werktätigen‹ geöffnet hat?« Ich nannte den Namen und erfuhr: »Die gehört nicht einmal zu den besonders Schlimmen. Ich habe viel schwärzere Schafe, um die ich mich kümmern muß. Wenn du unbedingt willst, kannst du mir ja einen Bericht über die Unterhaltung geben. Anzuwerben ist die damit sicher nicht. Wir müssen schon mehr gegen einen Angestellten der Bude da oben vorbringen können, um ihn zur Zusammenarbeit zu zwingen.« Ich hakte noch einmal nach: »Weshalb hast du sie denn dann nicht zur Hochzeit ihres Bruders in den Westen fahren lassen? Der Sohn hätte doch genügend Sicherheit dafür geboten, daß sie zurückkommt?« – »Ach, von mir aus hätte die ruhig fahren können«, erklärte der Genosse, aber sie hätten zentrale Weisung, die Genehmigungen einzuschränken.

Ich hatte genug erfahren und verabschiedete mich. MfS-Mitarbeiterin war meine Mitwisserin also tatsächlich nicht, und sie stand auch nicht besonders im Blickpunkt der Abwehr. Erneut wurde ich unschlüssig; schwerer wog schließlich der Gedanke an all das, was verloren wäre, wenn ich mich noch heute absetzte. Eine große, nicht abzuschätzende Unsicherheit würde indessen nicht mehr zu beseitigen sein, wenn ich meinen Entschluß erneut änderte und dabliebe: Würde und konnte die Frau jedem gegenüber und in jedem Falle den Mund halten? Um mir endgültig klarzuwerden, wie ich mich entscheiden sollte, entschloß ich mich, sie noch einmal aufzusuchen. Dabei nahm bereits eine neue Idee bei mir Gestalt an: Ich könnte doch nahezu volle Sicherheit gewinnen, wenn ich aus der Mitwisserin eine Komplizin machte.

Ich fand das Haus wieder, parkte etwas abseits und läutete. Sie war offensichtlich erstaunt, mich schon wieder zu sehen, ließ mich jedoch eintreten. Ihre Nähe und ihre ruhige, gelassene Art lösten unvermittelt wieder volles Vertrauen bei mir aus. Gegen alle Vernunft berichtete ich ihr sogar von meinem Besuch in der Bezirksverwaltung. Dann eröffnete ich ihr, daß ich wegen einer von mir befürchteten möglichen fahrlässigen Indiskretion ihrerseits mich eigentlich unverzüglich absetzen sollte, was mir zum gegenwärtigen Zeitpunkt sehr ungelegen käme. »Da kann ich Ihnen nun wirklich nicht helfen«, war ihre Entgegnung, »wie sollte ich einen Beweis bringen, daß ich den Mund halten kann? Ich, an Ihrer Stelle, würde jedenfalls sofort in den Westen gehen

— weg von hier, so schnell ich könnte. Wenn Sie aber unbedingt bleiben wollen, so kann ich Ihnen nur noch einmal versichern, daß ich die ganze Angelegenheit nicht nur verschweigen, sondern überhaupt vergessen werde.« Entschlossen wagte ich jetzt meinen auf dem Herweg erwogenen Vorstoß: »Wären Sie eventuell auch zu mehr bereit? Würden Sie mich aktiv unterstützen« Sie überlegte eine Weile. »So schnell kann ich Ihnen nicht antworten. Ich muß auch an meinen Sohn denken. Natürlich würde ich der Republik gerne eins auswischen. Aber ich glaube kaum, daß ich eine große Hilfe für Sie sein könnte.« Das glaubte ich zwar auch nicht, aber es ging mir ja vor allem darum, sie zu binden. Ihre halbe Zusage genügte mir vorläufig; ich schlug ihr vor, mir Anfang Februar eine definitive Antwort zu geben. Sie war einverstanden, mich gelegentlich bei einer von ihr beabsichtigten Reise in Leipzig zu treffen.

Auf der Rückfahrt nach Berlin erwog ich noch einmal das Für und Wider meines Entschlusses, vorerst noch zu bleiben. Noch war mir der Ausweg möglich, am Abend zu verschwinden. Aber ich blieb am Ende bei dem Entschluß, die Entscheidung bis zum Februar aufzuschieben, wenn ich die Frau wiedersehen würde. In den folgenden Wochen plagten mich Angst und Zweifel. Mehrfach rief ich in Oberhof an, um mich zu beruhigen. Dabei reagierte Helga, die Frau, mit der ich nun auf Gedeih und Verderb verbunden war, erneut sehr geschickt. Durch gut gewählte Formulierungen versicherte sie mir, daß ich mir keine Sorgen zu machen brauche.

2

Ende Januar war ein planmäßiger Treff mit Günther in der »Burg« fällig. Ich mußte mich bis dahin entscheiden: Sollte ich das Erlebnis in Oberhof berichten oder vorerst verschweigen? Wenn ich berichtete, würde ich die Zentrale des BND sicher in helle Aufregung versetzen. Mir war längst klar, wie schwer dort Sicherheitsprobleme wiegen. Wahrscheinlich würde Pullach den sofortigen Übertritt anordnen. Nachdem ich mir den Entschluß, wenigstens vorläufig noch zu bleiben, selbst schon schwer genug gemacht hatte, sollte mich aber auch niemand anderes zum Absetzen zwingen, selbst der BND nicht. Ich sagte daher nichts. Ich war aber genötigt, Günther in eine Neuregelung hinsichtlich meiner konspirativen Wohnung einzuweihen, die ich neuerdings auch meinem Kollegen Olaf für Treffs mit einem seiner Agenten zur Verfügung stellen mußte, was ich jedoch immer rechtzeitig genug vorher erfuhr.

Günther hatte übrigens auch ein Problem: »Wie du sicher mitbekommen hast« — inzwischen duzten wir uns —, »mußten wir in letzter Zeit einige bittere Verluste hinnehmen. Wir sind natürlich besorgt. Kannst du uns nicht im Rahmen der gebotenen Vorsicht helfen?« Ich erriet sofort, worum es sich handelte. Die DDR-Zeitungen hatten in den letzten Monaten periodisch über Verhaftungen von Agenten westlicher Geheimdienste berichtet, die, wie es in barock anmutender Vollständigkeit hieß, unter »Mißbrauch der großzügigen Einreise- und Transitbestimmungen und der Verletzung des Grundlagenvertrages sowie des Viermächte-Abkommens über Westberlin und des Transitabkommens« in der DDR Militärspionage betrieben hatten. Angesichts der gewohnten täglichen polemischen Angriffe und Beschuldigungen gegen den Westen überhaupt in der DDR-Presse war ich mir nicht sicher gewesen, inwieweit da nicht einzelne Fälle propagandistisch ausgeschlachtet wurden. Günthers Ausführungen konnte ich nun entnehmen, daß tatsächlich Operationen westlicher Dienste, auch des BND, empfindlich gestört waren. Günther bat mich, wenn möglich herauszufinden, wie das MfS den Leuten auf die Spur gekommen war und mit welchen Methoden es dabei arbeitete. Ich sah zwar noch keinen Weg, wie ich zu solchen Erkenntnissen kommen konnte. Aber angesichts der Bedeutung der Angelegenheit versprach ich, mein Möglichstes zu tun. Günther wollte den folgenden Treff schon auf Ende Februar legen. Offenbar lag also Pullach viel an einer baldigen Antwort. Ich wollte aber Zeit gewinnen. Erst mußte ich nach Möglichkeit Helga für mich gewinnen, um dem BND gleich eine gelungene »Reparatur« meiner Sicherheitslage melden zu können, ehe ich mit der Panne von

Oberhof herauskam. Daher vertröstete ich ihn auf Anfang April und schob Terminschwierigkeiten vor.

Schon in den folgenden Tagen brachte ich im Kollegenkreis vorsichtig die Sprache auf die von der Presse gemeldeten kontinuierlichen Verhaftungen und fragte, mich möglichst einfältig gebend, wie man es wohl anstellt, der feindlichen Agenten und Diversanten so zügig habhaft zu werden. Ich heuchelte Respekt vor der beachtenswerten Leistung unserer Abwehr. So deutlich ich auf den Busch klopfte, niemand wußte etwas Genaueres. Nach zwei Wochen hatte ich einen relevanten Hinweis, von einem Vertrauten in unserer Abteilung, der es wiederum von einem Freund bei der für Spionageabwehr zuständigen Hauptabteilung II wußte, natürlich jeweils unter dem Siegel streng vertraulichster Verschwiegenheit. Danach waren die Westagenten mit Computer ausfindig gemacht worden. Zunächst habe man an allen Straßen, die zu Militärobjekten oder daran vorbeiführen, Observationsposten eingerichtet, die die Nummern aller ortsfremden Fahrzeuge notierten. Der Computer habe dann alle Fahrzeuge ausgeworfen, die an mehreren verschiedenen Garnisonen, Flugpisten oder Truppenübungsplätzen aufgetaucht waren. Diese gerieten automatisch in die engere Auswahl. Unter ihnen waren dann die Agenten relativ leicht zu identifizieren. Das MfS nutzte also die moderne Technik, und zum großen Teil verdankte es diese Möglichkeit den Lieferungen meines Agenten »Sturm«, überlegte ich mir. Ich ging unverzüglich daran, wenigstens diesen Effekt wieder zu »neutralisieren«.

Noch am gleichen Tag sandte ich einen meiner »Geheimbriefe« ab, der Pullach über diese Methode der computergestützten Agenten-Identifizierung orientierte. Ich gab noch einen zusätzlichen Fingerzeig. Der Mann aus der Hauptabteilung II hatte meinem Freund noch anvertraut, daß das System nur im Norden der DDR funktionierte; im Süden war das Straßennetz zu dicht.

Am 7. Februar 1978 fuhr ich, eine unaufschiebbare dienstliche Angelegenheit vorschützend, nach Leipzig. Helga hatte mir am Telefon versichert, daß sie, wie vereinbart, kommen würde. Das »Rendez-vous« in der Messestadt wäre am Ende nicht einmal nötig gewesen, da Christian mir kurz vor meiner Abfahrt den

Auftrag erteilte, gleich nach Suhl weiterzufahren, um erneut zu versuchen, mit »Hauser« in Verbindung zu treten; ich sollte ihn von dort aus, unverfänglicher als von Berlin aus, in seinem Betrieb anrufen. Es war jedoch schon zu spät, um Helga noch zu verständigen. Ich holte sie in Leipzig vom Zug ab, und wir begaben uns in das häufig für konspirative Treffs verwendete Ring-Café.

»Ich habe es mir überlegt«, erklärte sie gleich, »wenn es Ihnen nützt, werde ich Ihnen helfen. Ich habe mir vorgestellt, unter welchen Spannungen Sie an sich schon stehen müssen. Deshalb will ich wenigstens Ihre Zweifel über mich abbauen, denn darum geht es doch im Grunde!«

Ich war wieder über das Einfühlungsvermögen dieser Frau erstaunt. In den folgenden Monaten entdeckte ich noch mehr überraschende Eigenschaften bei ihr. Zunächst konnte ich ihr jedoch nur für ihre Bereitschaft danken, da ich noch keine Vorstellung hatte, wie ich sie konkret in meine Arbeit für den BND einbeziehen konnte. Am nächsten Morgen hatte ich noch kurz in Karl-Marx-Stadt zu tun. Anschließend fuhren wir gemeinsam nach Oberhof, da ich ja noch auf Weisung Christians in Suhl tätig werden mußte. Ich hatte keine Bedenken, Helga in meinem Wagen mitzunehmen. Meines Wissens war keiner meiner Kollegen in dieser Gegend unterwegs.

Nach dem — übrigens wieder erfolglosen — Telefonat mit »Hauser« von Suhl aus stellte ich fest, daß die Lichtmaschine in meinem Auto defekt war. Ich wäre bei Tageslicht zwar gerade noch zur Werkstatt der nächsten Bezirksverwaltung in Halle gekommen. Da aber ein starker Schneesturm angekündigt war, zog ich es vor, erst am nächsten Morgen Richtung Berlin zu fahren. Ein Hotelzimmer fand ich freilich nicht mehr. So mußte ich bei Helga übernachten. Das war uns keineswegs unangenehm; in Leipzig und auf der Fahrt nach Oberhof waren wir uns über die nachrichtendienstliche Seite unserer Beziehung hinaus nahegekommen. Ich machte mir keine moralischen Vorwürfe — meine Frau hatte ja längst ihre eigenen »Affären« —, noch große Gedanken wegen des Nachweises meiner Dienststelle gegenüber, wo ich in der fraglichen Nacht verblieben war. Normalerweise wird nicht gleich in den Anmeldeformularen der Hotels nachgeblättert, ob man bei Dienstreisen wirklich dort übernachtet hatte, wie es vorher anzugeben war.

Es kam jedoch anders. Als ich am nächsten Zahltag, dem 15. Februar, den Beitrag des allgewaltigen Genossen Oberst Vogel wie gewöhnlich bei dessen Sekretärin kassieren wollte, traf ich, ohne es zu wollen, mit ihm selbst zusammen. Er kam gerade von einem »Arbeitsessen« mit dem KGB-Verbindungsoffizier, Igor Owsjannikow, der mich inzwischen kannte und gleich freundlich begrüßte. Mit der Miene eines Großinquisitors trat er auf mich zu, stemmte mir den Zeigefinger auf die Brust und fragte mit lauerndem Blick: »Wer ist die Dame?«

Ich war bestürzt. Wen meinte er genau, was war schon entdeckt worden, wieviel wußte man tatsächlich? Sollte ich schrittweise in die Enge getrieben werden? Ich beruhigte mich. Das hätten meine Vorgesetzten sicher anders angestellt und den ersten Schritt zu meiner Verunsicherung nicht bei einem so zufälligen Zusammentreffen getan. Doch was sollte ich jetzt antworten? Es mußte sich mit dem decken, was sie wirklich bemerkt hatten, nicht mehr, nicht weniger, sonst würde ich mich selbst belasten und unversehens eine Lawine lostreten. Ich entschied mich für einen Gegenangriff und setzte eine erstaunte Miene auf: »Was für eine Dame denn?« Der sonst für sein rasches und scharfes Denken, seine Kombinationsgabe und seine Abgebrühtheit berüchtigte Oberst machte nun einen Fehler: »Na, die Dame im Auto in Oberhof.«

Hätte er nicht zu erkennen gegeben, daß er offensichtlich nicht mehr als das wußte, sondern mich im Unklaren gelassen und nur weiter gefragt, würde ich mich wahrscheinlich verheddert haben. So aber genügte zunächst eine »kleine Beichte« für ein harmloses Vergehen, denn wir durften grundsätzlich keine Anhalter im Dienstwagen mitnehmen: »Das war eine Bürgerin aus Oberhof, die ich wegen der grimmigen Kälte von Arnstadt aus mitgenommen habe.« »Na und . . .?« drängte Vogel weiter. »Kein und«, konnte ich jetzt einfach behaupten, »ich war in Suhl, wo ich gemäß Dienstauftrag zu tun hatte«. Vogel wandte sich ab und verschwand ohne ein weiteres Wort in seinem Arbeitszimmer.

Ich wußte, daß damit die Sache noch nicht ausgestanden war.

Sie konnte sogar immer noch fatal ausgehen, wie mir nun einfiel. Ich hatte nämlich ebenfalls einen Fehler gemacht. Ich hatte unüberlegt eingestanden, daß meine Begleiterin, gleich, wer sie gesehen hatte, in Oberhof wohnte. Der Ort hatte gar nicht so viele Einwohner; das MfS jedenfalls konnte Helga ohne große Mühe ausfindig machen. Ich hätte sagen sollen, sie sei eine Urlauberin gewesen. Das hätte die Ermittlungen nach ihr wesentlich erschwert. Noch am gleichen Tag kam der Abteilungsleiter, Oberstleutnant Gerhard Jauck, in mein Zimmer und fragte nach der »Geschichte da in Oberhof«. Ich grinste krampfhaft: »Ach, weißt du, Gerhard, ich habe eine Anhalterin mitgenommen. Die Ärmste stand in Arnstadt in der Kälte. Da hat mich das Mitleid gepackt.« Der Genosse Oberstleutnant bohrte weiter: »War da wirklich nicht mehr? Erzähle mir lieber die Wahrheit, vielleicht ein kleiner Seitensprung? Das wäre nicht gut, aber fürs erste halb so schlimm. Wenn du uns aber hintergehst, und wir kommen dahinter, dann wird es böse!« Ich blieb bei meiner Version: Wer die Dame war, könne ich beim besten Willen nicht sagen, da ich es nicht wisse. Wir hätten nicht viel miteinander gesprochen. Der Abteilungsleiter forderte mich auf, den Verlauf der Dienstreise genau in einem Bericht schriftlich niederzulegen. Die Sache werde überprüft.

Nun saß ich doch in der Klemme, vor allem wegen der mit Helga verbrachten Nacht in Oberhof. Ich bastelte einen halbwegs logisch aufgebauten Bericht zusammen und gab an, bei meiner Schwester in Halle übernachtet zu haben. Diese Lüge würde der Überprüfung natürlich nicht standhalten, aber etwas Besseres fiel mir nicht ein. Einen Tag hatte ich damit wenigstens noch gewonnen. Doch heute abend mußte ich verschwinden; diesmal gab es keinen Zweifel. Der Abteilungsleiter nahm meinen schriftlichen Bericht wortlos entgegen. Für mich stand fest: Der nächste Tag würde die für mich bittere Wahrheit ans Licht bringen. Nach Dienstschluß packte ich einige wichtige Akten in meine Tasche und fuhr direkt Richtung »Burg«, meiner konspirativen Wohnung. Eines eventuellen »letzten« Besuchs zu Hause war ich ohnehin enthoben – meine Frau war wieder einmal verreist. In der »Burg« wollte ich die letzten Vorbereitungen zur Abreise treffen.

Gerade noch rechtzeitig hielt ich inne. Ich hatte vergessen, daß meine »KW« ausgerechnet heute an Olaf Junghanns vergeben war. Er hatte seinen Agenten sogar für die Nacht in der »Burg« untergebracht und wollte ihn auch morgen noch weiter dort schulen. Olaf hatte mir auch gesagt, daß sein Mann die »Burg« am Abend nicht verlassen würde. Wenn ich dessen ungeachtet in der »KW« an mein für den BND bestimmtes Depot zu gelangen versuchte, würde sich der Agent zumindest sofort telefonisch über die Zentrale bei Junghanns vergewissern und damit die Suche nach mir auslösen. Nein — es gab keinen Ausweg. Mein Versteck war mindestens 36 Stunden nicht zugänglich und in diesem Zeitraum war ich — so glaubte ich sicher — längst enttarnt.

Es blieb mir nichts weiter übrig, als einigermaßen gefaßt dem entgegenzusehen, was nun auf mich kommen mußte. In meiner Ratlosigkeit rief ich Helga an. Sie hatte zum Glück gerade einen freien Tag. Sie fragte nicht viel und nahm den nächsten Zug nach Berlin. Bis sie ankam, brachte ich wenigstens die aus meinem Dienstzimmer mitgenommenen Akten dorthin zurück.

Spät in der Nacht kam Helga auf dem Bahnhof Lichtenberg an, wo ich sie abholte. Wir gingen »spazieren« und hielten uns in verschiedenen Wartesälen und Kneipen auf. Nach meiner Überzeugung war meine Beziehung zu ihr ohnehin nicht mehr zu verheimlichen. Mein bisheriger Optimismus hatte mich erstmals vollständig verlassen. Wieder erwies sich Helga als der Situation gewachsen; es gelang ihr, mich aus meiner Resignation herauszureißen. Wir kamen überein, daß ich ein »flüchtiges Abenteuer« mit ihr zugeben sollte, wenn meine Lüge — die angebliche Übernachtung in Halle — entdeckt würde. Ich müßte dann natürlich auch ihren Namen und ihre ohnehin leicht festzustellende Adresse angeben. Das wichtigste allerdings war, daß sie bei allem, was dann auf sie zukommen mußte, standhaft blieb und sich nicht weiter über mich auspressen ließ. Vielleicht würde ich dann doch noch einmal an meine »KW« herankommen und das Versteck ausräumen können. Mit dem ersten Zug fuhr Helga morgens nach Oberhof zurück. In der Dienststelle wartete ich jede Sekunde darauf, gerufen zu werden. Die Zeit dehnte sich unerträglich. Nichts geschah. Erst am nächsten Tag wurde ich vorgeladen. Schweren

Schritts, zögernd ging ich die Treppe zu Jauck hinauf. Christian saß schon bei ihm. Beide machten ernste Gesichter. Der Abteilungsleiter hielt meine Stellungnahme in der Hand und fragte, ob ich ergänzend dazu noch etwas zu sagen hätte.

Ich beschloß noch einmal frech zu sein: »Nicht daß ich wüßte. Allerdings habe ich mich insofern schuldig gemacht, als ich eine frierende Anhalterin im Dienstwagen mitgenommen habe.« Beide sahen mich noch einmal scharf an, und ich erwartete jetzt die offizielle Eröffnung der Anschuldigung, ich sei der Lüge überführt.

Doch ich traute meinen Ohren nicht: »Wir haben deinen Bericht in einigen Punkten überprüft. Die haben alle gestimmt. Die Mitnahme der Anhalterin ist zwar ein Regelverstoß, aber ehrlich gesagt, jeder von uns hätte wohl auch so gehandelt. Also Schwamm darüber. Das nächste Mal solltest du jedenfalls beachten, daß uns eben nichts verborgen bleibt. Als wirklich guter Nachrichtenbeschaffer hättest du eigentlich wissen sollen, daß unser Sektorleiter gerade in Oberhof Urlaub macht.«

Unendlich erleichtert begab ich mich so rasch wie möglich in die Stadt, rief Helga an und gab »Entwarnung«, mit der dringenden Ermahnung, weiterhin auf der Hut zu sein. Mein im Dienst ausgeprägtes und seit der Partnerschaft mit dem BND noch gewachsenes Mißtrauen sagte mir, daß die Erklärung meiner Vorgesetzten auch eine Täuschung gewesen sein konnte, um uns in Sorglosigkeit zu wiegen, während sie in aller Ruhe weiter ermittelten und bei passender Gelegenheit zuschlagen würden. Ich selbst sicherte mich von jetzt an bei jeder Tätigkeit, die nicht mit meinen normalen Dienstpflichten in Einklang stand, doppelt und dreifach ab. Aber ich konnte nichts Verdächtiges, keine noch so diskrete Überwachung bemerken. Selbst wenn man doch nach Helga forschen sollte, glaubte ich nicht mehr, daß man sie leicht identifizieren könnte. Ich hatte die Personenbeschreibung, die ich meinem Bericht beifügen mußte, so vage wie möglich abgefaßt und geschrieben, daß mir der Name der Anhalterin nicht bekannt sei. Es hätte das MfS zumindest einigen Aufwand gekostet, auf die richtige Spur zu kommen. Nachdem unsere Spannung etwas abgeklungen war, bestellte ich Helga wieder nach Berlin. Natürlich besprachen wir vor allem, wie alles weitergehen sollte und vielleicht einmal zu einem guten Ende kommen könnte.

Sie verstand, daß es für mich einmal zwingend sein würde, mich abzusetzen. Deshalb mußten alle erdenklichen Vorsichtsmaßregeln getroffen werden, daß bei den anschließenden Untersuchungen keine Spur zu ihr führen konnte. Sie machte freilich kein Hehl daraus, daß sie am liebsten mit mir in den Westen gehen würde. Pullach wußte ja überhaupt noch nichts von ihrer Existenz und Mitwisserschaft. Die Reaktion des BND auf die vergangenen Ereignisse war noch völlig ungewiß.

3

Ich kam indes nicht mehr zur Ruhe. Die nächste Nervenprobe folgte rasch. Eines Morgens im März saß ich wie gewöhnlich sehr zeitig in meinem Arbeitszimmer und arbeitete an einer Zusammenstellung von Informationen für den BND. Als ich den Bericht fertig hatte, war es immer noch eine Stunde bis zum Dienstbeginn. Ich wollte gerade die Feuerzeug-Kamera zücken, um die Niederschrift auf den Film zu bringen, als die Tür aufging und Christian in mein Zimmer trat. Ich hatte sein Kommen überhört und ihn am allerwenigsten so früh in der Dienststelle erwartet. Ich konnte die Niederschrift gerade noch, Schriftseite nach unten, umdrehen. Doch ich sah an Christians Gesicht, daß ihm meine hastige Bewegung aufgefallen war. Um meine Erregung zu verbergen, griff ich nach einer Zigarette und betätigte das Feuerzeug, das ich ja schon in der Hand hielt, wie um sie anzuzünden. Ich wußte, es konnte nicht funktionieren, denn seit der Panne in Oberhof benutzte ich es nicht mehr als Feuerzeug und füllte auch den Tank nicht mehr nach. Mit einer beiläufigen, ärgerlichen Bemerkung über das Versagen des Zündmechanismus suchte ich die Situation zu entspannen. Doch es war direkt zu fühlen, daß Christian unbedingt wissen wollte, was es mit dem umgedrehten Blatt auf sich hatte.

Er stand nur zwei Schritte davon entfernt, aber es gab ein Hindernis. Mein Arbeitszimmer — das ehemalige Bad der umgebauten früheren Funktionärswohnung — war außerordentlich schmal. Um an die Seite des Schreibtisches zu gelangen, auf der das umgedrehte Blatt nunmehr lag, hätte er mich beiseite schieben müssen. So entspann sich zwischen uns — während wir formell über eine an sich belanglose dienstliche Angelegenheit miteinander sprachen gleichsam eine stumme Kraftprobe zwischen unseren beiden Persönlichkeiten.

Christian Streubels Verhalten drückte nur eines aus: Geh zur Seite, ich will das Blatt sehen.

Ich reagierte so, daß er die Antwort fühlen mußte: Wenn du es sehen willst, mußt du mich erst wegschieben. Wenn du das tust, riskierst du aber, mich zu beleidigen und dich zu blamieren, falls doch nur etwas Harmloses auf dem Papier steht.

Seine stumme Entgegnung hierauf: Geh freiwillig beiseite, ich habe ein Recht zu sehen, was du da hast.

Parallel zu seiner schweigenden Aufforderung und zu meiner stummen Weigerung wurde unser »offener« Wortwechsel immer lauter, wobei die Angelegenheit, um die es ging, mehr und mehr in den Hintergrund trat. Ich blieb am Ende Sieger. Christian wandte sich plötzlich abrupt ab und verließ den Raum. Wenig später verschwand das kompromittierende Blatt Papier, zerrissen in winzige Schnipsel, in der Toilette. Danach saß ich länger, zu keiner Regung fähig an meinem Schreibtisch.

Andere Ereignisse, vor allem eine neue Möglichkeit, dem MfS einen schweren Schlag zu versetzen, gaben mir jedoch wieder Auftrieb. Der Neubau des HVA-Gebäudes, der in den vergangenen Jahren entlang der Frankfurter Allee emporgewachsen war, näherte sich seiner Fertigstellung. Längst platzte die Zentrale in ihrer bisherigen Unterkunft aus allen Nähten. Der neue dreizehngeschossige Hochbau mit hellen Räumen hinter Riffelglasscheiben sollte alle Unterbringungsprobleme lösen. Der Umzugstermin für den Sektor Wissenschaft und Technik wurde auf Anfang Mai festgelegt. Aber man zog uns schon vorher zur Aufstellung des neuen Mobiliars heran, denn, wie üblich, war der im Jahresplan bestimmte Termin in Gefahr.

Eines Vormittags sollten drei neue Aktenschränke zu ihren

künftigen Stellplätzen getragen werden. Ich sah schon, daß sich dabei für mich gewisse Möglichkeiten ergeben könnten und meldete mich freiwillig. Für alle Fälle steckte ich mir ein Stück Siegelknete in die Tasche. Die zukünftigen Behältnisse der »IM«-Akten und anderer Verschlußsachen waren relativ leichte Blechkonstruktionen mit einfachen Sicherheitsschlössem. In jedem Schrank steckten auch schon die dazugehörigen Schlüssel. Ich richtete es so ein, daß ich bei der Trägergruppe war, die den für den Abteilungsleiter bestimmten neuen Schrank an seinen Platz in dem luxuriös ausgestatteten Chefzimmer bugsierte. Wir schoben das Stück vorsichtig in eine dafür vorgesehene Aussparung in der Edelholzschrankwand. Dabei ließ ich unauffällig meine Zigarettenschachtel fallen. Nachdem wir den Raum gemeinsam wieder verlassen hatten, wurde er von einem Mitarbeiter des Stabes sorgsam verschlossen. Nach einigen Schritten begann ich schimpfend in meinen Taschen zu kramen, nach den Zigaretten suchend, und bat schließlich den Mann vom Stab, mir das Zimmer noch einmal aufzuschließen, um nachzusehen, ob ich sie nicht dort liegen gelassen hatte.

Ich hatte richtig spekuliert. Der Stabshengst war viel zu bequem, um noch einmal mit mir zurückzugehen. Er drückte mir den Zimmerschlüssel in die Hand. Ich konnte nur wenige Sekunden im künftigen Dienstzimmer des Genossen Oberstleutnant Jauck bleiben, aber sie genügten, um den Schlüssel seines neuen Aktenschranks für die Geheimsachen in die mitgebrachte Knete zu drücken. Ein Schatz war mir in die Hände gefallen! Die Anfertigung des Duplikats mußte ich natürlich den Spezialisten in Pullach überlassen. Günthers nächster Besuch stand kurz bevor.

Im übrigen sah ich dem Treff mit gemischten Gefühlen entgegen. Die »Generalbeichte« über die Panne in Oberhof und alle Folgen, die sich daraus ergeben hatten und möglicherweise noch ergeben konnten, war nicht mehr hinauszuzögern, wollte ich nicht den mir gewährten Vertrauensvorschuß riskieren. Günther freute sich sichtlich, mich nach mehr als zwei Monaten gesund und munter wiederzusehen. Ich erzählte der Reihe nach, wie alles gekommen war und sich eines aus dem anderen ergeben hatte. Günther wurde bei dem Bericht merkwürdig unruhig. Offensichtlich fühlte er sich zunehmend unbehaglich, enthielt sich jedoch zunächst jeglicher Stellungnahme und nahm nur die Fakten zur Kenntnis. Ich ließ ihn nicht im Zweifel, daß ich mich unlängst hatte absetzen wollen, als ich mich entdeckt glaubte, erklärte aber am Ende der Beichte unmißverständlich, daß ich meine Lage als wieder gefestigt betrachte und nicht gewillt sei, schon überzutreten.

Günther sagte wiederum nichts, aber er schien es eilig zu haben, nach Westberlin zu kommen, um Pullach schnellstens Bericht erstatten zu können. Um ihm auch etwa etwas Erfreuliches mit auf den Weg zu geben, überreichte ich ihm den Schlüsselabdruck und erbat nach der Erläuterung, um was es sich handelte, die Anfertigung eines Duplikats. Damit hatte ich freilich seine Selbstbeherrschung überschätzt: »In dieser Situation erlaubst du dir auch noch derartige neue Abenteuer?« Doch er nahm den Abdruck und verwahrte ihn in einem Container, aus dem er auch einen neuen falschen Paß mit Visum gültig bis Ende 1978 — zog und mir übergab. »An deiner Stelle würde ich das Glück nicht mehr lange herausfordern«, bemerkte er dabei. Wir legten den nächsten Treff auf Mitte Mai fest, aber Günther deutete schon an, daß seine Zentrale vielleicht anders entscheiden würde. So kam es auch.

Im nächsten Funkspruch wurde ich angewiesen, vorläufig alle Aktivitäten einzustellen, jede Materialbeschaffung zu unterlassen und mich überhaupt still zu verhalten. Heute weiß ich, daß Günthers Bericht über meine gänzlich veränderte Situation bei den Zuständigen im BND wie eine Bombe eingeschlagen war. Wegen der Konsequenzen, die ich aus der neuen Lage gezogen hatte — weiterer Verbleib in Berlin, dabei eine zur Hilfe bereite Mitwisserin hielten sie mich erneut schlicht für verrückt und rechneten täglich damit, daß ich auffliegen könnte. Der nächste Funkspruch erreichte mich erst Mitte Juni: Wenn möglich, sollte ich ein Lebenszeichen geben, wieder per »Geheimbrief«. Frech setzte ich eine Antwort auf, in der ich mitteilte, mir gehe es sehr gut, und ich meinte, die Gefahr sei nun endgültig vorüber. Im übrigen stehe der 17. Juni vor der Tür, ein Tag, der doch für uns alle eine Verpflichtung sei. In diesem Sinne bat ich darum, die Zusammenarbeit wieder aufzunehmen; doch es erfolgte zunächst keine Reaktion aus Pullach.

Stattdessen traf mich ein weiteres Mißgeschick. Aus Sicherheitsgründen hatte ich Helga den Kleinempfänger samt Entschlüsselungsunterlagen nach Oberhof mitgegeben. Von mir in das Verfahren eingewiesen, sollte sie zu den üblichen Durchgabezeiten auf Empfang gehen, mir gegebenenfalls den Spruchinhalt per Telefon in getarnter Form durchgeben, das Gerät jedoch sonst sicher verstecken. Anfang Juli saß sie gerade vor dem Apparat, als es unerwartet klingelte. Es war zwar nur der Kassierer der Kirchensteuer, doch ließ Helga den Empfänger vor Schreck fallen. Er funktionierte nicht mehr. Sie kam, sobald sie frei hatte, nach Berlin, um zu »beichten«. Bei dem ohnehin kompliziert gewordenen Verhältnis war das ein schwerer Schlag. Natürlich konnte ich Pullach um ein neues Gerät bitten, aber es lag auf der Hand, was Pullach folgern würde. Der Erwartung dort gemäß dürfte ziemlich sicher unterstellt werden, ich sei verhaftet worden, und das MfS versuche nun, den Kurier in seine Gewalt zu bekommen, der den neuen Empfänger bringen sollte. Ich war sogar davon überzeugt, daß Pullach mir die Wahrheit nicht glauben würde.

Ein wenig erfolgversprechender Ausweg blieb. Helga erbot sich, alle erreichbaren »Intershops« abzuklappern und zu versuchen, mit ihrer kleinen Westmark-Reserve ein passendes Gerät mit gespreiztem Kurzwellenempfang zu beschaffen — ein überaus riskantes Unternehmen. Sie mußte sich, ohne aufzufallen, nach meinen technischen Angaben richten, die ich ihr mühsam »eintrichterte«. Ich selbst konnte natürlich schon gar nicht bei der Suche in Erscheinung treten. Abgesehen davon war es möglich, wenn man Verdacht schöpfte, ihre Spur zu mir zu verfolgen. Käufer solcher Geräte werden in der DDR registriert und unter Umständen »überprüft«. Nach endlosen Gängen trieb sie tatsächlich einen entsprechenden Apparat in einem Geschäft in der Invalidenstraße am Nordbahnhof auf und gab einen Bekannten als Bezieher an. Damit war sie zwar ein weiteres Risiko eingegangen, doch erschien es mir erst einmal wie ein Wunder, als sie mit dem Einkauf ankam.

Es war nicht schwer, den Pullacher Sender mit dem neuen

Gerät ausfindig zu machen. Geduldig ging ich nun selbst wieder zu den alten Durchgabezeiten auf Empfang, doch es sollte noch einige Zeit dauern, bis meine Kennummer aufgerufen wurde. Es war an einem Sommerabend, als ich mit Helga vor dem Empfänger saß, die, wenn sie konnte und keine Störung zu befürchten war, nun regelmäßig in die »Burg« kam. Wir konnten uns sicher fühlen. Es war noch ruhiger Ferienbetrieb; Olaf und mein Referatsleiter — die einzigen, die eventuell in die »KW« kommen konnten — waren noch auf Urlaub; meine Familie befand sich ebenfalls noch in den Ferien bei der Verwandtschaft in Ungarn. Die kurze Durchgabe informierte zunächst über veränderte Sendezeiten und wies mir eine andere Kennummer zu. Bald danach — zur neuen Zeit, unter der neuen Nummer — folgte auch der eigentliche Spruch: Man wolle die aktive Arbeit wieder aufnehmen, hieß es, und ich sollte den Termin für einen Treff mit Günther vorschlagen. Helga und ich fielen uns in die Arme. Das Verhältnis zum BND schien nun — nach all' dem Mißgeschick der letzten Zeit — wieder in Ordnung zu sein. In Hochstimmung beschlossen wir, am übernächsten Tag, einem Sonntag, einen gemeinsamen Ausflug »ins Grüne« zu machen. Zwar waren uns die Folgen unserer gemeinsamen Fahrt vom Februar nach Oberhof noch durchaus gegenwärtig. Aber ich mochte nicht an die Duplizität der Ereignisse glauben und, nachdem alles wieder im Lot schien, hatte ich nun einfach das Bedürfnis, Helga eine kleine Freude zu bereiten. In den vergangenen Wochen hatte sie die nervlichen Belastungen und akuten Gefahren tapfer und entschlossen mit mir geteilt.

4

Wir fuhren nach Norden in Richtung Mecklenburgische Seenplatte. Nach einer Stunde Fahrt fand ich einen idyllischen klaren Waldsee. Keine Menschenseele war weit und breit zu sehen, ein idealer Platz zum Verweilen. Das Auto parkte ich in einer Schneise neben der Straße. Wir genossen das warme Sommerwetter. Am frühen Nachmittag hörte ich, wie ein Auto auf der nahe vorbeiführenden Straße anhielt. Ich hatte gerade zum Aufbruch gedrängt, da mir die ungewöhnliche Stille und die ungestörte Einsamkeit bereits sonderbar vorkamen und mich zu beunruhigen begannen. Noch ehe wir die Badesachen eingepackt hatten, tauchten zwischen den Bäumen zwei uniformierte Polizisten auf. Ich hatte gerade noch Zeit, Helga zuzuflüstern, wie sie sich verhalten sollte, als diese auch schon vor uns standen:

»Guten Tag — Volkspolizei. Ist das Ihr Wagen, der an der Straße geparkt ist?« Ich bejahte.

»Haben Sie nicht das Halteverbotschild gesehen?« Ich verneinte die Frage und verfluchte meine Unachtsamkeit; ich hatte wirklich kein Schild gesehen und beteuerte dies kleinlaut, als schon die nächste fatale Eröffnung kam:

»Wissen Sie nicht, daß Sie sich in einem Sperrgebiet aufhalten?«

Wiederum konnte ich ganz ehrlich verneinen. Doch wurde mir sofort klar, was nun in jedem Falle folgen müßte. Unbefugte Personen, die in einem Sperrgebiet angetroffen werden, haben sich grundsätzlich einer Überprüfung zu unterziehen. Wir wurden aufgefordert, unsere Papiere zu zeigen. Ich hatte sie im Auto. Die beiden Polizisten folgten. Der eine von den beiden war offenbar ein besonders »Scharfer«, während sein Kollege etwas gemütlicher zu sein schien. Doch hatte der erstere den höheren Dienstgrad, war also entscheidend.

Welches meiner Papiere sollte ich vorzeigen? Da ich keine auf »Schilling« — meinen Decknamen — lautende Fahrerlaubnis mitgenommen hatte, mußte ich mich für den auf meinen Klarnamen lautenden Ausweis entscheiden, auch, damit ich nicht gleich als MfS-Angehöriger identifiziert wurde, was in der Regel eine Sofortmeldung nach Berlin auslösen würde. Helga gab sich als meine Frau aus. Sie wußte für einen solchen Fall ihre Personaldaten, die sie schon länger auswendig gelernt hatte. Ihren Ausweis habe sie zu Hause gelassen, mußte sie natürlich erklären, was ihr prompt einen mißbilligenden Blick des Streifenführers einbrachte sowie die Ermahnung, sie wisse doch, daß das Personaldokument ständig mit sich zu führen sei. Natürlich hatte unsere Lüge nur sehr kurze Beine, aber die wahre Identität Helgas mußte so lange wie möglich aus jeglichem Zusammenhang mit mir herausgehalten werden. Die beiden Polizisten notierten alle Angaben sorgfältig, vergaßen aber zum Glück nach den Wagenpapieren zu fragen, wo als Eigentümer nämlich dunkelblau auf grau »Ministerium für Staatssicherheit« stand. Sie fuhren schließlich ohne weitere Erklärung davon — ein schlechtes Zeichen. Hätten sie mir eine Ordnungsstrafe wegen Verstoßes gegen die Verbotstafeln auferlegt, wäre die Sache eventuell damit erledigt gewesen, so aber wollte man der Angelegenheit offensichtlich weiter nachgehen.

Auf der Rückfahrt achtete ich nun auf die am Morgen übersehenen Verbotsschilder, die tatsächlich vorhanden, aber so ungeschickt angebracht waren, daß ich sie beim Einbiegen zum See nicht sehen konnte. Helga legte mir beruhigend die Hand auf den Arm. Sie wußte ja nicht, wir kritisch unsere Lage nun wieder geworden war — im Grunde hoffnungslos. Unser Aufenthalt in einem Sperrgebiet war geradezu der ideale Fakt, welcher im MfS ein besonderes Überprüfungsverfahren in Gang setzen mußte, von dessen Perfektion sie keine Ahnung hatte. Ich kannte den Gang der Dinge: Die beiden Polizisten würden jetzt ihren Dienstbericht schreiben und an die Kreisdienststelle der Staatssicherheit weiterleiten. Die dortigen Mitarbeiter würden die angegebenen Personalien wahrscheinlich erst einmal in der Registratur des MfS überprüfen. Das war ein Umstand, an den ich vielleicht noch einen schwachen Hoffnungsschimmer knüpfen konnte: Das hauptamtliche MfS-Personal ist in der Registratur nicht erfaßt, sondern in einer besonderen Kartei der Kaderabteilung. Die Auskunft würde also lauten »Nicht erfaßt«. Kurze Zeit konnte ich noch als »einfacher« und bisher auch unbelasteter DDR-Bürger gelten. Aber es blieb das Autokennzeichen, und so gut wie sicher ginge auch ein Bericht an das für meine Anschrift zuständige Polizeirevier oder an die MfS-Kreisdienststelle Berlin-Treptow. Dort würde man sehr schnell herausfinden, wo ich arbeitete. Eine Meldung an meine Diensteinheit über das Kaderreferat war dann unausbleiblich. Mit einer »Anhalter-Geschichte« oder einem ähnlichen Märchen konnte ich mich bei meinen Vorgesetzten nicht noch einmal herausreden. So oder so war es also unwahrscheinlich, daß ich auch nach diesem Zwischenfall noch einmal davonkommen könnte.

Ich stand vor einer schweren Entscheidung. Diesmal hinderte mich nichts, an die Reisepapiere aus Pullach zu kommen und mich unverzüglich abzusetzen. Aber was wurde mit Helga? Man würde nach meiner Flucht keine Mühe scheuen, um die schon zum zweiten Male in meiner Begleitung — zuletzt auch noch in einem Sperrgebiet — gesehene geheimnisvolle Frau ausfindig zu machen. So vage er auch war, mein Bericht vom Februar enthielt schon einen Hinweis auf Oberhof. Bei wirklich konzentrierter Arbeit, mit der diesmal zu rechnen war, konnte sie innerhalb von 24 Stunden ermittelt sein, und sie hatte inzwischen schon zuviel ungewöhnliche Aktivitäten entwickelt, wie man zweifellos herausfinden würde —, als daß ihr Verhältnis zu mir noch als flüchtige Liebschaft legendiert werden könnte. Das MfS verfügte ohnehin über Mittel, die Wahrheit aus ihr herauszuholen. Wieder in Berlin, hatte ich mich wenigstens soweit gefaßt, daß ich einige Vorkehrungen für den, mir nun unausweichlich erscheinenden Ernstfall treffen konnte. Ich legte Helga die kritische Situation dar und bat sie, den Radioapparat und die Chiffrierunterlagen wieder mit nach Oberhof zu nehmen und wies sie an, alles zu vergraben. Von der sofortigen Vernichtung wollte ich noch absehen. Wenn es doch noch anders kommen sollte, würde es kaum möglich sein, nochmals ein neues Empfangsgerät zu beschaffen. Unglücklicherweise hatte ich auch noch vor dem Ausflug nach Mecklenburg einen Geheimbrief an den BND geschickt und darin einen Treff für Ende August vorgeschlagen. Ich vereinbarte mit Helga noch, daß ich mich täglich kurz — wie schon seit einiger Zeit von einem öffentlichen Fernsprecher aus — bei ihr melden würde. Sobald mein Anruf an einem Tag ausbleiben sollte, mußte sie ein Telegramm an die Deckadresse schicken und in der dafür vorgesehenen Formulierung den Treff mit Günther absagen.

Wenn es zum Äußersten kam, und auch Helga nicht mehr zu helfen war, sollte ich doch noch versuchen, mich abzusetzen, falls sich dann noch, wider aller Erwartung, eine Gelegenheit dazu ergab. So zumindest mußte ich es Helga versprechen. Ob ich es wirklich fertiggebracht hätte, sie allein ihrem Schicksal zu überlassen, kann ich heute schwer sagen. Bei unserer Verabschiedung an diesem 30. Juli 1978, dem schwarzen Sonntag, wie wir ihn später nannten, war ich jedenfalls davon überzeugt, daß ich sie nicht wiedersehen würde. Ich selbst hatte meinen »Absetzpaß« nun ständig bei mir, zunächst entschlossen, ihn auch zu nutzen, falls wirklich alles verloren schien, außerdem die durchgeladene Dienstpistole. Im schlimmsten Falle wollte ich den ehemaligen Kollegen wenigstens nicht lebend in die Hände fallen. In den folgenden Tagen saß ich wie festgenagelt an meinem Schreibtisch.

Aber alles blieb ruhig und normal. Ich rechnete nach: Die fatale Meldung konnte noch auf dem Dienstweg sein, und der erforderte wie in allen Bürokratien seine Zeit. Erst nach 14 Tagen wagte ich, wieder etwas Hoffnung zu schöpfen. Doch gleichzeitig näherte sich der Termin für den Treff mit Günther. Wenn man mich nun doch noch vorher auf den Vernehmungsstuhl setzen und mit ausgeklügelten Verhörmethoden alles aus mir herauspressen sollte — was ich durchaus für möglich hielt —, und noch am gleichen Tage auch Helga ausschalten würde, dann mußte Günther ins offene Messer laufen. Sollte ich den Treff also lieber absagen? Ich brachte es nicht fertig. Das wäre für mich gleichbedeutend mit endgültiger Resignation gewesen.

Nach zweieinhalb Wochen schien sich dann doch der letzte Akt des Dramas anzukündigen. Ich sah den Leiter des Kaderreferats, Oberstleutnant Wenzel Bleier, mit einer Akte in das Zimmer meines Abteilungsleiters gehen. Das war noch nie vorgekommen. Gleich mußte die telefonische Vorladung kommen. Sollte ich gleich jetzt versuchen, noch zu entkommen? Oder sollte ich doch noch abwarten, welche Fakten man mir zunächst vorhielt? Der Abteilungsleiter wußte an sich nicht, daß meine Frau noch in Ungarn war, und für ihn konnte es zunächst wirklich sie gewesen sein, mit der ich im Sperrgebiet ertappt worden war. Ich konnte vielleicht wenigstens noch etwas Zeit gewinnen, bis auch Christian und Peter Bertag herangezogen würden, die Bescheid wußten, daß meine Frau in Ungarn war. Wieder verschob ich den Entschluß zum sofortigen Absprung und versuchte, meiner Nerven Herr zu bleiben.

Doch nach einer Weile hielt ich es nicht mehr aus, ich mußte jetzt die Spannung lösen — so oder so. Unter einem Vorwand ging ich ins Vorzimmer des Abteilungsleiters und sprach seine Sekretärin, die »dumme Iris«, an:

»Der Bleier ist beim Chef«, erklärte sie bedeutungsvoll. Mir gelang es sogar noch zu witzeln:

»Na, Iris, was hast du denn angestellt? Heimlich im Intershop gewesen, was? Jetzt ist man dir wohl endlich auf die Spur gekommen!?«

Ich gab mich in diesen Stunden nicht nur gelassen, ich war tatsächlich gelassen und ruhig, obwohl ich keinen Zweifel mehr hatte: das Spiel war verloren. Ich konnte nichts mehr tun und sah dem, was nun kommen mußte, fast wie ein Unbeteiligter entgegen. Auch fünf Monate später, als es tatsächlich ernst wurde, beherrschte mich das gleiche Gefühl. Der Kaderchef kam jetzt aus dem Zimmer des Abteilungsleiters. Ich grüßte höflich und erwartete nun, zum Chef zitiert zu werden. Auch er war aus seiner Tür getreten — aber er nickte mir nur freundlich zu, dann ging er ebenfalls. Es war also immer noch nicht so weit. Nicht, daß die Gefahr vorüber war. Die Meldung konnte auch an jedem der nächsten Tage noch kommen, aber bis jetzt wußte man noch nichts; das stand nun fest. Daß es bei der Vorsprache Bleiers übrigens doch um mich gegangen war, erfuhr ich noch. Er hatte sich mit meinem Abteilungsleiter darüber abgestimmt, daß ich vom Stellvertreter zum ersten Parteisekretär aufrücken sollte . . .

Eine Woche hatte ich einen neuen Beweis, daß ich vorerst noch sicher war. Christian stimmte mit mir den nächsten Treff mit der Quelle »Sturm« ab, dem EDV-Spezialisten aus München. Wir visierten Finnland an, und die Leitung bestätigte den Vorschlag. Das Vorkommnis vom »schwarzen Sonntag« war unbegreiflicherweise nicht bekannt geworden. Ich schrieb den Reiseplan und füllte auch den Antrag für einen Diplomatenpaß für mich aus, denn nach Finnland wollten wir unter diesem besonderen Schutz fahren. Dann setzte ich den Instrukteur »Sturms« zum Goldenen Dachl nach Innsbruck in Marsch, um ihn für den 29. September nach Helsinki in die Halle des »Intercontinental« zu bestellen.

Der August verstrich, ohne daß sich etwas in der Angelegenheit »Sperrgebiet« tat. Bis heute weiß ich nicht, welchem glücklichen Umstand ich es zu verdanken hatte, einer scheinbar aussichtslosen

Situation zu entkommen. War es die Sommerhitze, die die Polizisten davon abgebracht hatte, ihren Bericht zu schreiben, wie Helga meinte, als sie mir das Empfangsgerät und die dazu gehörigen Unterlagen nach Berlin zurückbrachte? Oder hat der zuständige Mitarbeiter der Kreisdienststelle den »Fakt« als nicht würdig für eine eingehende Untersuchung befunden? Das Glück half mir offenbar immer wieder aus der Patsche. Aber jetzt beschloß ich ein für alle Mal, kein Risiko mehr einzugehen.

5

Günther kam wie verabredet Ende des Monats. Wir empfanden beide große Wiedersehensfreude. Die Geschichte des »schwarzen Sonntag« behielt ich für mich. Ich wollte die Verantwortlichen in Pullach auch nachträglich nicht in neue Aufregung versetzen. Mir wurde noch einmal bestätigt, daß die Arbeit weitergehen sollte; zu den alten Verbindungswegen wolle man aber keinesfalls zurückkehren und mit mir in Helsinki — meine Reise dorthin hatte ich Pullach bereits signalisiert — über »neue Modalitäten« sprechen. Noch ahnte ich nicht, was damit gemeint war. Aber es hätte mich stutzig machen sollen, daß Günther von mir alle Einzelheiten über Helga wissen wollte und mich bat, möglichst auch ein Paßbild von ihr nach Finnland mitzubringen. Den Reise- und Treffplan für Christian und mich hatte ich bereits so gestaltet, daß er mir einige ungestörte Stunden für den Treff mit BND-Leuten ermöglichte. Aber genau konnte ich mich noch nicht festlegen. Deshalb vereinbarte ich mit Günther, zur weiteren Abstimmung im Flughafen den alten »Toilettentrick« von Zagreb zu wiederholen.

Wenige Tage später hielt ich den roten Diplomatenpaß, ausgestellt auf den Namen »Werner Schilling«, in Händen. Mein in Pullach hergestellter DDR-Reisepaß befand sich schon wieder in seinem Versteck. Bis auf weiteres war der Diplomatenpaß ein viel besseres Fluchtpapier. Der zuständige Mitarbeiter der HVA 3 für Finnland, Oberleutnant Peter Keller, ließ über den MfS-

Residenten in Helsinki Zimmer im Hotel »Klaus Kurki« für Christian und mich buchen und wies ihn ferner an, uns vom Flughafen abzuholen sowie weiter zu betreuen. Am 27. September, einem Mittwoch, bestiegen wir die Interflugmaschine in die finnische Hauptstadt. Außer Helgas Paßbild hatte ich einen langen Brief für den BND in der Tasche — mir konnte ja nichts passieren, denn der rote Diplomatenpaß schützte mich vor Kontrollen. Wir landeten pünktlich.

Seit dem Ausflug zur Fußballweltmeisterschaft 1974 befand ich mich zum ersten Mal wieder in einem westlichen Land, zudem für die nächsten fünf Tage in völliger Sicherheit. Im Falle einer »Panne« würden mich meine Freunde aus München sofort mitnehmen. Das hatte mir Günther beim letzten Treff zugesichert. Er war es auch, den ich als ersten sah, als ich die Gangway vom Flugzeug herunterstieg. Hinter der Glaswand des Flughafengebäudes konnte ich deutlich seine mir nun schon vertraute Gestalt ausmachen. Ich erkannte neben ihm »Karl-Heinz«. Ein kurzer Blickkontakt bestätigte mir, daß sie mich ebenfalls gesehen und erkannt hatten. Die Abfertigung ging für unsere Begriffe ungeheuer schnell; wir aus dem Osten waren lange Wartezeiten gewohnt. Auch das Gepäck kam schon nach wenigen Minuten. Obwohl ich den Transitraum einige Zeit vor Christian verlassen konnte — mein Koffer war als erster auf dem Rollband erschienen —, durfte es nun wegen des in der Halle wartenden, mir persönlich noch nicht bekannten Mfs-Residenten keinesfalls zu einem auch noch so flüchtigen Kontakt kommen. Günther und »Karl-Heinz« verhielten sich auch völlig professionell und gaben sich unbeteiligt.

Schließlich kam Christian und führte mich zum Residenten, einem feisten, noch relativ jungen, aber schon fast völlig grauhaarigen Burschen. Er stellte sich als »Klaus«, tatsächlich Klaus Detlof, vor und dirigierte uns zu seinem Auto. Nach einigen Metern fragte ich, wie weit es denn in die Stadt sei. »Ungefähr eine halbe Stunde Fahrt«, war die Antwort. »Dann muß ich auf jeden Fall noch einmal zur Toilette«, sagte ich, drehte ab und schritt auf die zu den sanitären Anlagen im Untergeschoß führende Treppe zu. Unten stand auch schon »Karl-Heinz«. Da in den Toiletten reger

Betrieb herrschte, konnten wir nur kurz miteinander »flüstern«. Ich nannte nur den Namen unseres Hotels, er die Telefonnummer, unter der ich ihn Tag und Nacht erreichen konnte. Dann kehrte ich unverzüglich zu meinen Kollegen zurück, die bereits im »Lada« des Residenten saßen. Sie hatten keinen Verdacht geschöpft.

Klaus wollte offenbar vor dem ranghöheren Christian geheimdienstlichen Eifer demonstrieren und fuhr uns im regelrechten Slalom durch die Stadt. »Man kann ja nie wissen, ob sich nicht vielleicht doch einer dranhängt«, kommentierte er seine Fahrroute. Er machte auch gleich noch eine touristische Einlage und ließ uns die Felsenkirche besuchen, ehe er uns zum Hotel brachte. Wir bekamen Einzelzimmer, was mir natürlich sehr zustatten kam. Wenn es gar nicht anders ging, konnte ich notfalls wenigstens tief in der Nacht für einige Stunden verschwinden. Anschließend nahm uns der Resident mit in seine Wohnung. Damit sollte der Legende Genüge getan werden, daß wir zu einer Besprechung in der DDR-Botschaft angereist seien, die wir tatsächlich gar nicht betreten durften. Der Resident bekleidete dort offiziell das Amt eines Kulturattachés. Seine MfS-Zugehörigkeit wurde auch gegenüber dem Botschaftspersonal geheimgehalten. Ich war über das mehr als luxuriöse Interieur verblüfft. Die Erklärung war einfach. Das Haus war einst zum Preis von knapp zwei Millionen DM für den Staatsratsvorsitzenden Honecker erworben worden, damit dieser während der Schlußrunde der ersten europäischen Sicherheitskonferenz im Sommer 1975 »standesgemäß« untergebracht werden konnte. Da die Luxusherberge nicht ohne weiteres wieder zu verkaufen war, diente sie nach der Konferenz zur Unterbringung von Botschaftsangehörigen.

Bei einer Flasche »Courvoisier« kam Klaus, dem der Alkohol die Zunge mehr löste, als für ihn gut war, mit weiteren Eröffnungen heraus. Unter anderem berichtete er von einem Besuch des Leiters der HVA, der gleichzeitig stellvertretender Minister für Staatssicherheit war, im vergangenen Juli. »Mischa« Wolf sei mit seiner neuen Frau gekommen, um später zu einem — für einen Spitzenagenten verhängnisvollen — Treff nach Schweden weiterzureisen. Der Resident mußte das Ehepaar während seines Aufenthalts in Helsinki betreuen. »Das war vielleicht eine Sauerei«, entfuhr es Klaus, der sich offensichtlich einmal entladen wollte, »die haben hier eingekauft wie die Wilden. Als ob es in der Republik überhaupt nichts gäbe. Scheinbar brauchte Mischa für die neue Frau auch gleich eine neue Wohnungseinrichtung, finnisches Holz, finnisches Design, nur vom feinsten. Ich hatte dann den Ärger, das ganze Zeug in die DDR zu verfrachten.« Trotz meiner bereits reichen Erfahrungen über das ungenierte Treiben der DDR-Gewaltigen, wenn sie einmal nach »draußen« kamen, war ich perplex. Wenigstens im Fall Wolfs wurde mir später Genugtuung zuteil: Gleich nach meiner Ankunft in der Bundesrepublik legten mir Mitarbeiter des Bundesamtes für Verfassungsschutz mehrere Schnappschüsse vor, die meinen ehemaligen obersten Dienstherrn, seine Frau und den ebenfalls mitgereisten Stellvertreter Wolfs in der HVA, Generalmajor Großmann, zeigten. Die Fotos hatte die schwedische Abwehr während des Aufenthaltes der illustren Reisegruppe in ihrem Land »geschossen«. Die Beobachtung der Umtriebe Wolfs in Schweden hatte nicht nur sein Interesse an Pornoshops ergeben, sondern auch einen Treff mit einem bayerischen sozialdemokratischen Landtagsabgeordneten bestätigt, was für diesen später das Ende seiner politischen Karriere bedeutete. Klaus Detlofs Karriere als Resident war übrigens, vielleicht wegen seiner Offenheit, bald zu Ende. Er verschwand kurze Zeit nach meinem Übertritt in die Bundesrepublik aus Helsinki und dürfte nicht wieder im Westen auftauchen.

Das Trinkgelage in der Residentur zog sich bis in die Nacht hinein und setzte sich anschließend an öffentlichen Theken und in Barbetrieben bis in die Morgenstunden fort, ein teures Vergnügen nebenbei. In der Frühe bestiegen wir wieder das Auto unseres Betreuers und verließen Helsinki nordwestwärts. Nach einer Fahrt durch die malerische Herbstlandschaft erreichten wir einen abgelegenen See in der Nähe der Stadt Somero und zogen dort in ein geräumiges Blockhaus mit Sauna, das Klaus für unseren Treff mit »Sturm« gemietet hatte. Er versorgte uns auch mit genügend Alkoholika. Erst am Freitag fand ich endlich die Gelegenheit, kurz die Pullacher anzurufen und sie auf den Sonnabend zu vertrösten. An diesem Donnerstag mußten wir erst noch einmal ins

Hotel nach Helsinki. Zu Mittag kamen der ebenfalls zum Treff bestellte Instrukteur »Sturms«, und am Abend »Sturm« selbst dort an. Der Instrukteur sollte wie üblich das Ganze absichern und »Sturm« zunächst abfangen, ehe er ihn zu uns führte. Das Sicherheitsarrangement geriet freilich völlig durcheinander, da »Sturm« etwas zu zeitig eintraf. Er lief dem vor dem Hotel auf und ab gehenden Christian direkt in die Arme, während der Instrukteur im Foyer auf ihn wartete. Gleichzeitig trafen, gut gedeckt, übrigens auch meine Freunde vom BND ein, die sich die größere Zusammenkunft nicht entgehen lassen wollten, wegen der Regiepanne jedoch nicht auf ihre Rechnung kamen. Wir bestellten telefonisch ein Auto und starteten mit »Sturm« in das gemietete Blockhaus. Der im Foyer sitzende Instrukteur blieb in Helsinki.

Zunächst bot die Ankunft »Sturms« neuen Anlaß, die Sauferei der Vortage wieder aufzunehmen. Zudem hatte der Agent Sorgen, die er loswerden wollte. Vor kurzem war ein rumänischer Geheimdienstgeneral in den Westen geflüchtet. Wir hatten danach schon bei mehreren unserer Quellen im westlichen Ausland Unbehagen registriert. »Sturm« aber war sogar völlig verschreckt: »Was, wenn das in eurem Haus einmal passiert? Ich gebe mir alle Mühe, um nicht enttarnt zu werden, und dann flüchtet vielleicht einer von euch in den Westen und läßt mich mir nichts, dir nichts hochgehen.« Mit ehrlicher Überzeugung schloß Christian dergleichen beim DDR-Nachrichtendienst völlig aus. Bei diesem herrsche eine klare parteiliche Linie und das System der Absicherung sei so perfekt, daß überhaupt nichts dergleichen passieren könne: »Unsere Mitarbeiter sind von der Sache der Partei absolut überzeugt und ihr treu ergeben. Mache dir also gar keine Sorgen, lieber Gerhard.« Ich argumentierte selbstverständlich lauthals auf dieser Linie meines Vorgesetzten, obwohl mir bewußt war, daß der »Count-down« für »Sturm« eigentlich schon begonnen hatte. Seine Identität als DDR-Agent hatte ich ja dem BND längst vermittelt. Solange ich auf meinem Posten blieb, würde ihm zwar noch nichts passieren. Schon zwei Tage später sollte ich erfahren, wie wenig Zeit mir und damit ihm noch blieb. Im Augenblick freilich – in dieser romantischen Herbstnacht an einem finnischen See im Blockhaus mit der Sauna, die ich inzwischen angeheizt hatte — schob ich alle Gedanken an seine und meine Zukunft beiseite.

Christian und »Sturm« begannen den Freitag mit einem »Wodkafrühstück«, während ich zum Einkauf nach Somero fuhr. Schnaps war zwar noch genügend da, aber es fehlte an Eßbarem. Ich machte mir einen alten Traum wahr und kaufte ein Spanferkel. Zurück im Blockhaus, fand ich die beiden schon wieder in »fortgeschrittenem Zustand«. Sie eröffneten mir ihren gemeinsamen Beschluß, mich zum »Diener« zu ernennen. Ich wußte, wie ungemütlich »Sturm« sein konnte, wenn man ihm in seiner Trunkenheit etwas abschlug und erfüllte ihre absurden Wünsche: Gerhard wollte an den Fußsohlen gekratzt, Christian über den See gerudert werden. Zwischendurch widmete ich mich der Zubereitung des Spanferkels. Das Freß- und Saufgelage zog sich wieder bis zum nächsten Morgen hin. Ich achtete darauf, daß die Gläser der beiden immer gefüllt waren. Bis zum Nachmittag des inzwischen angebrochenen Sonnabends wollte ich sie so funktionsunfähig machen wie nur möglich, denn ich benötigte einige Stunden für den Treff mit den BND-Leuten. Leider ging diese Rechnung nicht auf. Die beiden tranken und tranken und wurden dabei immer munterer. Auch Christian zeigte ein bei ihm ungewohntes Stehvermögen. Gegen Mittag beschlossen sie, nach Helsinki zurückzukehren. Bis jetzt war noch kein Wort zu den eigentlichen operativen Themen des Treffs gefallen, obwohl neue große Pläne mit »Sturm« besprochen werden sollten. Ich wurde langsam unruhig; der Rückflug war für den Sonntag, den 1. Oktober festgelegt und gebucht. In der Stadt angelangt, beschlossen Christian und Gerhard, erst noch einen Spaziergang und einige Einkäufe zu machen, um am Abend schließlich zur Sache zu kommen.

Endlich sah ich eine Chance, mich für den Treff mit den Abgesandten vom BND frei zu machen. Ich mußte nicht einmal viel lügen, als ich einen verdorbenen Magen und Kopfschmerzen vorschützte, um mich vor dem Bummel der beiden zu drücken. Christian entließ mich auch tatsächlich, offenbar hatte der Alkohol auch sein ewig lauerndes Mißtrauen eingeschläfert. Ich folgte ihnen erst noch eine Weile mit vorsichtigem Abstand, dann rief ich die von »Karl-Heinz« angegebene Nummer an. Schon 10 Minuten später saß ich mit ihm in einem reservierten Zimmer des Hotels »Marski«. Wie er mir versicherte, hielt Günther für jeden Fall vor dem Hotel Außenwache. Nach wenigen Minuten betrat ein hochgewachsener Mann mittleren Alters den Raum und setzte sich zu uns. Ich war ja schon solche Überraschungen gewohnt und wunderte mich daher nicht, als der Neuankömmling das Wort an mich richtete:

»Herr Stiller, ich freue mich, Sie gesund und munter zu sehen. Lassen Sie uns den Umständen dieses Treffens Rechnung tragen und gleich zu den Problemen kommen, die anstehen.« Kein Zweifel, der Mann wußte, was er wollte, und machte nicht viel Umstände. Wahrscheinlich stand er in der Rangliste des BND ziemlich weit oben.

»Wir haben im Verlauf dieses Jahres eine ganze Reihe zum größten Teil unangenehmer Überraschungen erleben müssen«, fuhr er fort, »es ist Ihnen ja wohl auch bewußt, daß Sie immer wieder mit großem Glück über diese kleinen und großen Pannen hinweggekommen sind. Wir haben uns gefragt, ob man das Schicksal guten Gewissens weiter so herausfordern darf. Die Antwort ist eindeutig: Nein!« Dann kamen die entscheidenden, schon zu Anfang meiner Geschichte zitierten Sätze, mein Verbleiben in Berlin sei nicht länger zu verantworten, man habe unwiderruflich meine Herauslösung beschlossen.

Ich war zunächst konsterniert. Ich hatte mit allerlei Vorhaltungen und neuen verschärften Vorsichtsmaßnahmen gerechnet, doch immer noch nicht mit diesem bündigen Bescheid. Nach den überstandenen Mißgeschicken und Nervenproben und nachdem im MfS offensichtlich weiterhin kein konkreter Verdacht gegen mich bestand, war ich durchaus mit der Vorstellung ins »Marski« gekommen, das Zusammenspiel noch eine Weile fortzusetzen. Sollte ich widersprechen und versuchen, meine Partner zu überzeugen oder sollte ich einfach ablehnen, mich abzusetzen? Zwingen konnte man mich schließlich nicht. Doch ließ die Einsicht nicht lange auf sich warten, daß die Entscheidung doch völlig berechtigt war. Das Glück konnte mir nicht ewig beistehen. Dabei hatte ich den Zwischenfall im Sperrgebiet sogar noch verschwiegen.

Der »Tag X«, der Übertrittstermin, war für Ende des Jahres angesetzt, also schon in knapp drei Monaten. Man hätte mich am liebsten gleich von Helsinki aus mitgenommen, versicherte mir der neue Gesprächspartner aus Pullach, wären nicht Helga und ihr Sohn gewesen. Ich stellte gleich die Frage, wie die Sache technisch vor sich gehen sollte. Man wollte meine Meinung zu mehreren Varianten wissen. Ich lehnte erst einmal alle Pläne ab, bei denen ich passives Transportgut wäre. Ich wollte den Ablauf der eigentlichen Absetzaktion selbst in der Hand behalten und damit Risiko wie Chancen selbst bestimmen. Wenn etwas schiefging, brauchte sich dann auch niemand Vorwürfe zu machen. Die BND-Vertreter ließen sich wenigstens davon überzeugen und stimmten zu. Bei Helga lagen die Dinge freilich anders; ihr halb erwachsener Sohn hatte zudem von allem noch keine Ahnung. Der BND wollte für die beiden ein sogenanntes Schleusungsarrangement treffen.

Meine Stimmung war nun, nachdem die Würfel gefallen waren, keineswegs euphorisch, nicht wegen der mit der Aktion direkt verbundenen Gefahren, sondern wegen meiner familiären Situation. Gewiß, meine Ehe war seit langem brüchig, und ich war schon mehrfach drauf und dran gewesen, mich ohne Rücksicht auf Frau und Tochter abzusetzen, doch hatte es sich dabei um äußerste Notlagen gehandelt. Bei allem hatte ich im übrigen — wie auch meine Frau — noch immer an der Ehe festgehalten. Jetzt aber stand die gänzliche Trennung bevor. Ich schnitt diese seelische Belastung nun doch gegenüber meinen Partnern an, die mir natürlich nur bedeuten konnten, daß dies allein mein Problem sei. Ich hatte schließlich die Entwicklung meiner Ehe, deren Zustand bei der politischen Einstellung meiner Frau eine Ausschleusung der Familie verbot, selbst zu verantworten. Man versprach mir nur, im Falle einer — freilich unwahrscheinlichen — Wendung im Verhältnis zu meiner Frau auch meiner Familie Hilfe zu leisten.

Den Rest der kurzen Treffzeit nutzten wir zur Planung der noch bis Jahresende möglichen Operationen. Es kamen ein paar ganz hübsche Kuckuckseier zusammen, die dem MfS vor meinem Abgang ins Nest gelegt werden sollten. Das frühere Verbindungssystem blieb jedoch, wie Günther mich schon instruiert hatte, im Prinzip stillgelegt. In den verbleibenden Wochen mußten die Geheimbriefe und die Sprüche des BND-Senders genügen. Kurz vor dem »Tag X« würde auch Günther noch einmal – zum letztenmal – kommen, um einen neuen, perfektionierten DDR-Reisepaß sowie letzte Instruktionen zu überbringen.

Der Ausbruch

1

Am Sonntag flogen Christian und ich nach Berlin zurück. Für mich brach die »Galgenfrist« an, die mir wieder einmal schlaflose Nächte bereitete. Ich bat Helga nach Berlin und unterrichtete sie über die neueste Entwicklung. Sie nahm alles mit Zuversicht auf und erwies sich erneut als große Hilfe. Ich selbst hatte alle Hände voll zu tun, während die verbleibende Zeit bis zum Absetztermin rapide zusammenschmolz. Mein »normaler« Dienst im MfS erforderte vollen Einsatz und alle Aufmerksamkeit, da ich nun auch nicht durch Nachlässigkeit auffallen durfte. Außerdem standen die Parteiwahlen vor der Tür. Mitte Oktober teilte mir der erste Sekretär der Parteiorganisation der Abteilung, Hartmut Ritter, offiziell mit, daß ich als sein Nachfolger ausersehen war. Die Wahl war für Ende November vorgesehen. Ich nahm die Eröffnung gelassen hin. Ich würde nicht mehr viel Zeit zur Ausübung des hohen Amtes aufwenden müssen, äußerte mich aber in einer hoffentlich geschickten Mischung von Stolz und Bescheidenheit. Die Betrauung mit der innerhalb des MfS immerhin bedeutenden Funktion und eine weitere mich betreffende Entscheidung meiner Vorgesetzten — daß ich nämlich ab Ende Januar für ein hallbes Jahr die Bezirksparteischule der HVA in Belzig besuchen sollte, um mich in der Theorie des Marxismus fortzubilden — waren, wie mir man auch nicht verheimlichte, die letzten Stufen vor der Ernennung zum Referatsleiter. Vom professionellen Standpunkt her war es sehr bedauerlich, daß ich mich in dem Augenblick absetzen mußte, in dem sich noch wesentlich umfassendere Möglichkeiten der Arbeit für den BND abzuzeichnen begannen. Aber

Pullach war, wie der Treff in Helsinki eindeutig gezeigt hatte, nicht mehr zur Korrektur der einmal getroffenen Entscheidung zu bewegen. Die Einberufung zur HVA-Parteischule, von der ich schon seit Monaten wußte und Günther davon unterrichtet hatte, dürften den BND wegen der damit verbundenen halbjährigen Isolierung in Belzig sogar mit zu meiner beschleunigten Herauslosung bewogen haben.

Die Reise nach Helsinki hatte mir nicht nur die Entscheidung zum Übertritt, sondern auch ein äußerst hilfreiches technisches Mittel dafür eingebracht, den roten Diplomatenpaß. Wenn man nicht darauf kam, daß ich »vergessen« hatte, ihn nach der Reise wieder abzugeben, gab es gar kein Problem mehr. Dieser Paß sicherte mir völlige Bewegungsfreiheit. Ich konnte alle für die Übergabe an Pullach vorgesehenen Unterlagen gleich mitnehmen, anstatt sie zur späteren Abholung durch einen Kurier im vereinbarten Versteck zurückzulassen. Sie würden damit sofort für Fahndungs-, Ermittlungs- und Anklagezwecke gegen MfS-Agenten im Westen verfügbar sein. Ich unterrichtete Pullach von meinem Vorhaben, den Diplomatenpaß einzubehalten. Zur Sicherheit sagte man mir dennoch zu, den versprochenen neuen DDR-Reisepaß zu liefern. Auch die Nachfertigung des Schlüssels zum Aktenschrank des Abteilungsleiters sollte ich noch rechtzeitig erhalten.

Ein wichtiger dienstlicher Termin folgte dem anderen. Ich zwang mich zu äußerster Konzentration. Am 27. November wurde ich einstimmig zum ersten Sekretär der Parteiorganisation und damit zum zweitmächtigsten Mann der Abteilung auf der Parteiebene gewählt. Doch verwandte ich in den folgenden Tagen meine ganze Kraft darauf, meine Gedanken nicht von der einzigen Sache abschweifen zu lassen, die jetzt allein noch zählte: Der sorgfältigen Vorbereitung des Absetzens. Ich begann meinen eigenen Aktenschrank nach den wichtigsten und interessantesten Unterlagen zu durchforsten, die ich mitnehmen oder notfalls »auslagern« wollte, falls mir der Diplomatenpaß doch demnächst entzogen würde. Mein Umzug in das Zimmer des Parteisekretärs lieferte für diese Ordnungs- und Aufräumungsarbeit die angemessene Begründung. Vor allem suchte ich nach allen Hinweisen auf

Westagenten des MfS, die noch versteckt in meinen Arbeitsunterlagen enthalten waren, einigen grundsätzlichen Dienstdokumenten und als »geheim« eingestuften Schriftstücken. Ich mußte mich beschränken. Mehr als einen Koffer voller Papiere konnte ich nicht mit mir führen, wenn ich nicht auffallen wollte. Ein großer Teil des Schrankinhalts befand sich allerdings in Form von Fotos schon im Westen. Obwohl ich fest davon überzeugt war, mit dem erwarteten Nachschlüssel noch an das gesamte Westagenten-Verzeichnis der Abteilung im Schrank des Abteilungsleiters zu kommen, übertrug ich vorsichtshalber alles, was ich in der letzten Zeit noch an Hinweisen auf nicht von mir geführte Westagenten der Abteilung zusammengetragen hatte, darunter auch eine ganze Anzahl von Klarnamen, auf eine lange Liste. Diese sogenannte »32iger-Liste« hat später als Beweismittel in einigen Gerichtsverfahren gegen verhaftete Agenten eine Rolle gespielt. Alles, was ich so ausgewählt und zusammengestellt hatte, kam zunächst wieder in das Versteck über der Küchendecke in der so nützlichen »KW«. Ich bestellte Helga zum letztenmal vor der in Aussicht genommenen »Abreise« nach Berlin. Ich bat sie dringend, obwohl es angesichts ihrer guten Nerven dieses Hinweises kaum bedurft hätte, sich ihrerseits völlig normal zu verhalten und ihrer beruflichen Arbeit nachzugehen. Ihr Sohn sollte erst am Tag ihrer Operation eingeweiht werden.

Am Abend des 8. Dezember kam Günther zu seinem letzten Besuch. Sorgfältig in einen Container verpackt, brachte er mir den neuen DDR-Reisepaß samt Aus- und Einreisekarte und Devisenberechtigungsschein sämtlich Meisterleistungen der Dokumentenfälschung —, den Nachschlüssel zum Schrank des Abteilungsleiters sowie detaillierte Informationen zum »Transfer« Helgas und ihres Sohnes. Der Ablauf dieser Aktion war bereits minuziös geplant. Die beiden sollten möglichst pünktlich um 18 Uhr an einem genau festgelegten Ort sein; die maximale Verspätung durfte 15 Minuten nicht überschreiten, danach wäre die Ausschleusung nicht mehr möglich. Ich selbst wollte nach Dienstschluß an diesem Tag in der Zentrale bleiben, warten, bis alle anderen das Gebäude verlassen hatten, dann die Unterlagen aus dem Schrank des Abteilungsleiters holen, um es zu dem Material zu packen, das schon in der »KW« bereitlag. Dort wollte ich es in einem Koffer abholen, dann zum Bahnhof Friedrichstraße fahren und mit dem Diplomatenpaß die Grenze überschreiten. Wenn der Diplomatenpaß nicht mehr zur Verfügung stand, würde ich den gefälschten DDR-Reisepaß benützen, beabsichtigte dann jedoch einen Übergang außerhalb Berlins zu wählen, den ich für gefahrloser hielt, wenn ich als »einfacher« DDR-Bürger reiste. Wir machten für diesen Fall die Strecke von Halle nach Hannover aus. Ich würde in Magdeburg zusteigen. Den Aktenkoffer dürfte ich dann nicht mit mir führen und hätte ihn vorher in das vereinbarte Versteck zu bringen. Günther sprach mir noch einmal Mut zu, während er verschiedene Utensilien einpackte, die ich nicht mehr benötigte und bemühte sich dann, sich so normal wie möglich von mir zu verabschieden. Er wollte damit offensichtlich zum Ausdruck bringen, daß alles gut gehen werde.

Mir wurde jetzt doch beklommen zumute. Es trat ein, was ich immer von mir gewiesen, im Innersten jedoch schon befürchtet hatte: Ich bekam Angst. Sie steigerte sich in den folgenden Tagen bedrohlich. Es fiel mir schwerer, sie zu unterdrücken und nicht aufzufallen. Ich orientierte Helga telefonisch, daß sie am Nachmittag des 15. Dezember spätestens um 15.00 Uhr mit Sohn in der »Burg« sein sollte. Erst dann durfte ich ihr den Treffpunkt mit ihren Schleusern angeben. Günther hatte auf dieser Vorsichtsmaßnahme bestanden.

Dann kam der »Tag X« wirklich, von mir mehr mit Furcht als mit Hoffnung erwartet. Ich möchte nicht ausbreiten, wie schlimm für mich die letzten Tage davor waren. Mit allem hatte ich abgeschlossen. Die letzten Stunden verbrachte ich nur noch in einer Art Trance. Am Morgen des 15. Dezember hatte ich mich noch einmal telefonisch vergewissert, daß auch Helga bereit war. Sie wenigstens schien guter Dinge. Sie wollte mit ihrem Wagen bis nach Erfurt fahren und von dort aus den Schnellzug nach Berlin nehmen. Es lag hoher Schnee und ich riet ihr, zeitig genug abzufahren. Während des Tages bemühte ich mich krampfhaft, nicht an den Abend zu denken, um nicht schon jetzt die Nerven zu verlieren.

Ich begab mich zu Mittag in meine »KW« und begann, die

Unterlagen aus dem Versteck einzupacken, die ich mitnehmen wollte, und das übrige zu verbrennen. Dabei beging ich in meiner Nervosität einen unverzeihlichen schwerwiegenden Fehler — den letzten taktischen Fehler in meiner nachrichtendienstlichen Arbeit, abgesehen von der leichtsinnigen Handlungsweise am Fahrkartenschalter in Halle, mit der ich die Gefahr meiner Entdeckung heraufbeschwor: Ich verbrannte auch das Blatt mit dem Geheimschreibmittel, in der Annahme, es ja nicht mehr zu brauchen, wenn alles nach Plan verlief. Doch gerade das Unerwartete trat ein. Bis 15 Uhr wartete ich noch zuversichtlich auf Helga und ihren Sohn. Doch es wurde 15.30 Uhr, 16.00, 16.30 und 17.00 — niemand kam. Die Spannung wurde unerträglich. Ich rief direkt von der »KW« aus in Oberhof an. Niemand meldete sich. Was blieb mir übrig, als weiter zu warten. 17.30 Uhr — es blieben maximal nur noch 15 Minuten, während der die beiden auftauchen mußten, um noch zurechtzukommen. Denn selbst unter besten Bedingungen benötigten sie eine halbe Stunde, um zum verabredeten Treffpunkt zu kommen. Doch auch diese Frist verstrich. Helga und ihr Sohn kamen nicht.

Ich verließ die »KW« und wartete vor dem Haus. Einige Sekunden wollte ich noch zugeben, ehe ich mich mit der Frage befassen mußte, was nun zu tun war. Sollte ich statt der beiden zum Treffpunkt mit den Schleusern fahren und um Aufschub bitten? Doch diese rechneten mit einer Frau und einem Jungen; wahrscheinlich würden sie sich mir gegenüber völlig verschließen und nur Verdacht schöpfen. Wie mir Günther versichert hatte, kannten sie nur den ihre Aufgabe betreffenden Teil der Gesamtaktion. Um 18.00 Uhr brach ich förmlich zusammen. Der Transferplan für Helga und ihren Sohn war gescheitert. Ich rief noch einmal in Oberhof an und war eher erschrocken, als sich Helga tatsächlich meldete; ihr »Trabant« hatte auf dem Weg nach Erfurt in der Nähe von Arnstadt versagt. Wertvolle Zeit war verstrichen, bis sie einen Automechaniker fand, der das Fahrzeug — gegen ein horrendes Honorar in Westmark — wieder fahrbereit machte. Doch es gelang ihr nicht, weder den vorgesehenen noch den nächstmöglichen Zug nach Berlin zu erreichen. Sie hatte daher versucht, mit dem reparierten Auto bis Berlin durchzufahren, war indessen nicht weit gekommen. Der Motor hatte das Dauervollgas nicht ausgehalten, und der Wagen blieb erneut auf der Straße liegen. Ein hilfsbereiter Lastwagenfahrer hatte sie zurück nach Oberhof geschleppt. Auch ihre Nerven versagten jetzt offenbar —, ich registrierte es durch das Telefon. Sie bat mich mit verzweifelter Stimme, ich solle nun ohne Rücksicht auf sie allein »verreisen«.

Ich überschlug kurz die Folgen der einen oder anderen Entscheidung: Es war klar, daß sie keine Chance hatte, ungeschoren davonzukommen, wenn ich allein ginge. Bei der sofort einsetzenden Untersuchung würde die Geschichte mit der »Anhalterin« aus Oberhof ganz sicher wieder aufgerollt werden. Außerdem war sie von der neugierigen Frau Franke, meiner Nachbarin in der »KW«, einige Male gesehen worden. Frau Franke würde sie bei einer Gegenüberstellung wiedererkennen. Dagegen würde zunächst weder ihr noch mir etwas passieren, wenn ich bliebe. Noch hatte ich nichts unternommen, was nicht ohne Aufsehen zu erregen wieder rückgängig gemacht werden konnte.

»Ich bleibe«, sagte ich ihr, und trotz ihres Protests war doch zu spüren, wie sehr sie gefürchtet hatte, allein zurückgelassen zu werden.

Auf dem Postamt gab ich ein Telegramm an die Deckadresse auf: »Tante Helga hat den Zug verpaßt. Wartet nicht umsonst am Bahnhof. Gruß Onkel Paul.«

Es wurde mir erst jetzt recht bewußt, welchen Fehler ich damit begangen hatte, das Blatt mit dem Geheimschreibmittel schon zu vernichten. Wie konnte ich Pullach nun noch mit allen Einzelheiten erklären, was sich ereignet hatte und wie es nun weitergehen soll? Die Gedanken wirbelten mir durch den Kopf, wie das Schneegestöber draußen in den Straßen Berlins. Ich brauchte erst einmal eine Denkpause und Ruhe.

2

Der nächste Tag, der 16. Dezember, war ein Sonnabend. Ich fuhr zur Dienststelle, um dort über die allernötigsten Schritte nachzudenken. Die BND-Leute konnten jetzt durchaus befürchten, daß mich das MfS bei meinen Vorbereitungen zum Übertritt überrascht hatte und nunmehr ein »Spiel« mit der Pullacher Zentrale einzuleiten versucht, um Mitarbeiter oder Helfer des BND in die Falle zu locken. Also durfte ich keinesfalls um einen neuen Treff mit Günther und auch nicht um ein neues Schleusungsarrangement für Helga nachsuchen, solange Pullach nicht völlig überzeugt sein konnte, daß derartige Befürchtungen grundlos waren. Des weiteren ergab sich für meinen eigenen Übertritt nach dem »Fünfzehnten« eine veränderte Situation: Es blieben mir jetzt nur noch die Ausreisemöglichkeiten mit dem Diplomatenpaß. Die Variante mit dem gefälschten normalen Reisepaß war weggefallen. Ich hatte gleich nach dem letzten Besuch Günthers für den Eventualfall, daß ich den Zug nach Hannover nehmen müßte, die dazugehörige Ein- und Ausreisekarte, welche an der Grenze vorzuweisen ist, unbedacht schon mit dem Datum 15. 12. versehen. Sie war damit unbrauchbar geworden.

Fazit meiner Überlegungen war ein »einfacher« Brief — das Geheimschreibmittel war ja weg — an die Deckadresse des BND, in dem ich in sorgfältig verklausulierter Form die neue Lage darstellte. Die Verpackung des Ganzen in den rührenden Brief einer Oma an die Enkel im Westen war ein kniffliges Unterfangen, bis ich völlig überzeugt war, daß nur jemand die eigentliche Information herauslesen konnte, der die Umstände genau kannte. Der Brief enthielt auch gleich neue Vorschläge. Ich bat, die Schleusungsaktion für Helga und ihren Sohn während der kommenden vier Wochen erneut in die Wege zu leiten. Sie sollte am besten wieder an einem Freitag, am 19. Januar, ausgeführt werden. Ich selbst wollte genau einen Tag zuvor, am 18. Januar, selbständig — mit welchen Mitteln auch immer, die mir dann zur Verfügung stünden — überzutreten versuchen. Wenn mir das gelang, hätte der BND noch vor dem Startzeichen für die Schleusung Helgas die Gewißheit, daß ihm keine Falle gestellt wird. Die Zeitspanne zwischen meinem Übertritt und der Schleusungsaktion mußte aber so kurz wie möglich sein, um Fahndungen des MfS nach Helga zuvorzukommen.

Die Frist von etwa vier Wochen bis zu den neuen Daten würde dem BND nach meiner Berechnung genügend Zeit zu einem neuen Schleusungsarrangement für Helga lassen. Den neuen »Tag X« für meinen eigenen Übertritt, den 18. Januar, hatte ich deshalb gewählt, weil es ein Donnerstag war, den ich für besonders günstig hielt. Gewöhnlich legte ich auf diesen Wochentag meine Inlandsdienstreisen, so daß meine Abwesenheit tagsüber, um die nötigen Vorkehrungen zu treffen, nicht auffallen würde. Ein weiterer Vorteil war, daß die meisten Mitarbeiter am Freitag morgen zum dienstlich angesetzten Sport gingen, also zu dem Zeitpunkt abwesend waren, wenn man entdecken würde, daß etwas Ungeheuerliches passiert war. Man würde zunächst das Verschwinden von Akten aus dem Schrank des Abteilungsleiters bemerken. Um die Untersuchung einzuleiten, mußte man jedoch erst einmal die Leute wieder beisammen haben und feststellen, wer fehlte. Damit war wertvolle Zeit für die anschließende Herauslösung Helgas sowie auch für die Verhaftungsaktion gegen die von mir vorab enttarnten HVA-Agenten im Westen gewonnen, die ja auch erst nach meinem Eintreffen in der Bundesrepublik einsetzen durfte. Das MfS mußte daher möglichst lange im unklaren gehalten werden, um telefonische Warnungen zu verzögern. Nach der Absendung des Briefes konnte ich nur abwarten.

Bald ergaben sich jedoch neue Schwierigkeiten, die meine Übertrittsplanung gefährdeten; der Diplomatenpaß, den ich nach der Rückkehr aus Helsinki »vergessen« hatte abzugeben, wurde mir entzogen. Ich durfte schon zufrieden sein, daß dabei immer noch kein Verdacht gegen mich aufkam. Damit mußte ich jedoch wieder auf die Variante mit dem gefälschten DDR-Reisepaß, Ausreise mit dem Zug nach Hannover zurückgreifen, obwohl mir jetzt eine gültige Ein- und Ausreisekarte dazu fehlte, die ich mir auf irgendeine Weise nun selbst beschaffen mußte. Obwohl ich nicht sicher war, daß noch eine Mitteilung vor dem neuen »Tag X« in Pullach ankommen würde, schrieb ich an die Deckadresse, daß »Onkel Paul mit dem Zug aus Halle ankommen wird«. Ich nutzte eine Dienstreise, um den Brief mit einem Absender aus Halle versehen in einen Briefkasten dieser Stadt einzuwerfen.

Schließlich wurde mir auch noch die Dienstpistole entzogen, die ich bei meiner Absetzaktion für den äußersten Notfall mitzuführen gedachte, denn ich wollte keinesfalls lebend dem MfS in die Hände fallen. Am ersten Januar trat jedoch eine Dienstanweisung in Kraft, nach der alle Pistolen »zur zentralen Aufbewahrung« an die Waffenkammer abzugeben seien. Der wahre Grund war, wie sich herumsprach, daß in letzter Zeit mehrere MfS-Offiziere Selbstmord begangen und sich dazu der Dienstpistole bedient hatten.

Ein weiteres Ereignis trug — wenn auch nur einen Tag lang — zu erhöhter innerer Spannung bei. Als ich eines Morgens zum Dienst fuhr, konnte ich feststellen, daß ich beobachtet wurde. Ein mir unbekanntes Fahrzeug mit DDR-Kennzeichen hielt nicht weit vom Parkplatz unseres Wohnblocks und folgte mir eine Zeitlang in Richtung Zentrale. Mein erster Gedanken war natürlich, daß man nun doch etwas von meinen anormalen hektischen Dispositionen der letzten Tage bemerkt und eine Observation auf mich angesetzt hatte. Vielleicht aber, so suchte ich mich zu beruhigen, war es auch der BND, der sich vergewissern wollte, wie es wirklich um mich stand. Diese zweite Annahme bewahrheitete sich zu meiner großen Erleichterung. Schon am gleichen Abend empfing ich erstmals wieder einen Spruch aus Pullach: »Wir freuen uns, daß bei Ihnen alles in Ordnung ist, wie wir erkennen konnten.« Es folgen auch neue Instruktionen zur Ausschleusung Helgas. Allerdings blieb es dabei, daß die Aktion erst anlaufen sollte, wenn ich in Sicherheit war. Der BND glaubte zwar nicht mehr an eine mögliche Falle, wollte mir aber nicht noch einmal die Wahl lassen, meinen Übertritt erneut zu verschieben. Ich war jedoch nunmehr ohnehin fest entschlossen, mich am 18. Januar abzusetzen.

Noch etwas trieb mich nun zur Eile. Ich mußte unbedingt vor dem nächsten Besuch meines Karlsruher Agenten »Klaus« verschwinden. Dieser war Ende November nicht zum planmäßigen Treff mit meinem Instrukteur nach Zürich gekommen. Er hatte sein Ausbleiben in einer Nachricht an seine Deckadresse in Ostberlin damit begründet, daß er observiert werde. Bei meinem letzten Treff mit Günther hatte mir dieser auch zugegeben, daß Pullach in Erwartung meines Übertritts »rund um die Uhr« tatsächlich vorsichtige Vorbereitungen zur sofortigen Festnahme des Agenten veranlaßt hatte, die von einem übereifrigen Verantwortlichen gleich als Order zur Überwachung bei den zuständigen Stellen ausgelegt worden waren. Zwar wurde diese Weisung schnell wieder zurückgenommen, doch der gewitzte Agent hatte offenbar etwas bemerkt. Meinem Referatsleiter Bertag, dem ich die Mitteilung von »Klaus« nicht vorenthalten konnte — er wußte, daß die Deckadresse sie schon telefonisch angekündigt hatte —, vermochte ich zwar einzureden, daß die Beobachtung wahrscheinlich von der Frau des Agenten ausging. Diese hatte von der nachrichtendienstlichen »Nebentätigkeit« ihres Mannes keine Ahnung und konnte ihn privater Seitensprünge verdächtigen. »Klaus« hatte den Text seiner Nachricht zum Glück so abgefaßt, daß man ihn entsprechend auslegen konnte. Wenn der Agent jedoch in Kürze nach Berlin kommen sollte, war diese Version nicht mehr aufrechtzuerhalten. Er würde sie unverzüglich richtigstellen und mich damit automatisch in Verdacht bringen.

Kurz vor dem neuen »Tag X« gelangte ich wieder in den Besitz meiner Dienstpistole. Wie alljährlich fand im Januar eine Demonstration zum Gedenken an die Ermordung von Karl Liebknecht und Rosa Luxemburg statt. Das MfS hatte für die Sicherheit der obersten Parteiführung beim Zug zum Friedhof Friedrichsfelde zu sorgen. Als Parteisekretär hätte ich mich leicht drücken können, aber für diesen Sonderdienst wurden Waffen ausgegeben, und auf meine Pistole hatte ich es abgesehen. Nach dem Einsatz steckte ich die Waffe für eine Weile in den Schnee. Bis zum Montag hatte sie auch prompt Rost angesetzt. Sie wurde, wie von mir erwartet, bei der vorgeschriebenen Abgabe von der Waffenkammer mit der Aufforderung zurückgewiesen, sie zunächst einmal gründlich zu reinigen. Es war dann nicht schwierig, die paar Tage bis zu meinem Übertritt mit Ausreden zu überbrücken. Einen kleinen Bestand »schwarzer« Munition hatte ich mir während der regelmäßigen Übungsschießen stückweise »organisiert« und im »KW«-Versteck aufbewahrt.

Der 16. Januar 1979 war mein letzter »regulärer« Arbeitstag in der Zentrale des MfS. Wie schon einmal bei der mißglückten Generalprobe im Dezember ordnete ich wiederum alle Papiere, die ich mitnehmen wollte. Einen Koffer hatte ich schon damals beschafft und ausgemessen. Es blieb noch genügend Platz für Akten aus dem Schrank des Abteilungsleiters. Bei den Besprechungen in seinem Dienstzimmer, zu denen ich in letzter Zeit häufiger gerufen worden war, hatte ich schon ab und zu einen verstohlenen Blick auf den Ordner geworfen, auf den es mir vor allem ankam — den mit der Aufschrift »IM-Bestand«, vermutlich das Verzeichnis aller von der Abteilung geführten Agenten in Ost und West. Von der Jahresauswertung 1978, an der ich in meiner Funktion als Parteisekretär und damit Mitglied des »Leitungskollektivs« teilgenommen hatte, wußte ich bereits, daß sich der Bestand auf rund 140 Agenten im Westen und 500 Hilfskräfte innerhalb der DDR belief. Gelang mir die Entwendung dieses Ordners, würde nach meiner Einschätzung mit einem Schlag ein gewichtiger Teil des Spionagepotentials der DDR lahmgelegt. Die damit verursachte allgemeine Verunsicherung sowie die nachfolgenden sogenannten »Selbstabschaltungen« — Mitarbeiter, die von sich aus die Zusammenarbeit beendeten — mußten für das MfS verheerende Ausmaße annehmen.

Vorsichtshalber wollte ich auch heute schon einmal prüfen, ob der vom BND nachgefertigte Schrankschlüssel wirklich gut paßte. Ich blieb nach Dienstschluß etwas länger und suchte mir zunächst den Türschlüssel zum Sekretariats- und gleichzeitig Vorzimmer des Abteilungsleiters aus dem vor seiner Tür stehenden Kasten heraus, in dem alle Zimmerschlüssel abgelegt waren. Diesen Kasten mußte jeweils der Mitarbeiter zum »OVD« bringen, welcher als letzter die Abteilung verließ. Ich wollte gerade die Tür zum Sekretariat öffnen, als Christian auf dem Flur auftauchte. Er war noch zu einer Besprechung beim Leiter des Sektors gewesen, was ich nicht gewußt hatte und wollte noch einmal in seinen Arbeitsraum gehen, der dem Abteilungssekretariat genau gegenüber lag. Nur eine Minute später hätte er mich ertappt. Ich nahm nun doch lieber Abstand von der Schlüsselprobe, zumal ich ohnehin das Risiko eingegangen wäre, daß der Nachschlüssel, wenn er nicht ganz exakt paßte, sich im Schloß festgehakt hätte und nicht mehr herauszuziehen gewesen wäre. Diese Erfahrung hatten wir sogar schon mit den Originalschlüsseln gemacht. Ich mußte mich nun darauf verlassen, daß am nächsten Tag alles klappte. Für den Fall, daß der Nachschlüssel doch nicht paßte, wollte ich es mit Meißel und Hammer versuchen und als letzten Ausweg die Tür durch Anheben und Verkanten des Blechschranks aufsprengen. Bei meinem eigenen Aktenschrank hatte ich das »Verfahren« schon mehrfach mit Erfolg praktiziert.

Mittwoch, der 17. Januar; letzter Tag vor dem Absprung. Ich erlebte einen letzten Höhepunkt im Innenleben des DDR-Geheimdienstes. Die Parteiwahlen innerhalb der »Parteiorganisation HVA« standen an. Als erster Sekretär einer Abteilung gehörte ich nunmehr zu den Delegierten, die sich im Kasino der Stabsoffiziere zusammenfanden. Die Spitze des Apparates versammelte sich, um sich neben der üblichen Wahlfarce den Rechenschaftsbericht über die Arbeit der Parteiorganisation der HVA und die »zukunftsweisenden« Reden der Führung anzuhören. Es wurde für mich noch einmal ein arbeitsreicher, aber auch ergiebiger Tag. Ich schrieb mit, so viel ich konnte. Für jede Zeile würde man mir in Pullach dankbar sein, denn vor dem illustren Kreis der höheren Kader wurden Interna offenbart, die Mitarbeitern unterer Ränge in der Regel verborgen blieben. Noch einmal bedauerte ich, meinen Horchposten verlassen zu müssen, der mir auch künftig solche Einblicke gestattet hätte. Am Nachmittag hielt Markus Wolf eine bemerkenswerte Rede, die ich besonders eifrig »protokollierte«. Ungewöhnlich breiten Raum widmete er der inneren Sicherheit der DDR. Mir wurde äußerst unbehaglich zumute, als er in das Auditorium rief: »Und, Genossen, vergeßt nicht, das Schlimmste, was uns passieren kann, ist, daß es dem Gegner gelingt, in unsere Reihen einzudringen.« Einen Augenblick lang hielt ich es für möglich, daß er dabei war, eine Schmierenkomödie zu inszenieren, und gleich mit ausgestrecktem Finger auf mich weisen würde.

Man wählte mich auf dieser denkwürdigen Veranstaltung sogar noch zum Delegierten für die im März fällige »Wahl« der SED-Kreisleitung des MfS. Wie immer der nächste Tag ausgehen sollte, dieses Mandat würde ich sicher nicht mehr wahrnehmen können. Nach Aufhebung der Versammlung verabschiedete ich mich höflich von den Teilnehmern.

3

Donnerstag, der 18. Januar. Meine letzten Stunden in der DDR — oder meines Lebens überhaupt? — brachen an. Um jeden Preis mußte ich an diesem Tag die noch immer fehlende Ein- und Ausreisekarte zum gefälschten Paß beschaffen. Heute erinnere ich mich lächelnd der glücklichen Fügungen, aber auch der Nervenproben in Halle — nicht die letzten und nicht die stärksten, verglichen mit dem, was noch kommen sollte —, der Rückfahrt in meine »KW« auf »Schleichwegen«, an den allerletzten Spruch aus Pullach. Schlimm war dann allerdings das Warten auf den Abend.

Meine Armbanduhr zeigte jetzt 18.00 Uhr, Zeit zum vorletzten Akt. Bis ich in der Zentrale ankam, würde dort hoffentlich auch der letzte eifrige Mitarbeiter seinen Schreibtisch geräumt haben. Ich rechnete noch einmal nach: Eine halbe Stunde bis in die Normannenstraße, dort maximal eine Stunde, um den Schrank des Abteilungsleiters auszuräumen, eine halbe Stunde bis zum vorbereiteten Ablageversteck für die Materialien. Um 20.00 Uhr konnte ich zur Autofahrt nach Magedeburg starten, um in den Zug von Halle nach Hannover zu steigen. Ich rechnete mit höchstens zweieinhalb Stunden Fahrzeit, würde also spätestens 22.30 Uhr auf dem Magdeburger Bahnhof sein. Die planmäßige Abfahrt des Zuges war 22.49 Uhr; die Zeit war knapp bemessen, aber ich konnte nicht vor Dienstschluß in der Zentrale auftauchen. »Offiziell« war ich ja noch auf Dienstreise in Dresden. Im ungünstigsten Fall konnte ich eben erst einen später in Magdeburg abfahrenden Zug nehmen. Das würde freilich die in Hannover wartenden BND-Leute nervös machen, vor allem aber den Start der Schleusungsaktion für Helga und ihren Sohn verzögern. Wertvolle Zeit beim Wettlauf mit dem MfS ginge damit verloren. Schon am Vortag hatte ich mich telefonisch vergewissert, daß bei Helga alles in

Ordnung war. Jetzt mußte sie sich schon in der Nähe des Treffpunktes für die nach meiner Ankunft in Hannover anlaufende Schleusung befinden. In der »Burg« war alles beseitigt, was auf die doppelte Nutzung hinweisen könnte. Die noch für den BND bestimmten Materialien nahm ich zunächst in meinen Aktenkoffer. Das Radio ließ ich — intakt — auf dem Tisch stehen; es konnte keine Geheimnisse preisgeben. Nur die letzte Empfangsfrequenz für den Pullacher Sender verstellte ich noch. Dann noch ein letzter Blick zurück in meine »KW«, wirklich eine »Burg«. Für das MfS war sie nun auch nicht mehr von Nutzen, also »verbrannt«.

Ich fuhr vorsichtig. Auf den Straßen hatte sich wieder Glatteis gebildet. Ich befand mich in einer eigenartigen Stimmungslage: Die Angst der letzten Tage war gewichen. Nichts konnte ich in den nächsten Stunden weniger gebrauchen als Unsicherheit und Nervosität. Ich kam zur geplanten Zeit beim MfS an und stellte das Auto nahe dem Haupteingang in einer Nebenstraße ab. Der letzte große »Coup« konnte anlaufen. Für alle Fälle lud ich die Pistole durch und verbarg sie schußbereit in einer Tasche meines Wintermantels. Der Gedanke, eventuell schießen zu müssen — sei es, um mich umzubringen, sei es auf andere — hatte mich wochenlang gequält. Aber jetzt schien mir auch diese Konsequenz ganz natürlich. Wenn es nötig war und noch einen Sinn hatte, wollte ich mich meiner Haut wehren oder in auswegloser Situation die Waffe gegen mich selbst richten.

Der Posten am Tor blickte nur gelangweilt, als ich ihm den Dienstausweis unter die Nase hielt. Die Soldaten der Wache waren es gewohnt, daß Mitarbeiter zu jeder Tages- und Nachtzeit die Zentrale betraten. Mit meinem Aktenkoffer ging ich zielstrebig, aber nicht hastig, auf den alle anderen Gebäude überragenden Neubau der HVA zu. Nur wenige Fenster waren noch erleuchtet. In der fünften und sechsten Etage des Flügels entlang der Frankfurter Allee, wo die Dienstzimmer meiner Abteilung lagen, war auf der Innenfront alles dunkel. Schon bei der Anfahrt hatte ich die Außenfront kontrolliert und auch dort kein erleuchtetes Fenster entdeckt. Bis jetzt hatte ich also wieder einmal Glück. Ich erschrak zwar im ersten Augenblick, als ich gleich beim Passieren der Innenwache auf den Genossen Dr. Fritz Kupfer von meiner Abteilung traf. Er war OVD, wußte aber nicht, daß ich eigentlich in Dresden sein sollte, und wunderte sich deshalb auch nicht über mein Erscheinen. Ich nahm den Abteilungsschlüsselkasten vom Bord und ermahnte »Fritze«, wie wir ihn nannten: »Sei hübsch wachsam, du weißt doch, der Feind schläft nie«. Er antwortete vorschriftsmäßig und überkorrekt: »Jawoll, Genosse Parteisekretär« und grinste dann, wie unter Kollegen üblich. Ich fuhr mit dem Paternoster in den fünften Stock, schloß mein Arbeitszimmer auf und schaltete das Licht ein. Mein Blick flog noch einmal schnell über das Interieur: nagelneue Büromöbel, ein kleiner Teppich, Besprechungstisch mit Sesseln; ich hatte es doch für DDR-Verhältnisse »zu etwas gebracht«, ging mir durch den Kopf.

Der Aktenkoffer für den BND — mittelgroß, da er nicht unhandlich sein sollte — lag schon länger griffbereit in meinem Zimmer. Da wir regelmäßig Reise-Kader mit Ausrüstung versehen mußten, war das nicht aufgefallen. In Minuten war alles, was ich aus der »KW« mitgebracht oder in meinem Aktenschrank bereitgelegt hatte, umgepackt. Jetzt kam das Wichtigste. Ich zog den Mantel aus, steckte den in Pullach angefertigten Schlüssel für den Aktenschrank des Abteilungsleiters, einen kleinen Meißel und den Hammer, eine Taschenlampe sowie die Pistole in die Jackentaschen, suchte im Kasten mit den Zimmerschlüsseln der Abteilung, welchen ich mit heraufgebracht hatte, den für das Sekretariat und schaltete dann das Licht in meinem Zimmer wieder aus. Genau gegenüber auf der anderen Seite der Frankfurter Allee wohnte mein früherer stellvertretender Referatsleiter Werner Hengst. Er könnte es bemerken, wenn in meinem Dienstzimmer zur Nachtzeit unüblich lange Licht brannte. Wenn wir »sonst« nach Dienstschluß in die Zentrale mußten, dann meist nur, um etwas im Schrank einzuschließen oder abzuholen.

Ich kontrollierte noch einmal den langen Flur der Etage. Niemand war zu sehen. Ich wußte, daß die Gebäude-Innenwache regelmäßig Streife lief, aber das erst nach 21.00 Uhr. Bis dahin hoffte ich meine Arbeit längst getan zu haben und verschwunden zu sein. Schnell öffnete ich die Tür zum Sekretariat, huschte hinein und schloß von innen wieder ab. Hier durfte ich kein Licht einschalten, denn die Fenster waren dem MfS-Innenhof zugewandt. Ich zog die Verdunklungsvorhänge vor und benutzte nun die Taschenlampe, deren Lichtstrahl ausreichte. Ich kannte ja die Räumlichkeiten zur Genüge. Rechter Hand lag der Durchgang zum Dienstraum des Abteilungsleiters. Die Tür war natürlich schallgeschützt, wie sich das für ein Chefzimmer gehörte. Mir kam das sehr gelegen; falls zufällig doch eine Streife oder ein anderer Mitarbeiter auf dem Flur vorbeikommen sollte, würden sie dennoch kaum Geräusche aus dem Innern des Raumes wahrnehmen. Mein Ziel, der Blechschrank, war hinter einer Tür in die hölzerne Schrankwand eingebaut.

Ich zog den Nachschlüssel aus der Tasche, führte ihn in das Schloß und versuchte mehrere Male vergeblich ihn zu drehen. Auch heftiges Rütteln an dem im Schloß steckenden Schlüssel half nicht. Mir wurde klar, daß mein Andruck auf der Knete wahrscheinlich nicht ganz exakt gewesen war. Leichte Nervosität kam bei mir auf, und ich machte eine kurze Pause. Es blieben ja auch noch die zwei anderen Varianten, aber ich erkannte gleich die nächste Fehlkalkulation. Meinen eigenen Schrank hatte ich zwar durch Ankippen öffnen können. Der »vornehmere« Schrank des Abteilungsleiters war aber genau in die Schrankwand eingepaßt. Ich konnte ihn allein nicht herausziehen. Also blieb doch nur der Meißel. Ich setzte ihn an, erschrak jedoch sofort über den Lärm, den die Hammerschläge verursachten.

Ich überlegte: War dieses Husarenstück eigentlich noch zu vertreten? Wenn ich mich weiter abmühte, diesen Schrank zu öffnen, so verlockend gewiß sein Inhalt war —, gefährdete ich die gesamte heikle Operation und mein Leben dazu. Inzwischen war auch viel mehr Zeit vergangen als vorgesehen, sie verrann in Windeseile. Aus meiner Nervosität wurde wieder Angst, und die Angst gab den Ausschlag: Ich ließ vom Schrank ab. Den Meißel legte ich ordentlich auf die Schreibtischplatte des Abteilungsleiters. Er sollte ruhig sehen, was ich vorgehabt hatte. Ich ging wieder ins Sekretariatszimmer und horchte in den Flur, ob noch alles ruhig war. Nichts rührte sich. Mein Angstgefühl ließ wieder nach. Von neuem erwog ich, ob ich es nicht doch noch einmal versuchen sollte. Eine solche Gelegenheit würde sich nie mehr und für niemanden wieder ergeben. Unentschlossen wanderte mein Blick für einige Sekunden im Raum umher und blieb am Schrank der Sekretärin hängen. Das Möbel war von der gleichen Art, stand aber frei im Raum; ich könnte es ohne weiteres kippen.

Fast gleichzeitig kam mir eine Erleuchtung, was ich bei ihr gewiß finden würde: Ein Geschenk des Himmels! Sie verwahrte die Dienstaufträge für die Gepäckschleuse in der Friedrichstraße, die Sonderausweise zum Betreten des Grenzgebietes und die dazugehörigen seltsam verklebten Reisepässe mit dem eingestempelten Namen »Brückner«. Der Schrankinhalt könnte mich der nicht ungefährlichen Eisenbahnfahrt von Magdeburg nach Hannover über Oebisfelde entheben. Dort ist man doch, wie ich wußte, hoffnungslos ausgeliefert, falls man auch nur den geringsten Verdacht erregt. Der verwinkelte Bahnhof Friedrichstraße schien mir zur Not immer noch eine, und wenn auch noch so geringe Chance zum selbständigen Handeln zu bieten, falls etwas schiefgeht. Ferner konnte ich dort noch als MfS-Mitarbeiter auftreten, was die »Mißtrauensschwelle« automatisch herabsetzte und mir außerdem erlaubte, den Aktenkoffer gleich mitzunehmen, anstatt ihn, wie eigentlich vorgesehen, für einen BND-Kurier zu verstecken. Schnell kippte ich den Schrank, der sofort aufsprang. Ich mußte nicht lange suchen, um die Schleusungspapiere zu finden, und noch mehr Wertvolles fiel mir in die Hände: Die Material-Listen mit den Titeln aller nachrichtendienstlich aus dem Westen bezogenen Informationen. Mir wurde bei dem Fund sogleich bewußt, daß damit die meisten Westagenten der Abteilung lokalisiert, wenn nicht identifiziert werden konnten, denn die Titel ließen ziemlich genaue Rückschlüsse auf die Herkunft zu. Der Schrank enthielt auch noch einige andere Geheimsachen, die ich ebenfalls einpackte. Ich war einigermaßen mit dem Mißerfolg am Schranke des Abteilungsleiters ausgesöhnt; meine Glückssträhne schien noch nicht zu Ende zu sein.

Bei wiedergewonnener innerer Ruhe war ich gleichwohl in Schweiß gebadet. Wieder lauschte ich kurz in den Flur; es regte sich nichts. Ich holte meinen Mantel aus meinem Arbeitszimmer, verschloß sorgfältig alle zuvor geöffneten Türen, legte die Schlüssel in den Kasten zurück und fuhr mit dem Paternoster ins Erdgeschoß. Bei »Fritze« stellte ich den Schlüsselkasten wieder ab. Zum letztenmal wünschte ich einem Abteilungskollegen »Gute Nacht«. Ich malte mir dabei die Hektik aus, die sie alle schon morgen früh erfassen würde. Ich selbst verspürte noch einmal eine leichte Beklemmung, als ich den Innenposten passierte, sie legte sich jedoch schnell. Die Wachsoldaten hatten ohnehin kein Recht, das Gepäck eines Operativ-Offiziers zu kontrollieren. Der Unteroffizier am Haupttor, theoretisch die nächste Klippe, warf nicht einmal einen Blick auf meinen Dienstausweis. Der Lebensabschnitt MfS lag nun endgültig hinter mir.

Kurz nach 20.00 Uhr saß ich nun doch noch einmal in der alten »KW«. Der neue Absetzplan erforderte einige Vorarbeit. Der »besondere Dienstauftrag« mußte ausgefüllt und mit einer Unterschrift versehen werden. Ich hatte mehrere leere Formulare und auch einige gebrauchte Exemplare als Vorlage mitgenommen. Von einem solchen Muster schrieb ich auch die Eintragung in der Spalte »Zweck« ab: »Eigene operative Arbeit«. Zur Unterschrift waren nur der Abteilungsleiter oder sein Stellvertreter berechtigt. Am besten konnte ich jedoch den Namenszug des zweiten Stellvertreters und Leiters des Referats 3 nachahmen, für den ich nicht einmal eine Vorlage benötigte. Seine Handschrift glich der meinen. Ich entschied mich daher für seine Signatur, die mir auch nach einigen Proben gut gelang. Dann »rüstete« ich mich für den Schlußakt: Sonderpapiere in die Jackentasche, Pistole in den Mantel. Den Aktenkoffer benötigte ich nun sogar als Tarnung. Er konnte von den Diensthabenden am Übergang als das Objekt angesehen werden, das angeblich für einen ausreisenden Agenten im Schließfach auf dem »Westteil« des Bahnhofs hinterlegt werden solle.

Um 20.30 Uhr verließ ich die »KW« nun endgültig. Die Fahrt zur Friedrichstraße war kurz. Den Wagen stellte ich bei dem unlängst erst eröffneten Devisenhotel »Metropol« ab, das in unmittelbarer Nähe liegt. Es war ohne Bedeutung, wo und wann man ihn finden würde. Ich dachte jedoch noch daran, Autopapiere und Schlüssel vorsichtshalber bei mir zu behalten. Bei einer immer noch möglichen Panne im Bahnhof, konnte mir das Fahrzeug vielleicht immer noch zu einem letzten Versuch auf anderem

Wege verhelfen. Mit dem Aktenkoffer in der einen, meinem »Diplomaten-Case« für kurze Reisen in der anderen Hand ging ich auf den »Diensteingang« des Bahnhofs zu. Der starken Kälte wegen war die sonst recht belebte Gegend jetzt menschenleer. Ich ging zügig, um die entscheidenden Schritte nun so schnell wie möglich hinter mich zu bringen.

4

Ich mußte noch auf alle möglichen Hindernisse gefaßt sein. Das erste war, daß man im MfS inzwischen etwas gemerkt haben konnte und vorsorglich Grenzalarm ausgelöst hatte. In diesem Fall würde ich chancenlos sein. Doch bis jetzt war offenbar nichts dergleichen erfolgt. Ich hätte sonst Unruhe auf den Bahnsteigen bemerken müssen. Außerdem war auch erst eine knappe Stunde vergangen, seit ich die Zentrale verlassen hatte. Die nächste Gefahr bestand beim Kontrollvorgang im Bahnhof, den ein MfS-Offizier vornahm. Die Gepäckschleuse existierte nach wie vor, das wußte ich. In den letzten Referatsbesprechungen hatte es auch keine Hinweise auf eine etwaige Anderung des Verfahrens gegeben. Aber meine Schleusungspapiere konnten kleine, verhängnisvolle Unstimmigkeiten aufweisen. Ich hatte schon in anderem Zusammenhang mitbekommen, daß im MfS auf allen möglichen Bescheinigungen und auch bei den Visa öfters bestimmte Sicherheitszeichen angebracht wurden, die nur wenigen Eingeweihten bekannt waren, ein Punkt an einer bestimmten Stelle zum Beispiel oder eine besondere Schreibweise des Datums. Falls das für meine Schleusungspapiere zutraf, blieb mir ebenfalls keine große Chance. Der kontrollierende Genosse würde sofort feststellen, daß mit mir etwas nicht stimmte und mich festhalten. Auf dem Bahnhof waren genügend Bewaffnete der Grenztruppen und des MfS stationiert, um mich zu überwältigen.

Hatte ich die Eingangskontrolle ungeschoren passiert, kam der größte Unsicherheitsfaktor. Von früheren Besuchen in der Kontrollstelle wußte ich, daß der »Westteil« des Bahnhofs mit Fernsehkameras überwacht wurde. Mindestens sechs Monitore standen im Zimmer des Aufsichtspersonals. Mit meiner Legende als Gepäckschleuser konnte ich mich zwar frei auf den Bahnsteigen bewegen, aber ich durfte natürlich in keine S-Bahn oder U-Bahn einsteigen. Würde ich dabei von einer Fernsehkamera erfaßt und auf dem Bildschirm gesehen, stünden die Signale mit Sicherheit nur wenig später auf Rot. Im Grunde mußte ich mir nun selbst eingestehen, daß der Übertritt in der Friedrichstraße ebenso problematisch war wie in Oebisfelde. Dennoch fühlte ich mich hier etwas »freier«. Im Zug nach Hannover hätte ich angesichts der gründlichen Gepäckkontrollen kaum die Pistole bei mir behalten können. Anders als der Übergang Friedrichstraße war das Zugabteil eine Art provisorische Gefängniszelle, wenn man mir oder meinen Papieren irgendwie mißtraute.

Ich war nun am rot-weißen Absperrzaun mit dem Schild »Halt Grenzgebiet, Durchgang nur für Ausreisende und Dienstpersonen« angelangt. Hier warten üblicherweise Ostberliner auf ihre aus Westberlin ankommenden Verwandten, während diese die Prüfung ihrer Besuchserlaubnis in den Kontrollbaracken hundert Meter vor dem Zaun — über sich ergehen lassen müssen. »Zirkus Mielke« wurden diese bei uns nach dem Staatssicherheitsminister genannt. Ich durchlief die schmale Pforte ohne zu zögern. Nach wenigen weiteren Schritten war ich an der grauen Tür mit einer weiteren Gebotstafel »Diensteingang, Zutritt nur für Angehörige der Deutschen Reichsbahn«; der Eingang dient gleichzeitig MfS-Angehörigen mit Sonderausweis. Ich holte noch einmal tief Luft und trat ein. Es war gut, daß ich die Prozedur von vielen früheren Gepäckschleusungen für Agenten her kannte und über die Örtlichkeiten Bescheid wußte. Ich befand mich jetzt in dem leeren hellgelb gestrichenen zellenartigen Vorraum mit einer dem Eingang gegenüberliegenden Tür ohne Klinke, in die ein Schalterfenster eingeschnitten war. Ein Vorhang verwehrte die Sicht nach innen. Durch einen kurzen Druck auf einen seitlich angebrachten Klingelknopf machte ich mich bemerkbar. Der Vorhang wurde beiseite gezogen, und ein Kopf mit Offiziermütze kam zum Vorschein. Ich hielt den Dienstausweis an die Glasscheibe. Ein Summen, und die Tür sprang auf. Der nächste Raum, den man nun betrat, war etwas größer. Rechts führte eine Treppe aufwärts zu den Räumen für das diensthabende MfS-Personal, das für die Grenzkontrollen eingesetzt war. Dort standen auch die Monitore. Geradeaus ging es zu einer weiteren Tür ohne Klinke, hinter der schon der Transit- oder »Westteil« des Bahnhofs lag. Der Schritt durch diese Tür würde mich zu dem Bahnsteig bringen, auf dem die Züge in die Westsektoren Berlins abfuhren.

Aber noch war es nicht soweit. Die Tür konnte nur der Mann öffnen, der hinter dem Tresen an der linken Seite des Raums saß, ein Hauptmann in der Uniform der Grenztruppe, tatsächlich jedoch ein Mitarbeiter der Hauptabteilung VI des MfS. Er war für mich jetzt die wichtigste Person in der Welt. Von ihm hing alles ab. Stämmig und etwas beleibt, aber mit einem gemütlich wirkenden Gesicht, hockte er hinter seinem Schalter und blickte mich fragend an. Hinter mir fiel die Tür, durch die ich eingetreten war, ins Schloß. Damit befand ich mich in einer Falle. Denn aus dem Kontrollraum kam niemand mehr heraus, solange der Offizier nicht einen seiner beiden elektrischen Türdrücker bediente, sei es für den Weg vorwärts, sei es für den Weg zurück in die DDR.

»Sauwetter da draußen«, schimpfte ich, um möglichst normal zu wirken, »ich laß' mich nächstens zu euch versetzen. Den ganzen Tag in einer warmen Bude, das könnte mir auch gefallen.« Der Genosse hinter dem Tresen grinste:

»Wenn du schön fleißig dienst und in mein Alter kommst, kannst du es ja einmal mit einem Versetzungsantrag versuchen.« Ich zog meine Papiere aus der Anzugtasche und legte Dienstauftrag, Dienstausweis, Grenzsonderausweis und den verklebten Reisepaß vor. Der Hauptmann interessierte sich nur für den von mir ausgefüllten weißen Dienstauftrag. Sein Gesicht wurde jetzt, seiner Funktion angemessen, dienstlich. Er nahm das Papier, betrachtete es eine Weile und fragte dann:

»Und du meinst, daß der Dienstauftrag ordnungsgemäß ausgefüllt ist?« – Mir stockte der Atem – dahin war meine Hoffnung, daß alles glattgehen könnte. Aber zu meiner Überraschung gewann ich unverzüglich die innere Gelassenheit zurück, die mich den Tag über begleitet hatte. Ich war schon wieder die Ruhe selbst.

»Woher soll ich das wissen«, antwortete ich schlagfertig; »die Sekretärin hat ihn ausgefüllt, und mein Leiter hat unterschrieben. Da müßte ja eigentlich alles seine Richtigkeit haben!«

»Hat es nicht«, beharrte der Genosse Hauptmann; »es gibt eine Dienstanweisung, daß seit dem 1. Januar auch der eigentliche Betreff eingetragen sein muß. Du willst doch anscheinend den Koffer aufgeben. Also muß vermerkt sein ›Eigene operative Arbeit, und in Klammern ›Gepäckschleuse‹!«

»Seit wann ist die Bestimmung in Kraft?«, fragte ich nochmals, obwohl er es schon gesagt hatte.

»Seit dem 1. Januar 1979«, wiederholte der Hauptmann.

»Weißt du, unsere Sekretärin ist so dämlich, die braucht bestimmt bis zum nächsten Silvester, um das zu begreifen.«

Der Hauptmann grunzte unschlüssig. Wenn er jetzt den OVD der HVA anrief, war ich aufgeflogen. Meine freie Hand näherte sich der Manteltasche, in der die Pistole steckte. Den Koffer hatte ich vor mir abgestellt. Aber mein Gegenüber sparte sich die Mühe. Wie alle Bürokraten auf den Schreibtischsesseln des MfS schien auch er jeder Anstrengung am liebsten aus dem Wege zu gehen. Seine Unentschlossenheit dauerte nur wenige Sekunden.

»Also gut«, sagte er, »diesmal laß ich dich noch durch. Aber sag' deiner Abteilung Bescheid. Wo kämen wir hin, wenn Dienstanweisungen nicht mehr eingehalten würden. Ihr braucht natürlich nicht einzutragen, wie viele Gepäckstücke ihr aufgeben wollt«, fügte er noch belehrend hinzu und drückte dabei den Ausreisestempel auf das Papier.

Mit einem Summen öffnete sich die Tür zum »Westteil«. Ich schob den Dienstauftrag zwischen die Seiten des verklebten Passes, hob meinen Koffer auf, bedankte mich höflich und durchschritt die Pforte. Als letztes Risiko blieben nun noch die Monitore. Nach ein paar Windungen eines Ganges gelangte ich zur Hauptplattform. Dort befinden sich links die Gepäckschließfächer, geradeaus geht es treppauf zur oberen S-Bahn, treppab zur sogenannten Kellerbahn und weiter zur U-Bahn, rechts zur Kontrollstelle für Einreisende aus dem Westen, die den »ersten sozialistischen Staat auf deutschem Boden« besuchen wollen. Ich ging an den Gepäckschließfächern vorbei. Das war noch völlig normal. Auch bei einer routinemäßigen Gepäckschleusung hätte ich ja erst zu den Bahnsteigen gehen müssen. Für die wartenden Reisenden sollte es ja in jedem Falle so aussehen, als ob der Gepäckschleuser ein gerade eintreffender Reisender aus Westberlin war, der vor dem Übergang nach Ostberlin einen nicht benötigten Koffer bis zu seiner Rückkehr hier deponierte.

Mein Ziel war die U-Bahn. Sie stand unter Westberliner Verwaltung und war nur über den Bahnsteig der Kellerbahn, einer unter Ostberlin hindurchführenden S-Bahnlinie, und einen anschließenden langen, gewundenen unterirdischen Tunnel zu erreichen. Die S-Bahn erschien mir für mein Vorhaben als zu riskant. Denn auf dem oberen Bahnsteig fuhren auch die Fernzüge ins Bundesgebiet ab. Vermutlich war die Kamera-Überwachung dort lückenlos. Ich wandte mich also der Treppe zu, die abwärts führte, zunächst auf den Bahnsteig der Kellerbahn. An diesem kalten Januarabend standen dort nur wenige Reisende, für mich ein ungünstiger Umstand. Einzelpersonen lassen sich besser auf den Bildschirmen verfolgen. Als ich auf dem Bahnsteig der Kellerbahn angelangt war, fuhr gerade ein Zug ein. Die Versuchung, schon hier einzusteigen und mein Glück sofort zu versuchen, war groß. Aber ich hielt mich zurück. Ich war erst vor knapp einer Minute durch die Ausweiskontrolle gegangen, wahrscheinlich bei meinen ersten Schritten auf den Monitoren noch besonders aufmerksam verfolgt. Andererseits durfte ich natürlich auch nicht zulange auf den Bahnsteigen bleiben. Als Gepäckschleuser hätte ich ja nur eine einigermaßen ausreichend große Gruppe ankommender Reisender abwarten müssen, um — von dieser »abgedeckt« — zur Hauptplattform zurückzukehren.

Die Bahnsteiguhr zeigte jetzt 20.38 Uhr. Ich ging weiter zur U-Bahn, durchlief den langen Tunnel und kam zum Fahrkartenschalter. Dort zögerte ich — sollte ich einen Fahrschein kaufen? Westmarkscheine hatte ich, aber keine Münzen. Ich unterließ es, denn eine Sperre gab es ohnehin nicht. Ich wollte keinesfalls den nächsten Zug verpassen. Es war genau 20.41 Uhr, als ich den U-Bahnsteig erreichte — gerade als ein Zug in Richtung Süden das Gewölbe verließ. Eine halbe Minute früher, dann wäre ich jetzt schon auf der Fahrt in den Westen. Ich studierte den aushängenden Fahrplan: Der nächste Zug ging in sechs Minuten. Es wurden lange Minuten. Nur wenige Leute warteten noch auf dem Bahnsteig. Wenn man mich auf den Monitoren beobachtete, mußte ich deutlich im Blickfeld stehen.

Ich verbarg mich, so gut es ging, hinter einem Stützpfeiler. Der nächste Zug würde in Richtung Norden fahren; das war günstig. Einmal »drüben«, mußte ich so schnell wie möglich zum Flughafen Tegel. Die BND-Leute erwarteten mich ohnehin nicht in Westberlin, und ohne sie würde noch nichts anlaufen, weder die Ausreisehilfe für Helga, noch Maßnahmen gegen die Westagenten des MfS. Nach Plan sollte ich mit dem Interzonenzug in Hannover ankommen, und die Kontaktleute waren sicher schon auf dem Weg dorthin. Ich mußte also versuchen, mit der nächsten Linienmaschine von Tegel aus so schnell wie möglich ins Bundesgebiet zu gelangen. Vielleicht war sogar noch ein Flug nach München möglich, und ich konnte mit einem Taxi bei der BND-Zentrale in Pullach vorfahren ... Ob da allerdings die Wache Bescheid gewußt hätte? Kühne, seltsame Träume, vor deren Verwirklichung noch der entscheidende Schritt zu tun war. Aber auch die längsten sechs Minuten meines Lebens gingen zu Ende.

Die Bahn kam pünktlich. Die Türen öffneten sich. Wenige Leute stiegen aus, ebenso wenige stiegen ein, als einer der letzten auch ich. Ich hatte mich gut postiert und gelangte direkt in das erste Abteil, unmittelbar hinter dem Fahrerstand. Im Wagen saßen nur wenige Personen. Ich blieb stehen, stellte mein Gepäck ab und griff mit der linken Hand nach der Pistole, jeden Bruchteil einer Sekunde des Alarms gewärtig. Aber nichts Auffälliges geschah. Die Türen schlossen sich mit zischendem Luftdruck, der Zug ruckte an. Noch hatte ich es nicht endgültig geschafft. Die Bahnstrecke führte noch ein gutes Stück unter Ostberlin hindurch. Noch hatten die Diensthabenden vom Bahnhof Friedrichstraße die Möglichkeit, das nächste Signal auf Rot zu stellen.

Nach einer kurzen Strecke – wir konnten auf keinen Fall schon in Westberlin sein – bremste der U-Bahnzug plötzlich ab. Die Fahrt war fast schon zum Schrittempo verlangsamt. Ich stand sprungbereit, um meine letzte verzweifelte Chance – die Erpressung des Zugführers – wahrzunehmen.

Aber der Zug hielt nicht. Es tauchte nur der leere Ostberliner Bahnhof Reinhardstraße auf, dessen Aufgänge zugemauert waren. Nach dem Passieren des verwaisten Bahnsteigs beschleunigte sich die Fahrt wieder. Nach einer knappen Minute erneutes Bremsen. Wieder stockte mir der Herzschlag. Draußen erschien ein zweiter verlassener Bahnhof und blieb zurück. Noch ein drittes Mal verlangsamte der Zug die Fahrt: die letzte Bahnhofsdurchfahrt auf Ostberliner Gebiet. Als der Zug die Fahrt wieder beschleunigte, wußte ich, es war geschafft. Das MfS hatte verloren!

Es war tatsächlich geglückt. Allein auf mich gestellt, hatte ich den Riesenapparat mit seinem ausgefeilten Absicherungssystem länger als zweieinhalb Jahre überspielen können und zuletzt auch noch entscheidend geschlagen. Das Ganze erschien mir unfaßbar. Vorerst beherrschte mich nur dieser Gedanke. Daß ich nun ein für alle Male in eine andere Welt übergewechselt, daß ein Leben beendet war und ein neues bereits begonnen hatte, spielte in meinem Bewußtsein noch gar keine Rolle. Noch spürte ich nicht die Erlösung von jahrelangem Druck, kaum daß die Angst der letzten Wochen wich. Im Augenblick hatte ich nur die Gewißheit, einen die Nerven aufs äußerste beanspruchenden Krieg geführt und gewonnen zu haben.

Nach der vierten Bremsung hielt der Zug wirklich. Ich las: »Reinickendorfer Straße«. Ich war im Westen, nur wenige Meter von der Mauer entfernt, aber auf der anderen, der für mich richtigen Seite. Hier verließen mich allerdings auch schon meine Kenntnisse des Stadtbahnnetzes. Ich wußte wirklich nicht, ob der Zug nach Tegel weiterfahren würde, und stieg vorsichtshalber aus. Auf einer belebten Straßenkreuzung fand ich mich wieder: Neonreklamen zogen mich in die neue Wirklichkeit. Das hier war nicht mehr das Antlitz des »real existierenden Sozialismus«, gekennzeichnet nicht zuletzt durch trübe Straßenbeleuchtung.

Wie gerufen fuhr ein Taxi auf die Kreuzung zu. Ich winkte, der Wagen hielt und nahm mich auf. »Bringen Sie mich zum Flughafen Tegel«, bat ich den Fahrer. Dieser startete und fragte nach dem Flugziel. Ich zögerte. Sagte ich jetzt »München«, — würde er womöglich antworten, daß die letzte Maschine dorthin schon abgeflogen sei. Aber mit allen anderen Flughäfen der Bundesrepublik konnte mir das gleiche passieren. »Ich weiß noch nicht«, antwortete ich daher vorsichtig, »ich muß die nächste Maschine ins Bundesgebiet erreichen«. Der Mann sah mich erstaunt an: »Aber Sie müssen doch wissen, wohin Sie wollen.« Ich war noch immer etwas benommen, faßte mich jetzt aber wieder: »Ich will nach Frankfurt, aber wenn dorthin keine Maschine mehr geht, muß ich sehen, daß ich wenigstens in das Bundesgebiet komme und dann eben mit dem Zug nach Frankfurt weiterfahre.« Der Taxifahrer begründete seine beharrliche Fragerei nun mit seinem Zweifel, ob überhaupt noch eine Maschine an diesem Abend abfliege. Doch ich bestand auf meinem Fahrziel. Ich hatte ja meine Gründe. Nach rasanter Fahrt hielten wir vor dem mir nicht bekannten Flughafen.

»Wollen Sie nicht erst einmal nachsehen, ob Sie überhaupt noch wegkommen?«, fragte mein Chauffeur, »ich kann solange warten.« — »Nein danke«, entgegnete ich, »es wird schon klappen«. Ich wollte den Mann mit seinen gewiß gut gemeinten Fragen los sein und zog einen Schein aus der Tasche, einen Fünfziger. »Stimmt schon«, sagte ich und drückte ihm das Geld in die Hand. Daß er mich nun wahrscheinlich für verrückt hielt, war mir jetzt völlig gleichgültig.

In der Halle räumten gerade die letzten Angestellten ihre Papiere zusammen. »Der Flugbetrieb ist für heute beendet, kommen sie morgen früh wieder«, erklärte man mir. Das konnte ich mir nicht leisten. Ich hatte mir schon auf der Fahrt eine Alternative überlegt: Die Polizei. Sie mußte den BND irgendwie verständigen, daß ich da war und die Schleusung Helgas beginnen konnte, außerdem mich selbst unter Bewachung nehmen. Es war jetzt sicher, daß man inzwischen im Bahnhof Friedrichstraße mein Ausbleiben bemerkt und den OVD im MfS benachrichtigt hatte. Diesem blieb dann nur eine Entscheidung: Großalarm. Möglicherweise wußte man jetzt sogar schon, daß ich, Oberleutnant Stiller, abgängig war. Dann würde man alles daransetzen, mich auch in Westberlin aufzuspüren, wieder einzufangen oder unschädlich zu machen. Ich ließ mir den Weg zur Polizeiwache auf dem Flughafen zeigen. Dort saßen drei Beamte in einem gemütlich warmen Raum, als ich eintrat. Ich verlangte unverzüglich den Vorgesetzten zu sprechen.

»Was wollen Sie denn«, fragte einer; »wir sind hier alle gleichrangig«. — Es ging nicht anders, ich mußte mich erklären: »Ich bin Offizier des Ministeriums für Staatssicherheit der DDR und gerade aus Ostberlin übergetreten. Verständigen Sie bitten den Bundesnachrichtendienst in Pullach. Ich werde dort erwartet.« Zur Bekräftigung legte ich den Männern meinen Dienstausweis auf den Tisch.

Die drei zeigten sich ungerührt. »Setzen Sie sich erst einmal hin, Trinken Sie eine Tasse Kaffee mit uns und nehmen Sie ein Stück Kuchen. Meine Frau hat ihn gebacken«, forderte mich einer von ihnen auf. Was blieb mir übrig, als die Einladung anzunehmen. Inzwischen wurde mein Ausweis begutachtet.

»Wir rufen unseren Vorgesetzten an«, kam dann die Entscheidung, »wir müssen uns ja an unsere Vorschriften halten.«

Eine ganze Weile verging bei Kaffee und Mohnkuchen, bis der Mann zurückkam, der von einem Hinterraum aus angerufen hatte: »Unser Chef verständigt die Franzosen, die haben nämlich in Tegel die Militärhoheit. Das kann eine Weile dauern. Nehmen Sie sich ruhig noch ein Stück Kuchen.« Es war zum Verzweifeln. Erst gut eine halbe Stunde später erschien ein französischer Militärpolizist, der aber kein Wort Deutsch verstand. Es war sinnlos zu versuchen, ihm den Sachverhalt klarzumachen. Eine weitere Stunde verging.

Dann kam plötzlich alles in Bewegung. Es wimmelte unversehens von Leuten. Sie starrten mich an wie ein Kuriosum in einer Jahrmarktbude. Einer wenigstens schien etwas mit einem Nachrichtendienst zu tun zu haben. Er nahm mich zur Seite. »In Pullach weiß man Bescheid«, flüsterte er mir zu, »herzlich willkommen im Westen.« Endlich lief nun auch alles Weitere zügig ab, so daß ich sicher sein konnte: Meine ehemaligen Genossen hatten jetzt keine Chance mehr, an mich heranzukommen.

Am Morgen des 19. Januar 1979 setzte die Maschine auf dem Münchner Flughafen Riem zur Landung an. In der Ferne glitzerten die verschneiten Berge der Bayerischen Alpen, und unter mir lag ausgebreitet die Stadt. Nach der Landung führte man mich zu einer Gruppe Wartender, Mitarbeiter der Pullacher Zentrale.

Zwei von ihnen kannte ich schon; ich hatte sie zuletzt in Helsinki gesehen. Der Kopf der Gruppe begrüßte mich knapp, aber herzlich: »Guten Morgen, endlich hat es geklappt. Seien Sie willkommen bei uns.« Wir gingen zu den vor der Halle parkenden Wagen. Der »Leitende« bat mich in seinen Wagen und fuhr mit mir in eine konspirative Wohnung des BND. »Gibt es irgend etwas, das wir sofort veranlassen müssen?«, fragte er mich unterwegs. Ich zog einen Zettel mit Notizen aus der Tasche, die ich mir schon im Flugzeug gemacht hatte. Er enthielt zweiundzwanzig Positionen für die dringendsten Maßnahmen. In erster Linie ging es um meine ehemaligen Agenten, gegen die sofort zugegriffen werden mußte, ehe sie gewarnt werden konnten. Ich erhielt die Bestätigung, daß alles vorbereitet war. Über diese Leute war der BND ja schon lange durch mich bis ins Detail unterrichtet; ich mußte nur noch einige Punkte erläutern. Dann stellte ich die Frage, welche mir am Herzen lag: »Wie lief die Schleusungsaktion für Helga und ihren Sohn« — »Wir kümmern uns schon darum«, war die Antwort. Einige technische Einzelheiten wurden genannt, gewisse wetterbedingte Schwierigkeiten.

Nach kurzer Erfrischung packte ich meinen Koffer aus. Er war bis zum Rand gefüllt mit Originalakten und Mikrofilmen mit Aufnahmen von weiteren Akten, alles in allem etwa 20 000 Seiten. Ich machte mich sofort an das Sortieren nach Thema und Dringlichkeit. Inzwischen kamen weitere Mitarbeiter des BND, Angehörige der Bundesanwaltschaft, Beamte vom Verfassungsschutz, hockten sich auf den Teppichboden, blätterten in den Papieren und versuchten, einen ersten Überblick zu gewinnen. Langsam kam Ordnung in das Ganze. Die Bundesanwaltschaft erhielt, was für die Zugriffe nötig war. Die Originalakten wurden kopiert, die Mikrofilme sofort vergrößert. Eine Sekretärin richtete sich mit einer Schreibmaschine ein. Ich begann zu diktieren, was ich noch auszusagen hatte. Bald war man überzeugt, daß man nicht weiter zu fragen brauchte und mir die Thematik, Konzeption und Reihenfolge — Dringendes und Wichtiges, Sonstiges, Randerkenntnisse — selbst überlassen konnte. Meist genügte ein Stichwort — ich wußte sofort, was für den BND noch von besonderem Interesse sein konnte. Die erste Anerkennung blieb nicht aus: »Sie arbeiten mit System.« Drei Tage und auch viele Nachtstunden konzentrierter Arbeit folgten, belebt durch Kaffee, auch gelegentlich ein Bier, Cognac, mal ein rascher Imbiß, dann wieder Kaffee ...

Im Unterbewußtsein bedrückte mich natürlich die Sorge um Helga und ihren Sohn. Als dann, in der Nacht zum Montag, die Nachricht kam, daß sie die DDR verlassen hatte, war ich restlos glücklich. Ich hüpfte vor Freude und schlug jedem, der mir begegnete, auf die Schulter.

Doch die Arbeit war noch lange nicht beendet. Was mich besonders beeindruckte: Ein älterer BND-Mann, Mischung aus Geheimdienstler und Wissenschaftler, der sich in die Unterlagen vertieft hatte, sagte plötzlich höchst angeregt: »Was, der Jansen ist jetzt auch Major geworden!« Er fand noch andere »alte Bekannte«. Was ist aus dem geworden; warum ist der nicht befördert worden; warum hat man von jenem nichts mehr gehört? Zu meiner Verblüffung wußte der Grauhaarige über einige personelle Bereiche der HVA fast besser Bescheid als ich selbst. Wir unterhielten uns, als ob ich noch mit einem Referatskollegen in der MfS-Kantine sitzen würde. Für eine kleine Weile glaubte ich mich in die Welt zurückversetzt, der ich den Rücken gekehrt hatte. Bald war die Vergangenheit weit weg, für immer, und das war gut so.

Nachwort

Im Ministerium für Staatssicherheit der DDR bündeln sich politische Überwachungs-, Sicherungs- und Unterdrückungsfunktionen im Innern mit Offensivfunktionen nach außen in einem Ausmaß, das ohne Beispiel ist in der deutschen Geschichte. Sein Selbstverständnis als »spezielles Organ der Diktatur des Proletariats« trifft den Kern der Sache ebenso wie seine Charakterisierung als »zuverlässiges Machtinstrument der Partei und des Arbeiter-und-Bauern-Staates«. Das MfS will Schild und Schwert der SED zugleich sein.

Die aggressive Gefährlichkeit des Ministeriums für Staatssicherheit wird durch die Konzentration seiner parlamentarisch unkontrollierten und gesetzlich nicht definierten Kompetenzen als politische Geheimpolizei, als Untersuchungsorgan bei sogenannten Staatsverbrechen und als geheimer Aufklärungsdienst begründet. Dem MfS-Wachregiment »Feliks Dzierzynski« sind spezifische Aufgaben als Verfügungstruppe zugewiesen.

Vor diesem Hintergrund sind das politische Bewußtsein und das elitäre Selbstwertgefühl der Generale und Offiziere der Staatssicherheit zu sehen. »Verrat« gilt als Sakrileg wider die Partei. So erklärt sich, daß und warum der Fall des ehemaligen Oberleutnants im Ministerium für Staatssicherheit Werner Stiller 1979 in der Öffentlichkeit nachhaltig Aufsehen erregen mußte — auch in der DDR, wo sich die Bevölkerung darüber aus den Westmedien unterrichten konnte.

Die genuine Bedeutung des Falles Stiller liegt darin, daß der ehemalige Staatssicherheitsoffizier nicht lediglich als Überläufer kam, sondern vor seinem Wechsel nach Westen in tiefster Konspiration mehrere Jahre lang für den Bundesnachrichtendienst tätig gewesen ist. Sein Buch legt Zeugnis davon ab.

Die »illegale Arbeit« im Apparat des MfS — konkret in der für Spionage zuständigen Hauptverwaltung Aufklärung unter Leitung ihres legendenumwobenen Chefs Generaloberst Markus Wolf — nötigt unter den Herrschaftsbedingungen der DDR besonderen Respekt ab: Einerseits des Erfolges wegen, den der BND mit der Operation Stiller erzielte — andererseits wegen der psychischen Belastung, der Stiller in seinem konspirativen Wirken bis zu seinem Übertritt ausgesetzt war. Schon ein einziger Fehler, von seinen Genossen entdeckt, hätte ihn vor ein Erschießungskommando gebracht. In der DDR kann Spionage »in besonders schweren Fällen« bekanntlich auch in Friedenszeiten durch die Todesstrafe geahndet werden.

Allein mit diesem Gedanken jahrelang leben und arbeiten zu müssen, erfordert jene kaltblütige Entschlossenheit, die nur aus politischer Gegnerschaft kommen kann und die, gepaart mit einer fast abenteuerlichen Verwegenheit, allerdings erst zum äußersten Risiko befähigt. Auch nach dem Übertritt ist die psychische Belastung keineswegs von ihm genommen. Nach durchaus glaubwürdigen Informationen soll Stiller in Abwesenheit zum Tode verurteilt worden sein.

Wie wertvoll aber war seine Arbeit für den BND — eine Frage, die logischerweise auf den Schaden zielt, der dem MfS durch ihn entstand?

Über mehrere Jahre hinweg hat der abtrünnige Geheimdienstoffizier Operativakten und Namenslisten, Befehle, Dienstanweisungen und Ausbildungsmaterialien der Staatssicherheit beschaffen und teils von Ost-Berlin aus übermitteln, teils bei seinem Weggang mitbringen können — interne, hochinformative Unterlagen, 20 000 Blatt alles in allem, die dem BND und den mit ihm kooperierenden Abwehrdiensten Einblick in Verfassung und Arbeitsweise des MfS boten. Seine hierarchischen Strukturen, seine innere Organisation wurden transparent, seine Kommunikation und Logistik, die personelle Besetzung wichtiger Funktionen wurden bekannt oder bestätigt, wo sie schon bekannt waren, und die Zusammenarbeit mit dem KBG wurde zumindest für einen Teilbereich in allen Einzelheiten bloßgelegt. Selbst dem Laien leuchtet ein, welcher Fundus an Information darin erblickt werden muß. Für die Bekämpfung der östlichen Spionage, in der sich Gegenspionage und Abwehr in der Bundesrepublik einem ungleichen Kampf stellen müssen, weil sie gottlob an die Gesetze des Rechtsstaates gebunden sind, bedeutete Stiller einen Glücksfall. Eine Vorstellung davon vermittelt sein Buch, auch wenn der Autor, wie er schreibt, manches unausgesprochen lassen mußte.

Quantitativ läßt sich der Schaden, der dem Ministerium für Staatssicherheit und besonders der Hauptverwaltung Aufklärung entstanden ist, durch die Zahl der Agenten bestimmen, die nach Stillers Kommen enttarnt und in der Bundesrepublik festgenommen werden konnten: insgesamt siebzehn! Sie waren vornehmlich in der Kernenergieforschung placiert. Zudem hat Stillers Übertritt die Flucht von mindestens fünfzehn, wahrscheinlich sogar mehr Agenten in die DDR provoziert. Sie hatten, begründet oder nicht, ihre Enttarnung im »Operationsgebiet« befürchtet. Wenn zwei von ihnen — Reiner Fülle und Erich Ziegenhain — zwischenzeitlich die DDR wieder verließen, obgleich sie sich bewußt waren, daß sie nach ihrer Rückkehr in der Bundesrepublik vor Gericht gestellt würden, so wirft das ein grelles Schlaglicht auf die soziale Situation, in der manch ein Ex-Agent des MfS im Staat der SED heute lebt.

Ein Schicksal, das mit dem Fall Stiller verbunden ist, verdient in diesem Zusammenhang besondere Erwähnung. Die Rede ist von Armin Raufeisen, der 1957 als 29jähriger »Flüchtling« aus der DDR eingeschleust wurde, um sich hier als »Perspektivagent« des MfS zu etablieren. Als Stiller übergetreten war, flüchtete er, inzwischen als Geophysiker bei der Preussag in Hannover tätig, mit seiner Familie in die DDR. Hier indes begann er, binnen kurzer Zeit desillusioniert, seine Flucht zurück in die Bundesrepublik vorzubereiten. Raufeisen scheiterte an der ungarisch-österreichischen Grenze. Rund ein Jahr nach seiner Festnahme verurteilte ihn das Militärobergericht in Ost-Berlin am 16. September 1982 zu lebenslänglicher Freiheitsstrafe: wegen »ungesetzlichen Grenzübertritts« in Tateinheit mit »Spionage« und »landesverräterischer

Agententätigkeit« im schweren Fall. Selbst ehemalige »Kundschafter« des MfS werden, wenn sie sich aus ihrer Verstrickung lösen wollen, in der DDR gnadenlos zur Rechenschaft gezogen.

Kaum ermessen läßt sich der psychopolitische Schaden, der dem Ministerium für Staatssicherheit aus dem Fall Stiller erwachsen ist. Mehr denn je müssen Ostagenten im Westeinsatz seither mit dem Risiko rechnen, durch einen »Maulwurf« in der Staatssicherheit entlarvt zu werden. Ebenso sind bohrende Zweifel, Verunsicherung, Mißtrauen und Irritationen unter den Generalen und Offizieren des MfS zu bedenken. Fraglos ist der Fall Stiller in ihren Reihen publik geworden. Möglicherweise wurde er in den Grundorganisationen und Parteigruppen der SED im MfS sogar »selbstkritisch« erörtert. Schwererwiegend als die Betroffenheit bei den Vorgesetzten und Genossen, die mit dem »Verräter« jahrelang zusammengearbeitet haben, dürfte für sie die Erfahrung gewesen sein, daß selbst unter den Nachwuchskadern der Staatssicherheit, die geistig und politisch bereits durch den Sozialismus geprägt wurden, die Verlockung durch den »Klassenfeind« zum Abfall führen kann. Da der Fall Stiller zwar spektakulär, aber nicht singulär war, denn seit dem 13. August 1961 — dem Stichtag für den Bau der Berliner Mauer — haben mehrere Offiziere des MfS bereits den Weg nach Westen gewählt, kann eine generelle Schlußfolgerung gezogen werden: Weder ideologische Disziplinierung und politischer Drill noch soziale Privilegien und elitärer Korpsgeist bieten eine Gewähr für die Zuverlässigkeit hauptamtlicher Kader der Staatssicherheit. Für Kommunisten eine bedrückende Erkenntnis.

Karl Wilhelm Fricke